本成果受到中国人民大学

"中央高校建设世界一流大学（学科）和特色发展引导专项资金"支持

冯仕政　唐丽娜　主编

文集

（第二卷）

吴景超

中国人民大学出版社
·北京·

凡　例

1. 本文集按时间和文献类别共分四卷，文献类别包括公开发表的期刊文章和公开出版的著作。

2. 每卷大致按文献公开发表或出版的时间先后顺序排列。

3. 同一篇文章在不同时间发表在不同期刊上，以最早的发表时间为准，同时注明其他期刊及相应的发表时间。

4. 原文献为繁体竖排者，一律改为简体横排，基本采用现行标点符号。

5. 原文献中与现行文字规范不符，但属特定历史时期表达习惯的字词、语法等，多保留原貌。

6. 原文献中表格与现在通行的表格格式不尽相符，为尽量保留原貌，仅做出适当修改。

7. 原文献中文字、数字等凡可判断为明显讹误及印刷错误者，直接予以改正，不另加说明。

8. 原文献中文字、数字如有错漏且不可校补者，错误处保留原貌，文字缺漏用■标示，数字缺漏用▋标示。

9. 原文献中翻译名称，包括国名、人名、地名、著作名称、报刊名称、组织机构名称、货币名称等，多保留原貌。

10. 原文献中行政区划、地理位置、历史事件的名称多有与现在不同者，亦多保留原貌。

11. 原文献中各种计量单位，由于历史原因多次变动，与现在差异较大，且不易考订出与现行公制单位的换算关系，故均保留原貌。

12. 对于特别需要说明之处，以编者注的形式进行补充。

目　录

格类克夫妇的三本新书（书评）[*]

Sheldon Glueck and Eleanor T. Glueck, *500 Criminal Careers*. New York：Alfred A. Knopf，1930，365 pages.

Sheldon Glueck and Eleanor T. Glueck, *One Thousand Juvenile Delinquents*. Cambridge：Harvard University Press，1934，341 pages.

Sheldon Glueck and Eleanor T. Glueck, *Five Hundred Delinquents Women*. New York：Alfred A. Knopf，1934，539 pages.

在最近数年内，美国研究犯罪学的人，最有贡献的，除萧克利佛（Clifford R. Shaw）之外，就要推格类克夫妇了。萧克利佛的贡献，我在图书评论第一卷第一期，已有一文介绍。他的长处在于用个案方法研究罪犯，因而发现犯罪的原因。格类克夫妇虽然也用个案方法，但他们书中最有价值的材料，却是用统计方法得来的。

格类克夫妇的三本书，我在这儿要介绍的，不过是他们对于犯罪学研究的开始。以后他们大约还有新书问世，报告他们研究波士顿城的犯罪情形，因为格类克先生是哈佛大学的教授，研究波士顿城的犯罪情形，可谓就地取材，最方便不过了。不过这儿所提到的三本书，除却 1 000 个幼年罪犯的材料是取自波士顿城外，其余两本书的材料，都是从麻省的感化院中搜集而来的，研究的对象并不限于波士顿城中的罪人。

这些罪人——500 个男犯、1 000 个幼年罪犯、500 个女犯——为什么会犯罪，乃是格类克夫妇所想要回答的第一个问题。他们研究这个问题的方法，是先去搜集一些

---

* 题目为编者所加。——编者注

关于这些罪人的材料，然后以这些材料来与普通的人口比较。关于罪人的材料，他们搜集到的很多，概括言之，可以分为两类：一为罪人本身的特质，二为罪人环境的状况。关于罪人本身的特质，我们可以"智慧"的测量来作例子。在 1 000 个幼年罪犯之中，（一）智慧在中等或中等以上（智慧商数在 91 分以上）的，占 41.6%，但麻省的小学儿童，智慧在这个标准以上的，却占 79.0%；（二）罪犯中迟钝（智慧商数自 81 分至 90 分）的，占 28.2%，普通小学儿童中，只占 14.0%；（三）罪犯中智慧介乎普通人与低能之间（智慧商数自 71 分至 80 分）的，占 17.1%，普通小学儿童中，只占 5.5%；（四）罪犯中低能（智慧商数在 70 分以下）者占 13.1%，普通小学儿童中，只占 1.5%。从这一点统计中，我们可以知道幼年罪犯的平均智慧，较之普通小学儿童为低。对于罪人本身的别种特质，如年龄、国别、宗教、教育程度、习惯等，格类克夫妇也是用同样的方法，拿罪人与普通人口比较，以视其差异所在。关于罪人环境的状况，格类克夫妇也用同样的方法去研究，我们可以"家庭经济"的调查为例。一个家庭经济状况的良好与否，在美国的普通家庭中，可看母亲是否在外工作以为断。上面所说的 1 000 个幼年罪犯，母亲在外工作的，占 58.5%；另外还有 41.5%，虽不在外工作，但也用别种方法生利，以加增家庭的收入。但据美国 1920 年的人口清查，全国已结婚的女子，在外工作的，只占 9.9%。从这一点统计，我们可以看出幼年罪犯所出身的家庭，平均要比普通的家庭格外贫困。关于罪人环境中的别种状况，格类克夫妇也用同样的方法去搜集材料，来与普通的人口比较。

格类克夫妇运用统计方法来研究犯罪原因，已较一般犯罪学者略胜一筹。普通用统计方法去研究罪犯的人，每每不知以所搜集到关于罪犯的材料，去与普通的人口比较。结果即使作者把所有的材料用表用图表示出来，我们也不能明了这些图表的意义。譬如有一个人告诉我们某地的罪犯，穷人占 60%，这种事实，并不能帮助我们了解某地人口所以犯罪的原因，因为我们并不知道某地的普通人口，穷人到底占百分之几。假如某地的普通人口，穷人也占 60%，那么罪人中穷人也占 60%，正是理所当然，穷困并不能算作犯罪的一个元素。反是，普通人口中，穷人只占 20%，而罪人中穷人却占 60%，那么穷困便成为犯罪的一个元素了。根据这种讨论，我们可以知道格类克夫妇所用的方法，是比较进步的，是能发现新智识的。

不过他们所用的方法，也有缺点。苏善兰（Edwin H. Sutherland）教授在他的名著《犯罪学原理》（*Principles of Criminology*，1934 年出版）一书中，对于这种方法有很切当的批评，我们可顺便在这儿介绍一下，以为利用统计方法者的参考。

苏善兰教授用统计方法，比较罪人与普通人口的特质及环境，对于犯罪学虽有相当的贡献，但这种方法的本身也有五种缺点。第一，罪人与囚犯不同，罪人入狱，始为囚犯，但罪人中也有许多是逍遥法外的。我们现在研究罪人，每以囚犯为代表，但囚犯是否可作全体罪人的代表，是一疑问。第二，关于罪人的材料，有许多是不易搜集的，普通的人，研究罪人的方法，每先作一调查表，然后拿调查表去与罪人谈话，谈话的所得，便当为事实看待。其实用这种方法去搜集罪人的材料，关于种族、性别、年龄等，也许不成问题，可以得到比较正确的事实。但如涉及家庭、父母职业及品格、邻里的风气等，便难得到正确的材料了。假如原料是不可靠的，那么根据这些原料所制出的图表，也连带的不可靠了。第三，罪人的材料，既须与普通人口比较，始有意义，但普通人口的材料，至为缺乏，所以研究者每每有想与普通人口比较而无从比较之苦。关于此点，格类克夫妇在他们的三本书中，也不能把这种困难免去。譬如父母对于子女的约束，是严厉抑或宽弛，与子女的行为颇有关系。此类材料，研究罪人时，如多费些时力，不难得到，可是普通家庭中，父母对于子女的约束，其情形如何，便不得而知，于是关于此点，罪人的家庭与普通人口的家庭，便不能作比较了。这种缺点，在目前几乎是没有方法可以补救的。第四，统计方法，不能表示犯罪的机构。如上面所述，幼年罪犯的智慧，较之普通儿童为低，但智慧低的人，何以便易犯罪，此中关联何在，单看此种统计，并不能使人明了。第五，此种方法，对于"反例"，并无解释。反例便是与结论相反的例子。譬如上面所述，低能者较易犯罪，故低能者中如有犯罪的，这种例子，便算"正例"。但是低能者中也有不犯罪的，这便是"反例"了。此外如天才中亦有犯罪的，也是一种"反例"。像这一类的例子，统计方法便不能解释。所以研究犯罪学，不能专靠统计方法，还要用别种方法来补充它。

犯罪学一名词，照狭义说，只研究犯罪的原因，照广义说，也包括刑罚学。格类克夫妇这三本书的特殊贡献，并非对于犯罪的原因有新发明，而是对于刑罚学有新指示。以前的人，对于罪人入狱后的生活及其出狱后的活动，很少注意。格类克夫妇在这三本书内，给读者一个很深的印象，就是现在对付罪人的机关，旧的如监狱之类，暂且不谈，便是新的机关及制度，如感化院，如幼年法庭，如假释，如缓刑，从成绩上看去，都是一个大失败。他们所以下这一个结论，就是因为他们发现这 500 个男犯、1 000 个幼年罪犯、500 个女犯，在刑罚期满之后五年，大多数还没有改邪归正，依旧过他们旧日非法的生活。拿 500 个男犯来说，在刑罚期满之后五年，有 80% 依旧犯罪。拿 1 000 个幼年罪犯来说，在他们刑罚期满之后五年，有 88.2% 依旧犯罪。拿 500 个女犯来说，在她们刑罚期满之后五年，有 76.4% 依旧犯罪。

这些犯人，在刑罚期内，并没有能够改变他们的习惯及态度，一朝恢复自由，于是故态复发。从保护社会的观点看去，这些"累犯"，根本便不应当让他们恢复自由。但是犯人之中，刑罚期满后，有改邪归正的，有仍走旧道的，我们有什么方法在恢复这些犯人的自由之前，便可预测他们日后的行为呢？假如我们有一个预测的方法，那么我们在判断徒刑年限时，在假释时，在缓刑时，便可有一个根据，不致像现在这样凭空推断，以致结果不能满意。格类克夫妇在这三本书内提出一个预测犯人行为的方法，很值得我们注意。

预测方法的第一步，是研究犯人某种特质与其刑罚期满后行为的关系。今以 500 个女犯的教育程度与其恢复自由后行为的关系为例。女犯的教育程度，可以分为三组：一为在学校中不落伍的；二为落伍一年或一年以上的；三为无学校教育的。这三组女犯，在恢复自由五年之后，行为显有不同。在学校中不落伍的女犯，恢复自由后不再犯罪的，占 42.4%；落伍一年或一年以上的，在同样情形之下，不再犯罪的，只占 20.3%；无学校教育的，在同样情形之下，不再犯罪的，只占 13.3%。

用同样的方法，我们可以研究犯人的别种特质与其恢复自由后行为的关系。再举数例如下：

邻里影响	成功率[①]
良善	45.5%
普通	27.4%
不良	21.3%
工作性质	**成功率**
稳定	46.4%
颇稳定	29.2%
不稳定	18.9%
不工作	18.2%
经济责任	**成功率**
负责的	27.6%
不负责的	8.8%
自立非必要的	5.0%
心理状态	**成功率**
常态	29.2%
精神病	22.8%
癫痫	19.2%
酒狂	9.0%
疯狂	0

---

①　成功率，指刑期期满后五年不再犯罪的百分数。

　　预测方法的第二步，便是把上列 4 种元素中最高的成功率加在一起，同时把最低的成功率也加在一起。结果我们得到最高与最低两种分数，即 148.7% 与 44.5%。在这两种数目之中，我们可以分为五组。现在便可把每一个女犯，按着她们在这 4 种元素中所得分数的多寡及其恢复自由后的行为，分列于这五组之中，如下表：

分数组别	改邪归正	依旧犯罪	向上罪犯①
100 以下	8.0%	88.0%	4.0%
100 至 125	15.9%	66.4%	17.7%
125 至 150	31.3%	54.7%	14.0%
150 至 175	50.0%	42.9%	7.1%
175 以上	100.0%	0	0

　　法官有了这一张表，那么在他判案之先，可以先研究一下他的犯人。假如一个犯人，在上面所说的五点，总分数不到 100 分的，我们可以预料，这个犯人便是受了几年感化院的训练，恢复自由之后，十成有九成还是要犯罪的。对于这种犯人，就当另想方法了。

　　关于这些累犯，有什么好的方法可以对付，格类克夫妇虽然也有意见贡献，但施行后是否有效，还是问题。我们知道一个人的行为，颇受环境的影响。罪人在感化院中，在别的机关里，即使得到好的训练，一旦回到他那旧的腐败环境中，因为外界的引诱，颇有前功尽弃的危险。所以只在犯人身上想法，而不去改变他们的环境，那么"累犯"问题，大约是无法解决的，何况现在一切处置犯人的机关，对于如何训练犯人，并没有充分尽了他们的职责。美国犯罪学的前辈希勒（William Healy）曾说过："社会如想改良犯人，先要改良自己。"我们看到近来"累犯"之多，格外相信希勒的话是很有道理的。

［载《社会科学（北平）》第 1 卷第 2 期，1936 年］

---

　　①　"向上罪犯"，系指那些罪人，在刑满之后，还是犯过罪的，但在刑满后五年之前一年，已经不再犯罪了。

《土地法》与土地政策

国民政府关于土地的法规，重要的共有两种：一为《土地法》，于民国十九年6月30日公布，共五编，397条；一为《土地法施行法》，于民国二十四年4月5日公布，也是五编，共91条。这两种法规各编的施行日期及区域，依法是要由国民政府分别以命令定之，但一直到现在，我们还没有听到施行的日期。

批评这两种法规的人，可以采取各种不同的观点，但我以为最合情理的观点，应从民生主义出发，因为现在的《土地法》是国民政府公布的，而国民政府的土地政策具载于民生主义。所以我们现在如来研究，看看《土地法》能否达到民生主义的目标，乃是一种极合情理的企图。

现在让我们先看民生主义所标榜的土地政策到底是一种什么性质。

断章取义的人以为孙中山先生在民生主义中所提倡的土地政策只有一点，便是"平均地权"。这种见解是不完全的。孙先生在民生主义第二讲中虽然是注重"平均地权"，但到了第三讲中他的注意点却变换了，他提出"耕者有其田"的口号来。所以对于孙先生的民生主义有系统研究的人，都知道孙先生的土地政策一共包括两点：一为"平均地权"，一为"耕者有其田"。

平均地权的理论，在《土地法》第四编土地税中，已得到充分的表示，我们可以略而不谈。关于"耕者有其田"一点，《土地法》中几乎没有提到具体有效的办法，这是很令人惊异的一点。现在我们先看孙先生对于耕者有其田的主张，然后再讨论现已公布的《土地法》是否能达到此目标。

孙先生对于耕者有其田的主张，一见于民生主义第三讲。他说：

前几天，我们国民党在这个高师学校开了一个农民联欢大会，做农民的运动，不过是想解决这个问题的起点。至于将来民生主义真是达到目的，农民问题真是完全解决，是要"耕者有其田"，那才算是我们对于农民问题的最终结果。中国现在的农民，究竟是怎么样的情形呢？中国现在虽然是没有大地主，但是一般农民，有九成都是没有田的。他们所耕的田，大都是属于地主的。有田的人自己多不去耕。照道理来讲，农民应该是为自己耕田，耕出来的农品要归自己所有。现在的农民都不是耕自己的田，都是替地主来耕田，所生产的农品大半是被地主夺去了。这是一个很重大的问题，我们应该马上用政治和法律来解决。

民国十三年 8 月 23 日，孙先生对农民运动讲习所训词中也提到同样的意思。他说：

> 我们解决农民的痛苦，归结是要耕者有其田。这个意思，就是要农民得到自己劳动的结果，要这种劳动的结果不令别人夺去了。现在农民自己只能分四成，地主得了六成。政府所抽的捐，都是由农民出的，不是由地主出的。象这种情形，是很不公平的。

孙先生所说的那种"很不公平"的现象，"应该马上用政治和法律来解决"的，《土地法》中是否已有解决的方案呢？现在公布的《土地法》，假如有一天施行了，耕者是否便可有其田呢？我们考虑的结果，对于这些问题的答案都是否定的。

现在我们可以细细分析《土地法》中与耕者有其田的问题似乎有点关系的条文。《土地法》第十四条说：

> 地方政府对于私有土地，得斟酌下列情形，分别限制个人或团体所有土地面积之最高额，但应经中央地政机关之核定：（一）地方需要；（二）土地种类；（三）土地性质。

同法第十五条说：

> 私有土地受前条规定限制时，由主管地政机关规定办法，限令于一定期间内，将额外土地分划出卖。不依前项规定分划出卖者，该管地方政府得依本法征收之。

这两条法律的用意，是在"限田"，是在使土地的有余与不足者得到一种平均。可惜这种好的用意，并不能达到耕者有其田的目标。原因是很多的。第一，中国的地主虽多，但大地主却不多。根据《农情报告》第三卷第四期所表示，全国 22 省 891 县的农家土地经营面积分配，如下表：

农家土地经营面积	百分数
10 亩以下	35.8%
10 至 20 亩	25.2%
20 至 30 亩	14.2%
30 至 50 亩	16.5%
50 亩以上	8.3%

由此可见中国的农场，以小的为最多，50 亩以上的农场不到全数 10%。我不知道将来各地方政府所定个人或团体所有土地面积之最高额是若干亩。假如"每一业主所有田地面积之最高额，自 100 亩起至 200 亩为止"，那么地方政府所能征收到的土地，数目也是有限的。所以限田的办法，在东欧各国行之有效，在中国则不一定有效，因为国情不同的缘故。第二，我们现在退一步，暂时承认《土地法》第十四条及第十五条施行之后，有许多额外的土地可以分划出卖了，恐怕无田的耕者也买不起。我们都知道，像丹麦、爱尔兰、英吉利，以及革命前的俄国，佃户购地时，可以得到政府金融上的帮助。中国的佃户，只有比那些国家的佃户还穷，假如政府不给他们以金融上的帮助，那么大地主即使把额外的土地分划出卖，来买这土地的人，一定是别种资本家，而不是佃户。结果是佃户的主人换了，但佃户的身份并没有改变。

以上是说《土地法》中关于土地最高额的规定，达不到耕者有其田的目的。同样，《土地法》中减租的规定也达不到耕者有其田的目的。《土地法》第一百七十七条说：

> 地租，不得超过耕地正产物收获总额 375‰，约定地租超过 375‰者，应减为 375‰。不及 375‰者，依其约定。出租人不得预收地租，并不得收取押租。

现在的佃户，对于地主，要交押租，此外不但正产物有租，副产物有时也有租，而且租额常是超过 375‰。所以《土地法》中这一条如实行了，是可减轻佃户负担的。这是减租的直接作用。但减租也可发生间接作用，便是地主因为投资于土地的收益减少了，都想把土地出售。这些出售的土地，如为佃户所购，便可达到耕者有其田的目的。爱尔兰在 19 世纪中叶，佃户的成分是很大的，后来英国政府利用减租政策，于数十年之内，减低地租百分之三四以上。爱尔兰的不在地主，便纷纷将土地出售，同时英政府又借给爱尔兰的佃户购地，所以现在爱尔兰已成为一个自耕农的国家，佃户的成分，比 19 世纪低多了。我们的《土地法》中虽然有减租规定，但因无帮助佃户购地的规定，所以减租虽然可以促使地主售地，佃户并无能力利用此机会变更自己为自耕农。

《土地法》中除却土地最高额及减租的规定外，还有一条法律也是与"耕者有其田"有关的，那就是第一百七十五条。原文说：

> 本法施行后同一承租人继续耕作十年以上之耕地，其出租人为不在地主时，承租人得依法请求征收其耕地。

如想知道这条法律能够产生什么影响，我们应当先知道什么是"不在地主"。关于此点，《土地法》的第三百二十九条及第三百三十条有很清楚的规定。第三百二十九条说：

> 土地所有权人，有下列情形之一者，称为不在地主。
> 一、土地所有权人及其家属，离开其土地所在地之市县，继续满三年者。
> 二、共有土地，其共有人全体离开其土地所在地之市县，继续满一年者。
> 三、营业组合所有土地，其组合于其土地所在地之市县，停止营业继续满一年者。

第三百三十条说：

> 土地所有权人因兵役、学业或公职，离开其土地所在地之市县者，不适用前条之规定。

由这两种条文看来，可知一位地主，如置产在其本县，不问这块土地离开他的住所是多远，在法律上是不能视为不在地主的。即使这位地主在他县置有产业，但是他如在军界、学界及政界中谋有一职，他也不能算是不在地主。试问，于不在地主之中，把以上这些人都除开不算，余下来的还有几个？不在地主的头衔虽然是不易得，但丧失起来却是很容易的。只要土地所有权人及其家属回到他的产业所在地住上三个月或一年（《土地法》第三三四条），那么不在地主所有的义务或负担都可免除。所以承租人继续耕作九年的土地，其出租人虽为不在地主，但到了第十年，这位不在地主忽然来了，那么承租人是无法请求征收其耕地的。

我们再退一步，承认佃户有许多机会可以依法请求征收不在地主的土地，但是这种机会佃户是无能力利用的。

理由我在上面已经说过，中国的佃户没有积蓄，而政府，依照《土地法》的规定，并无帮助佃户购地的义务。因为《土地法》第三百七十三条已经明白规定："征收土地应补偿之地价，由需用土地人负担之。"所以需用土地人如是佃户，那么补偿金当然是由佃户负担了。假如这种补偿金可以分期付还，佃户也许可以担负这种责任，可是《土地法》第三百六十八条又说："征收土地应于公告完毕后十五日内，将应补偿地价及其他补偿费额，发给完竣。"佃户本人既无积蓄，所以如要他于十五日内将补偿地价付清，便非借贷不可。如此，他一方面固可避免地主的剥削，可是另一方面便要走入高利贷者的网罗中，对于佃户的生活还是丝毫没有补益。

除了以上的条文外，《土地法》中对于"耕者有其田"的问题并无别的规定了。从上面的分析，我们可以看出，现在的《土地法》是不能达到耕者有其田那个目标的。因而我们得到一个结论，就是国民政府如不修改民生主义，便要修改《土地法》。

民国二十五年 2 月 5 日

（载《独立评论》第 191 期，1936 年）

中国历史中的经济要区（书评）

Chao Ting Chi，*Key Economic Areas in Chinese History*. London：Glorge Allen & Unwin Ltd，1936，XXiii＋168 pages.

近来以经济史观来研究中国历史的人，是逐渐多起来了，但一直到现在为止，在中文方面，这种研究的系统结果还不多见。在英德文方面，这类的系统著作倒可以数出几部来。冀朝鼎先生这本书，可以说是用经济史观来研究中国历史的最近贡献，但也是用英文写的。

冀先生著这本书时的中心概念，便是"经济要区"。中国素来是以农立国，国家的财富，是以农业为基础，所以一个区域，如在农业的出产上超过其他的区域，同时这个区域中的交通也相当方便，使米谷的转运不致发生困难，那么，这个区域便可以说是经济要区。谁占据了这个经济要区，谁就有统一中国的希望。

经济要区的位置并不是固定的。用这个眼光去看中国历史，便可把中国史分为五期。第一期是秦汉的统一与和平，那时的经济要区在黄河流域。第二期为三国两晋及南北朝的分裂与斗争，那时四川及扬子江流域，因灌溉及治水事业的发达，已逐渐发展，而有与中原争雄之势。第三期为隋唐之统一与和平，此时扬子江流域已成为经济要区，握有政权的人，为使北方的政治中心与南方的经济中心发生密切的联络起见，对于运河的交通颇为注意。第四期为五代、宋及辽金之分裂与斗争，此时扬子江流域有更进一步的发展。第五期为元明清之统一与和平，此时当权者对于首都与经济要区之隔离太远，颇为操心，所以颇想发展海河流域，使之成为另一经济要区。

经济要区的移动有什么事实可以证明呢？著者所采用的方法是从各省通志中去搜

集关于水利的材料，而以某时期某区域中水利事业兴办的多寡来估定这个区域重要性的高下。譬如在汉代，陕西兴办水利的记载有 18 件，河南有 19 件，江苏只有 1 件，浙江也只有 3 件，所以在汉时，陕西与河南的重要性远在江苏、浙江之上。换一句话说，那时的经济要区在黄河流域的陕西、河南，而不在扬子江流域的江苏、浙江。可是到了宋朝，陕西兴办水利的记载只有 20 件，河南只有 11 件，江苏倒有 117 件，浙江倒有 302 件了。所以宋朝的经济要区已转移到扬子江流域。

我们对于冀先生所提出来的概念认为是有用的，同时对于他所说的经济要区在历史上移动的事实也是同意的，不过冀先生如想以这样一个简单的概念来解释中国的历史，未免把复杂的现象看得太简单了。秦的统一中国，我们承认他是占据了当时经济要区关中；刘邦战胜了项羽，我们也承认他是留了萧何守关中；光武能扫灭群雄，我们也承认他是委托了寇恂守河内；晋能平吴蜀，我们也承认是中原的经济力量胜过四川与江苏。但是经济要区已经移到扬子江流域之后，宋何以不能恢复中原，元何以能统一中国，清何以能灭明？由此可见一个概念能解释某一现象的，并不一定能解释任何现象。在社会科学中，我们所以相信多元论的，便是这个道理。

冀先生在书中对于亨吞敦（Ellsworth Huntington）的气候循环说与中国治乱的关系颇有微词，我们对于亨吞敦的学说虽然不能整个地接受，但是他说中国北部气候的转变，与胡人南侵、汉人南渡的关系，竺可桢先生曾用中国的材料证明这种结论是可靠的。即如冀先生所提出的经济要区转变，造成它的元素虽多，而北方气候的变迁未必不是最重要的一个。冀先生的见解与亨吞敦的理论可以互相发明、并存而不发生冲突，冀先生似乎不必特别提出他来反对。

本书分析中国历史，到 1842 年为止，1842 年之后，外国的势力侵入中国，沿海的都市变成经济的重心，所以分析此后中国的变迁，据冀先生的意见，以为应当用别的概念，"经济要区"一个概念是不大适用的了。但据我们的意见，经济要区一个概念如与别的概念并用，在分析古史时固然有用，就是分析近代史时也还一样有用。中国今日依然有经济要区，握有政权的人都有一个或几个经济要区的根据，是谁也不能否认的。

此书是用英文写的，但用中国地名、人名之处甚多，此点对于外国的读者一定是一个很大的不便。书中错误之点也不能免，如谓贾谊为汉武帝的顾问（6 页），蜀与吴都亡于西历 265 年（97、99 页），其不正确是很显然的，希望作者于再版时能够更正。

告别"革命"（书评）[*]

Everett Dean Martin，*Farewell to Revolution*. New York：W. W. Norton & Co，1935，380 pages.

　　欧战以后，讲革命的书，可谓风起云涌。研究其内容，大约可以分为三种。第一种是叙述革命的书，第二种是解释革命的书，第三种是批评革命的书。马丁先生的书，虽然也有叙述革命、解释革命的地方，但其主要精神，则在批评革命。

　　马丁先生研究西洋的历史，发现自希腊时代，以至最近，革命的潮流一共经过三次起伏。第一次革命的潮流，起源于雅典，当时他们的要求便是平等。这种要求，包括财富的重行分配；基督教在开始的时候，指斥富人，也是这种心理的表示。但是要求平等的结果，是恺撒式的独裁。民众变成国家的奴隶，生活于暴君的压迫之下。所以第一次革命的潮流，是以要求平等始，而以独裁终。第二次革命的潮流，起源于 11 世纪，当时他们的要求，是四海一家，但其结果为新教革命，为各地反对教皇的运动，为民族主义的兴起。不但没有达到四海一家的目标，反而把整个的欧洲，分为若干的独立国家，彼此斗争，永无安宁之日。第三次革命的潮流，起源于 17 世纪的英国，当时的要求便是自由。自由的思想弥漫各地，许多近代的革命，都是为争自由战，但其结果，在意大利及德意志，革命之后，自由消灭了，只有法西斯党的独裁。根据历史上事实的分析，马丁先生以为革命是没有用的，革命不但不能达到革命者所要求的目标，而且还会发生相反的结果。社会的进步，与革命无关，而是科学家、哲学家、艺

---

　　* 题目为编者所加。——编者注

术家、发明家等努力的结果。

我们综观全书，以为作者的理论，虽然能自成一家言，但作者似乎是先有了结论，再去分析历史的。作者痛恶革命，在 1920 年所著的《群众心理》中，已经表示得很清楚。这种痛恶，大约经过意德的革命之后，格外加深，所以又有此书问世。我们对于他那种抹杀一切革命的见解，殊难苟同。英国 17 世纪的革命、法国 18 世纪的革命、俄国 20 世纪的革命，如说它们丝毫没有贡献，恐怕许多历史家都不能同意罢。不过这一点还不算是最重要的，最重要的一点，是革命的现象，是否因有人如马丁先生辈的批评，而使不发生或少出现。假如一个国家里面，因为有人批评革命，而革命便可绝迹或减少，那么批评便有意义，否则一切的批评，便等于废话了。杜洛斯基曾比革命为妇女的生育，假如种子已播，时期已熟，那么革命的发生，正如妇人怀孕满期而生育一样自然。批评这种革命为无意义，正如批评妇女生育为无意义是一样的，只是表示批评者的无意义而已。

全书的最后一章，是"革命与自由主义"。作者既然反对革命，所以便想提倡自由主义，想以讨论、表决的方式来代替流血的革命。换句话说，作者心目中认为最美满的是英美式的政治，而所反对的乃是俄意式的政治。我们对于他这种主张，心中也有一点怀疑，就是某种政治制度，是否因为作者的悦好，便可推行各地而无阻？作者所钦佩的那种民主政治，在现在的俄、德、意，可以实行吗？如想在这些国家里，实现民主政治，不经过革命的手段，可以达到吗？我们的见解，以为无论哪一种政治制度，都有它的条件，民主政治，也有它的条件。具备这些条件的地方，民主政治自然可以实行。至如在俄、德、意，因为现在并无实行民主政治的条件，所以再多几个如马丁先生者，颂扬民主政治，而这些国家里，仍然没有实现民主政治的可能。即如英美这些国家，现在固然是实行这种民主政治，但将来也许有一天，如拉斯基教授所预测的，社会主义的党派得胜了，在议院中得到大多数的拥护了，就要大规模实行社会主义的政策了，到那时，资产阶级是否俯首听命呢？如资产阶级真肯牺牲自己的利益而俯首听命，那么民主政治便会延长下去，否则英美的这种民主政治，也有转变为共产主义政治的可能。

本书的批评之部，并无重要贡献，已如上面所述。唯作者于分析革命时，亦常有精辟的见解，如 68 页论战争可以引起革命，77 页论革命成功后，革命党每自行分裂，83 页泛论革命的过程，103 页及 193 页论军队在革命中的地位，都有独到之处。由此可见学者如想对于革命的文献有所贡献，应当采取描写或解释的路线，不宜采取批评的路线。中国的历史中，不知出过若干次革命，但历来研究这个问题的人，与马丁先生犯了同样的毛病，便是只知批评，只知加以褒贬，而于革命发生的原因、革命的过程以及革命的结果，并无系统的叙述或分析。以后学者的努力，应当在此而不在彼。

［载《社会科学（北平）》第 1 卷第 4 期，1936 年］

地方建设的一线曙光

我们天天读报的人，看到各地的农村报告，一定都有一种感想，就是各地人民的生活困苦已极，假如没有另外一种势力去帮助他们、救济他们，那么全国经济的崩溃好像就要来到似的。这种"挽狂澜于既倒"的势力并非没有，各界都有一部分的人士在那儿做这种努力。现在我愿意把从政治方面发出来的这种势力提出几点来说一下。

第一件事可以说的便是废除苛捐杂税的尝试。此事发端于民国二十三年5月间召集的第二次全国财政会议，当时各代表提出来废除苛杂的议案凡34件。同年6月，国民政府便颁布了两道命令，不准再增田赋附加，并永远不再立不合法税捐，又规定不合法税捐范围六项，以便地方政府于整理时有所遵循。各省市奉令之后，也还有相当的努力。自民国二十三年7月起至12月底止，江苏、北平等23省市裁废的苛杂种类与田赋附加，税目有3 600余种，款额达2 889万余元。自民国二十四年1月起至8月底止，各省市又继续裁废的苛杂凡1 600余种，款额达2 014万元。总计一年零二月之内，裁减苛杂的款额达4 900余万元。数目虽然不多，总算是近年来的一种仁政。

第二件事可以说的便是整理田赋。现在的政府一方面想减轻人民负担，另一方面又想建设。减轻人民负担就得废除苛杂，废除苛杂的结果便是减少地方政府的收入。建设是非钱不行的，如想建设，便要增益税收，增益税收的结果便是加重人民的负担。这个矛盾似乎可以用整理田赋来解决。现在整理田赋是用土地陈报的办法。各县办理的结果有几点可以注意。其一便是田亩的溢出，如萧县溢出1 121 584亩，沭阳溢出1 723 424亩，江都溢出448 638亩，当涂溢出295 909亩，此外溢出几万亩的还有不少的县份。其二便是省县库的盈收，如当涂盈收117 726元，萧县盈收41 036元，江都盈收96 679元。而江宁一县陈报办竣后，田赋年可增收20万元，成绩尤为卓著。

其三便是税率的减低，如当涂县省县双方的税收虽然在陈报后增加了 11 万余元，而田赋附加较土地陈报前七年的平均税率反而减轻了 48%。宜兴一县土地陈报后溢出粮田虽只一万余亩，但溢出粮亩的田赋便可用以减轻全县附加税额 96 768 元。江宁县的收入虽然增加了 20 万元，但新税率较旧税率平均减十三分之一。由此可见以土地陈报的方法来整理田赋，一方面不但不增加人民的负担，而且可以减轻人民的负担；另一方面还可增益税收以为发展地方事业之用。现在的问题便是应当如何利用这点增益的税收来做有益人民生计的建设，因为建设这个名词之下包括的东西很多，有些建设虽然对于国防有益，或者对于某一部分富人有益，但是对于大多数人民的生计可以说是毫无影响，现在应当努力的建设，乃是对于大众生计有关的建设。这些建设应当包括哪些项目、如何因地制宜去实行、由谁去负执行的责任，都是尚待解决的问题。

第三件事我们可以提一下中央政府最近帮助地方建设的两种设施。其一是稻麦改进所的设立。对于人民生活最有关切的三种农产品便是米、麦及棉花，这三样东西历年来都是入超，以致每年由中国流出的金钱有数亿元之巨。现在假如有个法子使中国对于这三种农产品都能做到自给的地步，那么每年流出的数亿元便可流入乡村，这是对于国民经济最有关系的一个问题。为解决这个问题起见，全国经济委员会早已设置中央棉产改进所，主持全国棉产改进事宜，成绩很好，这是注意棉花进口历年减少的人都会知道的。但是关于稻麦的改进，一直到去年 8 月才由行政院通过，设立一全国稻麦改进所，到同年 11 月才正式成立办公。现在稻麦两组办事的人从推广良种、防治害虫、施用肥料、实验灌溉各方面努力，希望在五年至十年之内做到粮食自给的地步。据所内专家的估计，我国米麦两种农产品的进口虽然数目很大，如与全国的产量比较，不过 3% 至 5% 而已。但如中央大学改良之稻种每亩平均较普通种多产 10% 乃至 20% 以上；金陵大学改良之麦种较普通种增加产量可至 40%。所以只要改良品种的推广一点能有把握，粮食入超的问题便可解决。别的步骤如同时并进，那么，美满的结果更可预期了。

其二，中央的机关对于地方建设有关的，便是实业部主办的农本局。这个机关虽然还在筹设中，但其事业的轮廓，我们也可大略地说一下。农本局的事务拟分两部，一为农资部，二为农产部。农资部的职务在于给各地的农村以金融上的方便。各县及各农村拟创办的农业银行，或合作社，或农民典当，经审定合格的，农资部可以投资提倡。这些银行合作社因放款所得的抵押品得再抵押于农资部。同时农资部于必要时也可协商各县及农村农业银行或合作社向农人作若干信用放款。由此可见将来农资部成立后，对于各地的高利贷者一定是一个大打击。乡村中借款的利息一定可以较现在低落，农人终岁辛苦的所得也不会是为他人忙碌了。农产部办理一般农产品的贩卖事务，并得受政府之委托办理农产品调剂事务，重要地点之农产品仓库事务与农产品的贩卖有密切的关系，所以也列为事务之一。假如办理得宜，一可使农民的出产品不致滞销，二可使农民避免奸商的剥削。将来农本局大约是分区设立，数年之后，各地便都可以得到农本局的实惠。

以上所说的几种设施，有的是想增加农民的生产，有的是想减轻人民的负担，有的是想整理税收来发展地方事业，办法虽然不同，目的都在促进地方的建设。这种种办法是否能把已经破产的农村繁荣起来呢？这一线曙光是否未来光明之兆呢？假如我们愿意这两个答案都是肯定的，那么各界的人士，特别是负实际政治责任的人，还要作更大的努力。

民国二十五年 5 月 7 日

（载《独立评论》第 201 期，1936 年）

人事的讨论（书评）

Charles A. Beard，*The Discussion of Human Affairs*. New York：The Macmillan Co，1936，Ⅶ＋124 pages.

皮耳得教授的书都是值得细读的，这本《人事的讨论》自然也不是例外。忙碌的人可以读此书的最末一章，因为本书的精华便在这一章内。

本书最可注意的一点，便是著者提出来的讨论人事的方法。这个方法名为实在辩证法（Method of Realistic Dialectics）。皮耳得教授平日的论调本来就接近经济史观，所以他老先生也来谈辩证法，本无足奇。不过我们细审这个方法的内容，觉得与一般人所谈的辩证法也还有点分别。

"实在辩证法"的第一特点便是要把握文化的全体。普通的科学方法喜欢把所讨论的事实分门别类，把整个的文化分为经济、政治、军事、宗教等部门，然后在每一部门之内研究事实的法则及趋向。这是"实在辩证法"所反对的。"实在辩证法"讨论一件事体，要看这件事体在全体中与各方面的关系。一件经济的事实绝不是独立的，绝不是只研究经济的事实所能了解的，它与别种政治军事等现象的关系都要设法把握着。研究别类的事实也得采取同样的步骤。

"实在辩证法"的第二特点便是要看事物在时间中的发展。我们讨论一件事情，要看这件事情在时间的发展中与各方面的关系。这样得来的知识，才是实在的知识。冲突是人事的中心。人类的利益、行为、思想，常是互相冲突的。我们研究人类的历史，除却注意人类谋生的各种必需的经济活动之外，就要看各种利益、行为及思想的发生、冲突、转变及调和。人类实在的历史便是各种利益、行为、思想的冲突。旧的消灭了或转变了，新的又继续产生。这种发展是"实在辩证法"所最注意的。

"实在辩证法"的第三特点就是它不谈价值，因为这个原因，所以它是"科学的"。有些很重要的问题，如"我们应当做些什么？""我们应当达到什么目的？"，"实在辩证法"并不能回答。这些问题都包括一种价值的判断，而价值又是建筑在"人生观"或"哲学"之上的，不能用"事实"来证明它或否认它。

"实在辩证法"的第四特点就是对于将来只能加以或然的预测，不能下必然的判断。对于最近的将来，还比较有把握，如美国的"南开罗拉挪"在 1940 年的大选，大约是共和党得胜。关于较远的将来，没有一件事可以肯定地预言。我们最多只能说：假如某种趋势还继续下去，那么某一件事大约会发生。假如各国的军备还继续扩张，那么大战将要发生。假如各种利益的冲突继续下去，那么美国在西历 2000 年的面目一定与现在大有不同。

以上的说法与坊间流行的所谓辩证法比较，第一点与第二点还很相似。第三点与第四点恐怕不是一般谈辩证法的人所能采纳的。

这种"实在辩证法"对于普通的人讨论人事时有什么帮助呢？据作者的意见，普通的人在讨论人事时，除陈述事实外，还带着发表意见。这些意见都有背景，都建筑在某种利益之上。意见的冲突就是利益的冲突。所以参加讨论的人，要做的第一件事就是要透视这些意见，看清楚说话者的立场。这种透视，也许可以帮助我们在冲突的意见中发现其可以调和之点。意见调和的结果可以产生新的办法、新的局面。

人事的讨论就要在冲突中求和谐，使大家都能在现在的文化中过一种美满而善良的生活。

（载《独立评论》第 223 期，1936 年）

整理生产事业的途径

一

一个国家的繁荣，要靠生产事业的发达，这是大家都承认的事实。中国在没有与欧美交通之前，所有的生产事业都是小规模的，或由一个家庭单独来主办，或由几个亲戚朋友合资来经营。它们的发展与衰落，只能影响少数的人，所以社会上对于它们的盛衰之由，并不注意，至少还没有人把它们当作专门的问题去研究。近代化的生产事业，与此便大不同了。它们是大规模的，是聚集了几十万以至几千万的资本来举办的。它们的发展与衰落，不是一个家庭或是几个人的问题，而是几千几万人的问题，所以很值得注意。

中国人办大规模的生产事业，素来没有经验，所以在过去几十年中，总是失败的多，成功的少。因为这个缘故，所以许多国民，对于本国人来办大规模的生产事业，已失却信心。许多人对于本国公司的招股，多观望不前，积留的资本，宁可往外国银行中送，或者投资于外国人所创办的事业。这种心理如不改变，那么我们即使天天高谈自力更生，恐怕永无达到目的之望。我们深信中国人的聪明才智不在任何国家的人民之下，过去所办的生产事业所以失败较多的原因，虽然很多，但其中最重要的一个原因，就是没有举行自我清算，没有细密地研究我们自己的经验，从经验中去得教训，因而前车之覆，后车未鉴，他山之石，未以攻错，前人的经验，不能增加后人的知识。为补救这种缺点起见，我们应当去做几种工作。第一，中国人所办的新式生产事业，虽然成功的少，然而也有成功的。成功的原因，我们应当去发现它，以作从事生产事业者的指南。第二，失败的生产事业，我们也要去研究它，看看失败的原因何在。这种知识，可以作后来者的殷鉴。第三，有些生产事业，虽腐败而未倒闭，虽衰落而未丧亡，在这种时候，有遇良医而庆更生的。这些良医对于病症的判断，以及所开的药方，大有研究的价值。本篇的工作，属于第三种。近数年来，有许多腐败的生产事业，因得人整理而渐繁荣的。从这许多例子中，我们愿意提出中福两公司联合办事处、平汉铁路局、招商局来加以分析。所以要这样办的原因有三：一因这三个机关的材料，国民经济设计委员会已略有搜集；二因这三个机关的整理，已略有成绩可述；三因这三个机关整理的方法有相同之处，可以互相比较。

二

中国的生产事业，有一个常犯的毛病，就是组织庞大。犯这个毛病的原因，主要有两个。第一，主持生产事业的人，对于事业的本身就没有清楚的认识。组织本是用以应付事业的，其大小与繁简，应视事业之大小与繁简而定。主持的人，应在组织之前，对于事业有精密之分析，然后何科应设，何股可省，才可作一科学的决定。实际的情形，每每与此相反。事业未见萌芽，而组织已首尾俱备的，比比皆是。他们不知研究事业，只知抄袭成文。别家有秘书处，本业也设秘书处；别人有于庶务科之外，复设购置科的，本业也照例办理。这种不用心思，随便树立组织的恶习，是使组织庞大的一个原因。第二，比这个更重要的原因，就是主持生产事业的人，常有许多本家、亲戚、同乡、同学、门生、故旧，来靠他吃饭。为安置这些私人起见，不得不扩大组织。这样办下去，本家亲戚们自然是皆大欢喜，但事业的腐化便成为必然的结果了。

整理一个腐败的生产事业，有一件事是处处都可以做，而且做了之后，一定有效果的，便是设法使组织简单化、合理化。我们先看中福缩小组织的办法：中福旧日组织，计分总务、会计、业务三科及秘书审计等室，科下分设各股。整理以来，总务科裁，该科事务归并秘书室。审计室撤销，归并会计科。矿警缩编，减去一中队。医务集中管理，将民众医院及第一、二两职工医院，合组为中福医院，分设第一、二两治疗所于两矿厂。这种变更，最可注意的，就是旧日的三科两室，缩小后只有两科一室。组织简单化了，但事务并未减少。平汉铁路局现在的组织，如与两年前的比较，在总务处内，裁销了三课，新添了一课；车务处、工务处及机务处之下，各取消了一课，并未新添；会计处之下取消了查账室。这些只是缩小组织的初步，据深悉平汉铁路局情形的人说，现在的组织还有缩小的可能，不但"课"的数目还可减省，就是"处"也有可以合并的。此就局内而言，至于局外，站长之上，有分段长，分段长之上，有总段长，而且分段长与总段长，不独在车务处之下有之，工务处、机务处及警察署之下都有。这种组织，一方面使事多周折，责任不专，另一方面因上下间的阶层太多，于是铁路上别添一些道尹式的职员，除承上转下外，几无重要工作可言。这种与行政效率背道而驰的组织，在许多铁路上都看得到，似乎应由铁道部熟考情形，作一通盘的整理计划，才可达到完善的目的。招商局的组织，经过数年的整理，已缩小了许多。民国十九年，国府颁布的整理招商局暂行条例，总经理处共设三室六科。三室即秘书室、金库室、工程师室；六科即事务科、会计科、船务科、营业科、产业科及栈务科。民国二十一年 3 月，交通部公布招商局总经理处组织章程，仍设六科。同年 11 月，招商局改归国营，翌年国府颁布招商局组织章程，总经理处只设四科，即总务、会计、业务及船舶。另设秘书、视察员及稽查员等若干人。本年 1 月 21 日，行政院修正国营招商局组织章程，总局只设总务、业务、船务三科及会计室、金库。经了这许多次的修正，组织才算是上了轨道。

以上所举的例子，可以证明这三个机关，整理旧有的组织，首先致力的一点，便是设法使组织简单化。简单化的目标，便是要把不必需的组织裁撤。但专从缩小组织着眼还不是最完美的办法。最完美的办法，是把不必需的组织裁撤，同时还要把事业上所必需的组织树立起来，这种新添的组织，有它的功能，对于整个的事业是有帮助的。所以我们谈组织的整理，于简单化之外，还要讲合理化。合理化的要义，就是裁其所当裁，而添其所当添，一切以事业的需要为标准。这种合理化的组织，可以中福于改组后新添的河运处为例。中福在民国二十三年冬季改组，裁撤了许多机关，已如上述，但在民国二十四年夏，经过了几个月的调查及研究之后，添设河运处，以发展卫河及南运河一带的煤斤销路。这个机关设立之后，在短时期之内，至少已发生下列两种影响。第一，在河运处成立之前，中福运往卫河一带的煤斤，须假手于道清铁路东端三里湾的各煤行，煤行对于船户，提取各项佣金。例如民国二十三年 8 月，各煤行规定运往德州河力每吨四元七角，船户只得三元七角；至沧州河力每吨六元七角，船户只得五元。自河运处成立以后，实用之河力，即为船户应得之运脚，由河运处直接交于承载的船户，较之从前煤行剥削时期，河力包含各项佣金在内的，相差竟至一元以上；临清以下，相差尤多。所以河运处成立之后，可以使中福在卫河一带销售的煤斤，每吨成本减少一两元。第二，河运处成立之后，卫河一带煤斤的推销，中福便可不必假手煤行，而能直接经营，对于销路一方面，当然可以逐渐增加。如民国二十三年度以前，中福煤斤，每年销售卫河一带，不过 10 万余吨，但河运处成立之后，半年之内，运往这个区域的中福的煤，便在 13 万吨以上。据估计，以后逐渐推广营业，可以销至 70 万吨。从这两种结果看起来，新的组织，如是合理的，只能增加生产事业的收入，不会给它加上负担的。

<h1 style="text-align:center">三</h1>

整理一种生产事业，除了组织方面力求简单化与合理化之外，就要在用人方面求量与质的调整。量的方面，有一件事是必须做的，就是裁汰冗员。中国各机关中冗员之多，是留心国事者所最痛心疾首的事。这种现象所以发生的主要原因，我在上面已经提过，就是在社会上有地位的人，四周有一大批寄生虫。这些寄生虫的安置，从旧的伦理观念看去，乃是在社会上有地位的人所应当做的事。在这种旧道德的压迫之下，无论什么机关中，冗员便越来越多了。冗员进来容易，但裁撤却很难。有些机关，偶然也来了一两位要认真办事的长官，对于原来这些吃饭不能办事的职员，当然想大加裁汰。但是这些不能办事的职员，都有他的后台老板，假如后台老板的面子太大，那么他所荐来的人，便不易裁汰，否则会发生别的麻烦。而且现在中国各业衰颓，谋生不易，一个人对于已得的职业，不问它是怎样得来的，也不问自己是否能够称职，总不肯轻易把它放弃。所以一个长官如有裁员的意思，一时说情者便蜂拥而来，逼得此人非放弃原来裁员的意思不可。假如此种方法无效，裁员的计划还要实行，那么有被裁可能的人员，便会联盟起来，发宣言通电，作种种呼援，或举出他种理由，对于欲裁员的人，加以种种攻击，结果假如这个长官没有坚决的意志，裁员一举终会成为画饼，这也是各机关冗员之日渐加多的一个原因。

因为裁员的不易，所以我们以为中福等机关在整理时的裁汰冗员是一件难能而可贵的事。中福在整理时，计裁汰员工两次。第一次裁职员 74 名、工人 895 名，第二次裁去职员 33 名、工人 461 名，每月共节省薪金工资 24 000 余元。裁员的事，是在民国二十三年冬季举行的。裁员的结果，生产不但没有减少，反而增加了。拿民国二十四年 1 月至 6 月的生产量来说，较之民国二十三年上半期，计增加 143 566 吨，较之民国二十三年下半期，计增加 38 190 吨，由此可见民国二十三年度所裁的人，真是冗员，对于生产事业是毫无贡献的。平汉铁路自民国二十二年 11 月起，至民国二十五年 7 月，全路员司，陆续裁去 313 人，其中因染嗜好开革的，共 127 人，因工作不需要或其他原因离职的，共 186 人。但在此时期中，陆续添派专员 42 人，实际全路员司，只减 271 人。至于全路工人，在民国二十二年 11 月共计 15 481 人，民国二十五年 7 月，只有 14 624 人，共减 857 人，其中因染嗜好开革的，共 345 人，因工作不需要或其他原因离职的，共 512 人。招商局的总管理处，在赵铁桥时代，共有 220 余人。民国十九年招商局总管理处组织章程，规定可用人员自 242 至 312。民国二十一年交通部修改的总管理处组织章程，规定各科除设主任外，可用办事员 172 人。实际招商局在未收归国营以前，自民国十七年至民国二十一年之五年中，历任职员人数，平均为 194 人强，其中以李国杰任内 279 人，月支薪金 33 700 余元为较高。民国二十一年改归国营，在刘鸿生总经理任内，职员亦有 234 人，支薪 26 886 元，较之李任，已见减少。招商局冗员之多，民国十八年审计部在彻查招商局案报告书中，已加以痛击，当时招商局的职员为 220 余人，审计部特别提出日商日清汽船公司来与招商局相比说：“查日商日清汽船公司，其船不下四十余艘，同时以航业为营业范围，事务繁简，自属相同。营业成绩，每半年所获纯利，为数甚巨。其所用职员全体，合计仅 37 人。彼此用人，相差如此之多！”这种批评，可惜历来管理招商局的，都没有加以注意。一直到本年 2 月，行政院训令交通部，关于整顿招商局，指出应予立即改善的事四项，其中第一项即为裁汰冗员。训令中说：“该局职员太多，开支不无浮滥，应即遵照新颁组织章程规定之名额，严加裁汰，以符实际之需要。其裁汰方法，应以考试为原则。”招商局受命之后，即举行总局全体职员甄别考试，由交通部派员莅沪主持，所有考试科目，悉以服务经验为主，学理次之，结果及格的仅 70 余人。截至 9 月底，计自动辞职人数 67 人，被裁汰的 85 人，先后经交通部委派总副经理以下人员计 37 人。后以事繁人少，且照规定，尚有缺额，遂于 7 月登报招考，计录取普通人员 4 名、统计人员 2 名。总计改组后留用及考补人数，共 125 人，月支薪额 16 486 元，比较改组前减少人数 109 人，省下薪资 10 400 元。现在招商局对于各附属机关及轮船上人事部分，亦拟作类似的整理，将来在开销上，一定还可以省减的。

招商局这次对于人事的整理，不但是减少冗员，同时也把质的方面提高了许多。它以考试的方法来淘汰旧人及添补新人，实为调整人事的正当途径，尤为可取。平汉铁路局最近对于新人的录用，据云已组织一“委用人员审查委员会”，其第一步手续系甄别，如甄别仍不能断定，则继之以考试，而考试的要点，系重实际经验，而不专重学理。这种登录人员的方法，比以一人的爱恶为标准的方法，自然要靠得住许多。

四

整理一种腐化的生产事业，应当做的另一件事便是去弊。办事人员的营私作弊，可以说是一件生产事业衰落的最大原因，一般民众对于国人自营的事业失却信仰，也是因为他们对于营私舞弊的事件听得太多、见得太多的缘故。这种事实不断发生的原因，当然是很复杂的。一般在机关中服务的人，缺乏对于廉洁的信仰，自然是一个主要的原因。我们以后的教育，应该使人民养成一种信仰，就是在任何机关中办事，不在薪水或工资以外私取公家的一文钱。这种信仰的养成，是要花很长久的时间的，不是一个主持生产事业的人所能为力，所以可以暂且不谈。主持生产事业的人，对于去弊一事所能为力的，至少有下列四点：第一，本人须保持绝对的廉洁，须有颠扑不破的操守。曾国藩曾谓风俗之厚薄，系于一二人心之所向，在一个机关里的风俗，在上的一二人，的确有巨大的影响。假如一个主持生产事业的人，自己就要贪污作弊，就想在薪水以外，别谋生财之道，那么他所管辖的人员，没有不同流合污的。反过来说，假如在上的一二人，维持绝对的廉洁，同时以此来规勉他的僚属，那么他的僚属，即使有存心贪污的人，也必因有所顾忌而不敢了。孔子所说"子帅以正，孰敢不正"就是这个道理。所以主持生产事业者本身的廉洁，是去弊的第一要点。第二，我们要设法使在机关中办事的人，自长官以至工人，都能得到一种薪金或工资，可以维持他们的典型生活程度，此点对于下级职员尤为重要。如招商局在商办的时期，庶务的薪水从 26 两到 62 两，会计科的职员薪水自 30 两至 250 两，沪局的局长薪水只有 250 两。这种薪水，是很难使人养廉的。还有轮船上的茶房，与好些县衙门中的差役一样，根本就没有工资，在这种情形之下，想他们不舞弊，岂非缘木求鱼？所以我们如希望一个机关中弊绝风清，一定要给每个职员一种可以维持他们生活程度的报酬。第三，每个机关都应当制定许多规则章程，使各个职员都没有舞弊的机会。很多人之所以敢舞弊，就是因为他们所作的弊，上司不去查，即使查也查不出。精明的上司，应当细心考察一个机关的各部分，看看哪一处有作弊的机会，然后制定一种办法去防止它。各种法规制定之后，不但要使君子不受作弊的引诱，就是小人也无作弊的可能。第四，上司对于僚属应严加考核。作弊的事，如果发现而且证实，那么作弊的人，应立即解职，毫无说情的余地。

以上所说的是理论，现在我们可以举出几件作弊的事实，看看假如实行上面所说数点，是否有防止的可能。这种作弊的事实，不必他求，改组前的平汉铁路局及招商局，就可供给许多。我们在下面的案件中，把原来的人名或隐去或改换，因为我们的目标在于研究一个社会问题，而不在于攻击个人。

第一件事出现于几年前的平汉铁路局材料课，是由一个材料课的司事检举的。他说：

> 本路材料课每月购办材料，其价款少则十余万元，多达二三十万元，其数之巨，实占铁路收入之一大宗。购办材料人员，若不廉洁自守，则妨害路局经济至巨。平汉铁路材料课课长及购办股股长，平日购办本路材料，擅敢与商密约，私行折扣。凡本路购办五金电料，折扣三成，即每万元折扣 3 000 元，每 10 万元折扣 3 万元，其他木料、油料、军衣、药料，等等，亦皆折扣一成以上至三成不等。计彼等每月购料作弊所入，为数达至巨万。似此巨额舞弊，殊足惊人。材料课课长及购办股股长既伙同购办股人员狼狈为奸，舞弊如斯巨款，则对本课其他员司自防被其检举，乃每月以 2 000 元分贿全课员司，避免破露。

这 2 000 元的分贿，告发此事的司事，每月可得 30 元，但因购办股股长想把他挤走，而把这个缺给自己的侄儿，所以司事才把这个黑幕揭破。

第二件事是关于平汉铁路一位工务处长的，告发的人是工务处的段长、工程司及课员等。我们假定这位工务处长姓赵。告发的人说：

> 某年六七月间，赵氏竟敢擅越职权，代材料课定购美国道木 5 万根，每根多报价值美金七分，约合国币大洋三角余，赵氏共得回佣 15 000 余元。又某年水灾时，赵氏更替材料课订购麻包 17 万只，每只回扣大洋一角，亦舞弊在 17 000 元以上，商家底账，俱可查核。所有采购签订合同手续，由赵一人经手，均可覆按。

以上这两件事，假如上司本人是廉洁的，对于购料一事有详细的章程规定，对于属员有严密的考核，一定不会发生的。

我曾请教一位在铁路上服务多年的朋友，要他把铁路上的弊端一一举出，承他写了一篇很长的文章给我。其中关于弊舞一点，据他所述，铁路局的各部，没有一处不可以作弊的。由此可见整理一种生产事业，去弊是何等重要！

平汉铁路局自从改组之后，对于去弊一事，积极进行，现在所订的办法，共有 17 项都是与去弊有关的：（1）严定债款解决之办法；（2）严定复核单据及付款凭单之制定；（3）严定出纳人员付款办法；（4）提高银行存款应有利息；（5）确定透支款项之合同；（6）每日现金收支之考核；（7）严格遵守预算；（8）审核出纳理财人员，使各明了其本身之立场；（9）确定检查站账款及客货办法；（10）管理领袖或主管人员绝对不能无法令之根据而挪动丝毫款项；（11）追查报销之严格办法；（12）组织购料审查委员会，树立其独立精神；（13）缩小庶务课之权限，举凡物品印刷文具之标购，统交购料审查委员会办理；（14）缩减庶务用款，民国二十二年原为每月八九万元，现为2万元左右；（15）清查材料，以严定购、收、发、存四项之办法；（16）打破商人垄断投标材料之办法；（17）注重贪污办法之规定。以上的办法，平汉铁路局行了数年，除债务解决，减低利息 2 600 万元不计外，每年所可节省之费（如材料价格减低，庶务用品减少）及增加财政上之收入（如利息存款提高，借款减低），总共近 300 万元。

平汉铁路局所用的去弊方法，有许多在整理中福的过程中也用过。如购料方面最易发生流弊，中福对于此点改进工作，有数点可述：（1）规定预决算，以前采购材料，均系随用随购，非特临时仓促，不及询价选购，即会计科方面付款，亦有时感觉困难。整理时乃实行预决算办法，即参照前三个月耗用材料情形及采购价值，预算下三个月应购材料数量及价款，到单核定后，分别预为采购。三个月预算终了，复照实购数量与价值，比照预算，作一决算。（2）规定标准牌号用品，采购材料，系根据长期经验，选定质地合用价又低廉之材料，如系有牌号的，则规定其牌号，否则选定样品，按照标准样品办理。（3）招致标商，除特种木材已与各商行有定洽者外，其余均用公开投标方法，各商皆可投标，较之从前仅通函某商，某商始能投标，改善甚多。（4）规定订购及验收单格式，订购单计复写两份，一为存根，一交商人持换发价单，一凭做发价单后，随送会计科审核。品名、数量、价值等，均于单内一一详为载明。购料的弊病除去之后，发料及用料两方面的弊病也要注意剔除。中福在整理后，生产方面增加，已如上述，但物料的消耗，因管理得法反而减少。如民国二十四年1月至6月，第一及第二两矿厂用料共价值 127 954.34 元，较之民国二十三年 7 月至 12 月，节省 118 200 余元。材料之外，庶务用款之巨，亦为弊源所在，中福在整理之前，庶务零支开销甚巨，有时每月竟达万元，整理之后，减至月支 500 余元，这些都是去弊的结果。

招商局的积弊，于民国十六年，经国民政府清查整理招商委员会揭发后，已是举国皆知。委员会的报告书，可以当作一本舞弊大全读。招商局成立了 60 余年，至今还是表示着一种千疮百孔的局面，历年办事人员的舞弊，实不能辞其咎。本年改组以后，弊病除了许多，最著的有下述数点：（1）扛力部分。查招商局上海各码头，分为南北中新华五栈，所有货运扛力支出，年达 30 余万元，向采包办制度，每年中漏卮损失极巨，改组后毅然废除旧制，一律公开招商投标，先后当众举行。现已分别办理完竣，各栈所投标价虽不一致，平均则为包价 67.1%，以民国二十四年实支数比较，则此后每年可省扛力 114 700 余元，如货运增加，节省数当不止此。（2）船舶修理部分。在改组以前，凡轮船修理，仅由各该船员开具修理说明书后，即停航修理，需时多则六七十天，少亦匝月，修理完竣，唯凭各该船员自行签字验收。此不特工程上有不尽不实之弊，而停航过久，于营业上损失，殆更不资。故改组后遇有应修船舶，须经各船主管船员开具修理说明书，由局中工程师亲自上船察勘后，再据实将原说明书修正，陈经船务课主任核转局中批准，始招标承修，并指派工程师一人驻船监督。修理完毕，另具监修报告表呈候派员验收，是以每船修理日期，少则八九日，多则十三四日而已。总计本年 2 月至 8 月，各轮修理费用，仅支 231 750 余元，与改组前民国二十四年 2 月至 8 月所费 340 130 余元比较，实减少 108 380 元。（3）物料消费部分。查各轮领用物料暨普通用品，种类既繁，为数尤巨，在昔漫无限制，故不免浪费。改组后特将每月各轮需用物料，依船舶的大小，分别规定请领数量，预为储备，每三个月公开招标购办一次，在可能范围内，一以国货为标准，如临时需用之物，估价在百元以上，也要由船务课呈请总经理核准招标购办。各轮消费情形，并随时派员密查。关于物件暨普通用品账册，概用新式簿记，务使款不虚糜，物无浪费。计自本年 2 月份至 8 月份，各轮领用物料总额为 87 123.87 元，较改组前民国二十四年 2 月至 8 月，减少 66 523.4 元。（4）燃料消耗部分。查各轮燃料一项，为招商局支出大宗。改组后特将购煤领煤程序，严切规定。凡煤斤购进，皆分批由煤商运沪，交由局中煤栈负责经收经付，每日由煤栈主管人员填具收付煤斤日报，送船务课审核，发煤则由各轮船轮栈长开具领煤单，经船长签字，送船务课轮机工程师、物料股股长详细审查，再送正副主任核签后，始填发装煤通知单命令煤栈发煤，船上用煤情形，则随时派员密查。至于用煤数量，自本年 2 月至 6 月，平均煤价每吨为 11.15 元，五个月间，局中江海各轮共用煤 42 069 吨，计航行 350 792 海里，平均每海里需煤量 0.119 9 吨。改组前自民国二十四年 2 月至 6 月，共航行 309 222 海里，用煤 40 574 吨，平均每海里需煤 0.131 2 吨。改组后平均每海里节省煤斤 0.011 吨。若以改组前每海里用煤量 0.131 2 吨乘算改组后航行总海里数，则 5 个月节省煤斤为 3 955 吨，以每吨 11.15 元计算，共省洋 44 098 元余。以上四件事除弊的结果，半年之内，招商局便可省下 33 万余元。

五

以上我们只把整理一种生产事业所应注意的三方面来说一下：第一关于组织，第二关于人事，第三关于去弊。此外还有兴利也是很重要的，不过各种生产事业的性质不同，所以兴利的方法也不一致，此处不拟详细地讨论。兴利是否能够实现，关键要看主持生产事业的是不是一个有品格、有学识、有经验的人。假如我们替一种生产事业已经找到一个可靠的人，那么兴利的工作可以计日而待，不必局外的人再来操心。

中福、平汉铁路局及招商局的整理方法，我们已经略知一二了，也许有人要看它们整理的成绩。关于此点，我们以为最简便的方法，莫如审核它们的营业账。

中福在民国二十三年度的下半期，纯损 147 143.32 元，全年亏损 590 907.48 元。民国二十四年度，经过整理之后，中福不但没有亏折，还余纯益 920 504.36 元。

平汉铁路局最坏的年度是民国十六年，全年营业只有盈余 140 余万。民国二十三年度整理之后，盈余为 1 240 余万，民国二十四年盈余为 1 790 余万。

招商局的改组还不到一年，所以全年的营业账还看不到，但以客脚收入而论，民国二十五年 2 月至 6 月，比去年同期增 214 891 元；货脚收入在同期内比去年增加 88 598 元；轮驳航运费在同期内比去年增加 39 788 元。另外，关于轮驳维持费，民国二十五年 2 月至 6 月，比去年同期减少 96 020 元；总局管理费在同期内比去年减少 56 674 元。

这是整理的成绩，任何生产事业，如照上面所说的办法去做，一定可以得到类似的结果。

民国二十五年 10 月 16 日

（载《行政研究》第 1 卷第 1－3 期，1936 年）
（本文文摘《整理生产事业的途径》载《文摘》第 1 卷第 1 期，1937 年）

中国工业化问题的检讨

中国的工业化，近来还在萌芽时期，以后的数十年，一定还会发扬光大。但在工业化的过程中，有许多困难的问题是需要解决的。作者最近得到一个机会，在常州、无锡、上海等处参观了三十几个工厂，并与从事工业有年的人，对于中国工业化几个重要的问题作了若干次的讨论。这篇文章，就是要报告这次考察与讨论的结果。

一、资本

一个国家的工业化，需要许多的条件，其中最重要的一个便是资本。中国是一个缺少资本的国家，但发展工业，没有资本是不行的。我们可以从哪些地方取得我们所必需的资本呢？这个问题，大约凡是注意中国工业化的人，都会考虑到的。回答这个问题的一个方法，便是去研究欧美以及日本等国的经济发展史，看看这些国家的资本是如何形成的，然后考虑这些国家的经验有无可以供我们参考的地方。这是一个很好的方法，但在这篇文章中，不拟运用。这儿，我只愿意提出一般工业界的先进对于这问题的意见。他们以为发展中国工业的资本，可以有四个重要的来源。第一便是由现有的工业来供给发展工业的资本。这不是一个理想，在我所参观的工厂中，有好些在设立的时候，资本不过数万或数十万，而现在的资本居然到了数百万。这个数目的增加，一部分是由于招添新股，但一大部分的新资本，还是由工业本身滋生出来的。它们在每年结算营业账的时候，有的多提公积金，有的保留红利不发，到了相当的时期，便把工厂的资本额扩充。如常州大成纱厂，在民国十九年时，资本只有 50 万元，民国二十四年便增至 200 万，又如无锡丽新纺织印染公司，在民国九年只有资本 30 万，现已增至 270 万，都是用上述的方法膨胀的。别的例子，类此的甚多，不必枚举。所以我们希望一切从事工业的人，都要认识并且担负这个创造新资本的责任，不要把每年的盈余都当作红利分走，应当积少成多，使工业资本每年都有增加。工业资本的第二个来源，便是由政府取缔投机事业，引导社会上的游资走上生产事业的途径。中国人口众多，一方面虽然贫民触目皆是，但另一方面，拥有巨资的也不在少数。他们的资本，在过去多投资于买卖公债、地产、标金等投机事业，自从政府采取新货币政策并整理公债之后，这一方面的投机事业，已无游资用武之地。地产买卖，自从数年前地价惨落之后，投资者已有戒心。所以在这个时候，由政府用奖励的方法，如保息或减税等，来鼓励正常投资，一定有好多资本可以作发展工业之用。工业资本的第三个来源，便是鼓励华侨投资。华侨每年由海外汇回中国的款，近来每年常在 2 亿以上。这 2 亿的资本，其用途如何，惜尚无人加以研究，我想此中一定有一部分，可以引导其注入工业中。除却这 2 亿零星的汇款以外，我们知道华侨中有许多巨富，颇欲投资于祖国，这种热心，政府应特别加以奖励。如在上海开设中国酒精厂的黄氏，在爪哇素称巨富，其财产达 3 亿之巨，酒精厂的资本 150 万，在黄氏创办的事业中，还算是小规模的，以后中国各种工业的发展，借助于黄氏的机会，应当还多，所以对于黄氏在中国初办的事业应当特别加以爱护。又如在上海开设永安纱厂的郭氏，是澳洲的华侨，他们在中国纺织业中投资之巨，除无锡荣氏的申新纱厂外，无与伦比。像这一类的华侨事业，如政府特别加以爱护，一定可以吸收更大的华侨投资。工业资本的第四个来源，便是利用外资。过去私人利用外资而成功的事业是很多的，如商务印书馆在初办时，曾与日本金港堂合作，起初两方各出 10 万元，嗣后华股陆续增加，到民国三年，便将日本股份全数购回。又如五洲固本皂药厂，本为德人盘门氏所创办，到了民国三年，由上海巨商张云江收回，又让与项松茂，经营二十余年，便成为今日国人自办最大的肥皂厂。又如中国亚浦耳电器厂，原为德人亚浦耳所创办，民国十四年，亚浦耳回国，便将全部机器生财，盘与国人，现在居然也可以与荷商飞利浦、德商亚司令、美商奇异、匈商太司令等合组的中和灯泡公司竞争，而得到相当的胜利。又如在纺织业中首屈一指的荣宗敬氏，其所辖的九个纱厂，第二厂原来是日人开设的恒昌纱厂，第七厂原为英商安利洋行设立的东方纱厂，但先后均由荣氏接收下来。又如康元制罐厂现在的厂址，原为日人所办的工商制罐公司，民国十二年，康元制罐厂接盘工商制罐公司，遂将老厂迁入，合并办理。又如阜丰面粉公司，其设备的新颖，在国内可称第一，据经理孙氏言，公司中有一部分机器，值洋 150 万元，即系由英国借贷而来，利息七厘，五年还清。由以上所举的几个例子，可见利用外资，不问他是合伙，或是借贷，或由外人单独经营，如国人肯自己努力，结果都可以获得很大的利益。不过在上面所举的利用外资的三种方式之中，其由外人单独经营一方式，便是让外人在华设厂，是利弊互见的，我们应当设法去其弊而收其利。近来讨论这个问题的人，每注重于弊的一方面，如外人在华经营事业，每不肯受中国公司法及其他法律的限制，又某种国家，每因经济问题而牵涉到政治问题，所以我们听到某国的投资，总怀疑它后面有不良的动机。但是利用外资的弊，是可以用外交的方法铲除的，同时如我们的国家力量增强，所有的弊端，都不难一扫而空。至于利的方面，外人在中国投资，除加速中国的工业化外，还可使中国金融市场的利率降低；农民的产品，添一顾主；失业的工人，多一谋生的机会；空虚的国库，多一税源。例如日本在青岛所设纱厂，据民国二十二年海关报告，该年由火车装运之货，如棉花、煤斤及其制品，所付运费共计 500 万元；所缴棉花税捐，亦不下 280 万元；采购华棉 90 万担，价银 3 000 万元；采购鲁省煤斤，50 万元；华工工资，360 万元。虽然日商直接由纱厂中得到许多的利润，但间接对于中国的利益，是不必否认的。中国人在利用外资的条件下，应设法积蓄财富，以便遇有机会，即可使外资变为华资，使现在外人开设的工厂，将来可以变为国人自己经营的工厂。这种结果，并非不可能，上面所举的例子，已可证明。我们再看美国，在 1913 年，虽然在国外的投资达 20 亿元，但外人在美国的投资，也有 50 亿元。美国是一个新兴的国家，所以在欧战前，利用外资的数量超过本国资本的输出。但在欧战中，美人一方面把外人手中的美国股票买回，一方面把历年积蓄的资本投资外国。到了 1930 年，除去美国政府借与欧洲各国的债款不计外，美人在外国的投资竟达 152 亿元之巨数，与英国在欧战前的国外投资总数相仿，但英国人花了一个世纪的工夫所做到的成绩，美国人在 15 年之内便完成之。由此可见一个没有资本的国家，在工业化的初期，利用外国的资本是无妨的。只要利用的人，肯自己努力，肯借国外的资本，滋生本国的资本，那么在某一时期，虽然欠外国人的债，而经过若干年后，也可一跃而为债主国。美国是一个好榜样，而我国实业界的前途，如上面的例子所表示的，也可以使我们发生一种信心，就是中国人如自己肯努力，是可以收利用外资之利的。但如中国人自己不努力，那么中国的殖民地化，也可因利用外资而增加其速度。为祸为福，关键还在中国人的本身。

二、技术

工业中的技术问题，可以分作技术设备与技术人才两点讨论。

技术上的设备，中国现在是落伍的，无可讳言。落伍的现象，从两方面可以看出。第一，各工厂中所用的机器，大部分都购自外国，本国人自造的还不多见。第二，就拿这些外国机器来说，也是陈旧的多，而新颖的少。这种落伍的设备，在中国工业界中，亟应设法改良。无锡庆丰纺织有限公司是设备最好的工厂，它的经理唐星海先生曾说过：

> 工欲善其事，必先利其器。企业之成功，全在产量多、产品良、产费廉之三大要端，故凡可以增进产量、改良产品、减低产费应有之设备，绝不能稍事吝惜，因小失大。科学进步，年有改观，机器改良，日新月异。今年称为新颖者，明年即属陈旧。所谓实业者，实为进趋之事业，非可一成不变，墨守旧章，而能与人角逐者，故凡有可以增进产量、改良产品、减低产费之新颖设备，亦应随时改进，力避落伍。

唐先生的理论，诚然是正确的，但实践这种理论却有相当的困难。即以庆丰而论，它的纺织机器，都是在 1932 年以前的。1932 年以后的纺织机器，我除在永安第一纱厂看到数架外，别处并未见到。反是，1920 年的机器，我在很多的纱厂中还见过面。这种现象存在的原因，第一由于中国的资本缺乏，第二由于中国的重工业不发达，第三由于中国人口的众多。前两种原因是很明显的，第三种原因，我愿举两个例子来解释。我于参观华成烟草公司时，顾少卿厂长曾指出两架包烟机来使我注意，一部是购自外国的，价洋 5 000 元，一部是本国人仿造的，价洋 1 000 元。我问他：“既然本国人可以制造这种价廉的机器，为什么不多造几架？”他说：“这种包烟机，一部可以代替 100 个女工，本公司不愿见许多旧的工人失业，所以不拟多造。”又于参观美亚织绸厂时，曾与蔡声白先生论中日织绸厂中设备不同之点。蔡先生谓日本织绸厂中，一女工可管三四机，有管到八机的。中国织绸厂中，十年以前，两人管一机，近来则一人管一机。如厂方将设备改良，使一人兼管两机，工人每不肯合作，仍要求一人只管一机，原因系彼等抱有饭大家吃主义，如一人管两机，必有若干人失业，有此顾忌，所以工人都愿意停留于一人管一机的阶段。以前我常说中国人口数量的庞大阻碍了生产力的自由发展，于此又得一证。

我们一方面虽然承认中国工厂中技术设备的落伍，但另一方面，也要承认中国近年来在技术上的进步。我们有一时期，所有的机器都要向外国人买，近年来有好些机器，中国人已能自己仿造了，而且仿造的结果，还可做到价廉物美的地步。上面所举的华成包烟机，便是一个好例。此外如华生电扇厂，有一螺丝钉制造机，如向外国购买，需洋 4 000 元，本国人自造的，只需 1 000 元。康元制罐厂的玩具部，有一制造发条的机器，是不轻易让人参观的。据项康原先生说，这个机器制造出来的发条，货色与舶来品并无差别，但只售二角一磅，外国货要四元一磅。像这一类的例子，很可使人兴奋。由此可见中国人对于机器，不但有模仿的能力，而且还有改进的能力，只要假以时日，那么追上欧美，也不是十分困难的事。

关于技术人才在中国的缺乏，也是大家所承认的，不过我们如用历史的眼光来看这个问题，就可看出中国近年来的进步。大成纱厂的经理刘国钧先生，在他与我的通信中，有一段可以表示二十年前技术人才缺乏的情形，他说：

> 民国三年，即来武进城内，与友人合组大纶机器织布厂，创全国未有之单纯单纱织布厂之新纪录。国钧虽自己只在私塾读书一年，未曾进过学堂，办此机械织布新工业，学识不足。但想外人非生而知之者，制造机器，无中生有者很多，吾人买得此等进口现成布机，只须认真苦求，无有不能织布者，自信只要功夫深，铁亦磨成针。以此自励，并未聘请工程技师，全凭苦干。于民国四年 2 月开工排机，至 6 月尚无成效。常有夜半思得一事，披衣而起，或乘半夜车往申求教。又费时四五月，毫无眉目（因彼时有织布机械知识者甚少，且购此旧机，无人负责装置），请来机匠，连换三次，终未见效。在万分困苦中，国钧易服工衣，私进上海怡和织部，练习两天，并得一机匠，返常研究，始克略具头绪。日在车间研究，忘食午膳者有之，烫伤轧坏我皮肉者有之，此为国钧在发展工业过程中最初之困难。

这种困难，现在办纱厂的人是不会感到的。下面我们再引一段一个过来人所述的永利化学工业公司事迹。这位过来人说：

> 技术艰深，那是最初动手就在觉悟中的，不过也没有想到艰深到如此地步。那时苏尔维法的秘密，在世界上还是金瓯无缺，统制在一个组织之下。各国纵然也有几家少数独立碱厂，都是自己暗中摸索出来的，从来没有真正在碱厂做过工的熟练技师放出来代人家设计，各国也没有现成的机器发卖。不像近年，日本厂

家能出高价，就有阿快斯君代它设计，并且保管它出货的质量和产量。难易之分，相隔天渊。我们那时候花几万元金钱，费几个月工夫，造成一座机器，开动不到一个月，就有全部毁坏变成废铁的。重新再造吧，未见得新的一定比旧的有把握，徘徊审慎，这个烦恼，真没有言语可以形容。至于开一天工，停下修理十天半个月的玩意，更是家常便饭，有时教人吐不出气来。昏天黑地地干，一共七八年，工程上这样幸而敷衍下来了。

办理永利的人所遇到的烦恼，办理开成、天原、天利的人是不会遇到的，可见中国的技术人才，是逐渐加多了。另外还有一件事可以证明中国技术人才的增加，就是中国各工厂中，外国的工程师已经少见了。有一个时期，中国工厂中离不了外国工程师，正如以前的国立大学离不开外国教习一样。现在，像我所参观过的三十几个工厂中，只有两家还用外国的技术人才，其余的工厂，技术方面都由中国人主持。上海水泥公司的经理华润泉先生说过一句有趣的话。他说，工厂中有一个外国技术人员，便如多添了一处租界，使管理的人发生许多麻烦，因为厂中所定的一切规则，外国人都可以不遵守，这种租界自然是取消愈早愈好。工厂中外籍技术人员，除不易管理外，薪水过高，也是使中国人不愿请教的一个原因。以后中国的技术人员越来越多，外籍的技术人员在中国工厂中恐难有立足之地了。

技术人员的增加，自然要归功于政府的留学政策及大学政策，不过现在中国的技术人员，从量的方面看去，还是不够用的，而且中国的技术人员，并不是在每一方面都有代表的，特别在重工业方面，现在恐怕还要借重客卿。救济的方法，治标自然是继续过去的留学政策，治本还在充实本国的大学及研究院。

以上所讨论的，特别注重于上级的技术人才，但中国不但缺乏上级的技术人才，就是中级的技术人才，也是随处都感不足。这种人才，本来应当由职业学校供给，但中国过去对于职业教育太不注意了，以致现在一切的工厂，对于此种人才，只好自己训练。许多工厂中，都招收练习生，许多是高中毕业的，也有在高小毕业的，在厂中受过相当时期的训练以后，才可在厂中担任工作。这种办法，在最近的将来，各工厂一定还会继续下去的，因为社会上训练这种中级技术人才的机关，现在还不够用。

三、管理

过去许多工厂的失败，都是由于管理不得其法。管理问题，非常复杂，现在分作四方面讨论。

第一，我们先论厂屋与机器的管理。过去有许多办理工厂的人，把招股所得的资本，大部分拿来建厂屋、买机器，只留一小部分的钱来作流动资本，于是在开工出货的时候，时感周转不灵，不得已，只好将厂屋及机器作押，向银行借贷。年底计算，如有盈余，先还银行欠款，次分官利红利，对于公积金及折旧等事，不知亦不能顾及，如此十年或二十年之后，厂屋及机器都陈旧了，生产力量减低，而生产费用却加高，与同行的竞争，当然失败，金融机关或政府方面，如不加以救济，这种工厂，只有宣告破产。我们如研究中国的工业失败史，一定可以发现许多厂家，都是循着上面所述的途径，走到破产的归宿。根据在工业界有多年经验的人的观察，中国各工厂，流动资本与固定资本（指厂屋及机器等）的分配之比，常为 1∶3，如使其比例为 3∶1，即使流动资本三倍于固定资本，则办理工厂的风险就要减少许多。因为流动资本的数量加多，则向银行借款的机会便减少，因而利息的负担也就减轻，所以在股本招足的时候，以几成建厂屋、购机器，以几成做平常事业上的活动，乃是管理工厂的人第一个要细心考虑的问题。在资本缺乏的中国，欲使一般开办工厂的人把流动资本的百分数提高，乃是一件不很容易的事，不过无论如何，我们应当以此为标准。除此以外，办理工厂的人，在资产负债表内，绝不可忘记把公积金与折旧列入，而且最好在分配盈余之前，便把这两项用度提出，因为不如此，即使厂方有一个时期可分盈余，而终以厂屋与机器陈旧，无钱抵补，也会破产的。据唐星海先生说，日本纱厂之所以能保持胜利，设备永不落伍，便是因为注重公积金与折旧之故。唐先生特别拿出一本上海纺织株式会社的某一期营业报告书给我看，该社的资本 600 万两，公积金已有 358 万两，已超过资本额的一半。在那一期的营业报告书内，有一利益分配表，极可注意。在盈余的 125 万两中，不到三分之一，便是 39 万两，是以官利红利的名义分与股东的，其余的部分，有 25 万是折旧准备金，45 万归入下期计算，其余的便分入几种公积准备金。我们只要看一下这种报告，就知道这个纺织株式会社的基础是很稳固的，一般商业上的风险，绝打不倒这个根深蒂固的组织。中国现在也有好些工厂注意到这个根本的问题，阜丰公司便是一个好例子。在民国二十四年度的账略中，阜丰表现出它的资本，虽只 100 万元，而公积金已有 89 万元，折旧也有 78 万元。阜丰的设备，能够日新月异，当然要归功于这种管理的方针。

第二，论人的管理。工厂中的人事管理，可以分作职员与工人两方面讨论。职员的任用，是一个很严重的问题，有一个在上海办理工业多年的人，前几年事业失败了，我曾请教他的同行，打听这位先生失败的原因。据许多人说，这位先生在用人方面没有采取人才主义，总是先用亲戚本家，其次用同乡，其次再用别地的人，这种用人方针是他失败的主要原因。我想在中国的旧伦理观念之下，用人不脱这种窠臼的，实在不多。为避免当事者的麻烦起见，对于职员的进用，莫如实行考试制度。商务印书馆便是实行这种制度的。该馆所定的规则，凡是进来的人，除了有特别技能或者很高的程度之外，其他的都要经过考试。年青的刚离学校的学生，考取进馆之后，高小程度的要做三年学生，初中毕业或高中毕业的，至少也要当两年或一年的学生。他们不是单挂学生的名义，还要受两种训练：第一种是业务上的训练，第二种是普通知识的训练。这种考取再加训练的职员，其服务的能力，当然比靠讲情面进来的要高得多。此举很可为一般工厂所取法。职员入厂之后，应当有严密的奖惩方法，来增加他们的工作效率。凡是讲科学管理的工厂，如商务印书馆，如康元制罐厂，对此均有细密的规定。但也有好些工厂，其增加效率的方法，完全靠经理或厂长以身作则。一以法治，一以人治，两种制度，在小规模的工厂中，其优劣不易看出，但在大规模的工厂中，无疑应当采取法治。只有严密的规章加上严密的稽核，才可使各个职员各尽其职，为工厂的生产而努力。

管理工人的目标，概括地说，共有两个：其一是要增加工人的工作效率，其二是要预防工潮。提高工人工作效率的方法，各厂采用的约有四种：一为入厂时的体格检查，于是身体孱弱、不堪工作的，都被淘汰了。二为入厂后的训练，在好些工厂中，训练不只是技术的，同时对于做人之道、普通常识、精神训话等，也多加以注意。亚浦耳厂的经理胡西园先生曾说过，如想每个工人成为一个好的工人，先要使他成为一个好人，这是一句值得注意的话。三为用奖励的方法使工人生产的多少与他收入的多寡发生密切的关系，件工制为多数工厂所采用，便是由于这个原因。四为办理工人宿舍，使工人与外界少接触，借免传染恶习，同时因起居有时、饮食有节，工人的精神，也不致在不正当的娱乐上浪费，其影响于生产的能力是很大的。关于预防工潮，据多数厂家的意见，最有效的方法莫如由厂方自动地为工人谋福利。在我所参观过的工厂中，工作环境可以说是都在水平线以上，华成、庆丰、大成等厂，还有冷热气的设备。至于无锡的华新丝厂，其环境与学校相仿，即便与外国管理最良的工厂相比，亦不多让。据云，工作环境不良之工厂，多系小厂之用学徒制的，以后如同业公会的组织严固，此种现象或可改善。除工作环境的改良之外，各工厂中，对于补习教育、运动及医药设备、养老金、团体寿险等，已有多数加以注意，尤以前数项为普遍。天厨味精厂，对于服务满十年的工人，给以一年的工资，名为唯旧酬金。商务印书馆鼓励职工保险，保费由公司出一半，个人出一半。康元制罐厂，鼓励集团结婚，凡参加上海市集团结婚，其参加费 20 元，由厂方赠予，此外厂方每两月举行集团结婚一次，一切布置由总务部负责，茶点亦由厂方酌备，参加的人，不得发喜帖或设宴款客，以省费用。大成现正筹设公墓，使工人因病逝世的，不必另筹墓地。以上这几点，是比较特别的，但也可以表示近来厂方为工人谋福利的趋势。

第三，论物料的管理。工厂的工作，就是购进原料，使它变成制造品，然后以之出售。自购进原料以至制造品的出售，中间都可发生很多弊端，使成本加重。办理不善的工厂，有两种弊端是普遍的。其一是买卖的舞弊，即在买货卖货时收取佣金，或以次等原料冒充上等原料，交付工厂；或与商人勾结，减低货色分量，从中渔利。其二是制造时的舞弊，如故意浪费，或从中偷料，而以废物名义售出，以图非分之利。如在纱厂中当事的人出售废花或在丝厂中工作的人出售废丝等事，都可以表明这些工厂管理的不得法。管理已上轨道的工厂，没有一种材料是可以当废物看待的。记得以前在美国参观一个屠场，场中的司事对我说过，在那屠场中，没有一件废物，只有牛羊临死时的一声哀鸣，屠场中不能利用。这种经济的物料管理法，给我一个很深的印象。这次在无锡参观华新丝厂时，厂长薛祖康先生说他的厂中也没有一点废物，使我感到很大的兴趣。我便问他茧中的死蛹是否也有用途。他说，死蛹可以作肥料出售，或拿来培植桑树，绝不可视作废物。我想每一个工厂中，如管理的人真肯用心，绝不难发现废物利用的途径。至于有意的作弊，废除之法，只有一方面对于进用职工时加以谨慎；另一方面，对于防止作弊的方法，须严密制定。有好些纱厂的经理告诉我，他们厂中，在某一时期，存了若干棉花，纺成了若干包纱，织成了若干匹布，这些纱或布放在什么地方，可以查考一下簿记，便立刻回答得出。一个工厂中，如有这种严密的簿记，作弊是不大容易的。

第四，我们可以论钱的管理。商务印书馆的王云五先生对于钱的管理曾发表下列意见：

> 本馆举办新式会计最早，近年来迭有改进，规定颇为严密。款项之进出，咸须经过多人之手，并随时受审核部之检查，故数十年来绝少弊端。查我国工商业之失败，除因营业上正当之损失外，多有由于主管人之移用公款经营私利者。本馆除主管人均能安分尽职、恪守信义外，会计制度之严密，使公私款项绝对不能相混，实亦本馆数十年来维持不败之一要因。

王先生所说的主管人移用公款经营私利，我在上海也听到许多的报告，如某纱厂的失败，系由经理之子挪用厂方款项，私作投机生意；某罐头公司的失败，亦因经理挪动公司款项投资于个人所创办的事业。所以新式会计的采用，以及会计、出纳、稽核等事务的分立，一方面可使职责分明，一方面可收互行监督之效，实为一切工厂中急不可缓之图。

以上所论四点——厂屋与机器、人事、物料、金钱，已经把工厂管理的四个主要方面都谈到了。过去失败的事业，每把失败的原因归咎于他人，但我们敢说其中有一大部分，其失败系因自己腐败，并非由于外界的压迫。反是，如一个工厂在上述的四方面都有办法，那么外界的压力是打不倒它的。

四、外货竞争

现在有一种流行的见解，以为中国的工业化是很困难的，因为中国的市场中，充满了外国的货物，它们有大力为后盾，中国厂家的出品，是无法与它们竞争的。这种见解未免过于悲观。我们可以提出许多事实，证明中国的工业大有可为，只要我们肯好好地埋头苦干，外货的竞争是毫不足畏的。先拿纺织业来说。外国人不但把他们的纺织品运到中国来销售，而且还在中国各商埠设厂制造，与中国各工厂发生正面的冲突。假如外国的货物真可摧残中国的工业，那么纺织业应当在中国已无立足之地，但实际的情形大不然。中国纺织纱厂，虽然有许多关门，但那是因为本身腐败所致，正如一个生了肺病的人，就是没有风寒的袭击，也有一日会寿终正寝的。反是，如自己的基础稳固，那么外人即使在上海、青岛再多开几个纱厂，也不能动其分毫。我所参观过的纱厂，便有许多在过去的不景气时期中依然年年赚钱。举一个例子来说，常州的大成纱厂，成立于民国十九年，我搜集到他们历年的报告书，知道他们除在此短时期中，增加了许多资本外，民国十九年盈余凡 79 000 元，民国二十年盈余 45 万，民国二十一年盈余 36 万，民国二十二年盈余 24 万，民国二十三年盈余 24 万，民国二十四年除盈余 24 万外，另提折旧 28 万。二十四年年底，大成的资本已由 50 万加至 200 万，折旧准备已存有 73 万，历年还分给股东那么多的盈余。外人对着这个管理得法、基础稳固的大成，还不是眼看它繁荣吗？又如中国的丝业，在过去自然是失败的，失败的原因，大家都归咎于日本丝的竞争。但在过去最不景气的数年中，无锡的永泰丝厂，于民国二十二年只经营 3 厂，民国二十三年便添至 5 厂，民国二十四年添至 6 厂，本年度便添至 15 厂。永泰所出的厂丝，可以与任何国外的丝厂出品比拟，在纽约，永泰有直接的经理，在伦敦、里昂等处，永泰也有代办，所以价格不受中国出口商的操纵。由于永泰创办者及其同事的努力，所以别的丝厂虽然失败，而永泰却有欣欣向荣之势。又如中国所消费的酒精，以前大部分均求给于外洋。自中国酒精厂设立以后，外洋输入之酒精，数量骤为减退。据黄江泉先生说，中国酒精厂的胜利，由于下列三个原因：一因该厂出品，品质优良，较之国外输入之酒精，有过之无不及；二因价格较贱；三因该厂随时可以出货，无青黄不接之虞。以上所述的三点，是由中国人自己努力便可达到的，外人亦无可奈何。又如调味之物，国人以前多喜用味之素，民国十二年，吴蕴初先生于工余之暇着手研求，先购舶来品，详为分析，嗣依学理试行制造，不到一年便告成功，不但品质可与舶来品相颉颃，即成本廉平，亦足匹敌，于是将此项制品定名为味精。以前舶来品的销路，每岁不过数十万，现在味精的销路，已经超过它许多倍。舶来品的主人，也无法加以压迫。又如亚浦耳电器厂，以 150 万的资本来对付荷、德、美、匈合组的中和灯泡公司，中和的灯泡，卖 3 角一只，亚浦耳只卖 2 角一只，现在亚浦耳灯泡的销路还在逐日扩充中，而且在南洋群岛以及南非洲等处，凡华侨足迹所达之处，胡西园先生总是采取猛进政策，设法推销出品。所以虽有外力的打击，胡先生总觉得前途是光明的。又如儿童玩具，在中国素来是外货独霸，但康元制罐厂自添设玩具厂之后，据云只靠 10 余万元的出品，便可抵制舶来品 80 万，将来康元的出品，如能加至三四百万，则外货将在中国市场中绝迹。康元所以能做到这一点，便在价廉，如小汽车是儿童最喜欢玩的，德货价在 2 元以上，日货价亦 9 角，而康元出品只售 4 角。其余类此的例子，不胜枚举。工业界的先进，现在不但不怕被人打倒，而且还有打倒别人的勇气。这种现象，实可令人乐观。

上面所举的例子，至少可以证明一点，就是外货的压迫虽然凶猛，绝打不倒那些自知发奋为雄的工业家以及他们的工厂。在外货的压迫之下，中国的工业还是可以发展的，我们决不可长他人的威风，灭自己的志气。所以一般流俗者的判断，把一切中国工业上的失败，归咎于外货的压迫，我们决不可轻信。

在恢复我们的自信心之后，我们应当平心静气地对外货竞争的影响略加分析。我们先说在外国制造的外货。这些外货与国货在中国市场中竞争，其能占胜利之点有五：一为利息的负担低。外国的工厂资本雄厚，不必时刻向金融资本家乞怜，即便向银行借款，其利息亦常在三四厘左右；中国工厂如向银行借款，利息常在八九厘以至一分，故负担较重。二则外国工厂之生产，常为大量，较中国工厂之小量生产为合算。开成造酸公司的林大中先生关于此点曾举一例，彼谓现在大阪所制硫酸，成本为 8 元一箱，中国成本为 14 元一箱，差异之唯一原因，即在日本为大量生产，如中国需要硫酸之数量增加，可以大量生产，那么中国造酸的成本也可减低与日本一样。三为外国工厂对于原料的采用甚便，凡工业中之一切需要，均可取给于市场。中国工业化的历史甚短，有许多原料自己不能供给，临时向外国采购，费钱而且费时，如亚浦耳电器厂，有时向外国购买电料，原料只值三四元，而电报费可以花到三四十元，这是欧美的工业家不会感到的苦痛。四为外国工厂中的技术，较中国一般工厂为进步，且外国科学发达，技术设备常日新而月异，中国环境不同，尚不足以语此。五则外国的政治已上轨道，秩序安宁，法治的观念已深入人心，故非法税捐、土劣敲诈、军队破坏、土匪骚扰等事可谓绝迹，中国现在还不能完全做到这一点，所以难免给工业家以额外的负担。

以上所述的五点，国货虽然比外货吃亏，但国货也有八点是占便宜的：第一，国货有关税的保护。第二，外货运华，须付运费及保险费，始能达到中国的市场，国货可以不必有此负担。第三，外国工人生活程度较高，所得的工资常数倍或十余倍高于中国工人，当然在成本上要增加许多。第四，外国不但工人的工资高，就是职员的薪水以及其他营业上的开销，都较中国为大。第五，外货在中国行销，须假手于买办阶级，国货工厂可直接与各地商人交易。第六，外人对于中国市场不如中国人熟悉，即费巨款调查，终以言语不通、习惯不同而有隔膜。第七，近来国人民族思想之发达，已非十余年前或数年前所可比，喜用国货的人，已逐渐增加。第八，政府对于国货的提倡，数年来不遗余力，对于成绩优良的国货，还有免税及运输减等计算等优待，近又筹设国货公司，对于国货的推销加了不少的助力。

外国制造的外货，在中国与国货竞争，有五点占胜利，八点吃亏，为减少吃亏的程度起见，所以外人纷纷来华设厂，这种在中国制造的外国货，虽然可以减少吃亏的程度，但绝不能与国货占同样的便宜。上面所述国货占便宜的八点，前三点国货工厂与外国在华所设的工厂共之，但自第四点以下，外货工厂终因系外人经营之故，享不到国货工厂所享的利益。我们把这个问题分析一下，已经发现中国的工业并非身临绝境，只要我们尽量利用我们的优点，设法避免我们的缺点，那么在中国市场上，与一切的外国货竞争，胜利也许在我们这一方面。由于这种分析，并且在各地看到了胜利的榜样，使我们深信中国工业的前途，是光明抑或是黑暗，大权操在我们自己的手中。外货的竞争是不足畏的，足畏的乃是自己的退缩、自己的气馁。

五、政府与工业

政府与工业的关系，可以分作两方面研究。其一，我们可以研究政府对于工业采取一种什么政策，去鼓励它、发展它。关于此点，政府当局已屡有言论表示，现在也还有各种设计在进行中，本文不拟加以讨论。其二，我们可以研究工业界对于政府有什么希望。关于此点，我愿意把此次考察所得到的意见归纳为下列数点。

第一，工业界希望政府制定有关工业的法律时，要尽量采纳工业界的意见。过去的法律，如公司法、工厂法，在实行时发生许多阻碍，就是因为不甚切于实情。以后政府起草各种法律规程，如在事先博采各方面的意见，这种困难当可减少。

第二，工业界希望政府早日取消转口税、地方特税，修改进口税率，使原料所纳的税较制造品所纳的税为低，并且修改统税征收的方法，使外厂无从偷税，政府的财务行政费也可减少。查转口税的废除，本已由行政院二〇四次会议通过，又经中央政治会议第四四九次会议核定，原来本拟于民国二十四年 6 月 1 日起实行的，只因 1 300 万的税额无法抵补，所以延至今日，还未见诸事实，但财政当局对于此事，已在筹划之中，预料不久便可裁撤的。地方特税，有许多是不合法令的，如厘金早已明令废止，而类似厘金的通过税，在甘肃、宁夏、青海、陕西、江西、湖南、广东、广西等省依然存在。这种事实，预料地方财政上了轨道之后，也可消灭。至于原料所纳的税高于制造品所纳的税，对于国内工业当然是一打击。如美亚织绸厂指出，国外绸货进口只纳税 80%，而织绸所需的人造丝，则纳税 250%；又如亚浦耳电器厂指出，变压器之进口税不过 10% 至 15%，而制造变压器所需之原料，如纱包铜线，纳税 20%，钢片纳税 12.5%，绝缘物纳税 20%，对于国内的电器工业似有不利。我曾把这个问题提出来，请教国定税则委员会的专家，据他们说，原料所纳的税应较制造品为低的原则，是他们所愿意维持的，但原料与制造品的界限，有时亦不易分，每有一种货物，甲业认为原料，而乙业认为制造品的，所以税则的制定，欲其尽如人意，亦正不易，但政府方面总在时刻设法，使大多数的人对于税则能够满意。关于统税征收方法的修改，纱业中人提出来的最多，他们以为与其派驻厂员在厂收税，不如每月查考纱厂的锭数收税，如此可以不必派驻厂员，而外厂亦不易偷税。这是值得财政当局考虑的一点。

第三，关于技术人才，工业界都希望政府多加培养，特别是中级的技术人才。关于此点，教育部早已顾及，民国二十二年 9 月，教育部在行政院第一二六次会议中曾提出一案，请确定各省市中等学校设置及其经费支配标准。据教育部声述，在民国十九年，职业学校数目不及中等学校总数十分之一，经费才及十分之一。教育部的议案即想矫正此种缺点，在提案中，规定各省市中等教育经费之分配，限至民国二十六年度，达到下列标准：职业学校不得低于 35%，师范学校约占 25%，中学约占 40%。

此案已经通过，由行政院通令各省市遵行。教育部并拟自民国二十五年度起，就首都及其他适当之地点，逐年筹设规模较大、设备充实之模范中等职业学校一所或两所，其设科以各地不易举办之学科，或确能开发当地原料和改进当地固有职业与企业之学科为主要标准。我们希望这两种计划能顺利推行，使不远的将来，工业界对于中等技术人才再不感无处聘请的痛苦。

第四，工业界希望政府多做检验的工作，对于原料加以严格检验，以免购入劣货。面粉公司所运的小麦，毛纺公司所运的羊毛，常在原料中发现大量的沙石及废物，花费许多金钱，运输此种废物，实为不经济之举，如检验严格，当可减少此种弊端。又有小规模之工厂，对于制造货品，偷工减料，廉价出售，用户虽受蒙蔽于一时，但终会发觉被骗的事实，于是对于国货减少信仰，正常工厂无形中大受损失，故政府应对于每种制造品定一标准，在标准以下之货物应严格取缔，对于运往外洋之国货，尤应严厉执行检验。如是则作伪的人有所顾忌，而国货的名誉在国内以及国外当可蒸蒸日上。

第五，工业界希望政府扶助各业，实施统制。统制的必要，在生产过剩的工业中最易感觉得到。过去有些工业，因出产毫无计划，以致货品充塞市场，彼此跌价竞争，以致一败涂地。眼光灵敏的人，便提倡由同业自动统制，现在如火柴业、煤业及水泥业，已有相当的统制方法。关于供过于求的工业，政府自应利用同业公会，统制生产数量，同时对于评价一事，政府的代表应注意消费者的利益，以免自私者利用统制之名而行垄断之实。关于出产尚不能满足国内需要的工业，政府亦应设法利用保息等政策促其发展。唯工业界对于有些省政府利用统制名义，私定省的保护关税，排斥外省货物，则均一致反对，希望中央政府设法制止。

第六，工业界希望政府发展水陆交通，使制造品得以廉价输入内地，并应早日开辟南洋航线，以免在南洋市场中与外货竞争，立于不利的地位。现在我们自己没有直接的南洋航线，以致一切往南洋的货品的运输，都要在香港转手，增加运费，常在三四倍以上。如中国欲在南洋华侨中保持国货的市场，则南洋航线的开发，实为急不可缓之图，至如欧美航线之开发，虽然也很重要，只好俟诸将来了。

第七，工业界希望政府能集中若干专家，替新兴事业设计。此点王云五先生言之最详，他说：

> 兴办实业开始时之计划，较成立后之经营为难。前者需要深远之眼光，与广博之知识；后者只须在规定范围内忠实进行，或从事局部之计划足矣。以故各种实业之经营专家尚易罗致，而计划专家则甚难得。我国人才本已缺乏，与其希望

每一实业均能获得计划之专才，毋宁集中此少数之专才，备公众之顾问。最好能由中央政府就国中主要都市分设实业顾问机关，网罗专才，为当地之实业家担任计划，而酌取手续费。此项机关自当搜集各地方各业之产销资料，以及物价情形，于从事计划之时，并可以拟办实业之利害得失忠实相告，俾拟办实业者，知所去取。如是则于代办计划之中，兼寓统制实业之效用矣。政府果能举办此事，将于实业界协助不少。

王先生所说的实业顾问机关，私人已有办的，但都是小规模的，且限于某种工业，如大规模地干，自然要由政府来负这个责任。

第八，工业界希望政府能多设试验工厂，以解决制造过程中的各种难题，现在纺织业已有此种试验工厂之设备，将来可由各种同业工会与政府合作，设立此种机关，则开工厂的，在技术上遇有困难，当可迎刃而解。

第九，工业界希望政府设立产业股票交易所，使工业资本得到更大的来源与流动。现在的证券交易所，过去并未能尽此种职责，以致一般有资本的人，不取投资于工厂的股票，因购买此种股票后，则资金呆滞，如有急需，不能变现。如有股票交易所，则股票立刻可易现金，变换既易，资金的来源自然增加，对于需要资本的新兴事业，股票交易所可予以很大的帮助。

第十，工业界希望政府对于在海外出售的国货，将金钱汇回本国时给以较优的汇率。如丝厂将丝售于纽约，所得美金汇回中国时，如市价为 29.5 美元，可易法币百元，此丝厂希望得一较优的汇率，即 28.5 美元或 29 美元，即可易得法币百元，有此种奖励，则国货之出口，将日渐增加，而入超问题亦可得一解决之道。唯此事是否可行及如何行法，恐须经一严密之考虑。

第十一，工业界希望政府能以低利贷款于工业界，或使其他金融机关实行此点。表示此种希望者甚多，唯实行时恐最困难。一因政府现无巨款可以出借，即便有款可以出借，如市场之利息甚高，而政府故意将利息降低，则此举等于对接收借款者加以津贴。一家有此要求，他家亦可作同样要求；一业如此要求，他业亦可作同样要求。如此种事情发生，政府必无大力以满足众望。二因市场之利息如高，政府以低息贷款于工业，则金融业必先受打击，因金融业之存款，系以高利息吸收来的。如政府以低利贷款于工业，金融业不步其后尘，将无生意上门，如步其后尘，则必破产。所以低息贷款一事，在理论上困难甚多，殊难实现。不过中国市场上利率之高，实为工业化一大阻碍，如何可以使其降低，实为一个值得研究的问题。

以上所举的十一点，虽然不是每个工厂都有这些要求，但每一点总有好几个工厂表示希望过的。现在政府正在注意扶助中国的工业界，那么工业界的意见是值得细心考虑的。

民国二十五年 12 月 9 日

（载《行政研究》第 2 卷第 1 期，1937 年）

（本文同时连载于《海王》第 9 卷第 17 期、第 18 期，1937 年

和《独立评论》第 231 期、第 232 期、第 233 期，1937 年）

同业公会与统制经济

一、水泥的局部分产合销

最近一年内，中国的生产事业中有几件新的发展，我们现在先把这几件事的经过说一下，然后来讨论它们的意义。①

第一件事是水泥的局部分产合销。

水泥的价格，在十余年前，每桶的最高价到过 10 元以上。民国二十一二年间，京沪两地水泥，每桶袋装的，尚在六元六七角，民国二十三年初，市价虽然跌落，每桶仍售六元二三角之谱。民国二十四年，是水泥业最不景气的一年，中国水泥公司出产的泰山牌水泥，在那一年全年的售价平均为每桶 4 元 5 角。结果是中国水泥公司于民国二十四年度，除优先股可得股息外，普通股 210 万元之股息尚无着落。启新洋灰有限公司，是中国水泥业中规模最大的，其股票价值因此也惨跌至四折以下。民国二十四年水泥价格之所以跌落，乃是因为货物滞销，水泥同业间，为欲招徕顾主，不惜跌价竞销。为避免自相残杀，以致同归于尽起见，中国与启新两公司，于民国二十五年3 月，根据分产合销的原则，双方洽议，于上海成立联合营业总管理处，其他各埠设立分管理处。自此以后，水泥的价格才见好转，民国二十五年底，每桶已经售到 6 元以上。最近上海英租界工部局招标购灰，启新、中国合作投标，价格为每桶 6 元 3 角，可见民国二十五年的情形，已非民国二十四年所可比了。

中国与启新的联合营业表示同业合作可以发生很大的影响。中华水泥工业联合会于民国二十五年 10 月 20 日呈上海市社会局的文中，对于联合营业的益处曾有下面的

---

① 本文材料，除特别声明外，均采自行政院及实业部的档案。

说明：

> 属会各会员中，有数公司，鉴于年来营业清淡，开支过大，爰本分产合销之原则，有联合营业之举，期在营业方面节省开支，并力求运销合理化。此项业务上之联合，直接避免同业的自残，间接增益国家之经济，与政府关税保护之旨正相适应。

呈文中所说"节省开支"及"运销合理化"，乃联合营业后自然的结果，是显而易见的。但是两家的联合营业，如何就可避免同业的自残呢？怎样就可发生与关税保护同样的利益呢？如欲明了这一点，不可不先考察中国水泥业的生产状况。民国二十五年中国水泥的产量，约为 435 万桶。其中广东西村之士敏土厂，虽然每年生产 90 万桶，但自成一系统，不与其余的水泥公司发生竞争的关系。[①] 此外启新洋灰公司每年产量为 170 万桶；中国水泥公司每年产量为 90 万桶；华记湖北水泥公司已归并于启新，每年产量为 30 万桶。这三个公司，共成一个系统。余下来的，只有一个华商上海水泥公司，每年产量为 55 万桶。我们于 435 万桶内，除开广东的 90 万桶，只余 345 万桶，在这个数目里面，有 84% 以上的产量是中国、启新这个系统所能控制的。最近山西、山东及四川都有新水泥厂的设立，旧的公司也有设立分厂的，也有订购新机的，据估计，不久新增的产量可以达 300 万桶。在这 300 万桶中，除广东的 45 万桶以外，其余的 255 万桶，也有 76% 以上受中国、启新的系统所控制。我们只要把这些数字研究一下，就可知道中国、启新联合营业总管理处是可以控制中国水泥市场的价格的。只要现在的价格可以维持，中国的水泥业各会员便可达到共存共荣的目标，避免自相残杀的厄运。联合营业可以防止中国水泥业彼此发生自残的竞争，正如关税可以防止外国的水泥业来与中国的水泥业发生倾挤的竞争一样。[②] 所以中华水泥工业联合会要把联合营业与关税保护相提并论。

中国与启新的联合营业，可以表示同业间的一种合作，用统制价格的方法来解决本身的困难。不过水泥业的全体并未加入联合营业，所以前途的问题还多。关于此点，我们留到后面讨论。

---

① 广东省政府为保护本省的水泥工业起见，不准别处的水泥运往广东出售。据启新公司的报告，民国二十五年 8 月间，该公司运水泥至油头销售，忽被粤省物产经理处所扣，虽奉有行政院令，饬予放行，扣货业已数月，仍未解放，该经理处通知，须具结声明，不再去灰。其已扣之灰，售价亦不得低于五羊牌，方准放行。查五羊牌为广东水泥之商标，在油头市价每桶洋 9 元，所以广东的水泥因生产费用太高，绝无在中国别省市场上与其他水泥公司竞争之可能。

② 上海英租界工部局最近招标购灰，日本水泥商所投标价，每两袋合一桶，计为国币 7 元 3 角，较启新、中国合作标价，计高 1 元。假如没有关税，日本水泥商所开的标价一定可以减低许多，因而一定可以得标。

二、煤矿业联合

第二件事是煤矿业的联合。

煤矿业在中国各种矿业中，占一个很重要的地位，出产量与投资数目，没有一种矿业可以与它比拟。民国二十年以前，煤价颇高，业此的尚能获利。民国二十年以后，金价跌落，外煤倾销，而长江流域又有重要新矿开发，供过于求，于是煤价逐渐下降，每年平均递减之价，恒达 10%。民国二十四年 12 月，实业部为挽救煤矿业的危机起见，曾由部通知国内各大矿厂，将业务上的困难障碍各点，详细陈述，以便设法扶助。各矿的报告，经实业部研究的结果，认为国内煤矿业的衰敝，其主要原因，由于销售市场尚无限制，以致同业间自相倾轧，跌价滥销，非设法统制，不能解除煤矿业的困难。根据这种结论，实业部便拟了一个煤矿业联合销售办法草案，于民国二十五年 6 月间，召集全国煤矿业会议共同讨论。在这次会议里，通过组织煤矿业联合机关，调整产销，以利各矿营业，并先在上海成立煤矿业联合事务所，由实业部派员领导组织，在三个月内规定章程，办理立案手续，开始进行工作。8 月 15 日，中华民国煤矿业联合事务所便在上海成立，并通过章程十七条。

联合事务所的宗旨，据章程第二条所载，是"力谋全国煤矿业产销之调整，及其售价之稳定，互相联络，振兴工商业"。联合事务所的总所设在上海，但在京沪、平津、武汉、青济、闽粤及国内其他适宜地点，得设分所。每一个分所，代表一个销售区域，如京沪分所的销售区域包括：（甲）南京、上海及京沪、沪杭甬、浙赣、江南等铁路沿线；（乙）津浦南段，自泰安至浦口；（丙）运河沿岸，自济宁至瓜州；（丁）陇海东段，自徐州至连云港；（戊）长江沿岸，自九江至上海；（己）淮南铁路沿线，及淮河沿岸。[①] 武汉分所的销售区域，包括：（甲）平汉沿线，由信阳至汉口；（乙）由武汉至老河口；（丙）粤汉沿线，由武昌至衡州；（丁）其他湘鄂境水路；（戊）长江线，上至宜昌，下至九江。[②] 平津分所的销售区域，又分为北平区与天津区。北平区包括：（甲）北平市；（乙）通州；（丙）石景山；（丁）沿平绥线由北平至门头沟及清河；（戊）沿平汉线由北平至长辛店；（己）沿北宁线由北平至丰台。天津区包括：

---

① 《中华民国煤矿业联合事务所京沪分所章程》第三条。

② 同①。

（甲）天津市；（乙）沿北宁线由天津西至丰台以东，东至塘沽；（丙）沿津浦线由天津至德州；（丁）沿运河由天津北至通州以南，南至德州；（戊）沿西河由天津至保定下闸；（己）子牙河全流域；（庚）海河全流域。[①]　其余各分所，尚未正式成立，所以它们的销售区域也未确定。每一煤矿，欲在某区域销煤的，便要加入该区域的分所为会员。如中福公司虽在河南，但因要在京沪区域销煤，所以也可加入京沪分所为会员。各分所会员，照联合事务所章程第十条所规定，应于每年 4 月间，将各矿本年 7 月起半年之产销预算，10 月间将各矿次年 1 月起半年之产销预算，提出会议，规定各矿销量之分配及售价之评定，以协议方式，经各会员全体同意，签字公认，并报告联合事务所，转呈实业部备案，以资遵守。既经签订后，非经全体同意，不得更改。关于销量之分配或售价之评定，遇有争议不能一致时，由所先请中华民国煤矿业联合事务所调解，如调解不能成立，则由仲裁委员会仲裁之。仲裁委员会，规定三人，除请实业部矿业司司长为当然委员外，其余二人由联合事务所大会全体同意聘任之，任期五年。

　　煤矿业联合，从统制方面着眼，已比水泥的局部分产合销又进一步，因煤矿业联合事务所的目的，不但要稳定售价，还要分配各矿的销量。销量既然是要统筹，产量自然也随之而受控制了。不过煤矿业联合事务所，在实行工作的时候，一定有许多困难是不可避免的。第一，照该所章程第五条，凡已经呈部核准给照之各煤矿，得加入该所为会员，由此可见加入与否，各矿自有权衡，联合事务所无法强其加入。此外，各土窑、各小矿一定是不会加入的。联合事务所及各分所，既然无法控制所有的各煤矿，那么稳定售价、统制销量，便无十分的把握。第二，联合事务所的议决案，须全体同意，所以如有少数人作梗，事务便不能顺利地进行。产销预算，依章程所规定，只有三个月的讨论时间，假如争议不已，要付调解，付仲裁，很容易把三个月混过，因而使一切计划俱成明日黄花。第三，联合事务所是产煤者的组织，虽然各煤矿也有从事于售煤的，但售煤的工作大部分还在另一部分人的手里，这些人如不合作，那么稳定售价与调整产销的目的便难达到。这些问题如何解决，也是我们后面所要讨论的。

三、火柴联营

　　第三件事是火柴的产销联营。

---

　　①　《中华民国煤矿业联合事务所平津分所章程》第四条。

火柴业近年来所遭遇的困难，由民国二十五年 3 月中华全国火柴同业联合会呈实业部的文中，可以看出。他们说：

> 国内火柴工业，因历来工厂数与生产数漫无限制，供过于求，货价惨跌，全体亏累，崩溃在即。而弁髦商业道德者，借偷税以资维持，国库商本，两受其害。……就世界大势言，各国自生产过剩，发生经济恐慌以来，莫不研究产销平准方法，以求安定。就国家税源言，销路有着，即不致走私，若削本争销，则穷斯滥矣，私货愈多，正货愈缩，税率虽重，亦属无济于事。就国民经济言，我国数十年来，惨淡经营，规模粗具之华商火柴工业，尚占全国生产总额七成以上，不于此时予以扶植，一任新厂旧厂，混战厮杀，徒为进口火柴，及志在侵略之外厂，倾挤消灭，宁非痛事？就劳工生计言，国人所设火柴工厂，均用手工，需人特多，全国总计，直接间接工作者，达数十万人，此辈非俟工厂得以自存，其生计断难稳定，影响所及，至堪忧虑。

联合会从国家税源、国民经济、劳工生计等方面着想，认为非筹一良策，不足以解除火柴业的困难。这个良策，便是中华全国火柴产销联营。

经过长时期的酝酿，中华全国火柴产销联营社，终于民国二十六年 2 月 1 日在上海正式成立，同日，上海、天津与青岛三处也成立分社。联营社的宗旨，据该社章程第二条所载，是力谋全国火柴产销之平衡及售价之稳定，并随时呈请政府予以切实充分之保障，俾国内全体火柴工业，均能获得相当利益。这条章程的前半段，与中华民国煤矿业联合事务所所说的宗旨一样，不过事务所还抱有振兴工商业的目的，不完全是利己，而且也要利人的。关于此点，火柴联营社没有充分予以注意，未免是一点缺憾。但是这条章程中最可注意的一点，还是"随时呈请政府予以切实充分之保障"那一句。现在政府方面，扶助火柴联营社的地方共有三点。第一，政府曾强制各火柴工厂，一律加入联营社，凡在 2 月 1 日尚未加入联营社的，实业部取消其注册，财政部停止售给统税印花，并不发硝磺护照。有了这点规定，所有的国内火柴厂都得加入联营社，无自由选择的余地，这是煤矿业联合事务所并没有做到的。第二，现在火柴的生产能力已远在需销总量以上，欲使生产能力不再增加，自非停止设立新火柴厂及限制恢复旧火柴厂不可。此点经火柴联营社的请求，实业部已准予办理。第三，联营社成立之后，各火柴厂的生产数量由该社依据财政部过去统计记录及参照各地实在情况，酌剂盈虚，分别支配后，编制各厂生产比率计算总表呈请政府核准备案。联营社为考核监督各厂制造情形起见，对于各火柴厂，派有驻厂稽核员，各厂如有违反联营社决议的行为时，联营社得以有效方法，取消其制造火柴之权利。所谓有效方法，假如没有政府的力量作为后盾，当然是行不通的。

火柴联营社为实现它的目标起见，规定各火柴厂出品交由该社发卖，由该社呈请政府核准，设立评价委员会，依出品成本（此项成本，系指一切原料、工资、制造费用、管理费用及各项折旧而言，营业费用不得再算）另加利益（此项利益包括股息及借款利息）二成作为买价，付给各火柴厂。再由评价委员会加算一应支出及应得利益，规定售价，行销各地。

我们如比较水泥、煤矿及火柴三种统制的办法，就可知道火柴的统制最为彻底，最能达到平衡产销及稳定售价的目标。煤矿业的统制次之，水泥的统制比较薄弱。我们由此又可看出彻底地统制至少须具三个条件。第一，所有的同业均须加入统制的团体，不得有例外。第二，统制的团体应有权力控制生产量及销路。第三，统制的团体要有政府做后盾。火柴统制，是具备以上三个条件的，不过在这种统制之下，也有两个问题，我们想看联营社将来如何解决。第一，在自由竞争之下，生产费用太高的工厂，自然归于淘汰，在现在的统制状况之下，不论工厂的管理如何腐败，技术如何落伍，都有获利二成的可能。这种现象，是否合于生产合理化的原则？第二，联营社的存在，是要保障国内全体火柴工业均能获得相当利益，并未为消费者的利益着想。所以在联营社开幕的一天，实业部部长于训词中就说："联营社要为消费者着想，务须减轻成本，改良品质，稳定价格，使消费者得到利益。"[①] 自然，假如联营社有垄断的行为，政府自会出面干涉，但是我们愿意知道，联营社于替同业谋利益之外，还自动地采取什么有效的办法来为消费者谋利益。

四、同业公会法草案

上面所说的三种事实，表面上好像各不相谋，实际可以代表近来生产事业的一种趋势，就是各项生产事业，因为近年来遇到的困难，有放弃"自由竞争"的原则，而采取"统制经济"的原则之势。政府方面，也在那儿领导各界，走上"统制经济"的路。此点在煤矿业联合及火柴联营二事的经过中，已可窥其大略，但在去年年底行政院通过的三种同业公会法草案中，这种精神表示得格外明显。

---

① 民国二十六年 2 月 2 日上海《大公报》。

　　民国二十五年 12 月 29 日，行政院在第二九四次会议中，通过实业部所提出的三种同业公会法草案：一为《工业同业公会法草案》，二为《商业同业公会法草案》，三为《输出业同业公会法草案》。这三种同业公会法草案已照立法程序送请中央政治委员会，转立法院核议。实业部提出这三种同业公会法草案的原因，见于实业部部长的提案原文中，他说：

　　　　案查工商同业公会法，自民国十八年 8 月公布，经民国十九年 8 月、民国二十一年 9 月两度修改，奉行至今，各地同业公会，皆据以改组，或据以设立。顾法文十六条，旨趣概括，而事业日趋繁赜，应用每觉不敷，行政方面，各业方面，均有同感。即以公会宗旨论，同业之利益，用何方式以增进之？同业之弊害，用何程序以防除之？法条既无明文，任务苦难实践。加以公会之于同业维系之能力如何，官厅之于公会监督之范围如何，寥寥十六条中，虽或表现其精神，仍乏具体之规定。准诸已往之经验，官民已交感困难，而在今日整个国民经济建设之过程中，欲求工商各业之统一进步，尤有非修正不可之势。……爰本行政上之经验，并博采工商界及各界之意见，以求适合现代之需要，督同各参事、各主管司长科长，详细讨论，自本年 6 月起，除研究参考及初步草拟各预备工作外，计开起草会十八次，历时五阅月，拟定《商业同业公会法草案》五十八条，《输出业同业公会法草案》六十一条，《工业同业公会法草案》五十九条。精神所重，在督促各业，慎用团体制裁之权，统筹全局，加重政府监督之责。条文力求详细，办法期于切实，庶可达到增进利益、防除弊害之目的。

　　这三种同业公会法草案的立法原则，大体是相同的。我们研究这些条文的结果，认为有四点可以特别注意。

　　第一，同业公会系分区设立，但区域的范围、各业的规定略有不同。工业同业公会之设立，应由发起的工厂拟定区域，经其区域内同业工厂多数的同意，呈诸实业部核准。工厂如不能拟定区域发起时，实业部得指定区域及发起人。[①] 商业同业公会之区域，以县市之行政区域为区域，但繁盛之区镇，亦得设立商业同业公会。[②] 输出业同业公会，以每一海关所在地为一区域。[③] 区域的大小虽有不同，但在同一区域内，

---

① 《工业同业公会法草案》（以下简称《工法》）第六条。
② 《商业同业公会法草案》（以下简称《商法》）第八条。
③ 《输出业同业公会法草案》（以下简称《输出法》）第九条。

各种同业公会，以一会为限。① 实业部于必要时，得令某种同业公会合组联合会。② 不过工业、商业及输出业，种类颇多，实业部提议同业公会法草案的原意，是要把这三种实业中最重要的几十种先行组织起来。重要的工业、商业及输出业，经实业部指定，非依法组织同业公会不可的，工业计有 41 种，商业计有 77 种，输出业计有 17 种。这个名单，实业部可因时势的变迁斟酌修改，并不固定。

第二，实业部指定的工业、商业及输出业，依法组织同业公会之后，凡在同一区域中的同业，便非加入不可。这是带有强制性的，无自由选择的余地。如《工业同业公会法草案》所规定的，凡是有机械动力之设备，或平时雇用工人三十人以上之工厂，不论公营或民营，除关系国防之公营事业或法令规定之国家专营事业外，均应为工业同业公会会员，兼营两类以上工业之工厂，应分别加入各该业工业同业公会为会员。商业及输出业的同业公会法草案中也有类似的规定。③ 将来此种同业公会法施行之后，现在火柴业的强制同业入联营社的办法，大有推行于其他各工业之可能。上面所说水泥业及煤矿业，因同业不完全加入联合而发生统制上的困难，也就可以避免了。

第三，同业公会的职务，置重于统制。实业部部长在中华全国火柴产销联营社开幕那天的训词中说过：

> 各国经济的发达，都经过自由竞争的一个阶段，但因自由竞争的结果，不免发生种种流弊，如在数量上则供求不能平衡，在方法上则粗制滥造，甚至逃避国税，不上正轨。各国政府为助长经济发展，并防止流弊起见，都想用统制方法来纠正。但用政府力量来统制，也是有利有弊。故在稳健的经济家，大都主张在政府监督之下，使各业自谋统制。吾国政府现在修正工商业同业公会法等，即本此意。④

在政府监督之下，各业自谋统制的办法，在各种同业公会法草案中，有明白的规定。如《工业同业公会法草案》，规定公会的任务如下：

（一）关于会员之设备制品及原料材料之检查取缔，并事业经营上必要之统制。

（二）关于会员制品之共同加工或发售，原料材料之共同购入或处理，仓库运

---

① 《工法》第九条，《商法》第五条，《输出法》第五条。
② 《工法》第四十八条，《商法》第四十八条，《输出法》第五十二条。
③ 《工法》第十一条，《商法》第十二条，《输出法》第十三条。
④ 民国二十六年 2 月 2 日《大公报》。

输之设备，及其他与会员事业有关之共同设施。

（三）关于会员业务之指导、研究、调查及统计。

前项第一款之统制，非经全体会员代表表决，三分之二以上之同意，呈请实业部核准后，不得实施，但实业部得因必要，令其实施统制。

第一项第二款事业，应拟定计划书，经全体会员代表表决权三分之二以上之同意，呈请实业部核准，或依实业部之命令兴办之，其变更时亦同。①

统制为同业公会的主要职务，而且统制的办法，经会员代表三分之二以上之同意便可实行，与现在的煤矿业联合所有统制办法，非经全体同意不可的，自然要方便得多。将来同业公会法施行之后，煤矿业联合事务所的章程，一定要照此修正，因为矿业同业公会，是适用工业同业公会法之规定的。②

第四，同业公会如欲统筹全局，政府如欲对同业公会实施监督，非有严密的制裁方法不可，同业公会法草案中对此亦有规定。先说同业公会对会员的制裁。《工业同业公会法草案》中说：

> 工厂不依本法加入同业公会，或不缴会费，或违反公会章程及决议者，得经执行委员会之议决，予以警告，警告无效时，得按其情节轻重，依本法第二十七条规定之程序，为下列之处分：
>
> 一、章程所定之违约金。
>
> 二、有期间之停业。
>
> 三、永久停业。

前项第二款、第三款之处分，非呈经实业部核准，不得为之。③

同业公会对于会员能作永久停业的处分，无疑地可使同业公会的地位提高，可使它的议决案，发生效力。至于实业部对于同业公会的控制方法，最重要的一点，如《工业同业公会法草案》中所说的：

> 工业同业公会，有违背法令，逾越权限或妨害公益情事者，实业部得施以下列之处分：
>
> 一、警告。
>
> 二、撤销其决议。

---

① 《工法》第五条，参考《商法》第七条、《输出法》第七条与此类似的条文。

② 《工法》第五十八条。

③ 《工法》第四十一条，参考《商法》第四十二条及《输出法》第四十五条类似之规定。

三、撤换其负责人员。

四、停止其任务之一部或全部。

五、解散。①

我们最怕同业公会滥用其职权，只知为本身谋利益，而牺牲消费者的利益，但政府如发现其有妨害公益情事，便可解散同业公会，也许公会因有顾忌而不敢了。

总括起来，我们可以说，同业公会法草案的要点，是分全国为若干区域，在某一区域内，某种实业只能有一公会，凡从事于该项实业的，皆强制入会。公会的职务主要在施行统制。统制的方法，由公会自行决定，但政府则从旁监督。为使公会的决议得以实行，政府的监督得以充分行使起见，公会对于会员，政府对于公会，皆有严密的制裁方法。

五、统制经济的组织及目标

统制的先决条件是要有组织。中国各方面的生活，以前最缺乏组织，犹如一盘散沙。政治方面，近来实行分区设署及保甲等新政之后，才算有点组织，所以近来政治的统制，比起以前来，总算易于着手。经济生活方面，组织素不健全，但最近几年，经朝野各方面的努力，生产事业的各部门已经逐渐有组织了。交通与运输的事业，除航业外，大部分原在政府的手中，如欲实施统制，可以不成问题。金融业自中央、中国、交通三行改组之后，政府的势力已能控制，将来商办的银行，照《商业同业公会法》组织成功之后，金融事业的统制，更可以顺利地进行。工业、矿业、商业，在同业公会法施行之后，一定也可以有严密的组织。在各种生产事业中，比较最无组织的，是农、林、渔、牧。这些实业，也是最难组织的，将来应当采用什么方法去把它们组织起来，确是一个亟待解决的问题。

照现在的情势观察，中国生产事业的几个重要部分，现在或将来一定都有组织。利用这些组织来统制各业的进展，不是一个难问题，不过我们如研究这个组织，一定可以发现它有一个很大的毛病，就是各业的组织之上，没有一个最高的组织来联络、领导、调整各种生产事业，使它们在整个系统之下，能够顺利地进行。我们假定将来煤矿业有一组织，运输业也有一组织，但煤矿业与运输业中间的联络及调整，需要一

---

① 《工法》第四十三条，参考《商法》第四十四条及《输出法》第四十七条类似之规定。

个最高组织的努力才可以完成。如煤矿业规定在某一月份，某省煤矿须产煤若干吨，运往某地市场销售，但如运输业不能合作，那么这个计划终成画饼。举此一例，可概其余。经济组织的各方面都是相关的，好比一个有机体。现在中国的经济组织，还缺少一个头脑可以鸟瞰一切、统筹一切。为矫正这种缺点起见，政府方面似有组织一最高经济委员会之必要。

经济生活有了组织之后，我们就要问：这个组织的主要工作是什么？假如有人说，有了组织，便可实行统制经济，但是我们继着要问：统制经济的主要工作又是什么？如想回答这个问题，先要认清中国产业界的现状。中国的产业界，最大的问题是生产不足，是求过于供。像上面所举水泥业、煤矿业及火柴业三业，似乎有生产过剩、供过于求的样子，但那是特别的情形，一般的产业界绝非如此。即以水泥业及煤矿业而论，生产过剩也是一时之现象，将来经济发展，水泥业与煤矿业目前的生产能力一定还是不能满足需要的。我们只要看一下海关的洋货进口报告及国内民众的生活状态，就可知道中国需要大量的生产来满足大量的需要。所以我们统制的目标，不但不是消极的，还有积极的作用，不仅是使生产不要超过需要，更要使生产能够满足需要。

统制经济，假如能够使大众的需要比自由竞争时代更容易、更迅速地满足，然后统制经济才有道德上的价值。

民国二十六年 2 月 2 日

[载《社会科学（北平）》第 2 卷第 3 期，1937 年]

中国工业化的必要

中国如何可以由贫弱到富强，乃是过去百余年来，多少志士仁人日夜筹思的一个大问题。

关于这个问题的答案，实在太多了。我们假如把所有的答案都搜集起来，可以写一本很好的中国近代思想史或一本很好的社会运动史，但这种工作相当繁重，不是我在此处所想做的。在这本书内，我只愿意简单地说明一个观点，那就是：我们如想使中国由贫弱到富强，工业化是最重要的工作。

工业化的特征有二：一是生产方法的机械化，凡以前用人力的地方，现在都可以机械代替。二是因为生产方法的改变，土地只需要少数人用机器来耕种便行，所以人口职业的分布，在农业中自然只占小部分，在别的实业中，如工业、商业、交通业、运输业等占大部分。根据这个标准，我们可以说世界上有些国家是已经工业化的，如英美；又有一些国家是还没有工业化的，如中国。这两种国家，前者代表富强，后者代表贫弱，是显而易见的，凡是有观察力的人都看得到。

机械化的生产，可以提高生活程度，可以使一个贫的国家变为富的国家，我以前曾写了好些文章说明此点，兹不赘述。中国大多数的人民，其所用的生产方法，还是筋肉的生产方法，并非机械的生产方法，所以种田只能耕数亩或十余亩，织布一年只能得数匹，终岁辛苦的结果，拿来养活自己及一家人，自足已是万幸，剩余乃是例外，不足更是常见。一个农家的生产，既然没有多少剩余来养活别人，所以别人也得从事于农业，以获得衣食的原料。中国别种实业不发达，至今还是以农业立国，便是因此，用机械方法来生产的国家，情形与此便大不同。它们一年工作的结果，拿来养活自己及一家人，不足自为例外，剩余乃是常事。这种剩余，可以用之于教育、娱乐、卫生、社交、旅行等方面，以增加生活的乐趣，这种国家的农民，因为是用机器生产，一家耕种的收获，可以养活好几家人，所以国内大多数的人民，可以在农业以外活动，因而别种实业，遂因之而发展。我们再研究一下这些国家的经济史，知道它们在两百年前，人民的贫困与中国大多数的人民也相仿佛，现在生活程度的提高，乃是两百年来工业革命的结果。中国如想由贫而富，只有采取富国所经过的途径，那便是工业化。

在目前这种外患严重的时期，我们对于如何使中国由弱而强一问题，一定看得比如何使中国由贫而富一问题更为重要。中国的弱，其症结所在，现在已很显然。我们的爱国心并不薄弱；兵士的勇敢，不但是国人同声赞美，便是外国的观察家，也加以称许。同时我们又有统一的意志、杰出的领袖，都是敌人方面所缺乏的。在这些有利的条件之下，我们何以不能每战必胜，把敌人一下赶出国境呢？我想大家一定都会回答：我们的武器不如人，乃是我们目前抗战不能胜利的主要原因。我们与敌人比较，所缺乏的，不是勇敢，不是纪律，也不是天时、地利、人和等条件于我们不利。我们所缺乏的，乃是飞机、大炮、坦克车及一切机械化的设备。假如我们在机械的武器一点，能与敌人相等，或超过敌人，那么中日之战早可结束，最后的胜利早已属于我们了。但是我们如再追问一句：我们为什么会缺乏这些机械化的武器呢？答案还是我们没有工业化。因为造飞机、大炮等武器，非有工业的基础不可，世界生产飞机、大炮最多的国家，也就是工业化最深刻的国家。日本的工业化，比我们早走几十年，所以他们对于制造武器的能力，也比我们大得多。我们现在缺乏这些武器，便是从前国人没有注意工业化、没有实行工业化的必然结果。

工业化的必要，就是因为只有循着这条途径走去，人民的生活程度才可提高，国防的力量才可增进。中国的人民，如不愿老过穷苦生活，老受敌人压迫，非急起直追，设法使中国于最短期内工业化不可。

　　吴先生是国内外知名的学者，这篇文章是近著《中国工业化的途径》书中的一章，特请吴先生赐交本刊披露。

编者志

［载《政论（汉口）》第 1 卷第 17 期，1938 年］

建国所需要的工业

　　抗战*以来，社会上有一种错误的理论，是不攻自破了，那便是以农立国。世界上的各强国，均经过农业经济的阶段，但它们不以耕种自足，要去发展国内的工业。外国史中所谓工业革命，便是叙述这些国家，在过去一二百年之内，如何从以农立国到以工立国的阶段。中国如想在 20 世纪之内变成一个强国，自然非放弃以农立国的主张不可。抗战发生之后，大家都看清楚了一点，就是如专靠农业的生产，是很难与人抗衡的，于是抗战与建国同时并进之说，甚盛一时。所谓建国，其要旨便是发展工业，这是大多数的人所承认的。以农立国之说，现在已经没有人再提倡了。

　　在大家要求发展工业的时候，我们应当平心静气地问一下：我们现在需要哪一种的工业？中国社会对于工业的注意已有数十年，19 世纪便已开设的工厂，在中国并非找不到。抗战以前，沿江沿海一带还有许多地方被人称为工业的都市。主管工业的机关，每年常接到工厂立案的请求。中国的工业在抗战以前似乎很有基础了，为什么在抗战之后又听到发展工业的呼声呢？

　　如想回答这个问题，我们应当把战前的工业分析一下。战前的工业，除了极少数的例外，都是轻工业。这些工业所制造出来的货品，乃是供人民消费的，并无多少国防的意义。轻工业虽然是一个近代化的国家所不可少的，但从建国的程序来说，工业的建设，应有轻重先后之分。这个先后之次序，轻重的权衡，乃是讲经济政策的人所应特别注意的。否则多少年的心血，到头不免白费。我国过去从事工业的人，便没有明白这个道理。于是通都大邑，火柴厂有了，纸烟厂有了，啤酒厂有了，但没有一个

---

　　* 抗战，即抗日战争。自 1931 年九一八事变起，中国人民即开始了局部抗战，以反对日本对中国领土的蚕食。自 1937 年卢沟桥事变起，中国人民开始全面抗战，反对日军侵略。本书所说"抗战"系指全面抗日战争。——编者注

像样的钢铁厂，没有一个大规模的机械厂。结果是，卢沟桥事变发生之后，我们这许多轻工业，都在敌人的炮火之下牺牲了。我们以前的错误，是在没有重工业之前，便谈轻工业；没有国防工业之前，便发展消费工业。换句话说，我们没有打稳强的基础，便想要富，没有看到富是要在强的基础上建筑起来的。

现在我们谈建国，谈建国所需要的工业，应该认清楚过去数十年的教训。我们现在所需要的，乃是图强的工业，不是致富的工业。我们需要军备工业，以及作为军备工业之基础的重工业。我们要扩充弹药厂、炸药厂、枪炮厂、飞机制造厂，使我们国防军的需要能够自己供给，便是敌人封锁了我们的海口，也影响不了我们抗战的能力。但是军备工业要有重工业的基础，所以有四种重工业，我们要特别注意。第一是钢铁工业，第二是机械工业，第三是电气工业，第四是化学工业。这些工业，每种又可分为若干部门，其中有的我们已略有规模，有的是亟待建设。我们希望以后大家的注意力，要集中在这些工业上。

先建设重工业、军备工业，然后再顾到别的工业，乃是建国所必经的过程。近来有两个国家这样做了，便都从弱国变成强国。第一个便是苏俄，它的好几个五年计划，其最重要的设施，便是发展重工业与军备工业。我们任取哪一年苏俄的预算来看，它在重工业与军备工业上所花的钱，比轻工业要多若干倍。所以苏俄人民的享受，虽然并不能与西欧的人相比，但他们国防力量的巩固，是大家都承认的。以日本的强横，也只好怒目而视，不敢轻易挑衅，否则张鼓峰也要变成卢沟桥第二了。我们如把苏俄现在的地位与欧洲大战完结时相比，就可看出他们那种注重发展重工业与军备工业的政策已经得到很大的收获了。第二个国家便是德国。它在战后受《凡尔赛和约》的束缚，军备几无可言，国际上的地位比起战前可以说是一落千丈。之后，德国利用已有的工业好基础，极力发展重工业与军备工业。拿最近德国的生产指数来看，如与1928年相比，轻工业的指数只徘徊于100之间，可谓毫无进展，但重工业的指数已经升到130以上了。数年的预备，羽翼已成，现在又是欧洲的第一等强国了。

这两个国家的经验，应该加强我们的一种信念，便是有为者亦若是。假如我们利用全国的财力人力来发展军备工业与重工业，那么一二十年之后，我们也可由一个弱国变成强国。到那时，再没有人敢来欺侮我们了。

民国二十七年 8 月 20 日

（载《中国社会》第 5 卷第 1 期，1938 年）

《新经济》的使命

这个半月刊，是我们讨论经济问题的刊物，并诚意地欢迎大家利用这个刊物来考虑促进经济的政策以及一切建国的方案。我们所谓经济是广义的，不但是实业交通金融都在其内，而且许多其他与建国有关的原则与方法，都应当共相商榷，以期发挥真理，供国人参考。

古语说得好："周虽旧邦，其命维新。"凡百国家必须赶快进步，与时代俱新。中国有数千年传沿到今的文字，四亿数千万人共同一致的风俗与人心，无疑是世界中生存最久极有价值的一个古国。但自从18、19世纪近代文化发展以来，机械制造、事业组织、社会精神，许多崭新的力量，都使我们从前先人一着者到现在反相形见绌。譬如经营纺织业，同在我国境内，本国纱厂年年亏折，辛苦支持；而日本所办纱厂则突飞猛进，机新本低，使本国纱厂的困难愈为增大。又如开煤矿，中国有新设备的大矿，平均每一工人每日得煤半吨，外国煤矿则可得三吨乃至四吨。比较相当发达的事业，尚且如此，其他许多事业，非格外奋勉改进，更可想而知。所以自古相传的好习惯固当保存，但与日俱进的新组织、新精神与新力量，更须急起直追，认真培养与发展。

我们必须深切认明一个民族必须有事实上足以自立的基础。有此基础，虽不幸而遇世界上危险潮流，努力奋斗，仍能自立。无此基础，势必依靠他民族的提携与保障。但他民族自有他民族自身之利害，彼此利害相同的时候，自可引为同志，但到另一时候，彼此利害并不相同，则此项保障即不可靠。所以此种事实上自立基础的重要，实远过于其他一切。近代欧洲有两个新发展的国家，皆足为我们借鉴。一是苏联，帝俄时代，工业基础极为薄弱，共产党革命成功后，力行经济政策，在十年内建设成规模极大的工业，成为几乎可以自给自足的国家。二是德国，欧战之后，德国领土被割，并不得制造军械，受了种种困难，但近数年来，德国突然复兴，取消不平等条约，团结日耳曼民族，成绩斐然。他们常说，欧战时德国失败，并非败于军事，而实败于经济。故目前增加实力亦重在增加制造能力，取得原料供给，以造成不败的基础。以上两国政治方式，绝不相同，但其以经济为立国根本尽先努力，则完全如出一辙，其所得良好的结果，亦无二致。从此可见，造成经济基础实为建设国家必由的途径，乜就是我们目前唯一重大的责任。

中国采取新式方法发展经济，从前也曾有相当工作。但皆因缺乏真切的考虑与通盘的筹划，故不易得我们所希望的成功。考从前史实，略可分为几个时期。在第一个时期内，少数才具较优的当权者，如曾国藩、李鸿章、左宗棠等，震于西洋的枪炮军舰之利，故只重设立兵工厂与船厂。第二个时期内，对于重要厂矿之关系认识较深，尤如张之洞在湖北省，首先提倡设立钢铁、纱布、麻、纸等根本事业，其见解之能得要领，实可敬佩。惜当时缺少适宜的组织与人才，故事业仍不易成功。第三个时期私人事业较为发达，尤如纺织、面粉、水泥、酸碱等事，亦曾刻苦经营，得有成绩。但事业方面，虽有人相当尽力，而政府方面却缺少整个方略。虽然其间亦偶有比较有见解的官吏，例如张謇，曾提倡棉铁政策，棉业方面颇有成功，铁业方面亦颇减弊害。总括地说，中国经济建设虽已经若干时期的努力，但迄至今日，犹是败残幼稚，远不足以为牛国立国的基础。我们对于此种情形，务宜因病求药，切不可讳疾忌医。此后进行，必须用我国最大的力量来策动推进，以继续不断的功夫来奠定长久坚实的基业。中国要能自立于近代世界，须有立国的根本方略。我们以为革新经济便应作为中国极重要的方略。用这个方略，我们要使中国产业发达、生计优裕，也要使社会组织、工作精神、生产能力都因而充分改善与提高。我们应尽最大的力量来筹划与执行，使文化悠久的古国同时更成为气氛焕然的新邦。

我们循经济的途径，以达到建国的目的，并不是想凭借国力以侵略他国，相反地，我们深信世界最大的问题是各民族间的资源分配。解决此问题不外两种方法。一种方法是武力争夺，以战争来抢取他国的领土与经济开发的垄断权力，这种方法，不幸现在有少数国家认为正当，认真进行，成为破坏和平的根源。日本侵入中国，即出于同一意义。其实战事绝不能解决经济问题。另一种方法，是各国各自努力，开发本国的富源，有必要时，在不侵犯主权、不一方独断的范围内，各国各尽所长，互相协助，以增加开发的功效与速度，所有的出产就实际需要，不筑关税壁垒，懋迁贸易，以合作的精神为互助的交易。如此方能使国际关系建立于合理的基础上，生命财产不致受非理的残破。中国当然是取后一种方法。中国地大物博人众，天然可以自存，并可以助人。且中国人向来崇尚信义，爱好和平，只愿拼命保守主权，但决不无故对外侵略，这种合作方法，也是与中国国情最相适合。我们做人的教训是修身齐家治国平天下。这种观念犹深入人心，我们深信平天下的方法，尤在由经济的途径以达到各国的供求均衡，中国自当尽极大的努力，以贡献于这种方针的实施。

我们深望以上所述的大要能得许多朋友的同情，但我们并无成见，对于各种合理的意见，都愿开诚接受。同时我们也觉在此时期，值得我们讨论的问题一定甚多。所以经济建设固是重要，其他有关大计的内政外交文化等事的检讨，亦一律欢迎。实行各种方针的方法，都需要详细商研，许多新意见新材料都应该介绍质证。因此我们想借此半月刊的地位作为同志们交换意见的媒介，甚盼热心建国的朋友，忠言谠论，随时见赐，共策进行。

（载《新经济》第 1 卷第 1 期，1938 年）

农业建设与农民组织

非常时期中的农业建设，虽然千头万绪，但其主旨不外两点：一为食粮衣料力求自给，二为出口农产尽量增加。食粮与衣料，如果能够自给，则无论敌人如何封锁海口，前方的将士可无冻馁之忧，后方的民众亦可满足其生活上的基本要求。出口农产，在我国出口贸易中，历来占极重要的地位。海关报告把我国的出口货品分为31组，其中有三分之二以上都是属于农产品。我们抗战所必需的军器，以及建国所必需的生产工具，一大部分都要靠输出这些农产品去换取。所以在抗战还未胜利、建国还未完成的过程中，增加出口农产品之生产，应在整个国策中占一个极重要的位置。

政府为实现这两个目标，也曾花了不少的力量。拿最重要的几点来说，如农作物面积的调整、种子的改良、病虫害的防除、肥料的推广、荒地的开垦、灌溉的兴办、金融的流通、副业的提倡、森林的开发、鼠疫的预防、蚕丝的改进以及茶叶桐油等产品的特设机关经营，都与实现这两个目标有关。这些努力，并不是白费的。办理农业行政的人，很可以举出许多数字来证明他们的成绩。不过我们检阅过去的成绩，觉得有一个缺点，是非设法补救不可的。假如这个缺点得到补救，那么农业建设的进步，还可比以前更加迅速，政府所制定的方案，也可以更顺利地推行，而得到预期的结果。这个缺点是什么呢？就是现在我国的农民缺乏组织，政府与农民还没有联结起来而成为一有机的个体。

在现在这种农民无组织的状态之下，政府的生产计划很少有实行的可能。譬如拿增加棉产来说，依据川滇黔桂四省每年输入棉产品的数值，扣合皮棉不足的数额，共达140万担。以每亩产皮棉25斤计，势须推广棉田600万亩。假如政府制定一个推广棉田600万亩的计划，是否可以行得通呢？我想是行不通的，因为政府的方案无论如何完备，但民间并无接受这种方案、推行这种方案的组织，所以方案虽佳，而实现无期。

假如中国各地的农民都有了组织，特别是农会的组织，结果就大不同了。第一，有了农会的组织，我们就有可靠的耕地统计、农作物面积统计、农作物产量统计。这些统计，假如由中央政府或地方政府派人去调查，那可以说是难极，不知哪一天可以完成，即使完成了，其准确性亦大可怀疑。但如利用各乡区的农会，报告各该乡区的耕地、农作物面积、农作物产量等材料，可以不费钱、不费力而得到由局外人去调查所得不到的材料。我理想中的农会含有强迫性，凡是某乡区从事农业的农民，都要加入该乡区的农会，所以农会所供给的材料应当是完全的，没有遗漏的。乡区农会把这些材料汇集整理之后，送给县市农会，县市农会把各乡区的材料整理之后，送给省农会，省农会把各县市送来的材料整理之后，送给经济部。经济部有了这些材料作根据，便可制定一个农业生产的方案。譬如上面所说的扩充棉田 600 万亩一事，经济部根据各地的材料，便可规定在甲县扩充棉田若干亩，乙县又扩充若干亩，以凑合 600 万亩之数。这个计划，绝非纸上谈兵，亦非画饼充饥，而是可以立刻付诸实行的。负实行之责的机关，就是各乡区的农会。农会接到上面发下的计划，知道在某年度内，在它的区域中，农作物面积的分配已经有了改变。如上一年在它的区域中，共种大豆若干亩、玉米若干亩、番薯若干亩，但这一年度内，政府要它减少大豆、玉米、番薯等农作物的面积若干亩，而以空出来的土地种棉花，而且棉籽等物，政府是已为它们预备了，实行这种变更毫无困难。于是农会便把农民召集起来，说明政府生产计划的性质，以及制订这种计划的意义，然后把这个计划分交给各个农民去执行。甲区如是，乙区亦如是，结果自然是政府的计划经济得以见诸实行。所以有了农会的组织，我们不但可以得到农业生产的统计，而且可以看到生产计划的实施。否则一切农业生产的计划，到了省的建设厅或者县的建设科便停顿了，便束之高阁了。计划至此一变而为档案，于实际并无影响。

农民须有组织，然后政府的农业政策可以付诸实施，已如上述。有些人也许要说，现在各地的保甲组织已经完备，我们如想推行农业生产的计划，为什么不利用保甲组织，而要另外去组织农会呢？我们的答案是，保甲组织是地方上一种政治的组织，而非职业的团体。在某一保中，农民固然是有的，可是工人、商人以及别种职业中的人，也可属于同一保。这种分子不齐一的组织，很不适于做一个推行农业生产政策的单位。又有人说，保甲固然不能代替农会，但合作社是否可以代替呢？我们的答案是，合作社的性质是自动的，社员彼此之间要互相信任，所以在某一乡区中的农民不能都加入一个合作社。而且合作社既为自动的组织，政府只可鼓励或劝导人民去组织合作社，但不能强迫人民去做。农会为推行政府生产政策的基本单位，政府应强迫人民去组织，而且组织成功之后，某区的农民都要加入，并无选择的自由。这种组织的性质，既与合作社不同，所以合作社不能代替农会。

我们的农会法，已于民国十九年 12 月公布；农会法施行法，也于民国二十年 1 月制定施行。但是自从这些法规公布之后，各地的农会并未组织完成，即便是已组织成功的农会也多名实不符，难负建国的重任。为矫正这种缺点起见，有几件事是现在就要办理的。

其一，我们要确定促进及监督农会的上级机关。农会到底应归谁管辖呢？我们研究一下现状，就可知道它有三个主人。第一个主人是经济部，因为经济部组织法第七条规定农林司所掌的事项，其中有一项，便是农林渔牧等团体之登记及监督。农会的第二个主人，便是中央党部的社会部，这个机关于本年 9 月曾修正各级农会章程准则，又于本年 10 月制定各级农会调整办法，通令各级党部遵照办理。农会的第三个主人，是军事委员会的政治部。该部的部长，在某一次公开的集会里，曾说自从政治部成立以来，对于改善农会组织，即积极筹划。唯各县农会，多系有名无实，而农民数目又极众多，欲使其普遍加入农会，组织健全，实非易事，故决定先从调查入手。经过数月的努力，已将各县农会情形调查清晰，并经拟具《战时农会组织通则草案》，俟呈奉核准后，即可公布施行。由此可见党政军三种机关对于农会都在推动，都在指导。在这种情形之下，主持农会的人定有"一国三公，吾谁适从"之感。这种权责不明的状态，是应当早日矫正的。假如我们认定农会是一种职业团体，负有推行农业生产政策的使命，那么这种团体究应属谁的指导与监督，是不难判断的。

其二，我们应当修改农会法，使从事农业的人，都要加入农会。农会法第十三条规定乡农会市区农会之设立，应有该区域内有会员资格者五十人以上之发起，全体三分之一以上之同意。依照这种规定，一个地方的农民，愿意组织农会的，如不到三分之一，农会便不能成立。成立以后，其余三分之二的农民，如不愿意加入，农会也不能加以强迫。最近社会部规定的各级农会调整办法，其中组织的调整第六条，明定凡乡区农会之会员数量，至少须占该区域内之农民数量 30% 以上，不足者应从速设法征足。这种条文，对于农会法的缺点并未能加以补救，因为农会的成立既要有会员资格的人三分之一以上的同意，所以从法律的观点去说，凡有农会的地方，会员数量一定会占该区域农民 30% 以上，又何必去设法征足？我们主张农会组织的原则应与别种职业团体组织的原则一致。本年政府颁布的《商业同业公会法》、《工业同业公会法》及

《输出业同业公会法》规定，凡由经济部指定之商业、工业或输出业，都要组织同业公会，从事该种事业的公司行号，都要加入同业公会为会员，不得自由选择。农会法也要根据这种原则修改，使凡由经济部指定的区域，从事农业的人，都要加入农会。只有这样组织，方可使各个农民都来担负实现农业生产方策的责任，否则一部分的农民努力，一部分的农民置身局外，于整个计划的推行一定有不良的影响。

其三，为使各地的农会得以早日成立起见，政府应训练大批的指导人员来担任组织的工作。数年以前，我曾在《独立评论》发表一篇文章，主张各县应设立农政科，以受过大学教育的毕业生二三人主持其事。这种机关如果成立，则知识分子可以真正下乡，不致如现在之集中于都市，同时乡下的农民，因有知识分子做他们的导师，不但生产技术可以改进，就是别方面的生活，也可因受知识分子的指导与组织而更加丰富。现在我觉得这种主张还是对的。假如一个县里有两三个大学毕业生，尤其是农科大学的毕业生，常常地在乡间来往，做指导与组织的工作，那么一个县里各级农会的组织成功并非难事。在抗战期间，我们努力的范围已经缩小为西北、西南数省，所以组织农会的工作无妨从此数省下手，俟失地收复之后，再推广到其余各省。所以此时来组织农会，需要人才的数量已不如平时之多，应该比较容易推动了。

总之，农业的建设不是政府一方面的努力可以完成，一定要推动全国的农民共同进行，方可收效。但农民如无组织，则推动无从着手。因此，我们觉得各级的农会，有迅速组织的必要。将来我们农业建设的两个目标是否可以达到，就要看各地农会的组织是否能够完成了。

（载《新经济》第 1 卷第 2 期，1938 年）

德国的经济发展

Germany's Economic Development During the First Half of the Year 1938, Report Presented by the Reichs-Kredit-Gesellschaft Aktiengesellschaft, Berlin, August 1938，94 pages.

这儿所要介绍的，乃是德国国家信用银行对于德国本年上半年经济发展的一个报告。这家银行，每年要出两本报告，对于德国经济发展的各方面，都有很清晰扼要的叙述，对于研究德国经济的人，是一种很好的参考资料。

今年欧美有好些国家，又遇着不景气的降临，但德国各方面的生产状况，依然活跃。工业生产，如以 1928 年为基本年，生产指数等于 100，那么 1938 年 4 月的生产指数，已经升到 125.9。1938 年 5 月，就业的工人已超过 2 000 万，失业的工人，只有 33 万，如与 1933 年比较，那年就业的工人只有 1 300 万，而失业的工人却超过 500 万，可见这几年德国政府的努力确有成绩。

德国每年在生产事业上所花的钱，我们也可以从这个报告中抄出几个有趣味的数字来看一下。在 1937 年，德国人民的总收入共达 685 亿马克。在此数中，中央政府以收税的方法，提去 140 亿马克，地方政府又提去 45 亿马克，故全国的收入有 27.0% 归于政府。人民的储蓄，去年共达 68 亿马克。赋税与储蓄，代表一个社会的剩余，生产事业所花的钱，都要取给于此。德国去年在生产事业上新添的设备，共达 160 亿马克，其中有 65 亿马克，是为补充旧生产工具的损失之用，真正新的设备，还值 95 亿马克。这个数目是否很大呢？假如我们知道在民国二十六年度，我们的中央政府在建设事业专款上不过花了 4 亿元，同期全国新设立公司的资本及已设立公司增加的资本只有 8 500 万元，就可知道德人在建国上的努力，是值得我们钦佩的。

德国现在正在推行四年计划，其主要目标，是求粮食与原料的自给自足。拿粮食来说，成绩非常不佳，因为 1936 年 8 月到 1937 年 4 月，德国输入的粮食只值 5 800 万马克，而自 1937 年 8 月到 1938 年 4 月输入的粮食，倒值 3.28 亿马克。拿原料来说，成绩倒还不差。铁砂的生产，在 1936 年，只有 750 万吨，1937 年便达 850 万吨。又拿今年的第一季与去年的第一季相比，去年第一季，只出铁砂 185 万吨，今年第一季则出 250 万吨。纺织原料，1936 年，本国只能供给 25%，1937 年，竟能供给 29%。这几个例子，可以表示德国如想达到自给的目标，路途还很遥远。

今年春季，德奥的合并*，是德国经济界的一件大事，奥国在经济上，对于德国有什么贡献呢？第一是现金与外汇。德国的国家银行，在 1937 年，只保有现金与外汇约 7 600 万马克，奥国的国家银行，在同期却有现金与外汇的值 2.7 亿马克，是德国的两倍有余。德奥合并之后，这些现金与外汇，便归德国的国家银行保管，此事对于德国的国际贸易当然大有帮助。第二是铁矿。就在司蒂利亚一处的储量，便达 2.19 亿吨。德国的雄心，是要在 1940 年，自产铁砂 4 000 万吨，其中有一部分，当然要靠奥国供给。第三是木材。德国因为化学工业发达的缘故，去年进口的木材，共达 900 万立方公尺，值 240 万马克，但奥国去年输出的木材却达 370 万立方公尺，这些木材，现在可以供给德国工业之用了。至于粮食一项，奥国的情形比德国还坏，德国在 1936 年，平均每人要输入粮食 4.5 公斤，在同期内，奥国平均每人要输入粮食 101.2 公斤。所以德国的粮食问题，将因德奥合并而愈趋严重。

从这个半年德国经济的发展看去，它的经济问题，其根本性质并未改变，德国是一个债务国，同时又是一个工业国。因为是债务国，所以每年要拿出一批款子来还债。因为是工业国，所以每年要向国外购入粮食及原料。还债的钱以及购买粮食及原料的钱，因为德国缺乏现金与外汇之故，只有输出货物去换取。但自 1929 年不景气发生之后，德国的输出从 134 亿马克跌到 1937 年的 59 亿马克。输出减少了，但德国国内的人口还在增加，工业还在膨胀，需要粮食与原料的程度并不因输出减少而降低。这个问题如何解决呢？德国政府近年推行四年计划，力求自给自足，是第一个解决方法。要求殖民地的重行分配，是他们提出来的第二个解决方法。其成功与否，我们无妨拭目以观。

（载《新经济》第 1 卷第 2 期，1938 年）

---

* 这是纳粹德国扩张侵略的开始。——编者注

国外贸易与抗战建国

抗战建国，是现在全国人民的中心工作。这两种事业如想推行顺利，都需要大批的外汇。我们的国防工业，现在尚未完成，所以抗战所必需的军器弹药，有一部分是要向外国购入的。这是抗战与外汇的关系。至于建国，虽然包括的方面很多，但物质建设，应为极重要的一方面。物质建设所需要的生产工具，我们自己因为工业化正在开始，只能供给一小部分，另有一大部分，也是要向外国购入的，这是建国与外汇的关系。

外汇的来源，自然不止一条，如吸收华侨汇款，向国外接洽借款，出售国内金银，都可以得到外汇。不过华侨汇款，历年来只能补偿入超；国外借款，在抗战尚未成功的时候，也不容易进行。售出国内金银，自从实行法币政策之后已经办理，如民国二十四年至民国二十六年之间，根据海关报告，我国黄金及白银的出超数量，共达 8.45 亿元。此大量之金银，变成外汇以后，其中大部分要作法币准备，真能动用的数目恐亦不多。中国不是一个产银的国家，但民间藏银数目还是不少，如政府能用方法把这些藏银吸入国库，也可替外汇添一支生力军。黄金的生产，据可靠的调查，后方产金较富之地，如四川西康，每年约产 2 万两至 4 万两，湖南年约产 5 000 两至 9 000 两，甘青两省年约产 15 000 两，合计每年达 5 万余两。这个数目，并不算多，不过聊胜于无而已。

以上所说的三种外汇的来源，虽然都可以有相当的数量，但用作抗战建国的外汇基础，还是不够的。最重要的外汇来源，依我们的观察，还在发展国外贸易。拿我们国内的出产去换成外汇，然后以外汇易回我们抗战建国的必需品，乃是我们能够做而且可以做得成功的。

发展国外贸易既然如此重要，所以我们应当对于发展国外贸易的方法加以探讨。

我们每年运出国外的货物，虽然数目繁多，但重要的也不过一二十种，拿去年来说，我们输出的总值为 8.38 亿元，但下列 17 种货品，便占去 4.87 亿元，占全数 58％以上，这 17 种货品的名目及其出口价值如下：

货名	出口价值（百万）
桐油	89
丝	53
蛋及制品	52
钨砂	40
锡块	39
棉花	31
茶	30
猪鬃	27
挑花及绣花品	20
绵羊毛	19
花生油	17
芝麻	14
肠	12
牛皮	12
山羊皮	11
绸缎及茧绸	11
纯锑	10

以上这 17 种货物，每种的出口价值，去年都在 1 000 万元以上。假如政府对于这些输出品加以种种的鼓励，有些输出品，即使加至 3 倍以上，也不是不可能的。我们应当认清楚这十几种货品，乃是国外市场上所需要的，应当竭尽我们的力量去增加它们的出产。

中国的地方很大，能够生产的东西很多，国外市场所需要的东西，而我们能够大量去供给的，当然不止上列十余种。但是什么是国外市场所需要的东西呢？这不是空想与瞎猜所能回答的。我们应当有专门的人才去研究这些问题。外国驻华的大使馆中，都有商务参赞一类的专门人才研究我们的市场，作他们发展对华贸易的指导。中国在外国的大使馆中，便没有这一类的人，现在应当急起直追，去研究我们几个重要顾主的需要。中国的对外贸易是比较集中的，英、日、美、法、德五国，连同该五国属地对华贸易一并计算在内，约占中国对外贸易总额 85%。现在撇开日本不算，英、美、法、德四国的市场，我们至少还有很清楚的认识，我们应当有专门的人才驻在这些国家里面，研究他们的进口贸易，看看他们的进口的重要货品，有哪些是我们可以供给的，以这种事实为根据，我们便可提倡某种货品的生产，以增加我们的输出。这种工作，表面上看去好像只是做生意，值不得要人们操心，实则这种工作，与抗战建国有十分密切的关系。

国外贸易的发展，不是只靠政府的努力便能奏效的，一定要人民与政府合作才可成功，以前国内的输出事业是由许多商人分头进行的，这些商人彼此间并无联络，缺乏组织，政府即欲与这些商人合作，也不得其道。现在《输出业同业公会法》，已于本年 1 月 13 日公布，依该法规定，凡经营重要输出业之中国公司行号，有同业两家以上时，应依本法组织输出业同业公会，此种重要输出业种类，由经济部指定。输出业同业公会，以每一海关所在地为一区域，但经济部得就各区域指定其设立的次第，或因必要，令两区域以上合并设立。我们希望在最近的将来，几个重要的通商大埠，各种输出业同业公会均能组织成立。在这种严密的组织之下，政府的对外贸易政策自然可以顺利地推行，不像以前那样呼应不灵了。

以上所提出的三种办法，一为增加需出品的生产，二为研究国外重要市场的需要，三为加紧输出业同业公会的组织，假如都做到了，我们的出口货值，不但可以超过民国十八年 10 亿元的最高峰，恐怕超过去年的一倍，也不是十分艰难的事吧。

民国二十七年 8 月 16 日

（载《公余》第 6 期，1938 年）

南京区域的战事损失（书评）

Lewis S. C. Smythe & assistants，*War Damages in the Nanking Area*，*December 1937 to March 1938*. On behalf of the Nanking International Relief Committee，Completed June，1938，36 pages＋32 tables & 2 maps.

《南京区域的战事损失》一书，是南京国际赈济委员会委托史迈士博士及其助手调查而成的。史迈士先生是金陵大学的社会学教授，在华服务已有十年之久，以前在南京附近也曾做过许多的调查，所以由他来担任这种工作是很适宜的。

调查的区域共分两部分：一为都市调查，包括南京市；一为乡村调查，包括江宁、句容、溧水、江浦及六合县的一半。六合县的另一半及高淳县，原也预备调查的，但因交通治安等方面有问题，所以并未实行。

南京市内的损失调查，系从两方面着手。一方面系调查本年3月仍住在南京的家庭，每50家调查1家，看看每家所受的损失，共有若干。这个结果，以50乘之，便等于现仍住在南京市的市民所受损失的总数。另一方面系调查房产损失，每10号门牌调查1号。房屋里面动产的损失，如屋内无人居住，则系根据估计或询问附近居民而得。这个数目以10乘之，便等于南京市房产的总损失。

先说家庭的调查。南京市的人口在战前约有100万，但本年3月人口的数目只有20万到25万。家庭的数目约为47 000。被调查家庭中，因此次战争而被杀的，共有3 250人，受伤的有3 100人，被捕而不知下落的，有4 200人。89％的死者及90％的受伤者，都是在去年12月13日以后才发生的，在那时，南京已完全在日本兵的控制之下。至于不知下落的人，大约都已给日本兵所枪毙。把死者的数目及不知下落者的数目加起来，还不能代表南京市民死亡的总数，因为在南京市内及城墙附近，新坟不下 12 000。这只是代表非战斗员的死亡，士兵死亡的数目还不在内。

现在还住在南京的市民，其财产之损失总数约为 4 000 万元，其中房屋价值 1 300 万，货物 900 万，商店设备 300 万，衣服被铺 500 万，家具 500 万。* 损失的原因，只有 2% 是由于正式作战，52% 是由于纵火，9% 是由于抢劫，33% 是由于军队的掳掠，另有 4% 原因未明。

次说南京房产的损失。南京所有的房子，只有 2% 其损失是由于正式作战，24% 是由于纵火，63% 是由于掳掠，总数为 89%。余下来的 11%，外面看去似乎没有多大损失。房产损失的总价值，共为 2.46 亿元，其中 42%，即 1.03 亿元为不动产或房屋本身；另有 58% 为动产，共值 1.43 亿元，其中货物值 1.14 亿元，家庭用具约 2 900 万元。

乡村的调查，每县派 2 人，每 3 村调查 1 村，在此村中，每 10 家调查 1 家，在四县半内，共调查 905 家，此 905 家之平均损失，乘以全区的家庭数目，即得全区之损失。在此区域中，卜凯教授，前曾做一大规模之土地利用调查，故家庭数目可利用卜凯教授调查之所得。此区域中，因此次战事而死亡的人数约为 31 000。农家所受的损失，共值 4 100 万元，平均每一家庭损失 220 元。据卜凯教授以前所调查，中国东部农民家庭每年之入款为 289 元，故此次每个农家财产之损失等于全年入款四分之三。如分开计算，则房屋损失，共值 2 400 万元，平均每家损失 129 元；牲畜损失 670 万元，平均每家损失 36 元；农具损失 524 万元，平均每家损失 28 元；藏谷损失 420 万元，平均每家损失 22 元；农作物损失幸而尚少，只值 785 000 元，平均每家损失 4 元。

这个报告，替我们估计了旧江宁府属一部分的人民及财产的损失。就在这一个小的区域内，人民无辜被杀的已近 4 万人，财产的损失已在 3 亿元左右。这还是可考的，不可考的当然更大。这还是一个小区域的损失，全国的损失当然更多。我们看了这个报告，一方面固然痛恨日本兵士的残暴，另一方面还可以看出一个严重的问题，就是战区中将来复兴的问题。这许多无家可归的人，这许多孤儿寡妇，这许多失业的民众，这许多失却了生产工具的市民及乡民，我们将来应当如何替他们解决生活问题呢？战争虽然还未了结，但有远见的政治家，现在就应当对于这些问题严重地考虑一下了。

民国二十七年 11 月 18 日

（载《新经济》第 1 卷第 3 期，1938 年）

---

* 损失金额或未列全，现加总为 3 500 万元。——编者注

中国经济研究（书评）

方显廷，《中国经济研究》，南开大学经济研究所丛书，商务印书馆，民国二十七年2月初版，上下二册，1204页。

《中国经济研究》是方显廷先生把南开大学经济研究所过去在报纸杂志上所发表的文章，选录了94篇，汇集印成的。这些文章共分八类：（1）一般经济；（2）农业；（3）土地；（4）合作；（5）工业；（6）金融；（7）财政；（8）贸易与交通。执笔的共三十余人，大多数都是在南开大学经济研究所服务过的。

这部书有三种特点，我们可以介绍一下。第一，在每一类文章里，都有一两篇鸟瞰式的叙述，使阅者在最短的时间内对于国内某一种实业得到一个概括的印象。譬如农业类内，有何廉先生的《中国农业生产要素之概况》；土地类内，有方显廷先生的《中国之土地问题与土地政策》；合作类内，有方显廷先生的《中国之合作运动》；工业类内，有谷源田先生的《中国新工业之回顾与前瞻》。这些都可以帮助读者对于某一问题得到一个很清晰的概念。

第二，在每一类文章里，除了概论的文章之外，还有很细密的个案研究。譬如在农业类里，有论西河棉花的，有论包头羊毛的；土地类里，有述山西倡办土地村公有之经过的，有论浙江的二五减租和永佃权的；工业类里，有一篇讲钢铁工业，还有一篇讲水泥工业。像这一类的文章，不但给读者许多有价值、有趣味的材料，而且还可以给读者一个榜样，如何去研究中国实际的经济问题。

第三，在这部书里，不但有研究经济问题的文章，还有讨论经济政策的文章。我们从这些文章里，知道南开大学经济研究所的先生们，主张"现代化自主经济之建设"，以消灭中国经济之中古性与半殖民地性；主张统制经济，如"农工矿业之振兴，金融之调节，商品之流通，与夫交通之联系等，都要定一通盘之计划，为今后施政之南针"；主张重工业的建设，认定"重工业或基本工业，为一切工业之母，其发展较轻工业尤为迫切"。像这一些主张，虽然是在数年前发表的，但在抗战建国的今日，依然可以采用。

这 1 200 余页的巨著，既是许多作家写的，所以主张不免有彼此冲突的地方。如关于利用外资一问题，何廉先生认为在今日产业不振之中国，非利用外资，无以资启发；谷源田先生也指出各国的先例，凡工业落后之国家，欲其国内工业之发展，最便捷最有利之方法，为借用低廉之外资。可是丁洪范先生，在他的《经济建设应从资本的强制储积做起》那篇文章里，却特别指出"外资梦者的错误"，以为要实现救国大计，"非先铲除亡国的倚赖外资的念头不可"。又如土地问题，方显廷先生认为重要的有三个：一为田场之狭小，二为田场之散碎，三为耕者无其田。讨论耕者无其田的问题时，方先生说："中山先生倡平均地权之说，亦以耕者有其田为鹄的，于是佃农问题，实我国农田分配之中心问题。"但是李庆麟先生，在他的《中国目前之土地政策》一文里，却说："中国目前土地问题，实在不是土地分配的问题，而是土地经营与整理的问题。"像这一类的矛盾，如在同一个人的文章里发现，自然是不对的，但此书既系选录各家之文而印行的，那么彼此矛盾的言论，正可刺激读者，使大家对于这些问题，都能平心静气地，自己也来思索一番。

这部书的问世，我看还有一种重要意义，就是表示中国的社会科学，像方显廷所说的中国经济建设一样，也逐渐地走上自主之路。过去有一个时期，各大学中社会科学所用的课本，几全是从国外贩来的，先生讲的，是外国的制度、外国的问题，学生学的，自然也是一套外国的东西。难怪过去国内大学的毕业生，对于国情，每多隔膜，在社会上做事，每感在校内所学习的，对于他们的处世接物，并无多大的帮助。这种怪现象自然应当矫正。矫正的方法甚为简单，就是要由国内各大学的社会科学教授及各种社会科学研究的机关，对于国内的情形多做实际的研究。这些实际的研究，逐渐堆积起来，然后教书的才有中国的材料可讲，学生也才有中国的材料可听。南开大学的经济研究所，对于这一方面的努力，是值得称赞的。我们希望过去南开大学研究中国经济问题的精神，传布到别的大学里去，使别的大学中也有像《中国经济研究》这一类的书出版。必须如此，中国的社会科学才不致永为外国的附庸，才能真正地走上独立自主之路。

民国二十七年 11 月 22 日

（载《新经济》第 1 卷第 3 期，1938 年）

汉冶萍公司的覆辙

一、汉冶萍公司的成立

汉冶萍公司的正式成立，是在光绪三十四年（1908 年），但是我们如要知道它的来源，还要上溯到光绪十六年（1890 年）。在那一年，两广总督张之洞，条陈路政，预备在广东创办铁厂，自造钢轨，就托驻英公使向英国工厂订购机炉。英国的厂主说是应当先把铁矿煤焦寄厂化验，然后可以定造，不可贸然从事。公使以此告张之洞，张之洞的答复是，中国之大，何处无煤铁佳矿，只照英国所有的购办一份便可。机炉还没有运到，张之洞已经调督两湖，后任不肯接收前任订办的外国东西，只好又将机炉改运湖北。张之洞便在汉阳选定地点，安置机件，所谓汉阳铁厂，就是这样碰巧地建筑起来的。在张之洞筹划铁厂的时候，还没有知道炼铁的原料在什么地方取给，当时适值盛宣怀率同英国矿师勘得大冶铁矿，先已购地数处，于是献给张之洞，以资采炼。不过大冶的铁是否适于汉阳机炉之用呢？据曾述棨的报告："炼制钢铁，须视矿料原质，配合炉座。冶铁原质，最初未经化验，与前购机炉，两相凿枘，制出钢轨，不合准绳。"汉阳铁厂初办的时候，还有一个大问题，就是炼铁的煤焦尚无着落。汉厂附带经营的江夏马鞍山煤矿，其煤炼出的焦，磺重不合化铁。由于这些原因，所以铁厂自开办之日起，到 1896 年商办止，据说只购取欧洲煤炭，开炉一次，并无丝毫货款收入，但是部拨经费，以及挪用各局的官款，已用库平银 568 万余两。张之洞办不下去了，于是招商承办，盛宣怀便集股 100 万两，代表股东，承办此厂。以前各项用款及欠款，据张之洞所订官督商办的章程中所载，都归官局清理报销。自改归商办后，每出生铁一吨，提银一两，抵还官局用本。还清以后，永远每吨生铁提捐一两，以伸报效。盛宣怀接收之后，有两件工作最可注意：一为创办萍乡煤矿，该矿系于 1896 年勘得，1898 年，盛宣怀奏派张赞宸任萍矿总办，驰往开采。萍乡的煤，不但藏量丰富，而且适于炼焦，合于化铁。二为改良汉厂，添置机炉，弃旧更新。但因此而用款更巨，借贷利息，愈久愈增。据盛宣怀原奏："自光绪二十二年 5 月，截至光绪三十三年 8 月，铁厂已用商本银 1 020 万余两。煤矿轮驳，已用商本银 740 余万两。其余外债商欠，将及 1 000 万两。抵押居多，息重期促，转辗换票，时有尾大不掉之虞。"在这种情形之下，不得不另筹添股办法。1908 年，旧股东便议决合并汉阳铁厂、大冶铁矿、萍乡煤矿为一公司，举盛宣怀为总理，重订章程，加招华股，于是年 2 月 24 日，赴前清农工商部缴费注册，定名为汉冶萍煤铁厂矿股份有限公司。

汉冶萍公司，就是在这种负债累累的状况之下成立的。

二、日人垄断汉冶萍公司的经过

在汉冶萍公司还没有正式成立之前，日本的金融家与中国这个新兴的事业便已发生关系。在 1903 年的 9 月，盛宣怀与代表日本制铁所及日本兴业银行的日本驻沪总领事小田切，签订了借日币 300 万元的合同。这个合同上有三点极可注意：第一，合同载明以大冶矿山及运矿铁道抵押与日本兴业银行，在该限期内，不得或卖或让或租与他国的官商；第二，如欲另作第二次借款，应先向日本接洽；第三，制铁所至少要收买上等矿石 6 万吨。自从那年以后，汉冶萍与日本的金融界和实业界便不断地发生借款的关系。据贺良朴在民国元年的调查，那年该公司共欠正金银行预支铁价 600 万日元，又借正金银行规银 100 万两，三井洋行 100 万日元。汉口厂矿局预支矿石价 300 万日元。除还尚欠 200 余万元，又借正金银行 200 万日元以上。由此可见汉冶萍在民国初年，共欠日本各银行的债款，已在 1 000 万日元以上，但是公司的经济并无好转的希望，内则厂矿经费无着，外则各债昼夜追迫。就在这个时候，我们第一次听到中日合办的呼声。

汉冶萍公司与日商代表所订的中日合办草约，系于民国元年 1 月 29 日签字，共有十条，规定新公司的股本为 3 000 万元，华股五成，计华币 1 500 万元，日股五成，计日币 1 500 万元。新公司股东公举董事共 11 名，内华人 6 名，日人 5 名，再由董事在此 11 人内公举总理华人 1 名，协理日人 1 名。中日合办的要求，到底是谁的主张，以及后来为何取消，我们看到两种不同的说法。一说见于汉冶萍董事的呈文，他们说是南京政府甫成立时，因北伐军饷无可押借，严电逼盛，以厂矿抵借 300 万日元，外人遂有合办的要求。查中日合办草约第十条订明，此合约须经全体股东决议。那年 3 月 22 日，股东在沪开会，到会股东全体反对合办，于是电致日本，取消草合同。另外一说，见于鄂人孙武等的宣言，据他们说，南京政府新立，盛氏私与勾结，将厂矿抵押日债，改为中日合办，经鄂人力争中止，挽回危局。我们现在不问这种办法是谁提出来的，不过这种提议，经当时的国人反对，并没有成功。

元年合办之议，既然没有成功，公司的财政，又逐渐地崩溃，所以在民国二年，便有向日本大借款的案件发生。借款的理由，据合同上所载，系为湖北省大冶地方，新设熔矿炉二座，且扩充改良湖北省汉阳铁厂、大冶铁路电厂，并江西省萍乡煤矿电厂洗煤所等项，需要资金。借款的数目共为 1 500 万日元。合同中的款项最重要的有三点：第一，自合同生效之日起，四十年内，公司允除已订合同外，售与制铁所头等铁矿石 1 500 万吨，生铁 800 万吨；第二，公司须聘日本工程师一名，为最高顾问工程师，另聘日本人一名为会计顾问；第三，公司如欲由中国以外之银行资本家等商借款项及其他通融资金之时，必须先尽向横滨正金银行商借，如银行不能商借，公司可以另行筹借。自从这次借款之后，公司的业务及财政便在日人的监督之中。公司借款的权利完全受日人所限制。一个中国人所办的事业，实际只是供给原料，替日本的重工业树立基础而已。

借款的合同，是民国二年 12 月 2 日签订的，到了民国三年 1 月 11 日，农商部才有电给汉冶萍公司阻止，可惜已经太迟，无法补救了。民元至民三之间，朝野各界，对于改组汉冶萍，有各种的提议，但大多数都因日人从中作梗及其他的原因而没有办得通。最早的一个提议是把汉冶萍收归国有。民国元年 8 月，汉冶萍公司因鉴于环境的恶劣，便开了一次特别股东大会，请政府将公司收归国有。当时的工商部派员调查公司真相，缮具报告四册，并呈文大总统，拟定解决汉冶萍办法三策，以为国有为上，官商合办次之，商办又次之。但国有之议，始终没有成功，其原因有三：一因国有之议初起时，便有赣鄂二省对于汉冶萍的纷争，又兼东南发生二次革命，遂致悬而未决。二因国有须筹资 4 500 万或 2 500 万。当时的政府无此筹款的能力。三因日人的反对，民国三年 7 月 31 日，农商部呈大总统文中曾说过："前此工商部议归国有时，某国人即竭力破坏，阳来部中诘问，阴嗾股东反对。"由此可见日本人对于汉冶萍，不但不愿意外国人染指，便是中国政府要来干涉，他也是反对的。比较国有之说略为后起的，便是省有之说。在民国元年 8 月，江西省政府便有派员总理监督萍乡煤矿之举，同年 12 月，鄂人孙武电大总统，说是汉冶萍厂矿经鄂省议会议决，由鄂收办。副总统民政长及鄂省党会工商实业各团体，公举他当督办。这种举动，中央政府当时正在筹办收归国有，所以毫不赞同。同时日本的外交官对此事积极干涉。江西方面接到汉口日本总领事的电报，说是萍矿在汉冶萍公司与正金银行立约借款时，同在抵押之列，所以日本政府未便付诸不问。鄂省派孙武为督办的事，居然引起日本公使伊集院彦吉的抗议。他于 12 月 15 日有函致国务院，说是日本政府闻知任命督办之耗，十分诧异，且以此事甚不以为然等语。中央既不赞成，日本又积极反对，所以省有之议，也中途作罢。到了民国三年 2 月，对于汉冶萍向日本的大借款，社会上的舆论都一致地表示不满，于是英国制造师会的驻京办事处主任费士休，写了一封信给农商部的总长，提议借用英款，以清偿公司的债务，并谓此议如果成功，并不发生干预该公司的营业问题，不过制造会希望得到供给汉冶萍各种机器的专权。信的后面还附带地声明了一句，说是该会已得英外部允为赞助。农商部长的复函甚为简单，只是"汉冶萍公司，目下并未议及借用外国款项"寥寥十余字。当时的农商部为什么不考虑利用英国的资本呢？理由是很简单的。我在上面已经说过，公司与日商历次所订借款合同，规定以后如要续借，都要向日本的银行接洽。日本人早就料到将来也许中国的政府会向另一国借款，来替公司还债，因而脱离了日本的控驭，所以在民国二年与公司所订借款合同的附件上，便有一条说："汉冶萍公司，由中国政府将确实在本国内所得中国自有之资金，即中国政府并非自他国不论直接或间接借用所得之资金，借与公司，其利息较本借款所定利息为轻，并无须担保，公司即将此项轻利之资金，偿还本合同借款之全部或未经偿还之全部时，银行可以承诺。"这种条文，农商部长是看到的，所以他知道如借英国的资金来还汉冶萍所欠日本的债，一定会引起外交问题，因而英人的好意，他未便接受。

国有、省有以及借用英款等办法，既然都行不通，于是接着提出来的，便是官商合办之说。这个办法，也是汉冶萍公司提出来的，时在民国三年 3 月。自民国三年 7 月起，至民国四年 2 月止，农商部曾有四次呈文给大总统，论解决汉冶萍公司的对策，其要点系"以国有政策，定他日进行之方针，以官商合办，为此时过渡之办法"。

但官商合办，政府便要出钱。钱的数目，当时农商总长，先提 1 400 余万元，最后减到 500 万元。大总统发给各部会商办法，终以筹款艰难，不能得一定议。拖延复拖延，而日本人的"二十一条"，已于民国四年 1 月 18 日由日本公使面谒大总统时提出。

"二十一条"的内容是大家都知道的。其中第三号的两条都与汉冶萍公司有关。两条的文字，经过几次修改，终于在 5 月 25 日换文，文云："中国政府因日本国资本家与汉冶萍公司有密切之关系，如将来该公司与日本国资本家商定合办时，可即允准，又不将该公司充公，又无日本国资本家之同意，不将该公司归为国有，又不使该公司借用日本国以外之外国资本。"

自 1903 年汉冶萍公司与日本订借款合同之日起，到 1915 年中日关于汉冶萍公司换文之日止，前后不过 12 年。就在这短短的 12 年中，日本人完成了垄断汉冶萍公司的工作。

三、汉冶萍公司的没落

汉冶萍公司自从走入日人的樊笼之后，唯一脱离束缚的机会是在欧战期间，但主持公司事务的人根本没有把握住这个机会，却轻轻地把它放过了。据中华矿学研究会的估计，欧战期中，公司售与日本生铁约 30 万吨，矿石约百万吨，可炼生铁 60 万吨，彼时生铁市价最高约国币 200 余元，最低亦需 160 元。即以每吨 160 元计算，此 90 万吨生铁，可售国币 1.4 亿余元，其中除去成本 4 000 余万元，尚有 1 亿元之利，约合当时的 2 亿日元。欧战以前，公司所负日债 3 000 余万日元。假如公司的主持得人，那么利用这个机会，一方面还去日债，一方面扩充范围，也许中国钢铁事业的基础就在这个时期树立起来了。可惜这个希望并没有能够达到。其中的原因，据一般人的解释，就是生铁与矿石的售价受欧战前合同的束缚，不能照市价出售，以致公司得不到铁价高涨的益处。这种解释，并不尽然。公司方面，虽然受合同的牵制，不能纯然按照市价计值，但当时公司曾与日人交涉，争回一部分的加价，欧战期间，公司售与日方的生铁，每吨有至 120 日元及 92 日元的。就照这个数目计算，公司也可获得很大的盈余。但查公司的账目，在欧战期中，全部营业只盈余国币近 2 000 万元。公司又不把这些盈余还债，却用以购买废矿及分红利。欧战之后，铁价下落，公司也就逐渐地衰落，永远没有翻身的机会。

民国八年以后，公司的事业没有扩充，只有收缩。汉阳铁厂日出百吨的两化铁炉及日出 300 吨钢料的七座炼钢炉均于民国八年停炼，日出 250 吨的化铁炉也于民国十一年停炼。大冶新铁厂，于民国二年借日款开办的，到民国十二年才建筑完竣。那年4月开化铁炉一座，日出生铁 400 吨，民国十三年底就停炼。另外同式的一炉，民国十四年 5 月开炼，10 月停炼。民国十四年，萍乡煤矿因汉冶两厂熄炉，不需要用焦炭，便停大工。

国民政府成立的时候，汉冶萍公司已是奄奄一息了。民国十六年，国民政府设立该公司整理委员会及萍矿整理委员会，并颁布整理会章程，准备接管公司的事业。民国十七年由日本驻沪总领事递交节略，不承认上项管理制度，并有日舰赴大冶示威，以是接管之议，终未实行。江西省政府旋以萍乡煤矿无形停顿，影响员工生计为理由，派员接管该矿。民国二十六年冬，资源委员会以武汉燃料缺乏，粤汉路也需煤甚殷，便派员前往该矿整理。汉阳铁厂，自抗战起后，便归兵工署正式借用接管。民国二十七年，政府因鄂省渐逼战区，为未雨绸缪计，便将汉阳铁厂及大冶铁矿的重要机件酌量运入四川。汉冶萍公司的生命，至此乃告一段落。

四、汉冶萍公司失败的原因

汉阳铁厂的开办，距今将近五十年；汉冶萍公司的正式成立，距今也有三十年。在这个时期里，假如主持这种事业的人有眼光、有能力，勤谨地去工作，那么中国的钢铁事业，应该很早便有基础。果能如此，中国的工业化一定早已突飞猛进，中国的国防力量一定比现在要坚强巩固。可惜事与愿违，中国现在的钢铁工业比张之洞的时代相差无几，比盛宣怀的时代还要退化。我们真是虚度了五十年！现在全国正在力图复兴中国的重工业，那么对于汉冶萍失败的原因，我们就应当研究一下，以为后来者的警戒。

汉冶萍失败的第一个原因，是由于计划不周。张之洞开办汉阳铁厂，"度地则取便耳目，不问其适用与否，汉阳沙松土湿，填土埋椿之费，至二百余万两之多。造炉则任取一式，不问矿质之适宜与否。购机则谓大须可以造舟车，小须可以制针钉。喜功好大，以意为师，致所置机器，半归无用"。汉阳铁厂地点的选择，是中国新事业的一个大污点。后来盛宣怀知道在大冶设炉，见解已有进步，但大冶设炉之议，起于民国二年，一直隔了十年，才算成功，可见当时计划的疏忽。这是从工程一方面而言，充分地表示当初创办的人是如何地盲冲瞎干。

在预算方面，其无计划的程度，正不下于工程。张之洞对于办一铁厂应需的经费，是毫无预算的。只看他经手的 500 多万两，全是东拉西扯而来，可窥一斑。盛宣怀接办的时候，对于经费，一样地无预算，据他自己在光绪三十四年（1908 年）2 月的奏稿上说："臣不自量力，一身肩任，初谓筹款数百万，即足办理，实不知需本之巨，有如今日之身入重地者。盖东亚创局，素未经见，而由煤炼焦，由焦炼铁，由铁炼钢，机炉名目繁多，工夫层累曲折，如盲觅针，茫无头绪。及至事已入手，欲罢不能。"接着他就说在这种欲罢不能的情形之下，用了多少钱，欠了多少债。后来日本人能够插足于汉冶萍，垄断公司的事业，都是无预算所产生的恶果。

汉冶萍失败的第二个原因，是由于用人不当。主持事业的人，前如张，后如盛，虽然他们在别的方面有他们的长处，但绝非办重工业的人才，上面我已说过。"汉冶萍事业，矿分煤铁，工兼冶铸，非独工程之事，赖有专家，即经理辅佐之人，亦须略具工商知识，公司中人，率皆闲散官绅，寅缘张之洞、盛宣怀而来，希图一己之分肥，与公司无利害之关系。"这些"职员技师，类无学识经验，暗中摸索。即实力经营，已不免多所贻误，况再加以有心蒙混，任意开销，其流弊故不可胜记"。这两段话，都是民国初年调查过汉冶萍公司的人所下的断语，可见汉冶萍自开办以来，用人行政，已染上官场的恶习，自然难免于腐化了。

汉冶萍失败的第三个原因，是由于管理不善。此点可分两层来说。一为人事的管理不善。股东对于公司并无监督的能力，所以在民国元年，"公司亏耗之数，已逾千万，问诸股东，殆无知者"。民国二十年，公司有几个股东，上呈文于政府，说是"汉冶萍十余年来，股东会从未召集"。这虽然是一句过分的话，但自从民国十三年以后，到民国二十年，数年之内没有开过股东会却是实情。在这种情形之下，股东对于董事与经理，无法实行监督，乃是自然的。总公司与董事会，都"设在上海，距各厂矿两千余里，消息不灵，鞭长莫及，况复事权各执，手续纷糅，凭三数坐办，一纸呈报，真伪是非，无从辨析"。所以民国初年，萍矿总办林志熙吞没萍矿各款 30 余万两，总公司并不知道，直至政府派员调查公司情形，才代为发现，可见股东既没有监督董事与经理，而董事与经理也没有严密地监督公司的属员。二为账目的管理不善。公司在开股东大会时，有时也作账目的报告，其不可靠的程度，张轶欧于民国七年 2 月，于代表政府参加该公司的股东大会后，曾有报告，其中有一段说："上年公司收入总计不过 11 262 000 余两，其支出则有 11 179 000 余两，出入相较，所赢无几。其所以称有盈余 1 333 000 余两，得发股息六厘者，谓盘有项下，各厂矿较上届均有加存之故，及观其所谓盘有，则除所存钢铁石煤焦，可以待时而沽然所值亦属有限外，余皆厂屋基地炉机舟车之类。此类财产，照外国厂矿通例，除地价外，均应逐年折旧，递减其值。而该公司则十余年前设备之旧物，尚照原值开列，其历年所添之物，尤必纤毫俱载。故虽通国皆知其亏累不堪，股票市价不及额面之半，而就其账略通收支存三项计之，往往有盈无绌，或所绌无几，此该公司上年营业之大略情形。"这一段话，把公司做账的腐败情形，真是和盘托出。但账略上表现有盈余然后分派股息，不管盈余是如何算出来的，也还有辞可饰。最不可解的，是公司明明亏本，也要分派股息。有好些年份，公司不能拿现金出来给息，便填些股票或息票交给股东。但民国五年，据王治昌呈政府的报告，说是该年公司亏损 27 万余两，但开股东大会时，一致通过该届股息，无论如何，须发半数现款、半数息票。公司的债务，其所以逐渐增加的原因，没有盈余也要付息的办法，要负一部分的责任。

汉冶萍失败的第四个原因，是由于环境不良。无论什么事业，都要在安定的社会里才可以生长。民国自成立以来，二十余年，内乱时时发生。辛亥革命之时，汉厂以逼近战线，炉毁厂停，损失至巨。赣宁之役，武汉转兵，将厂方运料轮驳，悉索一空，厂炉几至停辍。以后也迭受军事的影响。萍乡煤矿虽僻处赣省边境，但民国成立以来，常因战事而停工。矿中食米，常被征收作军粮；开矿工人，常被军队拨去当运输的工作。这种有形无形的损失，实在是不知凡几。而且在别的国里，像汉冶萍公司这种事业，政府认为与国防有关，是特别爱护的，但在中国，汉冶萍公司除在前清宣统三年（1911 年）曾向邮传部预支轨价银 300 万两，及民国元年曾向工商部请得公债 500 万元外，没有得到政府的一点补助。就是在前清时代预支的轨价，到民国三年，交通部向公司替陇海、吉长、张绥等铁路购轨时，便以此借口，拒不付现，而以旧欠作抵，以致公司向政府发出"矢绝道穷，不亡何待"的哀鸣。民国元年工商部部长呈大总统文，历叙政府与公司之关系，其结论为"官家之于公司，实无成绩之可言"，可谓与事实相符。至于地方政府，如民初鄂省所派的督办，除月领公司薪水 700 元外，并无丝毫的贡献。鄂省清理处，是专与汉冶萍公司算旧账的机关，据公司上政府的呈文，说是这个机关所扣去公司的财产，即轮驳一项，已 200 余万。民国二十二年，湖北省政府又以该公司积欠鄂省债捐为理由，将汉阳铁厂所存的钢轨提出售与平汉陇海两路局，据云共值百余万元。大冶铁矿所在地的县政府在民国初年屡向冶矿要求纳捐，以充经费。起初以自治经费为理由，每年向冶矿要求捐款 4 000 两。自治停办之后，大冶县知事又以办警队为由，逼令冶矿照旧纳捐，认为是地方税的一种。像这一类的例子，证明过去各级的政府，对于新兴的事业，保护少而剥削多，补助是少有的，但诛求却无厌。

以上所举的四种理由，前三种是属于公司本身的，后一种是属于公司身外的。在这种内外夹攻的情形之下，一个可以有为的事业，便逐渐衰落，终于消灭了。我们现在追溯汉冶萍的往事，不可不牢牢记着它所给我们的教训。

民国二十七年 12 月 6 日

（载《新经济》第 1 卷第 4 期，1939 年）

利用外资与自我努力

我们现在是一个抗战建国的时期。抗战所必需的军器，与建国所必需的生产工具，其中有一部分是我们自己所不能制造的，必须由国外购入，在这种情形之下，便有利用外资的问题发生。所谓外资，在一般人的心目中，就是外国的钱，其实钱并非我们最后的目的。我们最后的目的，还是用钱可以买来的军器与生产工具。

近来看到一篇文章，为利用外资的思想，可以造成一种倚赖外人的风气。平常听到的谈论，也有一部分人以为如果能得到大量的外资，我们自己工作，便可以轻松许多。这种观念是错误的。利用外资的思想，不应造成一种倚赖外人的风气，反之，这种思想应该造成一种自我奋发的风气。我们如欲得到或已经得到大量的外资，我们自己的工作不但不能轻松，还比以前更要紧张、更要勤勉。这点见解，可分为三层来说。

利用外资最方便的方法，便是增加我们的输出。譬如民国二十六年，我们输出的土货，计值 8.3 亿元，那年我们所能利用的外资，简单地说至少便有此数，我们虽然没有把这些钱完全去换取外国的军器与生产工具，但从理论上讲，假如我们的外汇统制机构已经完备到德国的地步，我们是可以这样做的。假如我们在民国二十六年，能够多输出土货 4 亿元，我们便可多利用外资 4 亿元，但是输出土货的数量，如何可以增加呢？很明显的，要全国各界加倍努力。一个农夫多种几株桐树，一个矿工多产出几吨锑，一个牧童多畜几头绵羊，都有直接的贡献。

利用外资的第二种方法，在过去我们已经做过的，便是与若干国家订立以物易物的契约，我们抗战所用的飞机、坦克车、大炮，其中有一部分便是拿我们的农产品、林产品与矿产品去换来的，我们也曾企图过拿我们的土货去换取若干机器，来树立我们的重工业。现在许多工业发达的国家，需要我们国内所能够产生的原料，而它们生产有得多的军器与生产工具，又为我抗战建国所必需。在这种状况之下，以物易物，真是合乎各取所需的原则，但是各取所需的先决条件是各尽所能，我们如想这些工业国家的军器与生产工具能源源不竭而来，先要尽我们的力量，使这些工业国家所需要的原料，能由我们这儿源源不竭而去。也许有人以为这种供给原料的贸易是自降于殖民地之列，这种看法是不正确的。假如我们供给工业国以原料，而从它们那儿购入日用品，如以毛易呢、以棉易布，那才是殖民地的干法，现在我们输出原料，换取工业国的军器与生产工具，以完成抗战建国的大业，正是不愿自居于殖民地或次殖民地的表示。苏联在五年计划的初期，也曾以农产品去换取英美等国的机器，正是我们所应当效法的，这种利用外资的方法，其数量之多寡，完全系于我们土货出产之多寡，我们多努力一分便可多利用外资一分。

利用外资的第三种方法，也是最普通的一种方法，便是向外国借款。一般的人，在某种借款成功的时候，只看到收入的方面，而忘记支出的方面。什么是支出的方面呢？简单地说，就是还债。还债的方法虽然不一，有先付息后还本的，有本利分期拨还的，有的期限很长，也有期限很短的，但借了人家的钱，迟早要连本带利息去还清，则是国际借贷的常例。既然看清楚了这一点，那么借得外债之后，我们自己的工作不但不能轻松，还比以前更要紧张一点，就很显明了。譬如我们今年借到 1 000 万美金，利息每年 4 厘，分为 10 年偿还，那么我们明年便要还人家 104 万美金。这 104 万美金，便是新的负担，我们一定要自己努力，使明年的生产至少要增加 104 万美金，才算尽了我们的责任。否则到期的债不能还清，国际信用便要破产，抗战建国的工作便要遇到许多阻碍。所以我们每次听到借款成功的消息，不要以为我们的工作减轻了，因为实际上我们的工作正在加重。既然认清此点，我们便不会以倚赖外人的心理去利用外资，而会以自然奋发的心理去利用外资。

总之，抗战建国是中国自力更生的一种工作，只有靠我们自己的努力才能完成。利用外资，不过自我努力的一种方式而已。

（载《新新新闻每旬增刊》第 20 期，1939 年）

龙烟铁矿的故事[*]

一、龙烟公司的来源

龙烟铁矿公司，是由龙关铁矿公司演变而来的。在民国五年6月，有陆宗翰、徐绪直等，上呈文于农商部，说是在龙关县勘得庞家堡、麻峪口、辛窑等三处铁矿，总计面积31余方里，拟集资100万元，组织官督商办公司，先行从事开采，再行筹设炼厂。并以前驻日本公使陆宗舆，"计学渊深，富有经验，素为实业界所钦佩"，请政府就派他为公司的督办。这个呈文上去之后，好久没有听到公司的消息，一直到民国七年2月，徐绪直等又旧事重提，说是龙关铁矿，虽早勘得，但年来因政局迁变，迄未着手进行。现在他们以欧战以来铁价日昂，国内重要铁矿正宜乘时开发，以辟富源。原来他们组织的龙关铁矿公司，拟改为官商合办公司，资本推广为200万元，并请农商部与交通部都加入股份，以为提倡。民国七年3月，国务院议决照办，并以陆宗舆为督办，于3月16日，由大总统令派。

陆宗舆奉命为龙关铁矿公司督办之后3个月，就是在6月16日，他有文咨农商部，说是据工程师程文勋报告，宣化县烟筒山发现铁矿一处，离宣化车站十余里之遥，矿苗尚旺，足资开采，应当划入龙关铁矿公司，并案办理，以收速效。6月18日，农商部又接到梁士诒等的呈文，说是前于宣化县烟筒山发现铁矿一区，现拟纠合同志，集资50万元开采，请农商部按照龙关铁矿公司成例，酌量附入官股。所以在两日之

---

    * 本文中提到的陆宗舆、梁士诒、黎世蘅等人，都曾在政坛发挥过较大的影响。陆宗舆为"二十一条"的签字代表之一，五四运动中被斥为"卖国贼"而免职。后曾担任汪伪政府行政院顾问。梁士诒曾担任中华民国总统府秘书长，竭力支持袁世凯称帝，因而遭到世人的谴责。黎世蘅曾担任汪伪政府教育次长等。——编者注

内，先后有两位当时政界的要人，呈请开采烟筒山铁矿。其实烟筒山铁矿，乃是农商部的顾问安特生所发现的。他于是年5月间，于复勘龙关铁矿之后，在烟筒山详加勘求，才知道该处的矿量甚属优厚，回部报告。这个消息，不久就给外间有关的人知道了，因而有陆梁二人同时呈请开采的文件到部。当时部方以两方的资望，可说是旗鼓相当，不便令一方向隅，所以赞同将龙关烟筒山西处铁矿合并，另组公司，定为官商合办，官股占十分之五，商股亦占十分之五。这个提议，于7月5日，由国务院议决照准，定名为龙烟铁矿公司，并以陆宗舆为督办，丁士源为会办。股本也从200万元改为500万元。官股250万元，先由农商部商请财政部拨付100万日元，合国币64万元。民国八年11月，拨足128万元，算是农商部参加的官股。其余的122万元，于民国九年2月由交通部承购。商股先后缴到的，只219.5万余元，不足原定的数额。

二、一年开采的成绩

烟筒山的矿区，比较龙关的矿区，交通要便利得多，所以龙烟铁矿公司的工作便从烟筒山下手。民国七年9月，便开始出砂，每日的产额在500吨以上，最多时达700吨。矿上的工人，最多时达2000人。民国八年春季，与汉阳铁厂订定炼铁的合同。龙烟公司的理由是："烟筒山矿砂，最佳者含铁不过五十分之谱，而含砂竟在二十分以上，更杂有他种不易制炼之物质，在设炉以前，自宜先行研究，方无流弊，所以商请汉阳铁厂，代为试验，以一年为期。"汉阳铁厂，当时因缺少矿石燃料，已有一炉停工，所以对于试炼的要求也很欢迎。不料欧战告终之后，铁价陡落，所以汉阳试炼的办法只行了四个月便终止了。四个月之内，运往汉阳的铁砂共4万吨，出生铁计2万吨。烟筒山开采的工作，到民国八年8月，因为铁砂没有销路，也就停止了，计自开采以来，所出铁砂凡10万吨。

三、炼厂之功亏一篑

在龙关铁矿公司成立的时候，发起人并不以采砂自满。他们当时就说："办理铁矿之难，不在采矿，而在于制炼；铁矿之利，不在售砂，而在于钢铁。"所以在采砂之外，兼办制炼，乃是公司既定的方针。龙烟组织成立之后，当事的人，便向制炼一方面迈进。关于设厂地点，经过郑重考虑，并比较宣化、卢沟桥、新河、石景山等处之后，选定了石景山。其理由，据公司的呈文说：

> 宣化因大同煤不能炼焦，卢沟桥因地势过于低陷，新河因恐受制于开滦公司，均非适宜。最近则择定京西宛平县属之石景山以东地方，为设厂地点。地临永定河，用水不虞匮乏。石灰得采诸以西之军庄将军岭，去此不过二十余里，石量丰富，足敷龙宣两县铁砂制炼之用。将来铁砂北自京绥，煤焦南自京汉而来。炼成之铁，则由京奉至津而出口，实为设厂适中之地点。且地势宽畅阔达，他日扩充厂基，绰有余裕，其他附属之工业之应行逐渐设置者，亦尽有余地可容。

厂址既经解决，其次便是设备问题。公司方面，聘定纽约贝林马萧公司为顾问工程司，另由茂生洋行，经理采购并装运事宜，所受之委托，以布置炉厂、购运机件为范围。到了民国九年 11 月，公司给股东会的报告书，关于炼厂的有一段说："炼炉初定 100 吨者两座，嗣在制铁上研究，以大炉较为得策，遂改设 250 吨炉一座，机件早已定妥，现已由美陆续运到，一俟明春，炼炉机件到齐，从速鸠工建炉，预计于明年秋后出铁。"民国十年出铁的计划，并未兑现。民国十一年 2 月，公司咨农商部的文中，报告炼厂工程的进行，说是"化铁炉、热风炉、汽炉、矿桥、隧道、烟囱等工程，现已次第竣工，本年五月，计可全厂落成，开炉出铁"。这个预告，到了民国十一年 5 月，又未兑现。那年 6 月，北京发生政变，督办陆宗舆的住宅被警厅围守，陆宗舆本人逃往天津，7 月请辞督办。自此以后，炼厂的开工便遥遥无期了。

四、五种筹款计划之失败

陆宗舆是于民国十一年 7 月辞职的，假如政变不起，他的督办位置还能维持一年半载，石景山的炼厂是否能够开工，现在事过境迁，我们也不必加以臆测。不过有一点我们可以肯定的，就是炼厂之所以失败，还是由于资本不足。假如在陆宗舆辞职的时候，公司的财政没有问题，那么这个事业，绝不会以一人之去留而发生动摇。公司财政的困难，在民国十年便已显露。那年秋季，公司所收的股本已经用完。其后工程的进行、材料的购置，都是靠当事人的挪借以及各董事的垫拨。到了民国十一年 2 月，公司已积欠 30 余万。那时预计炼厂开炉，尚需工程材料等费 70 万元，开炉后的活动资本，也要 40 万元，共短 140 余万元。这 140 余万元的款项，是否筹集得到，便可决定龙烟整个事业的成功与失败。

第一个筹款的方法，便是向日本商订售铁合同，预支铁价。此事在民国十年1月便已发动，当年9月，由陆督办提出借款合同的草案于董事会，内容规定由龙烟铁矿公司与东亚兴业株式会社订立销铁垫款合同，由公司在日本设立销铁所，由兴业垫付款项60万日元。这个契约不知因何缘由没有正式成立。民国十一年，公司又与日方有所接洽。据龙烟铁矿监督吕咸于民国十三年呈农商部的文中说："民国十一年，张理事赴日考察实业，顺便与日本东亚兴业公司，研究包销铁料事，冀得垫款150万，以为兴工开炉之用。购货先付定银，在交易场中，本系应有之事，乃对方条件，甫经提出，而公司内部，即横生意见，局外者不察真相，函电交驰，群相非议，卒致张理事远嫌辞退。"张理事新吾既辞职，第一种筹款计划，也就宣告失败。

第二种筹款的方法，是请政府拨垫盐余债券200万元。此议初见于公司于民国十一年2月咨农商部的呈文。公司于叙述财政困难之后，便请农商部于关税加成定为实业经费项下，拨垫盐余债券200万元，以济眉急，而资进行。此项拨垫之款，以借款论，等到公司有进款时，再行设法筹还。这个建议，国务院议决照准，由财部筹拨，维持实业。可是政府口惠而实不至，财政部允拨的债票200万元，始终没有着落。

第三个筹款的方法，便是发行公司债。民国十一年4月，公司给政府的呈文说："目下筹款之途，财政部所允拨之债票200万元，一时既尚无着落，督办个人之挪借，又已罗掘俱穷。此外若欲添招股本，亦非嗟咄可能集事。而际此炼厂将次落成，更不能中途停工。辗转思维，计唯有发行公司债，以为周转之余地。当于本月14日，经由第八次董事会议决发行龙烟铁矿公司公债400万元。"公债的利息，虽然是每年一分二厘，但是并不能推销出去。民国十二年7月，第十九次董事会议决，现在市面呆滞，此项公债，暂不发行。

第四个筹款的办法，是商请银行团投资。这种洽商，也是在民国十一年开始，原来的计划，是请银行团垫款120万元，以40万元为完工开炉之用，40万元购买材料，其余40万元为流通资本。银行团方面，据说起初以龙烟事业确有希望，甚愿共同投资。但延至民国十三年，银行团以董事会意见尚未一致为辞，取消了投资的成议。

第五个筹款的方法便是添招股本，而以添设炼钢厂为名。民国十四年7月，公司的呈文里说：

> 仅炼铁而不炼钢，则国内销路有限，营业难期大盛。现查我国海关，每年进口钢货近1亿，此犹为现时之数，以后我国工业，需用日多，有加靡已。若不设

法自炼，大利尽流往外洋。今以本厂之铁，炼本厂之钢，则所制钢料，可以供各铁路与各项工业之需。既为国家挽回无穷之利益，而公司出品，亦不必向国外开辟销路，此公司复兴计划，所以决定添设钢厂也。预计钢厂成立经费，公司偿还旧欠，铁厂开炉经费，暨营业流通资本，共需 1 100 万元。拟于原股 500 万元之外，增加股本 1 100 万元。以 350 万元，发行记名股票，归政府担任，加作官股，其余 750 万元，发行全记名股票，由公司呈请政府设法招募。

在 100 余万元尚无法筹集的时候，忽来一个筹集 1 000 余万元的计划，其不合时宜，自是显然，难怪政府与社会对于这个计划一点反响也没有。

五、保管时代的龙烟

国民政府成立之后，即于民国十七年 7 月，由农矿部派黎世蘅为龙烟矿务局局长。那年 8 月，据黎局长的报告，说是该矿所有一切财产，大都破坏不堪，即化铁炉零件及铁路轨道材料，多被拆卖。10 月里的报告又说："烟筒山铁区，置有采矿处一所，水磨置有材料厂一所，其自筑岔道约三里许，但桥梁既经破坏，枕木亦复腐烂，其办公房屋，土房居大多数，年久剥蚀，间亦有坍塌之处。"数百万元的事业，在数年之内，便破坏到这种"不堪"的地步，实可痛心。

黎世蘅在局长任内的第一件事，便是把龙烟原来的办事主任刘翰，函送公安局看管，其理由是刘翰借词搪塞，抗不交代。时在民国十七年 8 月。时间不到一年，到了民国十八年 7 月，刘翰忽然呈文于农矿部，控告黎世蘅拆卸全厂机件，并将铁炉专用水管、重要机件等贬价出售，价值达 50 万元以上。黎世蘅便因此去职，由部另派人员保管。

民国十八年 11 月，行政院议决关于龙烟铁厂以后之经营，由铁道部负责进行，同月铁道部派定专员，接收龙烟铁矿。民国二十年 4 月，铁道部以奉令接管以来，北方军事，迁延岁月，且经济枯窘，进行为难，呈文于行政院，请将龙烟移交实业部办理。行政院指令照准，并令实业部接管。过了一年有余，实业部还未派人接收，于是铁道部于民国二十一年 5 月函致实业部，磋商办法，以为龙烟或由实业部接收，或由实铁二部合作，均无不可。两部派员商量的结果，决定由实业部接收。当年 11 月，实业部派人接收，但铁道部龙烟铁矿厂保管处的委员，以未奉到铁道部移交命令为辞，不肯交代。于是实业部的接收没有成功。民国二十二年 2 月，铁道部咨实业部说："查龙烟铁矿，前由本部派专员负责保管整理，现方着手，如贵部对于该矿将来复工尚无具体办法，拟请贵部暂勿派人接收，容本部拟定计划，再行函商。"于是讨论了许久的保管问题，又回到民国十八年的状态。

民国二十五年 10 月，冀察政务委员会委员长宋哲元因龙烟铁矿停办已久，便委陆宗舆负责接收清理。陆宗舆与龙烟一别 14 年，至此又与龙烟再度发生关系。但不过半年有余，卢沟桥事变发生，龙烟公司的性质于是乃根本改变。

六、日人对于龙烟之觊觎

日本人想与龙烟发生关系，远在民国十年，上面我已经说过。当年的借款如果成功，龙烟的炼厂即使开工，也难免不做第二个汉冶萍。可是那次的借款是失败了。民国二十年，驻张家口日本领事山崎诚一郎，有函致察哈尔省政府，要它把宣化县龙烟铁矿矿务局之一切财产，及其管理机关官署名称，或办事处名称，以及所在地代表者姓名住址等告知。察哈尔省政府便以此事通知实业部，并谓这种询问迹近越俎，心颇难测，民国二十四年 12 月，察哈尔省政府又有电给实业部，说是该月 16 日，有日人石川政一，随带翻译一人，到宣化县寓广仁客栈，自称系日满矿产株式会社龙烟铁矿用达部来宣筹备食用事项，以备翌年 2 月龙烟铁矿开采应用。石川政一在宣化县赁定住房一处之后，便回北平。此后并不见动静。民国二十五年 8 月，驻日商务参事向实业部报告，谓兴中公司社长十河信二*氏，约谈华北可办诸事业，于龙烟公司，尤为注意。十河信二拟于 8 月 19 日启程赴北平视察实况，往返约一个月，回时还要商谈一切进行事宜。那年 10 月，冀察政务委员会便派陆宗舆接收龙烟，此事与十河信二北平之行是否有关，我们因无案卷可稽，不敢臆测。民国二十六年 2 月，外交部电实业部，谓据报，天津日本驻屯军部池田参谋鱼晨谒宋哲元，商龙烟铁矿事，谈 2 小时始辞出。闻日方意见，拟由中日双方组织龙烟铁矿公司。事务及技术诸事项，董事会负总理之责。董事人选，双方各半，资金 1 000 万元，亦平均筹收。基本工程人才，则由日本某制铁所调用。由此可见卢沟桥事变的前夕，日人对于龙烟铁矿，已存必得之心。

---

* 此人曾积极主张发动侵华战争。其主持的兴中公司是侵华的大本营。——编者注

事变之后，龙烟系为日人所霸占，于民国二十七年 11 月 20 日正式开业。据《大阪每日新闻》的消息，龙烟现已起始开产生铁，日人希望龙烟铁厂在一年之内，出生铁 5 万吨，到 1940 年，能年出 30 万吨。但据 12 月 11 日的上海《字林西报》，则龙烟虽已开工，但产量不丰，效率甚低，因机器陈旧，非大加修理不可。无论如何，这个官商合办的钢铁事业，现已入于日人的掌握，只有抗战得到最后胜利的时候，我们才可以把它收回了。

民国二十八年 1 月 10 日

（载《新经济》第 1 卷第 6 期，1939 年）

安徽售砂公司的始末

一、当涂与繁昌：售砂公司的大本营

抗战以前的中国经济，有人称之为"殖民地的经济"。[*]

这种说法，某种意义上是有道理的。最足以表示这种殖民色彩的经济活动，便是出售铁砂。别的国家也有出售铁砂的，如瑞典每年便有大批铁砂卖给德国。但瑞典与我们有不同的一点。瑞典自己有钢铁厂，重工业相当发达，本国所出的铁砂，除供给自己重工业的需要外，还有盈余，才用以出售。我们的钢铁事业，可以说是近于没有。开铁矿的，除把铁砂运往外国出售外，别无销路。我们自己需要的钢铁及由钢铁制成的货品，年年都从国外输入。

抗战已使售砂的办法中止，现在让我们追溯这段历史的始末。

中国本部的铁矿，地质学家把它分作三区：一为华北区，二为长江区，三为东南沿海区。长江区的铁矿，只有湖北、安徽二省已经从事开采。开采湖北铁矿的公司，主要的便是汉冶萍。这个公司，原来也有炼铁炼钢的计划，而且已经局部地实行，可惜因为种种不幸的原因，后来竟沦为一个出售铁砂的公司。关于这个公司的历史，我已另有文章讨论，兹不赘叙。在安徽省内，出售铁砂的公司，前后共有六个：

一为当涂的福利民公司，于民国五年2月领照，矿区在当涂县的小姑山、南山、扇面山、妹子山、小凹山、栲栳山、戴山，储量约426.4万吨。

二为当涂的宝兴公司，于民国五年4月领照，矿区在当涂县的东山、凹山、黄铅山、平砚冈，储量约338.4万吨。

---

[*] 近代中国的社会性质当为半殖民地半封建社会。——编者注

三为当涂的益华公司，于民国十年 3 月领照，矿区在当涂县的碾屋山、龙虎山、小安山，储量约 229.8 万吨。现改为官商合办。

四为当涂的振冶公司，于民国五年 12 月领照，矿区在当涂县的钓鱼山、钟山、和睦山、姑山、观音庵，储量约 162.5 万吨。

五为繁昌的裕繁公司，于民国五年 4 月领照，矿区在繁昌县的桃冲长龙山，储量约 387.7 万吨。

六为繁昌的昌华公司，于民国七年 4 月领照，矿区在繁昌县的朱山、涝山，储量约 40 万吨。

二、特准探采铁矿办法

这六个公司出售铁砂的法律根据是什么呢？

要回答这个问题，得先研究在民国四年 11 月 27 日呈准、民国五年 8 月 11 日修正公布的特准探采铁矿暂行办法。在这个办法公布之前，北京政府曾于民国三年 3 月 11 日公布矿业条例 111 条。其中的第四条，谓凡与中华民国有约之外国人民，得与中华民国人民，合股取得矿业权。但在民初的时候，政府中有远见的人士以铁矿为军国要需，已有定为国有之议。后来因对内对外，均有窒碍，所以国有之议终未实行，但铁矿公司如参有外人的股份，一般人总以为不妥。为补救矿业条例的缺点起见，乃有特准探采铁矿暂行办法之规定，主要的条例有四：第一，探采铁矿公司，须用完全中国资本，不适用矿业条例及其他关系诸法律内关于中外合办矿业之规定。第二，探采铁矿公司，除技师外，不得雇用洋员。第三，探采铁矿公司所出矿砂，政府欲收买时，须先尽政府收买。倘公司与洋商签订售砂合同，非先禀由农商部核准，不能有效。第四，探采铁矿公司采出矿砂，除矿产税、关税、厘金照例完纳外，每吨增加铁捐银元四角。

这四项条文，从表面上看去，似乎可以保护中国的资源不致外溢，实际则因第三条前半段所定之政府尽先收买铁砂一事，始终没有举办，以致各公司只有照第三条后半段所定的办法，与洋商签订售砂合同。所谓洋商，没有例外的都是日本人。

安徽铁矿公司与日人所订的合同，可以裕繁公司与中日实业公司所定的合同为例。这个合同，要点有四。

第一，甲（指裕繁公司）将安徽省繁昌县北乡桃冲铁矿山所采出之铁质矿石，出售与乙（指中日实业公司），唯交矿石，每日不得过 1 000 吨之谱。第二，签订合同之日起，以四十年为限，不到四十年期限，而矿量已尽，即以该山矿尽之日，为合同消灭之日。第三，合同成立之日，乙先交甲定款英洋 20 万元，甲照周年四厘行息，按年交还与乙。第四，按照预算，甲所筑造采运矿石铁路码头及开采矿石各机件等所需经费，得由甲请乙预付矿价，以资应用。裕繁公司依照合同中预付矿价的规定，在民国十七年时，便已欠 675 万余日元，除偿还 92.5 万余日元之外，尚欠 582.5 万余日元。这种欠款，只有拿矿砂去抵还。照合同的规定，每日交铁砂 1 000 吨，以 40 年为限。如真照约办理，裕繁公司前后应交铁砂 1 460 万吨。公司所领的矿区，其储量不过此数的四分之一，合同的狠毒，于此可见，中国的法律，虽然规定探采铁矿公司须用完全中国资本，但日本人有法子使这些完全中国资本的公司把所有的铁砂一起都贡献给它。

别的公司，都与日本直接或间接地发生售砂的关系，如福利民公司与日本小柴商会订有售砂 90 万吨的合同；宝兴公司与上海中公司订有售砂 100 万吨的合同；益华公司与建华公司订有售砂 50 万吨的合同；振冶公司与日商森恪订有售砂 10 万吨的合同。昌华公司的铁砂，系直接售与裕繁公司，再由裕繁公司交中日实业公司，运往日本。除却上面所说的合同之外，零星的小合同还多，不必细载。日方出面买砂的，多为经纪人，代表若干钢铁厂。如与福利民公司订合同的小柴商会，便代表釜石制铁厂、轮西制铁厂、浅野制铁厂、兼二浦制铁厂、八幡制铁厂及三菱造船厂等六个机关。合同的内容大致相似，不外由日商垫款，中国公司则供给铁砂，将垫款分期偿还。合同的年限长短不等，但除裕繁公司所订的之外，没有到四十年的。福利民公司与小柴商会所订的合同，初稿中也规定售砂期限为四十年，时在民国五年 9 月，农商部以此合同损失利权太巨，几与卖矿无异，批驳不准。民国七年 2 月备案的合同才把四十年的期限改为五年。

三、朝三暮四的法令

民国十七年 10 月 6 日，农矿部曾行文各省建设厅及各矿业公司，废止探采铁矿暂行办法。原文说：

> 查铁矿遵照总理实业计划，开采之权，当属国有。所有前北京政府颁布之修正特准探采铁矿暂行办法，显与党义抵牾，嗣后不得再行援用。除通令外，合行令仰遵照，此令。

在这个命令以前，农矿部于同年 7 月 31 日，因整理益华公司事（因益华的大股东系倪嗣冲）上呈文于中央政治会议时，也说："益华系属铁矿，遵照实业计划第六部规定，铁矿之开采，应属之国有。"铁矿国有之说，在民初曾炫耀一时的，至此又被提出。那年，振冶公司曾与日商石原矿业公司议定售矿石合同 10 万吨。合同呈到农矿部时，农矿部便根据 10 月 6 日的训令，批驳不准。

可是批驳振冶公司的命令发出还不到一年，就在民国十八年的 7 月，农矿部却批准了宝兴公司与上海中公司订立出售矿石 100 万吨的合同。农矿部将此事向行政院备案的呈文中说："查中央执行委员会二次全会议决案内，对于已办之矿产，准由依法取得采矿权者，依照矿法，继续开采。现国内炼厂建设之完备，既属有待，各矿铁砂之销售，势难中辍，兼以各矿工人，为数不少，骤令停采，失业堪虞。职部检阅宝兴公司与中公司续订售砂合同，亦尚无损害主权之处，似可暂予批准。"

售砂的门，民国十七年关上，民国十八年又重行开启了。

民国十九年 5 月，矿业法由府令公布。第九条中，规定铁矿应归国营，由国家自行探采，如无自行探采之必要时，得出租探采，但承租人以中华民国人民为限。可是在附则中，谓在本法施行前，已取得矿业权者，视为已依本法取得矿业权，所以安徽的售砂公司，其矿业权依然存在。而且第九条中，还有一项说："前项矿产（指铁矿等）输出国外之数量及期限，其契约经中央主管机关之核准，方为有效。"所以售砂一事，在矿业法之下，也是依旧可行的。

四、从限制铁砂出口到出口的禁止

民国二十一年，实业部因国营钢铁厂正在积极进行，对于铁砂将来需用必多，亟宜储节保存，以备自用，因此提出一种办法，就是制定铁砂出口运照，将运砂数量及有效期间酌加限制，令饬铁矿商呈请领用，经各海关查验相符，始予放行。实业部把这个办法，去与财政部商量，财政部对于限制的意思甚表赞同，但以发给运照的办法，其效能限于稽考铁砂出口的数量，此事可由财政部饬关呈报，不必再用领照手续，以省纠纷。所以第一次实业部提出的办法没有实行。民国二十二年，实业部旧事重提，又把发给运照的意见，提交行政院，决议征财政部意见再议。财政部坚持从前的主张，以为实业部所提限制办法，仅为领有主管机关之护照，方得运输出口，而对于准运禁运，并未明定标准，所以不必多此一举。行政院决议，照财政部意见办理，于是实业部提出的办法第二次被打消。到了民国二十五年，实业部第三次提出限制铁砂出口的办法，比较前两次的要周到得多。办法一共有六条，主要的有三条：

第一，所有公家经营或私人经营各铁矿，一律不得与外人直接或间接订立售砂合同及类似售砂的合同。如果有特殊情形，应由主办或主管官署报由实业部审核，转呈行政院核定。

第二，凡与外人订立售砂合同，未经部核准的，一概无效。其已经部核准有案的，如在原合同所载数量及限期内运砂出口时，须领有实业部铁砂出口许可证，始得报关起运。

第三，铁砂出口许可证，分为许可证原单、许可证报单及存根三联，由实业部制就后预行颁发所指定之给证官署，该项官署于填发许可证时，应同时将报单一联送部备查。

这几项办法，一方面确定以后公私各铁矿不得再订售砂的合同，一方面对于已订售砂合同的公司，加以更严密的监督。办法经行政院通过之后，便于民国二十五年7月1日起实行。

民国二十六年1月，实业部发现每年铁砂出口额，自民国十七年至民国二十三年，最高的不过90余万吨，但在民国二十四年，骤增至130余万吨，以为循是以往，难免不逐年增加，所以每年各铁矿公司售砂数量，有预加限制的必要。限制的方法，是规定此后各铁矿原订售砂合同，未经确定每年售砂数量的，一律以民国二十三年至民国二十五年三年中售砂之平均数量，为每年售砂数量之标准，不得再有增加，并不得收买他矿铁砂报运，以昭核实。根据这个原则，实业部便规定在民国二十六年，汉冶萍的最高额出口数量为514 710英吨，裕繁为150 230英吨，福利民为190 642英吨，宝兴为139 823英吨，益华为5万英吨，总计1 045 405英吨。实业部这种限制数额的办法，一方面固然可以限制汉冶萍、裕繁等公司，使它们不能无限制地售砂，但另一方面，却替另外一些公司开了额外售砂之门，未免是美中不足的一点。额外售砂之门是如何开的，见于民国二十六年5月福利民公司的呈文：

> 为呈报备案事，窃公司等前与日商小柴商会订立售买矿砂契约，数额计90万吨，运至民国二十五年底，尚有139 505吨未曾运足。本年奉钧部核定公司出口数额，为190 642吨。兹经与买方协议，除依前订数量，照约运清外，本年数额中，所余61 137吨，仍归上开买户承受。

实际是福利民公司并没有讨得便宜。抗战发生，售砂的门便关闭了。实业部于8月间，即电饬原派驻在各矿管理机关，即日停发铁砂出口许可证，禁止再行报运。最后报关运出的铁砂，在民国二十六年 8 月 5 日，由益华公司售与大陆公司，计重 3 500 英吨，是一只名为华顶山丸的日本船运走的。

我们希望华顶山丸从中国运走的铁砂，真是最后的一批！

民国二十八年 1 月 24 日

（载《新经济》第 1 卷第 8 期，1939 年）

中国农民生活（书评）

Hsiao-Tung Fei，Peasant Life in China：A Field Study of Country Life in the Yangtze Valley. London：George Routledge & Sons，1939，300 pages.

  费孝通先生所写的《中国农民生活》*，是根据他两个月的实地工作所得到的材料写成的。费先生工作的地点，在江苏太湖边的一个乡村，这个乡村，属于吴江县，费先生是吴江县的人，所以他所得到的材料，绝不是"外乡人"于两个月内便能得到的。这些材料，组织成为十六章，大部分描写这个乡村中的家庭及经济生活。据我所知，在英文及中文出版的书籍中，描写一个区域里的农民生活，像本书这样深刻细密的，实在还没有第二本。

  费先生在燕京大学肄业的时候，虽然是在社会学系，但其兴趣已移到人类学。在清华研究院中，他专从史禄国教授研究人类学。本书便是以人类学者所用的方法研究出来的结果。过去的人类学者，常以初民社会为其对象，最近才有人以同样的方法，来研究文化已经发达的社会。美国林德教授所著的《中村》**，便是很有名的一个例子。费先生这种尝试，可以说是成功的。我们看了这本书之后，觉得中国各地，应当有许多学者，用同样的方法，把各地民众的真正生活描写出来，让大家读了，对于我们自己的国家，有更深刻、更广泛的认识。中国实在太大了，我们每一个人所知道得清楚的地方，只是中国极小的一部分。其余的部分，我们只能够从地理的著作中、从游记中或者从旅行中去认识它。但这种认识是肤浅的，是粗枝大叶的，不一定与真相

---

  * 现多译为《江村经济：中国农民的生活》。——编者注
  ** 现多译为《转变中的中镇》。——编者注

符合。我们需要像费先生所写的这一类的书，来补救这种缺点。

中国农民的中心问题，据费先生说，是入款不足以维持其生活，换句话说，是饥饿的问题。乡村中的农民，为什么会遇到这个问题呢？在费先生所描写的那个乡村中，就是因为丝业的衰落。种田虽然是农民的正业，但因为每家的农场很小，农场上的收入，在自耕农只够吃而已，在佃户也许还不够。生活上别种需要，便要靠副业的收入来供给。所以当丝价高昂，每家农民从丝业上可以每年得到 300 元的收入时，农民的生活是相当舒服的，但是丝价跌落，到了农民辛苦几个月，收入不过数十元时，各种生活上的需要便常感不能满足了。但人民不能等着饿死，于是只有借贷。书中有一段叙述借债的人，如何由自由耕农沦落而为佃户，是值得译出来的：

> 一个不能交付地税的人，假如他不愿意在监狱中过冬，就非借钱不可。高利贷者的门户，对他是开着的。从高利贷者那儿借来的钱，是以桑叶的数量计算的。在借贷的时候，根本便没有桑叶，也没有桑叶的市价。高利贷者，以己意断定桑叶的价格，为七毛钱一担。譬如借七块钱，就说借了十担桑叶。借款在清明便要还清，至迟不能在谷雨之后。借款者要付还的钱，其数目的多少，决于当时桑叶的市价。譬如市价是三块钱一担罢，那么在十月借了七块钱或十担桑叶的人，到了第二年四月，便要还三十块钱。在这五个月之内，这位债户所付的利息，是每月六分五。到了清明的时节，丝季方才开始，村里的人，是拿不出钱来的。在冬季要靠举债度日的人，到了这个时候，大约也没有力量还债，因为在冬季的几个月内，村民并没有生产的工作，除却做点小本生意之外。在这种情形之下，债户可请高利贷者，延长借款的期限，所借的钱，又用稻米的数量来计算。不管市价如何，稻米以五块钱三"蒲式耳"（Bushel）计算。还债的期限，于是延长到十月。到了十月，米价便以七块钱三"蒲式耳"计算。总计起来，在十月借七块钱的人，到第二年十月，要还四十八块钱。平均起来，借贷的利息，为每月五分三。假如债户到了这个时候，还不能把债还清，期限可就不能延长了。他只能把田契移交给高利贷者。田地的价格，是三十块钱一亩。从此他不是债户，而变为永久的佃农了。

从这一段报告里，我们可以看出乡村中亟待解决的问题，并不是单纯的土地问题。这个乡村中的佃户很多，我们即使有方法使他们都变成自耕农，但是使这些人饥饿的原因如没有得到彻底的解决，那么自耕农不久还会沦为佃户的。作者对于耕者有其田的主张是赞同的，但同时很明白地指出，只靠田制的改革，是不够的。

那么还有什么别的工作要做呢？

给农民以金融上的方便，使其不受高利贷者的剥削，为合作运动所企图的，作者认为其动机良好，但过去因办理不得其人，且款项有限，所以在这个乡村中，没有发生预期的结果。人口的节制，使土地与人口数量发生平衡的关系，似乎很重要的，但作者并未注意。作者认为解决乡村问题最重要的一件事，是恢复工业的生产。假如在这个乡村中，丝业能恢复往日的繁荣，人民生活的提高便有希望。过去旧法的生产，在这个时代中，是无法挽回的。可是资本主义的流弊，也是作者所深恶的，所以他对于采用合作方式来发展或改良中国的工业，是抱有深厚同情的。在作者所描写的乡村中，便有一种合作丝厂的试验，结果却不很圆满。工厂的资本近 5 万元，乡村中的农民只认了 7 000 元的股份，而且只交足了一半的钱。其余的钱，都是提倡者东挪西凑而成的。由此可见中国的工业化，如靠农民本身发动，用合作的方式来推行，那真不知要到何年何月才能完成中国的工业化了。

关于本书的编制，我也有一点意见，贡献于作者。本书所注意的，是农村生活的两大方面——家庭与经济，作者先论家庭而后讨论经济。假如把这个次序改变一下，先讲经济生活而后论家庭，是否格外合理，增加读者的了解能力？林德教授的《中村》，便是先讲经济的，我觉得他的办法很可仿效。林德的书中，还谈到教育、宗教、娱乐、政治等问题。如欲读者对于一个区域中人民的生活有整个的了解，这种种问题的叙述与讨论，是不可少的。希望作者于本书再版时，加入这些材料。

（载《新经济》第 1 卷第 11 期，1939 年）

国际投资问题（书评）

The Problem of International Investment: A Report by A Study Group of Members of the Royal Institute of International Affairs. London: Oxford University Press，1937，371 pages.

《国际投资问题》是英国皇家国际问题学会的几位专家，参考了 100 多本讲国际投资的书、100 多种杂志论文而后写成的，写成之后，又送给各国的 15 位专家批评，加以修正，然后付印。书中的材料非常丰富，为研究国际投资问题的人所不可缺少的一本参考书。

从这本书里，我们可以看出，世界上的债权国，现在主要的只有三个，便是英美法三国。在 1930 年，英国在国外的投资总数有 37 亿英镑，美国有 156 亿美元（战债除外），法国有 720 亿法郎。这三个国家之中，美国在欧战以前，还是债务国。在 1914 年 7 月，美国在国外的投资不过 15 亿美元，但外人在美国的投资却有 45 亿美元。就在欧战之中，美国便从债务国变为债权国，而且现在投资于国外的数目几与英国相等，如把 100 亿美元的战债也加入一同计算，那么美国现在便是世界上的第一个债权国。

在 1930 年，各国接受国外投资最多的，首先是德国，其次是加拿大，再次是澳大利亚，最后便算是中国了。不过如以每一个人所摊得的国外投资来计算，中国每人只摊得 1.5 英镑，在国际中位次最低。最高的是新西兰，每人要摊 128 英镑，其次是加拿大，每人也摊得 127 英镑。

我们对于外人在中国投资的问题，当然特别注意。可是关于这一个问题，本书并无新的贡献。编者所采用的材料，一大部分是取自雷玛教授所著的《外人在华投资》一书（C. F. Remer, *Foreign Investments in China*, 1933）。据雷玛教授的估计，外人在华投资，总数约 30 亿至 35 亿美元。在 1931 年，还是以英国的投资为最多，约 11.89 亿美元，占全数 36.7%。日本次之，计投资 11.37 亿美元，占全数 35.1%。俄国居第三，投资 2.73 亿美元。美国居第四，只投资 1.97 亿美元。关于外人在中国的投资，有三点可以注意。第一，以时间论，在 20 世纪以前，外人投资于中国的数量颇少，自 1902 年至 1914 年，数量加了一倍，自 1914 年到 1943 年，又加了一倍。第二，以地域言，英国的投资有四分之三在上海；日本的投资有三分之二在"满洲"。英日俄美四国的投资合算，有 46.4% 在上海，36% 在"满洲"，留下来只有 17.6% 分散于中国其他各区域。第三，外人的投资，在工商业中占 80%；政府的借款，只占 13%。

我们的建国工作，自"九一八"以后，才可以说是真正开始，可是不幸得很，国际的资本市场，也是在那个时候开始紧缩。拿美国来说，在国外投资最多的一年是 1927 年，计达 15 亿美元，1930 年，也还达 10 亿美元以上。可是第二年的海外投资，便只有 2.85 亿美元。1935 年，竟跌至 6 200 万美元。英国的情形，与此相仿。1928 年，它在海外投资的数目最高，计 1.43 亿英镑，1930 年，也还有 1 亿英镑以上，可是第二年便跌至 4 600 万英镑，以后数年，都没有超过这个数目。紧缩的原因，有的发生于债务国，有的发生于债权国本身。拿债务国来说，这些国家，大多数是生产食物及原料的。这些货品的市场，一因工业国的人口停顿，二因农业技术改良，大有供过于求之势。农产品价格因此日渐下降，结果是这些债务国无力还本付息，更无力量再举新债。在债权国的社会里，因商业循环的结果，失业者众多，政府要利用社会上的游资来解决失业等问题，因此在国外投资的力量大为减少。此外如国际货币汇率的不稳定、国际贸易数量的减少、经济自给自足说的抬头，都给国际投资以很大的障碍。

我们从建国的立场去看，如何打破国际投资的障碍，使外国的资本能流来中国，帮助我们做建国的工作，实是目前以及将来的一个最大的问题。英国在国际收支上的盈余，在欧战以前，每年有 2 亿英镑。1922 年至 1929 年，每年的盈余平均也有 8 700 万英镑。美国在国际收支上的盈余，在 1930 年至 1934 年，平均每年计达 3.2 亿美元，在最近的将来，也许可以到 4 亿美元一年。这些剩余的资本，如不设法利用，在英美等国家，也要发生不良的影响。从我们这一方面来说，我们建国所必需的生产工具及交通器材等，如专靠自己的力量来供给，进步是很迟缓的，但如得工业先进国如英美等的资助，我们便可在很短的时间内，完成经济上现代化的工作。所以国际投资，债权者与债务者，可以交受其利。现在的问题，就是如何可以吸引英美等国的资本到中国来。在《国际投资问题》一书中，编者曾举出国际投资的几种方式，其中有两种方式，我们以为最值得注意。一为债权国家中的工厂，在国外设分厂。我们将来重工业的设备，无妨一部分采用这种方式。如与美国福特公司接洽，请其在中国设一汽车分厂，一方面供给我们以廉价的汽车，一方面又可代我们训练汽车工业中所需要的人才。等到将来我们的国富增加了，这种工厂自然可以出资购回的。二为利用如英国出口信用担保局等机关，向外国购货。购货的资本，由担保局担保，于若干年内归还。除了这两种方式之外，假如我们能自己努力，发展出口的贸易，那么利用外资的机会是无限的。中国的出口贸易，与若干农业国有一点极不相同的，就是出口的货品种类甚多，所以某一种货物的价值，如在国际市场上跌落，对于我们并不发生巨大的影响。我们不像巴西专靠咖啡，或古巴专靠蔗糖。以后我们应时时留心国际市场上的需要，鼓励出口商人设法去满足这种需要。用出口货品去换取我们建国所必需的外资，也许是利用外资最靠得住的一个方法。

（载《新经济》第 2 卷第 1 期，1939 年）

记湖北象鼻山铁矿

一、稀奇的创办原因

湖北的象鼻山铁矿，是民国五年成立的湖北官矿公署所主办的。湖北官矿公署成立的原因，颇为特别。民国四年9月，农商财政两部合呈大总统文云：

> 窃两湖地方矿产宏富，久为世界所推，及时举办，确为要图。唯查湖北自前清设立官钱局，发行纸币，垂二十年，为数已逾千万。前据该局督办高松如面称，湖北纸币，行使长江上游一带，信用尚著，推行既广，尤宜宽筹准备，以固根基。再四思维，唯有实力兴办该省矿政，目前所需资本，可由官钱局设法腾挪，将来所获矿利盈余，先尽储为该局纸币准备金之用。如此，则该省金融，可期巩固，实一举两得之道。

湖北官钱局的纸币，为什么在民国四年，要"宽筹准备，以固根基"呢？其主要原因，系因"辛亥改革，公家亏挪钱局票本二千数百万，自民国三年后，又挪借数百万，日积月累，无所底止"，官钱局的督办高松如，起初并无开办官矿的意思，他"当日屡向中央请款，政府无资以应"，最后农财两部，才商量出一个特准湖北开办官矿的办法，以"办矿余利，维持票本"。

以办矿来巩固金融，实为中外开矿史中所罕见的例子。湖北官矿公署，既为巩固该省金融而设立，所以公署的督办，前两任都是由官钱局的督办兼领。官钱局在民国十一年以前，曾前后为官矿公署筹垫洋160余万元，钱298万余串。但是官矿公署，并无余利可以贡献给官钱局，以维持其票本。结果是官钱局的票价，日渐跌落，造成民国十一年湖北市面上的恐慌。所以官钱局不但没有得到官矿公署的一点好处，反而因它增加了许多负担！

二、官僚式的办矿

湖北官矿公署的第一任督办，就是官钱局的督办高松如。他于民国五年 1 月公署成立就任督办之日起，至民国七年 1 月病故之日止，在任内两年有余的工作，因为他对于主管机关，很少报告，所以无从知其详细。不过有一件事他做得很热心，便是收买矿山。关于铁矿，他不但自己收买，而且还请中央设法禁止商办公司收买。他于民国六年 8 月呈农商部文说：

> 查铁矿系供给军需要品，实为国家命脉所关，政府有鉴于此，是以收归国有，悬为明令。官矿署为奉令设立之矿务机关，所有湖北确有价值之各铁矿，当然归官矿署尽数收买，借杜一切流弊。近来有其他商办公司，在鄂城所属，用重价争购，致各业户将山价日抬日高，矿署转难着手。拟请咨行省长公署，训令大冶鄂城县知事，取缔各铁山业户，不得违背铁矿国有明令，擅自他售。

这种收买矿山的工作，是否官矿公署的急务呢？农商部在高松如病故之后，检讨他这种工作，曾下了下面的判断：

> 无论官办商办，总须注册领照，方能有确定之矿权。该公署乃不解矿权、地权之分别，陆续购买矿山，地价已多至 40 余万元，而迄未呈部请照。未有矿权，徒縻巨款，殊非正当办法。自民国四年 12 月至民国七年 1 月，共支款 140 余万元，而三分之一皆费于购地，殊非办矿必要之支出。

查民国三年公布的矿业条例第九条，曾规定金属矿质，无论地面业主与非地面业主，应以呈请矿业权在先者，有优先取得矿业权之权。高松如只知收买矿山，而不注册领照，证明他虽然是官矿公署的督办，但没有看过矿业条例。

高松如的继任者，是王占元所谓"在鄂服官三十余年，于财政富有经验"的造币厂厂长金鼎。自他继任之后，才以开采象鼻山铁矿为官矿公署的专务。可是"象鼻山一矿，建厂设炉，着手开办，大概非数百万金，不能完全告成"。这数百万金，又从何处筹集呢？金鼎因同时是官钱局的督办，所以还是在官钱局身上打主意。他于民国八年 2 月呈农商部文说：

官钱局所有汉口附近后城马路官地，约值三四百万金，可以变价，作为开办资本。但地价缓售则涨，急售则跌，乃一定之理。此时地价不可骤得，而矿本又须急筹，莫如添印官票600万串，先为矿署接济，俟汉口地价售出若干，即将官票收缩若干，在官钱局票额不使加多，在官矿办理不致停滞。好在矿务之利，可操左券，汉口地价，又确有把握，此添印之官票，不过暂且腾挪，在此市面活泼之时，加印600万串，并无窒碍，将来矿利丰盈，官钱局资力充足，所有全数票额，自应缩收减少，则此600万串加印之官票，实一举而数善俱备。

这种筹款的办法，我们暂且不问它的利弊如何，只知政府把它通过，令准照办了。象鼻山的采矿工程及运矿铁路，自民国八年2月开始，民国九年9月大致完竣。9月3日，为该矿开幕之期，采运的工程完成不久，官矿公署督办第三次易人，新督办是卸任的湖北省长。湖北省政府派了委员，会同新督办接收前任经办的象鼻山铁矿工程。接收的报告，虽然很长，却值得细读，因为它暴露了前人办矿发财的伎俩。我们抄录一段如下：

委员等遵于上月9日禀辞后，于11日下午行抵象矿铁路局，……乘坐摇车，沿路查看枕木、石子、土方、厂基、木质、芦席、桥工、车站、机器、车辆、码头各项工程材料，周回往复，经20余日之久，查得该项工程，材料既不坚实，又多靡费，谨就其最关重要者，逐一为钧座呈之：

——工程。该路建筑，尚合工程学原理，惜石子、枕木等项，皆不十分合用，非急图补救，难免不发生意外。其沿途车站机器及材料厂，皆系芦席编盖，仅保一年，现均破坏，以致各厂材料，日露于风雨之中，任其腐烂，殊为可惜。至车站则际此严冬，办事人员万不能寄宿，若当初定盖土砖房屋，可保十年，所费亦略相等，乃计不出此，未始非谋之不臧也。

——枕木。原购42 500块，用在钉道者共38 159块，材料处存1 164块，机车处存535块，共39 858块，不符2 642块。其中栗木占二成九分二，计11 634块，枫木杂木共占七成零八，计28 224块，其合尺码者仅三成余，此外连皮切腰及弯扁不正者六成余。此等枕木不能受大压力，故已破裂断坏。委员等逐一点验，计有8 000余块，应行抽换。

——石子。原购16 359方，沿途所铺石子，石质多不坚硬，并有大块者。按每里界牌，掘一横直沟，量其宽深，然后求其平均数，再与长相乘，其间亦多有悬空不满之处。沈家营码头有一里余长未垫。石子在地日久，自有结实亏耗等情形，故统作全有石子及均已装满计算，尚差 3 993 方之多。

——土方。因历时既久，悬殊自大，无法查验，且册报方数，价亦太巨。

——桥工。查该路经过地方，既无大湖，又无大港，因此亦无大桥。正路仅长 38 里，而小桥小水孔等费，竟用去 15 万余元，每里合洋 4 000 余元，未免靡费太巨。

——废件。查有矿车弹簧共 160 件，值洋 5 440 元，原定系 30 吨压力，交到者仅 10 吨压力，因不能受重搁置，现因受风雨侵蚀，渐就锈烂。又旧铁货车 10 部，值洋 7 000 元，现已完全破坏弃置。又查有机器材料大小木箱 23 件，建设工程时期所买之物，值洋 23 000 余元，至今公署尚未将清单交出，不能启验。又查清册内载有机器零件，值洋 1 万余元，注明尚未收到，无从验收。此验收运矿一部分之大略情形也。

采矿工程，共费 40 余万元，其装矿码头费用，运矿股既报销 14 200 余元，采矿股复报销 14 300 余元，一项两报，数目复不相符，殊不可解。至工程计划亦不甚合，算其轻便铁道之建筑法，颇阻碍矿务之发达，另图陈述。其所用枕木，系一法尺长之小枕木，在本地购买，每块值洋二三角，而该处竟费 1 元至 2 元。计原购及锯成之一法尺枕木，共 15 262 块，验存仅 10 661 块，不符 4 601 块。此验收采矿一部分之大略情形也。

我们看了这个报告，一定都会发现一个问题，就是金督办对于象矿的工程，报销了 298 万余串，其中到底有多少是真正用在工程上面的？

在新督办初到任的时候，象鼻山铁矿的收支情形，在他给矿长的训令中曾有叙述：

本督办查阅档案，象鼻山铁矿，每月出砂数，至多者不过 1 万吨，上下运砂总数，至多者不过 14 000 余吨。售砂总数，至多者不过 12 600 余元。而采矿股每月需经常临时费银 2 720 元，营业费洋 13 200 余元。运矿股每月需经常临时费洋 8 173 元，银 1 080 两，营业费银洋 2 100 元，此外尚有矿长办事处经费 988 元。两相比较，是售砂所入，不及支出三分之一。长此亏累，殊非持久办法。

其实象鼻山铁矿所负担的，不止采矿股、运矿股及矿长办事处的费用而已，湖北官矿公署的费用，也要算在象鼻山铁矿的开支里面，因为这个官矿公署，在初成立时，虽然开办许多矿厂，后来一一都停业了，留下来的事业，只有象鼻山铁矿一处。这个专门管辖象鼻山铁矿的官署，其组织的庞大，真是骇人听闻。除了督办之外，有一位处长、两位会办。公署之下，共分 8 股，每股设一主任，股员 2 人至 4 人，助理员每股二三人。此外还有监印官 2 人，承启官 3 人，调查员 30 人，差遣员 8 人，卫队 20 人，杂役 30 人。象鼻山的矿长，除上面所说已领有矿长办事处经费 988 元外，尚在公署领夫马费 300 元。总括起来，公署每月薪水开支 8 800 余元，连活动支款近万元。所以有人曾提出下列的质问：

> 以一铁矿而设一督办，因督办而有监印官、承启官、差遣员等名目，其开支较省公署为尤巨，不识农商部核准有案否？营业机关，应有此名目否？

民国十一年 7 月，武汉总商会以节省靡费等理由，请将官矿署归湖北官钱局接收，国务院议决通过。督办并不因此而下台，因为国务院的议决案发表未久，吴佩孚出来反对，以为"矿署钱局，截然两事，性质不同，职权各异，如果归并，则已有之矿权，及一切进行，有无滞碍，未得之矿权，是否能照常行使矿署职权，均为不可必之事，是于湖北利未睹而害先形。与其纷更之无益，不如仍照前案之为愈"。那时吴佩孚是北方好几省的巡阅使，说话是有力量的，所以在 10 月里，国务院又变更前议，维持官矿公署原状，不必合并。

到了民国十五年，公署改为公矿局，民国十七年才正式取消，归并于建设厅。

三、象鼻山铁砂的出路

象鼻山铁砂每年的产量，多时到 20 余万吨，少时只四五万吨。所出的铁砂，在汉冶萍公司营业时期，以汉冶萍公司为最大顾主，但也直接售砂给日人，如在新督办任内，出售给东亚公司的铁砂，便达 8 万吨有奇。其后汉冶萍衰微，象鼻山的铁砂便多数直接售与日人了。收买象鼻山铁砂的主要公司，在国民政府成立前后，为石原与东海两公司。售砂的合同是逐年订定的，到了民国十九年，湖北省政府发现过去与该两公司交易，对于我方不利之点有三：

> 一交款。该合同订明每次海船开时，交砂价八成五，余数一个月找清，但矿砂运去之后，任催不应，或支吾其词。故该公司尚欠民国十七年度砂价 21 400 余日元，民国十八年度银元 128 000 余元。
>
> 二成分标准。象鼻山铁砂，性质优良，中外皆知，而该公司则故加限制。铁因成分稍低扣价，硅硫磷铜，亦因成分稍高扣价。而彼方化验结果，恒又与我相差甚远，争持不下，终须就其范围。每年因扣价所受损失，不下全价百分之十。

三加耗。该合同所订每百吨加两吨，虽较往年为少，然于实交吨数之外，又加折耗，殊属毫无意义。

因此三种原因，省政府决议，取消与石原、东海两公司所订的售砂合同。此后四五年内，象矿的铁砂，除供给六河沟公司外，并未销售外洋，且因经费颇感拮据，亦未极力开采。民国二十四年，售砂与日人的办法，又死灰复燃。是年8月，省政府与慎记号订立了售砂25万公吨的合同，9月又与大东公司订立售砂5万公吨的合同。民国二十六年，中央想保存象鼻山铁矿的资源，以便日后自行采炼，便由实业部咨湖北省政府说：

查贵省建设厅主办之象鼻山铁矿，原系省营事业，与商办之公司情形不同。在过去五年间，本少铁砂输出，前年与大东公司及慎记号所订售砂合同，均已满期，而原订砂价，均已交足，自可告一结束。

同年7月7日，就在卢沟桥事变发生的那一天，湖北省政府发出复文说：

所有本年矿砂销售事宜，除商由资源委员会认购8万吨，及六河沟公司增购8.4万吨外，对于国外输出，完全停止，以期符合院部维护国家资源之至意。

我们热望这种维护国家资源的精神，永远存在每一个国民的心坎里！

民国二十八年7月22日

（载《新经济》第2卷第5期，1939年）

中国工业资本问题（书评）

方显廷，《中国工业资本问题》，商务印书馆，民国二十八年 4 月，80 页。

　　一个国家的工业化，需要许多元素，其中最重要的一个，也许是资本。方显廷先生对于中国工业资本问题，研究有素。数年前他就写过《中国之工业资本》一文，载于《南开社会经济季刊》1936 年 4 月号，对于中国工业资本的来源、用途、以往危机及今后出路，已有叙述。在本书里，他根据以前的资料加以扩充，所以内容更为丰富。

　　全书共分五章。第一章为绪论，作者指出现代工业之特征有二，即用机械代替手工，大规模组织代替小规模组织，以从事于集中生产。机械的运用与大规模的生产，均有赖于资本的巨量供给。第二章论中国工业中，中外资本所占的地位。这是一个极有趣味的问题。现在外人在中国的投资数量，已有人估计过，可是我们本国人在工业中的投资，到底有若干，还没有人加以研究，所以外资在中国工业资本中所占成分，遂难直接推算。如以上海工业的投资为例，据民国十七年的统计，上海工业投资总额为 293.6 兆元，内外资为 190 兆元，占总额 65％，华资 103.6 兆元，占总额 35％。这个比例，是否可以代表全国的情形，作者并未下一判断。以常识推测，外人的投资，多在沿海沿江大都市，上海尤为外人投资集中之点。内地工业虽规模不大，但多在国人手中，所以拿全国的工业来说，华资所占的成分，当在 35％以上。第三章叙述外人对中国工业之投资，分为重工业与轻工业二类讨论。重工业中，作者提到燃料、电气、钢铁、机器及化学五类；轻工业中，作者提到纺织、食品及化学三类。化学工业，之所以分开讨论，是因作者认定化学工业中的酸碱工业为重工业，其他如水泥、火柴、玻璃、制革、油类等业则为轻工业。在讨论每一种工业时，作者举出若干著名的外资工厂以为例，并略述其在中国的发展。第四章论民族工业资本的发展，是全书最精彩的一章。民族资本可分公有、私有两大类。公有资本经营之工业，按行政单位的不同，分国营、省营及市县营三种。国营工业中，作者所举的例子，有制炮局（1862 年）、江南制造总局（1865 年）、马尾船政局（1866 年）、天津机器制造局（1866 年）、甘肃织呢总局（1878 年）、湖北织布纺纱制麻缫丝四局（1893 年）及各省兵工厂等。此外还有官督商办的工业，如织布局（1890 年）、机器纺织总局（1893 年）、开平煤矿公司（1878 年）、漠河金矿（1888 年）、大冶铁矿（1891 年）及汉阳铁厂（1893 年）等。这儿所举的工业，有的早已收歇，有的苟延残喘，有的大权旁落于外人之手，真能发宏光大的，可谓绝无仅有。为什么国营的事业，就这样的毫无成绩呢？我们觉得若干事业，由国家经营，原则上未可厚非，但是过去的失败，应当仔细地研究一下，以为前车之鉴。私有资本的来源，作者分为官僚、买办、华侨、商人及银行钱庄五种，每种都举了若干的例子。我们看了这些事实以后，就可知道在最近数十年或百年内，中国社会中，实有新的资本产生，为以前社会中所没有的，而且这些资本的运用方式，也与以前有异。上面所说的五种资本，如买办资本、华侨资本及金融资本都可以说是新的资本，在旧社会中是没有的。商人资本，虽然在中国古代便已出现，《史记·货殖列传》中已载有他们的史迹，但是近代的商人，多了一种用武之地，便是国际贸易。因为中外物价的悬殊，商人懋迁有无，其获利之大，是前世的商人所不能比拟的。作者在书中举了好些商人资本的代表，可惜对于每一商人资本的来源，并未加以叙述。近来读到中国经济统计研究所出版的《吴兴农村经济》，其中有一节论南浔富室之崛起，使读者对于商人资本之来源，得窥一斑。南浔富户，有四象、八牯牛、七十二只狗之称：财产达百万以上者，称之曰"象"；五十万以上不过百万者，称之曰"牛"；其在三十万以上，不过五十万者，称之曰"狗"。在"象"之中，张氏资产达 1 200 万，刘氏达 2 000 万。他们的资产、其获得的方法，是以低价向农民购丝，而以高价售之于上海的洋行，一转手间所致。像这类商人资本产生的方式，也是前代所罕见的。这五种资本之中，只有官僚资本可以说是传统的，代表中国社会中一种积集资本的典型方式，所谓"做官发财"者是。可是官僚资本的运用方式，近来也改变了。以前的官僚资本，多投资于土地，现在则工业中的资本，官僚资本也占一个很重要的地位。这些民族资本的产生及其运用，可以帮助我们了解为什么近数年来，中国的社会开始发生巨大的变化。

本书最后的一章，为工业资本之筹集与运用。作者谓以往之错误至少有二，即在筹集方面，被外资利用而未能利用外资，在运用方面为民生工业之发展而非国防工业之树立。今后在筹集方面，应仿苏联先例，力事积聚民族资本，虽间亦利用外资，但务须保持主动地位。在运用方面，应适应世界现势及本国急需，以国防高于一切之原则，定事业之缓急先后。

我们对于作者所提出的主张，非常同意，对于作者搜集材料的殷勤，非常佩服。闻作者对于中国工业化的别种问题，搜集材料，甚为丰富，希望他能继续整理，刊印问世，读者一定是很欢迎的。

（载《新经济》第 2 卷第 5 期，1939 年）

日本经济的展望（书评）

J. A. Bisson, *Jaban's Economic Outlook*. Foreign Policy Reports，June 15，1939.

这本小册子，是美国外交问题研究会的出版品，对于日本自七七事变以后的经济状况，有一个很简单扼要的分析。关于日本国内经济的困难，从若干数字中，便可看出。举几个例子来说：日本政府的支出，在 1931 年，不过 14 亿，1938 年，便加至 80 亿。1931 年，日本政府所举的债，不过 1.2 亿，到了 1938 年，举债竟至 54 亿。钞票的发行额，在 1931 年，为 13 亿，到了 1938 年，便增至 24 亿。自 1936 年至 1938 年，零售物价指数，从 159 升至 191，同期内生活费指数从 185 升至 207。若干部门的工人，其薪资虽有增加，但其增加的速度，追不上物价的飞腾。至于农业收入的指数，则从 1936 年的 101，跌至 1938 年的 84，表示农民的生活的确是比以前痛苦了。

这一些数字，虽然表示日本经济状况因战争而日趋困难，但还不是日本的致命伤。日本经济的最大破绽，在于国际收支的不能平衡。自从 1929 年以后，日本的国际贸易，除却两年以外，都是入超的。1938 年的国际贸易，在表面上虽然有少数的出超，但是如仔细分析一下，这点出超，还是因为对日元集团有大量输出所造成的。对于与非日元集团诸国家的贸易，就是在 1938 年，入超的数量也达 5.74 亿元。1937 年的情形，对于日本更为不利，那年日本与日元集团以外的国家贸易，入超竟达 9.26 亿。这种趋势，在 1939 年的前数月，并没有挽回过来。

这种入超的自然结果，便是黄金的大量流出。战争发生以后，至 1938 年底止，日本输出的黄金，共值 14 亿元，到了今年正月，日本银行的存金，只有 5 亿日元了。日本国内及其殖民地的产金，每年可达 2 亿元，但是今年的前四个月，日本输往美国的黄金，便值 6 000 万美元，约合 2.2 亿日元。所以日本的国际贸易，如无平衡的方法，那么国内的黄金，总有一天会流完的。到了那一天，日本至少要感到两种困难。第一，它作战所需的资源，将不能十足补充。日本是一个资源贫乏的国家，许多作战所必需的原料及制品，如钢铁、汽油、铜铅锌铝、飞机、汽车，大部分要从国外输入。在1937 年，日本所输入的作战原料及制品，有 54％来自美国，17％来自英国，7％来自荷属印度。这些国家，都在日元集团以外，假如日本无黄金运出，又不能以出超的方法取得外汇，那么日本的作战力量是要大受影响的。日本人要遇到的第二种困难，便是工业所需要的原料将不能如量获得。日本的输出贸易，最重要的便是纺织品，可是纺织品所需的原料，除生丝外，日本都不能供给，其中最缺乏的便是棉花及羊毛。这两种原料，过去除少数是由中国输入外，大部分是从美国、印度、澳洲等处获得，假如日本不能解决外汇问题，这些原料的来源是要断绝的。假如日本不能充量获得这些原料，出口贸易自然还要衰退，那时补充作战资料将更为困难。

作者对于日本经济的前途，认为未可乐观。他分析日本的国际贸易，可以说是把握着日本经济问题的锁钥，日本以后经济力量的盛衰，就要看它能否解决国际贸易平衡的问题。从大势看来，自然是凶多吉少。我们站在交战国的立场，对于敌人经济力量的衰退，自然是认为很可欢迎的，不过我们此时应当预防的，就是日本既无力量从他处获得作战的资源以及工业的原料，是否会换一种做法，要在中国的占领区域中，加紧榨取，以补偿它在国际贸易中所无法获得的货品？我们看它在中国北部，组织所谓"华北开发公司"，在中部组织所谓"华中振兴公司"，投下大量的资本，请重要的人物出来主持，其经营业务，又包括交通、运输、港湾、发电、矿产、制盐、植棉等，就可知道日人对于榨取中国的资源，是抱有极大野心的。假如这些计划都能实现，那么日人在欧美市场上所得不到的资源，都可以俯拾于中国，对于它的经济力量，将不感到重大的损伤。这种计划，是我们所应设法破坏的。以后我们的经济工作，除建设后方以加强我们自己的力量外，应利用种种方法，破坏敌人在占领区中的一切经济设施，要使敌人在中国的广大领土之内，得不到一点物力的补充。假如我们能做到这一点，日本的经济前途，才可以说是注定黑暗了。

（载《新经济》第 2 卷第 8 期，1939 年）

欧战前夕的德国经济（书评）

Economic Conditions in Germany in the Middle of the Year 1939. Presented by the Reichs-Kredit-Gesellschaft AKtiengesellschaft，Berlin，August，1939，76 pages.

欧战已于 9 月 1 日爆发，我们对于这次战争中的主要角色——德国——的作战能力，一定是很想知道的。作战能力这个名词，包括的东西很多，其中最重要的一种，便是经济力量。现在我们根据本年 8 月德国一个重要银行所出版的报告，来研究德国的经济力量。

我们先看德国在衣食上的自给程度。德国在 1937 年与 1938 年两年中，耕地减少了 20 万公顷，因为这些土地，都被政府收去，改筑汽车路、西线要塞、营房及新的工厂之用了。不过德人在农业生产的技术上努力，所以生产量并未减低。拿食品的总量来说，德国的自给率，已由 1932 年的 75%，加至 1938 年的 83% 了。此外存储的粮食，在 1938 年的 4 月底，只有 580 万吨，但在今年的 4 月底，已经加至 1 000 万吨。德国粮食的收成，在 1937 年，为 1 100 万吨，在 1938 年，为 1 400 万吨。所以德国的存粮，差不多等于 1937 年全年的收成，此事对于作战，当然是一个很大的帮助。德国衣料自给的程度，较之粮食自给的程度，相差甚巨。去年德国的纺织工业，包括棉、毛、丝、麻、人造丝等，共用原料 100 万吨，其中由国内生产的，只有 26 万吨，所以自给率等于 26%。此事在德国，已经费了很大的力量，因为在 1933 年，德国的纺织工业，共用原料 76 万吨，其中在国内生产的，只有 4.2 万吨，所以那时的自给率，不过 5.5% 而已。

我们再看德国军需工业原料的供给状况。主要的军需工业原料中，德国不但能够自给，而且还有剩余可以出口的，就是煤。去年德国产煤 1.86 亿吨，另外还产褐炭 1.95 亿吨。输出的煤，1938 年虽较 1937 年为少，但还有 2 570 万吨。铁与石油的供给，可就成为问题了。德国的钢铁生产能力，在现在世界上居第二位，除了美国，就要算它。可是德国的铁矿并不丰富，铁砂的大部分，要靠外国供给。1937 年，德国自产铁砂 850 万吨，输入 2 000 万吨。1938 年，德国自产铁砂 1 100 万吨，输入 2 100 万吨。今年的前三个月，德国自产铁砂 360 万吨，较去年同期颇有增加，但输入的数量，本年前三个月，也有 460 万吨，还是比本国的生产量大。而且德国的铁砂，含铁的成分甚低，同样的数量，其价值远不如自瑞典等处所输入的铁砂。至于石油，德国的产量甚低。天然石油，去年德国只产 55 万吨，另外还产人造汽油 170 万吨。输入的汽油，1937 年计有 400 万吨，值 2 亿零 9 万马克；1938 年计有 480 万吨，值 2.5 亿马克。

由上所述，可见德国对于好些重要原料，都是不能自给的。德国过去的生产计划，便是设法增加自给的程度，同时并推行一种国际贸易政策，以补国内生产之不足。本年前三个月，德国的出口货物，输往工业国家的，值 4.4 亿马克，输往农业国家的，值 8.1 亿马克。在同期内，德国的进口贸易，自工业国家输入的，值 3.4 亿马克；自农业国家输入的，值 9.4 亿马克。德国的国际贸易政策，便是把国内的制造品输往国外，以换取它所缺乏的粮食及原料。所以它与农业国家的贸易，其重要性远在与工业国家的贸易之上。最近数年，它对于东南欧各国的贸易，颇有进展。这些国家，比如犹哥斯拉夫、匈牙利、罗马利亚、布加利亚、希腊等都是农业国家，需要德国的货物，同时也有货物可以供给德国的需要。在 1938 年，这五个国家输往德国的货物，占它们的总输出 46.6%；同时它们自德国输入的货物，占它们的总输入 45.9%。德国与这些国家的经济关系，虽然是这样密切，但德国所需要的工业原料，一大部分还不能由这些国家供给。其原因有二。第一，有好些重要原料，如棉花、羊毛、铁砂、橡皮等，东南欧各国并不出产。第二，在东南欧各国所出产的重要原料，如罗马利亚的油、犹哥斯拉夫的铜，并不能全向德国输出，因为输往德国，只能易货，输往他国，可得外汇，以满足这些国家在财政上及经济上的需要。德国早已看到这一点，所以今年 4 月，与罗马利亚定有商约，其中有一条，便是规定利用德国的资本与技术，开发罗马利亚的石油。不过根据好些专家的估计，一个大国在作战的时候，需要汽油的数量甚大，每年约自 1 500 万吨到 3 000 万吨。罗马利亚输出的石油，去年只有 449 万吨，即使全数输往德国，还不够德国平时一年的需要。也许有人以为俄国可以大量的汽油供给德国。诚然，俄国石油的生产在世界上已居第二位。在 1932 年，俄国石油的生产是

2 100 万吨，去年已达 3 000 万吨。不过俄国自己的需要也日渐增加，所以去年输出的数量还不到 100 万吨。除此以外，德国只有向美国、委内瑞拉、墨西哥等处购入汽油，但在英法封锁政策之下，德国如何输入作战所必需的汽油，诚为一严重的问题。铁砂的供给，也有类似的困难。过去瑞典的铁砂，是德国钢铁工业的一个重要基础。瑞典生产的铁砂，输往德国的，去年占总产量 64％。在 1 400 万吨铁砂中，有 890 万吨是输往德国的。瑞典的铁砂，产于北部，在过去，大部分都经过挪威的那尔维克出口，只有一小部分自波的尼亚湾的鲁勒出口。那尔维克是大西洋方面的口岸，当然在英国海军的控制之下，瑞典的铁砂当然不能由此运至德国。鲁勒一年有好几个月是冰冻的，运输颇有困难。除了瑞典以外，德国过去也从法国及西班牙购入铁砂，但战事一起，这些来源，有的当然断绝，有的也不可靠了。

最后，我们可以看一下德国的财政状况。德国政府的赋税收入，在 1933 年，只有 68 亿马克，到了 1938 年，便增至 177 亿马克。赋税虽然年有增加，但并不能满足政府的一切需要，不足的数目，便以举债的方法来补偿。在 1933 年，德国中央政府的债务只有 116 亿马克，到了去年底，便达 271 亿马克。6 年之内，政府的债务加了 155 亿马克。德国人民的积蓄，一大部分都给政府借去，用在重整军备及四年计划上面去了。今年 5 月 1 日起，德国政府又想出一种新的筹款方法，美其名曰"新金融计划"，但其内容，很有点像四川过去的预征田赋。办法是由政府发行两种预征赋税券。甲种赋税券无利息，6 个月之后，可以用它作为偿付关税及其他赋税之用。乙种赋税券于 36 个月之后，可以照票面加 12％，用以偿付国家的各种赋税。这种赋税券并非交由银行发行，而是由政府规定，凡各级政府、铁路局、邮政局、公用事业机关，以及其他由政府所控制之生产事业，在其商业与工业之交易中，于付款时，只能付 60％ 的现钱，其余 40％，则用甲种及乙种赋税券各半作抵。商家收得乙种赋税券，等于得到年利四厘的债券，因为三年之后，此种赋税券之价值，较票面增加了 12％。换句话说，112 元的赋税，可以用发行已满三年的百元乙种赋税券付清。甲种赋税券，虽然不给利息，但是政府对于保持这种赋税券的人，也给他一种好处。我们都知道，德国的商家，每年都要付财产税的。政府对于保有甲种赋税券的人，允许他在付财产税时，可照票面减低若干成计算，保持的年代愈久，减低的成分愈大。譬如在 1939 年 6 月收入甲种赋税券的人，到了 1943 年还保存着，在计算财产税时，每百元甲种赋税券，只当 65 元抽税。如用以付税，仍照票面计算。政府的计划，在本年度内，要发出此两种赋税券自 70 亿马克至 80 亿马克。德国这种办法，实际等于现在就把将来的赋税，预征来使用了。中国有句俗话，所谓"寅吃卯粮"，德国现在就是这样干法。

我们从经济及财政两方面看去，都可看出德国现在的处境是很困难的。德国的利益，在速战速决。假如战争延长下去，德国的经济与财政，都要发生难以征服的困难。难怪张伯伦提出作战三年的口号，希特勒便高喊和平了。

民国二十八年 10 月 13 日

（载《新经济》第 2 卷第 9 期，1939 年）

我国农业政策的检讨

在抗战建国的过程中，农业应当采取一种什么方针，乃是大家所注意的一个问题。现在我愿意把过去的农业政策，办理已有成绩的，提出两点来说一下，然后再指出两点新的途径，以为从事农业建设者的参考。

国民政府成立之后，主持农业行政的人，都感到一个以农立国的国家，而衣食的原料，还要仰给于人，是一种耻辱，所以衣食自给自足的政策，很早就被采纳。稻麦改进所与棉业统制委员会，可以说是实行这种政策最重要的两个机关。抗战之后，这两个机关，都归并于中央农业实验所，工作依旧进行。在好些专家的努力之下，衣食自给自足的工作，在过去不能说是没有进步。譬如洋米进口，在一个时期，曾达 1 000 万公担，但在民国二十五年，就是抗战的前一年，进口的数量，只有 180 余万公担。棉花的产额，已由民国二十一年的 490 万公担，增至民国二十五年的 840 万公担，因此我们进口的棉花，也由民国二十一年的 220 万公担降至民国二十五年的 40 万公担，可是那年我们出口的棉花，也有 36.8 万余公担，可见那年我们的棉花已能自给。粮食与衣被，不但是维持人民生活的必需品，就是在作战的时候，前方将士的作战能力，也要看这两种物品的供给是否充分以为断。所以我们在抗战以前，就推进衣食自给自足的工作，可以说是很贤明的。现在中央农业实验所增加衣食原料生产的方法，主要的有四端：一为良种的推广，二为病害的防除，三为肥料的利用，四为灌溉的兴办。这种工作，如继续下去，我们在衣食方面，不但可以自给，恐怕还有剩余的生产在市场上出现。所以我们也无妨在此考虑一下，粮食与衣料，我们是以自给为满足呢，还是希望更进一步，造成剩余生产，以供输出？关于这个问题，似乎应把粮食与衣料分开来讨论。先说粮食。我们的主要粮食是稻米与小麦。我们现在每年虽然还有数百万担的米谷进口，但这个数目，如与我们自己的生产数量比较，真是微乎其微。就是在米谷进口最多的年份，据专家估计，其数量也不过等于我国生产量的 3％至 5％。上面我们提到的几种增加生产的方法，即以推广良种一项而论，如积极进行，便可增加产量 20％以上。如各种方法同时并进，那么增加生产一倍，或亦可能。可是米谷除亚洲以外，并无重要的市场，我们如增加米谷的生产数量到现在的一倍，只能发生谷贱伤农的严重问题。小麦虽然有世界的市场，可是主要的消费国家在欧洲，而供给的国家，现在已有加拿大、美国、阿根廷、澳洲、印度等处，市场上时有充塞之虞，中国不必加入竞争。所以就粮食而论，中国应采取的方针，是以做到自给的地步为止，不必造成剩余。假如生产的技术进步，每亩的生产，可以增加一倍，那么种植粮食的土地，便应减少，以从事于别种经济作物的栽培。衣料的问题，与粮食的性质略有不同。在抗战以前，中国的棉纱，已曾向南洋群岛等处觅取市场，棉布在南洋一带亦有需要，所以棉花的生产，如一旦超过国内的需要，我们可以把它制成棉纱、棉布，在海外市场上推销，以换取我们抗战建国所必需的外汇。

过去的农业政策，办理得略有成绩的第二点，便是合作事业的推进。合作事业，虽然在国民政府成立以前便已发动，但直到民国二十四年，中央才有合作司，管理合作事业的行政。现在合作司虽已取消，但经济部的农林司中还有合作科。推进合作事业的机关，在经济部管辖之下的，还有合作事业管理局及农本局，前者的工作，在于指导各地合作社的设立，而后者的工作，则在于供给合作社以必需的资金。截至本年6 月底，全国先后推行合作的区域，共有 21 省、4 市、1 行政区。各种合作社的登记，计有单位社 78 312，区县联合社 793，互助社 20 275。农本局由合作金库贷与各地合作社的资金，在 900 万元以上；中、中、交、农四行*，依扩大农村贷款范围办法之规定，贷与各地合作社及互助社的资金，累计总额在 9 800 万元以上；此外陕、甘、湘、粤、桂、闽、豫、赣等省地方银行及湘、鄂、豫、陕、黔、滇等省办理合作事业机关贷款总额，也在 3 500 万元以上。这些贷款，当可减轻高利贷者对于农民的压迫，所以对于改善农民生活，不能说是没有贡献。在各种合作社之中，虽然以信用合作社最为普遍，但各地设有产销合作社及消费合作社的，其总数也很可观。这一类的合作社，可以减轻一些奸商对于农民的压迫。不过中国农民的痛苦，是很深的，剥削农民的人，也不只高利贷者与奸商两种，所以如想改善农民的生活，合作事业虽然有它的贡献，但专从合作事业着手，还是不能奏效。数年以前，我在《大公报》上曾发表

---

* 即中国银行、中央银行、交通银行、中国农民银行。——编者注

过一篇文章，论农民生计困难的原因有十：一因农场太小；二因生产方法落伍；三因交通不便，以致农民的出产品在市场上得不到善价；四因副业的衰落；五因地主的苛求；六因高利贷者的压迫；七因苛捐杂税；八因股匪与劣兵的骚扰；九因奸商的剥削；十因子女的众多。在这十种原因之中，合作运动，只能铲除两种，其余各种原因的铲除，尚有待各方的继续努力。

以上所述两点，为过去农业政策之已有表现的。我们现在再根据抗战建国的需要，研究以后的农业政策，是否于继续旧的工作之外，还要开辟新的途径。

我们认为拘守旧日的工作是不够的，在新的时代中，我国的农业，也有它的新使命。这种新的使命中，最重要的一种，便是农产输出的提倡。我们要求从事农业生产的人，要大量增加经济作物的生产，大量向海外市场输出这些经济作物。这种要求，是根据目前及将来对于外汇的迫切需要。抗战是需要外汇的，因为我国的国防工业尚未完成，抗战所必需的军器弹药，有一重要的部分，非向国外购入不可。这是抗战与外汇的关系。至于建国，虽然方面很多，然而经济建设，实为极重要的一方面。经济建设，如欲在比较短的时期内完成，非向国外购入大批生产工具不可。这是建国与外汇的关系，外汇的来源，虽然不止一途，但最可靠的来源，便是拿我们国内的产品去换。我们因为素来是以农立国的，所以输出的货物，也以农产品为大宗。海关报告把我国的出口货物分为 31 组，其中有 22 组属于农产品。民国二十六年我国出口的货物，有 17 种的价值，每种都在 1 000 万元以上，其中有 12 种，如桐油、丝、蛋及制品、棉花、茶、猪鬃、绵羊毛、花生油、芝麻、肠、牛皮及山羊皮，都可以算作农产品。所以我们想增加输出，以换外汇，非在农产品上努力不可。以上所举的农产品中，有数种在海外市场上，过去曾居于独霸的地位，如茶与丝，便是好例。但因我们对于这种输出贸易不知爱护，以致茶的输出在现在已居第四位，丝的输出已降至第二位。两种货品输出的数量，在全世界输出总量中，现在只占十分之一，或尚不及十分之一。这种颓势，我们一定要设法挽回，所以如何增加上列各物的生产，应为中央农业实验所等技术机关的重要工作。我们希望主持农业生产的人，把他们的注意力，现在就要分一部分到这些经济作物上面去。本年 5 月，在行政院召集的生产会议中，邹秉文先生曾提出一个抗战建国的农业增产计划，共列十项：一为江、浙、冀、鲁、川、粤、滇七省蚕丝生产计划；二为闽、浙、皖、赣、湘、鄂六省茶叶生产计划；三为长江流域及黄河流域棉花生产计划；四为长江流域及浙江、广西两省桐油生产计划；五为西北及其他各省畜产计划；六为黄河流域花生生产计划；七为全国蛋产生产计划；八为湘、川、鄂、赣、皖、浙苎麻生产计划；九为冀、鲁、豫、鄂、皖、苏芝麻生产计划；十为全国手工艺品改进计划。邹先生的计划，是以增加输出为目标的，据他的估计，如这些计划均能实行，则十年之内，农产品及手工艺品的输出，可达 16.5 亿元，相当于现有输出额之三倍。我们希望全国农业界的人动员，使这个计划能够如期实现。此外我们还要考虑的一点，就是提倡农产品的输出，并不限于在世界市场上已有地位的农产品。我国地大物博，一定还有许多农产品，过去并未大量输出，可是在世界市场上确有需要的。我们应当有商业专家，常驻在欧美的几个大国里面，研究他们所输入的农产品是些什么东西，然后再看我国的出产品中，是否有可以贡献于这些国家的。假如我们肯下一番功夫去研究，一定还可以发现我国有好些土产是可以发展，送到世界市场上去换外汇的。我们一方面固然要继续输出上列的 12 种农产品，使其每年输出的数量都有增加，同时还要每年大量地输出几种新的产品，使每年出口达 1 000 万元以上的货物，要由 12 种加到 20 种，以至数十种。英、美、德、法、俄几个国家，过去是我们最重要的顾主，同时也是我们抗战建国所需要的资料的重要来源，所以这些国家对于哪些农产品有需要，我们应该特别注意。

最后还有一点，似为现在主持农业行政的人所应积极筹划，以便相机推行的，便是农业生产的机械化。每一个农夫所能耕种的田地，在农业生产已经机械化的国家，要比农业生产没有机械化的国家高数十倍。举一个例子来说，美国西部的农民，可种 1 000 英亩的地，而中国北部的农民只能种 4 英亩的地。假如中国的农民，得不到机械的帮助，那么即使多给他一些田地经营，他也没有办法。也许有人要问，中国的农业为什么一定要机械化呢？不机械化又有什么害处呢？在回答这个问题之前，我们首须明了近代经济生活各部门的联系性。假如我们在工业方面，要采用 20 世纪的生产工具，那么在农业方面，就不能停留于中古时代的生产方法。理由是很多的，现在只提出一点最重要的来说。我们研究各国工业革命的历史，就可知道一个国家如走向工业化的大道，全国人口的职业分配就要发生一种大的变动。在没有工业化以前，农业中的人口占大多数。在工业化的过程中，别种职业，如制造业、交通业、运输业、金融业、商业等中的人口，便要大量增加，同时在农业中的人口，便要成比例地减少，或绝对地减少。譬如美国，在 1880 年，农民人口的百分数是 44.1%，到了 1930 年，便降至 22%。德国农民的百分数，在 1882 年为 42.5%，到了 1925 年，便降至 30.5%。这两个国家的农民，在最近期内，不但是成比例地减少，而且是绝对地减少，如美国在 1910 年，在农业中谋生的人有 1 265 万，但至 1930 年，便只有 1 075 万。德国在 1907 年，农业中有 988 万人，到了 1925 年，便只有 976 万人。苏联是工业化最晚的一个国家，在 1928 年，工人与职员占人口 17%，集体农民占 3%，个体农民与未合作化的手工业者占 73%。所以苏联在第一个五年计划还未施行之前，农民人口占 76%。到了 1937 年，工人与职员的百分数加至 35%，同时各种农民的百分数减低到 61%。由此可见，凡是走向工业化的国家，在工业化的过程中，都市要向乡村、别种职业要向农业吸收人口。在这种情形之下，假如农业生产不设法机械化，一定会造成田园荒芜、粮食与原料生产减少的局面。假如农业生产机械化了，一个农民便可耕种两三个或十余个农民以前所耕种的田地，上面所述的现象，便可不致发生。美德等国，以及最近的苏俄，便是因为农业机械化的缘故，农民虽然减少，但耕地并未减缩，农业生产不但没有降低，反而年有增加。我们是希望中国工业化的，在工业化的过程中，别个国家中所发生的工商等业向农业吸收人口的现象，必然会在中国发生，假如我们不于此时筹划，使中国的农业逐渐机械化，那么农业的生产便有下降之虞。本年四川丰收，但因农工有一部分服兵役去了，在收割的时期，有好些地方便发生谷弃于田的现象。明年播种时，四川的农业，一定也会感到人手的缺乏。工业化对于农业的人口，可以发生同样或更严重的影响，只有设法使农业机械化，才可以根本解决这个问题。

农业机械化在中国的实行，困难甚多，除了资本问题外，还牵涉到田制的问题。现在中国的农场，是小农场，平均面积不过 20 余亩，在这种小农场上，施行机械的耕种与收割，是不可能的。英国在农业革命之前，曾有圈地的运动，其目的在集无数小块农场为整块农场，在削减小农场，而产生大农场。苏联的集体农场，为近代田制改革一个最著名的例子。假如中国的农业非机械化不可，那么田制也要经过一番彻底的改革，所以农业机械化，是我上面所提农业政策四点中最难施行的一点，因为困难，所以此时不可不多多地讨论，细密地筹划。

民国二十八年 11 月 1 日

（载《新经济》第 2 卷第 10 期，1939 年）

罗尔的《经济思想史》（书评）

Erich Roll, *A History of Economic Thought*. London: Faber & Faber Ltd, 1938, 430 pages.

　　罗尔是英国侯尔大学（University College of Hull）的经济学教授，在写这本《经济思想史》以前，已经著有关于经济理论的书数种。本书共分八章，自《旧约》的经济思想起，至最近经济思潮止，皆有论述，但全书的三分之二，都是讲亚当·斯密以后的经济思想。作者虽为英人，但所讲的经济思想并不以英国为限，欧洲大陆的经济思想也占很重要的篇幅。作者虽然不是信奉社会主义的，但对于马克思却立有专章讨论。古典派的亚当·斯密、李嘉图及马尔萨斯三个人，也不过只占一章。

　　在各种经济思想之中，作者所特别注意的便是价值论，从古典派的劳动价值说，到近代的边际效用价值说，作者很详细地加以分析，并且说明它的演化。边际效用价值说，似乎是后来居上，占了上风，现在英美各国的经济教科书中，一谈到价值论，几乎一致地采用了边际效用价值说。可是如看苏俄出版的政治经济学书籍，或者社会主义者所写的关于经济理论的书，则劳动价值说似乎还风行一时。这是什么道理呢？作者在序言中说经济的组织可以决定经济的思想，但全书中对于边际效用价值说为什么会在资本主义的社会中风行，而信仰社会主义者为什么一定要采纳劳动价值说，则并没有透彻地说明。作者在讨论一个人的经济思想之先，并没有充分地把那一个人的身世及处境，做一有系统的介绍，所以读者对于一种思想的背景，每每捉摸不清，这是全书的最大缺点。譬如书中关于亚当·斯密及李嘉图身世的介绍，每人不过数行，对于马尔萨斯，则一行都没有。对于边际效用价值说的创立者，如耶芳思，如孟欧，如瓦拉思的生平，也一字未提，使阅者发生读其书不知其人之感。

　　近代西洋的经济思想以价值论为中心，这种现象当然有其历史的背景，这是读过西洋经济思想史的人便可了然的。现在各大学中的经济学教授，受了传统的影响，所以自然便在这一方面用心。中国的经济学界，是否应当接受这种传统而加以发扬，我们以为应当考虑。中国现在有它自己的经济问题，所以中国的经济学者，应当从研究自己的问题，得到适合中国国情的经济理论。价值论在中国当然也有它的地位，特别在大家都注意物价问题时，边际效用价值说颇有参考的价值。不过中国现在还有别种重要的经济问题，如增加生产问题，即其一例。因此，在罗尔书中的第二章论重商主义的一部分及第三章中论重农主义的一部分，虽然作者把它们都置于不很重要的地位，而在我们读去，却很感觉兴趣。当然中国现在的生产问题，都不是重商重农等主义所能解决的，但它们所注意的问题，是如何增加国富，乃正是我们心中所念念不忘的。又如第七章中，讲到历史学派在德国的工作，这一段在第七章中只占六分之一的地位，但我们却颇重视它。因为中国是一个具有悠久历史的国家，过去数千年的经济演化，值得细心研究。一切关于分期的理论，以及解释演化原因的学说，我们都可用为工具，拿来研究我们自己的经济史，可惜作者在此书中，对于历史学派的工作及结论，并未详细地介绍。又如第五章中，有四分之一的地位，是讲德国的浪漫经济学派的。这一派的学者，视国家高于个人，关于生产、贸易等理论，均以国家为出发点，认为无国家，则个人的经济活动便失其意义。米勒甚至说没有国家，我们便不能听、不能看、不能思想、不能感觉、不能恋爱。这种国家至上说，与英美的个人主义，站在两个极端。德国近来的经济活动都放在国家的统制之下，不能说是浪漫经济学派没有相当的影响。中国当前经济上是一个个人主义极其发达的国家，在现在建国的过程中，我们是否需要英美经济学者所鄙视的浪漫经济学派的理论来加以矫正？

　　罗尔的《经济思想史》是写给英国人念的。假如我们希望经济思想在中国的实际生活中发生一点力量，那么我们应有本国的学者，根据本国的需要，参考西洋的理论，写一本给中国人看的经济思想史。只是翻译西洋的名著，在中国的实际生活上，是不能发生什么很大影响的。

（载《新经济》第 3 卷第 1 期，1940 年）

英法德的经济力量比较观

一

这一次的欧战，与以前的战争有一点不相同的地方，就是战争发动已近四月，可是英法德的主力军并没有大规模地接触。理由当然是很简单的，英法方面有马奇洛防线，德国方面有西格弗里防线。这两道防线，都是易守难攻的，无论哪一方面都不愿牺牲太多的生命，去冲破敌人的防线，因此战场上便表现着一种僵持的局面。可是战争的工作，在战场上虽然是出乎意外地寂静，而在别一方面，却在加紧地进行。所谓别一方面的战争，便是经济战。战事一经开始，英国便成立战时经济部，法国便组织封锁部，可见同盟国对于经济战的重视。英国的张伯伦首相，于 11 月 26 日晚广播演说《论同盟国的作战方法》，有一段说：

> 同盟国对德之封锁，现已日渐增强，此事进展虽缓，而效力则大，令德国现代战争所需要之原料，来源断绝。在另一方面同盟国之给养，则不虞匮缺。胜负之数，已决于此矣。

德国的作风，与英法并无二致。柏林观察家论德国的作战方法说：

> 苟非同盟国对德之经济封锁，更趋加紧，迫令希特勒铤而走险，则西线当不致有何变化。德方将仅从事于海上及海底战，以期破坏英国之补给线。（11 月 27 日合众电）

这种经济战的结果如何，非将两方面的经济力量做一彻底的检讨不能预测。我们现在试从三方面来讨论这个问题。

二

第一，我们可以先看交战国对于几种粮食及原料平时的生产能力，如下表：

粮食或原料	年份	单位	英	法	英法之和	德
小麦	1937	千吨	1 701	7 017	8 718	4 466
稞麦	1937	千吨	—	740	740	6 916
燕麦	1937	千吨	2 783	4 347	7 130	5 918
煤	1938	千吨	231 874	46 501	278 375	186 179
石油	1938	千吨	—	72	72	552
铁砂	1937	千吨	14 214	37 772	51 986	9 791
铣铁	1938	千吨	6 871	6 049	12 920	18 044
钢料	1938	千吨	10 560	6 174	16 734	22 661
铜	1937	千吨	130	18	148	270
铅	1937	千吨	12	27	39	162
锌	1937	千吨	62	60	122	163
铝	1938	千吨	22	45	67	161
水泥	1937	千吨	7 417	4 272	11 689	12 605
电力	1937	百万度	24 315	18 000	42 315	48 969

这个表中所表示的数字，有几点很可注意。其一，三种粮食的总出产量，英法之和与德国相差无几。不过一个国家的粮食是否够吃，当然不能只以这三种粮食的数量为标准。据德国商业研究社发表的一个估计，德国与法国在粮食上的自给率是一样的，都是83％。英国在粮食上的自给率，在世界各国中是最低的，只有25％。英法人口之和与德国相等，假如上面那个估计是可靠的，那么同盟国在粮食的自给一点，还不如德国。其二，在上表所列的11种原料中，除却煤与铁砂外，其余的9种，英法产量之和都赶不上德国，由此可见德国近数年来工业生产的猛进，以及英法的相形见绌。德国所产的煤，其数量虽然赶不上英国，更赶不上英法之和，可是它于1938年，还生产褐炭（Lignite）194 980千吨，英国不产褐炭，法国只产1 057千吨。所以如把煤与褐炭算在一起，德国的产量便超过英法之和。因此在11种原料中，德国真正落后的只有铁砂一种，这是德国的致命伤，因为德国对于铁砂的出产，还不及英法之和的五分之

一。可是铁砂在各种原料中，是头等重要的。没有铁砂，铣铁与钢料的增产，便大成问题了。在 1938 年，德国曾从国外输入铁砂 2 100 余万吨，其中 57.2% 来自瑞典，7.5% 来自挪威，5.6% 来自卢森堡，8.7% 来自西班牙，以上各国，共供给 79%，其余的 21%，系由法国供给。战端起后，法国的输出当然断绝，西班牙的输出，恐怕也要为同盟国所封锁。其余的国家，是否依旧把铁砂售与德国，就要看德国是否有购买的能力。关于此点，我们在下面当再讨论。

<h2 style="text-align:center">三</h2>

我们在上表所举的原料，只是包括战争所需要的原料一部分。这许多举出的及未举出的原料，以及根据这些原料制造出来的货品，在战争的时期中，需要一定会大大地增加，专靠平时国内生产的数量自然是不够的。满足这种增加的需要不外二途，一是在国内增加生产，二是从国外补充。我们先讨论第一条途径。

假如资源的供给不成问题，在国内增战争用品的生产，要受三种元素的影响。其一是看国内已有的生产工具，其中有若干成分，可以利用作战争用品的生产。我们都知道，无论什么国家，一遇战争发生，都要设法改变生产工具的用途，使平时民用工业，尽其力量，以贡献于军事的需要。譬如平时制造电扇的工厂，在战时改造军用无线电机，即其一例。关于此点，英法的能力似较德国为高，因为德国的经济组织在数年以前便已走入备战状态，国内的生产力量已经有很大一部分是为制造军需之用，战端起后，民用工业可以改为军用的，其成分比较很低。英法两国，在慕尼黑会议以前，国内的生产事业，可以说是在常态之下举行，民用工业可以改为军用的，其成分比较很高。据伊利教授的估计，战前英国的军用品生产事业，只耗费国家收入的 10%，而在德国，则要耗费 25%。又据国际联盟的报告，各国的工业生产指数，如以 1929 年为基年，其指数等于 100，则在 1939 年 3 月，德国的指数为 133.3，英国为 122.2，法国为 87.2，由此可见英法生产军用品的潜在力量实比德国为高，正如好些赛跑的人，德国已经单独地先跑了好几圈，差不多已筋疲力尽，而英法则系中途加入，许多力量还没有用出。其二，影响到战争用品生产的元素，便是财力。英国《经济学人》周刊，在战争初起时，便有一篇文章比较英德两国的财力。据说，在 1937 年，德国的收入为 670 亿马克，德国的人口为 6 700 万，所以平均每人的收入为 1 000 马克。假定 16 个马克等于 1 英镑，那么德国人的平均收入便是 62.5 英镑。英国人民的平均收入为 11C 英镑。一个国家的收入，最急切的用途，便是维持人民的生活，如有剩余，才可用以生产军需用品。英国的总收入与德国的总收入相仿，但人口不过一半，所以剩余财富便较德国为多，因而生产军用品的力量也较德国为大。所以拿财力来说，英国人民的收入已经抵得过德国，此外我们如再加上法国的每年收入 2 500 亿法郎，那么同盟国在财力方面的优势是很显然的。其三，影响到战争用品生产的元素，还有人力。英法人力之和可与德国相等，我们在上面已经提到。不过我们讨论此点，应当注意到的，就是德国在战前利用人力，已经到了饱和点，而英法的人力，在战前并未充分利用。在过去数年，德国失业者最多的时候，是 1932 年，共有 557 万人。到了 1939 年 5 月，失业者的总数不过 7 万人，同时各种生产事业中，尚有 63 万个空位找不到补缺的人。战争爆发，数百万年富力强的人都从军去了，生产事业中一定比战前还要感到劳工的缺乏。在这种情形之下，扩张生产便成问题。英法的情形则不然。英国失业者最多的年份也是 1932 年，共有 217 万人，可是到 1939 年 3 月，失业者还有 149 万人。法国失业者最多的年份是 1936 年，共有 47 万人，可是到了 1939 年 3 月，失业者还有 44 万人。这两个国家失业者合计共有 193 万人。所以英法如欲扩充军用品的生产，在国内还可找到剩余的劳力，不比德国在战前便已感到劳工缺乏了。

　　由于上面三点的考虑，我们可以得到一个结论，就是英法在国内增加战争用品的生产，其能力远在德国之上。

四

　　一个国家在战时的各种需要，如只靠国内供给一定是不够的，首先因许多物品受地理条件的限制，在国内也许不能生产，上表所举的石油及表中并未列入的棉花与橡皮，便是很好的例子。这些原料，在英法德三国都不能生产，或即能生产，而所产有限，远不能满足需要，所以非从国外输入不可。其次，一个国家的财力、人力无论如何发展，总是有限制的。以有限的人力物力来满足近代战争的一切需要，迟早终有捉襟见肘之一日。所以作战的国家总是多方设法，利用他国的资源来补本国之不足。我们现在可以从这一点来比较英法德的能力。

　　这个问题，可以分作五点来讨论。其一，我们可以看一下交战的国家有无殖民地的资源可以利用。一谈到殖民地，英法处境之优可以不言而喻。英法在世界各地，保有地大物博的殖民地，而德国则是一个缺乏殖民地的国家。英法殖民地的资源与生产，都可以供英法作战之用。我们在上面的一张表内，比较几种重要粮食及原料在英法德国内的生产量，发现德国的生产量常常超过英法之和。但是我们如把英法殖民地的生产量也加在英法这一边，结果就大不相同了。以粮食而论，英国虽然离自给很远，但如把加拿大、澳大利亚、印度等地所生产的粮食也算在英国这一边，那么英国是自给而有余。又如英法所出的铣铁，在 1938 年，虽比德国还少 512 万吨，但如把英法的自治领与殖民地的生产也算进去，总数便在 2 000 万吨以上，比德国还多 200 万吨。其余的物品也有类似的情形。英法有殖民地可以利用，而德国则无，这是英法在从国外补充资源时占优势的第一点。其二，向国外输入原料与军需用品，必需外汇，而外汇的一个重要来源，便是货物的输出。拿 1938 年来说，英国的出口贸易值 5.32 亿英镑，德国同年的出口贸易，只值 3.28 亿英镑，所以只拿英国与德国相比，英国从国际贸易中所得到的外汇，便比德国多 2.04 亿英镑，此外再加上法国那年的出口贸易 305.85 亿法郎，那么英法所能操纵的外汇，远非德国所能比拟了。最近英法为对付德国的水雷政策起见，又实行封锁德国的出口贸易，在同盟国的封锁政策之下，德国对英、法、美、日、西班牙、葡萄牙、土耳其、中美与南美各国，英法的自治领与殖民地，中国、荷属印度群岛、伊兰及非洲各地的输出贸易，都要大受打击。在 1939 年的前 3 个月，德国的输出贸易总值为 9.01 亿马克，但输往以上各国的货物，便值 5.42 亿马克，占总值 60%。所以英法的封锁政策如果成功，德国所能获得的外汇还要减少 60%。至于德国的潜艇与水雷对于英法获得外汇的打击，其严重至若何程度，现在还不易估计，但绝不能减少英法出口贸易 60%，则是可以断言的。其三，我们再看英法德三国保有的黄金数量，因为向外国购货，如缺少外汇，便须付出黄金，所以黄金的存量，也可表示一个国家补充资源的能力。根据国际联盟的统计，在 1939 年 6 月，英国的黄金值 16.52 亿美金，法国的黄金值 18.46 亿美金，英法合计共有黄金值 34.98 亿美金，可是德国所有的黄金，只值 1 700 万美金，等于英法所有的 1/205。所以无论外汇与黄金，同盟国都是占优势的。其四，我们还要看这些国家的国外投资数目，因为国外投资在战时是可以变成外汇来换取军用物品的。德国在 1914 年以前，虽然在国外也有巨额的投资，值 250 亿马克，但战后便由债权国变为债务国，反而欠别国的债达 130 亿马克。英法则至今日还是债权国，英国在国外的投资，据 1930 年的估计，达 37.26 亿英镑，法国在同年的国外投资也达 720 亿法郎。即以美国而论，英国的投资便值 23 亿美金，法国的投资，也有 5 亿美金。其五，我们应当比较交战国的商船吨位，因为向海外输入物品，没有商船是办不到的。英国商船的吨位，在世界上居第一位，共计 17 891 千吨，加上法国的 2 934 千吨，共达 20 825 千吨。假如我们再加上英国自治领的 3 111 千吨，共有 23 936 千吨。德国只有 420 万吨，只及英法吨位之和的五分之一。此外，英法还可以雇用中立国的商船，而德国则在英法的海军压迫之下，恐无能力雇用中立国的商船。不过德国可以利用水雷与潜艇，击沉英法的商船，使英法的资源补充发生困难。德国的政策是否能够成功，现在固难预料。不过上一次大战，德国击沉交战国及中立国的船只，共达 1 250 万吨，平均每年击沉约 310 万吨。此次开战后三个月内，德国击沉的船只，共达 735 000 吨，如照此速率延长下去，则一年之内可以击沉 294 万吨，尚不及前次大战时的平均数。我们再看上次大战，协约国及中立国船只的损失，虽然达 1 250 万吨的巨数，但 1914 年至 1918 年数年中，这些国家新造的船只，其吨位还超过损失的 220 万吨。这次战争，假如德国破坏得快，英法的补充一定会同样加速，所以德国的水雷与潜艇政策，如无惊人的发展，必难制英法的死命。所以英法从国外补充资源的能力，无论从哪一方面看去，都非德国所能比拟。

五

我们从三方面比较英法德的经济力量之后，得到的结论是很简单的，就是德国在平时的生产力量超过英国或法国，在若干重要原料的生产上还超过英法之和。但战争所需的资料，必非平时的生产所能供给。满足战事所引起的需要，不外二途，一为在国内增加生产，二为从国外大量补充。在此两点上，英法的能力远在德国之上。

民国二十八年 12 月 11 日

（载《新经济》第 3 卷第 1 期，1940 年）

社会科学的方法与目标（书评）

The Study of Society：*Methods and Problems*. Edited by F. C. Bartlett and Others. London：Kegan Paul，1939，498 pages.

本书是一本论文集，包括 19 篇文章。这些文章又分为四部分，前两部分讲社会心理学的方法及问题，第三部分讲社会人类学的方法，第四部分讲社会学的方法。

像这一类讲社会科学的方法的书籍，在美国近来出了很多，可是在英国却不多见。前几年韦布夫妇出了一本讲社会科学方法的书，只谈了历史方法的应用，在本书中却没有一篇是讲历史方法的。全书的注重点，特别是第三、第四两部分，是在实地调查。利查斯（A. I. Richards）说是人类学者离不开实地调查，正如生物学者离不开试验室一样。不但人类学者应当注重实地调查，就是别的社会科学，特别是社会学，也离不开实地调查。以前学社会科学的人，对于社会所得的知识，大部分是从书本中得来的。书本中的知识，当然不可忽略，但自己用耳目去观察得来的知识，尤为深刻，尤为有用。这种做学问的方法，在中国尤应提倡，因为中国的社会，以前实在没有人用过实地调查的方法把它加以研究与分析。我们如想创造中国的社会科学，应当看重实地调查，像地质学者看重实地调查一样。

关于实地调查的方法，在本书中说了很多。这些方法，一般大学生在毕业之前，大约都会学到的。可是学了之后，是否应用，却是问题。在这一方面，人类学者的成绩似较社会学者的成绩为优。19 世纪的人类学者，有许多是没有做过实地调查工作的。泰娄（Tylor）与伯兴（Bastian）虽然旅行过很多地方，但没有对于任何一个初民社会做过切实的研究。霍布浩（Hobhouse）与富累休（Frazer）对于人类学的理论虽有贡献，不过他们的人类学知识，并非从实地调查得来。可是近来的人类学者，大部分都有实地调查的经验。英国的人类学大师麦利诺夫斯奇（Malinowski）在某一个岛上便住过两年。社会学者对于一个社区的研究，很少有花过两年以上的工夫的。中国的社会学，需要许多受过科学训练的人在各地的农村、渔村、矿村、园艺村、市镇、都市做长期的观察，并把他们观察的结果加以整理与分析。有这许多实地调查的报告做基础，中国的社会学才可树立。

社会科学的目标，在于发现社会中各种现象的关系。金斯保（Ginsborg）教授曾把过去社会学者研究的成绩分为六类。第一类的研究，以发现社会现象间的"相关系数"为满足，用统计的方法去分析社会现象，所得到的结论多属于此类。如研究人口密度与离婚率之关系、犯罪与气候的关系、商业循环与结婚率的关系，可以得到各种正负的相关系数，表示所研究的现象的确是有关系，但何以有此关系，则专从相关系数中，实在看不出来。这一类的研究，我们看了之后，对于两种现象的关系，只能知其然，而不知其所以然，实为统计方法的一个缺点。第二种研究在于发现某种社会现象在哪一类的环境或者在哪一种的条件之下发生。如研究工业革命何以在英国发生的人，常常举出五六个以至十余个理由，表示英国在 18 世纪的中叶有许多元素存在，是使工业革命有产生之必然的，便属于此类。第三种研究，目标在于说明某种制度的变动常常影响到别种制度，使其也发生变动。唯物史观的一套说法，以为生产方法改变了，别种社会制度，如政治、法律、家庭之类，都要随之而变动，便属于此类。第四种研究，在于发现社会变动中的阶段，如研究经济史的人，常把经济史的演化分成三个阶段或五个阶段；又如研究社会改革或社会革命的人，发现无论改革或革命，虽然发生的地点与时间大有不同，但其经过的阶段颇有类似之处，都是属于此类。在这个地方，我们可以顺便指出历史与社会学不同之点。社会学者也研究人类过去的活动，但它的目标，不在说明某一事件的实际经过，而在比较许多类似事件的相同过程。社会学者并不写一本书讲法国大革命的经过，那是历史家的职务。但是社会学者却愿意把许多大革命，如法国革命、俄国革命、中国革命以及各种政治上的革命史料放在一起，研究它们相同的起因、过程及结果，而写成一本革命的社会学。研究社会变动中的阶段，不是根据一件事实便可得到的，必定要聚集许多类似的材料，加以分析，才可发现。第五种研究，在于发现人类社会变迁的趋势。孔德的社会进化分为三期说，马克思的从阶级社会到阶级消灭的社会说，都属于此类。第六种研究，是演绎的，以假定某种人性的存在为出发点，如经济学中的"边际效用律"，便是假定人类对某一种欲望的满足是有止境的。

金斯保的论文，在本书中是最后一章，也是最精彩的一章。普通一个研究社会问题的人，在开始研究的时候，常会自问：我要研究什么？从研究中我想得到什么？第一个问题，便是研究园地的范围问题，不必细谈。第二个问题，便是社会科学的归宿问题，金斯保的答案，对于这个问题大有贡献，凡是研究社会科学的人，对他都应表示谢意的。

（载《新经济》第 3 卷第 4 期，1940 年）

原料与食料（书评）

League of Nations，*Economic Intelligence Service Raw Materials & Food-stuffs*. Geneva，1939，75 pages.

这是一本很好的参考书。

全书除序言及附录外，只有三个表。第一个表是把原料与食料分为 17 大类，然后表示自 1929 年至 1938 年十年内，每类物品在各洲的生产指数及各洲每年在总生产中所占的百分数。我们从这个表中，可以看出在过去十年内，某类物品在各洲生产的盛衰，或某一年内某类物品的生产集中于何一区域，我们可举饮料来做例子。这儿所说的饮料，包括咖啡、茶叶及可可三种。如以 1929 年全世界的生产指数为 100，则在 1938 年的指数便是 103，可见在此十年内，全球对于饮料的生产略有增加。我们再看各区域的生产指数，就可发现有些地方，饮料的生产大有增加，有些地方不但没有增加，反而减少。增加得最快的是苏联，1938 年的指数为 2 144，其次为非洲，同年的指数为 145，再次为海洋洲，同年的指数为 114。亚洲的生产并无增减，1938 年的指数仍为 100。南美洲的生产略有减少，1938 年的指数为 95。另外还有北美与欧洲，对于以上三种饮料，并无生产。我们再看 1938 年各洲在饮料总生产中所占的百分数，就可知道苏联的生产虽然增加得快，但在生产总量中所占的成分还是很低，只有 0.5%。南美洲的饮料生产，在全世界居第一位，占 45.5%；亚洲次之，占 39.1%；非洲第三，占 14.7%；海洋洲的生产，较苏联还低，占 0.2%。以上只举饮料的统计为例，在其余十几类原料与食料中，我们可以看到性质相同的统计。

第二个表是把每种原料或食料生产最多的前十名国家列举出来。在可能范围内，每一国家对于某种原料或食料的生产，占全世界总产量的百分之几，也在括弧中表示出来。每种物品的生产数量，系以 1937 年的统计为根据。在原则上，虽然每种物品，编者要举出生产最多的前十名国家，不过有时某种物品的生产集中于少数国家，甚至为某一个国家所包办，如有这种情形时，则所举的国家，可以不必凑足十名。在这个表内所举的原料或食料，共有 161 种，其中我们的出产，在前十名以内的，计有 24 种，而占第一名的，共有九种，即锑、花生油、桐油、菜籽、小米、甘薯、芝麻、大豆及钨；占第二名的，也有七种，即花生、棉籽油、小麦、大麦、米、生丝及烟草。我们的敌人日本，在 161 种物品中，只有三种的生产是居首位的，即丝、人造纤维及咸水鱼。

第三个表所陈列的统计，最有趣味，它是从上列 161 种物品之中，选出较为重要的 128 种，看它在 95 个国家或区域中的生产数量及净输出与净输入的数量。我们从这个表中，可以看出某种物品在全球各国的生产情形，又可看出某一个国家对于某种物品是否能够自给自足。表中的生产数量，共列两格，一格表示 1935 年的情形，一格表示 1938 年的情形。输出、输入的统计，则以 1935 年为准，每一个国家对于各种物品的统计，并不完全。譬如中国，只有 59 种物品有统计，日本则有 73 种物品有统计。我们为知己知彼起见，无妨把我国与日本的统计，摘要列表如下：

物品类别	种数	有净输入者	有净输出者
甲、中国			
一、矿产品			
（a）金属	13	7	6
（b）非金属	10	8	2
二、林产品	8	5	3
三、油籽及油	12	3	9
四、谷类	4	2	2
五、菜蔬及果类	7	2	5
六、畜产品	5	3	2
总计	59	30	29
乙、日本			
一、矿产品			
（a）金属	17	14	3
（b）非金属	13	10	3
二、林产品	9	7	2

续表

物品类别	种数	有净输入者	有净输出者
三、油籽及油	15	10	5
四、谷类	5	5	—
五、菜蔬及果类	9	5	4
六、畜产品	5	2	3
总计	73	53	20

从上面所举的统计，我们可以看出，敌人在资源上依赖外国的程度是如何深刻。最可注意的，是在矿产品 30 种中，敌人能够自给而且有剩余可以输出的，只有 6 种，其余 24 种，都要仰给于外国，方能够用。

敌人的资源，既然如此贫乏，那么在第二期抗战中，经济战意义之重大，是更显著了。

（载《新经济》第 3 卷第 8 期，1940 年）

抗战与人民生活

本年 5 月间，我们得到一个机会，到湖南、江西、浙江、福建、广东、广西等省去考察。我们在路上走了 70 天，看了 62 个县市，行了 7 500 公里的路。每到一处，与各界的领袖谈话，我们一定要问一个问题，那就是："自从抗战以来，老百姓的生活，是比以前降低呢，还是比以前好转？"出乎我们意料之外，所有的答案，都说老百姓的生活，比抗战以前要好得多。江西有一位专员很肯定地告诉我们，在他所辖的那一区内，乡村的繁荣，是 20 年来所未有的盛况。我们在都市中住惯的人，对于这种答案，起初都不大肯信，所以每每要追问一句："老百姓的生活好转，有什么具体的事实可以证明呢？"各地的答案，自然是不一致的，我们把这些答案分类，可以发现下列的十种事实：

（一）老百姓现在比以前吃得好，如以前吃杂粮的，现多吃白米，以前吃稀饭的，现多吃干饭。丽水附近有一村庄，以前 50 天才杀一只猪，杀猪时还要鸣锣，好让村民知道，前来购肉，现在该村每天要杀 5 只猪。赣南一位专员，某次出巡，看见一位农民杀鸡，便问他家中是否有喜事，农民说是并非为喜事杀鸡，而是自己吃的，现在他每月平均要吃 3 只鸡。

（二）布价虽然在各地都一致上涨，但农民比以前还穿得整齐。在我们所经过的路上，除了贵州及广西的西北部外，很少看见衣服褴褛的人。

（三）新建筑比以前增加。在公路边的村庄，我们常看见新的房子在建筑的过程中。旧房子的修理，在各地是常见的事。

（四）赎田的人日多，有些家庭，把田产在民国初年典出，好久无力赎回的，现在都赎回了。在好些县份里，赎田成为一种最普通的纠纷，典业的人愿意赎回，而管业的人不肯交出。

（五）各地的田价均一致上涨，如邵阳县某村的田价，竟涨到每亩 1 500 元。想买田的人很多，而愿意把田产出售的，却不多见。

（六）县政府对于田赋的收入，常常超过定额。广东的临时地税，去年比前年要增收一倍。江西贵溪县的田赋，民国二十八年预算到了 7.6 万元，实收 10.5 万元，因为老百姓不但把民国二十八年的田赋交清了，而且把前几年的积欠，也一并完纳。这类的事，颇为普遍，赣南有好些县份，去年田赋的收入，平均较额定的要增加 40%。

（七）以前新谷登场的时候，农民急欲得到现款，纷纷将新谷出售。近来在收获季节，小贩下乡收谷，每收不到预定的数量，因为农民身边都有钱了，不必急急把新谷脱手。

（八）还债的人很多，农民的信用，在金融家的眼光中，是普遍的可靠。如广西雒容县，去年中央银行曾放农贷 23.6 万元，到期只有 230 元未还。这一家不还账的原因，是因家主被征出外当兵，妻子又不幸逝世，无人负责所致。除了这种特殊的例外，农民借债必还，因为他有还债的能力。

（九）过年过节，各地商店的营业，是普遍的发达。在市镇中开杂货店的，对于若干货物，常有供不应求之感。

（十）乞丐游民，大为减少，若干县份，早已绝迹。

我们听了上述的报告，再证以自己的视察，觉得中国各地的老百姓，自从抗战以来，生活好转，是无可怀疑的事实。这种现象，应该怎样解释呢？别的国家，打仗打了三年，一定要节衣缩食，降低生活的水准，为什么中国大多数的老百姓，在抗战三年之后，反而把生活改善呢？

对于这一个谜，我们可以做下列的解答。

农民生活改善的第一个原因，是由于农产品价格的高涨。

谷米的价格，固然是上涨了，别种农产品的价格，如烟叶、花生、茶油、蔗糖、芝麻、香菇、水果等，其上涨的程度，如与谷米比较，有过之无不及。如广昌县的烟叶，以前 30 余元一担，现在价格在百元以上。莲子以前为 20 余元一担，现在涨到 200 元。雒容县的花生油，从 30 元一担涨到 125 元，白糖从 15 元一担涨到 125 元。这些例子，证明农民的收入，的确比以前增加了。可是专引这一类的事实，并不能解释农民的生活程度为什么会比以前增高。因为农产品虽然涨价，别种货品也在涨价。假如农产品涨价的程度超过别种物品涨价的程度，农民的购买力才会比以前增加。事实上是否如此呢？南康县的县长曾告诉我们一个故事，与这个问题有关。他说有一次到乡下去，看见一位农民，挑了一担茶油到市上去卖，以所得的钱，到布店去买了三匹布。一位老太婆从他的茶油担经过，看到了农民手中有三匹布，便问他现在一匹布是什么价钱。农民所说的价钱，使这位老太婆咋舌，因为她生平就没有穿过那样贵的布。可是这位农民却很坦然地说："这有什么关系呢！以前一担茶油换三匹布，现在还是换三匹布。"这个故事表示农民所要购买的物品，与他所出售的物品，其涨价的程度相同。但是我们不能只凭一个故事来下结论。好些有物价指数发表的地方，都表示农产品涨价的程度，还赶不上别种物品，所以我们如欲解释农民生活的好转，只拿农产品涨价一事来说，是不够的。我们一定要在别的方面去求解释。

在别的方面，我们发现了农民生活好转的许多原因。第一，农民在运输的工作上，得到一笔很大的收入。拿广东来说，在抗战以前，广东有公路 1.4 万多公里，现在因军事关系，大部分都破坏了，只余 2100 余公里。前方军队的给养，便要靠人力来挑。广东的定价，是挑一担东西，走 10 里路，可得 6 毛钱。假如一天挑 60 里，便可得 3 元 6 角。除了许多军运之外，还有商运。不但广东的公路破坏了许多，别省也有同样的现象。以前花在汽油、汽车上面的钱，现在都转移到挑夫的手里去了。第二，现在有许多机关学校，因为疏散的关系，都从都市搬到乡间。以前花在都市里面的钱，现在都花在乡间了。而且他们搬到乡间，便要租用农民的房子，以前一块钱一间还租不出去的房子，现在每月可以得到七八元至十余元的房租。这也是农民的一笔新收入。第三，农民的副业，如纺织、造纸之类，以前因受舶来物品的压迫，无不奄奄欲毙。现在一因敌人的封锁，货物进口不入，二因运费的昂贵，使外来物品价格高涨，所以各种副业，都如雨后春笋，发展甚速。如南丰县出口不过三四百万元，去年居然增到千万元。所以农民在副业上的收入，大有增加，这也是战前所想不到的。第四，中央及地方政府，近来对于农贷，推行甚为积极，每县的贷款，自数万元以至数十万元不等，结果是使乡村中的金融，更为活跃。有一家金库的门口，坐了一位卖皮夹的小贩，生意甚为繁盛，过路的农民，常常在买到皮夹之后，便在腰边掏出一束钞票来放进去，这是在战前不常看得到的现象。第五，抗战以来，大批的壮丁从乡间征调出去，留在乡间的人，每人都有事可做，以前失业的问题，现在完全解决了。过去在乡村中，因人口众多，常常遇到有人无事做的问题，现在好些地方，却感到有事无人做，如河源县的县长，说是在他那儿招邮差，60 块钱一月，可是没有人应征，因为挑夫可以得到 150 元一月。第六，许多地方，禁烟禁赌极为努力，烟赌上的奢耗，因之大为减少，余下来的钱，便可用以购买日常生活必需品。有此数因，所以农民除了农产品之外，还有许多别的收入。农产品的高涨，已使农民的收入增加了，现在又新辟了许多新的财源，所以农民的购买力便比抗战以前大有增加。这种增加的购买力，除以一部分支付农民习惯上认作必需品的代价之外，还有盈余，这是他们生活所以好转的理由。

在生活好转的阶级中，除了农民之外，还有工人、商人，这是大家都知道的，不必细述。

可是我们目前乡村中的繁荣，乃是抗战所造成的，并非生产革命的结果。英美各国在 18 世纪以后的繁荣，主要的原因，是由于生产技术的改进、日用物品出产的增加。因为物品的大量增加，所以社会上每个人的享受，都比以前加多，社会上各界的生活程度，都平均地上升。我们的情形，与此有别。抗战以来，后方的经济建设，虽然是突飞猛进，但在全国各地，敌人对于我们生产事业的破坏与摧残，也是近数十年来所没有的。以整个的国家来说，生产的总量，是否有了增加，很成问题。假如生产没有增加，而社会中有一部分人的生活却好转了，同时一定另外有一部分的人，生活较以前降低。这个假设，我们看了各地的情形之后，觉得是很对的。

抗战以来，生活降低的人，最重要的有四种：一为低级公务员，二为小学教员，三为警察团队，四为出征军人家属。前三种人有一共同之点，就是他们的薪水原来就定得很低，自从抗战以后，别的物价都高涨了，但他们的薪水却没有什么增加，因而他们的购买力便比以前减少，维持战前的生活便非易事。后一种人，因为家庭的主要生产者被征外出，留下来的人，失了一张重要的"饭票"，所以吃饭便感困难。不过在这一类的人中，也有例外。在我们所经过的地方，常有女子是主要的生产者，男子主内，而女子主外。男子在家中看小孩，女子却在外面挑担种田。这一类的家庭里面，如男子被征外出，不过是少了一个消费的人，对于留在家中的人，生活上并不发生影响。

各级政府，对于上面四种人的生活，也想了各种方法救济。如湖南、浙江、广西等省，对于低级公务员的生活费，近来都有增加，虽然增加的数目并不很多。广东与福建，对于低级公务员，有米津的办法，自 3 元以至 5 元不等。有的县份，提倡公务员于公余之暇造产，即以造产所得，贴补伙食。有的县份，在县府中合作办理伙食，吃的虽然是大家一样，但出钱的多寡，却看薪水的高低而有差异。如连平县政府的包饭，县长每月出 24 元，书记每月只出 16 元。救济小学教员的办法，各省多有，其中以广西若干县的办法最为有趣。如宜山县对于各村街基础国民学校教员的津贴，系由养鸭得来。各村街于每年 5 月内，从学校基金中提出一笔款子，分发各户，每户 2 角，作为养鸭经费。到了 8 月，村街长便向各户把鸭子收回，届时鸭子的重量，约有二三斤，每斤可以售洋 1 元。售价所得，全数津贴学校教员。又如河池县规定小学教员，每月可得 50 斤谷子的津贴。谷子的来源，除由公款收入购办外，不足之数，由全乡镇各村街民户抽送足额，全年收谷不及 1 000 斤的，免予抽送。每年收谷 1 000 斤以上至 5 000 斤的，抽 5‰；5 000 斤以上至 1 万斤的，抽 6‰；1 万斤至 1.5 万斤的，抽 7‰；余照类推。此系指自耕农应纳之额，地主加倍抽送，佃户减半。经营商业或其他职业，收益每年在 300 元以上至 500 元的，抽 5‰；500 元以上至 1 000 元的，抽 6‰；1 000 元至 1 500 元的，抽 7‰；余照类推。确无稻谷出产的乡村，得以其他农产品抽送。救济警察团队的办法，一为裁员加薪，如南丹县原有政务警察 9 班，现在裁去 3 班，只余 6 班。裁减的结果，警兵每月收入可加 2 元，警目加 3 元，警长加 5 元。另外一个方法，在福建普遍实行的，就是廉价供给食米。各县都设地方队警粮食筹集委员会，统一采购各该县队警所需食粮，无论官兵，每人每日食米 20 市两为限，定价为每元得米 9.5 斤。如南平县米的市价，为 21 元，但队警则可吃 10 余元一担的米，其亏损的数目，由各县设法筹补。最后，关于救济出征军人家属，以江西的办法为最可靠。江西各县，对于出征军人离家的时候，便先给安家费 10 元，以后每年可得 10 担谷。安家费及谷款，均有统筹办法。福建对于出征军人家属每月给救济金自 3 元至 7 元不等，视人口的多寡而定，但无救济必要的便不给。广西各县，除照省府规定，对于出征军人家属，每年给与 300 斤谷子外，还有一种补充的办法，便是在每一村街中，征集公田 5 亩，田要好的，每亩能收 3 担 6 斗谷，始能入选。住户有田 20 亩以上的，便要征收 1 亩，由全村街人公耕，而以收获所得，分给出征军人家属。公田于耕作一季后，便退还原地主，另外再由别户征收补充。这些办法，可惜并不普遍。我们希望中央的当局，参考各地的实际办理情形之后，定出一个可以通行的办法来，对于上述的四种人，做一有效的救济。

（载《新经济》第 4 卷第 2 期，1940 年）

抗战以来中国经济问题

——民国二十九年 6 月 10 日在本会公余社讲演——

本团奉命视察湘、赣、粤、桂四省政务，由重庆出发，经贵州、湖南而来江西，将来再由广东、广西回到四川。本团此行之任务甚为重大，而尤注意于全国人民之生活情形，视其是否较前有进步，因人民之生活情形与抗战前途有深切之关系，苟退步，则抗战前途必发生困难，故本团每经一处必提出是项问题，各处所得答案不一，农民工人都说人民生活比前有进步，失业的人也少，县长们报告，征收的赋税比从前多，人民纳付能力显已增强，教育方面也说学生人数有增加，总之，一切均为农村人民生活进步之象征。盖抗战以来，米谷之价格高涨，而农民日常购买之物品不多，故经济能力反转充裕，此为极可喜之事实。唯当前亟待解决之经济问题极多，绝不止人民之生活一项，兹一一讨论之。

（一）增加生产。长期抗战中，吾人首须努力增加生产，生产之主要目标有三：一为维持前方之军事需要；二为注意可资换取外汇之物品；三为满足后方人民之生活需要。吾国往年建设集中于沿海沿江，向未注意于国防，抗战军兴，海滨沦陷，悉数沦入敌手，殊为可惜！吾国以往之工业偏重于轻工业，军事之需要未予注意，与俄德诸国在第一次欧战以后，建设情形大不相同。按俄国三次五年计划无不以建立军需工业与重工业为首要，近年来始渐注意于轻工业，日常生活之必需品反置于次要地位。德国自希特勒执政后亦然。人力财力均集中于国防之需要。吾国自抗战以后受到深刻的教训，建设策略亦大为改变：（1）目前工厂均设于内地，沿海工厂移往者亦多，且均注意于国防军事之需要。（2）可资换取外汇之钨、锑、桐油、茶叶等亦均努力增加生产，并由国家收购运销以向外国换取必要之军需品及生产运输工具。（3）对于人民必需之棉花，亦在西南各省试植努力推广，以适应人民日常生活之需要。

（二）防止敌人以战养战的阴谋。根据美国专家及国联之研究，日本对于国防上必需之资源数十种中，仅能自给二三种，其余则须仰给于外国，敌人深明己身缺陷，故开战之初，抱定速战速决之策略，唯因吾人坚强抵抗，速战速决已不可能，不得不退而做长期战争之计划。长期战争需要充足之资源，因此资源缺乏成为敌人当前最大之困难，敌人以往之国际贸易，表面上虽为平衡，其实对于殖民地之贸易为出超，而对于欧美各国则为大量入超，因此需要巨额外汇，以资抵补，此固可以输送现金出口以抵补之，但据去年统计，敌库仅存现金 5 亿日元，此数已到达不可减少之最低限度，而一年来是否又有减少，尚不得而知，故输送现金出口，绝无办法。若谓向国外借款以图补救，则国际上已遍树敌人，亦难办到，在此资源极度恐慌之压力下，敌人唯一出路即为掠夺吾国之物产，施行以战养战之阴谋。羊毛、棉花等为工业之主要原料，桐油、茶、丝等可资换取外汇，铁矿为重工业之主要原料，均为敌人掠夺之对象，吾人如能设法防止，则其经济财源枯竭，整个崩溃，必然加速。

（三）物价问题。在物价高涨之压迫下，最蒙受不利者为薪俸阶级，因其收入固定，物价一经高涨，日常生活之需要即不能满足，吾人以为必需品影响人民生计，其价格绝不应过分高涨，中央亦正在考虑如何抑平物价之问题。英、法、德等国平时组织严密，一至战时，立即施行统制，极有效力，吾国在平时既无严密的组织，一至战时，全盘实行统制，自然困难，但系施行于盐米等少数必需品，想来必然可行，此次沿途收集各地之统制办法，以为改善之根据，研究一种较为完美之办法。

总之，本团此行之观感甚为良佳，实际上虽有许多困难，然而大家都在努力各谋解决，将来吾人经济力量，必定日渐增强，相反地，敌人之力量则一天天地削弱，将来总有一天我们的力量胜过敌人，而得到最后之胜利。

（载《浙赣月刊》第 1 卷第 7 期，1940 年）

东南各省的粮食管制

自从亢战以来，后方各省，因为粮食与民生的关系，非常密切，所以均有管制的办法。本篇所要讨论的，乃是浙江、福建、广东三个缺粮省份如何实行粮食管制，以及在管制中，遇到一些什么问题。其余各省的经验，为参考及比较研究的方便，也偶尔提到。

浙江省对于粮食的管制，其特点系以一县为单位，于县内谋粮食的调剂。实施的方法，我们可以金华及龙泉二县为例。金华虽然是产米的县份，但城区内米是不够吃的，所以金华在县城内便行计口授粮的制度。在实行授粮之前，对于城区各户的自有粮食，县府曾发动民众，加以清查。每户各口的消费量，平均以一市斤为准，扣抵至新谷登场时止，家藏粮食有余的，由粮食公店予以收购。家藏粮食不足的，经调查后，发给购粮证，准在粮食消费完罄前一日，凭证向指定粮食公店购买。每户购粮，每次最多购买五日的粮食，以后得先一日预购。购粮的手续，比在普通米店中买米，自然要麻烦许多。购粮的人，到了粮食公店后，先将购粮证交至核证处，核证员收到购粮证后，即详细核对该户每日规定购粮数额及此次需购日数，切实核算，将所购粮食斤数填入空格内，填完之后，便把该证转交收款处，收款员查明证中所填购粮斤数，折算价格，点收价款后，将该证转交司秤处，司秤员便照证中所填购粮斤数，将粮秤足，连同购粮证交给购粮人带回。粮食公店除总店一所外，还有分店十四所，某保某户，向某店购粮，事先均已划定，不得向他店购买，以便统筹分配粮食数量。粮食公店所出售之米粮，其来源最重要的，便是城内原有交易公店及各米行碾米厂中所有存米，此项存米，悉数由粮食公店接收。不足之数，即向本县各乡镇采购。各乡镇的米，不得省粮食管理处的运输许可证，不准私运出境，县内重要地点，均设立粮食检查站，遇有偷运出境的，便扣送乡镇公所转送县粮食管理处法办。金华本来是一个粮食自给之外还有得多的县份，现在以四乡的剩余，来调剂城区的不足，自然没有什么困难。在粮食缺乏的县份，如宁波、绍兴等处，省府并无施行计口授粮的准备。从经济理论方面讲，在粮食有得多的县份，来推行计口授粮，也许要受庸人自扰的批评，但据县长的报告，这种办法有两层用意：一可防止奸商操纵居奇；二可试验计口分配的制度，推行时需要何种机构，以及实行之后有无困难发生。

金华虽然限制米出境，但乡镇与乡镇间的粮食，仍以自由流通为原则。龙泉县的限制，比金华县还要严密，各乡镇粮食出境，要事先得到乡镇粮食管理委员会的许可。各业主向他乡取运存粮，必须有当地粮食管理委员会的证明。各乡镇如发现粮食私运出境，准由当地粮食管理委员会或合作社、乡镇公所予以扣留，依照市价收买。在这种粮食不得自由流动的状况下，各乡镇的保长，于每月之初，要检查本保内缺粮各户，依照人口数目，分别计算该户缺粮数目，发给该户购粮证。缺粮户拿到购粮证后，便向指定的余粮户购买，余粮户接到购粮证，便要依照证上所定数量出售，不得抗拒。余粮户是些什么人，余粮共有若干，事先已由县府发动数百人加以清查，所以需要粮食时，可以按图索骥，毫无困难。缺粮户与余粮户的调剂，第一步系在保的范围以内举行。即甲保的缺粮户，只向甲保的余粮户购粮。但如甲保余粮户所余粮食总数过多，而乙保又过少时，乡镇粮食管理委员会可以指定甲保某余粮户归乙保某缺粮户购买。缺粮户购粮，每人每月以 25 斤为限。价格由乡镇粮食管理委员会酌量实际情形，于每月 1 日评定公布。不过龙泉县是一个缺米县份，专靠县境内各乡镇的调剂，还解决不了粮食问题。不够的数量，便由交易公店负责向县外购粮入境出售，不过别县也在那儿限制粮食的运输，所以购粮入境，要费相当麻烦的手续。

福建省管理粮食的办法与浙江省有根本不同的一点，就是浙江的调剂，系以县或县以下的机构为单位，由县府统筹，福建则以全省为单位，谋各县间有无的调剂。省府于三月内，把全省分为两部分：一为供给区，包括浦城、邵武等 28 县；一为需要区，包括福州、福清等 21 县。供给区是粮食有余的县份，需要区则为粮食不足的县份。省府于 3 月 25 日起，开始实施各县区粮食余缺供应办法。从 3 月 25 日起，距早稻收成约 100 天，分为两期，每期 50 天。第一期先就需要急迫县区，指定供给县区，其未指定的，应就本县区自谋调节；第二期统观各县情形，再行指定。如南平县为缺粮县份，第一期系由建瓯及建阳二县供给，第二期则由建阳及浦城二县供给。又如长汀与连城二县均为缺粮县份，长汀系指定由宁化供给，连城则由清流供给。供给区的县政府，得设立粮食代办处，按各县地方情形，其所负的责任，分为直接与间接二种。

负直接责任的，应尽量收购民间余粮，所需的款项有两种来源：一由省银行透支 5 000 元到 1 万元；二由需要区的县政府，按每月指定供应的数量，每担先汇 2 元，以作周转金。负间接责任的，应协助需要区所派来县采运的代表，购足指定数量，需要区的县政府，应按各县地方情形，或设立粮食代销处，由县政府负直接运销之责，或督导当地米商组织联合运销处，县政府只负监督运销之责。需要区的县政府，于购到粮食后，应将逐批运来米谷数量及其成本，登报披露。非由县政府直接分配的米，商人利润，应限制其不得超过 10%。此种调剂办法实行之后，据云囤积居奇之弊，大为减少。本年福建省政府，拟推行广大的粮食普查，以便得到更确实的数字，以为管制的根据。

浙江与福建，虽然粮食都是不能自给，但在平时，所差尚属有限。以 1937 年而论，浙江的海关，只是宁波有洋米进口，其数量为 9 953 公担。同年国米由宁波进口 63 861 公担，但出口也有 29 645 公担，所以净输入为 34 216 公担，连洋米也只有 44 169 公担。福建在 1937 年，由福州、厦门二处进口的洋米为 3 398 公担。二处进口的国米为 100 786 公担，但出口也有 9 853 公担，所以净输入为 90 933 公担，连洋米也只有 94 331 公担。广东的情形，不能相提并论。广东的广州与汕头、江苏的上海以及河北的天津，是中国外米入口最多的四个口岸。现在我们暂且撇开广州、上海与天津不谈。汕头虽然已失陷了，但过去由汕头入口米粮的数量很可代表潮梅二属每年缺少的数量。在 1937 年，由汕头进口的洋米为 1 062 265 公担，由汕头进口的国米为 1 175 160 公担，两者合计为 2 237 425 公担。这是一个很大的数目。广东除潮梅二属外，西江四邑及南路，也都缺米，但西江可靠广西接济，事实上广西已划出桂东十四县，准许粤省商人自由采购。南路则洋米输入的途径很多，问题都不如潮梅二属的严重。广东各地，只有北江一带的粮食有得多，但以北江的余粮来接济其他各处，除运输上的困难外，数量也感不足，所以广东不但没有采用县内自谋调剂的办法，也不依靠各县间酌盈济虚，于省内自谋调节。广东需要外面的米来克服米荒，所以在省内固然主张米粮自由流通，就是省与省间，据广东省政府的意见，米粮的流通，也不应当有所限制。他一面向江西省政府定米 20 万包，一面向湖南省政府定谷 20 万担。但江西省政府的米，始终没有交足。湖南省政府的谷在韶关交货可无问题，但由韶关运至东江潮梅二属，则困难很多，所以到了本年 6 月底，广东只能在韶关向湖南接收 6 万担的谷。东江的米荒还是要靠洋米来解决。洋米购入，除由省政府在港设一驻港购粮委员会办理外，并奖励商民购运，如遇敌舰盗劫风险等意外损失，由省府赔偿 40%，地方款赔偿 40%，自己负担 20%。洋米输入的数量，尚无确实统计，我们只听说赣米及湘米都要多而已。

本年 7 月 1 日，我们从韶关出发赴东江，当晚宿连平县的忠信，7 月 2 日到兴宁县，7 月 3 日到梅县。在这 480 公里的途程上，我们才体察到湘米济粤的困难。在平时，湘米可由长沙直运至广州，由广州水运至汕头，转往潮梅各县，是没有困难的。现在，由韶关到梅县，其中到岐岭的一段，约 370 公里，只有陆运，而且由翁源到连平，由连平到龙川，中间有好些高山，用汽车运输，都相当困难，不要说肩挑了。如用车运，由韶关到岐岭，货车每次可运米 30 市担，以每月来回三次论，也只能运 90 市担。广东省境内的货车，只有 400 辆，即以之全数运米，每月也只能运 36 000 担，虽然是不无小补，但不能解决东江的米荒。东江的粮食问题，只有靠洋米及赣米来解决。假如输入洋米发生困难。那么江西对于广东米粮的接济，就要多负责任。江西的米，水运可到筠门岭，由筠门岭到广东的平远县界，只有 70 公里。如江西对于粮食开放，东江的广东人，便可到江西去挑米来吃。

广东的省政府，在东江设有米粮运销委员会，每批外米运到时，即由委员会按照议定的比例，分配与兴宁、梅县、大埔、五华、平远、蕉岭、潮阳、潮安、揭阳、普宁、澄海、惠来、饶平等县及南山管理局。潮阳、潮安及梅县，得米最多，每批米可以分到 12％。蕉岭县所得的最少，只及 2％。各县得米后，即依各县人口的多少及灾情的轻重，发给各县的公卖处出售。因为米的来源有限，所以各县对于购米的人，不得不有限制。梅县的办法，是购米的以贫户为限，由各乡镇于调查后，发给贫户购米证，凭证向公卖处买米。何谓贫户，并无定义，但贫户在乡镇中所占的比例，却有规定，即在附近城镇不产米地区，以占 30％至 50％为度，在乡村中，以占 10％至 20％为度。凡持有购米证的人，每隔五日可购米一次，每次如家口在三人以下的，准购一元，四人以上的二元。

我们检讨了浙江、福建、广东三省管制粮食的办法后，觉得有好几个问题，与管制的技术有关的，应当提出来讨论一下。

第一是余粮清查的问题。政府如欲统制某处的粮食，第一个任务，就是要使某处粮食的来源不要断绝，如有断绝之虞，就要从别的地方运输粮食来接济。但如没有经过清查的手续，政府便不知道某县某乡有余粮若干，因而在粮食发生恐慌时，也不知道到什么地方去搜集。所以余粮的清查，是一件重要的工作。只有这种工作做过之后，囤积居奇的弊病才可以一扫而空。不过中国素无清查的经验，清查余粮，较之清查人口，还要困难，所以如何使结果真确，实为难以解决的问题。宁都县政府，于本年 1 月，曾函请宁都乡师及青年团、保安第十团分派员兵，担任清查员。清查时以保为单位，每保四人，按户清查。据各清查员表报汇计，全县每年尚差粮食 10 余万担，但据过去的经验，宁都每年有一二万担的盈余。又如弋阳县清查粮食的结果，全县共收早谷、晚谷及杂粮共 59 万担，以弋阳县 12 万人口每人平均食谷 6 担计算，弋阳县应差粮食 10 余万担。实际则弋阳县的粮食不但是够吃，每年还有 10 余万担可以输出。由这两个例子，可见清查粮食或余粮时，居民每每以多报少。龙泉县的县长，说是在他调查余粮时，每保均请有本保的贫户参加。同保的人，对于保中各户的粮食贮量是相当清楚的，而且贫户知道，如他不帮助调查的人把余粮户的实在存粮数量指出，他自己便无法购到廉价的粮食，因此，清查的结果，便相当可靠。不过这种办法，在龙泉即使行之有效，但在用别种粮食调剂方法的省县是否适用，颇成问题。此外广东对于存粮登记，系由区长督同乡镇保长执行，登记完竣后，由县粮食调节委员会再行按户抽查，以视有无遗漏。贵州于清查存粮之后，对于隐匿不报或报告数量不实的人，一经查明，即将余粮全数没收或没收其一部。福建对于各级普查的人员，定有奖惩的办法。奖励的方法，有升级、加俸、记功、奖金等。惩戒的办法，有停止任用、降级、免职、减俸、罚金等，情节较重的，还可依军法处分。这种种办法，均在各地试验，到底哪一种办法可以得到最好的结果，还待以后事实的证明。

第二是评定米价问题。我们已经知道余粮存在何处了，一旦需要米粮时，应当出什么价格向粮户购买呢？福建省的办法最为简单。它在实施各县区粮食余缺供应办法的时期内，收购米谷价格，以 2 月 20 日当地市价为最高额。在别的物价继续高涨之日，单独使米谷的价格固定，对于农民是否公平，似应考虑。较福建省的办法要复杂一点的，是湖南粮食管理处的规定法价办法。管理处于去岁新谷登场前，即将湘省各县之粮食产销及价格情形，做一度普遍的调查。其后又根据各县的呈报，并参酌民国二十四年湖南经济调查所调查的谷米价格，及民国二十七年湘米改进委员会调查的湖南各县稻谷生产成本等项，规定第一次的法价。可是市价并不因法价已定而不涨，结果是依照法价，无法购进米粮，只好把法价提得与市价略等。以后市价上涨，法价也随着上涨，如是者四次，最后谷米法价，已与各地市价相平衡。这个故事，表示想要统制物价的，结果反为物价所统制。想以法价购米的，结果还是依照市价购米。购米依照市价，固然是最省事的办法，可是这种办法，并不能防止居奇操纵的弊病。广东的办法，与福建、湖南都不同。在广东，米粮评价，由县粮食调节委员会主持办理，评定之价格，应以最近三个月之平均价格为标准。这种办法，可使米价有缓步的上升，不起激烈的变动，是最合评价者之理想的。不过假如在同期内，别种物品有激烈的变动，我们是否能够控制米价，使其缓步上升，实一问题。

第三为管制的机构问题。管制粮食的省份，在省与县都应当设粮食管制委员会，担任设计、指挥、监督的工作，固无问题。但是粮食到了县区以后，需要一种机构，使其达到消费者的手中。这个机构应当如何设立呢？我们所看见的各县份，分配粮食的机构，以金华为最复杂。金华的粮食公店总店，设有经理 1 人、协理 1 人至 2 人、会计员 1 人、司库 1 人、文牍 1 人、样台 2 人、栈司 4 人、收购员 4 人、司秤 3 人、管仓员 1 人及练习生 2 人。分店设经理 1 人、核证 1 人、司秤 1 人、会计 1 人及粗工 1 人。此外各分店的监察事宜，由县粮管处每日派专任稽查员巡回督导。所以在金华城区中，粮食分配的机构，便要 100 余人。假如在金华全县推行同样的办法，恐怕 1 000 人还不够。这么多人的薪水，如加在粮食价格内，一定会使粮食的价格高涨。广东的公卖处，组织比较简单，只有查证登记员 1 人、收款 1 人、粜米手 2 人、守卫 2 人。但公卖处在广东的设立，并不普遍，对于贫户的购米，颇多不便。所以在中国目前这种情形之下，粮食的分配，最好还是利用已有的米店，我们只须把它们组织起来，以便指挥及监督而已。

（载《新经济》第 4 卷第 3 期，1940 年）

（本文同名文摘载《广西银行月报》第 1 卷第 2 期，1941 年）

农产品的国际贸易（书评）

L. B. Bacon & F. C. Schloemer, *World Trade in Agricultural Products*. Rome，1940，1102 pages.

  本书是罗马国际农业学会出版品之一，作者一为美人，一为德人，一共花了五六年的工夫，方能成此大作。书的内容，共分两部。第一部系选了12种主要农产品，叙述每种在国际贸易中的历史。这12种农产品的名目是小麦、米、糖、肉、植物油及油籽、咖啡、茶叶、烟草、棉花、羊毛、丝、橡皮。第二部是以国家为单位，叙述每个国家在国际农产品的贸易中所占的地位。特别立一专章讨论的，有英、德、法、意、美等国。此外如荷兰、丹麦、巴尔干半岛各国及苏联合在一章中讨论。阿根廷、澳大利亚及加拿大三国，也共有一章。亚洲各国，如印度、日本、中国、荷属印度及英属马来，也有一章讨论，但所占的篇幅极少，不过12页，其中论中国的，只有2页。关于中国的材料，在第二部中虽然很少，但在第一部各章中，却占相当重要的位置。

  书中的图表很多，统计材料极为丰富，其中我们认为有趣味的，无妨提出几件来介绍一下。在论小麦及米的两章里，我们可以看出中国近十年来，对于粮食的入口，有很大的变化。如在1929年至1933年的5年中，中国平均输入小麦及面粉1 400万公担，但到1937年，输入的数量只有180万公担。输入洋米最多的一年，是在1932年，计达1 300万担，1937年，便降低至346万公担。* 这两种数字，表示中国近年来在粮食上已日趋于自给。日本输入米粮，比中国为多，如1934年，为2 067万公担，1937年为1 774万公担，但朝鲜每年有大量的米出口，恰可补日本的不足。米的输出

---

  * 原文单位如此。——编者注

最多的，共有四个国家，如以 1937 年的统计为例，第一是印度，计输出 1 800 万担；次为朝鲜，输出 1 700 万担；三为安南，输出 1 300 万担；四为暹罗，输出 900 万担。但世界上产米最多的国家，还是中国。作者说中国在 1932 年，产米 4.94 亿公担，1936 年，产米 4.80 亿公担，不知系何所根据，其估计的数目，似比国内学者所估计的为高。

关于茶叶与丝两项贸易，中国在过去 30 年内的失败史，书中也有记载。在 1909 年至 1913 年间，每年茶叶的输出数量，印度早已超过中国，其后锡兰与荷属，又一一赶过中国。据 1937 年的统计，印度输出茶叶 156 万公担，锡兰输出 96 万公担，荷属印度输出 66 万公担，中国输出 40 万公担，只及印度输出总量的四分之一。又如丝的输出，在 1909 年至 1913 年间，日本虽已超过中国，但相差还不甚远。在那数年内，日本平均每年输出 965 万公斤，中国平均每年输出 736 万公斤。到了 1937 年，日本的输出已增至 2 853 万公斤，中国的输出却减至 411 万公斤，只及日本输出的七分之一而已。

在本书第 519 页有一个表，说明 1929 年各国农产品输出的价值占各国总输出的百分数。各国的情形，颇不一致。英德属于一类，英国农产品输出的价值，只占总输出的 6.4%，德为 9.1%。这是工业极端发达的国家。美国与苏联属于一类，美国农产品的输出，占总输出的 32%，苏联为 33.6%。这是工业、农业都发达的国家。印度与中国，又属于一类。印度农产品的输出，占总输出的 66.1%，中国为 67.5%。这是偏重农业的国家。还有最后一类国家，农产品输出的价值占总输出的百分数，较印度、中国还高，但其输出的农产品，只限于少数特殊物品。此种国家，可以南美之巴西及阿根廷为例。巴西农产品输出的价值，占总输出的 96.5%，阿根廷为 95.7%。中国的农产品输出，虽然占本国总输出的百分数很高，但在全世界各国农产品总输出的价值内，只占 3.5%。世界上还有五个国家，输出农产品的价值超过中国的，即美国、阿根廷、澳大利亚、加拿大及印度。另外还有三个国家，输出农产品的价值与中国相仿佛，即日本、巴西及荷属印度。农产品的输出超过中国的国家中，如阿根廷，只有人口 1 200 万人，澳大利亚只有 660 万人，加拿大只有 1 000 万人。它们以少数的人口，创造很大的农产剩余，是值得我们细心研究的。

在 1 100 余页的著作内，类似上面所述的有趣统计是很多的，兹为篇幅所限，只举以上数则，以引起读者对于此书的兴味。

（载《新经济》第 4 卷第 3 期，1940 年）

希特勒的战争（书评）

M. P. Hugh Dalton, *Hitler's War Before and After*. Penguin Books Limited, 1940, 191 pages.

这是英国一位工党的议员所著。全书共分三部分：第一部分共两章，讲第一次大战以后，列强以及国际联盟有些什么设施是做错了，以致不能阻止第二次大战的爆发。第二部分叙述希特勒登台以后的各种扩张土地运动。从 1935 年正月起，至 1938 年 9 月止，希特勒一共有五次的策动：（1）在萨尔；（2）在莱茵非武装区域；（3）在西班牙；（4）在奥地利；（5）在苏台区。差不多在每一次策动得到成功之后，希特勒总有一篇演说来安慰欧洲人的心理。譬如占了莱茵非武装区域之后，希特勒说：“德国决不破坏欧洲的和平。经过了三年的奋斗，我认为德国要求平等的目的已经达到了。在欧洲，我们再没有别项领土的要求。”可是说了这些话之后，他吞并了奥地利及苏台区。在吞并苏台区之前数日，希特勒在国会中演说，他说：“这是我在欧洲最后一次的领土要求，这一次我是决不放弃的。我不要别国人住在我们的国内。我们愿意过我们自己的生活，同时也愿意别人过他们自己的生活。我们并不要捷克人。”说了这几句话不到半年，捷克又被吞并了。达尔顿（Dalton）在他的书中，举出这许多例子，证明希特勒言而无信，也许希特勒另外有一套道德标准，也许他以为只要有利于祖国，说几句骗人的话是无妨的。最奇怪的，是如张伯伦之流，明知道希特勒过去所说的话靠不住，还继续地信任他。

本书的第三部分提出一种主张，说是在第二次欧战之后，和平恢复了，世界应如何改造。他的大前提是德国战败。但现在欧战的结束遥遥无期，而且德国是否战败也还不能预言。所以达尔顿所提出的一套，未免说得太早，不值得读者仔细考虑。

作者在追溯欧战的起源时，深怪英国的当局在 1931 年没有制止中日的战争。他的见解，以为假如那一次国联如在英国领导之下，出来制止日本的侵略，则以后数年的历史，也许要换一番面目，甚至最近的欧战，也许不会发生。这点见解，我们非常同意。他说：

> 在 1931 年的秋季，战事在远东爆发，日本进占"满洲"。它所选的时候很好，在那时，欧洲人正忙于自己的经济问题，英国正换了一位外交部部长，这位部长，经验较差，而且对于国际联盟，也不如他的前任那样热心。日本人说，一个日本兵在南满铁路给中国人暗杀了。但实际是，据英国领事及别人的报告，死者系一中国人，但是穿了日本制服，被抛弃在铁路的旁边。无论如何，这是一件极小的事，日本人把它放大了，作为开战的辩护。

> 这是一个很好的机会，让英国人来实行盟约。它可以领导别的参加国际联盟的国家，可以与美国及苏联合作，来主张战争应该立即停止，目前的问题，以及中日间一切的纠纷，都应以和平方式解决。假若日本不答应这样办，英国应该会同别的国家对于日本加以经济及财政上的制裁。

> 如与后来所发生的国际纠纷比较，这一次国际联盟成功的可能性最大。日本在那个时候，找不到一个同盟国。美国及苏联，虽然都未加入国际联盟，但都有与国联合作的可能。

> 战事的危险很少，失败的机会更低，但是代价却是很高的——国联盟约的真实有效，以及国际秩序的建设。假如国际联盟把这件事办成功了，国联的威信，一定大见增加，因为它居然可以制止一个大国作战。世界各处，对于这种成功的反应，是一定很大的。别的大国一定会感觉到，侵略政策现在是行不通了。以后数年的历史，也许要大有不同。也许现在我们不会有欧战了。

这是一个英国人的忏悔，可惜时乎不再，现在已太迟了。

（载《新经济》第 4 卷第 6 期，1940 年）

严防敌人盗铁

　　钢铁是现代战争中最主要的资源，这是大家都知道的。我们的敌国，正是一个资源最缺乏的国家。根据苏联专家的研究，近代战争所必需的矿产品 30 种中，敌人能够自给而且还有剩余可输出的，只有 6 种，其余 24 种，都要仰给于外国，方能够用。钢铁是敌人所缺乏的 24 种矿产品之一。在我们抗战这几年内，敌人钢铁原料的来源，大半是仰给于美国。现在美国对于这些制造钢铁的原料，开始禁运了。敌人在受这种打击之下，一定要加紧盗取我国的铁砂，以为补偿之计。这是我们目前所要严防的。

　　铁砂是制造钢铁的主要原料之一。在 1935 年，敌人国内铁砂的生产不过 50 万吨，但从国外输入的却有 340 万吨，其中有 130 余万吨，是由我国运去的。当时实业部觉得这个数目太大，有加限制的必要，便制定了一种办法，规定每一售砂的公司每年可以出口的数量。1937 年，就是抗战开始的那一年，实业部规定汉冶萍公司的最高出口数量为 514 710 英吨，裕繁公司为 150 230 英吨，福利民公司为 190 642 英吨，宝兴公司为 139 823 英吨，益华公司为 5 万英吨，总计为 1 045 405 英吨。以上这些公司，除汉冶萍外，都分散在安徽的当涂与繁昌二县。湖北除却汉冶萍公司开办的铁矿外，还有省政府所有的象鼻山铁矿，每年出产铁砂，多时 20 余万吨，少时也有四五万吨。这都是在长江流域以内的。在察哈尔还有龙烟铁矿，在抗战以前，虽然尚未出砂，但其矿场的设备，已经略有规模。敌人希望本年内能在龙烟取得数十万吨铁砂的供给。以上这些区域，都已被敌人占据，假如我们不速设法破坏敌人的企图，那么敌人在以上这些地方，一年想要盗取铁砂 200 万吨，并非不可能的事。

　　我们能够容许敌人实现这种企图吗？

　　不！我们当然不能睁圆了眼睛，让敌人在我们的领土之内盗取作战的资源，制成飞机、大炮、军器和弹药来杀害我们的同胞。我们应当展开大规模的经济战。以后这一方面的工作，不只是查禁敌货，不只是禁运资敌，还要更进一步，在敌人占领的区域内，破坏敌人一切榨取我国资源的企图。我们的正规军和游击队，应当与当地民众配合起来，把这毁坏敌人矿场工厂的工作，看作最重要的一种。我们要在大冶、当涂、繁昌和宣化，严密地注意敌人盗铁的行动，一定要用各种方法来使这些地方的铁砂，不要有一粒流到敌人的手里去！

[载《星期评论（重庆）》第 2 期，1940 年]

严防敌人盗棉

我国是个产棉的国家，其产量之多，现占世界第三。这种成绩之能造成，乃是我们最近数年来努力的结果。在民国二十年，我们还进口了280万公担的棉花，可是到了民国二十五年，进口的棉花（40万公担）便只比那出口的（36万公担）多出4万公担了。所以民国二十五年可以说是我国棉花开始自给的一年。从此以后，我们所产的棉花，除由老百姓自己留用外，还可供给国内142家纱厂的需要。

可是敌国的情形与此大不相同。它的棉纺织业虽是一种最发达的工业，在轻工业中首屈一指，1937年输出棉织品总值5.73亿元，翌年输出亦值4.04亿元，均在出口货中值占第一，就是生丝也赶不上它。可是它所需的原料，多从美国、印度、埃及等处输入。我国在抗战以前也供给了它一点棉花，但数量不大，在民国二十五年与民国二十六年两年都在25万公担左右。

敌国棉纺织业的基础脆弱，由此可以看出。假如英美两国同时对它停止棉花输出，它的棉纺织业就要受到致命打击！

日本的作战资源，一大部分是要仰给外国的。如果英美对日真正实行禁运棉花政策，日本许多棉纺织厂就要停工，许多工人就要失业，因而就无棉织品之输出，因而绝其换取外汇以购作战资源之重要门路，那么它的对华战争，势必至于无法支持的。

敌人当然早就感觉到了本身有这弱点，所以它在占据华北之后，就把华北当作它的棉花库看。在不久以前，敌人还拟了一个计划，想使华北的棉产增至1 000万公担，同时对于华北棉花的搜刮，也是无所不用其极。抗战发生以后的第二年（民国二十七年），敌人由我沦陷区内盗去的棉花，已由23万公担增至96万公担，其中82万公担是由天津运出的。这是一个极其可怕的总数，如果听它继续下去，那么敌人的棉纺织业，不必依靠英美接济原料，也能支撑下去。

所以我们目前的任务，就是要严密看牢我国的棉花，毋令敌人盗去！

这种工作，在华北更要努力。有几件事可以立刻动手的。第一是少种棉花，多种敌人所不觊觎的农作物，如玉米与高粱之类。第二是推广工业合作，利用当地所产棉花织成土布，以供当地人民消费。第三是把当地剩余的棉花，尽快抢运到后方。第四就是严密监视奸商的行动。

敌人在华北只占据了点和线，而在这些点和线上是不出产棉花的。敌人现在就是利用一些奸商，叫他们去下乡搜集棉花，运到都市里面，转运赴日。所以我们如能提高华北军民之警觉性，在封锁线上严密注意，不使一朵棉花流入敌人手里，那么，敌人的诡计终必失败于我们的手里。

看牢我们的国运的发展，这是每一个中华民国的儿女所应恪尽的天职！

［载《星期评论（重庆）》第 4 期，1940 年］

严防敌人盗煤

中国煤的储量，据地质调查所的估计，约 243 669 兆吨，其中大部分在华北。近来国内设立的煤矿公司，所以也多集中于华北。自从华北被敌人占据之后，我们的煤矿，也就大部分沦于敌手。敌人得到这些煤矿之后，便分别交给敌国的资本家去经营。并为避免敌国各矿商的争夺起见，曾将华北各煤矿划为七区，其中山西区（大同一带煤矿除外）归太仓，大同区归满铁与北支开发共同经营，井陉区与六河沟区归贝岛，磁县区归明治，中兴区归三井，大汶口区归三菱。我国矿商原有的利益，便在敌人宰割之下牺牲了。

敌人在占据区中开发煤矿，主要的作用有三：第一，供给交通工具的燃料。第二，供给敌人占领的各工厂以及其在中国新设各工厂的动力。这些工厂，据本年 5 月份的估计，在华北便有 512 家，其中有两类工厂最值得注意。一类是军管理的工厂，在山西境内便有 46 家，其重要工作便是供给敌军日常生活的需要，另外一类是属于重工业部门的工厂，在华北共有 140 余家，其重要工作，便是供给敌军以各种作战的资料。这些工厂，假如没有煤的供给，便是都要停工的。第三，敌人在国内生产的煤，供给不能满足需要，所以要赖华北补充。如民国二十六年中国运往日本的煤只值 990 万元，民国二十七年增至 1 170 万元。民国二十八年出口运往日本的煤，又比民国二十七年加了 1 090 万元。

由于以上的分析，可见华北煤矿对于敌人的重要。假如华北的煤矿一齐停工，那么北宁、津浦、平汉、平绥、正太等铁路便不能替敌人运兵及粮草弹药；华北的工厂也不能制造货品，来支持敌军在华北作战；最后，敌人因不能在华北补充煤斤，势必向别国购煤，在敌人外汇困难的今日，一定是一种严重的打击。

我们有什么方法可以使华北的煤矿停工呢？第一，我们可以把华北有技术的矿工，招收到后方来，如某公司在焦作所行的，实为釜底抽薪的良策。第二，我们可以发动正规军队，彻底地破坏矿场的机器与设备，使敌人无法进行生产，数月前我们破坏了井陉煤矿，便是要达到这个目的。第三，我们还可组织游击队，盘踞于矿区的附近，使敌人无法运煤出矿，工人也无法进矿工作。过去我们在北平附近使用这种方策，使敌人对于门头沟及斋堂煤矿，无法充分利用。

现在大家都谈经济作战，严防敌人盗煤实为经济作战的主要工作之一。

［载《星期评论（重庆）》第 7 期，1940 年］

湖南计口授盐的试验

欧洲各国，在战争开始的时候，对于人民日用各种必需品，多行计口分配制度。这种办法，意义有二：第一是对人民保证，政府对于某种必需品，可以做定量的供给，不致有缺乏的恐慌；第二是在控制价格，凡实行计口分配的货品，政府可以设法使其价格稳定，不为囤积居奇者所操纵。所以计口分配制度假如行之有效，实为安定后方秩序的最好办法。

我们抗战已经三年，在这三年的过程中，各级政府，对于计口分配制度，多想方设法推行。但为环境及组织的条件所限制，对于计口分配的货品，在各地办得比较有规模的，只有食盐一种。在东南各省，如湖南、江西、浙江、福建，实行计口授盐的县份，数目很多。其中湖南因为环境的特殊，实行计口授盐比较最早，而且除湘南十余县外，其余各县均已一律实行。所以我们特别把湖南的经验，提出来研究一下，看看计口分配的制度，在中国是如何推行。

湖南在战前原是吃淮盐的，自从淮盐的来源中断之后，湖南便改吃四川、浙江、福建、广东等省的盐。湖南的人口，约为 2 600 万人，以每人日食盐 3 钱计，每月需盐 15 万担。这 15 万担盐，如何由外省运至湖南，实为运输上一至有趣味之问题，但不在本文范围之内，所以暂且不谈。我们只看食盐到了湖南之后，如何分配与各食盐户。大概地说，各县的乡镇公所，先要造一食盐户口清册，由县政府转交盐务机关。盐务机关凭此户口清册，对于每一乡镇，发一购盐证，乡镇长每月凭证可至盐务机关领盐三次。盐到乡镇公所后，即由乡镇长分发各保长，保长发交甲长，各户又凭民户购盐证到甲长处交款领盐。此种民户购盐证，上面写明该户人口数目，每日需盐若干。

食盐在此层层移转的过程中，即发生若干流弊。其中以在乡镇长及保长两阶段中弊病最多。现在我们从所见的档案中，摘录数例如下。

第一个例子是某县保长对于镇长贩运私盐的控告。

> 某县托口镇镇长走私，用盛桐油之木桶，内贮食盐，外加木盖，作为桐油，运至贵州地境，操纵重利。镇内居民，无处购盐。于本月2日三更，与民众壮丁放哨，当即拿获私盐4 220斤。县长不惟不耳，反将保长等撤职拘押。4月29日，某机关首长将保长等提至某部，勒劝调解，谓你等若再支吾，县府定将你等送充兵役，或判处徒刑。依我调解，马上出狱。保长等被其威屈不已，勉强应从，由伊等书立和息据约及销案文件，迫保长等签字盖章，事毕即日出狱。

第二个例子，是表示保长如何吞没官盐。

> 某县宣平乡咸水溪人民代表，控告该保保长黄某，于腊月二十八日，领得食盐250斤，仅给人民160斤，每斤售价6角，私吞之90斤，以高价每斤1元2角秘密售卖。又正月二十三日，领盐350斤，仅发270斤，每斤售价仍为6角，其私吞之80斤，则以每斤1元4角秘密售出。

这位保长经人告发之后，官方便派人密查。据调查员的报告说：

> 据第一保二甲二户全河池，又一保十甲三户全姓所云，每人每月购盐四两，第二保每人每月购盐三两。第十七保六甲十三户周心宽云，每人三两，五岁以下小孩不准购盐。一路询问，至数十余处，大抵得三两者十之七，四两者十之三。总之乡长揭盐不发，保甲长一再剥削，乡民富者购买私盐，贫者则有淡食之虞。

官盐变私，是在计口授盐制度下最普遍的毛病。本年5月24日，我们在武冈县的洞口过夜，那儿的老百姓告诉我们，他们领盐，只领到去年12月，可是市面上出售私盐的店铺很多，每斤私盐，售价在1元2角左右。在某一家的店铺里，我们问，盐的售价，是否可以便宜一点，他问我们要多少，我们说是要买一担，他说整担地买，可以便宜一点。可见武冈的老百姓，虽然领盐不能足额，但有钱的人，买整担的盐也可以办得到。至于武冈的私盐是如何来的，我们因为时间有限，也无暇细为调查，不过听了许多人的报告及看了许多档案之后，对于这些私盐的来源，是不难猜想得到的。

除了官盐变私一种弊病外，食盐在移动时，还可发生下列几种流弊：（1）扣秤，即名为发盐一担，实只发盐98斤，或95斤。（2）抬价，即官价定为每盐一斤售洋5角，而实际则售洋6角或7角。（3）掺和，即于食盐中掺沙或石膏粉。结果是政府虽然规定，每人每日授盐三钱，而实际则许多民户领不到这个数目，或须出高价，始能购到食盐。

利用保甲的机构来实行计口授盐，其发生的弊病，大略已如上述。现在政府及各界筹划补救的方法，约有三种：

第一种补救的方法，是由湘岸盐务办事处来设立官销零盐所。官销所设立于县城或便于运输及管理的市镇，必要时得设分所于各乡镇。全县的食户，经调查后，均发一食户购盐证，直接向官销零盐所官销，零盐分所购盐。这种办法，虽然已决定在宁乡及蓝山二县实行，但湘岸办事处的主管人员，对于此事，并不热心。他们觉得从外省运盐到湖南来的责任，已够繁重了，再加上销售的责任，非将盐务办事处的人员大加扩充不可。据估计，官销所设总理1人、会计1人、司秤2人、工役1人，共为5人。分所设管理员1人、会计员1人、司秤1人、工役1人，共为4人。假如在一县内设立的官销所及分所太少，人民领盐时将感觉很大的不便。假如设立很多，人民领盐固然方便了，可是办事员添加，即使招请不成问题，而开销浩大，直接一定要影响盐价。所以第一个补救的办法，很少有普遍采用的可能。

第二种补救的办法，便是在保甲的组织之外，设立一个监督机关，名为食盐监销委员会，或名食盐领销委员会。采用这种办法的，可以邵阳县为代表。邵阳县在各乡镇设立食盐领销委员会，委员会以乡镇长为当然委员，另推公正士绅二人至四人为委员，内推一人兼干事。原来的办法，系由乡镇长领盐，现在改由委员会领盐，委员会将食盐分发各保后，应取得各保长正式领据，交由乡镇公所呈送县府查核。保长发盐给各甲长时，也要取得正式领据，送交委员会审核。在这种监督与考核的办法之下，乡镇及保甲长的舞弊，一定可以消灭或减少许多。委员会的委员，都是义务职，但委员会本身，月支办公费10元，兼干事月支生活费15元，由食盐项下附加。这种每月25元的费用，是设立监督机关以后添出来的，对于盐价虽略有影响，然因此可以减去许多弊端，权衡起来，还是利多而害少。

第三种补救的办法，是设立食盐消费合作社，来办理分配食盐的业务。采用是种办法的，可以沅陵县为代表。合作社的组织，以一乡一社为原则，社员以全乡人口完全加入为原则，社员不以户或口为单位，而以甲为单位，每甲推定代表一人，出席社员代表大会。甲长、保长、乡长为政治基层组织的负责人，立于监督地位，不得充当代表或职员。合作社设理事15人，监事7人，由社员代表大会用记名投票法选举，合作社成立登记后，由盐务处制发购盐证，凭证领盐，不另具公文手续。

合作社对社员（即甲的代表），社员对食盐户，各制发购盐证，凭证购盐。这个办法，虽然在推行时还要利用政治的基层组织，但不要乡镇长及保甲长经手。以前乡镇长所做的工作，现在由合作社的理事来担任；以前保甲长所做的工作，现在由甲的代表担任。监督的工作，则由监事来担任，理事会及监事会，均设有主席 1 人，但理事会除主席外，尚设有会计 1 人、司库 1 人、书记 1 人、事务员 1 人至 3 人，由理事中互推。理事监事均无给职，但社员代表大会，可视业务情形，通过议决案，对于理事监事予以若干的津贴，津贴的来源，系出于售盐的手续费。每盐一石，可以收取手续费 8 角。

以上三种办法，除了第一种因要添设机构，不易实行外，其余两种办法，都可矫正过去计口授盐时发生的弊病。在湖南实行的计口授盐制度，经过若干月的试验，又经过好些方面的修正，将来是可以产生良好效果的。

在结束本文之前，我们愿意提出一个附带的问题来讨论，就是食盐可以实行计口分配制度，别的货品，是否可以用同样的方法来分配呢？在回答这个问题之先，我们要看计口授盐所以能够成功的条件，然后再看这些条件是否也具备于别种货品。计口授盐所以能够成功的第一个条件，就是民间的需要额易于估计。譬如湖南每月对于食盐的需要额，是只要几分钟便可算出来的。我们已经知道湖南人口的数目，然后从化学专家那儿，得到每人平均日需食盐 3 钱的估计，只要懂得乘法的人，便可得到 15 万担的答数。但是湖南人每月需要多少布匹呢？多少粮食呢？多少燃料呢？答案就不容易得了。以布匹而论，有些人一年要做几十件新衣，有些人好几年不添一件新衣；有的人需要哔叽，有的人需要绸缎，又有人需要阴丹士林布。这样复杂的问题，不要说答案不易得，就是如何可以获得这个答案的方法，便要先费一番心思去研究。第二，食盐的需要额，不但易于估计，而且数量比较小，由政府来分配、运输及仓储等，并无不可克服的困难。我们可以拿盐与粮食比较一下。一卡车的食盐，可以供给 6 000 人一个月内的消耗，但一卡车的粮食，只可供给 100 个人一个月内的消费。政府如要计口授粮，而由粮食管理局执行此种任务，那么粮食管理局所需要的交通工具，应比现在盐务总局及其附属机关所有的大 60 倍。另如仓库等设备，也要有同样的增加。计口授粮所以比计口授盐为难于推行，此其一因。第三，政府对于食盐的管理，已有很长久的历史，管制食盐的专家，在各处都遇得到。但是管制别种货品的专家，中国实在少有。所以在计口授盐时，干部不成问题，如要计口分配别种货品，则干部的培养，非一朝一夕所能完成。第四，食盐的来源，在政府的控制之下，某省产盐若干，某场可以增产若干，政府胸有成竹，不必在这些问题上面用心。但如计口分配别种货品的供给，政府是否确有把握，恐在开始时便成疑问。

　　由于以上四种考虑，我们觉得计口分配制度，虽然在欧洲各国为司空见惯之事，虽然在实行之后对于社会可以发生很多好的影响，虽然在食盐方面我国各地已在实行这种制度，但如推行这种制度到别的货品，则困难很多，不可轻于尝试。

（载《新经济》第 4 卷第 4 期，1940 年）

论 平 价

一、经济学中关于物价的几个原则

自从抗战以来，物价的变动，已成为一般人所注意与讨论的问题。各人根据他的常识与经验，对于物价的变动，提出各种不同的解释。这许多解释，据一位研究物价者的分析，共有二十余种，其中自然有很正确的，但一大部分是属于私人的猜想与武断，与事实并不相符。其实物价论在经济学中占一个很重要的地位，西洋的经济学者，在过去一二百年内，不知对此费了多少心血，因而他们所得到的结论，很值得一般谈物价的人去涉猎一下。中国目前的物价问题，虽然是很复杂，但还没有发现新的事实可以打破经济学中已经成立的原则，换句话说，现在国内物价的变动，用已有的经济学原则，都可以充分解释。

留心近来物价问题的人，第一件事要注意到的，就是各种物价普遍地上涨。在平时，物价有涨有落，但很少普遍地、一致地都往上涨。以重庆的趸售物价指数而论，四川省政府建设厅驻渝办事处，每月搜集 92 种物品的价格，以民国二十六年价格为基期，编成指数。去年 12 月的总指数，已在 1 000 以上，其中涨得最慢的是桐油，指数为 194.7，涨得最快的为洋钢，指数为 4 254.1。最可注意的一点，就是 92 个指数，没有一个指数在 100 以下。这种现象，我们只可以用货币数量说来解释。哈佛大学的陶适教授曾说过：

> 把货币的数量加增一倍，假如别的条件都没有变动，物价比以前便要加高一倍，同时货币的价值，只等于以前的一半。把货币的数量减少一半，假如别的条件都没有变动，物价要比以前便宜一半，同时货币的价值比以前加倍。（1939 年

第 4 版《经济学原理》第 1 册第 250 页）

上面的说法也许过于机械。在另一个地方，他用另一个方式表示同样的意思。他说：

> 假如别的条件都没有变动，一般物价的水准，其变动与货币的数量成正比例。货币数量的增加，常会使物价上涨；货币数量的减少，常会使物价下跌。（同上第 400 页）

我想，解释中国抗战以来一般物价的上涨，不必再用别的理论了，货币数量说，已曾给我们一个答案。

可是货币数量说，只能解释一般物价水平的高低，它不能解释在同一货币制度之下，为什么甲种物品涨得多，而乙种物品涨得少。或同样物品，在甲区涨得多，而乙区涨得少。譬如拿米来说罢。四行总处曾搜集中国 20 个都市的米价，每周有一个报告。在去年 12 月的第一周，全国各都市的米价，以重庆为最高，最上等山米每市石为 184 元，米价最低的地方为衡阳，每市石为 18 元。此外米价贵的地方，还有成都、嘉定，每市石都在 100 元以上；米价低的地方，还有永康、吉安、桂林，每市石都在 50 元以下。我们都知道，就是在衡阳，米价已比战前高多了。这种各地米价一律上涨的现象，固然可以用货币数量说来解释，但是上涨的程度，相差如此之巨，我们又可以用什么理论来解释呢？

在此，我们愿意引用的经济学中关于物价的第二个原则，那就是妇孺皆知的供求律。陶适教授说：

> 我们都知道，一种货物供给的数量，最能影响其价值。无论在什么时候，一种货品的供给如果增加了，它的价格便降低；假如供给减少了，它的价格便上涨。（同上 107 页）

为什么去年只有四川的都市，粮食价格特别地高呢？我们只要看一下中央农业实验所的报告，就可知道经济学上的供求律，就可以解释这种现象。去年全国籼粳稻的收成，只等于民国二十八年产量的 87％，但内地各省的丰歉不一，其中以四川的收成为较低。云南的情形，与四川恰好相反。云南去年早稻的收成，等于民国二十八年产量的 110％，中稻的收成，等于民国二十八年产量的 120％，晚稻略差，等于前年的 99％，但总产量较之前年增加甚多，所以前年我们听到云南闹米荒，而去年秋收之后，云南的粮食问题，便告解决了。

很多物价的地理差异，或在同一市场内，各种物品上涨程度的不同，都可以用供求律来解释。

除了上面所说的两个原则之外，我们还要提到第三个原则，就是伊利教授所常提到的货品成本说。他说：

> 我们可以发现最重要的关系，存在于物价与其生产成本之间。站在长期的立场上看去，货品供给的曲线，常常成为生产成本的曲线。这是"常态价格"一词的含义：在一个长的时期内，市场上所决定的价格，常常等于生产的成本。（1937年第6版《经济学大纲》第174页）

伊利教授所说的供给曲线，在任何经济学的教科书上，都可以找得到的，我们在此不必细加解释。现在要注意的，就是所说物价与生产成本的重要关系。有好些物价的上涨，一定要分析生产成本，才能了解。譬如嘉陵江白庙子某矿的煤焦，在去年9月，出口地的价格，只是48元4角一吨，到了12月，便加到80元5角，在这几个月内，煤的需要与供给，并无大的变动，所以单以供求律，不能解释煤价上涨的现象。但是我们如分析一下产煤的成本，就可发现产煤一吨的工资，由11元加到20元，物料由10元4角加至12元5角，运费由22元加至43元，其他杂费5元无变动。由于工资、物料与运费的突增，所以生产成本几乎加了一倍。在这种情形之下，煤价之增加，乃是必然的结果。

二、平价的歧途

抗战以后，物价既继续上涨，于是社会上发生要求平价的呼声，而政府也以平价为己任。平价的工作是否能够达到目的，就要看这些工作所根据的理论，是否健全。假如理论是错误的，那么根据这种理论所定出的方法，一定会把平价的工作领入歧途，而终于达不到平价的目的。可惜近来平价的工作，大部分并没有健全的理论做指导，因而平价的工作，至今并无显著的成绩。

平价的第一歧途，就是平价购销。平价购销处成立的时候，就想平定粮食、纱布、燃料等重要日用必需品的价格。它所采取的方法，就是以2 000万元的资金，委托好些业务的机关，购买上列的货品，在市场上出售。在这种情形之下，货品出售的价格，便成为一个重要的问题。假如平价机关所出售的货品，其价格与市价相同，那就等于在市场上，政府多开了一家店铺，对于平价，并无关系。所以从平价的立场上着想，只有把价格定得较市价为低，并且希望以这种低价的货品，来压低同样货品在市场上的价格，才算是达到平价的目的。在事实上，平价机关所出售的货品，是比市价为低，平价米就是一个好例。可是平价米在市场上所发生的作用如何？它是否能够压低市场上的米价？事实已表示它是不能的。所以不能的原因，无妨借一个譬喻来说明。

譬如市场上有 10 万个橘子出售，其价格受供求律的支配，假定是每个售价 1 角。有一位平价先生，想把橘子的价格平下去，便运了 50 个橘子到这个市场里面来，标明他的平价橘，只卖 5 分一个。结果是怎样呢？是否别的橘子商人，因为有人出售平价橘子 50 个，便把 10 万个橘子的价格，从 1 角一个也降低至 5 分一个呢？当然不会产生这种结果的。可能的结果，只有两个。第一，这 50 个平价橘子，给捷足先登者买去吃了，其余的人，还是花 1 角钱买一个橘子。或者是这 50 个橘子，给橘子商人一齐买去了，再以 1 角一个在市场上出卖。

平价橘的所以失败，就是因为他只有 50 个橘子，不能发生决定价格的作用。假如他有 1 万个橘子，或 5 万个橘子，送到这个已经有了 10 万个橘子的市场里面去，橘子的市价，一定要发生变动。平价购销的所以失败，就是因为他的 2 000 万资金，只等于 50 个橘子。

平价的第二歧途，便是取缔囤积。现在取缔囤积的口号，已成为一种口头禅，许多人都迷信把这一点做到了，价格自然平定。有这种迷信的人，并不知道囤积是商业活动的一种，并不是抗战以后才开始产生。抗战以前也有囤积的现象，囤粮就是一个好例。假定一个地方，在 8 月里秋收，但在 7 月，这个地方的人还能买到米吃，就可表示有人在这个地方囤粮。这种囤粮，使货品在市场有不断供给的可能，对于社会是一种贡献，对于物价，也发生一种稳定的作用。假如政府要取缔囤粮，强迫凡是有余粮的人，都要在秋收以后出售，那么在秋收的时候，米价一定以供过于求而猛烈下跌；而到青黄不接之际，因为无人囤粮，所以也无人售米，米价以求过于供，一定会猛烈上涨。假如政府取缔囤粮的工作，做得彻底，那么到了青黄不接的时候，粮食问题便会变质，从贵贱的问题，变到有无的问题，社会上的骚乱将不堪设想。

也许有人要说，现在政府的取缔囤积，并非禁止合法商人在商业习惯中所允许的囤积，而是禁止非商人如公务员之流，来参加囤积的活动。因为他们也参加囤积，便可使市场上某项货物的供给减少，因而某项货物的价格，便会猛烈地上涨。我们当然不赞成公务员参加囤积，最主要的原因，就是公务员做生意，便分了他的精力，因而便会降低他的行政效率。假如他因为囤积而亏本，便会影响到他的操守。所以从行政的立场上观察，禁止公务员囤积，是无可非议的。不过从纯经济的立场上看，如果说参加囤积活动的人增加了，物价便会上涨，则尚待事实上的证明。实际是囤积的活动，与抛出货物的活动，在市场上是同时进行的。譬如正月中有人囤粮，同时一定也有人在市场上售谷。以谷而论，秋收以后的谷，其数量是一定的，从今年的秋收，到明年的秋收之间，无论囤谷的人是 10 个或是 100 个、1 万个，他们所囤的谷，一定都要在这一年之内，向市场上抛出，所不同的，就是有人在正月抛出，另有别人，在其余的月份内抛出就是了。囤积本身，不能减少谷的数量，除非囤积换了质而变为窖藏。那就是说，今年所囤的谷，不但今年不售，明年秋天不售，甚至于到后年还不售。这不是囤积，而是窖藏，把有用的资金，弃于无用之地，只有傻子才会这样干，但是我们相信，这种傻子在社会上是不大找得到的。所以从长期的立场上看去，囤积并不能减少货物供给的数量，今年囤积的人，明年要把货物售出，上个月囤积的人，这个月要把货物售出。囤积最多只能使物价发生波形的动荡，不能使物价曲线长期地向上伸展。

所以想由取缔囤积而达到的目的，其结果一定是吃力不讨好的。

平价的第三歧途，便是以命令压低物价或固定物价的企图。物价的变动，有它的原因，正如一个人生病，有他的原因一样。不从这些原因上想法，而只知道下命令去使物价听命，正如巫师念咒，便想把病人的健康恢复一样。假如物价真能受命令支配，那真是魔术了。但是 20 世纪的人是不相信魔术的。

去年我在江西的南部，曾同一个专员谈话，他说在某一个时期，他曾下令制止粮价高涨，同时又禁止粮食出境，所以农民只能照他的价格，把余粮在境内出售。这件事似乎表示命令可以压低物价。但他同时又告诉我，在他境内的粮食问题，有渐趋严重的可能，因为有一些农民，看见种粮食无利可图，便都改种甘蔗与芝麻了，粮食的产量，据预测，在他的境内，将大见降低，结果境内的粮食一定不够吃，恐怕要到别处运粮来接济。这件故事，很值得那些想以命令压低物价者的仔细体察。你如想以命令压低甲种货品的价格，那么以前花在甲种货品上面的资本与劳力，便会转移到别的有利途径上面去，结果一定是甲种货品的供给，更加减少，因而价格更要上涨，超过你没有发令压低它以前的市价。

最近又听说湖南有一位热心有余而知识不足的县长，曾下令使他县城内的商店，把所有的货物，一律以七折出售。商店对于这道命令的答复是罢市，其后这段公案如何结束，我们没有听到下文。但是可能的结果，似乎只有两个。第一是商人的反抗胜利了，所有的货物仍照以前的市价出售，县长的命令等于废纸。第二是县长胜利了，商店遵照命令，忍痛把货物以七折出售。但是货物售完之后，一定是关门大吉。因为照官价便无法进货，货源枯竭了，只有趋于关门的一途，到那时，县长如要维持市面，终究还是要把命令取消的，所以最后的胜利，还是属于商人。

三、平价的大道

以上略论平价的三种歧途，所以说它是歧途的原因，就是循着那几条路走去，达不到平价的目的。我们现在愿意指出的平价大道，乃是根据前面所说的经济学中几种原则而演绎出来的，虽然是卑之无甚高论，但是如果努力推行，一定对于平价，会发生良好的影响。

上面我们提到的第一个原则，说明了货币数量与物价的关系。货币数量的增加，既然与物价的上涨成正比例，所以凡是可以使通货紧缩的行为，都能发生稳定物价的作用。在这一类的行为里，我们愿意特别提出四点。第一是紧缩预算，节省凡是与军事或胜利无关的开支。第二是增加旧税的税率或开办新税，把社会上的剩余资财，从私人的手中，转移到政府的手中。第三是向个人或生产机关，推销公债，其作用与第二种办法是相同的，不过增税的结果是把财富由私家永久转移到公家，而推销公债，则转移只是暂时的，在将来，同量的财富，加上利息，还要流回到私人的手中。不问这种转移是久是暂，政府在战时得到这一大批现款，便可不必乞怜于货币膨胀，或信用膨胀。英国第一年战争的结果，共花了 26 亿英镑，其中九分之八，是由增税与推销公债而来，只有九分之一，是靠信用膨胀而来。这种成绩，虽然不容易达到，但值得我们努力效法。第四是提倡储蓄，其作用是使目前社会上一部分购买力退藏，等到市场中货物增加时，再行放出。

上面我们所说的第二个原则，说明了供求律与物价的关系。市场上供给的多寡，与物价成反比例。所以凡能使货物供给增加的行为，都可发生稳定物价的作用。同样地，凡可以使需要减少的行为，也可稳定物价。使货物供给增加的方法，只有增加生产，如生产在后方一时不能增加，只有设法打破封锁，使国外的货物，或上海等处的货物，得以源源输入。在此，我们愿意顺便地指出，去年后方 15 省粳稻、糯稻、小米及糜子的种植面积，据中央农业实验所的初步估计，共较前年减缩 1 200 万市亩，这是极不健全的一种现象，在粮食问题严重的今日，有急加矫正的必要。为保障后方粮食的供给，我们不但不能减少种植粮食的面积，反而还要扩大它的面积，才是合理的。至于减少需要，莫如提倡节约，这是我们近年以来，全国上下都在提倡的。

　　上面我们所说的第三个原则，说明了生产成本与物价的关系。生产成本的高低，与物价的高低成正比例，所以凡是减低生产成本的工作，都可发生稳定物价的作用。减低生产成本的方法，是因货品的差异而不同的。我们主张每种重要的商业，都要成立同业公会。这些同业公会的会员，对于其种货品的生产运销，都是内行。政府应当集合这些内行于一处，与他们商量各种减低成本的方法，其须政府出力协助，始能达到目的时，政府应全力以赴。譬如以减低纱价的成本来说，至少有四种工作可以推动。首先是减低内汇的汇率。现在内地的棉纱，不能自给，大部分要由上海输入，但由重庆汇钱到上海，现在每千元需要汇水 230 元左右，有时汇水还要超过此数，这是可以增加棉纱成本的，减低汇水，便可降低棉纱的成本。其次，由上海运一包棉纱到重庆，中途每经过一省，都要纳相当的过境税，如在江西、福建，要纳特种营业税，在广东要纳舶来品捐税，在湖南要纳特种物品产销税，在广西要纳饷捐。假如把这些税则都取消了，棉纱的成本也是可以降低的。再其次，货物在途中运输，要经过无数关卡的检查，它们的留难，迁延时日，是会增加开销的，而这些开销，必然地要影响到成本，所以便利客货在途中的运输，也是可以降低成本的。最后，是要取缔暴利。棉花由棉农到纱厂，棉纱由纱厂到商人手中，中间要转好几道手。假如每一个中间人，都要从中获得出乎情理的利润，一定会使棉纱的成本提高的，所以取缔暴利，也可使棉纱的成本降低。以上这几件事如果做到了，那么使棉纱的价格降低三四百元，并非不可能的事。举此一例，可概其余。我们现在需要各种专家，对于每种货品的成本，随时加以科学的分析，根据分析的结果，来做平价的准备，一定轻而易举。这种工作，由政府与同业公会合作，最易收效。

　　最后，我愿意指出一点，就是在英德等国行之有效的物价统制办法，我并没有在此提倡，以为应在中国推行，乃是因为物价统制，需要严密的机构、完备的统计、大批奉公守法的公务员与经济警察，以及在水准以上的公民知识。可惜中国现在还不能具备这些条件。中国将来也许要实行物价统制，正如中国将来也许可以每月制造飞机 1 000 架一样。但这不是可以一蹴即至的，所以我们略而不谈。

民国三十年 1 月 7 日

（载《新经济》第 4 卷第 8 期，1941 年）

列宁主义问题（书评）

斯大林，《列宁主义问题》第 11 版，莫斯科外国文书籍出版局印行，1940 年，695 页。

本书搜集了斯大林的言论共 27 篇，最早的发表于 1924 年，最迟的发表于 1939 年。在这 27 篇文章里，所讨论的问题是很多的，但从中国人的立场看去，其中最有趣味的，是关于建国问题的讨论。我们也在建国的过程中，所以邻邦对于建国的经验，有许多是可以给我们参考的。

苏联建国的出发点，是在对于旧俄罗斯的落后性有彻底的认识。斯大林说：

> 落后者是要挨打的。但是我们不愿意挨打。不，我们绝对不愿意！旧俄历史的特征之一就是它因为落后而不断挨打。蒙古的可汗打过它。土耳其的贵族打过它。瑞典的封建主打过它。波兰和立陶宛的地主打过它。英国和法国的资本家打过它。日本的贵族打过它。大家都打过它，就是因为它落后。因为它的军事落后，文化落后，国家制度落后，工业落后，农业落后。大家都打它，因为这既可获利，又不会受到惩罚。

落后者是要挨打的，无分古今中外，都是一样。如果不愿挨打，就得要彻底消灭落后性。苏联的五年计划，可以说是消灭落后性的工作。但在一个军备、文化、国政、工业、农业一齐落后的国家，如要改革，应当先从哪一点下手呢？斯大林在列宁的言论中，对于这个问题，找到下面的指示：

> 要挽救俄国，单靠农民经济丰收还不够，而且单靠供给农民消费品的轻工业情况良好也还不够，我们还要有重工业。

我们在各方面，甚至在学校经费方面都实行节约。这是理所当然的，因为我们知道，不挽救重工业，不把它恢复起来，我们就不能建成任何工业，而没有工业，我们就会灭亡而不成其为独立的国家。

列宁这几句话，印在斯大林的脑中是深刻的，在他的文章里，他曾三次引用上面的那段话。几次五年计划的根本精神，就包括在上面的几句话里。列宁与斯大林都知道，一个没有工业化的国家，是不能维持其独立地位的，所以苏联要节省一切，来建设它的工业，特别是重工业。

关于发展工业所要遇到的几个问题，苏联的经验，也可借鉴。如资金的来源，苏联"是从轻工业方面，从农业方面，从预算上的积累方面得来的"，其后，重工业已有了基础，斯大林又指出"必须使重工业，首先是机器制造业，也能拿出积累来"。这个积累的程序是可以注意的。在工业化的初期，苏联靠从农业等方面的剩余生产，运到国外去换生产工具，其后，国内已有重工业了，于是一个母机器厂，就产生了许多子机器厂。如是滋生不已，便造成今日苏联的伟大工业。此外关于人才方面，斯大林提出"干部决定一切"的口号，要主管者重视人才，培植人才。"对于无论在那一方面做工作的'大''小'工作者，都表现出最关切的态度，很殷勤地培植他们，当他们需要扶助时就予以帮助，当他们作出初次成绩时，就予以奖励，提拔他们上进等等。"至于每一个工业的内部，如何可以发展最大的效率，照斯大林的看法，是要施行并巩固经济核算制，便是要从事于计算、估价以及制拟有根据的收支对照表，不要忘记节省、减少无谓费用、生产合理化等概念。

苏联过去建国的成绩，发展重工业，因而巩固了国防以及其他工业的基础，是第一件事可以称道的。其次，便是在农业中建立了集体农庄的制度。集体农庄胜于小农农庄的优点有二。其一，散漫的"小农经济底特点，就是不能充分利用技术、机器、拖拉机和农业科学成绩"。相反，这些农业的新技术与新机械，都可在集体农庄上应用，因为集体农庄便是大农场。其二，集体农庄可以产生剩余农产品，换句话说，集体农庄因为是用机械来做生产的工作，所以每一个工作者的收获量是很大的，除了自己的消费外，还有大量的盈余，可以贡献给国家。相反地，在小农场上的生产，因为是用人力，生产是并不多的，除了供给自己的消费之外，没有很多的盈余，可以供给都市的消费，或送到国外的市场上去换外汇。"例如拿集体农庄和国营农场来说。它们生产的商品粮食占其总产量的百分之四十七点二。换句话说，它们生产的商品粮食相对地比战前地主经济生产的多。而中小农户呢？它们生产的商品粮食只等于其总产量的百分之十一点二。可见这里的差别是很明显的。"

上面所提到的苏联建国两件事，第一是以国防为中心的工业建设，在中国亦需推进，可无问题。关于第二件事，即是集体农庄，在中国是否有推行的可能呢？这是我愿意提出请大家考虑的一点。现在中国的典型农场是小农场，生产的技术是落后的，如用新的技术来耕种中国的土地，1 000 万人便够用了。假如中国也采用集体农场，把1 000 万人放在农业里，其余的人，送到什么地方去呢？假如我们能把这些从农业中解放出来的人——少说一点，也有 1.4 亿人——找到别的职业，我们就可采用集体农场。

（载《新经济》第 4 卷第 9 期，1941 年）

有关物价的三本新书（书评）

彭学沛，《物价问题》，82 页，非卖品。

张梁任，《四川粮食问题》，64 页，各大书局寄售。

杨蔚，《成都生活费之研究》，86 页，金陵大学农学院出版。

  彭学沛先生的《物价问题》，共分三节。第一节论物价之状况，以粮食、棉纱、燃料、钢铁及外销物资为例。第二节论物价涨落之原因，举出十个元素来分析，即交通运输、金融、农工产品交换问题、循环关系、囤积居奇、心理关系、相互关系、欧战关系、后方建设及其他各种季节的和地域的原因。在这十个元素之中，作者对于前两个元素的讨论，比较详细，特别是关于交通运输一点，他举了很多的里程及运费的数字，是在别的地方所不容易看得见的。我们希望作者于将来修正此书时，对于这方面的材料，还要加以补充，不但由桂林至畹町，由桂林至老隆的运费里程等数字，是我们所想知道的，就是以重庆为中心，北至西安，东至衡阳、鹰潭、金华、宁波，南至贵阳、昆明、仰光等处的里程及运费的数字，也是讨论后方物价的人所想知道的。彭先生是供给这种材料最方便的一个人，所以我们愿意做这种要求。第三节系讨论对策，分为机构问题、统制问题、货币问题、各种办法及心理问题五点讨论。在附录中，还有 13 种文件，均有参考的价值，只是各种城市的趸售物价指数，系以民国二十七年为基期，对于研究战时物价之变动，不甚适用，不如采用经济部公报中所发表的指数，那些指数，大多数是以民国二十六年 6 月为基期，适当抗战军兴之前夕，所以表现战时物价之变动，此较正确。

  在各种物价之中，以粮价为最令人注意。张梁任先生的著作，虽然不是专门讨论粮价的，但为讨论粮价的人所必读。在他的书中，一共讨论三个问题。第一是四川粮食供给足敷需要吗？他的答案是："以整个粮食来说，仅有米与杂粮间彼此的消长，并没有总数上的影响。粮食整个是够的，不容我们怀疑。"第二个问题是最近米粮价格上涨的原因，他的答案是：由于农村米粮不上乡镇，乡镇米粮不上县城，县城米粮不上消费市场。换言之，米粮不上市为粮食问题的症结所在，这是人为所造成的恐慌，而非全省粮食不够的缘故。第三个问题是粮食如何管理，作者对于这个问题的讨论，占全书篇幅三分之二，是最精彩的一部分。他首先提出管理粮食的几个原则：其一是管理方法务求简单；其二是原有商业机构不仅应绝对维持，尚须使之健全；其三是平抑粮价应当是国家行政上的措置，倘于不得已时，用实物管理，那也应当居辅助地位，以补行政管理上的不足。因此，作者对于公买公卖及计口授粮两办法，都不赞同，认为粮政机关，目前所应考虑的，乃是确定应取的途径，以政治的力量来解决米粮不上市的问题。作者所提出的方案，第一步鹄的，就要做到各大消费市场米粮来源充裕，重庆、成都、自贡、犍乐盐区、川北盐区、南充西充等缺粮的都市或地区，分别依据其米粮消费数量，确定需要的数目，然后参照向来米粮输入的地方，确定各该消费市场的米粮供给县份，成为调剂区域。第二，在供给米粮的县份，应自现在起至民国三十年8月底止需要的最低粮额，向县中地亩较多的粮户及农户分别约定出售。这个办法的关键，在于如何知道大粮户与小粮户，当然需要调查。管理机关，根据耕地面积及地权调查的结果，确定存有余量的各户，同时便进行配售的工作。粮食经以上方法分配后，须由各大消费市场向指定之供给县份购运，购运工作，仍由米商担任，但米商须加登记。至于购粮的价格，系用议价办法，即以买地价格，加运缴及商人合理利润，由米业同业公会议定，呈报当地粮食管理机关或粮食管理人员核定。关于粮价的平抑，一定要等到全省各消费市场供应办法完全实行以后，亦即全省粮食来源能完全控制以后方能着手，此时不即实行。综观作者的方案，与福建的粮食管制方法，精神上大致相似。不过调查大粮户的余粮一点，作者认为比诸一般调查存粮或余粮，来得迅速准确，并且来得有用，但是实行之时，有无困难，是否能够得到正确的数目，则尚有待于事实的证明。

杨蔚先生的书，与前列两书的性质，均不相同。此书是讲调查生活费方法的，并以在成都市应用这种方法所得到的结果，提出报告。我们很欢迎这种调查，并且希望类似的调查，在不久的将来，在各大都市都能进行。现在后方物价的高涨，已为不可否认的事实，但是物价高涨，对于人民的生活，其发生之影响如何，第一我们应当知道生活费指数，第二我们应当知道工资或薪金指数，有了这两种指数，然后我们才可以判定各阶级的实际收入及其购买能力。现在后方最普通的指数，是趸售及零售的物价指数，此种指数，虽然有其用途，但以研究物价对于人民生活的关系，则尚嫌不够精细。举一个例子来说，房租与人民生活是有关的，但任何趸售零售物价指数中，都无房租一项，另外趸售零售物价指数中所有的项目，又有许多与一般人民的生活不相干，如钢料及当归之类均是。我们平常看到重庆的趸售物价指数，已在 1 000 以上，同时回想我们自己的生活，似乎还没有下降到战前的十分之一，就是因为趸售物价指数的上涨，并不能正确地反映我们生活费上涨的缘故。成都的趸售物价指数，在去年五月，为 580.9，但同月成都市劳动负贩界生活费指数为 311.5，商贾店主界的生活指数为 328.6，军政教育界生活指数为 337.5，可见趸售指数，较生活费指数要高过甚多，此种事实的发现，极有趣味，研究后方物价问题的人，应加注意。

2 月 28 日

（载《新经济》第 4 卷第 11 期，1941 年）

六十年来的中国经济

溯今六十年前，便是 1881 年。在这六十年内，中国各方面的变动，如政治、军事、教育、思想、家庭，等等，变动都是很大的，但是经济的变动，尤为剧烈。简单地说，这六十年来经济的变动，是使中国由一个中古时代的经济，走向近代化的经济。所谓近代化的经济，在欧美也不过一二百年的历史，乃是工业革命以后的产物。在英国，工业革命在 18 世纪的中叶便开始了，但在中国，这种运动，直到 19 世纪的末年，才见萌芽，到了现在，还未完毕。我们现在检讨过去六十年的经济变动，是要温习我们已经走过的路程，看看我们已经有了什么成绩，因而决定我们在哪些部门，还要继续地努力。

一

在第一个十年内，便是从 1881 年到 1890 年，中国的国际贸易，有一个很大的变动。在进口洋货一方面，我们自有海关报告以来，总是以鸦片居第一位。但自 1885 年起，鸦片的位置，便让给棉织品了，此后鸦片的进口，便逐渐衰微，直到 1917 年，鸦片的进口，便完全禁止了，结束了中外贸易的一段丑史。国外棉织品的输入，起于何时，不能断言，但是总在英国工业革命之后。据英人的记载，在 18 世纪中叶的时候，中国货物输往英国的，除了茶丝，就要轮到土布。那时英国棉纺织业，还未发达，英人手织的布匹，不能与中国的土布比美，所以贵族富豪，都愿意买中国的布。工业革命的结果，把这项贸易的方向倒过来了，英国人不但不买中国的土布，而且还把大批的棉货，向中国运来，中国的手工纺织业，受到打击而逐渐消灭。20世纪的初叶，舶来的棉织品，达到了最高峰。1905年，棉织品的输入，占总输入的40.5%。可是凡事有弊亦有利，舶来棉织品，虽然打击了我国的手纺织业，同时也刺激了机器的纺织业，中国新式的纱厂布厂，一天一天地增加起来了，直到1936年，中国输出的棉货，已超过输入的棉货。这一个例子，是很可玩味的，因为它证明了，只要我们自己努力，与外人做经济的竞争，并非困难的事。

在出口土货一方面，1887年以前，茶总是居第一位，是年它的位置，给生丝夺去了。丝在出口方面，占首席近40年，1928年，让给大豆，大豆于1935年，又让给桐油。在19世纪初叶，中国的茶，独霸世界上的市场。1939年，印度第一次运了八箱茶叶到伦敦出售，重量一共不过350磅，以后印度、锡兰的茶叶，便取中国原有的光荣地位而代之。据1937年的统计，印度输出茶叶156万公担，锡兰输出96万公担，荷属印度输出40万公担，中国输出40万公担，只及印度输出总量的四分之一。中国的丝，在世界市场上的位置，于1905年开始衰退，日本的丝逐渐夺取中国丝的地位。到了1937年，日本丝的输出已有2 853万公斤，中国的输出，只有411万公斤，只及日本的输出七分之一而已。茶与丝的没落，是中国近代商业史中最值得注意的事，它证明了，一种商品，如不力图改进，只知故步自封，结果是终要失败的。

六十年来，参加中外贸易的商品，是逐年地多起来了。在1881年，茶与丝两种商品，占出口总量的83.6%；鸦片与棉织品，占入口总量的69.4%。可见当时中外的贸易，只限于少数的商品。可是到了1932年，出口的货物共有356项，进口的货物共有483项。项目的增加，自然与价值增加，是成正比例的。在1881年，进出口的总值，不过1.4亿余两，但是去年进出口的总值，便达23亿元。以后中国经济的发展，需要外国合作，所以生产工具、交通器材等，输入的数量，一定日有增加，同时我国的富源，为外人所需要的也很多，所以中外贸易的前途，一定是很光明的。

二

在第二个十年内，便是从1891年到1900年，影响中国经济发展的第一件大事，便是《马关条约》。《马关条约》，是于1895年签订的，其中有一条，是允许外人在中国的口岸开设工厂。在《马关条约》以前，中国不能说是没有新式的工业。杨杏佛先生，曾把中国近代工业的发展史分为五期：自1862年至1881年，为军用工业时期；

自 1882 年至 1894 年，为官督商办时期；自 1895 年至 1902 年，为外人兴业时期；自 1903 年至 1911 年，为政府奖励及利权收回时期；自 1912 年至 1921 年，为自动发展时期。杨先生的前两期，都在《马关条约》之前。现在我们环顾国内的工厂，就可发现在《马关条约》以前设立而现在还存在的，真是寥若晨星。军用工业时期内设立的兵工厂与造船厂，可以说是完全失败。李鸿章于 1890 年，在上海设立的机器织布局及纺织新局，以及张之洞于 1893 年在武昌设立的机器织布局，有的已毁于火，有的已经易主数次。* 上海是中国纺织业的中心，但在《马关条约》以前设立的纱厂，只有四个，便是华盛（机器织布局改组）、裕源、裕晋及大纯。可是在 1895 年，外商的纱厂，便有五个设立，即日商的东华公司，英商的怡和、老公茂及鸿源，德商的瑞记。自 1897 年以后，棉花的进口大增，便是中国机器纺织业开始发展的预兆。新式的丝厂，也逐渐设立。以前中国出口的丝，都是手工业的产品，1894 年，厂丝第一次在海关报告中出现，到了 19 世纪末年，厂丝居然在出口丝中，占了 40% 的数量了。我们还有一种统计，可以表示工业在 19 世纪末年，受了外人的刺激，有长足的进展，就是在 1886 年时，进口的机器，只值 18 万两，1894 年，加至 111 万两，《马关条约》签订的那年，突增一倍，达到 230 万两。

自从《马关条约》之后，中国的工业虽然遇到不少的磨折，但总在那儿进步。我们可惜没有完备的统计，来表示进步的过程。二十年前，杨杏佛先生写中国工业史的时候，发现注册的工厂，共有 475 家。根据经济部民国二十八年底的工厂登记底册，登记的工厂，已有 4 277 家，资本总数为 390 540 965 元，职员有 45 512 人，工人有 467 894 人。这种登记，可惜是不完全的，不能代表中国工业的全貌。单就登记的工厂来说，有两点可以注意的。第一是中国过去发展的工业，多为轻工业，在 4 000 余工厂中，饮食品工业有 1 061 家，纺织工业有 914 家，居第一位及第二位。机器工业不过 369 家，而且都是小规模的，因为这 300 多家的工厂，资本合计不过 400 余万而已。化学工业差强人意，共有 584 家，资本总额为 5 100 万元，厂数与资本数，均列第三位。第二点可注意的，就是这些工厂，多集中于少数都市，上海一地，便有 1 235 家。上海除外之江苏及浙江二省，合有工厂 1 201 家。所以登记的工厂，有一半以上是集中在江浙二省的。

《马关条约》一方面刺激了中国的新式工业，一方面也替外人在华投资，开了方便之门。据雷玛教授的估计，外人在华投资，总数约 30 亿美元至 35 亿美元。在 1931

---

* 这里的两处时间，均是其正式投产时间，而非建立时间。——编者注

年，还是以英国的投资为最多，约 11.89 亿美元，占全数 36.7%。日本次之，计投资金 11.37 亿美元，占全数 35.1%。俄国居第三，投资 2.73 亿美元。美国居第四，只投资 1.97 亿美元。关于外人在中国的投资，有三点可以注意。第一，以时间论，在 20 世纪以前，外人投资于中国的数量颇少，自 1902 年至 1914 年，数量加了一倍，自 1914 年到 1934 年，又加了一倍。第二，以地域言，英国的投资，有四分之三在上海；日本的投资，有三分之二在"满洲"。英日俄美四国的投资合算，有 46.4% 在上海，36% 在"满洲"，留下来的只有 17.6%，分散于中国其他各区域。第三，外人的投资，在工商业中占 80%；政府的借款，只占 13%。

关于工业经营的方式，自从《马关条约》以来，可以说是大部分都在私人的手里，一直到了最近数年，国营的工业有逐渐抬头之势。在中央方面，资源委员会所管理的工厂，其单位日渐加多，但直至今日，中央所经营的工业，多为国防所急需的重工业，及为民营工业供给电力的发电厂。以后是否拘于此项范围，抑将扩充至他项事业，极堪注意与研究。省政府办理工业的试验，在北有山西，在南有广东。山西省政府于 1932 年，曾组织西北实业公司，所办事业，略具规模的，有钢铁、煤气、制纸、洋灰、酒精、纸烟、窑业、火柴、毛织、印刷、皮革、机器、电化、兵工等工厂，资本 2 300 万元。广东于 1933 年，定有三年施政计划，拟在此时期内，设水泥厂 2 处，蔗糖厂 4 处，缫丝厂 1 处，丝织厂 1 处，电力厂 2 处，及呢绒纺织厂、烧碱厂、磷酸肥料厂、氮气肥料厂、硫酸厂、造纸厂、钢铁厂、酒精厂、啤酒厂、棉纱厂、麻布厂、炭气引擎制造厂等共 22 处，其规模较之山西尤为宏大。可惜抗战发生之后，这两处的工厂都没有筹备内迁，以致现在无法利用。将来抗战结束之时，民营工业与国营工业当如何分工合作，国营工业之中，中央与地方又当如何配合，始最有利于国防的建设、人民的康乐，乃为尚待解决的问题。

三

在第三个十年内，便是自 1901 年至 1910 年，中国的交通，有速度的发展。中国最早的一条铁路，是 1876 年建筑的，自上海通至吴淞，但因清廷反对，不久便毁弃了。1881 年，开平矿务局筑了长 20 里的唐胥铁路，以后北宁铁路，便以此线为始基。1889 年，这条铁路线往南通到天津，1894 年，往北通到长城，其后因中日战争，往关外扩展，便暂告停止。1898 年，上海吴淞线，又重筑完成。所以在 20 世纪以前，中国的铁路，在南只有沪淞线，在北只有唐胥线及其扩展之部，里数是有限的。

可是一到 20 世纪的第一个十年，中国铁路的黄金时代便出现了。这个十年中建筑的铁路，列表如下：

1903 年	中东铁路
1904 年	胶济铁路
1906 年	平汉铁路
1907 年	北宁铁路
1908 年	京沪铁路
1909 年	平绥铁路
1909 年	沪杭铁路
1910 年	滇越铁路
1910 年	陇海铁路（一部分）

接着于 1911 年，广九铁路完成，1912 年，津浦铁路完成。在短短的十年之内，中国完成的铁路，约有 6 000 英里，对于中国经济各部门的发展，都有很大的助力。可惜民国成立之后，连年内乱，铁路的建筑，一搁便是十余年。在这十余年内，铁路不但鲜有进展，而且原来的路产以及车辆，因为内乱之故，也损毁了不少。直至国民政府成立之后，铁路建筑的工作，又重行开始。1929 年至 1932 年，修竣的铁路，共达 346 公里，其中有陇海路数段，杭江铁路一段，粤汉铁路一段。1933 年，杭江铁路竣工，首都轮渡正式通车，陇海路已展至渭南，粤汉路亦有进展。1936 年，是中国铁路史上最可纪念的一年。是年 9 月 1 日，粤汉路全线首次通车。浙赣铁路南玉段，于 1 月间落成。淮南铁路长 215 公里，亦于 1 月 20 日正式通车。陇海路展至宝鸡。同浦铁路除太原至原平一段外，已告完成。江南铁路由南京至芜湖，于 4 月间直达通车。苏嘉铁路于 7 月 16 日完成。

公路的建筑，比较在后。1921 年，全国公路不过 1 000 多公里，但到 1936 年，全国各省所建公路，共 16.3 万余公里。民用航空，起于 1929 年，到了 1936 年，经营这种事业的，共有三个公司，即中国、欧亚及西南。航线北至兰州，东至上海，西至成都，南至广东。

新式交通事业中，发达最早，但最无成绩的，要算航业。招商局是于 1872 年设立的，比起外国许多有名的航业公司，还要早许多年，但这个机关，数十年来，都在腐败的管理之下，直至抗战发生的时候，这个有将近 70 年历史的公司，留下来的，不过几条旧船而已。但它的同业，在外人经理下的怡和、太古及日清，却是日有进展的。

四

在第四个十年内，便是从 1911 年到 1920 年，我们看到中国的煤产量，突破了 1 000 万吨的大关。在 1912 年的时候，中国本部及东北的煤产量，合起来不过 800 余万吨，两年之后，就在 1914 年，中国本部的煤产量，便有 1 100 万吨了。这种发展，与前十年铁路的建筑，是有密切关系的。本来煤是一种笨重的货物，如果运输问题不能解决，大量的开发，是没有希望的。华北的第一条铁路，我们在上面已经说过，便是因为运煤而建筑的。在铁路没有分布于各地以前，中国并非没有采煤的事业，只是多用土法，出产不多，等到铁路造到煤矿的门前之后，运输不成问题了，大量的生产，不愁没有销路了，于是以前用土法的，现在多用新式机器开采，以前日出数吨的，现在可出数百吨以至数千吨。我们的煤产量，超过 1 000 万吨，要在 1914 年，便是因此。

现在国内的大矿，大多数都在铁路的附近。中国本部的第一个大矿，在抗战以前，年产煤 400 万吨以上的，是开滦矿务局，位于北宁沿线。年产 100 万吨以上的两家，中兴在津浦与陇海的附近，中福在道清的附近。年产 50 万吨以上不到 100 万吨的有四家，井陉与保晋沿正太，六河沟沿平汉，淄川鲁大沿胶济。年产 10 万吨以上不到 50 万吨的 17 家，门头沟、怡立、临城、兴宝，均沿平汉，晋北矿务局沿平绥，柳江沿北宁，正丰沿正太，潍县鲁大、悦升、博东沿胶济，华东贾汪沿津浦，大通、淮南沿淮南，萍乡沿株萍。余下来的三个矿没有铁路运输，但长兴沿湖，由矿到水路，也有 26 公里的轻便铁路；富华与富源沿长江，由矿区至江边码头，也筑有很短的轻便铁路。中国煤矿的分布，有两点是可以注意的：第一，上面所说的大煤矿，除了萍乡、长兴、富华、富源四矿外，其余均在长江以北。第二，大矿均集中于铁路附近，山西产煤区，分布于 57 县，但已开采的大矿，均在正太与平绥沿线。陕西的储煤量，仅亚于山西，但因交通不便，陇海路最近才由西安通至宝鸡，所以陕西境内，并无一个大矿。

中国的铁矿，抗战前已经开采的，均在长江沿岸。在湖北有大冶铁矿及象鼻山铁矿，在安徽的繁昌与当涂，有裕繁、福利民、宝兴、益华等公司，开采当地的铁矿。这些地方所开采出来的铁砂，可惜国人不能利用，差不多完全都运到日本去了。大冶铁矿，自 1893 年至 1934 年，共产铁砂 1 100 万吨，其中运往日本的，为 750 万吨。象鼻山铁矿，自 1920 年至 1934 年，共产铁砂 185 万吨，运销日本的，计 141 万吨。安徽的产砂公司，其出品悉数运销日本，每年自 10 余万吨至 40 余万吨不等。此外在华北的宣化，还有龙烟铁矿，1918 年，曾成立公司开采，但不久即因经费困难而停顿。安徽的铜官山铁矿，以及江苏的利国驿铁矿，均曾有过开发的计划，可是均无结果。

中国的煤储藏量，虽然集中于华北，可是特种矿产，却集中于华南。江西的钨、湖南的锑，其产量在世界上均占第一位，它们的积极开发，乃是受了第一次欧战的刺激所致。此外如贵州的汞，广西、云南的锡，其产量除自给外，尚可运销海外。这些矿产品，在近年的国际贸易上，已曾占据很重要的地位了。

五

在第五个十年内，便是从 1921 年到 1930 年，农业改良的工作，才积极发展。农业是中国最老的经济生产方式，可是中国的知识阶级，一向很少有人去理它，所以农业的生产，直至最近，还是停留在陈旧的方式里。可是 1921 年以后，政府与社会，举办了好几种工作，对于农民的生产，颇有帮助。首先是合作事业的发展。合作社的组织，乃是华洋义赈会于 1923 年在河北开始的，第二年只成立了八社，但是到了 1930 年，便有 946 社。其后南昌行营，也利用合作社的组织，来做复兴劫后农村的工具，实业部又于 1935 年，成立合作司，于是合作事业的进步，一日千里，最近合作社的登记，已超过 7.8 万个单位。在十余年内有此成绩，确为难能可贵。在各种合作社中，以信用合作社为最普遍，这种组织，对于农民的资金问题，给以相当的解决。农民如欲增加生产而缺乏资金的，可利用合作社向合作金库或办理农贷的银行去借贷，不像以前那样呻吟于高利贷者的压迫之下了。其次是农田水利的兴办。中国古代对于农田水利本极注意。譬如战国的时候，秦用水工郑国，引泾灌田，史称溉田 4.5 万顷。李冰为蜀守，穿郫检二江，引溉成都，灌县一带田畴以万亿计，都是很著名的水利工作。民国成立以后，水利失修。1928 年，华北大旱，大家的注意力才又引到灌溉事业上去。于是绥远开民生渠，陕西开泾惠渠，为近年灌溉事业之起始。其后甘肃有洮惠渠，宁夏有云亭渠，陕西除泾惠渠外，有洛惠渠、渭惠渠、梅惠渠，河北有仁寿渠，其他小规模的新式灌溉工程，不可胜计。对于旱灾的预防，是有很大功用的。农民有了这种新式工程的帮助，每年收获的多少，便不是完全靠天了。再其次便是良种推广与病害防除等工作，以增加米麦棉花等作物的生产，使中国的衣食自给政策，可以早日达到。这种工作，起初是私人机关，如金陵大学的农学院加以注意，及至 1930 年，实业部与全国经济委员会成立之后，政府对于这种工作，继续努力。实业部的中央农业实验所，对于米麦种子的改良，全国经济委员会的棉业统制委员会，对于棉花良种的推广，贡献尤多。经过相当的努力，自然表现成绩。如洋米进口，在一个时期，曾达1 000万公担，但在1936年，进口的数量，只有180余万公担。棉花的产额，由1932年的490万公担，增至1936年的840万公担，因而进口的棉花，也由1932年的220万公担，降至1936年的40万公担，可见那年我们的棉花，已能自给。

中国大多数的人民，还是以农为业，农业的生产总值至今还居各业之首，所以农业改良的重要性，是不可忽视的。以后农业对于建设新中国的贡献，即在生产大量的剩余，运销国外，以换取我们工矿业所必需的生产工具，及运输业必需的交通器材。假如中国的农民能够实现此点，不但近代化的经济可以早日在中国实现，就是农民本身的生活也可日渐上进了。

六

以上我们已经把经济的各部门——商业、工业、交通、矿业、农业，在过去几十年内的发展，大略地画了一个轮廓。现在让我们把第六个十年，就是最近的十年内，经济方面的大事，略书数语，以结此文。

最近的十年，自然地分为两个段落，抗战前为第一段落，抗战后为第二段落。抗战前的数年，是中国最进步的几年，经济各部门的发展，无一不可使人乐观。1936年的海关报告，对于当年的经济，有下面一段很扼要的描写：

> 言乎经济，则汇市稳定，物价上腾。正月币制改革政策，经此一年之试验，进行顺利，已奏肤功。至于农工各业，亦系齐驱发展。关于农业，举凡农村信用贷款之兴办，棉稻及小麦种子之改良，以及种茶制丝新法之提倡，均足以促进农业技术，而使之日见增进。关于工业建设，则机器制造厂、化学产品炼制厂以及制糖厂、炼油厂等，纷纷兴办，几如雨后春笋，是则工业发展之象征也。至言交通建设，则铁路、公路、航空，莫不突飞猛进，一日千里。再就对外贸易言之，据统计数字推测，中国对于舶来物品，需要渐少，尤以食料及消耗物品为最，其将来所需洋货，殆仅以生产物品如机器、金属、矿砂、车辆及油类等为限。良以此项物品，或为本国所不产，或因现今所产者，尚不甚精也。至主要出口土货，一俟世界经济状况逐渐恢复，则其海外销路，亦必渐形畅旺。

可惜好景不长，第二年卢沟桥的炮声，把中国经济的正常发展路线，完全毁坏了。抗战对于中国经济的发展，一定有深刻而巨大的影响，也许后人来写中国的经济发达史，要把抗战这一件事来划分时期。我们现在还在抗战的时期中，对于这个巨大的变动，也许还不能看得十分清楚，但是有重要的几点，也无妨在此提出。第一是沿江沿海各大都市中工商业的破坏。我国旧有的新式工商业，大部分都集中于大都市，自从这些大都市受了敌人的炮火摧残之后，中国人费了几十年心血才创造起来的事业，便大部分被毁坏了。我们只拿上海来说：战前全市有华商纱厂 31 家，纱锭超过 110 万枚，战后只剩了 8 厂，残留在租界内，可以自由开工，纱锭总数，不过 34 万枚，等于战前的 30%。又如面粉工业，战前有 15 厂，战后只残留了 8 厂。其次如卷烟业，总共 31 家，全在军事区域之内，因而都受了损失。再其次，缫丝业战前有 44 家，倒有 42 家设在闸北战区而受了摧残。我们因为这次战事而受到的经济损失，大约要到战后才可写出一篇清账，等到写出来时，其数目之大，一定是可惊的。第二，抗战促成了内地的建设。中国的内地，虽然地大物博，但在抗战以前，新式的事业，很少在内地立足，因之口岸虽然开发，而内地的闭塞与守旧如故。抗战以后，迁入内地厂矿，不下 448 家，其中分布川境的 254 家，湘境的 121 家，桂境的 23 家，陕境的 27 家，其他各地尚有 23 家。由政府资助技术工人迁入内地，凡 1.2 万余人，运入机械最低重量为 12 万吨。交通方面，西南各省，在战前除滇越路外，没有一条铁路。抗战之后，建设的铁路或在计划中的铁路，有成渝、湘黔、川黔、滇黔、川滇、湘桂、滇缅等路线。贵阳、昆明等都市，与东南各省联络的公路，在抗战前几个月才通车，现在贵阳已成为西南公路的中心了。在抗战以前，云南省内，没有一个中央的金融机关，现在云南以及其他西南西北各省，已经在中央的金融网之内了。此外如农产品的改良、合作金库的创设、农田水利事业的推进、工业合作的提倡，在内地各省，都有人在那儿工作，远非战前歧视内地的情形所可比。所以抗战虽然造成了沿海沿江大都市的破坏，但同时也促成了广大内地的开发，使中国的现代化更为深入。第三，抗战统一了从事经济事业的人的信仰与意志。这种信仰，就是抗战建国纲领中所谓经济建设，以军事为中心，同时注意改善人民生活。所谓统一的意志，便是百折不回，要建设一个富强的新中国。由于统一的信仰与意志所产生的力量，是很伟大的。它的成就，我们愿俟诸异日的史学家。

民国二十九年 12 月 24 日

（载《新经济》第 5 卷第 3 期，1941 年）

冯友兰先生的《新世训》（书评）

冯友兰，《新世训》，一名《生活方法新论》，开明书店印行，民国二十九年 7 月初版，198 页。

抗战以来，冯友兰先生，已经写了三本新书：一为《新理学》，讲纯粹哲学；二为《新事论》，谈文化社会问题；三为《新世训》，论生活方法，便是我在这儿要介绍的一本。

两个月前，我第一次看完了这本好书，以后经过了四五个朋友借阅之后，又回到我的案头来了，我再把它翻阅一遍，觉得此书真是一部不朽的名著，只有写过中国哲学史的人，才能写得出来。

此书是一本讲生活方法的书。关于生活方法，中外的哲人，所讲已多，但此书中所讲的，很少外国的气味。它的根据，主要的是先秦诸子及宋明理学。不过作者并没有把中国先哲所讲的话，生吞活剥地摆在读者面前，相反地，他把前人所讲的，融会贯通之后，然后把它有条理地、有系统地说出来。材料虽然许多出自古书，但说法却很簇新。因为如此，我们觉得此书在伦理学上是一个很大的贡献。现在有许多做父母的，对于子女品格的修养，常很操心，觉得没有适当的书籍，可以给他们阅读。《新世训》这本书，替许多做父母的人，解决了这个难题。记得当年我进大学的时候，先父送我一部《曾文正公家书》和一本《聪训斋语》，要我在课余之暇阅读，说是从此可以学到许多为人处世之道。诚然，这两部书中所讲的为人处世之道，有许多是至理名言，但是他们只告诉我们如何做人，却没有向我们详细解释，为什么要那样做。《新世训》比那些书高一着的地方，就是它不但讲到如何做人，而且还多方解释，为什么要那样做人。

这本书除了绪论之外，正文共有十篇：一尊理性，二行忠恕，三为无为，四道中庸，五守冲谦，六调情理，七致中和，八励勤俭，九存诚敬，十应帝王。这十篇文章每篇都值得细细咀嚼。我们于受益之余，愿意提出三点，来与作者商榷。

在"行忠恕"一文内，作者说：忠恕是一种普通待人接物的方法，是在任何时代、任何地方，都可以行的。又引范纯仁的话说："吾平生所学，得之忠恕二字，一生用之不尽。"我们觉得生活是多方面的，忠恕之道，在有的时候、有的地方，一定可行，但恐不是在任何时代、任何地方，都可以行的。拿一件最小的事来说，譬如下棋，便不是可以行忠恕之道的时候。如在下棋的时候，也要实行忠恕之道，那么只有把我的车，送给你的炮打，我的将军，送给你的马吃。下棋也许是小道，但在比较严肃的情况之下，我们的先哲，还有"当仁不让""见义勇为"等教训。所谓"不让"与"勇为"，与忠恕之道是有冲突的。根据"己之所欲，亦施于人"的原则，我们只有"当仁而让"，才可满足别人"当仁不让"的欲望，但是当仁而让，绝不能成为行为的标准。作者又说：如一个人所希望于别人者，与其所以待别人者，都是牺牲自己，而为别人的便利，这个人的这种行为，是合乎忠恕之道的。这一类的忠恕之道，虽然在有的地方，很可以行，而在另外一些地方，却大可不行。举一个例子来说，最近美国报载马丁飞机公司，在三个月内赚了500万元，于是工人起来要求分红，格里姆·马丁就发表演说，警告国人，说明工人这种要求的危险。在这种情形之下，马丁是应当行忠恕之道的，而要求分红的工人，应当继续地要求下去，大可不必牺牲自己，而为别人的便利。总之，忠恕之道的应用，是有其限度的，似不可"一以贯之"。

其次，作者在"为无为"一篇里，提倡一种无所为而为的态度。他说：一个人做事，可以只问事应该做或不应该做，应该做即做，不应该做即不做，不必计较他自己是将因做此事或不做此事而得利或受害。他只问应该做不应该做，不计较利害，此即是无所为而为。这种态度，诚然有其好处，好处之一，便是如作者所说，养成一种胸怀洒落的心境。但是这种态度，也有其缺点，缺点之一，便是容易流于盲从。本来一种事的应该做与不应该做，其标准并不"在一个人的自己的心中而不必外求"，实际也无所谓"良知，自然能告他以任何行为的标准"。标准还是社会定的，在某一个社会里面陶冶出来的人，便接受了某一个社会规定某事应该做与不应该做的标准。这些标准，我们如"尊理性"，便应当给它一种估值。许多社会上规定的标准，常因一些先知先觉的估值而被推翻。这种推翻，便造成社会伦理的进步。所以一个人做事，不但是要问某事应该做或不应该做，还应追问某事为什么应该做或不应该做。这一问，就要问到某事做了之后或不做之后，要发生什么结果。我们即不必计较自己因做此事或不做此事而得利或受害，却应计较做了此事或不做此事对于社会发生的影响是好是坏。从不计较自身的利害而言，是无所为而为；从计较社会所受的影响是好是坏而言，乃是有所为而为。像后一说的有所为而为，从尊理性的立场看去，当然是无可非议的。

还有一点，就是中国先哲讲生活方法，从修身齐家以至治国平天下，是有一套的。本书前数篇所讲的，偏重于修身方面，"应帝王"一篇，说的乃是治国平天下的道理，说得都很透彻。但我们细审全书的内容，觉得有一点遗漏，就是对于齐家的道理，讲得不很充分。家庭里面，关系当然复杂，其中最重要的，自然是夫妇的关系与父子的关系。关于父子的关系，作者只在讲忠恕之道时提到一下，至于夫妇的关系，却说得很少。这种遗漏，似乎应当补充，因为家庭的生活，乃是个个人都有的，所以如何做一个好的父亲、好的儿子、好的丈夫或好的妻子，值得细细地讨论一下。作者对于这方面的遗漏，也许因为我国先哲的遗教，在这方面最少贡献。二十四史中讲孝子节妇的故事很多，但很少讲慈父贤夫的。宋明的理学，似乎只注意到做儿子与做妻子的片面的义务，而且这些义务，用现在的眼光去看，有许多是不近人情的，不足为训的。《新世训》不但对于做儿子与做妻子应有新论，对于做父亲与做丈夫，也要讲点新的方法。假如中国古书中，关于这一方面的参考材料不够，也无妨引用西书。好在作者在《新世训》中曾提到亚里士多德与海格尔，所以再多引几个外国学者的名字，也不能说是破例。

（载《新经济》第 5 卷第 3 期，1941 年）

［本文摘要《新世训》（一名《生活方法新论》）载《读书通讯》第 43 期，1942 年］

经济战（书评）

Paul Einzig，*Economic Warfare*. London：Macmillan，1940，151 pages.

这本书虽然是 1940 年出版的，但在 1939 年的 11 月，便已付印，当时离欧战发生不过三个月，所以许多战后的材料，作者并未采入。而且这本书，是根据作者的一本旧书——《下一次战事中的经济问题》——改写的，有许多地方，还留着旧著的痕迹。

作者把经济战分为两个方面：一为守势的经济战，一为攻势的经济战。所谓守势的经济战，便是设法坚强自己，采用的方法，包括藏储大量的粮食及重要原料，设法使重要物品生产，能够自给自足，如不能自给，则设法从国外获得供给，源源输入。攻势的经济战，便是打击敌人的作战资源，其最重要的方法，便是封锁，次要的方法，便是以各种压力，施诸中立国，使其国内的生产品，不致流入敌人的手中。至如海陆空军，去毁灭敌人的生产组织，使其作战的力量衰弱，也可视为经济战的一种方法。

在比较英德的经济状况及其环境之后，作者举出 26 种理由来，证明最后的胜利，一定属于英国。我们在欧战发生将近两年之后，来看这本书，便可发现有若干元素，是作者以前所预料不到的。第一，法国的崩溃是作者所没有料到的。第二，他没有料到意大利会加入德国作战。第三，他以为日本会守中立，但事实是日本已与德、意成立盟约。第四，他以为英国的海上霸权，可以使英国不怕封锁，而事实是德国的潜艇与飞机，对于英国大西洋上运输舰队的打击，予英国以一大威胁。第五，他以为多瑙河流域及巴尔干半岛，可以维持长时期的中立，而事实是这些地区，在短期内，均为德国的政治或军事的力量所征服。第六，他根本没有想到斯堪的纳维亚的国家，在这一次战争中，做了最早的牺牲品。第七，他没有想到德国采用以战养战的政策，使若干被征服的国家，供给它人力、军需品及战费。

因为事实的推演，与作者所预料者不符，所以从经济的观点去看，英国的地位，并不如作者所想那样地巩固，而德国的地位，也不如作者所想那样地脆弱。譬如作者以为德国的铁砂问题无法解决，但自挪威与法国为德国所征服之后，德国已不再担心铁砂的来源。又如粮食，德国每年所缺乏的只是 13%。自从多瑙河与巴尔干的粮库为德人所获得之后，现在对于粮食问题操心的，不是德人而是英人了。作者在讨论德国石油的供给时，有一段，在事后看起来，是幼稚得可笑的。他说：

> 拿罗马尼亚的油来做一个例子罢。假如罗马尼亚有相当数量的油输入德国，那么德国如想去占罗马尼亚是很傻的一件事。因为在德国机械化部队开入罗马尼亚之先，罗国的油田，便要完全破坏了。所以德国占领罗马尼亚之后所得的油，将不如它从中立的罗马尼亚得到的油为多。（105 页）

现在，罗马尼亚被占据了，但它的油田，并未损坏，成为支持德国空军最大的力量。不过在德国的作战资源中，现在还未得到圆满解决的，最重要的还算石油，德国所以要在伊拉克掀起政潮，所以要想占领克里特岛，所以想假道叙利亚，其最后的目标，恐怕还在伊拉克的油田，以及与伊拉克为邻的伊朗油田。关于这一点，可惜作者并未做详细的讨论。

本书的篇幅很少，一共不过 151 页，可是倒有 17 章。因此作者对于每一个题目的讨论，是相当地肤浅。我们最引以为憾的，就是全书没有几个数字，更没有统计表，因而作者所说的话，其事实的根据如何，很难判断。

（载《新经济》第 5 卷第 5 期，1941 年）

英国的战时经济（书评）

A. C. Pigou，*The Political Economy of War*. New York：The MacMillan
Co.，1941，168 pages.

R. W. B. Clarke，*Britain's Blockade*. Oxford at the Clarendon Press，1940，
32 pages.

一

皮古教授的《战时经济学》第 1 版系于 1921 年问世，其后即行绝版。现在欧洲正
举行第二次大战，所以皮古教授又把他的原书，加以修正后，于 1941 年再版。看他的
序言，知道此书的修正，在大战后三个月便已竣事，所以在第二次大战中，英国政府
的一切经济设施，本书并未加以充分地叙述，因而本书的贡献，还是在战时经济的理
论方面。

如何动员国内的资源作战，乃是本书首先注重的一个问题。据作者的分析，在英
国，第一件事可以做的，便是吸收失业的工人来增加生产。德国在大战前，几乎没有
失业的工人，但英国，在 1939 年的 8 月，失业工人还占 8.6%。此外，英国社会中，
平时还有一部分的人，其生活系以运动、游戏、社交、旅行、娱乐为主，并不从事于
直接生产。如使这些人都加入工作，并利用一部分青年与老人以从事生产，那么英国
的生产能力，较平时可以增加 20%。第二点便是减少消费。换句话说，大家都要少吃
少穿，少旅行，少娱乐，少用仆役，少烧煤炭，而以省下来的资源，供给国家战争之

用。第三便是减少与作战无关的投资。英国在 1914 年以前，每年在国内及海外的投资，约在 3 亿至 4 亿英镑之间，在 1937 年，投资数额已增至 5 亿英镑。这种投资，有许多是对于战争无补的，现在应当加以审查，使新的投资，对于作战都有帮助。第四点便是消耗现有的资本，譬如国内的储粮，原来可够十个星期用的，现在可以把它降低至三个星期。又如英国每年折旧所需的资本，在 1914 年以前，为 1.7 亿英镑，1937 年，约为 4 亿英镑，如将此款移用，目前作战的能力，也可有显著的增加。

以上这四种办法，都是从自己的国内打算。实则英国在作战的时候，还可自外国获得资源。第一次大战期内，英国人把外国证券，都移交给政府，政府把这些证券，一部分出售，一部分用作借款的抵押品，因此获得外汇 6.22 亿英镑。在这次大战的前夕，英国人所保有的外国证券，约值 11.7 亿英镑，其中有 1.75 亿英镑，是美国的证券。所以这次大战，英国政府所能支配的外国证券，其价值不在上次大战之下。此外，英国政府所保有的黄金，其详数虽无从知悉，但在 1939 年 3 月，外汇平准基金，便保有黄金，值 4.2 亿英镑。同年 9 月，英格兰银行发行部，又移交给基金户黄金值 2.8 亿英镑。这十几亿的证券与黄金，在必要时，都可用以交换外国军火及原料。最后，英国还可在国外举债，而以举债所得，补充国内所缺乏的资源。

以上各种动员资源的方法，除向国外获取资源的方法不计外，动员国内资源的四种方法，第一种可以控制国内生产能力 20%，已如上面所说。第二种办法，据作者的估计，又可控制生产能力 20%；第三、第四两种办法合起来，可以控制生产能力 10%。换句话说，如照上面所说四个办法行去，英国的生产力量，有一半可以用于作战。在 1918 年，英国的收入为 55 亿英镑，是年财政部支用的款项，共为 27 亿英镑。在上一次大战，英国人已可把全国的收入，花去一半在战争上面，现在，英人的平均收入，较二十余年前为多，所以可以用在战争上面的款项，一定可在一半以上。

二

以上的讨论，只是研究英国在作战时，可以动用资源的数量。这些资源，政府如想去利用它，便先要获得购买这些资源的力量。假如像 1918 年一样，政府需要 27 亿英镑的资源作战，那么财政当局，便要设法去弄到 27 亿英镑的收入。所以动员资源的问题，便一变而为战时财政的问题。

战时政府的收入，不外以赋税、公债及通货膨胀三方法获得。关于通货膨胀的方法，作者以为应谨慎使用，否则必有后患，他说：

> 时常去利用新货币、新的银行信用来支付战费，到了相当的程度以后，不但使物价继续地上涨，而且还会使它加速地上涨。……国内的物价上升，外汇则作比例地或更剧烈地下降。因为物价增加，所以工人要求增加工资，此事更促物价的上涨，如此循环不已。假如这种筹集战费的方法，只在一定的范围内使用，那么社会对于货币的信用，并不一定就会动摇，而物价的上升，也不会超过通货增加的比例。但是，如果政府因为无能，或者外界的压力太大，因而时常利用这种筹款的方法，那么社会对于货币的信用，一定是会动摇的。结果是货币的流通速度，一定增加，不能像平时那样从一个人的进款，流转成为另一个人的进款。大家都不愿保有货币，钱到了手中，便立刻把它变成实物。恐怕物价要涨的心理，使得物价更涨，而这种上涨，又能产生人民的恐怖。新得的银行信用，所能购得的资源，将逐渐减少。飞跃的通货膨胀，终于到来。一个货币单位，所能换取的货物或外汇，逐渐降低以至于零。整个的金融系统，走向崩溃的途径，正如德国的马克，在鲁尔被侵入时所遭遇的命运一样。（110-111 页）

通货膨胀的方法，既不能随意乱用，余下来的办法，只有赋税与公债了。但是钱在人民的手中，政府有什么方法，使它转移到政府的手里来呢？作者以为赋税与公债的筹款政策，如希望成功，一定要设法使人民的购买力，一不能用于新的投资，二不能用于不是维持生活所必需的消费。第一点是很简单的，只要政府控制资本市场，凡是投资，必先获得政府允许便可。第二点如要办到，便要管制物价及实行计口分配制度。实行计口分配之后，一个人的消费量，便为政府所控制。即使他每年的收入，有百万千万，也无法花得出去。同时物价既经管制，所以维持生活所必需的支出，在战时并不见得高于平时。在这两种办法之下，一个人的收入，除了维持战时的生活水准——便是保持健康的水准，而非舒适或奢侈的水准——以外，确有大量的盈余。这些留在人民口袋中的盈余，政府便可以赋税及公债两办法，囊括而去。假如从这两方面，政府得到大量的收入，以应付战时各种开支，那么自然没有采用通货膨胀一法的必要了。

三

战时个人的节约，有助于作战，上面已经提到。但是节约也要有理论做指导，并非一切的节约，对于作战都是有同等贡献的。节约可分为两类：一为劳役的节约，二为货品的节约。关于劳役的节约，应看省下来的劳役，是否可以用于作战。譬如汽车夫，在军队中是有用的，个人少用一个汽车夫，军队中便多了一位战士，所以汽车夫的劳役，在战时应当节省。但是一个老园丁，除了种花除草之外，不能担任别种工作的，他的主人，不可借口节约，便把他开除。关于货品的节约，有六个原则可以遵守。第一，某种货品，直接对于战争有用的，应当节省，如火药与汽油一类的东西便是。第二，某种货品虽然直接对于战争无用，但是制造这种货品的原料，则是对于战争有用的，如皮革、羊毛、钢铁之类，都应节省。第三，某种货品，其制造它的机器及人力，同样地可移以制造军需品，如制造汽车的机器及人力，可移以制造坦克，所以在战时不应购置新汽车。第四，某种货品，需要大量的舱位，始可输入的，也应节省，省下来的舱位，可以运输军需用品。第五，某种货品，国内不能生产，必要向国外购买的，即使不占据很多的舱位，也应节省，以省下来的外汇，购买作战必需的资源。第六，一切可以输至国外市场换取外汇的货品，都应节省，以充实政府的财力。皮古教授的主张，虽然是为英国人说的，但是我们现在也提倡节约，他所提出的原则，是值得我们参考的。

四

战时经济，包括两个方面：一是坚强自己，二是打击敌人。皮古教授的书，只注意到第一个方面，即是如何巩固英国的经济组织，使其牢不可破，但对于第二个方面，即是如何打击敌人，则略而未谈。关于这一方面，克拉克的小册子，给了一个很扼要的补充。他写这本小册子时，已在法国崩溃之后，整个的欧洲大陆，已在希特勒的势力范围之下，所以他估计希特勒的实力时，已把占领区的资源，加在希特勒的账上。在这种情形之下，英国不能希望纳粹因国内发生饥荒而坍台，因为欧洲大陆在粮食上的自给率，已达91%。分开粮食的种类来说，欧洲大陆小麦与黑麦的生产，每年为6 000万吨，输入的数量，只有400万吨。燕麦、大麦与玉米的生产，每年为5 500万吨，输入只有550万吨。米的输入，为100万吨。欧洲的番薯，能够自给，糖的自给率，为92%。脂肪的消费，有40%来自海外。从这些统计看去，德国如在农业上多花点功夫，同时对于食品的消耗，略加紧缩，粮食是不成问题的。

但是原料的情形，便没有这样乐观了。在各种原料之中，德国原来是缺乏铁砂的，但自法国与瑞典的铁砂为德国所统制之后，铁砂问题早已解决。锰、铝、锌，德国及其占领区内，均可供给。最成为问题的，首先是石油，欧洲大陆，平时消耗是每年 2 500 万吨，但只能生产 1 100 万吨。其次是铜，欧洲大陆的需要，平时有三分之二来自海外。再其次，为镍、铬、钴、钨、钼等金属，为制造特种钢所必需要的。铅缺少 55%，锡缺少 90%，但此种缺乏，只能引起不便，而非致命之伤。至于衣服的原料，欧洲缺少需要量的三分之二。天然橡皮毫无生产，人造橡皮只能满足需要的四分之一。煤的产量，在平时，德国本可自足，但因现在德国人用煤以制造各种代替品，如人造汽油、人造橡皮之类，所以煤的供给，渐呈不能满足需要之态。总括一句，欧洲在平时，除了英国、爱尔兰、土耳其及苏联之外，每年输入原料及半制造品的价值，达 25 亿元，所以欧洲是不能自给的。

因此，克拉克主张对于纳粹统治下的欧洲，加以严格的封锁，同时并以大规模的轰炸为补。在封锁与轰炸两种武器的威胁之下，希特勒作战的资源，将日渐涸竭，到那时，他的飞机不能起飞，坦克不能开动，交通系统紊乱，人民生活艰难，英国便可对希特勒进攻，一举而把他击溃。这种时机，什么时候便可来到呢？据作者的估计，油的缺乏，在今年内便要实现。其余不足的资源，在明年上半年内，也要发生问题。

五

皮古与克拉克两人，都没有提到英国如何打破德国的封锁一问题，而且万一德国的军队，占领了埃及及近东，英人又如何应付，所以专看这两本书，对于欧战的前途，还是难于预测。从中国人的立场看去，皮古教授的书，比较有用，因为他书中所讨论的问题，有好些是我们现在也遇到的。不过我们的战时经济，与英国太悬殊了，我们的问题，还要我们自己绞脑汁去解决，外国的办法，很难整套模仿。同时，我们有一种感想，就是战时经济，以后应当成为经济学研究的一个重要对象，在经济学原理一类的书籍内，应当立一专编讨论，其位置之重要，应当不在"财政""国外贸易"等对象之下。皮古教授的著作，于 1921 年发行后，即行绝版，是学术界中的一件憾事。假如英国的经济学者，于 1921 年后，对于战时经济，还步皮古教授的后尘，继续地研究，那么英国对于战时经济的文献，必不致如现在的贫乏。我国的战时经济学，素无基础。所以这一次抗战发生，学术界对于经济、财政及金融等政策，很少贡献。希望国内的经济学者，能利用四年战时经济的经验，从事实中找寻原理，将来抗战胜利后，安不忘危，对于这一门学问，继续研究，万一再遇国难，我们应付的方法，因为有学理做根据，一定比现在要高明万倍了。

民国三十年 6 月 17 日

（载《新经济》第 5 卷第 6 期，1941 年）

战时物价问题的几点观察（一）

一、粮价及其影响

　　欧美讨论物价问题的书籍，对于需要富于弹性的货物，以及需要缺乏弹性的货物，分别解释，甚为详细，但是对于这两种货品价格的关系，讨论到的却不多。近来因为在重庆的市场上，一方面看到粮食的价格高涨，一方面看到好些售卖日用品的商场关门，因而引起我对于研究上面提出那个问题的兴趣。我请我的朋友高德超先生，供给我 12 种商品过去一年的价格，并以民国二十九年 5 月为基期，逐月把这 12 种商品的价格编成指数。这 12 种商品是：（1）中等山熟米；（2）中碛米；（3）尖碛米；（4）糙南米；（5）中等河熟米；（6）红麦穗牌面粉；（7）大河岚炭；（8）连曹炭；（9）美亭阴丹士林布；（10）二十支棉纱；（11）裕华三号毛巾；（12）吉星肥皂。上面 12 种商品，可以分为四类，米面为一类，燃料为一类，纱布为一类，毛巾及肥皂等日用品又为一类。前后的次序，可以代表需要弹性的大小，就是列在前面的，需要的弹性小，列在后面的，需要的弹性大。凡是弹性小的东西，大多数属于必需品，价格的涨落，不大影响需要的数量。一个每餐吃两碗饭的人，在米价每斗 6 元的时候，固然吃两碗，便是米价贵到每斗 60 元的时候，也要吃两碗，或者忍饿减少一点，至少也得吃一碗半。他决不能因为米价贵了 10 倍，便把他的消费量减至十分之一。所以米最可以代表弹性小的商品。反是，我们列在最末的一种商品——肥皂——弹性是很大的，价格涨高一点，需要便会立刻减少。

　　弹性大小不同的商品，在过去一年之内，上涨的程度，大有不同。涨风最烈的，是各种不同的米，在一年之内，涨了自 9 倍至 15 倍。面粉是可以代替米用的，也涨了

5 倍以上。燃料涨了不到 3 倍。至如纱布、毛巾及肥皂，在过去一年之内，还没有涨过一倍，这是很值得注意的一种现象。

　　造成这种现象的原因，当然是很复杂的。我们不拟把有关的各种原因，都提出来分析，而只愿意提出一点来加以讨论。这一点就是：需要弹性大的商品，其所以涨价很少的一个原因，便是因为需要弹性小的商品，涨价涨得太快。我们只要观察每一个家庭的消费经验，就可知道一家的用款，最先是花在维持生命所必需的商品上面，如有盈余，才花在提高生活所必需的商品上面。除了富裕的家庭之外，维持生命与提高生活两类的用途，是互相冲突的。假如一个家庭的进款，花在维持生命上面的百分数愈高，那么花在提高生活上面的百分数愈少。换句话说，假如一个家庭的进款，是每月百元，如米价低廉，花了 40 块钱便可维持一家人的生命，那么他便可以余下 60 元来买别的东西。假如米价高了，得花 80 块钱，才可买到足量的米，来维持一家人的生活，那么他可以花在别的东西上面的钱，只有 20 元了。这点理论，是从恩格尔律（Engel's Law）演绎出来的，凡是研究过家庭预算的人，都知道它是正确的。

　　根据这点理论，我们可以说，重庆的人口，因为过去一年米价高涨的缘故，他的收入，花在米上的百分数，便逐月上升，结果是每一个人，能够花在别种商品上的钱，是越来越少了。大家对于提高生活的必需品，既减少购买的数量，所以出售这种商品的人，便无法提高他们商品的价格。这些商人，收入既无法增加，而支出则因米价之上升而日增无已，所以有一部分，便不得不走上关门之途。

　　讨论至此，我们的脑中，一定要发生下面的一串问题。重庆是一个大都市，它的商品，不只是供给重庆的市民，同时也是供给重庆附近的农民的，中国的农民，占全人口 75％至 80％。过去一年米价既然上涨，哪些人受了实惠呢？米是农民生产的，让我假设他们因为米价高涨而收入增加了，又把这点增加的购买力，到重庆来买纱、买布、买手巾、买肥皂。他们买的数量，比往年都多，因为他们口袋中的钱，比往年增加了。在这种情形之下，重庆的各种商人，虽然失却市内一部分人口的生意，却添了许多市外大部分人口的生意。他们的商品，应该销路增加了，在供求律作用之下，他们商品的价格，应该也上涨得很快，即使涨不到 15 倍，也应不止涨 1 倍。为什么事实并没有如我们所预期的那样实现呢？难道大多数的农民，没有因米价上涨而得益吗？

　　可能的解释只有一个，就是米价高涨的实惠，并没有落入大多数农民的手中。

　　如欲考查这种解释是否正确，我去搜求四川佃农的百分数。在《中国经济年鉴续编》中，我发现一件很重要的事实。就是四川佃农的百分数，在全国是最高的，居第一位。根据民国二十二年全国 731 县的报告，全国的佃农，占农民 32％，但四川的佃农，却占农民 59％。同年全国的自耕农，占农民 45％，而四川的自耕农，只占 22％。全国的半自耕农，占农民 23％，四川的半自耕农，占农民 19％。还有一件事可以注意的，就是四川佃农的百分数，是逐年增加的。民国元年，佃农只占农民 51％。在民国二十三年，全国佃农超过 50％的省份，除了四川之外，只有广东。而广东的佃农，占农民 58％，位在四川之下。我们如把佃农及半自耕农合起来看，那么四川的农民，自己有田可耕者，五人中只有一人。佃农与自耕农，很少有余粮出售，很多佃农，到了青黄不接的时候，不但是无米可售，而且还要购米充饥。四川佃农与半自耕农的百分数，既如此之高，所以过去一年米价的高涨，无疑地只塞满了少数地主的私囊，并没有增加大多数农民的购买力。少数地主的消费力量是有限的，他们的消费量，即使比往年加倍或加至 10 倍，也不能使市场活泼，结果造成今日的局面，便是米价高涨，而他种商品的销路，则呈不景气的现象。

打破这种变态的现象，虽然应当努力之点甚多，但解决粮食问题及土地问题，应为努力的工作之一。政府最近对于这两个问题的重视，是很有道理的。

7 月 8 日

（载《新经济》第 5 卷第 7 期，1941 年）

战时物价问题的几点观察（二）

二、利息的趋势

留心看报纸广告的人，一定注意到，在最近的几个月内，有好些银行，宣布提高存款的利息。究竟在抗战以后，利息的变动如何，其意义何在，实为一至有兴味的问题。我曾托一位在银行中服务的朋友，把川籍某大银行在过去一年半的比期存款利息表，抄了一张给我。所谓比期存款，是四川银行中一种很普遍的存款方式，存款的期限，定为半月，在每半月之初，银行即公开布告下期存款的利息，平常都以每半月内，每千元的利息若干为标准。譬如某银行在 12 月底公布比期存款利息为 8 元，即系在 12 月底存入款项千元，在一月半可以取息 8 元的意思。存款利息的数目，与放款利息的数目，虽不相同，但其变动的方向是一样的。所以我们很可以把比期存款的利息，来做一般利息的代表。

过去一年半重庆某川籍银行的比期存款利息，其变动如下：

比期	利息	比期	利息
民国二十九年		10 月半至 10 月底	8.5 元
12 月底至 1 月半	3.5 元	10 月底至 11 月半	7.5 元
1 月半至 1 月底	3.5 元	11 月半至 11 月底	6.0 元
1 月底至 2 月半	3.5 元	11 月底至 12 月半	6.5 元
2 月半至 2 月底	3.5 元	12 月半至 12 月底	6.5 元
2 月底至 3 月半	4.0 元	民国三十年	
3 月半至 3 月底	4.5 元		

续表

比期	利息	比期	利息
3 月底至 4 月半	6.5 元	12 月底至 1 月半	8.0 元
4 月半至 4 月底	6.5 元	1 月半至 1 月底	9.0 元
4 月底至 5 月半	6.5 元	1 月底至 2 月半	9.0 元
5 月半至 5 月底	6.5 元	2 月半至 2 月底	9.5 元
5 月底至 6 月半	6.5 元	2 月底至 3 月半	8.0 元
6 月半至 6 月底	6.5 元	3 月半至 3 月底	7.0 元
6 月底至 7 月半	6.5 元	3 月底至 4 月半	8.0 元
7 月半至 7 月底	5.5 元	4 月半至 4 月底	9.5 元
7 月底至 8 月半	5.5 元	4 月底至 5 月半	9.5 元
8 月半至 8 月底	5.0 元	5 月半至 5 月底	8.5 元
8 月底至 9 月半	5.5 元	5 月底至 6 月半	7.5 元
9 月半至 9 月底	6.5 元	6 月半至 6 月底	8.5 元
9 月底至 10 月半	7.5 元	6 月底至 7 月半	10.5 元

我们如把季节的变动除开，只看长期的趋势，那么在过去一年半内，比期存款的利息是往上涨，毫无疑问。

我曾把这家银行所定的利息，与别家银行相比，发现各个银行所定的利息数目，并不相同。譬如上表所列的，本年 6 月底至 7 月半的利息，是 10.5 元，但另有一家银行挂牌的利息，却是 16 元。不过我们现在要讨论的，不是短期内的波动，乃是长期的趋势。专就长期的趋势而言，在过去一年半内，川籍银行的比期存款利息，没有一家不是上涨的。

这种利息上涨的趋势，有什么意义呢？

有一部分人说，近来利息的上涨，表示市场上需要款项的人多了。银行虽然以高利息吸收存款，但因为需要款项的人数甚多，所以银行还可以更高的利息放出，而不愁没有借主。照这派人的意见，利息上涨，乃是求过于供的结果。可是根据我们所得的事实，此说颇难成立。自去年 3 月底，至本年 3 月底，川籍银行 11 家及钱庄 39 家，比期放款的数目，诚然加了好几倍，由 3 300 万元，增至 9 900 万元。这个数字，表示需要款项的人增加了。但是在另一方面，我们也要注意，就是这些银行钱庄的比期存款数额，比放款数额加得更快。去年 3 月底，他们共有的比期存款数额，是 2 700 万元，但今年 3 月底，却加到 1.14 亿元。需要诚然增加了，但供给的增加更快。所以求过于供说，不能解释近来利息之上涨。

另外还有一部分人，以为近来利息的上涨，乃是筹码不足的结果。我曾听到一位先生，在公开的聚会里，解释我国的通货并未膨胀，其所举的理由，就是近来利息的上涨。他说："物稀则贵，假如通货太多了，利息还会这样高吗？"这种理论，只要审查一下事实，就可证明其不通。前面我已提过，银行钱庄的存款近年来颇有增加，我国法币的发行数目，据官方的布告，也可见其增加的一斑。存款与法币之和，等于通货的总额。这个总额，现在比以前多，毫无疑问。假如最近利息的涨，是因为通货的少，那么去年上半年，通货总额比现在还少，其利息应当更高。可是事实上，利息的上涨，与通货的增加，成正比例。在去年年初，通货总额较今日为少，其利息也较今日为低。所以筹码不足说，不能解释近来利息之上涨。

我们的解释，以为近来利息的上涨，乃是一般物价水准升高的结果。关于一般物价的水准何以升高一问题，讨论的人已经很多，我们可以暂且放开不谈。物价水准既然提高，而且还没有停止的趋势，那么上个月 1 000 块钱所能购得的东西，在这个月就购买不到。存款的人，有鉴于此，所以他们要求利息提高，以赔偿他们在存款期内，物价上涨所受的损失。同时借款的人，也愿出很高的利息，因为在物价上涨期内他们借钱囤货，将来货物脱手，可以偿还利息而有盈余。在这种情形之下，利息的上涨，乃为必然之结果。

所以利息的变动，是一种很可注意之现象。明眼人应当透过利息的表面，而去看它底下的主潮，以及这种主潮的重大意义。

（载《新经济》第 5 卷第 8 期，1941 年）

战时内地工业建设的问题

本年 9 月，我们花了 16 天的工夫，在沱江与岷江的流域内，看了二十几个工厂。这些工厂，除了极少数外，其余都是抗战以后才建设起来的，而且有好些是最近一年之内，方才开工出货。这种事实，证明抗战以来，开发内地的呼声，并非徒托空言，而是已有具体的表现，实在可以使人兴奋。

战时在内地建设工厂，每一种工厂，都有其特殊的问题，我们不拟在此一一讨论，现在只拿几个比较广泛的问题来说。第一个问题，是现在办理工厂，应当采取何种作风。我们觉得现在后方办理工厂的人，有两种作风，一种是大规模地干，一种是小规模地干。我们这次看到一个电厂，很可代表小规模干法的作风。这个电厂在初办的时候，只有一个 200 千瓦的发电机，不久它又加了一个 200 千瓦的发电机，共为 400 千瓦。本年 9 月，在我们参观的时候，它又加了一个 500 千瓦的发电机，共为 900 千瓦。现在这个电厂的计划，还有四步。第一步加 2 000 千瓦，第二步再加 4 000 千瓦，这两步计划，希望在抗战期内完成。另外第三、第四两步，是要开发 8 万及 80 万马力的电力，要等抗战胜利之后，始能实现，但设计的工作，目前已在进行。这个电厂的办理方法，很有趣味。主持的人，虽然不能忘怀于 80 万马力的大电厂，但他却从 200 千瓦的电厂办起。这种办法的好处，就是成功快见效速，由这个电厂发出来的电，现在就可供给附近若干工厂的动力，使它们的生产增加，对于抗战建国，立刻便有贡献。假如它不这样办，而只是去计划那个 80 万马力的电力厂，现在绝无实际的成效可言。在这个电厂的附近，我们看到一家化学公司，其作风与此恰恰相反。它是代表大规模的干法。它的厂址，在民国二十八年 3 月，便已勘定了，时间过了两年有半，但是这个公司还不能产生出品。这个公司的主持人，在他们初到华西的时候，也曾说过："时间在这紧急关头，是万万空费不得的，战时的后方，能够多增一分生产，于前线不止增加十分战斗力。我们决定不放过这一点，从临时的下起手来。"这是代表小规模干法的作风。可是他们另有一个矛盾的观念。他们"切望在华西这个新天地的设施，至少要不比世界水平线太低。……只为要好的一念，不愿这样苟且，因此抱定宗旨，情肯不做，做就做好"。这是代表大规模干法的作风，也就是他们现在所实行的。在那个1 000多亩的厂址上，我们看到许多有经验的技术人员，在那儿为百年大计而精诚苦干，诚然感到钦佩，但在战时，国家需要增加生产的时候，而这个化学公司，还不能有所贡献，确是一件憾事。我们因此得到一种感想，就是战时内地的工业建设，无妨从大处着眼，但应当从小处下手。假如从大处下手，费时较多，完成较迟，对于目前抗战急迫的需要，反而没有补益。

我们得到这个结论之后，再来审察别种工业进展的情形，益觉小规模的作风，为现在最能发生效果的作风。我们可以再举钢铁工业为例。后方最大的化铁炉，每次可以炼铁100吨的，自从民国二十七年起开始筹备，直到现在还没有开炉。但是有好些小的化铁炉，每次炼铁1吨、5吨，以至10吨的，虽然筹备在后，早已开工出货了。由此可见小规模的工厂，容易筹备，容易建筑，容易完成，容易出货，实为抗战时期最适于生存的工厂。

第二个问题，是机械工业的地域分布，应如何使其合理化。抗战以来，主持经济行政的当局，有一种极贤明的政策，现在已经收效的，便是在内地选定若干工业中心，并在这些中心，设立电厂，供给电力，以便别的工厂，可在这些工业中心立足。这种政策，矫正了工业集中的恶果，使广大的内地，得到平均开发的机会。电力工业，是一种锁钥工业，又可名为基础工业，因为一切工业，都要靠电力来供给动力。电力工业，可以说是替别的工业安排下适当的环境，让别的工业可以在这个环境内发育生长。但是基础工业，不止电力工业一种，机械工业，至少与电力工业有同等的重要。电力工业是供给动力的，而机械工业，则供给生产工具。可是现在有电力工业的地方，不一定有机械工业。结果造成一种很新奇的现象，就是在这些没有机械工业的地点要办工厂的人，第一件事，便是要办一个小规模的机器厂，来制造他们所需要的生产工具。一个焦油厂的厂长，曾指点给我们看他的发祥之地，原来是一间很小的机器间。在那间小房子里面，他先制造从烟煤里提炼汽油的机械设备，把这些设备做成之后，他才建设焦油厂，开始提炼汽油。现在又把这间小房子，让给一位要办木材蒸馏厂的厂长，去做蒸馏厂所需要的机械设备。这种设厂的步骤，可以说是很新奇的，在别的国家里面，办厂的人，不必要自己动手来做他们的生产工具，自然有别的机器厂来承包这种工作。但在我们的内地，许多地方，根本就看不到机器厂，因此他们办厂的第一步，便是自己设立一个机器间，自己来制造机器。这种办法，是极不经济的，有悖于分工合作的原理。我们因此得到一种感想，就是政府的当局，于在内地创立若干电厂之后，应当接着在内地创立若干机械工厂，分布于各个工业中心，使一切开工厂的人，可以在这些机械工厂之内，获得他们所需要的生产工具。我们知道政府已在后方三个工业中心，创立规模宏大的机器厂，但是数量似还不够。假如国营的机器厂，不够分配，应当把民营的一百几十家机器厂，加以合理地归并，不要使其集中于少数区域，而要它们分散在若干工业中心。这种办法，一定可以促进内地的工业化。

最后一个问题，就是别种经济活动，应当如何使其与新兴的工业配合。内地的社会，是一个农业社会。它的组织，是来满足农业社会中人口的需要的，对于新兴工业的需要，每每不能适应。一个茶厂的主持人告诉我，他为设计一个新的建筑，曾把附近 30 里之内所有的砖瓦厂包下，工作一年，才够他的需要。内地的砖瓦厂，是为农民建造或修理住宅而设立的。农民修理或建筑住宅，并无整个的计划，他今年的收入，如有剩余，便买些砖瓦放起来，明年后年，又买一些，俟积有成数后，始行动工。农民的需要，既然不大，所以在内地的乡间，大规模的砖瓦厂，便无存在的必要。可是设立工厂的人，决不能效法农民之建筑住宅。他不能虚度岁月，而要一气呵成。所以在工厂设立的地点，砖瓦厂应当改组。这就是工业化，表示以工业来变化别种经济活动的本质。砖瓦厂不过是一个例子，别种例子，不胜枚举。在成都平原有一位主持面粉厂的人，曾说他现在的困难，就是购买小麦的麻烦。成都平原所出产的小麦，数量不成问题，很能满足他的工厂的需要。问题在于购买这些小麦，并无中心的市场，所以不能大批地进货。本来成都平原，是一个农业的社会，买小麦的人，最多是以担为单位，买去自己磨粉，自己消费，根本不需要集中的市场。现在出现了这家面粉厂，一天要消耗小麦数百担，甚至于千余担，当然没有人能够供给他，于是只能这儿买几担，那儿买几担，手续非常烦琐。由此可见工厂设立的地点，商业的组织也应改组。等到面粉厂可以在小麦交易所中，一句话便可进几千担或几万担的小麦，那种商业组织才可以说是与工业配合的，也可以说是工业化的商业组织。我们相信工业化是中国社会的归宿，以工业来变化别种经济活动的本质，其工作已暗中不自觉地进行。但是我们希望各界的领袖，要自觉地来迎合新兴工业的需要，不要等工业的压迫已到头上时，便自动地改变其组织，调整其活动，以与新社会的要求相配合。如此通力合作，工业化在中国一定可以提早若干年。

10 月 3 日

（载《新经济》第 5 卷第 12 期，1941 年）

欧洲的贸易（书评）

League of Nations，*Europe's Trade*. Geneva，1941，116 pages.

《欧洲的贸易》一书，虽然是 1941 年出版的，但所根据的材料，却是 1935 年的，所以只能表示战前欧洲贸易的形态。

整个欧洲的贸易，历年都是入超的，在 1928 年，入超为 54 亿美元；在 1935 年，入超为 25 亿美元。在 1935 年入超的数目内，有 13 亿元是英国的，另外 9 个工业国家的入超为 10 亿元，其余的欧洲各国，入超只有 2 亿元。这样巨大的入超数目，是靠投资所得的利息以及商船、银行、保险等业务所得来补偿的。

欧洲工业国家的数目，虽然比农业国家的数目少，但工业国家的贸易，却比农业国家更为重要。在 1935 年，欧洲 18 个农业国家，其进口只占欧洲进口贸易 17%；它们的出口，也只占欧洲出口贸易 19%。所以欧洲的贸易，大部分是工业国家与其他各国的贸易。工业国家所缺乏的，乃是食料与原料，所以欧洲的进口贸易，有 28% 为食料，45% 为原料与半制品，只有 27% 为制造品。工业国家所多余的，乃是制造品，所以欧洲的出口贸易，有 57% 为制造品。

在 75 种食料与原料之中，欧洲有净输入的，占 65 种。下列 13 种货物，在 1935 年，其净输入均在 1 亿元以上。

货物名称	欧洲各国净输入价值（百万元）
棉花	551
羊毛	318

续表

货物名称	欧洲各国净输入价值（百万元）
小麦	274
木料	203
牛羊肉	182
咖啡	171
汽油	152
玉米	145
茶叶	128
烟草	128
粗铜	121
牛油	107
粗油	103

观上表，衣料虽然占首二席，但食料的总价值，还是较衣料为高。这一类的数字，是值得我们细心研究的。我们在建国的过程中。将来一定要向欧洲各工业国输入大量的生产工具，同时我们也要筹备，输出我们所能生产而为欧洲各工业国所需要的物资，以为抵偿。所以欧洲各工业国，需要一些什么货品，乃是我们应当知道的。在上列 13 种货品中，有好些我们能够供给，但现在剩余尚不十分巨大，如棉花与羊毛，即其一例。如何努力去增加这些货品的生产，以充裕我们将来建国所必需的外汇资源，乃是我们应当设法解决的一个问题。

在矿产品中，欧洲石油与铜的不足，在上表中已有表现。此外主要的矿产品，欧洲的煤铁可以自给，煤还有少数可以出口，在 1935 年，欧洲煤的净输出，为 1 500 万吨，焦的净输出，为 84 万吨。铝矿净输出 5.4 万吨，占欧洲生产量 5%。但多数的矿产品，欧洲是不能自给的。锰为炼钢主要原料，但英法比荷等国均不生产，其需要系由苏联、印度、南非等处供给。铅的净输入，为 47 万吨；锌的净输入，为 12 万吨；锡砂的净输入，为 7.3 万吨。由此可见整个的欧洲，在农产品与矿产品两方面，均不能自给。

欧洲的贸易，在 1929 年不景气之后，有一种显著的趋势，即由多边贸易，逐渐走向双边贸易之路。多边贸易的办法，可以举一个例子来说明。譬如英国向丹麦购肉，丹麦向阿根廷购饲料，阿根廷又向英国买机器。在这种情形之下，英国欠丹麦的钱，可以阿根廷欠英国的钱来偿还。丹麦得到阿根廷的债权，便可偿还购饲料所引起的债务。如此，各个国家可以生产最适宜于它们环境的货品，在世界任何市场上谋销路，同时在世界任何市场上，购入它们所必需的。双边贸易的办法，便与易货相似，你要我买你的货物，同时我就要你买我的货物。譬如英国向丹麦购肉，同时就要丹麦向它办货，但英国所能供给的，也许丹麦不需要，而丹麦所需要的，英国也许不能供给。结果，丹麦不能向英国进货，而英国也就不向丹麦买肉。1929 年以后国际贸易的衰落，以及各国人民生活困难的增加，与多边贸易制度的不振，有直接的关系。所以如何恢复国际贸易的常轨，乃是将来树立世界新秩序时的一大问题。

　　本书共八章，正文占 81 页，另外 35 页附录四项表格，其中最有价值的一种表格，表示欧洲各国对于 75 种货品之净输出入情形，值得留心国际贸易的人，细心研究。

（载《新经济》第 5 卷第 12 期，1941 年）

四川田赋征实的办法及其问题

一、田赋征实的机构

四川田赋征收实物，已于本年 9 月 16 日开始实行。依据《战时各省田赋征收实物暂行通则》第七条的规定，各省征收实物，采用"经征""经收"划分制度。凡经征事项，由经征机关负责，经收事项，由粮食机关负责。经征机关在中央为财政部，在省为田赋管理处，在县为县田赋管理处。经收机关，在中央为粮食部，在省为粮政局，在县为新设的粮政科。由县以下，到乡镇时，这两种机构便合流了，成立一个乡镇征购粮食办事处。在四川，并非每乡镇都有一个办事处，普通以两个或三个乡镇合设一个办事处为原则。我于本年 9 月 22 日，曾在邛崃县与县田赋管理处的主持人，讨论田赋征实的办法。据他告诉我，邛崃在过去收田赋时，县城中设一总柜，四乡共设七柜。自改征实物后，全县共设办事处 16 个，每处辖境的半径，最短的 7 里，最长的一处是 40 里，普通都在 15 里左右，所以农民早上起身到办事处去缴纳实物，当日还可回家吃午饭或吃晚饭。办事处设主任一人，由县田赋管理处，会同县政府委派当地乡镇长兼任，但因一个征收区，每每包括两个以上的乡镇，所以除主任之外，还设副主任，由其余的乡镇长担任。主任及副主任的职务，为督催缴纳粮食、保卫仓库及一切行政上的责任。办事处除主任及副主任之外，设经征员一人至三人，由县田赋管理处委派，负保管征册、粮票，核算粮额，及核发粮票之责。另外又设经收员一人至四人，斗手、仓夫各若干人，由粮食机关委派或雇用，负验收粮食及入仓保管之责。

二、实物数额的核订

各省征收实物的数额，其标准早已由中央规定，便是依民国三十年度省县正附税总额，每元折征稻谷 2 市斗为标准，其赋额较重的省份，得请由财政部酌量减轻。四川民国三十年度田赋正附税总税，共约 9 000 万元，如每元征谷 2 市斗，全省即应征谷 1 800 万市石。这个数额，四川的财政当局以为太大，非四川的人民所能负担，因与中央当局往复磋商，决定每粮一两，摊征稻谷 11 市石，以适应人民的负担能力，其不足政府需要之数，则按摊征标准，每粮一两，另又价购 11 市石。据四川财政当局的估计，征收部分，可得谷 600 万市石，征购既用同样的标准，又可得 600 万市石，合计可得粮食 1 200 万市石。

征购的部分，我们现在可以暂且不谈，现在只看每粮一两，摊征稻谷 11 市石的标准，是如何核定的。据省田赋管理处的主持人告诉我，他们先有征收 600 万市石稻谷的成竹在胸，同时又知全省田赋的额征，为库平银 669 131 两，以每两摊征稻谷 11 市石计算，可得谷 736 万市石，但因各种原因，十足地征齐，是不易的，以八五折计算，便可得到 600 余万市石，所以省府原定的标准，如能做到 85%，便可达到预定的目的。

可是四川最后所采用的标准，并非每粮一两，摊征稻谷 11 市石。最后所决定的，是各县征粮标准，按每粮一两 11 市石，及每两一征正税折征银数每元一市石之总和，以 2 除之，所得商数，即作为应征之率额。例如华阳县载粮 7 547 两 1 钱 1 分，以每粮一两纳谷 11 市石为标准，应缴谷 83 018 市石 2 市斗 1 市升。又该县一征正税，折征银数，为 115 366 元 6 角 5 分 2 厘，应缴谷 115 366 市石 6 市斗 5 市升 2 市合，合计为 198 384 市石 8 市斗 6 市升 2 市合，再以 2 除之，得 99 192 市石 4 市斗 3 市升 1 市合，即为华阳县征谷的数目。这个办法，乃是四川省内各县两种不同主张折中的结果。这两种不同的主张，一种代表田赋正税比较重的各县，主张维持省政府的原议，即每粮一两，摊谷 11 市石。另外一种，代表田赋正税比较轻的各县，主张应以一征正税的银数，易为应缴稻谷的担数。上面所说的华阳县，当然代表第一种主张，因为照那种主张，该县只须缴谷 83 000 余市石，而照第二种主张，就要缴谷 115 000 余市石。可是假如华阳县的一征正税，较 83 000 余元为少，他的代表，一定会投到第二种主张的团体里面去。这两种主张争论的结果，使四川省政府不得不采用折中的办法，如上面所述的。

三、征实与地主的负担

由上面所说的方法，我们可以知道四川每县应缴稻谷的数量，但是还不能知道地主因缴谷而引起的负担。譬如华阳县应当缴纳的谷，为 99 000 余市石，县田赋管理处得到这个数目之后，还是按该县载粮 7 547 两来分派，每两应缴谷 13 市石 1 市斗有奇。经征员在核发粮票的时候，如看见某户过去纳粮一两，便通知他缴谷 13 市石 1 市斗。可是这 13 市石 1 市斗的谷，等于某户收入的百分之几呢？这个问题，很少有人能够回答得出来的。

我为研究这个问题起见，曾于 9 月 25 日，到成都的省田赋管理处，请主持的人，供给我若干县份的耕地面积及本年应征粮食的数额。根据这两种数字，我求得每亩所摊的粮食数量如下表：

县名	耕地面积 （市亩）	征收粮食数量 （市石）	每亩所摊粮食数量 （市石）
邛崃	818 165	151 266	0.185
夹江	363 095	40 651	0.112
金堂	959 686	80 824	0.084
巴县	2 108 036	88 658	0.042
灌县	637 519	42 971	0.067
眉山	1 192 824	113 048	0.095
壁山	838 625	26 301	0.031

以上各县，邛崃曾举行简易清丈，其余都办过土地呈报，所以耕地的面积，较没有办过清丈或土地呈报的各县，当然要可靠些。以上各县，邛崃的负担最重，每亩应缴谷 1 斗 8 升 5 合，壁山最轻，每亩只缴谷 3 升 1 合。

从别的方面，我又搜集到一些关于每亩收获量的数字。一是中央农业实验所对于民国二十九年四川省早稻及晚稻的每市亩产额的估计。根据那个估计，四川省去年早稻每市亩的产额为 292 市斤，晚稻为 306 市斤。同时我们尚须注意一点，就是四川去年早稻的收获成数，只当十足年 54%，晚稻收获成数，只当十足年 55%。今年四川稻谷的收成，较去年平均为佳，所以每市亩的产额，应比去年为高。另外一种材料见于金陵大学卜凯教授主编的《中国土地利用》一书中。根据他们的调查，自 1929 年至

1933 年，四川水稻区，每一公顷产稻 37 公担。以 1 公顷等于 15 市亩，1 公担等于 2 市担计，四川水稻区每市亩可产稻谷 4.93 市担。我们把中央农业实验所的估计与卜凯教授等调查所得的数字加以平均，每市亩所产稻谷，应为 3.95 市担。假如这个数目是可靠的，那么负担最重的邛崃，每亩所摊的粮食数量，还不到收获数量 1/20。即以征购两项合计，每亩所摊的粮食数量，也还不到收获数量的 1/10。别的县份，更不必说了。所以田赋改征实物之后，四川地主的负担，还没有达到古代什一而税的标准。

四、几个尚待解决的问题

征收实物，虽然是古制，但因废止已有数百年，所以恢复这种制度之后，实行时不免发生很多困难的问题，如：（1）各县的负担，有轻重的不同，如何补救？（2）各县的收成，有丰歉的不同，其中被灾的各县，应如何减轻其应缴的谷额？（3）各县政府的收入，过去以田赋附加为主要来源，现在田赋征收实物，交于中央，县财政的不足，应如何弥补？（4）人民交纳稻谷时，其成色是否有一定的标准？如有掺杂行为，应如何？取缔的办法，又应如何执行，始可免去不肖官吏的敲诈？（5）稻谷交到各县办事处之后，应如何保管，始可减轻损失，消除作弊？（6）稻谷集中于各办事处之后，应如何运输到适当的地点，始可满足中央的需要？

这一些问题，都不是容易解决的，都需要办理经征及经收的人，集中经验与知识，来合谋解决。在这儿，我不拟把上面所说的问题，一一加以解答，但是愿意另外提出一个一般人所忽略的问题来加以讨论。

我们从重庆到内江，一走入内江境内，就觉得眼前的景物，与荣昌、隆昌等县的景物，大有不同。内江各地都是蔗田，不愧为四川的一个主要糖业区域。内江的田地，既然有一大部分用以种蔗，所以粮食出产的数量便少了。在平时，内江人吃的米，是要从他县运入的。在往年田赋以货币交纳的时候，这不成为问题，因为卖米可以得钱，卖糖也可以得钱。现在田赋改用稻谷交纳，可是内江主要的出产，是甘蔗而非稻谷，如何卖出甘蔗，买来稻谷，以纳今年的田赋，便是内江人今年所感到的问题。同样性质的问题，应当有很多地方的人感到。

四川省政府对于征收稻谷规定，比较是硬性的。除松、理、懋、茂、汶、靖、雷、马、屏、峨、平、北、酉、秀、黔、彭等县，可自由选定稻谷或小麦、玉蜀黍一种征购，其余各县，一律征购稻谷，不得并征杂粮。在这种规定之下，内江的人，今年除购买自己所吃的粮食之外，还要在别的地方，购买并运输若干担的稻谷，到内江来交纳政府摊派给他的粮额。可是这些粮食，运到内江之后，并非在内江消费，将来中央还要把它运到别的地点去，交给军队或公务员消费。这一往一来的运输，只增加了粮食的成本，但不增加粮食的效用，从经济学的眼光看去，这种运输是浪费的。

我们因而想到 2 000 多年以前，汉武帝在多年战争之后，财政上也遇到与我们今日类似的困难。他用通货膨胀的办法，发行直钱 40 万的白鹿皮币，没有解决他的问题。他用增加赋税的办法，算轺车，算缗钱，加口赋，也还不能解决他的问题。他又实行专卖，榷酒酤，管盐铁，也没有收到预期的结果。后来桑弘羊把田赋征收实物的办法加以修改，因地制宜，"令远方各以其物如异时商贾所转贩者为赋"，譬如内江出糖就以糖为赋，邛崃出茶叶，就以茶叶为赋，桑弘羊要工官制造车辆，解决他的运输问题，把这些特产，运到价格昂贵的地方出卖。结果是政府得到一批巨大的进款，"富商大贾亡所牟大利"，"民不益赋而天下用饶"。在桑弘羊没有改制之前，田赋大约都是用粟米，史称"天下赋输或不偿其僦费"，但是改收特产之后，结果便大不相同，理由是粟米各地都有的，运输并不能产生空间效用（Place Utility），特产是限于一地的，运到别的地方去，在这种货物本身原有的效用之外，又产生了空间效用，可得善价而沽，因而能够增加政府的收入。这位老财政家的办法，似乎值得现在办理田赋征实者的细心考虑。

10 月 9 日

（载《新经济》第 6 卷第 1 期，1941 年）

苏联的工业东迁与抗战

中国抗战，已有四年以上的经验，在这四年多的抗战期中，经济部门的一个重大变迁，便是工业的西迁与内地的开发。在抗战以前，我国的工业，集中于沿江沿海一带，抗战之后，很多工厂都搬到内地来了，我们同时在后方建了许多新兴的工业，这些新兴的工业，是支持抗战的一个很重要的力量，我们抗战所必需的物资，有一部分便靠这些新兴工业来供给，以后我们还要继续发展内地的工业，以巩固我们抗战的物质基础。

根据我们的经验，来研究我们的友邦苏联是很乐观的。苏联过去的工业中心，是列宁格勒，是莫斯科，而最重要的是乌克兰。这些地方，都在苏联的西部，很容易受敌人的摧残。苏联的领袖有鉴于此，所以在过去几个五年计划中，便设法发展他们的内地，即乌拉山以东的区域。现在乌拉山附近的马格尼多高尔斯克及中亚细亚的库司纳兹克盆地，已经成为苏联的重要工业中心。举几种重要物资来说，在 1913 年乌克兰所产的煤，占当年帝俄全国煤产量 87.2％，1938 年只占 60.3％，1942 年的计划是要使乌克兰的煤产量只等于全国的煤产量 48.7％。又以钢铁来说，在第一次大战以前，乌克兰是当年帝俄唯一的生产钢铁区域，但根据第三次的五年计划，乌克兰在 1942 年钢铁的生产，只能占全国产量 53％，由此可见苏联的重要工业，以前集中于西境的，现在已分散到较东的区域里去了。苏联工业的东迁，其意义等于我国工业的西迁，对于长期抗战，无疑地将有其伟大贡献。

除了煤与钢铁之外，苏联的石油产区，素来集中于巴库，其出产量等于全国产量 75％。高加索的油田，除巴库外，还有格罗斯尼与梅哥甫，其产量占总数 15％。但是近来苏联在乌拉河与伏尔加河之间，又发现了第二个巴库。这儿的油库虽然较差，但其储藏量据云较巴库还要丰富。目前的生产量，每年已有 200 亿，将来的发展，还未可限量。

　　苏联既有这许多资源在它的内地，而且这广大的内地，已经着手开发，所以苏联能够长期抗战，绝无疑问。我们再替苏联的敌人希特勒打算，他要夺乌克兰，主要的目标是在粮食，但是乌克兰的农业，在过去十余年内，已有很大的改变，便是机械化的程度，近来是很高的。以 1939 年来说，苏联的农场上有 50 万部曳引机、16.5 万部康拜因、21 万部重卡车，这些机械是苏联的农业生产所必需的工具，没有这些机械，苏联农作物的产量将一落千丈。可是这些机械没有汽油是开不动的，但是德国作战所必需的资源，最缺乏的便是汽油，而乌克兰也无油产可以利用，所以希特勒即使占领了整个的乌克兰，而得不到高加索的油产，还是无法使乌克兰的农场上生产大量的粮食。高加索的油田，既有苏联的大军保护，复有英国的远东军队声援，绝不会落于希特勒之手。即使万一希特勒的魔掌占到高加索，我们敢说那时的油田及炼油厂，一定都被破坏，在短期内无修复的可能。因而希特勒也将毫无所得。

　　根据这种研究，我们敢说苏联的抗战与我们一样，其成败不系于一城一地的得失，苏联有广土众民，内地又有新兴的工业，所以又与我们一样可以做长期的抗战。而这两个国家的抗战，内得全体民众的拥护，外得世界上爱好自由各国的同情，及英美等国的实力援助，最后的胜利，一定是我们的，绝无丝毫的疑义。

［载《半月文摘（梅县）》第 16 期，1941 年］

英国如何支付战费（书评）

G. Crowther，*Paying for the War-Oxford*. 1940，32 pages.

  这本讲英国如何支付战费的小册子，是《经济学人》周刊的一位编辑写的。他估计这次的战争，英国每年要花 40 亿英镑。英国人民的收入，在战争开始时，为 60 亿英镑，但增加生产之后，可达 70 亿英镑，所以战费的支出，将占全国人民收入的半数以上。这样巨大的战费，如何筹集，便是这本小册子所要讨论的。

  先从税收方面想法。现在政府的税收，以及因生产增加，可望随而增加的税收，可达 15 亿英镑。但是新的财源，还可开发。第一种提议，是增加富人所得的税率。根据 1936—1937 年的统计，英人的收入，每年超过 2 000 英镑的，共有 95 750 人，其收入总额，为 4.837 亿英镑。从这个数目内，所得税要提去 1.65 亿英镑，所得税附加税要提去 6 500 万英镑，余下来的只有 2.5 亿英镑。假如这 9 万多人，每人只保留 2 000 英镑，其余的悉送给政府，那么政府所得，也不过 6 000 万英镑而已。所以只从富人身上想法，是不够的。其次，便是提高中级收入者所得税率，现在的所得税率，是每英镑 7 先令 6 便士，中级收入者，即每年收入在 250 英镑至 2 000 英镑的人，在现在税率之下，共纳所得税 4.75 亿英镑。假如把税率提高至每英镑 10 先令，国家的税收，便可增加 1.75 亿英镑。也许有人以为这种税率太高，其实在旧的税率之下，并非所有的人，毫无条件地每英镑都要纳 7 先令 6 便士的税。一个已经结婚而且有子女二人的家长，其收入便可剔除一部分，可以不必纳税。假如他的收入每年为 1 000 英镑，实际所纳的税，平均每英镑只有 3 先令 7 便士，如税率提至每英镑 10 先令，他所纳的税，每英镑亦只 4 先令 10 便士而已。至于劳工阶级，则征收所得税并不合算，因所得不多，而行政费则甚巨，或将得不偿失。不过劳工的收入，可以用间接方法征收，即增加消费税。假如政府对于商店或商店以外的一切交易，每镑收交易税一先令，每年可得税款 1 亿至 1.2 亿英镑。以上这三种办法，每年可得 3 亿至 4 亿英镑。加上旧税的收入，不过 18 亿至 19 亿英镑，离开政府所需要的数目还远，最多不过一半而已。

税收以外的方法，便是借债。真的债款，应当是人民省下来的。从人民的荷包中拿出钱来借给政府，才算是真债。这种借债的方法，不会使通货膨胀，或信用膨胀，因而也不会影响物价。反是，假如银行制造信用，而把账面上制造出来的钱，借给政府，则与通货膨胀无异，并不能算是真的借债。英国人每年储蓄的款子，约 4 亿英镑，这是可以借给政府的。此外社会上每年添补设备的款项，约 5 亿英镑，其中当然不能完全不用而转移给政府，但转 3.5 亿英镑与政府，是可以办得到的。以上两者合计，共为 7.5 亿英镑，加上税收，离 40 亿英镑的目标也还远。

作者以为弥补这个缺口的办法，便是用计口分配制，来减低人民的消费，因而发生强迫储蓄的作用。一个人的进款，在纳税之后，本来可以完全用于消费的，但是政府利用计口分配制，限制他的消费，使他有钱也花不出去。这样强迫节约下来的钱，又可以借给政府。

除了增税与借债两个方法之外，作者对于通货膨胀一方法，以为有时也许要采用，但应置于增税及举债之后。等到这两个方法都用尽了，而收入还不足以支付战费，那么通货膨胀，也是无办法中的办法。不过它的缺点很多，如引起社会的不安，造成贫富负担的不均，替若干商人布下发国难财的局面等，所以应当使它在战时财政中，占一极不重要的地位。

英国支付战费，还有一个办法，在上次及这一次战争中，都已采用的，便是征收国民的外汇资源，如外币、外国股票、债券等。这个问题，在《经济学人》周刊中，曾有详细的讨论，但在这本小册子中，却没有提到。还有，在作者执笔时，美国的租借法案还没有通过，那时英国作战的物力，完全要靠英帝国自己筹集，所以工作似乎艰巨异常，现在英国作战的物资，可以一部分由美国获得，而且不必立即付现，所以英国的战时财政问题，现在已比以前松动得多了。

作者在这本小册子中，虽然是讨论战时财政的，但他却不夸张战时财政的重要性。他说："钱并不能打胜仗。打胜仗要靠人力与物资。假如一个国家，它的人力比敌人大，它的设备与原料，比敌人丰富，那么不管财政上有何困难，也可以打胜仗。所以战时财政的重要性，应当放在动员人力与物力之后。"

（载《新经济》第 6 卷第 2 期，1941 年）

陶纳教授论战后的社会（书评）

R. H. Tawney, *Why Britain Fights*. London：MacMillan & Co. ，1941，46 pages.

　　战争破坏了旧的社会组织，但同时也种下新组织的萌芽。这种新社会的组织，其性质如何，应当建筑在哪些原则之上，已经有好些人讨论过了。陶纳教授的小册子，也是讨论这个问题的。

　　战后的中心问题，据陶纳教授的看法，共有两个。第一是国际的秩序如何维持，第二是国内的公道如何获得。关于第一个问题的讨论，作者特别注重欧洲的情形。他以为欧洲的国际秩序，过去所以不易维持，乃是由于政治与经济的发展分道而驰的结果。在政治方面，欧洲的国家，是由少而趋于多。在 1875 年，欧洲的国家除却俄国之外，共有 16 个。1914 年加至 22 个。第一次欧战之后，又增至 29 个。但在经济一方面，因为工业发达的结果，各国的关系，愈趋密切，彼此互相依赖的程度，愈趋深刻。所以政治走的是一条路，而经济走的乃是另一条路。政治趋于分离，而经济趋于团结，希特勒的新秩序，便是从这种现实的状态出发的，他要把欧洲组织成为一个集团，置于德人统治之下。从经济的观点去看，欧洲的联合，有其必要，但以武力来强迫弱国就范，使弱国牺牲本身的主权，来听德国的摆布，乃是应当反对的。经济的繁荣，固然要设法获得，但政治上的自由，也不可轻易牺牲，作者因此提出一种联邦的主张，使欧洲的联合，不是由于强迫，而是由于自愿。这个联邦的出现并非一朝一夕可以造成，也非一个几个条约便能保障，而是需要好几代的发育生长，才可成形的。第一步的工作，是要产生一个国际的组织，使其能够担负维持秩序的责任。以前每一个国家的里面，也是有好些势力，彼此斗争，但是这种彼此斗争的势力，起初是被控制着，其后便被消灭。国内这种局面的造成，是因为产生了一种中心力量，使存心叛乱的人，有所畏惧，不敢尝试。国际的秩序，也要用力量来维持。这种力量如何产生呢？一个办法，便是由国际组织来控制军需工业的资源。现在作战所必需的武器，是由若干原料造成的，而这些原料，出产在几个中心。以后这些原料的出口，应该先得到国际组织的允许证，或者把这些原料的贸易，完全交给这个国际组织去独占经营。还有，现代的战争，非有空军不可。以后可以把军用及民用的航空事业，完全交给国际组织办理，假如有一个国家，私设空军，则其余的国家，便群起而攻之。作者希望将来产生这种组织，以消灭摧毁文化的战争。其次，国际经济发展的不平衡，也是发生冲突的一个原因。作者主张创设一个发展欧洲的基金，由国际组织来管理。这个基金，可用以帮助落伍的国家，改良农业，有计划地发展工业及交通，扶助合作运动，提高教育及卫生的设备。如此，那些落伍的国家，便可提高人民的生活，参加欧洲的文化工作，不致受外国资本家的剥削，或强邻的驱使。欧洲的秩序与繁荣，因此便有保障了。

至于战后国内的问题，便是要有社会的公道。作者虽然是针对英国的情形而说的，但其所描写的目标，值得任何国家去努力争取。他以为民主政治，在英国是已实现了，这是英国人可以自骄的，但是英国的经济组织，则离民主的理想还远。民主的原则，应当从政治的领域，施行到经济的领域。民主的政治，不应当有独裁者；民主的经济，也不应当有游手好闲的人与终年劳苦的人同时并存。所谓民主的经济，便是用合作的力量征服自然，以增加大众的福利。一切实业，是为社会而生存的。它的价值，不是由它获利的多少来判断，而是看它对于大众服务的大小来判断。凡与大众的福利有关的事业，不应该由私人办理，而应当由公家经营。金融机关是与大众福利有关的，所以应当公营。交通事业、煤矿及动力事业、军需工业、钢铁工业、土地利用及粮食生产，处处都可以影响大众的福利，所以也要归公家经营。为使公营事业能够发挥效力起见，政府应有一设计的组织，与它平行的，还应有一投资的组织，管理新资本在各种事业间的合理分配。生产的所得，首先要分配给实际从事工作的人，使他及他的家庭，能够维持一种合宜的生活。其次便要顾到青年的教育与营养，使下一代的人，身体健康，天赋的才力，有发展的机会。根据过去的经验，战争之后，政府一定要负一大笔债务。这种债务，应当对于财产重征赋税来偿还，特别要注意的，便是增加遗产税。

陶纳教授所描写的战后理想的社会，虽然是针对欧洲的状况而言，但是我们在战后，与欧洲人有类似的问题，所以他的主张，也可做我们从事建国者的参考。陶纳教授的英文，是有名地优美，所以读他的书，不但增长知识，也是一种快乐。

（载《新经济》第 6 卷第 3 期，1941 年）

石油与战争（书评）

E. W. Friedwald，*Oil & The War*. London：William Heinemann Ltd. ，1941，88 pages.

一、石油在战前的来源与去路

这本讲石油问题的书，其中心点是讨论德英两国在这次欧战中对于石油的需要与供给，为留心世界大局的人所不可不读的书。

本书开始便说明世界上石油的来源与去路。在 1939 年，有 8 个国家，其生产总量，占全世界产量 93.5%。如下表：

国名	产量（千米吨）	占世界产量之百分数
美国	171 053	60.4%
苏联	29 530	10.4%
委内瑞拉	30 534	10.7%
伊朗	10 367	3.6%
荷属印度	7 949	2.8%
罗马尼亚	6 228	2.2%
墨西哥	5 794	2.0%
伊拉克	4 116	1.5%

此外尚有六处，每年的生产量，均在 100 万吨之上，即哥伦比亚（3 068）、特立尼

达（2 711）、阿根廷（2 651）、秘鲁（1 799）、缅甸（1 087）及巴林群岛（1 033）。全世界的产量，在1939年，虽然共有2亿8 384万2 000米吨，但如美国及苏联，虽然是产油最多的国家，其消耗量也很大，实际流入世界市场的油，不过8 000万吨。其来源分为下列三组：（1）西半球各国，如委内瑞拉、美国、墨西哥、哥伦比亚、特立尼达及秘鲁等供给世界市场之油，占8 000万吨中的75％，而在此75％的数量内，委内瑞拉及美国，占去五分之四。（2）东方各国，如伊朗、荷属印度、伊拉克、巴林群岛等，供给8 000万吨中的20％。（3）罗马尼亚及苏联这两个国家，前者于1939年曾输出420万吨，后者曾输出50万吨，所以在世界市场的总供给量中，只占5％。

这8 000万吨石油的去路是如何呢？下列六个国家，便占去了一半，如下表：

国名	输入数量（百万吨）
英国	12
法国	8
美国	7
德国	5
意大利	2.7
日本	4.8

其中美国输入700万吨石油，完全是一种政略，它从南美输入这些石油，借以维持美国与南美各国的商务及友好关系。

二、英国的石油供给不成问题

英国国内所产的石油，数量甚微，只有80万吨。在1938年，英国曾输入石油1 200万吨，这可以代表它的需要量。英国的自治领及属地，每年还需要1 400万吨，两者合计，共2 600万吨，但因自治领与属地，也有产油的，可以就地供给，真正需要从海上运输的油，只有2 300万吨。英国及其盟邦，共有运油船位600万吨，其载重量为800万吨。这些油船，每年运输四次，便可运3 200万吨，超过需要量900万吨。此外美国与巴拿马，还有运油船位320万吨，必要时可以利用。

只要英国能控制海洋，油的来源便无问题。它从世界各地，可以获得石油，所以即使有一条路线为敌人所切断，它还可以从别的路线运输。英国过去的石油政策，是从国外购得已经提炼的油，并不像法德等国，运入粗油，自己提炼。这个政策，有两种好处：一则油运到时，便可利用；二则易于储藏，不像炼油厂之易受敌人的空袭。当然，运油船也会遇到空袭，不过一只 1 万吨的运油船，如遇轰炸，那么以每年运输 4 次计算，一年的损失，也不过 4 万吨，可是像德国那种炼油厂，如被炸中，损失便有 40 万吨。英国对于石油的取给，较之德国，还有一种便利，就是那些驻在地中海、近东及远东的海军与空军，油料可以就近取给，无须运输。所以英国的石油，从各方面看去，都不成问题。

三、石油是德国的致命伤

德国的石油问题，也可从需要与供给两方面去观察。在需要一方面，德国有一位军事家于 1936 年曾说过，战时德国需油 1 200 万吨。1937 年，德国又有一位经济学者，说战时德国需油自 1 500 万吨至 2 000 万吨。另外又有一位专家，在瑞士出版一书，说是德国每年需要 3 700 万吨的石油，才可进行近代化的战争。此外还有许多报章杂志，估计德国在战时，每年需要石油 3 000 万吨。

这些估计，都不足为凭，让我们把事实来一一分析。先说德国平时需要石油的数量。德国的汽车，年来颇有增加，已从 1933 年的 170 万辆，增至 1938 年的 340 万辆，所以石油的消耗，也从 337 万吨，增至 729 万吨。在大战的前夕，德国对于石油的消耗，仍有增加。假定战时德国实行节约，把上面所说的数量，省去一半以上，每年民间及工业的需要，至少还有 360 万吨。

其次，我们还要估计德国占领区中的需要。奥地利、捷克、波兰西部，丹麦、挪威、荷兰、比利时及法国的占领区，平时每年消耗汽油 800 万吨。假定强迫节约的结果，省去四分之三，每年也还要 200 万吨。

现在可以计算德国的战争机构所需的石油了。德国的海军，需用石油的数量甚微，可以不必细计。空军方面，战斗机一架，如有一个 1 000 马力的发动机，每日在空中飞行 4 小时，消耗汽油 1 吨。轰炸机一架，如有两个 1 000 马力的发动机，每日飞行也是 4 小时，需要汽油 2 吨。假定每天有 1 000 架飞机都飞行 4 小时，其中一半为战斗机，一半为轰炸机，那么一年内所消耗的汽油，也不过 55 万吨而已。当然，如在前线维持 1 000 架飞机，后方一定还需要很多的练习机，不过就把这些飞机所消耗的汽油也加进去，其数量也不如一般人所想象的那样巨大。

最消耗汽油的，还是机械化的部队。在波兰与法国之役，德国的机械化部队一师，每日消耗汽油及其他油类自 120 吨至 200 吨。波兰之役，德国用了 60 师，共耗石油 50 万吨。法国之役，德国用了 120 师，共耗石油约 100 万吨。所以德国的陆军如要作战，每月至少要消耗石油自 50 万吨至 75 万吨，作者在写这本书的时候，是本年 4 月，那时苏德还未开战，德国的陆军，对于石油，并无大量消耗。所以作者的结论，以为德国的军事机构，每年消耗的石油，只是 150 万吨至 200 万吨。

以上民用及军用合计，德国及其占领区内，每年消耗石油的数量，为 700 万至 750 万吨，这与一般人的估计相比，要低得多。

在供给方面，德国于 1940 年 6 月，在本国及其占领区内，可得油料 445 万吨，从罗马尼亚等处输入的石油，因运输的艰难，每年不能超过 200 万吨，共计为 645 万吨，需要与供给相比，尚差 60 万吨至 100 万吨。

这个结论，自本年 6 月苏德战争发动之后，已不适用了。第一，我们知道德国在前线的飞机，不止 1 000 架，所以空军消耗汽油，每年不止 55 万吨。第二，德国进攻苏联，不止出动了 100 师的机械化部队，所以陆军每月对于汽油的消耗，不止 50 万吨至 75 万吨。德国自己所产的油，在英国空军继续轰炸之后，即使能够维持平时的生产，也不够节约后的民间需要。而罗马尼亚的油，即使全数可以供给德国（运输困难及空袭损失不计），也只够几个月的大规模闪电战之用。所以 1942 年，将为德国发生油荒之年。假如苏联的抗战，再能继续几个月，德国的空军及机械化部队，恐将无所施其伎俩了。

11 月 17 日

（载《新经济》第 6 卷第 4 期，1941 年）

对敌全面经济封锁

敌国日本是一个资源薄弱的国家，一切军需工业、重工业及轻工业的重要原料，国内大都不能自给，它虽然自号强国，但是我们如把它的经济基础拿来与英、美、苏联等国家相比，那么敌人外强中干的状态，就可一目了然。一个强国所必需的资源，如石油、钢、铁、铜、铅、铝、锌、钨、锑等，敌人没有一样能够自给，样样都要靠外国补充，就是敌人国内最发达的纺织业，其所需的棉花与羊毛，也要靠国外供给。所以敌人的对外依存性是很高的，它好像一个婴儿，需要别国的乳汁来维持生命。假如我们把这乳汁的来源切断，那么敌人的夭折，便可计日而待。

现在让我们提出一点统计来证明此点。

石油是现在空军、海军及机械化部队的动力来源，没有石油，飞机不能起飞。舰队只好停在海港，机械化部队也不能开动。但是敌人每年自己产生的石油，不过450万桶，连代汽油如偏苏油酒精等一起计算在内，也不过500万桶。这个数目离满足敌人的需要甚远。所以过去数年敌人每年自国外输入的石油约4 000万桶，主要的来源为美国、荷印及墨西哥。

敌人对于钢铁的生产，近年确有进步，铣铁已能每年出到300万吨，钢料每年已能出到500万吨。但是制造铣铁的铁砂，国内及占领区只能供给它三分之一，其余的三分之二要从菲律宾、马来西亚等处输入。制造钢铁材料必需的废铁，国内只能供给十分之一，其余的十分之九仰给于美国。

钢的生产在国内年达1万吨，但需要超过此数2倍，过去不足之数，多从美国及南美的智利输入。铜的生产有1万吨，但需要12万吨。锌的生产有2万吨，但需要10万吨。不足的数量，由加拿大、缅甸、澳大利亚、墨西哥及美国等处输入。

铝的生产与制造飞机有密切的关系，敌人因扩充飞机工业，已将铝的生产由1934

年的 664 吨，增至最近的 3 万吨，但其需要量为 5 万吨。不足之数，一方面向荷印、印度、希腊等处输入铝矿，另一方面由加拿大、美国、挪威、瑞士等国输入纯铝，以资补充。

钢铁的合金，其中如锰，敌人每年需要 37 万吨，国内只能生产 7 万吨，所以要向印度等处输入 20 万吨；如镍，敌人在国内毫无生产，须向加拿大等国采购；如钨及锑，乃是我国的特产，敌人虽然设法在占领区内搜刮，但因主要产区仍在我方控制之下，所以敌人能够获得的数量，仍然有限。

再以纺织业所必需的原料而言，敌人在国内并不产生棉花与羊毛，1939 年曾自国外输入棉花 2 亿零 86 万包，其中 80 万包来自美国，110 万包来自印度；1937 年曾自国外输入羊毛 2.98 亿磅，主要的供给者乃是英帝国的三个自治领，即澳大利亚、纽西兰及南非联邦。

根据上面的一点统计，我们可以看出敌人依赖英美两国的深切。有人曾估计过敌人的军需资源，其不足的数量有 90% 要在英美及其属地内补充。因为如此，所以我们过去单独对敌经济封锁的政策，没有收到显明的效果。可是今年 7 月以后，对敌经济封锁的局面，完全改观了。美国于 7 月 26 日封存日本在美资金，使日美间的商业无形停顿；8 月 1 日美国更进一步扩大油类禁运范围，禁止一切马达燃料油及飞机所适用之各种燃料输往侵略国家。英国与美国采取平行的政策，亦于 7 月 26 日封存日本在英帝国各部之全部资金；英国驻日大使克莱琪复于 26 日通知日本外务省废止英日商务航海条约及关于日印、日缅贸易关系的两个协定。荷印政府也下令封存日本资金，并宣布自 8 月 28 日起，废止去年 11 月所成立的对日油类供给协定。所以对日经济封锁，已由片面的演进，至于全面的了。

我们相信这种全面的经济封锁，不战也可以制敌人的死命。只看近数月内敌人的内阁倒台，舆情鼎沸，产业界的不安，就可知道敌人内心的焦急，是到了什么程度。我们一方面要求英美各友邦不但不要放弃经济封锁的政策，而且对于封锁的程度要逐日加深，使敌人的资源日渐消耗而无法补充。同时我们更要注意严防敌人在我国内的搜刮，要唤起前方后方的各界民众，不要从他们的手中漏出一点物资给敌人。我们特别要注意的，就是我国有大量生产而为敌人所垂涎的几项物资如煤、铁、钨、锑、盐、棉花、羊毛等。我们的步骤应该与国际局势的发展相配合，我们应当与英、美、荷印的政府相携手，形成对敌的全面经济封锁。这种工作只要继续一年，我们便可看到资源涸竭的敌人，卒无法继续侵略而退出亚洲大陆了。

（载《前线日报》11 月 29 日，1941 年）

金融组织与经济制度（书评）

Harold C. Moulton，*Financial Organisation* & *The Economic System*. New York：McGraw-Hill Book Co. ，1938，515 pages.

《金融组织与经济制度》一书，系莫尔顿根据他于 1921 年出版的那本《社会的金融组织》改写而成。全书共 29 章。第 1 章至第 7 章，泛论货币的功用及其演化；第 8 章至第 10 章，论信用的性质、功用及表示信用的各种票据；第 11 章论资本的来源；第 12 章至第 16 章，论投资银行及供给各种企业以固定资本的金融组织；第 17 章至第 21 章论商业银行及供给各种企业以流动资本的金融组织；第 22 章至第 24 章，论政府对于银行的管制及联邦准备银行的功用；第 25 章论外国银行，特别注重英、法、德、日等国的中央银行制度；第 26 章及第 27 章，论土地银行；第 28 章论政府在金融系统中的地位；第 29 章论货币与物价变动。全书除文字的说明外，还附有 27 张图、26 个表。

书中的图，是最值得研究的部分，因为它有提纲挈领的功用。好几章的材料，常常在一张图中，便可把其要点表示出来。譬如第 25 页有一张图，表示金融组织在整个经济制度中的地位。从这张图中，我们可以看出，美国人民的收入，是由薪资、利息、红利等个人所得合组而成的。这个综合的收入，可以分为三部分，表示三种不同的用途：一为赋税，二为人民的消费，三为储蓄。关于赋税之部，是由人民的口袋中流入国库，政府即以此项收入，分配于两项用途——一为普通政费，二为新的国营事业投资。此两项支出，最后亦必转变为薪资、利息等，成为个人的所得。关于人民消费之部，图中共分两步说明其去路。第一步系人民向交易机构如商店等付出货款，同时向此种交易机构取得物资及劳务。第二步系此种交易机构，向国内各种生产组织如工厂等付出货款，同时向此种生产组织取得物资。而生产组织，收得各地交易机构之款项后，亦终必以薪资、利息等方式，分与参加生产之个人。关于储蓄之部，其去路有三：一为直接投资于新的私营生产事业；二为存入商业银行，再由商业银行转贷与政府及各种企业；三为存入各种投资组织，再由此种组织，转贷于新的生产事业。储蓄的款项，虽然去路不一，但最后亦必转变为个人的薪资、利息、红利及地租等收入。此项收入，又以赋税、个人消费及储蓄等方式流出。如此周而复始，形成社会上的整个经济过程。

从上面简单的叙述里，我们已可看出金融组织在整个经济制度中所处的优越地位。社会上的一切经济事业，不问其为生产或贸易，都需要固定资金及流动资金，始能进行顺利，所以它们都要借助于社会里的金融组织。而控制金融组织的人，便可以控制生产事业，因为他们有权指导资金的用途及资金在各项事业中的分配。换句话说，谁控制了金融，谁就可以决定一个社会中的生产政策。譬如一个社会里面，有一部分人想发展重工业，而控制金融的人，则以为发展轻工业有利可图，结果一定是轻工业得到发展而重工业则无立足之地。何以故呢？因为想发展重工业的人，没有得到金融界的资助，一定是股票无法推销、债券无法出售，结果是资本无着落，只好关门而已。金融组织在社会中既居锁钥的地位，所以控制权有从私人手中，移入政府手中之势，虽在个人主义极为发达的美国，因为环境的逼迫及经验的教训，也无法避免。

莫尔顿的书，是描写美国金融机构的，我们如把现在中国的金融组织放在心里，再来读这本书，一定感到我国金融组织的幼稚及不健全。两相比较，最令我们感到落伍的，一为土地银行制度的未树立，以致农民的长期、中期及短期借贷，尚难逃高利贷者的掌握；二为商业银行组织的不普遍，致令若干区域中的生产事业，无法通融资金，同时各地人民的收入，因缺乏银行服务，仍多呆滞或冻结于私人箱柜或地窖之中；三为投资的金融组织，只现萌芽，以致若干有心人士，虽欲举办实业，而缺乏组织为之推销股票或已有历史的事业，欲推广其范围，亦缺乏组织为之承销债券，这种幼稚的投资金融组织，是中国工业化所以不能急遽进展的一个重要原因；四为中央银行的职责尚未确立，以致目前各种银行钱庄，其业务至为散漫，利率亦极参差，无人控制。总之，我国的金融事业，与其他经济事业一样，需要现代化，这一定是研究过欧美金融组织的人所同感的。

（载《新经济》第 6 卷第 5 期，1941 年）

国际货币经济学（书评）

M. A. Heilperin, *International Monetary Economics*. London: Longmans, Green & Co., 1939, 281 pages.

国际的经济关系，可以用好些方式表现，但最重要的是贸易与投资。国际贸易是货物的流动，而国际投资则为资本的流动。这两种活动的进行，需要稳定的汇率为基础。哈北宁教授的这本著作，便是讨论如何稳定汇率的书。

在第一次欧战以前，国际的汇率，是相当地稳定。所以至此的原因，是由于世界上的主要国家，都采取了金本位。在金本位之下，甲国的货币，等于若干乙国的货币，是视甲国货币中所含的黄金，等于乙国货币中所含的黄金若干而定。举一个具体的例子来说，1 000 英镑中所含的黄金，等于 4 866 美元所含的黄金，所以 1 英镑可以换 4.866 美元，这是固定的。在外汇市场上，因供求的变动，当然也可影响汇率，但这种汇率变动的幅度，是有限的。譬如在纽约的市场上，假如需要英镑的数目超过供给的数目，英汇便要上涨，但 1 000 英镑的价格，无论如何不能超过 4 885 美元。假如超过这个数目，需要英汇的人宁可运出黄金，到伦敦去偿付他的债务。反是，1 000 英镑的价格，无论如何也不会跌到 4 845 美元之下。假如跌到这个数目之下，英国的金子，便要运入美国来偿还债务。

外汇市场上供求的变动，是由国际收支的不平衡而起，但是汇率变动的现象发生之后，便可引出一串事实，其结果将使国际收支重趋平衡。譬如英镑在纽约的汇率，原来应为 4.866 美元，但因英国对美的贸易是入超，英人对于美金的需要，超过美金的供给，如是英镑的汇率下跌，结果是英国的黄金流入美国。在英国方面所发生的影响是：因为黄金流出，通货紧缩，物价下跌，外人在英购货，有利可图，因而英国的出口货物，必然增加。反是，在美国，因为黄金流入的结果，通货膨胀，物价上涨，外人在美购货，无利可图，因而美国的出口货物，必然减少。当初英汇跌价，系因英国的入超所造成，但因入超而流出黄金，因流出黄金而物价下跌，因物价下跌而出口增加，最后因出口增加，便可消灭入超的现象。入超既然消灭，收支又可平衡，如是英镑在纽约的汇率，又恢复平价。

上面的一串事实，是自然发生的，但是一个国家的金融当局，还可用人为的力量使国际收支迅速地趋于平衡，因而使汇率复于常态。这种人为的力量，系由中央银行以利率政策来行使。譬如一个入超的国家，可以提高存款的利率，其结果一方面可以紧缩通货而使物价下降以鼓励出口，一方面还可吸收外国的资本，使其由利率低的国家，移到利率高的国家来谋厚利。无疑地，外国资金的流入，是可以帮助一个入超的国家平衡国际收支的。

这一套国际金融机构，因金本位的放弃而失其作用。汇率因无黄金做基础，所以升降的幅度极大，国际贸易与国际投资，除了普通的风险之外，还加上汇率变动所能发生的危险，因而一般人都视国际贸易及国际投资为畏途。近来国际贸易数量的减少，以及国际投资的消沉，其重要原因之一，便是金本位放弃之后，汇率无法稳定。

金本位一时既无回生的希望，各国的政府不得不另筹方法来稳定汇率。这种新的方法，一为外汇统制，二为外汇平准基金。外汇统制，是把外汇的买卖，完全集中于政府的手中，不让市场上有私相授受外汇的行动。外汇平准基金，并不妨碍外汇市场的存在，但以大量买卖外汇的方式来影响外汇的价格。前者为苏联与德国所采用，而后者则为英美所采用。在采用外汇平准基金制度的国家，私人的活动，还是相当自由的。但在采用外汇统制的国家中，统制的范围，一定会由外汇而连及贸易。管理外汇的机关，一定要决定入口的总数量以及在这个总数量内各种货品的分配。决定了货品的种类之后，还要决定某种货品，应从哪个国家输入以及输入的数量。这种办法，即使可以稳定汇率，但同时却桎梏了贸易，所以从哈北宁这种正统派的经济理论家看来，是可以反对的。在外汇统制与外汇平准基金两种制度之中，作者还是赞成后者。自从1932年英国首创这个制度之后，已有好些国家采用，如美国行之于1934年，法国行之于1936年，其他小国采用这个制度的不计。作者以为这个制度，如能推广，也许可以奠定国际经济合作的新基础。

　　我国在抗战之后，币制的改革，一定是一个重要的问题。我们当然希望可以产生一种币制，内可使物价安定，外可使汇率平稳。但是如何才可以实现这种目标呢？哈北宁的书，对于这个问题，当然没有答案，但他却提供了许多理论，可以做我们思量这个问题的参考。

（载《新经济》第 6 卷第 6 期，1941 年）

抗战与经济变迁

七七抗战以来，已历四年有半，在这个时期中，各部门的变动都很大的，而以经济部门为尤巨。现在我们愿意提出几项重要的经济变迁来讨论，借以说明这些变迁的影响及其意义。

第一是内地的开发。抗战以前，我国的主要新兴事业，都是集中于沿江沿海一带，内地虽有丰富的资源与庞大的人力，但是新的经济事业，很少在内地立足的，以致沿江沿海一带，虽略具工业化的雏形，而内地的生产方式，还未脱中古时代的窠臼。抗战以后，沿江沿海的工矿，有好几百家搬到内地来了，同时政府与人民，在过去的几年之内，又在后方各地，添设了许多新的厂矿，因此后方的生产方式，起了一个很大的变动。凡是在内地旅行过的人，都可以看到很多新的生产事业，是抗战以前所没有的。这种开发内地的工作，替我们的长期抗战，立下了一个稳固的基础，同时又使后方各省的工业化，提早了几十年。因为假如没有这次抗战，我们很难想象在这几年内，四川会有规模宏大的钢铁厂，云南会有簇新设备的机器厂。然而这些钢铁厂、机器厂，以及其他不可胜数的各色厂矿，均在内地建设起来了，这是抗战对于建国的一个重大贡献。

第二是国营事业基础的建立。在抗战以前，国营事业只限于交通方面。关于工矿的发展，资源委员会虽然在民国二十五年定下了三年计划，但实行未及一年，抗战即已爆发，以致当时所决定的全部计划，不得不改弦易辙，重行修订。可是经主持者的继续努力，在过去的几年之内，资源委员会所办理的事业，已经扩充到六十几个单位，包括电力工业、燃料工业、冶金工业、机器工业、电工器材业及化学工业。这种国营事业的发展，表示中国工业化所走的轨道，已经不是欧美各国资本主义所走的轨道，因为在资本主义的国家内，像上面所说的重要工业，都在私人的手中，因而在工业中所得的利益，也大部为资本家所享受。我国的国营事业，现在还是草创时期，将来一定还要发扬光大，在这些新事业中所得的利益，将来一定都归于国家，用举办社会福利事业的方式，分配于全体人民，不致为少数人所独享。同时我们要注意的，就是国营事业的发展，并不妨碍民营事业的兴办。我国工业化所采取的途径，虽非像欧美各国的全由民营，但也并不效法苏联的全归国营。过去政府对于民营的事业，不但是不加以阻碍，而且还加以鼓励，不过民营事业的所得，不能由私人独占，政府将用币制资本的方式，集中一部分所得于国库，而以此种资金，来办理国防或社会福利的事业，使社会上人人俱蒙其惠，这是从近年来开办各种直接税，如所得税、遗产税、过分利得税等，便可见其征兆的。

我们从过去几年国营事业发展的趋势，可以知道国营事业所想完成的使命是很伟大的。其一，国营事业要建立国防的经济基础。为要达到这个目标，所以国营事业，偏重于重工业，对于轻工业以及供给民生日用品的工业，则完全听任民营。将来国防军的需要，无疑地，一大部分要由国营事业来供给。其二，国营事业，要替民营事业安排适宜的环境，过去资源委员会对于电力事业以及机械工业的注重，可以说是要达到这个目标。电力事业供给低廉的动力，机械工业供给生产的工具，假如动力与生产工具的问题解决了，建设新厂的问题，可以说是解决下一大半。国营事业在电力与机械方面的发展，当然可以刺激民营事业的兴办，这是有许多具体的事实可以证明的。其三，抗战以来，政府对于民营事业加强了管理与辅助。抗战以前，民营事业完全是自由发展的，人民既不希望政府的辅助，政府对于他们，也采取放任的态度。自从迁厂的工作开始之后，政府便设立了工矿调查处，专门负责协助民营的事业，同时于协助之中，为管理之意。现在后方的生产事业，虽然有国营、民营之分，但是生产的目标是一致的，民营的生产计划，也要受政府的督导。在这种情形之下，民营事业的生产，已逐渐离开追求利润的目标，而以满足抗战需要为职责。举例来说，在抗战的初期，国营兵工厂的迁建工作还未完成的时候，后方的民营机械工厂，都以生产兵工器材为其主要职务。即使这种工作所能产生的利润不及别项工作的丰厚，这是在抗战需要的前提之下，民营工厂都能受政府的指挥，从事于与抗战最有关系的工作。这种意义，是很重大的。现在的民营事业，既可因抗战而受政府的指挥，将来抗战胜利之后，建国工作加紧进行之时，民营事业一定也会接受政府的指导，在整个计划之下，进行政府所规定的生产。如此，则民营事业的所有权，虽仍属于私人，但其工作的方针，却取决于政府。国营、民营事业的生产，既均由政府统筹，力量自然雄厚，巩固国防与提高生产两项目标，必能提早实现。

　　第三，我们愿意指出一种经济变迁，与大众有关的，便是物价的变动。这种变动的剧烈，我们只要看一下各地的物价指数，便可了然。关于变动的原因，时人讨论得很多，我们可以不必赘述。现在我们要指出的一点，就是物价变动，对于阶级升降的关系。本来社会上每发生一次大的变动，连带的便会产生阶级升降的现象，譬如秦汉之交，多少达官贵人，都降为皂隶，同时也有贩缯吹箫之徒，平地升为将相。近来的物价变动所造成的阶级升降，虽然不能与易朝换代那种政治的大变动相比，但是在我们眼前所表现的升降现象，已可触目惊心。计在抗战前，教职员与公务员在经济上的地位是比较高的，普通在农工商各界服务的人不能望其项背，司机负贩之流更不必说。抗战以后，因物价的变动，各阶级人民的收入也逸出往日的轨道。教职员与公务员在经济上的地位一落千丈，同时也有好些因国难而发财的人，其地位较战前改善了许多。教职员与公务员的生活程度较之战前有急遽的下降，是大家有目共睹的，现在他们维持社会地位的最后壁垒，就是挣扎着使子弟可以与他们还能受同样的教育。假如物价的压力，有一天使得这些教职员与公务员，无力维持其子弟于学校中，那么他们维持社会地位的最后壁垒，便算是给物价攻破了，而他们的没落，便成为必然的命运。代之而起的，也许便是抗战前司机负贩之流。当然，物价变动所引起的社会升降，不止一端，我们在这儿所举的，不过一例而已。然而这类事实，值得注意与研究，则是无可怀疑的。

民国三十年 12 月 23 日

（载《西南实业通讯》第 4 卷第 5 - 6 期，1941 年）

战后我国国际收支平衡的问题

一

自从太平洋战争爆发之后，我国民众对于抗战最后胜利的信念，更加坚定了。因此大家对于战后的各种问题，如政治、党务、外交、经济、教育，等等，都开始认真地考虑，想以研究的所得，来做建设新中国的根据。在这些问题之中，无疑地，国际经济关系是一个很重要的问题。我愿意在此提出几点来，引起大家对于这个问题讨论的兴趣。因为国际的经济关系，虽然千端百绪，但最后终必在国际收支中，留下一点痕迹，所以我就以国际收支如何平衡为题，来包括好些个国际经济关系园地中的小题目。

二

中国的国际贸易，素来是入超的。入超的情形有如下表：

时期	平均每年入超数目（千元）
1902—1913 年	188 241
1914—1930 年	272 013
1931—1940 年	427 315

这种长期的入超趋势，在战后似无遏止的可能，因为战争完结之后，我们继着就有一个长期的建国工作，在建国的过程中，我们一定要从欧美各国输入大量的生产工

具及交通器材，可是在输出方面，一时并无大量增加的可能，两者相抵，结果一定会有大量的入超。如果我们不加以控制，那么在战后的五年十年内，每年入超的数目，超过 1931 年到 1940 年的平均数，是绝无问题的。所以我们现在可以看到的，战后贸易的入超将为平衡国际收支的最大障碍。为消除此种障碍计，我们虽然不能全在贸易上想法，但是在贸易方面，也有数点可以着手的。第一是开辟国货的国际市场，这句话虽然说的人很多，但是推销哪些国货，以及到什么地方去推销，一定可以发生功效，却需要更精细的研究。第二是继续非常时期禁止进口物品的办法。这种办法，是民国三十年 9 月 1 日公布的，原为战时厉行节约的一种措置。在海运艰难及作战的状况之下，友邦对于我们这种办法，也许可以谅解。抗战结束之后，继续这种办法，在外交上当然有相当的困难。但是我们可以向友邦声明，就是我们所禁止进口的物品，大部分属于奢侈品，对于国防，既无贡献，对于民生，亦不重要。我们禁止这些物品的进口，目的并不在减少国际贸易的数量，而在改变国际贸易的内容。我们愿意向国外购入物品的数量，并不减少；我们实际向国外购入物资的价值，也许还要增加。所不同的，就是在放任政策之下，输入的物品有海参、鱼翅等奢侈品，花生、茶叶等国内可以自己生产的物品；而在管制之下，海参、鱼翅将为生产工具所替代，而花生、茶叶则易以交通器材。贸易还是照旧进行，只是贸易的内容大有变更而已。这种变更，对于我们建国的推进，大有帮助，我们的友邦，如认清我们的处境之后，当然可以谅解的。第三是我们对于国内的若干幼稚工业，要用保护关税的办法，一方面可以使这些工业不致受外力的摧残，另一方面也可减少若干外货输入的数量。

以上这三个办法实行之后，入超的数目当可减少，但根本不能消灭入超。于是有人提议，以为我们应量出为入，就是我们入口的数量，应完全置于管制之下，使其与出口的数量相平衡。这种主张，我们是不赞成的。第一，国际收支的平衡，虽然受国际贸易的影响，但国际贸易，并非唯一的元素。我们在贸易上的入超，也许可以用别的方法补偿，不一定要在贸易上硬求平衡。第二，我们抗战以后的时代，是建国的时代。建国速度的迟缓，一部分要看我们输入生产工具的多寡而定。我们当然希望建国速成，因此也希望生产工具有大量的输入，即使造成大量的入超，亦在所不顾。假如因为硬要谋国际贸易的平衡，而把必需的物资，都排弃于国境之外，这就等于因噎废食了。所以从建国的立场看去，我们对于战后贸易的入超，不必畏惧，但是我们得想别的方法，来补救入超所引起的不平衡状态。

三

国际贸易的清算，如货物的进口与出口，不能互相抵消，普通常以输出入金银的方法，来结清总账。可是中国的情形，有点特别。兹将各时期金银进出口的情形，列表如下：

时期	平均每年金银入超（＋）或出超（－）数目（千元）
1902—1913 年	（＋）2 510
1914—1930 年	（＋）59 590
1931—1940 年	（－）145 205

我们在上面已经提过，在 1902 年以后的三期中，中国的贸易都是入超的。论理，为补偿此项入超，中国的金银应当外流，但在 1930 年以前，总算起来，金银还是入超，直至最近的十年才表示出超的现象。造成这种状态的原因，是很复杂的，我们不能在此加以分析。现在我们要注意的，就是在抗战以后，我们能否每年输出大量的黄金或白银，以补偿我们的入超呢？以白银来说，我国并不是一个产银的国家，民间所藏的白银，以前虽有巨数，但在实行法币政策的前后数年，白银已逐渐集中于国库，而且集中之后，已经大量地输出国外。据海关的报告，民国二十三年、民国二十五年及民国二十六年等三年之内，每年白银的出超，均在 2 亿元以上，民国二十六年的出超，竟达 3.98 亿元的巨数。在过去十年之内，白银的出超，为 10.17 亿元。以一个不产银子的国家，这样地大量输出白银，绝无法长久继续的。以黄金而论，青水先生，在本刊 2 卷 12 期，曾有文论我国金矿的分布，并谓如若干问题可得解决，则动员 20 万工人，年采黄金 20 万两，实属毫无困难。假如这个目标可以达到，那么黄金 1 两，我们假定它值国币 1 000 元，共可得 2 亿元。这 2 亿元黄金的输出，将为我国平衡国际收支的一伟大助力。可是根据抗战期内采金的经验，年采黄金 20 万两，颇有困难，而且采金所得，还要拿来做我们法币的准备，所以将来我国绝不能每年输出黄金 2 亿元，以支付我国贸易上的入超。

总括起来，我们在战后虽然不是没有能力输出相当数量的金银来平衡国际收支，但其贡献是很小的，绝达不到偿还入超总数的目的。

四

其次，我们可以讨论投资与国际收支的关系。

一个入超的国家，假如能够得到外国的投资，那么平衡国际收支，不失为一种帮助。譬如某年入超 4 亿元，但是同年外国的投资也有 4 亿元，收支便可相抵。实际的情形，并不如此简单。以我国而论，过去外人在我国已有巨大的投资，这种投资，在我们是一种债务，每年要还本付息。假如每年新的投资数目，不能超过还本付息的数目，那么新的投资，不但不能补偿入超，我们还得另想别的方法，来偿还因投资而引起的国际收支差额。现在让我们检讨一下实际的情形。

关于外人在华投资的情形，雷玛教授在战前曾写过一本专书讨论。据他的报告，外人在华的投资，在 1931 年，共值 32.42 亿美元，其中 21.9％ 为政治投资，78.1％ 为商业投资。以国别而论，英国投资的总额最多，共计 11.89 亿元，占总数 36.7％；日本第二，共计 11.36 亿元，占总数 35.1％；苏联第三，共计 2.73 亿元，占总数 8.4％；美国第四，共计 1.96 亿元，占总数 6.1％。* 这四个国家的投资总额，便占 86.3％，其余的 13.7％，分属于法、德、比、荷、意、挪威、瑞典等国。抗战以后，外人在华投资的情形，有剧烈的变动。截至 1940 年底，各国在华的政治投资，至少加了 3.6 亿美元。在商业投资方面，日人的华北、华中两个国策公司，虽然添了许多新的资本，但外人在各海岸的投资，因战争而受的损失，据估计，截至 1938 年 7 月底，即达 8 亿美元的巨数。太平洋战争爆发之后，英美在华投资的损失，共达若干，现在还无法估计。抗战胜利之后，日人的各种投资，当然可以视作对于我方的赔偿而一笔勾销。所以战争完结之后，我国因为外人投资而引起的债务，到底总数若干，此时实无法加以清算。为讨论的方便起见，我们可以暂时借用雷玛教授战前的数字，即 32.42 亿美元。此项投资，以年息 4 厘计算，我们每年便须付出 1.3 亿美元的利息。实际在抗战以前，因为一部分的政府债务，并未履行付息的义务，一部分外人所得的利息，又重行投资于我国，所以每年我国付息的数目，并没有达到 1.3 亿美元。根据雷玛教授的估计，1928 年，我国对于外人投资的还本付息，共达国币 1.79 亿元，是年外人的新投资，

---

* 个别比例不准确，与现今运算时四舍五入取近似值的方法不符。但原文如此，不便直接改动。——编者注

为 9 600 元。1929 年，我国对于外人投资的还本付息，共计 1.98 亿元，同年外人的新投资，为 1.7 亿元，1930 年，我国对于外人投资的还本付息亦达 1.98 亿元，同年外人的新投资，为 2.02 亿元。以这三年的情形而论，除了最后一年，新投资的数目，可与旧投资的还本付息数目相抵外，其余两年，还感不足。换句话说，在 1928 年及 1929 年两年内，外人投资所引起的国际收支是一个负数，不但不能补偿我们那两年的入超，反而要我们另外想法，来偿还我们因外人投资而产生的债务。

我们看过了以往的情形，就可知道在战后我们对于外人投资所应采取的态度。我们以前已经说过，战后是一个建国的时期，建国所需要的资本，一部分要靠外国供给，所以从理论上讲，我国是欢迎大量外资的流入。而且最重要的，就是在战后的 10 年或 20 年内，我们一定要设法，使外人的新投资，超过我们对于外人旧投资所应还本付息的数目。只有紧紧地抓住这一点，我们才可以局部地解决我们国际收支不平衡的问题。自然，这种新的投资，我们迟早总要偿还的，只要我们把这些新的投资，尽量地用在生产事业之上，那么投资的本身，便已孕育着未来我们还本付息的能力。这种能力，将于 10 年或 20 年之后，以贸易出超的方式表示。这条路，美国在 19 世纪便已走过。在 1873 年以前，美国开发产业的资本，一部分是由英国输入的，其后美国的产业发达，贸易由入超变为出超。在 1908 年之前 10 年，每年贸易的出超，平均达 5 亿美元。美国便以这种出超的方式，来偿还它的债务。欧战发生之后，各国均在美国借款，并出售它们原有的美国产业证券，美国便由一个债务国，一变而为债权国。有为者亦若是，只要我们处理得法，外资的输入，从各方面看去，对于我们都是有利的。

五

最后，我们要讨论一个最重要的问题，就是移民与平衡国际收支的关系。

在讨论这个问题之先，我们还要看一下国际收支中的其他小节目。上面我们已经说过，战后我国的国际贸易，因为建国的需要，将有大量的入超。这种入超，我们很难输出金银去补偿，因为我国的银子，过去已有大量的输出，而金子的生产有限，且有他项用途，不能完全用以平衡国际收支。外人投资，是减少我们国际收支差额的一个方法，但是必须设法使新的投资，超过旧投资的还本付息。除此以外，我们在收入的项目下，还可以提到外人来华游历所花的钱、外国慈善及教育机关对于中国的汇款、外国外交官及领事在华的用款。在支出的方面，我们也要列入上开同类的项目，但支出方面所花的钱，并不如收入方面所得的钱那样多。可是在支出方面还有保险、运费、电影租金，等等，是在收入项下所无的。在抗战以前，我们还有一笔很大的收入，在战后一定会取消的，就是外国驻军在华的用费。根据雷玛教授的估计，外国驻军每年在华要花国币 1 亿元以上。这项收入，在平衡国际收支上，不无小补。战后不平等条约取消，这 1 亿元以上收入，自然也连带取消了。

过去我们用以弥补入超的最大项目，便是华侨汇款。我们再引雷玛教授的估计如下：

时期	平均每年华侨汇款（百万元）
1902—1913 年	150
1914 年—1930 年	200
1928 年	250
1929 年	280.7
1930 年	316.3

这个数目，当然是不很正确的，但在国际收支的各种项目中，在收入方面，除了出口贸易之外，就要算华侨汇款了。过去华侨汇款对于补偿入超的贡献，是大家都知道的，我们希望在战后，华侨的汇款，还是源源不绝而来，而且年有增加。但是如要汇款增加，先得增加华侨，而增加华侨，是有相当困难的。

数年以前，我曾在中国社会学社的年会里，宣读过一篇论文，报告各国排华的法律。详细的情形，这儿不必细叙。简单地说，有些国家，是禁止华工入境的，如美国及加拿大。有些国家，对于入境的华工，先要给他一个语言测试，其结果等于禁止入境，如澳大利亚及纽西兰。又有一些国家，对于入境华侨，要抽很重的人头税，如南洋一带。在这许多法律的限制之下，华侨的出路是很狭窄的。

从我们的立场看去，许多国家，对于国际贸易，则提倡自由，对于国际移民，则实行限制，是极不公平的。本来国际移民，在某种场合之下，可以看作国际贸易的一种结果，它的作用，可以补偿国际贸易在某些国家内所造成的损失。譬如 19 世纪的末年，美国、加拿大等处，因农业机械化的缘故，有过剩的农产品出售，这些农产品的最大市场，便在欧洲。欧洲东部的农民，其出产品不能与新大陆各国的出产品相竞争，结果是他们原有的市场，为美加等国所夺去。这些农民失业了，于是大批地移往美国，不致在国内遭受冻饿的危险。我国自与欧美各国通商之后，乡村中的手工业，大部分均无法立足。乡村的人口失业了，但是因为国外有移民的限制，他们又不能大批出国，这是造成我国过去经济困难的主要元素。战后我国的国际经济关系，在移民与贸易两方面，恐怕都要费相当的折冲。在贸易方面，许多工业已经发达的国家，一定提倡自由，以便它们的出品可以无阻碍地运往任何市场。我国则因生产落后，许多幼稚工业需要保护，而且上面我已说过，为有效地利用我们有限的外汇起见，对于若干物品，我们将采取禁止输入的方法。在移民方面，那些工业已经发达的国家，为保护它们的劳工生活程度起见，一定会继续限制移民入口政策。而在我国，则因人口众多，国内各项实业无法完全收纳，最好能有一部分人远渡重洋去谋生。这种办法，既可以局部解决国内的失业问题，又可获得大量汇款，以平衡我国的国际收支。所以为我们的利益着想，最好是国际移民，毫无限制，天涯海角，让我们自由行动。这两种差异的观点，如何取得调解，实为战后我国的外交家所应绞脑汁的问题。在国际贸易方面，我们有必须坚持的几点，已如上述。在移民方面，我们假如不能要求到全面的自由，那么在欧美各国，我们得要求每年给我们一个固定的数额，表示对于我国民族的不歧视。至于在欧美的殖民地内，特别是南洋群岛一带，白人既因气候关系，只能在那些地方立业，而无法在那些地方成家，我们就应提出门户开放的原则，让我们可以大量地移民。假如这一项交涉，能够办得成功，那么我们华侨的数目，就可由现在的 1 000 万，在若干年内，加至 2 000 万以至数千万。这数千万华侨的汇款，将为我国的一大宗收入，在平衡国际收支上面，它的贡献，是不可忽视的。

1 月 14 日

（载《新经济》第 6 卷第 8 期，1941 年）

（本文同名文摘载《贸易月刊》第 3 卷第 10 期，1942 年）

禄村农田（书评）

费孝通，《禄村农田》，国立云南大学社会学系研究室油印本，1941，203 页。

费孝通先生的第一部描写中国农民生活的书，我已在本刊 1 卷 11 期中介绍过了。那本书是在英国用英文写的，民国二十七年的冬季，费先生由伦敦回到昆明，到昆明两星期，就在离昆明西 100 公里的禄丰县的一个村子里，开始他的实地调查工作。他到这个名为禄村的村子里去过两次，前后共住了三个多月。调查的结果，便产生这本《禄村农田》。

一、评方法论

《禄村农田》是一本很有趣味的书。在我们学社会学的人看来，这本书的价值，在于代表着中国的社会学走上了一条新的途径。在过去的十余年，中国的社会学者的主要工作，在于介绍西洋的理论。真能利用西洋的理论与方法，到中国的社会里去做实地研究的，可谓绝无仅有。现在费先生带领着一班青年的社会学者，在云南切实地做了许多实地研究的工作，而且已有好几种油印成书。我相信这种风气的提倡，一定会替中国的社会学奠定稳固的基础，盖起庄严的建筑。

我在这篇书评中，第一点要提出讨论的，是费先生的方法论。他的方法，是人类学者所常用的，便是到一个村落去住下来实地观察。这种方法，与许多社会调查不同之点，作者说得很透彻。他说："以前有很多国内举行的社会调查，依我们所知道的，是在调查之前，预先制定了调查表格，表格中每项每字的意义，事先预为规定，然后把表格发给调查员，由调查员依表格上的项目，去找人民来回答。这些填好的表格汇集起来，再找人统计一下，有了结果，由专家根据这些数字来推论所调查的社区的形态。这种方法，我们认为极不宜采取的。"作者所反对的方法，便是利用他人搜集材料来写报告的方法，而作者所采取的，则是以自己的耳目所得来的第一手材料，加以整理分析，再写报告。而且在写报告的时候，作者一贯地以理论为经，以叙事为纬。在本书的开始，作者便提出若干问题，他搜集材料，是为解决这些问题而动手的，并不像一般的社会调查，只知堆砌事实，看完之后，今人头目昏眩，不知有何意义。

我们知道了作者的方法论，同时看到了他在书中对于这种方法的表演，觉得有一两点还可以改进。首先，作者在禄村前后共住了三个多月，以三个多月工夫，来观察一个村落的生活，是否太短？我们知道人类学者研究初民社会，常在一个部落里住好几年。我们观察自己的社会，无语言的隔膜，当然用不着花那么多的时候，但是一个生人，想在三个月内，了解一个村庄，是不够的，譬如每户耕田的面积，作者已经承认不是短时期内所能打听出来的。减少视察的时间，只有如已故的顾勒教授所说在"局内观察"的场合之下可以做得到。所谓局内观察，便是去观察自己的村庄。这有许多方便，不是局外人所能得到的。如做局外观察，像作者在禄村所举行的，我们以为至少得花一年的时间，才可把作者所谓农作日历内所发生的事实，都观察得到。而且在一个村落住满了一年，局外人也可转变为局内人了。

其次，作者在"生计"一章，分析了五家的生活费用，是个案与统计方法并用的，此点我们以为不妥。研究五个家庭的生活费用，因为数目太少，只能用个案方法，其目的则在细密地描写各家的生活实况，使读者对于各家过日子的酸甜苦辣，有清楚的认识。但是作者除叙述各家生活实况外，还算出他们各项生活费用的百分比，并以所得来批评恩格尔律，这不能不说是误用了统计方法。统计方法，只有大量材料在手时才可利用。五家的统计，样本太小，即使结果与恩格尔律不合，也不能证明恩格尔律的不确。因为恩格尔律本是一种极概括、极抽象的法则，并不适合于每一个家庭的实况。

二、评地权外流的理论

《禄村农田》是作者的第二本书，在作者的第一本书中，他发现江苏南岸的一个村子，早已脱离了自给自足的经济形式。村中的人民，除靠农田的生产外，还依赖丝业来维持生计，近年土丝的价格，一落千丈，于是这个村子遭遇了空前的危机。农家的收入，因土丝的衰落而减少，使他们不但缺乏生产资本，连日常的生计都有匮乏之虞。农村经济活动，不能不依赖市镇资金的接济。市镇资金流入农村时，农村的土地权便流入市镇，结果是在作者调查的时候，这个太湖南岸的村庄，有 70％的人家成了没有田的佃户。

在作者写完第一本书的时候，心中就发生了下列的问题：一个受现代工商业影响较浅的农村，它的土地制度是什么样的呢？在大部分还是自给自足的农村，它是否也会以土地权来吸收大量的市镇资金？农村土地权会不会集中到市镇而造成离地的大地主？他在研究禄村农田的时候，就想回答这些问题。

这些问题，在书末已有答复。他说：

> 本书已说明了禄村经济结构的重心，是在农田。它并没有手工业，因之现代工商业发达过程中，对于它的影响，是和江村（即太湖南岸的村名）不同的。都市兴起，人口集中，并不会减少禄村的收入，因为禄村向外输出的，是农产物，农产物的价格，会因都市人口的增加而提高的。禄村的金融，不致像江村一般受现代工商的威胁，所以禄村土地权不致外流。

我们看了这个结论，一定会以为禄村的农民都是自耕农。实则不然。禄村没有田的，在全家数中，估 31％。而耕田的人家，据书中表 15 及表 16 的推算，122 户中，倒有 61 户是佃户，等于耕田者 50％。如以耕地的面积来算，在 2 800 工内，有 1 124 工为佃户所经营，占耕地面积 40％。所以江村与禄村的社会性质，并无根本的区别，只有程度的差异。两个村庄里面，佃户都占很大的百分数。本来农田兼并，乃是中国的老问题，封建制度破坏之后便已出现，并非工商业发达后才发生的。禄村与江村不同之点，就是江村的地主，多住于都市，为不在地主，而禄村的不在地主所有田地的面积，不过 360 工，占禄村人民经营面积的 13％而已。这个区别，虽然也只是程度上的差异，但却是值得细心研究的。

我手边已没有费先生的第一本书，不知道江村的不在地主，其籍贯的分派如何。这些地主，是否便是以前在江村住家，后来因为经商、做官发财之后，移到都市中去住的人？依我的猜想，这些不在地主，其原籍多少与江村总有点关系，因为中国的风俗，很少有人愿意在异乡置田产。譬如费先生在禄村调查的时候，他的房东老大，劝他在禄村买些田，创些家产，可是费先生却一口拒绝了。这是很自然的，费先生是江苏人，为什么要在云南的乡下置田产呢？假如这一种观察是对的，那么禄村的土地权未大量外流，恐怕还是由于禄村没有很多的人在外面发财。假如禄村有很多人在外面发了财，不愿意再住禄村，而在昆明或其他都市住家，那么禄村的土地权，便难保其不外流。这种趋势，现已略见其端，譬如其书中提到有一家的儿子，出去当了军官，便汇钱回家买了十多工田。又有一家每年在禄村置田的，本人原籍禄村，现在住在城里，本人在中学当教员，儿子也做了督学，现在成了有数的地主。这些事实，使我们觉得农村土地权的外流，并非农村土地问题的焦点，焦点在自耕农为什么变成佃户，因为此事表示土地权的转移。至于这种土地权，或在村内流动，或向村外流出，则为当时当地的特殊环境所决定，似为次要的问题，未可据此来辨别农村社会的不同形态。

三、评升官发财的政治路线

费先生在书中，还提出了两个与社会升降极有关系的问题。自从等级社会消减，阶级社会产生之后，阶级的上升与下降，成为一个最有趣味的社会学问题。费先生所提出的两个问题：一个是讨论普通的农民，何以能变成地主；一个是讨论地主又如何沦落到下层阶级。我们现在先讨论第一个问题。

费先生说："在一个工商业不发达的农业社区中，资本的累积，是靠农田生产和农民生计的差额。若是要累积资金，在一个现代工商业不发达的地方，很难采取经济的手段，最可能的办法，是走升官发财的政治路线。"他又说："种田既种不出产业来，像禄村一类的农村中，没有田的人，不是在村里得到一个爬到有田地的阶级的梯子。农田是一家的根基，大家希望能充实扩大，于是要想得田的，不能厮守在农村里了。换一句话说，农民上升的梯子，弯出了农业之外，一个人要到外边赚去了钱，方能回来买田，得地之先，须要离地。若是我们再问问那些农田较多人家的情形，可说他们多少都做过一官半职的。"这段话说明了过去的社会，为什么父兄都希望子弟读书做官。不过我们愿意指出的，就是升官发财虽然是在中国社会中上升的一个重要的梯子，却不是唯一的梯子。经商的经济路线，至少与升官发财的政治路线有同等的重要。中国各处地主，其累积的资本，到底有几成是由经商而来的，有几成是由做官而来的，实为一个饶有趣味的问题。还有一点，也可以研究的，就是在外国，一个佃户升到地主，只要几年或几十年的时间，所以在一个人的生命期内，就可改变其社会上的地位。而在中国，因为资金积累得迟缓，所以除却大革命的时期，在一代里面，改变社会地位，乃是罕见的事，最普通的，乃是数代的合作，才可由耕种世家，改为书香世家。这种数代合作改变身份的过程及其成功的因素是一个还待研究的问题。

四、评世家衰落之因

白手成家，固然不易，但成家之后，维持家声于不坠，也很困难。做皇帝的，迟早要被人取而代之，封侯拜爵的，像西汉开国时的功臣，到了宣帝的时候，"令有司求其子孙，咸出庸保之中"。韩愈曾写过一篇《圬者王承福传》，据这位泥水匠说："吾操镘以入富贵之家有年矣。有一至者焉，又往过之，则为墟矣。有再至、三至者焉，而往过之，则为墟矣。"这种"丰悴有时，一去一来而不可常"的道理，很少有人把它当作一个科学的问题去研究过。在《禄村农田》中，对于这个问题也有片段的解释。

一个农村中的地主，所以不能长久维持其地位，原因之一，是由于多子继承制。作者说："即使有人能买得了大批的田，成了一个大地主，可是在这种方式之下集中起来的大农场，经不起人口的繁殖，一两代子孙满堂，早就又分成了一辈小地主了。"

比多子继承制还重要的，是父兄对于子弟教育的忽略。作者告我们："又有一位同善社的信徒，写得一手好字的老先生，有一次招待我们去吃饭，和我们讲他的身世，他说，我们兄弟五个，小时节家境还好，有 200 工田，又没分家，兄弟们在一处，谁也不做什么事，雇人下田，那时烟土又便宜，天天打打牌，日子真容易过，反正有饭吃，谁也不想努力，什么行业也没有学，现在就吃苦了。"上面所说的例子，是一个很普通的败家路线。不过中国家庭下落的途径甚多，《禄村农田》的作者，因为材料的限制，对此未能做详尽的探讨。我们希望他将来研究别的社区时，把这个问题放在心中。

（载《新经济》第 6 卷第 9 期，1941 年）

战后中国与国际经济关系

中国与国际经济关系，当然异常复杂，今仅就平衡国际收支问题略言之。

过去我国国际贸易，年年入超，而入超数字，更年年上升。自 1912 年至 1914 年，平均每年入超约 2 亿元；1915 年至 1930 年，平均每年入超约 3 亿元；1931 年至抗战全面发动，平均每年入超约 4 亿元；抗战以来，入超更巨。将来战事结束，百废待举，而仰给于国外之物资，恐未必较战时为少，入超数字，恐更将增高。吾人对此不能不预为注意。至如何谋我国国际收支之平衡，吾人不妨先从下列数项做一研究：

一、增加国产输出以抵消一部分入超。不过这种国产在国际市场上的销路如何？市场又在何处？设想及此，不寒而栗。素为我国主要出口品之丝茶，近年来日趋衰落，此为尽人皆知之事实。改良固然可以，输出新的产品亦可以，开辟新的市场更可以；但不论在技术上或其他工业条件上，试问能迅速成功否乎？

二、继续实施禁止不必要物品进口办法，亦可以阻遏入超之增大。不过在战时以生死存亡之理由要求国际谅解，各国自能同情，试问战后仍能同情否乎？虽或办理得法，亦可邀得谅解，但困难定必不免也。

三、实行保护关税，有力地禁止或欢迎外货输入，以保护国内工业，此为欧美各国普遍采行之方法，且亦能以此而建树富强之基。不过我国实行此种政策，与各国利益大有冲突，试问国际能允许吾人采用此种手段否乎？此项困难，与第二项问题之性质相同。

上列三项办法，不易办通，于是吾人不能不另辟途径。

一、金银生产。我国国际贸易，一切商品，均系入超；唯白银除在 1902 年以前为入超外，以后却系年年出超。自 1913 年至 1930 年，每年平均出超 5 000 多万两；1930

年以后，每年平均出超约 1.45 亿两。而以实行法币政策，现银收归国有后，出超更巨，因此国内存银，恐已不多，将来是否能继续大量输出，殊难预料。至于黄金，据估计，年产约 20 万两，但一部分须做法币发行准备，不能全部输出。

二、吸收外资。各国在我国之投资，如能增加，亦可缓和我国国际收支之逆差。据 1930 年时之估计：此时各国在中国之投资约 33 亿元。以后年有增加，尤以抗战后美英苏等国均曾贷我以巨款，故目前当更不止此数。即以 33 亿元计，年息 4 厘，每年即须付息 1.3 亿元，再加每年到期应付之本款，数目实甚可观。因此各国每年在中国之新投资，或已不易抵足此数，欲期超过此数，更觉困难。

三、华侨汇款。最有希望者为华侨汇款，据估计，每年侨汇约达 3 亿至 4 亿元。不过现在海外各地，处处在排斥华侨，华侨活动之范围，颇受限制。

总之，欲求国际收支之平衡，综合而言，不外国际贸易、国外移民、各国投资三途；然与各国利益，均有冲突。在国际贸易方面，我所需要者为干涉，而国际需要为自由；在国外移民方面，我所需要为自由，而国际需要者为干涉；至于各国投资，我固欢迎，而钱在人家口袋中，肯投与否，权操诸人。

星五聚餐会第六次（民国三十一年 1 月 23 日）

（载《西南实业通讯》第 5 卷第 2 期，1942 年）

经济平衡与预算平衡（书评）

R. L. Weissman，*Economic Balance & A Balanced Budget*：*Public Papers of Marriner S. Eccles.* New York：Harper & Brothers，1940，299 pages.

　　本书是一本讲演集，作者是美国联邦准备银行理事会的主席，在美国的金融界中，负了很繁重的责任。我们在这本书里，可以看出这位要人，对于商业循环的看法，以及他对于克服经济恐慌的提议。

　　在美国这种经济已经发达的社会里，据作者的意见，经济界中最大的问题，是如何保持生产与消费的平衡。假如美国生产的货物，在市场上可以完全消纳，那么工厂与矿场，可以继续开工出货，而失业问题也不致发生。假如人民的购买力，不能消纳所生产的货品，那么工厂与矿场，就要紧缩生产，结果就会产生失业问题。购买力不能消纳所有的货物，表示消费与生产失去了平衡，美国于 1929 年后所发生的经济恐慌，就是这种不平衡的表示。

　　为什么美国人的购买力，不能消纳美国所生产的货物呢？要回答这个问题，作者以为先要研究美国的所得分配状况。根据 1935 年至 1936 年的统计，美国有 59% 的家庭，其收入每年在 1 250 美元以下。他们不但没有积蓄而且还欠 15 亿美元的债。比他们较好的一级，收入每年在 1 250 美元以上 5 000 美元以下的，占美国家庭 38%。他们全年的积蓄，可达 28 亿美元。最高的一级，每年收入在 5 000 美元以上的，只占美国家庭 3%。他们全年的积蓄，可达 48 亿美元。假如这些积蓄起来的资金，能够投入新的生产事业中去，那么它们迟早会变为薪水、工资等项，流入私人口袋中，而成为社会上的购买力。可是假如这些少数储蓄资金的人，不把这些资金放在生产事业上面去，而把它们呆放起来，或者在股票市场上做投机的买卖，以提高现有股票的价格，使积起来的资金，只在若干投机者口袋中打转，而流不到社会上民众的手中，那么社会上的购买力便会减低，制造出来的货物，销不出去，失业问题发生，经济恐慌自然出现。

依作者的意见，在经济恐慌发生时，政府如发现私人的力量，不能提高社会上的购买力，便应以政府的力量，使停积起来的资本，回到人民的手中。政府可以征税、举债等方法，办理许多公共工程及福利事业。这些事业，可以吸收许多工人，由政府付给他们工资。这些工资，便是新的购买力，它可以吸收市场上卖不出去的货物，以刺激私人事业的生产。在经济恐慌的时候，普通人的见解，以为政府收入减少了，应该少花钱，以求预算的平衡。作者的意见，与此恰恰相反。正因经济恐慌，政府反而要多花钱，要给人民工作，使他们能够有购买力，来促进经济的复兴。多花钱自然会使预算不平衡，作者以为此不足虑。为实现经济的平衡起见，即算造成预算的不平衡，亦在所不计。换句话说，政府无妨以预算的不平衡为手段，以达到经济平衡，即生产与消费的平衡的目标。至于因此所负的债，可于经济繁荣时偿付。作者曾以 1932 年与 1937 年的情形相比。1932 年，政府的收入为 20 亿元，1937 年，收入增至 60 亿元。政府多花了 40 亿元，自然造成预算的不平衡，但人民的收入，却由 1932 年的 400 亿元，增至 1937 年的 700 亿元。政府多花了 40 亿元，使经济恐慌消灭，使人民就业增加，结果使国民收入增加了 300 亿元。所以政府虽然多花钱，还是合算的。让人民选择，人民一定愿意以 700 亿元的收入，来付 60 亿元的预算，而不愿以 400 亿元的收入，来付 20 亿元的预算。所以作者劝美国的民众，要留心使经济平衡，不要怕预算的不平衡。

作者为一从事实际经济工作的人，并非纯粹经济学者。他对于商业循环的看法，似乎受了凯因斯（John M. Keynes）及霍布孙（Jobu A. Hobson）的影响不少。这种看法，是否正确现在尚无定论。不过作者的主张，与美国新政拥护者的主张是一致的。这种主张，在罗斯福总统登台后，已经大规模地试验了，假如结果圆满，便是为理论正确之证，那么作者的理论，可以说是相当正确的。

（载《新经济》第 6 卷第 10 期，1942 年）

资本主义的发展（书评）

N. S. B. Gras，*Business & Capitalism*. New York：F. S. Croft's & Co.，1939，
408 pages.

本书的作者格来斯教授，是美国研究经济史最有成绩的人。在经济史方面，他已经发表的重要著作，有《欧美农业史》（1925 年）、《工业革命史》（1930 年）及《经济史入门》（1922 年）。他在《经济史入门》中，把人类的经济史分为五期，第一期为采集经济，第二期为游培经济（即游牧而兼培植），第三期为乡村经济，第四期为市镇经济，第五期为都市经济。这种分类法，是别开生面的，在欧美曾引起很多人的注意与讨论。

本书的中心题目，是讨论资本主义的发展，所以也可当作一本经济史看。现在有好些人，把资本主义看作一种近代的产物，作者的看法则不然。依作者的解释，资本主义是利用资本以谋生活的一种系统，所以在采集经济的时代，便已有资本主义。那时的人所用的弓箭，便是他的资本。依照这种解释，自有人类，便有资本主义。

资本主义的历史，可以分为三期：一为私人企业前的资本主义，二为私人企业的资本主义，三为公共企业的资本主义。

第一期的历史很长，包括采集经济、游培经济及乡村经济三个时期。那时的社会，虽有资本，但无企业家，没有专门为市场而生产的人，也没有专门以贩卖图利为生的人。这种社会的特点有四：第一，每一个人在社会中的地位是固定的，个人不能离开团体而生存。第二，一切交易是消费者彼此间的交易，并不假手于中间商，因当时并无中间商一类的人。交易的货品，是为消费的，并非转售以图利。第三，自给自足之程度很高。第四，缺乏变迁的精神。这并不是说，在这种社会里，一切都不变动，只

是变动得很慢，而且没有人自动地来做改良的工作。

企业家的出现，是资本主义由第一期转变到第二期的关键。私人企业的资本主义，又可分为五期：第一期为细微资本主义，第二期为商业资本主义，第三期为工业资本主义，第四期为金融资本主义，第五期为国家资本主义。细微资本与商业资本的分别，作者并没有能够做一个清晰的说明，这是本书的一个缺点。工业资本主义，出现于19世纪（1790—1890年），为商业资本与应用科学合并的产物。像中国这种没有应用科学的国家，始终还是停留在商业资本主义时代。金融资本家，本来在中世纪末期便已出现的，不过当时金融资本家的放款是被动的，别人向他借款，他就借出去，借出之后，便坐在家中，静待还本付息。到了19世纪末年，许多工业都亏本了，金融资本家出来救济它们，但以参加管理为条件。工业的管理权，由工业家的手里移到金融家的手里之后，金融资本主义便出现了。在美国，金融资本主义活动的时期，起自1873年，终于1929年。1929年，美国的不景气开始降临，金融资本家对于失业等问题，束手无策，政府的官吏便代替金融资本家来执行管理企业的工作。所以1933年以后，美国可以说是走上了国家资本主义的路。与美国同道的，还有德国与意大利。国家资本主义，并不否认私人资本的存在，只是以公共的资本，来补充私人资本。此与公共企业的资本主义不同。在公共企业的资本主义之下，公共的资本，不是用以补充私人的资本，而是用以代替私人的资本。

作者在本书中，只讨论到国家资本主义为止，对于公共企业的资本主义，只说是在苏联列宁执政的时代，曾经尝试，至于尝试的结果如何，则并未批评。作者本人，对于金融资本主义，不无留恋，因为据他的观察，金融家管理企业，较之政客为内行，而过去各项企业中的经理，其效率亦较一般公务员为高，所以他很希望将来繁荣恢复之后（据作者的推测，当在1950年左右），金融资本主义还能卷土重来，再试它的身手。

作者这本讨论资本主义发展史的著作，是以欧美的历史为根据的，如用他的观点及概念来研究中国的资本主义发展史，则似嫌不足。诚如作者所言，中国直到最近，还是停留在商业资本主义的阶段，但远在春秋战国的时期，商业资本主义便已在中国发现了。这数千年的商业资本，性质有何变换，对于历代经济的发展，有何贡献，一定还需要另外一套概念来分析它，才能弄得清楚。还有，在中国历史里，土地资本与官僚资本，也曾发生过很大的作用，但这两种资本的来源与去路，作者在讲到中国的时候，并没有提出来讨论，也是使我们感觉失望的。

（载《新经济》第6卷第12期，1942年）

论幕僚制

一

幕僚一个名词的意义，是很含糊的。在讨论幕僚制之前，我们应当替幕僚这个名词下一定义，在政治的领域里，一位领袖，在他的决策之前，先征集若干人对于这个问题的意见，那么这些贡献意见以供参考的人，都可称为幕僚。

幕僚的产生，由于做领袖的，在决断一件事体之前，想集思广益。假如一个领袖不这样做，而把他所要决定的事，委托给他的属吏，那么政界中便会只有官吏而无幕僚。传说刘备对于诸葛亮，言听计从，无论什么问题，诸葛丞相以为是的，刘备也以为是。假如这种传说是可靠的，那么刘备可以不必有幕僚。一切无为而治或拱手而治的人，都用不着幕僚。反是，假如一位领袖，不肯专信一人之言，遇事须旁征博采，才能决定行动的方向，那么幕僚是必需的。中国古代有为的皇帝，都用幕僚，现代的罗斯福总统，也有他的智囊团，智囊团就是幕僚。

幕僚大都是领袖所亲信的，但亲信的人，并非尽为幕僚，而幕僚有时也并非素日之所亲信。替长官翻译密电的，或管理庶务的，应当为长官所亲信，但翻译电报或管理庶务的人，对于大计，每不发言，因之不能算是幕僚。反是，一个在野的专家，在某种问题发生的时候，常被执政者所咨询。在他贡献意见的时候，他已是尽了幕僚的职责，虽然他平日可与执政者素无来往。

幕僚与属吏的区别，从上面所举的例子，可见一斑。属吏对于某种问题，向长官贡献意见，长官遇到大事发生时，如向属吏咨询，那么这种属吏，也是幕僚。但也有好些属吏，始终是遵命办事，不出主意的，这种属吏，自非幕僚。此外，如上面所说的专家，虽为幕僚，但非属吏。

二

在中国的历史上，不但有幕僚，而且有幕僚制，虽然当时不用幕僚这个名词。

最古的幕僚制，就是三公。三公是与六卿不同的。六卿是皇帝的属吏，各有一定的职务，如冢宰掌邦治，司徒掌邦教，宗伯掌邦礼，司马掌邦政，司寇掌邦禁，司空掌邦土。三公就是太师、太傅与太保。他们的职责，据班固说，是"参天子，坐而议政，无不总统，故不以一职为官名"。他们并不专管一部门的事，只是对于政治贡献意见，可以说是典型的幕僚。

古代三公的运用，现在已不可考。汉代的"廷议"乃是幕僚制最具体、最精彩的表现，值得仔细研究一下。汉代的官吏，虽然已很完备，每一官吏，都有其特殊的职守，但是皇帝每遇大事，并不交给主管的官吏去办，而是在朝廷之上，征集各方面的意见，然后决定办法。譬如吕后决定对匈奴和亲，就是经过廷议而决定的，当时发言的人，有樊哙、季布，代表不同的意见。后来汉武帝更改国策，取消和亲，采取征伐的办法，也是经过廷议而决定的。当时发言的人，有王恢，有韩安国，他们反复辩论，每人发言都不止一次。两方面的理由，都充分发表之后，汉武帝才决定他的政策。廷议中最有趣味的，是元帝时毁庙之议。汉代的皇帝，死了以后，在京师及郡国，都要立庙，所以庙的数目，越到后来越多，祭祀所花的钱，以及看管宗庙的卫士，数目都是很大。元帝时，经贡禹的提议，要把已有的庙，毁去若干。于是问题便来了，哪些庙应当保存，哪些庙应当毁灭呢？这个问题，在现代人看起来，并没有很大的意义，但当时在朝廷上，引起很大的辩论，分出三派的主张。一派以韦玄成为首，附议的有44人；一派以许嘉为首，附议的有29人；一派以尹更始为首，附议的有18人。另外还有一位廷尉尹忠，他的意见不与任何人相同。在这种不同的意见之下，皇帝也无法决定他的态度，于是这个问题，悬而不决者近一年。

我说廷议是一种幕僚制，因为发表意见的人，并非站在职务的立场上发言，所说的话，多半与他的职务无关。譬如上面所说的尹忠，他是一个司法官，本不管毁庙的事，但是皇帝以毁庙的政策，征求他的意见，他便把他的意见说出来了。这一类的意见，并非属吏的意见，而是幕僚的意见。廷议又与现在的议会不同。在议会中发表意见，最后以多数取决，但在廷议中所发表的意见，只供皇帝的参考，决定采择与否，权在皇帝。所以廷议中所发表的意见，并非议员的意见，而是幕僚的意见。

我们不拟在此对于幕僚制的演化做一历史的探讨。不过在离开历史的讨论之前，我们愿意略为提一下幕僚制在另一个时代所表示的一种形态，那便是明代初叶的殿阁大学士。大学士是明太祖的时候有的，但大学士入内阁参与机要，自明成祖始。他自燕王入主中央，便选了解缙、黄淮、胡广、杨士奇、金幼孜、胡俨、杨荣等七人为大学士，入内阁参与机务。成祖上朝的时候，解缙及黄淮两个人总是站在御榻的左边，备顾问。百官奏事退，这七位大学士，便同到皇帝面前，共商六部大政。成祖常同他们说："天下事，朕与若等相商榷，非若六卿分理。"他们一天到晚，都在皇帝的左右，有时讨论国家大事到夜晚，皇帝睡在床上，还要他们坐在榻前，论议密务。出兵征伐的时候，皇帝如亲征，这几个人都要同行。"上时召帐殿语移时，或夜漏数刻遣出。道中相失，必急遣兵骑四出寻诸学士，时时顾左右，问诸学士来未。上不得诸学士相与语，不悦也。"从这些记载里，我们可以看出明成祖的殿阁大学士，就是他最亲信的幕僚。天下一切大事，皇帝都同他的七个幕僚商量，才能决定。在明初（明代中叶以后，大学士的性质，大有变更），这些幕僚不做别的事，只是备皇帝的顾问，可以说是职业化的幕僚。

三

从行政的需要上看去，幕僚是不可少的。所以现在的问题，不是如何废除这个制度，而是如何改进这个制度，使它发生最美满的效果。

如要幕僚制发生美满的效果，用幕僚的人以及当幕僚的人，有几点原则是必须遵守的。

首先，从用幕僚的人那一方面说，他应多揽人才，听取多方面的意见，不可为少数人的见解所囿。从这个原则看去，前汉的廷议，便优于明代的内阁。在廷议中，皇帝可以听到所有大臣的意见，不致为少数人所蒙蔽。明代的内阁，只以七人为限，即使他们的聪明才智在一般人之上，但是他们绝不能对于所有政务都是内行，所以专听他们的见解行事，有时难免失策。现在的政治，比较以前更为复杂，绝没有少数的人对于政治上一切问题都有透彻的了解。所以现在做领袖的人，看他主管范围的大小，需要幕僚多寡的数目，也有不同。把所有的问题，不问它的性质如何，都请教少数的幕僚，是很危险的。即使诸葛亮复生于今日，他绝不能既懂外交，又懂内政，既明财政，又擅交通。所以做领袖的人，最好按政治问题的性质，每一门选定幕僚若干人，作为他的顾问。譬如一位做省主席的，他在民政方面，可以有若干幕僚，在建设方面，又可以有若干幕僚。这些幕僚，做主席的，不一定要网罗来做他的属吏，只是在平时要与他发生联系，有事发生时可以请教就是了。做省主席如此，做其他的领袖，也可以类推。

其次，任用幕僚的人，应以幕僚的意见，来补充主管官吏的意见，但不可只听幕僚的意见，而忽略或抹杀主管官吏的意见。泉清先生在本刊 5 卷 2 期论中枢政制一文中，谓政府必须尊重各部的职掌，遇有问题发生，主管部的部长，应该有表示意见的机会，他在未得这种机会以前，政府不应做最后的决定。这是很有道理的。依我上面的定义，主管部的部长，对于行政院院长，是以主管官吏而兼幕僚的。主管部长的意见，在行政院长决定政策时，应为其最要考虑的意见，虽然他不妨于主管部长之外，征求其他的意见。但他决不可只听他人的意见，不让主管部长有表示意见的机会时，便对该部之政策有所决定。假如他这样做，那就是他对于主管部长不信任，主管部长便应辞职。但是行政院长，听了主管部长及幕僚的意见之后，他决定采纳幕僚的意见，而不听主管部长的意见，也是可能的。在这种情形之下，行政院长应当把他决策的理由，使主管部长充分了解。幕僚制如以上述的方式运用，应当可以增加行政的效率，而不致增加政治上的摩擦。

从当幕僚的人那一方面说，有几点原则也是应该遵守的。

第一，当幕僚的人，对于一个问题，应该根据他研究的结果立论，而不应揣摩长官的旨意发言。前汉时有一位公孙弘，每遇一个问题发生，在事前与同僚商议，决定到皇帝面前说话的方式，可是上朝之后，公孙弘如发现皇帝的意旨与他们先决的态度不同，他就改变方向，迎合皇帝，弄得汲黯当着皇帝的面，骂他多诈而无情。像公孙弘这种人，可以说是最不负责的幕僚。他不表示独立的意见，所以根本没有尽了幕僚的职责。不过忠言逆耳，不合旨意的话，也多是不中听的话。假如做领袖的，没有虚怀若谷的胸襟，没有从善如流的心境，那么要当幕僚的知无不言，言无不尽，也是不可能的。所以幕僚制能否发生完美的效果，其重要的关键，还在用幕僚的与当幕僚的彼此对待的心理。假如用幕僚的能够推心腹，当幕僚的能够披肝胆，幕僚制才可发挥最大的效用。

第二，当幕僚的人，应该只说内行话，不要对于一切问题随便发表意见。所谓内行话，是根据对于一个问题经过多年的研究，或者对于一件事情，有过长期经验而得到的。内行话不是常识，更不是道听途说。它是代表对于某一个问题的真知灼见，因而可以做决策的参考。所以幕僚不可假充内行，以堕自己的声誉，而坏国家的大事。幕僚不必假充内行，他却可介绍内行。以他所知道的专家，介绍给他的长官，使他的长官，对于国内的人才能多认识，多咨询，应该是做幕僚的一个重要的责任。

（载《新经济》第 7 卷第 2 期，1942 年）

商业发展史（书评）

Day Clive，*A History of Commerce*. New York：Longmans，Green & Co.，1938，708 pages.

戴克莱教授的《商业史》，初版系于 1907 年问世，其后曾修订三次。我这儿介绍的是第四版，于 1938 年 2 月印行。此书第一版曾重印五次，第二版曾重印六次，第三版曾重印十次，可见其销路之广。

全书共分六篇。第一篇论古代商业，自埃及时代以至罗马帝国。第二篇为中古商业，自罗马帝国之衰灭，以至 1500 年左右。第三篇论近代商业，其时期约自 1500 年至 1800 年。第四篇论现代商业，自 1800 年至第一次欧战。第五篇为美国商业史，自 1789 年至 1914 年。第六篇论商业在欧战以后的变动。每篇共分若干章，每章又分若干节。每章的后面有问题，有参考书籍名目，系以教科书的方法编辑，极便初学。

作者对于每一时期商业之描写，系先叙述一切足以影响商业之各种元素，然后按国别分头叙述商业在各该国中的发展。今以第四篇现代商业为例。作者首述商业与煤之关系，次章论机器及制造业，三章论公路及铁路，四章论航运及交通，五章论近代贸易中之货品，六章论近代商业之组织，七章论商业政策。以上各章，合观之，可以知近代商业之背景。以下各章，则分国论列，四章论英国，两章论德国，一章论法国，一章论中欧及北欧诸国，一章论南欧诸国，一章论东欧诸国。美国因另立专篇讨论，所以在第四篇中没有提到。其余各地的商业，只于论欧美商业时提到一下，并未另立专章说明，只有日本的商业，作者在最后一篇内，曾花了三页半的篇幅讨论，也是不够详细的，所以本书虽以"商业史"为名，实际可以说是一本欧美商业史。

从地域的观点看去，本书虽然颇有遗漏，不能算是一很完备的商业史，但从另一观点看去，本书虽名为"商业史"，但对于各时期的农业、工业、交通、运输、金融、政治背景等，均有扼要的叙述，所以又可当作一本经济史读。书中不但关于商业的统计，记载了许多，就是别的部门中，也留下了很多有趣味的故事及统计。譬如他提到美国在 1850 年，煤的生产量为 600 万吨，这与目前自由中国的煤产量相仿佛。所以我们在这一点上，比美国落后了 90 多年。又如他提到英国生铁的产量，在工业革命的初期，为 17 000 吨，这又与目前自由中国的生铁产量相仿佛。所以我们在这一点上，比英国落后了 200 年。由此可见，我们对于迎头赶上的工作，非十分努力不可。

在最后一篇中，作者所提出的问题，还有待于解答。自 1929 年，商业恐慌发生之后，各国均抬高关税，有的国家还实施外汇管制，或入口定额制，以控制进出口贸易的数量。结果是世界贸易的总值及数量均大为降低。1929 年世界贸易总值，为 690 亿元，至 1934 年，只有 230 亿元。以两个时期相比较，后者的总值，只等于前者三分之一。数量的降低，并不如价格降低之剧烈。以两个时期相比较，后期国际贸易的总数量，尚等于前期的四分之三。国际贸易的不振，对于各国人民的生活程度，是有不良影响的，特别是出口贸易集中于少数货品的国家，所受的影响更大。如巴西的出口贸易，以咖啡为大宗，一旦咖啡的价格，降低了 76% 的时候，巴西人民生活的恶化，是可以不言而喻的。

商业恐慌在各国所发生的影响，虽然是恶劣的居多，但也有一事，似乎可以乐观的，就是若干农业国家的逐渐工业化。这些农业国家，过去常把自己生产的食物及原料，向工业国输出，换取它们的制造品。自从工业国减少进口的贸易以后，农业国的产品，缺乏销路，因而它们也没有钱可以购工业国的制造品。结果，农业国对于制造品的需要，只好自己发展工业来满足。据七个农业国家（智利、丹麦、爱沙尼亚、芬兰、希腊、匈牙利及罗马尼亚）的报告，它们的工业生产指数，已由 1929 年的 100，增至 1935 年的 132。纺织工业的增加更为迅速，指数已由 100 增至 155。

这次大战以后，我们当然希望国际贸易能够恢复，使各国剩余的产品，都能在国外得到市场，因而提高人民的生活程度。最能达到这个目标的办法，自然是自由贸易。但是各国为其国防的安全着想，有若干货品，非求自给自足不可。在国防的要求之下，相当的关税保护，是不可少的。如何调和这两种观点，使各国的人民，能够一方面巩固他们的国防，另一方面还能与其他国家互相调剂有无，交获其利，实为一个值得细心研究的问题。

（载《新经济》第 7 卷第 3 期，1942 年）

新事论（书评）

冯友兰，《新事论》，商务印书馆印行，民国二十九年5月初版，230页。

冯友兰先生的《新世训》，我已在本刊5卷3期介绍过。假如那本书是一本很好的修身教科书，这本书便是一本很好的公民教科书，因为其中所说的一切，是一个做现代中国公民的人，所应知道的。

全书共分十二篇。第一篇别共殊，说明一般人心目所有之中西之分，大部分都是古今之异。第二篇明层次，说明在现在的世界中，人是文明的，而国是野蛮的。在人与人之关系中，以小人之心度君子之腹，是不应该的，但在国与国之关系中，这却是一个最稳当的办法。第三篇辨城乡，说明一个社会的中心，即一个社会的城里。英美及西欧等国之所以是智富强者，并不是因为他们是英美等国人，而是因为他们是城里人；中国人之所以是愚贫弱者，并不是因为中国人是中国人，而是因为中国人是乡下人。乡下人如果想不吃亏，唯一的办法，即是把自己亦变为城里人。第四篇说家国，论以家为本位的生产制度，与以国为本位的生产制度不同，中国现在所经之时代，是自生产家庭化的文化转入生产社会化的文化之时代，是一个转变时代，是一个过渡时代。第五篇原忠孝，说明在以家庭为本位的社会中，孝何以被看作百行之先，并解释昔人之忠君，与今人之爱国，其差异之点何在。第六篇谈儿女，说明在生产家庭化的社会里，没有儿童问题，亦没有妇女问题。在生产社会化而支配家庭化的社会里，有儿童问题，亦有妇女问题。在生产社会化、支配亦社会化的社会里，儿童问题解决了，妇女问题亦自然解决了。第七篇阐教化，说明知识是可以教的，而做人并不是可以教的，至少并不是可以专靠教的。一个人所处的社会，对于他的品格，有决定的影响，这种影响我们称之为化。一个人的做人，不靠教而靠化，至少可以说，不大靠教而大靠化。第八篇评艺文，说明各民族间事物的不同，有些是程度上的不同，有些是花样上的不同。如系程度上的不同，则其程度低者应改进为程度高者。如系花样上的不同，则各民族可以各守其旧，不如是不足以保一民族的特色。艺术与文学，是属于后一类的。第九篇判性情，说明一般人所谓民族性，实则并不是性而是习。民族性虽然不能承认，但国情却是有的。新性与旧情，总有不合，所以在改革与革命时，好些人都感到痛苦。不过如一国或一民族在某种情形中必须有某种新性，否则此国或民族即不能存在，而此种新性，又非用革命不能得到，则革命虽痛苦，亦是不得不有的。第十篇释继开，说明一个社会如有一新性，其有新性，虽在一方面是不合旧情，但在又一方面，亦须根据旧情。就其在一方面是不合旧情说，这是开来，就其在又一方面须根据旧情说，这是继往。中国现在最大的需要，还不是在政治上行什么主义，而是在经济上赶紧使生产社会化。第十一篇论抗建，说明无论在什么方面，近二十年来，中国都有很大的进步。中国的进步，正是要脱离乡下人的地位，脱离殖民地的地位。所以中国的进步，与日本起了直接的冲突。我们若知这次中日战争是中国的成为城里人的过程中的一个阶段，我们即可知，所谓抗战与建国，并不是两件事情，而只是一件事情的两方面。第十二篇赞中华，说明真正的中国人已造成过去的伟大的中国，这些中国人，将要造成一个新中国，在任何方面，比世界上任何一国，都有过之无不及。这是我们所深信，而没有丝毫怀疑的。

以上所介绍的，不过是全书胜义的一斑。这十二篇文章说理透彻，立论新颖，行文流利，诚为近代出版界中难得的书籍，值得大家细细地阅读一遍，甚至于数遍。

冯先生是研究哲学的人，在本书第四篇中，他虽然声明不打算讲整套的社会哲学，但是我们细读了全书之后，也可猜想到构成他的社会哲学的要素。这个要素，假如我的观察没有错误，就是经济史观。我们现在愿就这一点来与作者讨论。

作者在第四篇中，第一次提到他的经济史观：

> 在某种的生产方法之下，社会必须有某种组织，人必须有某种行为。对于人此种行为之规定，即道德。换句话说，人如何如何地生产，则其团体，必如何如何地组织。其团体是如何如何地组织，其团体中之人必如何如何地行为。对于此如何如何地行为之规定，即道德。生产方法不是人所能随意采用者，因为用某种生产方法，必须用某种生产工具。如某种工具尚未发明，则不能用某种生产方法，人亦不能知有某种生产方法。所以生产方法随着生产工具而定，社会组织随着生产方法而定，道德随着社会组织而定。（65－66 页）

在第五篇中，作者再提到这种观点：

> 他们不知人若只有某种生产工具，则只能用某种生产方法；用某种生产方法，只能有某种社会制度；有某种社会制度，只能有某种道德。（91页）

在第六篇中，作者第三次提到他的观点：

> 一种社会制度，是跟着一种经济制度来的；一种经济制度，是跟着一种生产方法来的。（109页）

这种经济史观，是承袭马恩二氏之说而来的，经过好些学者的批评，已有修正的必要。如谓用某种生产方法，只能有某种社会制度，则英美苏德，均应该只有一种社会制度，因为它们的生产方法是一样的，可是事实上，这些国家，虽然采用了同样的生产方法，却并未实行同样的社会制度。至于道德与生产方法及社会组织之关系，更不如经济史观者所说的那样固定。作者曾提到魏晋以前，寡妇再嫁，尚不为十分地不道德，而宋以后，饿死事小，失节事大。此种道德观念的变换，诚然是很有趣味的。如果道德是随着社会组织而定，社会组织随着生产方法而定，不知魏晋以前的生产方法，与宋以后的生产方法，其不同之点何在；魏晋以前的社会组织，与宋以后的社会组织，其不同之点又何在；如有不同之点，其不同之处，是否可以溯源于生产方法之不同。

魏晋以后寡妇再嫁观念的改变，是经济史观所不能解释的。同样地，经济史观也不能解释，为什么自春秋至两汉以迄魏晋，社会组织改变了，而寡妇再嫁的观念，并未改变。我们知道齐国的大夫崔杼，曾两娶寡妇。第一次他娶的是棠邑大夫棠公的寡妇。"棠公妻好，棠公死，崔杼取之。"第二次他娶一东郭女，这位东郭女出嫁的时候，把她与前夫所生的两个儿子，都带到崔家来做家臣。这种寡妇再嫁的风气，在封建制度已经衰微之后，依然存在，汉朝皇帝、丞相，娶寡妇的，不可胜数，并没有人觉得社会制度已经更改了，这种道德观念也要更改。

机械式的经济史观，作者有时也感到运用的困难，所以在第十篇论议会政治时，对于此种观点，曾有修正。他说：

> 普通民主国的议会政治，如英美所行者，是一个社会的经济制度在某一阶段内所能行的一种政治制度。……议会政治，是行生产社会化而支配家庭化的经济制度的社会所能行的政治制度。这种经济制度，虽不是这种制度（指议会政治制度）的实行的充足条件，而却是其必要条件。（179页）

　　说经济制度不是别的社会制度的充足条件，便是要在经济元素之外（如生产方法、生产工具、经济制度等）去找别的因素，来充分解释某种社会制度。这是社会学的观点，而不是经济史观。社会学的观点，与经济史观不同的，就是经济史观只承认经济元素的重要，而社会学的观点则于承认经济元素的重要之外，还承认别种元素的重要。至于别种元素是什么，须看所研究的对象而定。这两种观点，我们认为是程度上的不同，而不是花样的不同，所以作者的为学方法，对于这两种观点，亦必须有所取舍。

（载《新经济》第 7 卷第 7 期，1942 年）

中国经济建设之路

在经济建设的过程中，常有好些问题被人提出来讨论，这是中外相同的。在这些问题之中，有一部分是技术的，不在本文讨论之内。另外有一部分的问题，则是关于政策的，我们愿意提出几个重要的来一谈。

一、国防与民生

经济建设有两个目标，一是致富，一是国强。民国二十七年，我曾写了一本小册子，名为《中国工业化的途径》，其中有一章，便是专门讨论这个问题。当时我环顾各国的情形，以为英美的经济建设，其目标偏重在致富，即在提高人民的生活程度。苏德的经济建设，其目标偏重在国强，即在增加国防的力量。我国过去的经济建设，倾向于致富的目标，而忽略了国强的目标，结果是我们辛辛苦苦创造出来的事业，在敌人的炮火之下，大部分化为灰尘。因此我得到一个结论，即我们以后的经济建设，应当先图强而后言致富，我们应当把国防工业，看得比民生工业更为重要。我们的财力、人力，应当大部分放在国防工业上面。

这种主张，在抗战的时期内，自然会得到舆论的同情。经过长期的抗战，以及盟邦的加入以后，胜利已在眼前。战后我们的经济建设，是否还要把图强放在致富之前呢？我们的主张，以为在最近的数十年内，在我们的国防基础还没有巩固之前，我们的经济建设，便应牢牢记着："国防第一！"可是社会上已有不同的主张出现了。根据这种主张的见解，以为在未来的建设中，应否偏重国防，应视战后的国际环境而定。

假如各国在战后都厌恶战争，认真裁军，加强国际合作机构，和平共处，那么，我们自不必整军修武。否则，如侵略的气焰仍盛，威胁时时存在，那么，国防工业的建设，自属急不容缓。我们对于这种见解，不能同意。中国的先哲有句名言，就是"安不忘危"。在和平的时代里，我们决不可忘记这次抗战的惨痛。一个独立的国家，应当有保卫自己、抵抗侵略的能力。这种能力，我们应当把它培养起来，正如我们要培养自己的身体，使它有抵抗细菌的能力一样。我们决不可因为有了舒适的环境，就忽略了卫生。同样地，我们也不可因为有了和平的环境，就忽略了武备。

这次战争结束之后，我们也知道，裁军一定会成为和平会议上一个主要的问题。各强国的认真裁军，也非不可能之事。可是强国的裁军，一定有其限度。这个限度，绝不会降低到我国现有的军备标准。以我国现在的军备标准而论，海军与空军，几等于无有，陆军缺少大炮、坦克等机械化设备。英美及苏联等国，将来即使认真裁军，也绝不会把所有的军舰、飞机、大炮、坦克等完全销毁。它们在这些方面，如保存若干设备，那么它们的国防，比较我国，便居于优势。所以战后别的国家，确应裁军，而我国则应扩军。只有朝这条路上走去，我们才可与别的国家平等。否则军备不同，侈言平等，终是空言。

我们现在再退一步，承认将来各国真会把军备紧缩，与我国现有的军备相等。在这种情形之下，我们是否可以放弃国防第一的政策呢？我们的答案，还是不可。现在的强国，国防工业的基础已很巩固。这些工业将来不一定制造军需品，但是它们一旦决定改造军需品之后，这种更改可以迅速地完成。德国在希特勒上台以前，受了《凡尔赛和约》的束缚，裁军相当地彻底。可是德国的军备虽然裁了，而德国国防工业的基础，则依然存在。希特勒便利用这个基础，在短短的几年之内，使德国成为一个军备最强的国家。美国在未参加战争以前，军备相当地落后，但参加战争不到数月，全国的生产机构已有一半以上从事于军需品的制造，这是因为它的国防工业基础早已存在。国防工业的基础，不是一天可以建筑起来的，但是国际关系变化的难于预料，正如天有不测风云。我们以一个没有国防工业基础的国家，也跟着国防工业已有基础的国家做天下太平之梦，一旦国际关系发生变化，我们一定又要做一次别人刀俎上的鱼肉。所以我们的建设，在无论何种状况之下，都不可忽略国防。假如别的国家都把军舰毁了，我们自然不必造军舰，但是我们决不可不有造船的设备。假如别的国家都把坦克毁了，我们自然不必造坦克，但是我们决不可不有造坦克的设备。总之，将来别的国家，在裁军之后，其军备还较我们为优，那么我们便应扩军，使我们的军备，与世界上的任何列强相等。假如别的国家真的彻底裁军，把现有的军备销毁到与我们现有的军备相等，那么我们便应建设国防工业的基础，使我们潜在的军备能力，可以与世界上的任何列强相等。

我们假如朝国强的途径上迈进，人民的享受，自然不能希望过奢。苏德两国的人民，在战前的节衣缩食，便是我们的好榜样。国防与民生两个目标，在经济建设的初期，自然是有点冲突。我们的人力与物力，多用一分在国防上面，人民的享受，便要减少一分。大炮与牛油，不可得兼，我们应当承认。不过大炮的制造，也有限度的。等到我们的国防基础稳固之后，我们自然可以用全力于致富。而且也唯有制造了大炮之后，手中的牛油，才不致为他人所掠夺。换句话说，有了国防之后，再来提高人民的生活程度，那种提高的生活程度，才能够维持下去。否则人民的富有，正如抗战以前租界上的繁华，经不起敌人几个月的炮火，便要归于毁灭。所以先图强而后致富，实为经济建设最合理的途径，我们不可任意将其变更。

二、国营与民营

现在中国的经济建设，是国营与民营双管齐下的。无论哪一项事业，无论其为金融，或贸易，或交通，或工矿业，有国营的，也有民营的。

过去舆论对于这个问题的讨论，显然有三种不同的主张。一派主张经济建设应由政府主办；一派主张政府不与民争利，经济事业应归人民经营；还有一派，以为经济事业，政府与人民，都可参加，但何者应由国营，何者应由民营，范围应当划清。

我们的意见，以为在经济建设的各种事业之中，何者应当先办，何者应当缓办，或何者应办，何者不应办，乃是最重要的问题。假如事业兴办的决定权在政府，指导权在政府，监督权在政府，那么国营与民营，是无关重要的。

我们做这种主张的理由，应当申述一下。第一，我们理想中的国营事业或民营事业，其组织是相似的，都应采取公司的组织。现在的民营事业，多采取了公司的组织，但国营事业，尚多采取衙门的组织，其缺点为管理政治化，权责不分明，行动欠灵敏。结果是减低了国营事业的效率。不过这些缺点，如采取公司的组织之后，便可消灭。国营与民营事业，既采取同样的组织，便可有同等的效率，英美等国的国营公司，其效率不减于民营，即其明证，所以从效率的观点看去，国营民营是无关重要的。

第二，我们是一个节制资本的国家，在实施所得税、遗产税、财产税的情形之下，民营事业的收入，已不能为资本家所独享。德国与意大利过去均曾制定法律，限制公司的分红不得超过六厘，我们将来也可制定类似的法律。战时各国的所得税，有超过50％的，我们将来在平时，对于收入超过若干元的，可以抽50％或较多的税。最近美国传来的消息，说是罗斯福总统，为预防通货膨胀起见，拟限制人民每年的最高收入，不得超过2.5万美元。我们为预防贫富不均的造成，在平时也可实施这样的法律。在这许多节制资本的法律之下，民营事业的收入，有一大部分将由私囊而流入国库。政府即可利用此种收入，做建设国防或促进社会福利之用，正如政府以国营事业之收入，做此种设施一样。所以从利用生产的盈余，以谋大众福利的观点看去，只要节制资本的政策实行之后，国营民营是无关重要的。

偏重国营的人，以为民营事业，如任其发展，则社会主义的理想，永远无法达到。只有把一切生产事业都交由国营，乃是实现社会主义最迅速的方法。做这种主张的人，忘记了节制资本是实现社会主义最和平的途径。数年以前，我因听到财政部要举办所得税与遗产税，便写了一篇文章，名为《新税制与新社会》，其中有一点，是说明私人的资本，在新税制之下，如何转变为国家的资本。我说："一个国家，如肯实行累进的遗产税，那么无论什么生产工具，都会逐渐地社会化。一个私人所创办的工厂，在累进的遗产税之下，到了第二代时，便有一小部分股票移到国家的手中。到第三代，国家所保持的股票，百分数还要高点，再隔一二代，也许整个的工厂，便归国家所有了。这样做下去，不流血，不革命，而生产的工具，便自然地都由私人的手中移到国家的手中。"这个理想，在严厉实行节制资本的国家里，并非不能实现。政府如节制资本，则一切的民营事业，均依岁月的更换而改变其性质。在创始的时期内，股票均为人民所有，其后受节制资本的影响，股票逐渐流入国库，理事监事，也逐渐由政府指派，最后这个民营公司，其本质将与国营公司无大差异。所以政府允许民营事业的存在，并不妨害社会主义的发育。

第三，我们为充分利用社会上的财力、人力起见，对于国营与民营的界限，不可划分得太清晰。先说财力。将来经济建设的财力，在国内不外两个来源：一是国库的收入，二是民间的积蓄。将来国家规定了整个建设计划之后，凡是国家的力量所能担负的事业，一定由国家担负起来。但是国库的收入是有限的，以有限的收入，绝不能办理一切社会上所需要的生产事业。为使国家的计划能顺利推行起见，应当利导民间的积蓄，使它投资于建设计划中所规定的事业。假如我们先把国营、民营的范围划得太清楚，同时国家每年的收入，又不足以尽办国营范围内的事业，结果一定会有一部分的事业，将因预算无着落而停顿。反是，假如我们对于国营、民营事业，并不划清范围，一切事业，国营固可，民营亦无妨，那么国家每年所规定的计划，政府的财力无法尽行办理时，民间的资本也可利用。在这种办法之下，事业的进行，一定比较顺利而迅速。其次，我们再谈人力。经济建设，需要有事业心的人出来领导与创办。但是有事业心的人，大致也可分为两派。一派喜名而不好利，他们对于经济建设，颇有一番抱负，他们的兴趣在于事业的成功，而不在红利的收入。这一派的人，宜于加入国营事业。还有一派的人，乐利过于好名，爱好自由胜于服从命令，喜自辟途径，而不甘仰人鼻息。这一派的人，宜于创办民营事业。我们如偏重国营或民营，必有一部分人望然而去，唯有国营与民营事业并肩进行，然后各色各类的人才，始能兼收并蓄。

总括起来，我们以为中国的经济建设，应由政府通盘筹划。在计划中的事业，国营固可，民营亦无妨。计划中所不列的事业，国营固不可，民营亦不许。这个原则的实行，也有若干条件。一为改良国营事业的组织，使与民营事业相似。二为实行节制资本，使民营所得，不为少数人所独享，而为大众谋福利。三为实行管制经济，使国营与民营事业，同受政府的指挥监督。关于第三点，我们在下面还要详细讨论。

三、自由与管制

我们在抗战期内，已经实行了管制经济，不过因为事属创始，所以管制的机构还不十分健全，管制的范围也只限于很少的方面。抗战胜利之后，我们尽全力于建国，而且是在国防第一的政策下建国。为应付这种需要计，管制经济不但不能取消，还要设法加强。

我们第一样要管制的，自然是生产。现在国营的生产事业，每年均遵照政府的指示，定有一年、三年甚至十年的生产计划。这些计划，经过政府核定后，始付诸实行。所以国营事业的生产，是有目标的，是在政府的指导与监督之下进行的。至于民营事业的生产，政府现在虽然没有替每一个工厂、每一个矿场规定下生产的计划，可是政府控制民营事业的力量，可以用好些方式行使。譬如民营事业要向四行借款，在借款的条件中，政府便可规定其生产的种类。民营事业要向工矿调整处购买材料，政府又可以在分配材料的时候，设法引导民营事业走上政府预定的轨道。此外政府还可与民营厂矿订立合同，使其在某时期内，生产某种货品，而由政府将此种货品收购。总之，过去四五年的经验已经证明，民营事业，其所有权虽不属于政府，而其指导权，则政府实有方法加以把握。抗战以后，生产的管制，一定将更为严密。全国的生产事业，均将由政府指挥，在一个计划下工作，朝一个方向努力。目标一致，步伐整齐，建国的工作，其完成的日期，一定比较在自由经济的状况下，加速若干倍。

第二，我们应当管制的，便是投资。上面我已提到，一国每年可以用在生产上的资本，有两个来源：一是国库，二是民间储蓄。国库的收入，原来也是民间储蓄的一部分，不过政府以赋税的方法，将此部分化私为公就是了。国库的投资，一向是有管制的，管制的工具，便是工作计划及预算分配。政府每年要办的事业，均由各主管机关制订计划，附以预算分配表。核定计划及预算的机关，便是管制政府投资的机关。但是民间的储蓄，其用途则素无管制。在过去的时代里，一个资本家，可以随便利用他的储蓄，办理他所爱好的事业。他喜欢跑狗，则投资于跑狗场；他喜欢跳舞，则投资于跳舞厅；他喜欢看电影，则投资于影戏院；他喜欢喝啤酒，则投资于啤酒厂。这些投资，对于国防与民生有何贡献，并无人加以过问。以后我们当然不能容许这种投资的自由。抗战期内公布的《非常时期工矿业奖助条例》，已经含有指导人民投资的意义，因为在《条例》中，已经说明，凡是投资于电气、机械、化学、纺织、农产制造、采矿、冶炼等重要工矿业的，可得政府的奖助。以后政府还可再进一步，每年规定在哪些事业中可以投资，没有规定的事业不许投资。这种法律规定之后，每年新创办的公司，都要将创业计划呈请主管官署核准，才能发行股票。已有的事业，如要扩充，也要先经主管官署核准，才能发行新股票或债券。我们一定要这样把握着资本的去路，然后国人有限的储蓄，才不致枉费，才能用于与建国有关的事业之上。

第三，我们要管制的，便是分配。社会上的生产，都是经过地租、利息、红利、工资、薪水等途径，分配于个人。在自由竞争的制度下，资本家的所得，常超过其他阶级。节制资本，便是用管制分配的手段，达到公平社会的目标。我们固然主张累进的所得税，我们尤其主张累进的遗产税。这两种税则，现在已经开始实行，可惜对于高级收入者，税率还不够高。我们以后应当设法修改税率，对于高级收入者，以及拥有巨大遗产者，征以类似没收的税率，这是变私产为公产，实现社会主义的和平途径。关于此点，我们上面已有讨论，兹不再赘。

第四，我们要管制的，就是物价。物价的管制，我们在抗战期内已有经验，成绩虽然离美满很远，但管制的方法，却时刻在改进之中。抗战以后，即使预算可以平衡，通货不再膨胀，管理物价的工作，依然必要。最重要的理由，就是我们在建国的时期内，人民的购买力增加，但消费品增加的程度赶不上购买力。我们将来第一要发展的，是军需工业，是重工业，而轻工业则居于次要的地位。那些从事于军需工业或重工业生产的人民，其所得之薪水及工资，并不用以购他们所出产的东西，如枪炮子弹、钢铁焦煤之类。他们的购买力，其来源虽然与那些从事于轻工业的生产者不同，但其去路，却有一致之趋势。在某种价格水准之下，从事于轻工业者之购买力，即能吸收其所生产货品之全部或一大部分。现在轻工业之产品并未增加，但从旁却添了一股由从事于军需工业及重工业者那儿流来的大量购买力，轻工业产品受此购买力之压迫，其价格之上升，殆无疑义。此种现象，如不加以管制，势必造成通货膨胀的恶果。所以将来如积极建设国防，则管理各项物价及工资，实行日用必需品的定量分配，均为无法避免之事。

由于以上的讨论，我们可以看出，在建国的时期内，自由经济已不适用。我们为迅速地达到我们的目标起见，以后对于建设事业的生产、投资、分配及产品的价格，均应加以管制，使伟大的建设工作，均在一个统筹的计划下进行。

四、内资与外资

经济建设，如完全靠自己的力量，那么每年进展的程度，就完全受国内已有资本的限制，假如我们能够利用外资，以别人的工具，来开发我们的资源，那么每年进展的程度，就可加速许多。所以利用外资，对于我们是有利的。此事不但有利于我们，也有利于外国。战后英美等国，对于若干生产工具，一定感觉过剩。譬如它们在战时造了好些飞机厂，战争完结之后，裁军工作进行，这些飞机厂都要拆毁。假如我们同英美等国商量，移植若干飞机厂到中国来，同时给它们以相当的代价，也是替它们解决了一个困难的问题。飞机厂不过是一个例子而已，类似的例子，不胜枚举。

利用外资的办法，是很多的。譬如我们输出国内的农产品与矿产品，换取外汇，而以外汇购买我们自己不能生产的交通器材及生产工具，便是利用外资的一法。又如我们设法开采各地的金矿，把现金输出国外，换取我们所需要的机器，也是利用外资的一法。再如奖励移民，使国外华侨的数目增加，同时政府设法鼓励这些华侨，把每年的收入，大量汇回祖国，我们即以这些华侨汇款，在国外购入我们建国所需的器材，又是利用外资的一法。

以上所举的这些办法，都是需要我们自己利用出产或劳力，去换取我们所需要的外资。外资进来的时候，我们已付了同等的代价。普通一般人所讲的利用外资，并不指这种方式而言。他们心目中的利用外资，乃是不必就付代价，便可利用的外资。当然，我们不能希望外人白白地把钱送给中国人用，或不收代价，便把机器交付给我们。不过把利用外资的时间，与偿还代价的时间分离，使我们能够现在利用而将来偿还，乃是国际往来之所许。这种利用外资的方法，是受惠于现在，而报答于将来，对于我们这种资源丰富，而未十分开发的国家，最为有利。

从这个观点看去，利用外资的方法也很多。第一是由政府出面，向外国政府借款，即以借款之所得，来办理经济建设的事业。此次抗战，英美等国，因与我们休戚相关之故，已经对于我们做了好几次的借款，本年2月间美国的5亿美元借款，及英国的5 000万英镑借款，其数目之巨，尤为以前所未有。美国此次借款的用意，据官方公布，共有七点，其中第二点，即说是要帮助我们增加生产。抗战结束之后，我们生产的工作，更要加紧进行。英美等友邦，在战时已开始帮助我们向生产上努力，那么在战后如要求它们继续援手，当然不是困难的事。第二，我国公私的生产事业，以后一定要设法透过英美等国的投资组织，而与这些国家里的资本市场发生联系。英美等国的投资组织，并不完全从事于国内生产事业的投资，同时也投资于国外。美国自1924年至1928年，每年在国外的投资，均达10亿美元以上。1927年，曾达15亿美元的巨数。英国在同时期内，每年在国外的投资，常在1亿英镑以上。英美在国外投资的一个主要方式，便是由它们的投资组织，将外国公司的股票与债券，推销给英美的民众及金融组织。我们过去与这些投资组织，素少联络，所以公私的股票与债券，除少数例外，在英美均无市场。以后如能打通此关，即可以我们的信用票据，在英美的市场上吸收资金。第三，是开放若干生产部门，让友邦来华直接投资。这种办法，过去已经实行，只以在不平等条约束缚之下，外人在华兴办的事业，不受中国法律的节制，以致产生许多流弊。战后不平等条约取消，所有外人创办的事业，均受中国法律的约束，以前所有的弊端，当可消灭。在将来的情形之下，外人如来华开办工厂，一可为中国劳工多添若干职业，二可为中国生产原料者扩充市场，三可为中国实业界培养技术人才，四可为中国新事业树立规模，这是对于我们有利的。在另外一方面，外人在华办厂，当然可以获得相当的利润，此种利润，如非再投资于中国，即将流出国外。此点似于我们不利，不过在节制资本的法律之下，外人所得的利润，必不能异常优厚，且彼等帮助我国开发事业，获得相当的报酬，亦系合理的事。

除了上面所述的三种方法之外，当然还有别种利用外资的方法，此处不必细举。将来我们对于利用外资，虽然希望很大，可是利用之后，责任也很繁重。正如一个借款兴办事业的个人，虽然借款到手之后，他的事业前途，顿放光明，可是同时他也负起了还本付息的重责。我们如愿收利用外资之益，而不为外资所累，那么全国的人民，都应节衣缩食，时筹偿还外资的方法，不要失去自己的信用，给债权国一个干涉我们事业的借口。假如我们利用外资得法，我们便可以事业中滋生的资本，一方面还清债务，一方面扩充民族资本。美国的开发，也是利用外资的。在第一次大战爆发时，美国还是一个债务国，欠别国的款项，还达 4 亿至 6 亿英镑。欧战使它不但还清债务，而且还借了很多钱给别的国家，到了 1922 年，美国在投资的项目下，是别国净欠它 12 亿英镑。加拿大立国的过程，也有点与美国相似。近在 1910 年，加拿大所需要的资本，大部分还仰给于外国，尤其是英国。那年加拿大所发行的债券，达 2 亿元以上，其中只有 17％来自加拿大自己的资本市场，有 1.5％仰给于美国，81.5％仰给于英国。可是到了 1935 年，情势便大为改观了。那年加拿大发行的债券，达 10 亿元以上，其中便有 84％得自本国，15.9％得自美国，只有 0.1％得自英国。这种数字的改变，表示加拿大能够利用外国的资本，滋生自己的资本，很可做我们的榜样。

（载《经济建设季刊》创刊号，1942 年）

士与古代封建制度之解体（书评）

吴保安，《士与古代封建制度之解体》，抄本，民国三十年 6 月，178 页。

　　吴保安先生这本书，是在南开商科研究所经济学部所写的一篇毕业论文，除引言外，共分四章。第一章论封建制度下的国君与贵族。第二章论新人物的出现，包括士之出身、士的理想及士的干进三节。第三章论国君与士的结合。第四章论统一局面的形成。全书的要点，在说明中国周秦之际，由封建帝国到统一帝国的过程中，士所处的重要地位。

　　著者告诉我们，封建帝国与统一帝国并不是一个东西。由封建帝国到统一帝国，就其发展的程序说，并非一蹴而就。如果文化史的发展，真的有一种规律，则这规律所隐约表现者，即于封建和统一之间，往往夹着一个相当时期的诸国林立、互争雄长的局面。在诸国林立的时代，也就是君主集权国家逐渐形成的时代。君主集权，是由压倒贵族的权力而得到的。贵族权力轻，则君主之权重。君权重则政令归一，国家的组织也可臻于健全，这是当时图强的秘诀。诸边远国家，如秦楚吴越等，虽不见得就明白认识君主集权的国家，一定可以强于封建组织的国家，但历史的环境，却引着它们向这条路上走，让事实告诉当世，它们走的路最为简捷而确当。于是中原诸国也必得走这条路，例如新兴的田齐以及韩赵魏。不能走这条路的就只有趋于渐灭，例如郑宋姜齐晋，还有其他。这样竞争淘汰的结果，便形成战国时代的列国并立之势。这许多能立的国家，都已是崭新的君主集权国，其内部皆已大致统一，封建余影虽或有遗留，但已与春秋之世，全不相同。

　　君主集权的工作，不是一个人可以完成的，必定需要一些人来帮助他。这些人便是士。在春秋的前期也有国君裁制贵族的举动。但是除了这个贵族，又用那个贵族，所以内乱频纷。而贵族执政的制度，依然铲除不了。到了春秋末年，一种新的人物出来了。这种新的人物，或为沦落的贵族，或为不得志于本国的贵族，或为自耕农的子弟，总名之为士。他们的身份是平民，但他们想做官，一旦做了官，便是大夫。这是由士而大夫。于是士大夫这个名词便代替往日的大夫士了。在农业社会中，他们所见到贵族地主的恣肆是一样的，他们受到商贾牟利的侵蚀甚至豪夺，也是一样的。于是他们想压抑贵族，故主尊君，由尊君而联想到一统，由一统而想到政权不应该由某阶级独占，而是应该依照机会平等的原则，交给有才有知的人去掌理。他们这种理想，正合当时集权君主的需要，所以士在政治社会上，逐渐取得领导的地位。战国时的七雄，没有不用士的。如齐用驺衍、淳于髡、田骈、慎到，韩用申不害，赵用乐毅、赵奢、廉颇、蔺相如，魏用庞涓、张仪，楚用吴起，秦用商鞅、范雎，都是著名的例子。

士对于创造君主集权国家及打破封建社会的贡献，由作者所举的例证看来，是无可怀疑的。因为打破中国封建社会的人物，与欧美打破封建社会的人物不同，所以中外历史的演变，也就异其趋向。作者说，在西欧国家统一运动历史里，我们但见许多城市商人派代表，开国会，加强君主之权，以裁抑贵族的封建势力。可是在中国统一运动历史里，却出现这许多称为士的人来，既不做买卖，也不甘于做地主，终日地哄嚷着要改革社会，要从贵族手里取得政权，为未来历史创一崭新的局面。所以在西洋史上，封建社会以后，是工商阶级所开辟的资本主义社会，中国史上的封建社会以后，则未尝有此。

以上只是粗枝大叶地介绍这本书的根本思想。作者的看法，与一般人所谓中国封建社会的解体，是由于商业势力发展的结果者，自然不同。本书理论上新颖可喜之点，即在于此。

书中的小注，有好几百条。作者对于事实的搜集，是曾费过一番功夫的，但小的错误，仍不能免。今举数例，以供作者在修改时的参考。第一，他说吴越秦楚四国之中，吴越恐怕就根本无所谓封建制度（31 页）。关于吴的历史从吴太伯至寿梦十九世中，我们所知道的史迹极少。但是寿梦最小的儿子季札，曾封于延陵，号曰延陵季子。吴王余祭三年，齐相庆封有罪，自齐奔吴，吴予庆封朱方之县以为本邑。由这两个例子看去，不能说吴国根本无所谓封建制度。越在勾践以前，史迹不详，勾践灭吴之后，曾有与范蠡分国而有之说，其后范蠡浮海去越，勾践还表会稽山以为范蠡奉邑，是则越亦有封建制度的痕迹。第二，关于苏秦的家世，作者说是从《史记》叙述他回家的情形，可确知其为小农家庭出身（60 页）。考《史记·苏秦列传》，说苏秦出游数岁，大困而归。"兄弟嫂妹妻妾窃皆笑之，曰：'周人之俗，治产业，力工商，逐什二以为务。今子释本而事口舌，困，不亦宜乎！'"这几句话，并不能表示苏秦的家庭以务农为业，可能的还是务商。后来苏秦得势之后，曾说过："且使我有雒阳负郭田二顷，吾岂能佩六国相印乎！"这句得意的话，更可证明苏秦家中无田。第三，作者说孔子之生，还不算封建制度已经完全解体的时代，但除佩剑表示他的贵族身份外，实已不知武艺（63 页）。考春秋时代，文武的教育合一，以孔子这样多才多艺的人，绝无偏废之理。当时的武艺，射与御是最重要的部分，我们从《论语》一书中，知道孔子对于这两方面，都是内行。他答卫灵公的话，说是"军旅之事，未之学也"，实在是一种托词。《论语集注》中在这一段的下面，引尹氏的注说："卫灵公，无道之君也，复有志于战伐之事。故答以未学而去之。"这个解释，大约是正确的。《史记》中还有一段故事，证明孔子之长于武艺。"冉有为季氏将师，与齐战于郎，克之。季康子曰：'子之于军旅，学之乎？性之乎？'冉有曰：'学之于孔子。'"除却冉有，孔门弟子中还有子路，也是长于武艺的。这些学生的表现，可以证明他们的先生，对于军旅之事，必有过人之处。第四，作者谓商鞅改立的地方行政制度，是为两级制，抑为一级制，皆不可知。但就《史记》载此事时只说及县一点而言，殆以单纯的一级制为近似。推广之为两级制者为李斯（147 页）。考李斯以前，秦国已有郡的制度，关于此事的例子，不胜枚举。最重要的，如秦昭王二十九年（前 278 年），白起击楚，拔郢，更东至竟陵，以为南郡，秦庄襄王二年（前 248 年），灭东西周，置三川郡。秦始皇帝十二年（前 210 年），发四郡兵助魏击楚。秦相魏冉封于穰，复封于陶，号曰穰侯。穰侯卒于陶，秦复收陶为郡。可见秦始皇接受李斯的提议分天下为三十六郡之前，秦国已有郡的制度了。

作者现在美国专攻经济史，我们希望他回国之后，把这本书修改付印，以为研究中国古代史者的参考。

（载《新经济》第 7 卷第 9 期，1942 年）

英国近百年经济发展史（书评）

G. P. Jones & A. G. Pool, *A Hundred Years of Economic Development in Grezat Britain*. N. Y. ：MacMillan，1940，420 pages.

　　这本讲英国近百年经济发展历史的书，从维多利亚女王即位那年讲起，到第二次大战的前夕为止，共分三期：第一期自 1837 年至 1875 年，第二期自 1875 年到 1914 年，第三期自 1914 年到 1939 年。在每期中，作者对于工业、农业、交通、金融及劳工生活，都有专章叙述。以国际贸易在英国经济生活中之重要，而作者并未单立专章来讨论，可以说是本书美中不足的一点。

　　过去这一百年，英国工业最可注意的一点，就是它的地位的衰落。这并不是说英国工业的生产数量有下降的现象，因为英国大多数的工业，其生产量还是日有进步的。不过在此期内，特别是 1875 年以后，别国的生产增加得更快，所以英国便相形见绌。举例来说，在 1870 年至 1874 年之间，英国铣铁的生产，平均每年为 640 万吨。这个数目，超过美德法三国铣铁生产量之和，因为那时美国每年只产 220 万吨，德国年产 180 万吨，法国年产 120 万吨。可是 30 年之后，在 1900 年至 1904 年之间，英国平均每年只产铣铁 860 万吨，在国际地位上跌到第三位。美国的生产，在 30 年内，增加了 8 倍，达到 1 640 万吨。德国的生产，在同期内，增加了 5 倍，达到 890 万吨。[*] 在第一次大战的前夕，美国年产铣铁 3 100 万吨，德国年产 1 650 万吨，英国只产 1 030 万吨。钢的生产，表示同样的趋势。在 1870 年至 1874 年之间，英国年产 50 万吨，居第

---

　　[*] 这里的增长了若干倍，实际是增长到原来的若干倍。——编者注

一位；德国次之，年产 30 万吨；美国第三，年产 14 万吨。到了 1913 年，美国升至第一位，年产 3 130 万吨；德国仍居第二，年产 1 730 万吨；英国退居第三位，只产 760 万吨。再看煤的生产，其情形也与钢铁相仿佛。在 1870 年左右，英国每年产煤 1.2 亿吨，占世界煤产量三分之二，那时产煤次多的美国，只产 4 300 万吨。在 1900 年左右，英国的煤产量，只占世界煤产三分之一。在 1913 年，英国的煤产量，还不到世界煤产量四分之一。那一年，英国产煤 2.87 亿吨，可是美国却产煤 5.09 亿吨，远非英国所能赶上。

以上所举的例子，不过表示英国生产的进步不如别国，可是进步还是有的。棉纺织业的情形，就不然了。英国在第一次大战以前，还能执全世界棉纺织业的牛耳。大战以后，地位一落千丈。以棉纱而论，生产量从 1912 年的 19.83 亿磅，降至 1935 年的 12.28 亿磅，出口量从 1912 年的 2.44 亿磅，降至 1935 年的 1.42 亿磅。棉布的没落，更为显著。棉布的生产量，1912 年有 80.50 亿方码，1935 年，只有 33.86 亿方码。出口量在 1912 年为 69.13 亿方码，1935 年，降至 19.48 亿方码。亚洲中印日三国棉纺织业的兴起，是英国棉纺织业衰落的主要原因，这种衰落，恐怕是无法挽回的。

在英国经济生活的各部门中，农业地位的日渐衰微，也是近百年英国经济史中最可注意的事。在 1841 年，当英国的就业人口只有 600 余万人的时候，从事农业的人，便有 126 万。到了 1931 年，英国的就业人口，已经超过 2 100 万，比较 1841 年，已经加了 2.5 倍了，可是从事农业的人口，却减至 119 万人。结果是英国的农业生产，离自给的境地，有很大的距离。在第一次大战之前，英国所需的小麦有五分之四是从国外输入的，所需的肉类有五分之二是从国外输入的。大战期内，英国政府鼓励作物的增产，虽然有相当效果，但和平恢复之后，这种工作，便没有努力继续了。英国的农业如此不振，而国内人民的繁荣所以还能维持的缘故，一因它在海外投资很多，每年可以利息买粮食吃，二因它有大量船舶，可以运入它所需要的粮食。虽然如此，在战时，英国因粮食不能自给，其所遭遇的危险，还是很大的。

从人民福利的立场去看，劳工生活的改善，乃是英国近百年来经济发展最可称颂的成绩。作者在书中曾引用两种统计来表示此点。第一种统计，表示英国劳工自 1850 年至 1884 年实际工资的变迁。如以 1850 年英国的劳工所得为 100，则 1884 年，英国劳工的所得便加了 37％。同时他们每星期工作的钟点，也由 63 点钟，减至 57 或 54 点钟。另外一种统计，表示英国劳工自 1906 年至 1935 年名义工资的变迁。工厂工人每星期的收入，在此时期内，由 27 先令加至 56 先令。农业工人每星期的收入，也由 18 先令加至 35 先令。他们工作的时间，在大战之后，都已达到每星期做工 48 小时的理想。

　　劳工生活的改善，还可由别种统计中看出。近年以来，英国政府的开支，多取之于所得税，而所得税的负担，富人较劳工为重。举例而言，五口之家，如每年的收入为 100 英镑，在 1913 年应纳税 5.4%；在 1930 年，则纳税 10.9%。同样的家庭，假如每年的收入为 5 万英镑，在 1913 年，只纳税 8.4%，而在 1930 年，则纳税 53.2%。再看政府的支出。此种支出，可以分为三类。第一类的支出，如社会保险、义务教育、住宅改良、免费医药等，其受惠的为劳工阶级。第二类的支出，如债务费及公路修造费等，其受惠的为富裕阶级。第三类的支出，如国防、外交、司法等，对于整个社会有利，很难说哪一阶级受惠较多。在 1913 年，第一类的支出为 7 550 万英镑，但劳工阶级所纳的税，达 9 000 万英镑。所以在第一次大战之前，劳工阶级从政府那儿得到的好处，可以说是自己花钱换来的，而且它送给政府的，比政府给它的还多，所以在第三类的支出中，劳工阶级也有贡献。到了 1925 年，政府第一类的支出，已达 3.10亿英镑，可是劳工阶级所纳的税，只有 2.65 亿英镑。所以在这一年，劳工阶级对于第三类的支出，并无贡献，而且政府还从富裕阶级的手中，移了 4 500 万英镑，来为劳工阶级谋福利。再看 1935 年，劳工阶级所纳的税，虽然已加至 3.38 亿英镑，但政府第一类的支出，却增至 4.29 亿英镑，表示政府从富裕阶级的手中，要了 9 000 万英镑，来办有利于劳工阶级的事业。劳工阶级这种无形的收入，乃是受了政府节制资本之赐，在劳工阶级的薪资变动中，是看不出的。

　　读欧美各国的经济史，是最益人心智的事，特别是我们抱一种借鉴的心理去读它。不过英国的工业化，在维多利亚女王即位的时候，已有相当的基础。在若干方面，那时的英国，已非今日的中国所能企及。我们如想知道英国的工业化是如何发动的，应当再上溯 100 年去研究。假如从这种研究中我们发现中国现在好些工业的生产数字，只可与英国 18 世纪的生产数字相比，我们也许憬然于四强之一之徒有虚名，而去埋头苦干于迎头赶上的工作之中了。

（载《新经济》第 7 卷第 10 期，1942 年）

论外人在华设厂

外人在华设厂，开始于甲午战争之后。《马关条约》第六条的第四项，载明中国允许日本臣民得在各通商口岸，自由从事工业制造，又得将机器运输进口，只交所订进口税。《马关条约》，虽然是与日本订立的，但其他有约国家，援引最惠国条款，也就得到在华设立工厂的权利。

因为《马关条约》是个不平等条约，所以一般人的见解，以为条约中所规定的，都是对于中国有害无利的事。最近有人写过一篇文章，条举不平等条约的内容，一共包括 12 点，其中有一点，便是外人在华设厂。这一部分人的意见，以为废除不平等条约之后，外人在华设厂的权利，也要取消。

我们的见解，与此不同。我们以为在不平等条约没有取消的时候，外人在华设厂，是一件利弊互见的事，而在不平等条约取消之后，外人在华设厂，便是利多害少。我们决不可把外人在华设厂一事，与其他外人在中国享受的不平等特权，等量齐看。

为什么我说在不平等条约没有取消之前，外人在华设厂，是一件利弊互见的事呢？

六年以前，我在无锡上海一带，参观了三十几个工厂，并与从事工业有年的人，对于中国工业化几个重要问题，做了若干次的讨论以后，便写了一篇《中国工业化问题的检讨》（载于行政院出版的《行政研究》第 2 卷第 1 期，后转载于《独立评论》），其中曾有一段，讨论外人在华设厂的问题。我说："由以上所举的几个例子，可见利用外资，不问它是合伙，或是借贷，或由外人单独经营，如国人肯自己努力，结果都可以获得很大的利益。不过在上面所举的利用外资的三种方式之中，其由外人单独经营一方式，便是让外人在华设厂，是利弊互见的，我们应当设法去其弊而收其利。近来讨论这个问题的人，每注重于弊的一方面，如外人在华经营事业，每不肯受中国公司法及其他法律的限制，又某种国家，每因经济问题而牵涉到政治问题，所以我们听到某国的投资，总怀疑它后面有不良的动机。但是利用外资的弊，是可以用外交的方法铲除的，同时如我们的国家力量增强，所有的弊端，都不难一扫而空。至于利的方面，外人在中国投资，除加速中国的工业化外，还可使中国金融市场的利率降低；农民的产品，添一顾主；失业的工人，多一谋生的机会；空虚的国库，多一税源。例如日本在青岛所设纱厂，据民国二十二年海关报告，该年由火车装运之货，如棉花、煤斤及其制品，所付运费共计 500 万元；所缴棉花税捐，亦不下 280 万元；采购华棉 90 万担，价银 3 000 万元；采购鲁省煤斤，50 万元；华工工资，360 万元。虽然日商直接由纱厂中得到许多的利润，但间接对于中国的利益，是不必否认的。"

上面我说外人在华设厂最大的弊病，是不受中国法律的管制。这个弊病，在不平等条约取消之后，便不会发生了。以后外人在华设厂，当然要在中国主管官署登记，当然要受中国政府的指挥监督，最重要的，是赚了钱之后，像中国的工厂一样，当然要向中国政府纳所得税或过分利得税。而且中国政府现在的地位，远非抗战以前所可比拟，经济与政治以后绝不会混为一谈，外人也绝不敢以投资为口实，而向中国政府提出政治的要求。所以在不平等条约取消之后，外人在华设厂的若干弊端，便无出现的可能。

我想一般人的心目中，每有一种误解，以为外人在华设厂，把中国人的钱赚去了，从中国的立场看去，是一件吃亏的事。这种误解，有加以清算的必要。我在上面所引的海关报告，已可说明日人在华纱厂，虽然日人可以得到丰厚的利润，但是许多中国人也都得到好处。不过这个例子，还没有明白地告诉我们，到底哪一方面所得的利益多些。有些读者，看到上面的例子，也许要说，中国人所得的，只是日人的唾余，日人所得的利益，要比中国人所得的为多。假如这种猜想是对的，那么外人在华开设工厂，便是利少害多。可是事实上并非如此。实在的情形是，假如外人在华开设工厂，中国人所得的利益，较之外人所得的为多。关于此点，我可以先报告一位美国学者对于各种实业所得的分析，然后用他的统计来推论外人在华设厂所得利益的分派如何。

美国的顾兹纳博士（Dr. Kuznetz）曾研究美国各项实业自 1919 年至 1934 年的所得分派情形，目的在发现每一种生产元素，在各业的收入中，其所分得的百分数。详情如下表：

实业名称	雇员所得（%）	企业家所得（%）	财产所有者所得（%）
农业	16.3	77.7	6.0
矿业	84.1	1.4	14.5
工业	83.9	2.3	13.7
建筑业	80.6	17.1	2.3
运输与公用事业	72.9	0.1	27.0
商业	71.2	24.1	4.8
金融业	31.6	42.3	26.1
政府机关	77.5	—	22.5
劳务	98.4		1.6
其他	90.7		9.3
总计	69.8	17.0	13.2

在这个表里，我们最要注意的，就是在工矿业中，雇员所得，都在80％以上。雇员包括工人及职员，即靠工资及薪水以维持生活的阶级。一个工厂，假如每年做1 000万元的生意，那么在这1 000万元之中，有800万元以上，我们如追寻它的去路，便可发现都到了雇员的袋中。当然，我们如专看那个工厂的工资账及薪水账，也许到不了800万元。譬如它的支出，有一部分是付在原料账上，又有一部分是付在运费账上。但是如我们再查原料的款子，给谁拿去了，运费又给谁拿去了，便又可发现一大部分是给做工的人以及靠薪水过日子的人拿去了。工人与职员合并而成的雇员阶级，其一年所得，虽然每一个人所分到的，并不能与资本家相比，但其所得之和，却超过资本家、企业家及地主所得之和。如应用此项统计，来推测外人在华设厂所得的分派，我们敢说一大部分将为中国的工人及职员所得。假定企业家所得（即董事长、总经理或主持事业者之所得）及财产所有者所得（即股票所有者、债券所有者、资本所有者及地主等之所得），尽为外人所取去，其总数也不到工厂一切收入的20％。而且在此20％中，也许还有一部分要以纳税的方式，转移给国库。地主所得，一定也是中国人的。如把这两项除去，则外人在华设厂所得，不过事业总收入的15％而已。外人来华设厂，其事业之所得，以85％付与我国政府及人民，而自己只能得到15％，所以我说此事对于中国，利多而害少。

既然外人在华设厂，是利多而害少，那么我们不但欢迎过去已经在华开设的工厂继续在华开工，而且欢迎将来还有新的外厂在中国设立。因为如此，所以我们反对沿海通商口岸外籍工厂撤退的主张。譬如中国的外籍纱厂，如真的要从中国撤退，那么英日两国，便有200多万锭子要离开中国，结果一定是中国对于棉纱与棉布，不能自给，要从国外购入大量的棉纱与棉布，同时国内的棉花，将因纱厂减少而失去其最大市场。棉花销路减少，吃亏的是中国的农民，自国外购入棉纱棉布，受惠的是外国棉纺织业的工人。此中的得失如何，我们只要略为考虑一下，便可恍然大悟了。

可是还有人说，外人在华设厂，同类的民族工业，将因竞争而失败，我们为保护民族工业起见，所以反对外人在华设厂。这是一种似是而非之论。我们应当认清，现在国家民族所需要的，是赶快地工业化，赶快地把新式生产事业，在中国境内树立起来。至于在中国境内所树立的工厂，是中国籍，抑或是外籍，乃是不大重要的问题。中国工厂要买原料，外籍工厂也要买原料，买原料的人，绝不会因顾主是中国人而能得到较高的价格。中国工厂要用工人，外籍工厂也要用工人，工人绝不会因雇主是中国人而得到较高的工资。中国工厂要向政府纳税，外籍工厂也要向政府纳税，政府绝不会因工厂是中国人开的而征到较多的税收。所以从卖原料者的立场看去，从工人的立场看去，从政府的立场看去，工厂是中国人开的，抑或是外国人开的，并无什么分别。可是社会上有一种人会感到外厂的压迫，那便是一部分不长进的中国资本家。开明的、进步的中国资本家，只得到外厂切磋琢磨之益，而不感到其压迫。譬如外人在华开纱厂，固然获利，但是无锡、上海一带，中国人开的纱厂，也有获利的，而且还有获利很多的。他们不怕外国工厂的竞争，因为他们的技术及管理，处处可与外人比美。但是也有一部分中国人办的纱厂，因为技术落伍，管理腐败，无法与外厂竞争，因而倒闭的，我们绝不可因为要保全这少数人的利润，而忽略整个国家民族的福利。而且落伍的工厂，即不为外厂所淘汰，也会因为不能与进步的华厂竞争而消灭，这是社会演化应有之义，我们可以不必为它惋惜。

最后，我们愿意再提出两点，以供讨论这个问题的人的参考。第一，外人在华设立的工厂，平时政府固然可以利用，战时一样可以利用，像利用国人自己所开的工厂一样。战争一起，外人的工厂，是无法可以迁移到海外去的。所以外人在华设厂，不但可以增加我们平时的生产，还可以增加我们战时的生产。第二，工厂的所有权，是时常变换的。商务印书馆，原来有日人的资本一半；亚浦耳电器厂，原来是德人创办的；荣宗敬在抗战前所辖的九个纱厂，第二厂原来是日人的恒昌纱厂，第七厂原为英人的东方纱厂。沧海变桑田，原来是日人的、德人的、英人的工厂，经过相当的时期，也会转变为纯粹华资的工厂。

所以外人在华设厂是不足畏的。我们欢迎不平等条约取消之后，中国的法律，管得到境内每一个人及每一个法人的时候，外人继续来华设厂。

（载《新经济》第 8 卷第 1 期，1942 年）

经济建设与人才训练

一

美国有一位费先生（W. B. Huie），在本年七月号的《水星杂志》中，发表了一篇论文，讲美国的秘密武器，结论中有一句警语，他说：

"有机器才可在近代战争中获胜，可是有人才可以使用机器。"

不但国防的建设，须看重人的元素，其他一切的建设，都是如此。经济建设，从某一方面看去，便是要在一切事业中，用机器的生产，来代替筋肉的生产，可是我们不要忘记，机器是要人来运用的，有人才可以使用机器。

在我们将来经济建设的过程中，需要多少人才呢？这个问题，凡是留心经济建设的人，都希望得到一个答案，可是不但答案不容易得到，就是如何获得这个答案的方法，也须先做一番细密的考虑。本文就是想对于上述的问题，做一答案，同时并把得到这个答案的方法也写出来，以供读者的参考。

二

在回答"我们的经济建设需用多少人才"这个问题之先，我们得先想象将来所建设的经济组织是个什么样子。回答这个问题，有种种不同的方法。譬如现在有一个团体，正在对于总理的实业计划做一详细的研究。他们先假定若干年后，我们需要若干里铁路、若干里公路、若干钢铁厂、若干水泥厂……然后设计去如何实现这种理想。

在这种设计中，当然人才的设计，也包括在内。他们的报告，现在还未公布，所以此处也不拟详细讨论。另外一个方法，是我在这儿所拟采用的，就是假定 30 年后，我国人口的职业分派，表示一种什么形态。职业分派，是一国经济组织的最好指数，工业国家的人口，其职业分派，与农业国家是完全不同的。一个农业国家，如向工业化的途径上走去，其职业分派，一定随着有很大的变动。假如我们在抗战胜利之后，真的在经济建设的工作上努力 30 年，那么人口的职业分派，一定与现在大不相同。我们先问那时的职业分派，希望是个什么样子，然后再问，如想达到那种境地，需要多少人才。

根据各国的统计，有职业者，在全人口中大约占 40%。其余 60%，多为老人、幼童、青年就学者及在家主持家政之妇女。如中国人口之总数在三十年后无大变动，仍为 4.5 亿人，则以 40% 计，有职业之人口，应为 1.8 亿人。此 1.8 亿人，在 30 年后，其职业分派，假定如下表：

职业名称	就业人数（万人）	百分数
农业	9 000	50%
工矿业	4 320	24%
交通与运输业	1 080	6%
商业	1 800	10%
政府公务与自由职业	1 080	6%
其他	720	4%
总数	18 000	100%

此表所列 30 年后的人口职业分派，因为现在中国人口职业分派的统计资料，太于缺乏，所以无法与现代的情形相比，但是有一点我们敢说的，就是表中所列的情形，一定与现在的情形差得很多。

以农业而言，我国现在的农民，据一般估计，占有职业者 75% 至 80%。即以 75% 为准，现在应有农民 1.35 亿人，比表中所列的农民，多 4 500 万人。如何把这 4 500 万人，在 30 年内，疏散到别的职业中去，是一个大问题。这个问题，包括两个方面：一方面系合并农场，改良生产，使农业人口，虽然减少了 4 500 万，但其生产效率，不但不比现在减低，而且还要比现在增高。另一方面，就是要发展别的实业，使由农业中退出的 4 500 万人，有其谋生之路。本来一个国家中，有 50% 就业人口从事于农业生产，还是不经济的。英国的农业人口太少，不到 10%，不足为训，但如美国、法国、德国，农业就业人口，都在 25% 以下。我们将来应以此为目标，但此目标，恐非 30 年之内所能达到。美国在 1820 年的农业人口占 72.3％，到了 1880 年，才减到 49.4％，中间经过了 60 年的努力。日本的农业人口，在 1872 年为 84.8％，到了 1930 年，才减到 50.3％，中间也经过了差不多 60 年的努力。我们现在想以 30 年的工夫，把农业人口从 75％左右，减到 50％，不得不承认是一种繁重的工作。

工矿业在 30 年后的人口，表中列了 4 320 万人，占全体就业人口 24％。此百分数，与美国 1880 年的情形一样，较之日本现在的百分数（19.5％）较高，较之现在美国、英国、德国的百分数（分别为 31.7％、38.3％、38.5％）较低。但如以实际的人数而论，则工矿业中容纳 4 320 万人，在世界上可以首屈一指。现在工矿业最发达的国家，如美国，工矿业中只有 1 500 万人，德国只有 1 300 万人，英国只有 970 万人。就以苏联而论，在实行几个五年计划之后，到了 1940 年，也只有工人 3 000 万人。我国因为人口庞大，所以在设计时，不得不放 4 000 余万人在工矿业中，当然我们不能奢望这 4 000 余万人的工作效率，可以与英美各国相比，但比现在国内工人的工作效率，还希望有相当的提高。

在我的表中，交通与运输业、政府公务与自由职业两大部门从业人数，各定为 6％。这是参考了各国实际情形之后而决定的。两部门中就业者所占的百分数，与现在英美各国的实况，相差无几。交通与运输业的就业人数，在英国占有职业者全体的 8.2％，加拿大为 7.9％，美国为 7.7％，比利时为 6.9％，德国为 5.8％，法国为 5.5％。我们列了 6％，比德法二国较高，但比英美等国则较低。中国幅员辽广，在经济发展之后，交通与运输业中，当然可以容纳 6％的人口。假如我们的交通与运输工具不能在短时期内大规模地现代化，也许这一方面需要的人口，还在 6％以上。关于政府公务与自由职业者的就业人数，在英国占有职业者全体 9.5％，荷兰为 8.8％，法国为 7.2％，日本为 7.0％，挪威为 5.9％，意大利为 5.6％。我们列了 6％，比挪意二国略高，比其余各国则较低。我国将来在经济行政方面，如采取管制的政策，公务员的数目一定比现在还要增加。至于自由职业者，如教师、医生、律师等，在工业化的过程中，其需要也是与日俱增的，所以列了 6％，并不为多。商业的就业人数，在日本占有职业者全体 17.0％，英国为 16.7％，美国为 16.3％，法国为 14.7％，德国为 13.1％。我在表中，只列了 10％，比英美及日本都低，只比印度的 7.3％略高。我们所以采取比较略低的百分数，因为中国乡村中的自给自足程度较高，不必要很多的商人，便能满足其简单生活上之要求。将来农民的百分数减低之后，商人的百分数，还可加高。除了以上各项职业之外，如常备兵，如家庭仆役等，都包括在其他的 4％以内。

三

上面我已经把 30 年后中国理想的职业分派，画了一个轮廓。现在我们便可提出所要讨论的问题，那便是：在这种经济组织之下，我们需要多少干部？

干部的工作，在计划、组织、领导、指挥。譬如我们希望在 30 年后，工矿业中有 4 320 万人。假如这些人没有干部去组织他，领导他，还是不能发挥生产的力量。一个工厂，一个矿场，如要大量生产，工人固然重要，干部尤不可少。经理、工程师、会计师等，就是干部。

我们如想知道工矿业中需要多少干部，交通运输业中需要多少干部，最好的研究办法，是在国内与国外，选样加以分析。以棉纺业而论，我们最好在中国选出若干纱厂，研究每一万锭子，需要多少工人、多少职员，职员占工人的总数百分之几。此若干职员，即纱厂之干部，其中受过小学教育的占几分之几，中等教育的占几分之几，高等教育的又占几分之几，都应加以分析。在外国的纱厂中，我们也可以选出几个，做同样的研究。此种研究的结果，即可供给我们若干数字，有此数字为根据，则中国将来如欲完成 1 000 万锭的纺纱业，或 2 000 万锭的纺纱业，需要多少工人、多少职员，此项职员应有何种教育程度，都可以在极短的时间内算出。棉纱业中的人才需要，既可用此方法推算而得，其余几百几千种工矿业及其他实业人才之需要，亦可用同样方法，加以研究及计算。不过这种细密的研究，需要长时期地搜集材料。我们希望将来有人从事这类的工作。

最近我们看到一本国际劳工局出版的《1941 年劳工年鉴》，其中有一项统计，把每一个国家中各业中的工人数目，与职员数目，分开排列。我根据这些材料，算出若干国家中的若干职业，职员占工人的百分数如下：

国名及职业	职员占工人之百分数
美国	
矿业	3%
工业	12%
交通与运输业	37%
比利时	
矿业	4%
工业	7%
交通与运输业	37%

续表

国名及职业	职员占工人之百分数
法国	
矿业	4％
工业	12％
交通与运输业	32％
意大利	
矿业	3％
工业	7％
交通与运输业	30％

以上各国的统计，表示同样的模型，即在矿业中，职员占工人的百分数最少，工业中较多，交通与运输业中更多。我们当然可以利用上列数字，算出中国将来在以上三项职业中，需要若干职员。但此种计算，对于整个问题的解答，只有局部的帮助，而且即使算出之后，我们也无法知道这些职员应当受过什么教育，始能胜任其职务。

为讨论的方便起见，我们拟做两种假定，即：

（一）将来在各种职业中的干部，需要初中以上的教育程度。

（二）受过此种教育之干部，在农业中，每百人内应有一人；在工矿业、交通运输业及商业中，每百人内应有十人；在政府公务与自由职业中，每百人内应有五十人。

以上两项假定，当然是武断的，但却不是任意的，因为在做这种武断的假定之前，也曾搜集过若干实际的资料做参考，上面所举的国际劳工局统计，也是参考资料之一种。今试以此两种假定为根据，算出我国 30 年内经济建设所需要之干部如下：

职业名称	干部占就业人数的百分数	干部人数（万人）
农业	1％	90
工矿业	10％	432
交通与运输业	10％	108
商业	10％	180
政府公务与自由职业	50％	540
总数		1 350

此 1 350 万个干部，拟分期训练如下：

期限	每年平均训练人数（万人）	本期内总共训练人数（万人）
第一个五年	20	100
第二个五年	30	150
第三个五年	40	200
第四个五年	50	250
第五个五年	60	300
第六个五年	70	350
总计		1 350

这 1 350 万个干部，分为 30 年训练完成，每年训练的人数，是由少而多，譬如第一个五年内，我们预备训练 100 万个干部，平均每年训练 20 万个，但是第一年也许达不到这个数目，第五年也许要超过这个数目，其余各期，可以类推。

我们愿意在此指出的，就是这个计划实现的可能性。上面我们已经说过，我们对于干部的解释，就是受过初中以上教育的人。这种人的来源，可分五类：一为客卿，二为留学生，三为国内专科以上毕业生，四为初中以上毕业生，五为全国职业学校毕业生。除客卿不计外，抗战前四种人的供给如下表：

干部来源	数目	年份
留学生	1 033	民国二十四年
国内专科以上毕业生	9 154	民国二十五年
初中以上毕业生	101 026	民国二十五年
全国职业学校毕业生	11 764	民国二十四年
总计	122 977	

由此可见在抗战前，国内的教育机关以及留学生，每年可以供给干部 12 万人以上，这个数目，比起我们上表所列第一年的需要数，相差无几，只要教育界的人，肯努力来担当这个责任，那么干部的来源，是有相当把握的。不过我们在建设初期，对于干部的需要量，虽然与供给量相去不远，但在第六个五年，需要量比现在的供给量，要大 5 倍，所以负教育之责的，应当设法在 30 年之内，将初中以上的学校，扩充到比现在要多 5 倍。至于每一级的学校，应当扩充若干倍，始能满足实际的需要，那就得做进一步的研究，始能解答了。

四

上面的讨论，还没有包括技术工人在内。在将来的经济建设中，技术工人的训练，当然也是急务之一。

克拉克（Colin Clark）在他的名著《经济进步的条件》一书中，对于英美技术工人在全体工人中所占的百分数，曾有一个估计。据他说，在美国，技术工人约占全体工人 26.5%，在英国，约占 28.1%。这当然是一个笼统的说法。假如我国将来的工矿业、交通与运输业中，技术工人的数目应当等于全体工人四分之一，那么 30 年后，这两部门中的技术工人，应当有 1 350 万人，其余各业对于技术工人的需要，还未计及。

1 350 万人这个数目，与我们上面所说干部的数目，不谋而合。这些技术工人，当然可以分期训练，在第一个五年，训练的数目可以少些，以后逐年递增。但是应当由什么机关来负责训练呢？

我们以为技术工人，应当都受过小学教育。但在小学毕业之后，还不能成为一个技术工人。他还需要一个短时期的技术训练。这种训练，视各业的情形而定，大约简单的 6 个月便行，复杂的也许要 2 年至 3 年。

苏联在几次的五年计划中，感到技术工人的缺乏。他们解决这个问题的方法，并不是假手于普通的教育机构，而是由各种实业，自己来担负这种责任，譬如一个大的工厂，可以开班来训练技工。一条铁路，也可开个学堂，来训练运输的技术工人。同业的工厂，也可集合起来，共办一个学校，解决他们的共同需要。1941 年，苏联的实业及铁路学校，招收了 35 万学生，工厂训练学校，招收了 52.7 万学生。同年在各种训练学校毕业的技术工人，参加到生产队伍中去的，共有 79.4 万人。

日本在发动侵略战争之后，国内工业勃兴，因之对于技术工人，感到迫切的需要。据我们所得到的情报，日人对于这个问题的解决，其所取的途径，与苏联大同小异，第一种办法，便是由各种工厂，自己开办学校训练。举例而言，如三井矿业公司、安川电工器材厂、渡边炼铁厂、朝日钢铁厂及其他工厂，均设有此类学校。训练的时期，通常为 6 个月，有时也只 5 个月。此种训练，不但范围很小，而且所学的技能，只能在某一工厂应用，所以在这种训练班出来的艺徒，并不能移到别的工厂中去工作。第二种办法，是由政府指定全国重要工厂，大量招收艺徒，如在五金工业中，艺徒应占全体工人 4%，工具工业中，应为 6%。训练时期，定为 3 年，如环境许可，亦得缩短为 2 年。每年须有 50 点钟以上，为精神训练，700 点钟以上之课室训练，并 5 000 点钟之练习。

苏日两个国家训练技术工人的办法，都可做我们的参考。现在后方的工厂，已在负责训练技术工人。过去如广西纺织机械工厂、新中工程公司、中国兴业公司、民生机器厂、大公铁工厂等，对此均有贡献。以后这种办法，还可推广，要全国略具规模的工厂，都一齐来负责训练技术员工。此外我们以为各地的同业公会，应当设立训练班或训练学校，为本业培植大批技术工人，如重庆市的机械业同业公会，就可以办一个机械训练班，招收小学毕业生，授以各种利用机械的知识，毕业后便介绍到各工厂中去工作。其他各业，均可照此办理。这种训练班的规模，可以看各业的需要而定。一个正在发展的工业，需要技术工人甚多，应当随时扩充它们的训练机构，使毕业出来的技术工人，可以与需要相适应。

11 月 14 日

（载《新经济》第 8 卷第 2 期，1942 年）

（本文同名文章转载《贵州企业季刊》第 1 卷第 2 期，1943 年）

现代中国社会问题（书评）

孙本文，《现代中国社会问题》第一册，商务印书馆发行，民国三十一年7月初版，243页。

本书系孙本文先生继社会学原理之后写成的一部大著。全书共分四册，现在已刊行的，只是第一册。据作者告诉我们，本书讨论国内四种主要社会问题，即家族问题、人口问题、农村问题与劳资问题，再益以非常时期的社会问题，共计全书探讨之问题，达四十以上。在一部著作中，讨论这么多的问题，在国内，以前没有人有这样大的魄力。

《现代中国社会问题》第一册中，除绪论说明社会问题的性质及背景外，全书的大部分，系讨论家族问题。孙先生以"家族问题"为对象，而不是如一般人以"家庭问题"为对象，便是其眼光过人处。关于家族问题与家庭问题的关系，孙先生曾有简略的说明，他说：

> 中国家族制度，数千年来，根深蒂固，至晚近与西洋文化接触，始渐渐发生变迁。于是各种与家族制度有关的问题，相继发生。通常所谓家庭问题，不过是这家族问题的一方面。这点与西洋颇不相同。现代西洋社会，只重家庭而不重家族。故家庭问题，只限于家庭方面。我国家庭制度，只是家族制度的一方面，故所发生的问题，与家族制度有密切关系，而非单纯的家庭问题。明白这层，然后可以研究我国家族问题。

据孙先生的看法，我国家族体系中，可以分别三种单位，就是家庭、家族与宗族。家族应以父母妻三方亲属为范围，宗族的界限，较家族为小，只包括同姓同宗的族人，所谓同宗亲属是。家庭又有大小之分，小家庭实为夫妇与未婚子女同居的家庭，大家庭则可包括两代以上的亲属，纵的方面，可包括父母、祖父母、曾祖父母以及子、孙、曾孙等直系亲属；横的方面可包括兄弟、姊妹妯娌、堂兄弟、堂姊妹以及伯叔父母、姑母、祖姑母、侄子女等旁系亲属。在这些小家庭、大家庭、宗族、家族之中，人与人所发生的问题，便是家族问题，其复杂可知。

孙先生所用的方法，可以说是比较的与综合的。在家族问题中，有一章讨论西洋家庭制度之演变及其问题，以欧美等国研究家庭问题的结果，来做我们研究中国家族问题的比较及参考资料。关于中国家族问题的本身，孙先生除引用一些史料，说明中国家族过去的演化外，对于现代的中国家族问题，其引用书籍、杂志、报纸之多，只要看一下每章后面的附注及参考书目，便可了然。近人对于家族问题的研究，比较重要一点的，孙先生都已搜进他的书里。以离婚问题而论，书中有上海市历年离婚案件统计、山西省历年离婚案件统计、上海市离婚原因分析、广州天津北平成都四市离婚原因分析、成都市登报离婚案件原因分析、山西省离婚原因分析、上海市历年离婚主动者统计、广州天津北平成都四市离婚主动者统计、山西省历年离婚主动者统计。这许多材料，假如不是孙先生历年用心搜集，绝难如此齐全。书中只有 163 页，有点个案的材料，其余各章则少见。我们觉得研究家族问题，以后应偏重个案的方法，因为家庭的关系，实在是亲切的、富于情感的，绝非冷冰冰的数字所能完全表现。

中国家族制度的长处短处，孙先生曾有分析。以长处而论，孙先生共举四点：一为中国家族关系复杂而严密，二为中国家族富有互助精神，三为中国家族富有道德观念，四为中国家族富有制裁力量。第四点颇可注意，假如我们看到纽约、芝加哥等大都市中，幼年犯罪者之多，而中国之幼年犯罪者比较很少，不得不钦佩中国家族之制裁力量。唯本书第八章有一段论我国家庭教养的疏忽，与上述一点，小有矛盾。细阅下文，所举统计，如从婴儿死亡率观察、从学童体格缺点观察，似只能证明中国大多数家庭，无力请医生，无力吃贵重药品，但并不能证明中国之父母对于儿童的教养不注意。像孙先生所举的两点，将来卫生事业发达以后，当可改善。

本书最后的一端，"非常时期家族问题"，作者分为两节讨论。第一节为战时家族失调状况，第二节为战后家庭调整问题。我们在全章里，找不到一段，讨论一般人所谓"家庭的伪组织"问题，恐怕有许多读者，会感到失望的。

（载《新经济》第 8 卷第 3 期，1942 年）

中国资源与经济建设

一

自从上次欧战以后，各国讨论资源问题的人很多。特别著名的，如斯丹莱（E. Staley）、爱姆南（B. Emeny）、克莱诺（H. Kranold）等，对于经济建设所最需要的资源，都列有一表，少的至二三十种，多的至八九十种。前好几年，国际联盟也出了一本讲食料与原料的书，其中所举的食料与原料，共计 134 种。

在他们所举的资源中，有哪一些是我们的经济建设所必需的，应当先提出来讨论。我们可以抗战建国纲领第十七条所提出的原则，来做我们选择的根据。这条原则是："经济建设，以军事为中心，同时注意改善人民生活。"所以凡是与国防经济建设有关的资源，我们应当选择出来，列入我们的表中。其次，凡与人民日常生活有密切关系的资源，我们也酌量列入。选择的结果，得到 44 种资源，其名称如下：

（一）农产品。米、麦、棉花、麻、丝、大豆、菜籽、糖，共八种。

（二）畜产品。牛、羊、猪、马、骡、羊毛、皮革，共七种。

（三）林产品。木材、橡皮，共二种。

（四）矿产品。煤、石油、铁、锰、钨、镍、铬、钼、钒、镁、铜、铅、锌、铝、锡、锑、汞、盐、硫黄、硝、钾、磷、云母、耐火材料、萤石、石灰石、石膏，共二十七种。

二

这些资源的主要用途，乃是我们第二个要讨论的问题。

在农产品中，米、麦是我们的主要食料，不但大多数的人民以此为生，就是军粮也是以这两种为主要。棉花、麻及丝，为我们的主要衣料，除为军民衣被所必需外，棉花还是制造火药的原料，麻可以制造麻袋，丝则可以制造降落伞。大豆与菜籽，供给我们的食用油、豆饼与菜饼，还可做农田中的肥料。糖虽然是好吃的东西，美国每一个人平均每年要吃 100 磅，但在中国，还不是必需品，我们把它列入表中，乃因糖浆可以制造酒精。

在畜产品中，牛、羊、猪供给我们肉食，马、骡则为役用。这五种家畜，都供给皮革，其中牛皮所制的轮带，凡是用机器生产的工厂，都需要它。牛与羊不但供给肉食，也供给奶酪，羊还能供给羊毛，制造军民的冬衣。

在林产品中，木材的用途极多。我们所住的房子，没有一所是不用木材的。在交通与运输业中，我们只要举出电杆、枕木两种物品来，就可代表木材的重要性。木材又是六十几种工业的主要原料，造纸、人造丝、家具等工业，都非它不可。橡皮的最大用途，是做汽车的轮胎。

在矿产品中，煤与石油，是近代工业中的主要燃料。煤可炼焦，而焦又为炼铁所必需。炼焦的副产品，可做炸药及染料。缺乏石油的国家，还可从煤中提炼汽油，缺乏橡皮的国家，也可以煤为原料制造橡皮。石油除供给内燃机以必需的燃料外，其副产品中的润滑油，为一切机器所必需，没有它机器便无法继续开动。1918 年，德军败退的时候，同盟国的军队，发现德军所遗弃的坦克车，并不缺乏汽油，但因没有润滑油，所以无法开动。铁在近代的经济建设中，其重要性没有一样东西可以与它比拟。没有铁，机器工业、交通工业以及军器工业，都无法生存。锰、钨、镍、铬、钼、钒，乃是炼合金钢的重要原料。锰钢的特质，在其耐磨性，开矿的机器最用得着它。钨钢在白热时也能保持其锋利，所以最适宜于制造高速度的工具，近代机器生产，其效率的增加，与钨钢的发明极有关系。镍钢富于强韧性，其所制钢板，最适宜于制造战舰及装甲车。铬钢抵抗空气的氧化作用最强，所以凡要制造不锈钢的，都要用铬。钼钢与钨钢的性能相似，过去制造工具钢的，常用 18％的钨、4％的铬与 1％的钒，近来制造工具钢的，常用 8％的钼、2％的钨，铬与钒的百分数则不变。钒钢的特性在坚韧，最适宜于制造轮轴及轮箍。镁的用处，在制造火砖，以为炉壁，碱性炼铁炉及炼钢炉均非此不可。含磷较高的铁矿，只有碱性的炼炉可以利用。铜、铅、锌为电器工业及子弹制造所必需的原料。铝的最大用途，在制造飞机。锡可以做罐头及制造青铜。锑与他种金属混合，可以增加其坚硬性，但其最大用途，是在铸造铅字。汞可以制造炸药管，在电器工业中，也有需要。盐为人生所必需，但它与硫黄、硝、钾、磷，都是化学工业的重要原料。硫黄、硝、钾、磷，在军事方面的主要贡献是制造弹药，在民生方面的主要贡献是制造肥料。云母是最好的绝缘体，为电器工业必需之物。耐火材料的种类很多，其主要用途为制造火砖。萤石与石灰石，为炼铁所必要的熔剂。石灰石与石膏，是制造水泥的原料。

三

我们已经把经济建设所必需的资源，开了一个单子，同时又把它们的主要用途，加以叙述，现在要进而讨论一个最重要的问题，就是这些资源，我国是否能够自给自足。

这不是一个容易回答的问题。不易回答的原因，一方面是因为材料不够，另一方面，是因中国的经济建设，正在开始，现在的需要量，与将来的需要量，是大不相同的。将来的需要量，现在无法加以正确的估计，但是我们如想判断某项资源，中国是否能够自给自足，则对于将来的需要，必须做一武断的假定。因此我们下面所提出的答案，只可把它当作讨论的起点，而不能视为最后的结论，将来材料增加的时候，我们的答案，是可以随时修改的。

上表所列的 44 种资源，从我国是否能够自足的观点去看，可以分为三类：一为可有盈余的，二为可望自足的，三为不能自足的。

可有盈余的资源，我们列了 8 种，即丝、大豆、菜籽、煤、钨、锡、锑及盐。这 8 种物资中，根据国际联盟的统计，在 1937 年，大豆、菜籽、钨、锑四种的生产量，我国在世界上居第一位；丝的生产，在世界上居第二位；锡与盐的生产，在世界上居第三位。丝只有日本超过我们，锡只有马来与荷印超过我们，盐只有美国与苏联超过我们。煤的生产，在 1937 年虽然微不足道，但是我们的储藏量，即以已经知道的来说，在世界上可居第四位，只有美国、加拿大及苏联超过我们。假如我们能够大规模地开发，煤不但是够用，而且还可出口。

可望自足的资源，我们列了 28 种，即米、麦、棉花、麻、糖、牛、羊、猪、马、骡、羊毛、皮革、木材、石油、锰、钼、镁、铝、汞、硫黄、硝、钾、磷、云母、耐火材料、萤石、石灰石及石膏。这 28 种的资源，我们把它们列入可望自足的一类内，并非因其可以取之不尽，用之不竭。固然其中也有可以取之不尽，用之不竭的，如某种耐火材料及石灰石。但是大部分的资源，并非如此丰富。我们所以说这些资源可望自足的理由有二。第一，这些资源中有一部分，在我们的经济建设过程中，如果感到不足，是可以设法在国内增产，以满足需要的。譬如米、麦，在过去常有进口，但其进口的数量，在最多的年份，也还不到国内出产量5%。我们如能在选种、施肥、灌溉及驱逐病虫害四方面努力，那么即使把现在种米、麦的田地减去四分之一，同时还使产量增加四分之一，也非难事。又如棉花，在抗战前已可自给，但那时的纱锭只有500万枚，将来加到1 000万枚或2 000万枚时，棉花是否依然能够自给呢？我们以为把改良种植米、麦技术后空出来的土地，改种棉花，一定可以使棉花自给。又如硝，我国并未发现像智利那样丰富的天然资源，但是我们将来的化学工业发达之后，利用空气制硝，必能供给我们的需要。诸如此类的例子，不必细举。第二，这些资源中有一部分，如果我们以欧美各国的标准来消耗它，也许要感到不足，但是我们如能节省地利用，便不发生问题。譬如石油，我国的蕴藏，固然不能与美国相比，但我们也不希望，将来我国平均每五人有一辆汽车。我们少生产，同时也少消耗，就够用了。又如我国的人民，如养成美国人那种非肉不饱的习惯，那么国内的家畜，自然是不够吃的，但是我国大多数的农民，一年吃几次肉，是可以数得出来的，所以肉食也就可以算能自给了。

最令我们关心的，是不能自足的资源，共计也有8种，即橡皮、铁、镍、铬、钒、铜、铅及锌。橡皮及铬、钒，国内至今并无生产。橡皮将来也许可以在海南岛种植，铬、钒将来也许还有发现的可能，但在未曾种植及未曾发现之前，我们只能向国外输入。镍、铜、铅、锌在国内的蕴藏不富，在抗战期内，已感不足，将来大规模地建设，一定更感缺乏。铁的贫乏，是我国建设的最大障碍。我国的铁矿，其中四分之三在东北。我国的人口，占全世界四分之一，但是我们铁矿的储藏量，还占不到世界的总储量百分之一，这是令人最感失望的。

四

最后，我们可以附带地讨论一下，我们不能自足的资源，可以向哪些国家补充。

我们先根据1937年的统计，看看我们不能自足的资源，有哪些国家生产。

以橡皮论，生产的国家，有马来（41.0%，此为马来产量占世界总产量的百分数，下仿此）、荷印（32.9%）、锡兰（6.5%）、安南（6.4%）、泰国（4.6%）。

生产铁砂的国家，有美国（38.0%）、苏联（14.3%）、法国（11.7%）、瑞典（9.3%）、英国（4.4%）、德国（2.8%）、卢森堡（2.3%）。其中英德两国的生产，自用尚嫌不足。

生产镍的国家，有加拿大（88.0%）、新喀里多尼亚岛（6.7%）、苏联（2.6%）。

生产铬的国家，有南罗得西亚（22.9%）、土耳其（16.3%）、南非（12.8%）、菲律宾（5.8%）、印度（5.3%）、古巴（5.2%）、犹哥斯拉夫（4.8%）、新喀里多尼亚岛（4.1%）、希腊（3.4%）。

生产钒的国家，有秘鲁（30.3%）、西南非（30.2%）、美国（25.4%）、北罗得西亚（12.2%）。

生产铜的国家，有美国（32.5%）、智利（17.6%）、北罗得西亚（10.6%）、加拿大（10.2%）、比属刚果（6.4%）、苏联（4.0%）、日本（3.7%）。

生产铅的国家，有美国（25.1%）、澳大利亚（13.7%）、墨西哥（13.3%）、加拿大（1.7%）、德与奥（10.2%）、比利时（5.0%）、缅甸（4.7%）。

生产锌的国家，有美国（31.1%）、比利时（13.4%）、德国（10.0%）、加拿大（8.9%）、波兰（6.6%）、澳大利亚（4.4%）、苏联（4.3%）、英国（3.9%）、法国（3.5%）。

上列的国家，我们无妨把它们分为三类：一为与我国领土接壤及在南洋各地的国家，我们可以称之为邻邦；二为面对太平洋的南北美各国，过去没有与我们发生过战事，将来大约也不会与我们发生战事，我们可以称之为友邦；三为其余各地国家，我们可以称之为远邦。最有趣味的就是我们不能自足的资源，都可设法向我们的邻邦或友邦补充。如橡皮及铬，可向邻邦补充；钒可向友邦补充；铁、镍、铜、铅、锌，可向邻邦及友邦补充。铁的产量，在印度虽然不高，但印度铁矿的储藏量，至少比我国要多三倍，另外荷印及菲律宾的铁矿储藏量，各与我国东北的储藏量相仿佛。将来我国如需要多量的铁砂，这些邻邦，当然可以帮助我们的。

五

总括起来，我们可以说，中国的资源，是比较丰富的。在我们所列的 44 种资源之中，8 种可有盈余，28 种可望自足，只有 8 种不能自足。这不能自足的 8 种资源，我们可以向邻邦及友邦补充。所以我国将来大规模的经济建设，资源方面，并无十分困难的问题。

12 月 23 日

（载《新经济》第 8 卷第 5 期，1942 年）

伦敦商会论战后经济（书评）

Report of the London Chamber of Commerce on General Principles of A Post-War Economy. May，1942，16 pages.

　　伦敦商会有 9 000 个公司或行号为会员，此外还有 39 个工业及商业的联合会与它发生联系，因此它的会员总数，共有 5 万。1942 年的 3 月，伦敦商会曾指派一专门委员会，研究战后经济建设问题。专门委员会以为在讨论战后经济建设之前，有些先决问题，即政策问题，须先征求会员之同意。该委员会因于 5 月间提出一初步报告于伦敦商会，讨论政策问题，此项报告已获通过，很可代表英国从事实际生产事业的人对于战后经济建设的看法。

　　这个报告的要点，我们可以大略介绍一下。伦敦商会以为战前各国提高关税，采取进口定额制度及其他各种阻碍入口的办法，并非由于执政者的愚笨，或故意对别国表示恶感，而是因为实际上有其需要。假如没有这些办法来限制贸易，那么许多先进国家的人民生活程度，都要受到压迫。试以日本对外贸易所发生之影响为例。日本对于一些工业，已经采用机器大规模地生产。日本的资本家，对于其工业中就业的工人，给以低廉的工资，所以制造品的成本，每较他国为低下。在自由贸易制度之下，别国的工人只有降低自己的生活程度，接受较低的工资，才能与日本货竞争。假如这些工人不愿接受这种工作的条件，那么他们的制造品一定无法与日本货竞争，结果工厂只有关门，工人因而失业。为避免这种不幸起见，生活程度较高的国家，只有用关税及进口定额等方法来抵挡外来的便宜货。

　　不把国际贸易看作友谊的联系，而把它看作威胁的来源，实在是一件可惜的事。如欲使战后的国际贸易成为一种互通有无的行为，而不是一种争夺市场的行为，那么国内与国际的经济活动及经济思想，都应有所改革。以国内而言，应当实现一种经济制度，使人民的购买力可以消纳国内的生产。过去各国已经知道如何改良生产。20 世纪开始以来，技术的进步，真是日新月异，所以过去的人所感到的生产不足问题，可谓已告解决。现在亟待解决的问题，就是如何分配给生产者以购买力，使其能吸收社会上生产出来的货品。假如这一点在国内做到了，那么一国如输出若干价值的货品，同时便要从国外输入同等价值的货品，以应付国内的购买力，使其不致落空。

　　这种国内的改革，主要的用意，是在利用国内的生产力量，以提高国民的生活程度，而不是利用它去与别国争市场。将来的国际贸易，用意在调剂有无，其推行的方法，在这本报告书中并未详细论列，只说是同意于《二十世纪经济制度》（*A Twentieth Century Ecornmic System*）一书中的提议。其主要之点，大约是组织一国际外汇清算机关，参加这个机关的国家，只需把本国的币制，以一种汇率，与他国发生联系。这是战前各国通行的办法，不足为奇。较为新颖的一点，就是各国相约，彼此并不买卖外汇。甲国如售货与乙国，即由乙国将应付之货款另行拨开，以备甲国向乙国进货，或向其他国家进货时清算之用。甲国商人，在售货与乙国时，不能得到乙国之货币，只能向其本国管理外汇之机关，领得本国之国币。在此种办法之下，甲国与乙国之贸易，不一定能完全平衡，亦不必求其完全平衡，但甲国与世界其他各国的进出口贸易，却一定要平衡，并要设法求其平衡，因为只有如此，才可省得买卖外汇。至如各国彼此间的人欠欠人，可以在国际外汇清算机关中，加以最后的清算，以求收支相抵。国际收支的内容，当然不只包括贸易一项，其余如劳务的收支、利息的收支，均用同样原则办理。

　　一个素来主张自由贸易的国家，居然提出外汇管制等办法来，未免令人惊异。这个国际贸易办法的基本精神，与《大西洋宪章》中所昭示及美国赫尔国务卿的屡次宣言，有所冲突，也是很显明的。

　　自中国的立场而言，这个提议，斤斤计较短期内的国际收支平衡，乃是我们最不满意的一点。在抗战胜利之后，大规模建设开始之时，中国需要大量的外资，因而在最近一二十年内，我国在国际贸易上大量的入超，是不可避免的。我们因建设而引起的债务，一定要在建设完成之后，以大量的出超方法来偿还。所以我们在短时期内，无法使国际收支平衡。但如我们把眼光看远一点，数十年后的大量出超，绝可补偿最近二三十年的大量入超，所以在长时期内，我国的国际收支，一定会平衡的。我们不愿意别国以我们最近期内的出口数量，来限制我们的入口数量，如果那样办，我国的工业化，真是遥遥无期了。

（载《新经济》第 8 卷第 6 期，1942 年）

物价问题（书评）

彭学沛，《物价问题》，非卖品，82 页。

本书共分三节。第一节论物价之状况，以粮食、棉、纱、燃料、钢铁及外销物资为例。第二节论物价涨落之原因，举出十个元素来分析，即交通运输、金融、农工产品交换问题、循环关系、囤积居奇、心理关系、相互关系、欧战关系、后方建设，以及其他各种季节的、地域的原因。在这十个元素之中，作者对于前两个元素的讨论，比较详细，特别是关于交通运输一点，他举很多的里程及运费的数字，是在别的地方所不容易看得见的。我们希望作者于将来修改此书时，对于这方面的材料，还要加以补充。第三节系讨论对策，分为机构问题、统制问题、货币问题、各种办法及心理问题五点讨论。在附录中，还有 15 种文件，均有参考的价值，只是各种城市的趸售物价指数，系以民国二十七年为基期，对于研究战时物价之变动，不甚适用，不如采用经济部公报中所发表的指数，那些指数，大多数是以民国二十六年 6 月为基期，适当抗战军兴之前夕，所以表现战时物价之变动，比较正确。

（载《读书通讯》第 38 期，1942 年）

美副总统华莱士论保护关税

美国政府的经济政策，对于我国战后的经济建设，影响最大。所以我们对于美国政府要人的言论，牵涉到经济政策的，不可不特别注意。数月以前，我曾把罗斯福、华莱士、赫尔及威尔基等在过去一二年对于经济政策所发表的意见，加以检讨，认为他们的主张，对于我国将来的经济发展，大体是有利的。只是赫尔国务卿对于减低国际贸易障碍的一点，我们认为应慎重考虑，妥筹对策。

赫尔对于国际贸易的障碍一点，曾两度在他的广播演讲中提到。一次在 1937 年 7 月 16 日，他说美国主张降低或撤销国际贸易的过分障碍。第二次在 1942 年 7 月 23 日，他说各种国际贸易的过分障碍，应予降低。这种主张，对于我国将来工业化的工作，有什么影响呢？我在数月前所写的那篇文章（《美国经济政策对于中国的影响》，《新经济》第 7 卷第 10 期）里曾说过：

> 在赫尔的两次演讲中，都没有明白地提到关税。过高的关税，当然是国际贸易的一种阻碍，所以《中美租借协定》第七条，曾有取消国际贸易间一切歧视待遇、减低关税及其他贸易障碍的规定。我们对于这项条文的解释，以为减低关税与取消关税不同。取消关税，便是自由贸易，现在世界各国，连英美在内，没有一国是行这种政策的。减低关税，是对于关税过高国家的要求。我国的关税，在 1929 年以前，是值百抽五，可以说是世界上关税最低的国家。1929 年以后，关税虽已略为提高，但如与别国比较，还是很低的。将来在英美等国减低关税的要求之下，我国哪一些货品的关税还可降低，哪一些货品的关税还应再为提高，应从发展中国经济的立场上，加以通盘的检讨，以便拟订对于我国最有利益的关税。这个问题，是要专家细心研究，才可以得到结论的。不过有一点我们可以预为指出，就是我们将来的关税，应当有保护幼稚工业的能力。

当时我们所引以为虑的，就是怕英美那种减低关税的要求，与我们保护幼稚工业的要求可能发生冲突。最近读到美国副总统华莱士在去年 12 月 28 日纪念威尔逊总统诞辰的演讲，才知道我们以前的忧虑，也许是一种过虑，因为美国开明的政治家，如华莱士等，对于工业尚未发达的国家，采取保护关税，是相当同情的。

华莱士的演词中，有两段极为重要。一段说美国应当扶助别国，进行工业化的工作。他说：

> 真的，无论什么国家，正如个人一样，最后总要依照自助的原则，以自己的力量，来提高自己的生活程度。但是同样真确的一点，就是一个像我们这种强的国家，也可以技术或投资，或其他指导，来帮助正在工业化的途径上迈步的国家。

美国政治家这种好意，不只华莱士一人表示过，别的政治家，也有类似的表示。可是正在开始工业化的国家，得到美国的帮助以后，建设各种工业，这种新起的工业，假如没有保护，是否能够和英美等老工业国的产品竞争呢？我们听到美国有许多人，主张减低关税，就知道他们没有替后进的国家考虑到这一点。但是华莱士的眼光，却看到这一点了。他说：

> 我们应当承认：一个负债的国家，一个正在开发的国家，以保护关税为掩护，来发展其幼稚工业，是完全正当的。

华莱士这种主张，其见解真是高人一等，因为他的主张，把债权国与债务国的利益，把老工业国与新工业国的繁荣，都一齐顾到了。美国在战后，无疑的是世界上第一个债权国，在这一次大战里，遭受摧残的国家都要向美国求援，来做复兴的工作。所以战后美国的货物，源源地向外流出，乃为一种自然的趋势。不管别国的关税壁垒如何，美国出口贸易的繁盛，是没有人可以阻挡得住的。但是像中国这种负债的国家，这种正在开发的国家，如无保护关税，则若干幼稚工业将无法树立。假如中国工业化的工作不能完成，中国的资源便无法充分开发，社会上的资本自然也无法累积，结果则中国过去所欠的外债也无法偿还。所以美国如愿意中国工业化，则于以技术及资本帮助中国之外，还应当让中国有保护关税，俾工业能在中国立足，能在中国发育生长。在这种情形之下，中国工业化的工作一定可以成功，那时人民的生活程度提高，中美间的国际贸易一定可以比现在增加若干倍以至十余倍，这不但是中国之福，也于美国有利。

所以我们对于华莱士的主张，十分同情，希望他所说的，能够得到美国舆论的拥护。

［载《大公报（重庆）》2 月 12 日，1943 年］

战后经济问题座谈会：战后中国应有的工业政策及其他对内经济政策

伍启元：

讨论目标和制度之后，我们可以进一步讨论各种具体的对内经济政策。我建议先讨论工业政策。我们已经一致地承认工业化为战后经济建设的首要工作，而在工业化运动中工业占有中心的地位，所以最好从工业政策谈起。我们说工业重要，并不是说在工业化的过程中可以放弃农业。事实上农业必须与工业配合起来，然后工业化才有成功的希望。不过同时我们也得承认，工业化运动的基本环节是在工业——特别是在重工业，如机器制造业。因此工业化虽然没有放弃农业，但工业化必使农业退居被动和附属的地位。只有把工业放在前头，只有把重工业——特别是机器制造业——放在前头的前头，然后我们才能在经济方面把中国建立成一个现代国家。

在工业政策中，我们首先应该讨论两个问题：第一，在战后二十年间，工业发展应该着重哪一些部门？第二，战后工业区位应该怎样安排？应该分散还是集中？关于这两个问题和其他与工业政策有关的问题，请大家发表高见。

吴景超：

战后中国对工矿生产应采取什么政策？对于这个问题，我愿意特别提出分区建立中国工业和发展整个工业的主张。过去中国之工业，集中于少数口岸。且只发展轻工业，是其缺点。以后中国应至少建立七个重要工业区域，即东北区、华北区、西北区、华东区、华中区、华南区、西南区。此七个区域中，面积广大，人口众多，物产丰富，应分头加以开发。在每一个区域内，应建设一整套的工业，至少包括十个部门，即冶金工业、机械工业、动力工业、化学工业、兵工工业、食品工业、衣着工业、建筑工业、交通器材工业及印刷工业。此种计划，如能实现，则每区资源，皆得开发，定可增加各区人民的收入，提高其生活程度。各区的工业机构，在平时固然以满足人民日常需要为其最大目的，一旦战事发生，即可略加改造，使其尽量供给军事上的需要。

鲍觉民：

中国要建立成近代化的国家，必须走上工业化的途径。最近太平洋学会上也曾讨论中国工业化的问题，但主要之问题在于工业化之条件是否具备。一个工业之发展必须具备许多条件，在我国似乎已全具有。例如劳工之条件，我国人口众多，如能加以相当之训练，人力可以不生问题。至于资本，今后只需有一强固之政府，则资本之筹积，亦无若何困难。市场更不虞缺乏，现在我国生活程度很低，如一般人民的消费力稍有增加，市场问题亦不难解决。我认为最重要者，为原料及动力两个问题。过去我们常自夸地大物博。依我看来，地虽很大，但物不能算博。农业原料如热带产物的树胶及甘蔗，我国都很缺乏，所以产糖不多，至于树胶的应用，范围尤广，而我国却毫无生产，矿产资源，如铁，过去的调查只有 12 亿吨，平均每人只有 2.5 吨，而且品质还很差。就分布说，其中有 9 亿吨在东北。本部诸省为数有限。据说日本最近在东北又发现 12 亿吨铁矿，合起来也不过 24 亿吨。所幸印度及菲律宾藏量很丰，印度具有 36 亿吨质地很优之铁矿。菲律宾也有 10 万吨的铁矿。如战后我国和英美维持相当友善之关系，或可以利用它们的铁产。否则如仅凭我国有限之铁矿，如何足敷大规模发展工业之用？至于炼钢和制造合金的其他各种金属矿物，我们也很缺乏。我们煤藏的总量，只有 2 400 亿吨，数量亦不太多，所以严格地说来，动力也成问题。所以我以为今后我国工业化的将来，轻工业可能很快地大量发展，而重工业的发展，大概集中于供给轻工业及农业生产的工具，如欲像英美一样地高度工业化似乎可能性很少。而且在战争初结束时，大家经过了战争多年的受苦，大都希望能够生活较好，因此在战后最初期间亦有发展工业来改善人民生活程度之必要。至于说到工业之分布，过去都集中在上海及沿海大都市，此系被动地适应，因而造成畸形之结果。此次战争中，沿海地带沦陷，因此损失极大。根据此次战争的教训和各国最近工业发展的趋势，我国战后自须将工业之分布，做适宜而合理之计划。虽然有许多工业，如造船工业、水电工业等，必须设于一定之地点，并在该地点集中许多附带的工业，但就一般的工业来说，原料之就近取得，固应注意。只要交通方便，此问题即可解决，而且现在工业动力，可以不用煤而利用水力，所以未来工业之分布，当然不致如前集中于少数地带，而应该由过去畸形地集中，而趋于合理地分散化。再有，我认为将来中国之工业化，不一定须依赖少数大都市的工业发展，就是乡村中的小规模工业，也应该加以提倡和协助，因为我国究竟还是农业国家，而农作物的生长时季，在广州一带，全年可以耕种，从扬子江流域渐到东北，各地生长时期也逐渐减短，因此可以利用农隙之时工作，以发展小工业。据 1941 年的调查，内地有 60％的纱、90％的布、三分之二的生铁，均靠农村中的小工业而生产。此外如我国的刺绣、草帽辫等手工业制造品，在国际贸易上早已有相当的地位。日本虽然工业化的程度很高，但小规模之工业在生产总量上仍有其地位。目前我国的工合运动，以后更应加以发展，对于国家必有很大的贡献。

最后，谈到农业和工业的关系，我以为当工业化推进的过程中，尤应积极改进农业，因为健全的工业化基础，必须建于农业之上；如果农业生产的技术不改良，一般农民的购买力不增加，对于工业化之发展，仍有极大影响，因为我们的原料来源和主要市场系在国内，而不在国外。所以农业发展与工业发展彼此是相辅相成、并行不悖的。

戴世光：

关于工厂设立之区域，吴景超先生等批评过去工厂不设于内地，而集中在沿海城市，一旦战争爆发，沿海地区失陷，就损失极大。此种见解，系纯粹根据国防的原则。工厂设立的区域，除须顾及国防原则外，还须考虑经济原则，例如运输之便利、原料取得之难易等。而且将来可能再有战争，此战争可能从何处发动，目前似不能推断。故根据此次战争之经验而主张今后工厂应集中内地，似亦未见妥善。关于资本问题，一般人士主张应尽量使之国有，这当然是最终的目标，目前似乎还距离很远。我国现在的资本极为缺乏，亟应该奖励私有资本，但必须有一限制，即私有资本之活动不能与全国国民福利冲突。关于农业方面，办大农场在中国似乎很困难，最好维持耕地大小差不多之自耕农。平均地权之理想目前似乎还做不到，故可实行限田制，此制在以前收回共区后已实行，现在可以推广。

恽震：

关于工矿区位，戴先生主张重视经济因素，这点我同意。最近翁部长认为中国工厂区位，应集中于三个中心。（翁先生说："吾以为中国建设，在一定时期内，不可贪多务博，而宜权衡缓急。用此眼光，则建设工作应集中于三大区：一为中国本部，是为中心区域，包括华北、华中及华南，其地北有丰富之煤田，中有便利之铁矿，南有钨、锑、锡、汞、铝等有用矿物，西北有羊毛、驼绒，西南有桐油、猪鬃，东起海滨，西抵康宁，人口既多，农业亦盛，交通既便，发展较易，以此作为中心，发荣滋长，首赖于是，亦即为吾中华立国之根本区域。二为东三省，有天赋最丰之林矿，又有人力已盛之工程，有陆海并用之交通，又为国际交军之关键。此次大战，自当光复故土，还我河山，由吾国努力经营，成为东北重镇。三为新疆，除塔里木盆地沙漠不易开发外，天山南北以及昆仑北麓，土多沃壤，矿产复丰，且地贯欧亚交通，实为西陲要域，自宜缔造经营，认真启发，以造成西北屏障。"）这三个中心中，东三省也是非常重要的，所以杨先生收复东北的主张，我完全赞同。东三省即靠近渤海，所以欲使大工业均远离海岸，似乎不甚可能。但如像过去工厂均集中于上海一带的现象，则应该限止。本部诸省中如湖南、四川等地，有许多良好的地方可以发展工业，云南昆明也是一个好地方。

伍启元：

刚才吴景超先生（书面）、鲍觉民先生、戴世光先生和恽荫棠先生分别就工业区位问题发表了许多宝贵的意见。对于他们的意见，我大体上都很赞同。戴世光先生指出工业区位第一须注重经济的条件（如原料、动力、劳力、市场、交通等），这是一很重要的指示。战后工业区位虽然应顾及国防原则，但首先还是以经济条件为重要。去年9月太平洋学会举行"战后中国工业化问题座谈会"，对于这个问题得到如此的结论："由于战争技术的发展，所谓易受攻击的观念已有改变。中国原以为西南数省为发展工业的理想区域，但其易于遭受攻击，实际无异于东北及华北其他各区。工业地点的选择，仍应依据各该地现有工厂设备、交通情形、原料及技术工人的供给能力如何而定。"这个结论与戴先生的意见是完全一致的。我们应该注意，只要工业不要过分集中，则工业区位的选择虽然依据经济条件，也不会违反国防原则的。因此吴景超先生所提出的分区建立中国工业的主张，是值得特别重视的。我个人认为要使国防原则及经济原则都能兼顾，最好一方面采用吴景超先生的分区主张，而另一方面在每一区域中完全依照经济条件去选择区位。只要我们能使交通发展的计划与分区计划配合起来，并在分散中求集中，则分区办法是可能并有利的。影响工业区位的各种经济条件，以交通为最重要。所以政府可以利用交通计划来影响工业区位。

工业政策的另一问题是工业发展应着重哪一些部门。关于这个问题在过去常有国防工业与民生工业的论争，而此次座谈也有重工业与轻工业两种不同的意见。我个人认为战后经济建设的目的既在把中国建立成一个现代国家，则我们应该重视国防工业，乃是不容争辩的。不过建设国防工业并不等于完全不顾民生，过去若干人士把国防与民生对立起来，我个人认为是错误。今日主要的课题是工业化：能够工业化则国防方面可以做到"强"字，而民生方面可以做到"富"字，否则不但国防谈不到，民生也谈不到。一个没有完成工业革命的国家，其生产主要是依靠自然的动力（以人力为主），其所能产生的东西是很少的，不但她根本谈不上现代的国防，她的人民生活也必然是很穷困的。一个完成了工业革命的国家，其生产是一种机器的生产，其所用的动力不是自然的动力，所以生产力很强。据说一部一马力的小机器，它一日夜的工作，可等于 24 个人的工作。用这种方法去计算，如果我们能有 2 000 万马力的机器，则已等于我国全国人口的工作能力，如果我们能有 1 亿马力的机器，则其工作能力已超过全世界人口的工作能力。因此只要工业化能够完成，生产力便可以大大增加，到那时不论谈国防或谈民生都有办法，否则不只不能谈国防，并且也不配谈民生。当然，在工业化的最初期间，因工业化尚未能收效，如果集中全力于重工业，致使原已极艰苦的人民生活再度降低，或会直接影响国内安宁，间接影响整个经济建设事业，这是一不可不特别注意的问题。因此在进行工业革命的过程中，必须同时使人民生活能够维持一合理的水准。但自我个人看来，民生的问题不只包括人民享受的高低，而且包括人民享受的平均与否。如果社会财富分配能够平均，则人民生活虽艰苦也不会有怨言的。所以根本的问题，还是使分配能够符合于社会正义。我们所以主张社会革命应与工业革命同时进行，这是一个重要的原因。

具体地说，在战后经济建设的计划中，政府应特别注重发展：（一）机器制造工业、电器工业、汽车制造业、飞机制造业、造船业、兵工业；（二）重要矿业；（三）冶炼工业，特别是钢铁工业；（四）动力及燃料工业，特别是水力发电业；（五）基本化学工业如制造酸碱之工业；（六）交通事业。对于这些"锁钥事业"都应用国营方式，加速予以发展。此外政府对民生工业特别是（七）食品工业如碾米、制面、制茶、制糖等，（八）衣着工业如棉、丝、毛、麻等纺织工业，（九）建筑工业，（十）轻化学工业及与文化有关的印刷工业，也应予以顾及，但可采用民营的方式。吴景超先生说对于这整套的事业都应加以建设，这种意见是值得我们重视的。战后的经济建设，除了农业（包括水利）、出口业和金融业外，应该集中力量于上述各种事业。至于其他生产则应予以限制或者禁止。今日有些谈论经济建设的人，常常注意于枝节问题，以为事事都有建设的价值，这是一大错误。当然，自表面上看来，任何一建设，只要能够完成，都是好的。即使所建的是化妆用品的工厂，谁能说是不好？但一个国家的资源是有限的，我们如多用了一部分资源去生产化妆品，我们便少一部分资源去建设基本工业或民生工业了。

战后工业规模的大小也是应该附带讨论的问题。我个人感觉战后工业建设应该走上一大规模的路径。手工业则应该听其自行衰落，而不应用人为的方法（如战时的工合）去扶助它使其繁荣滋长，致成为工业进步的阻力。但在新式工业中，规模也不宜不合理地扩大。苏联五年计划中因工业规模过大而引起的损失，我们是应该引为鉴戒的。

工业化的大业能否顺利成功，要看原料（包括动力原料）、人力、资本和组织四种条件的情形而定。在中国，这四个因素都是比较贫乏的。首先，我国原料诚如鲍觉民先生所指出的，是相当贫乏的。在各种工业建设所必需的资源中，橡皮、铬、钒三种我国至今还没有生产，铁是少得可怜，铜、铅、锌及若干其他物资则虽有生产，但与需要相差极远。对于这些原料上的困难，我们是必须设法克服的。为着使铁的缺乏能够解决，我国一方面必要收复东北，一方面应与印度、菲律宾维持友好关系俾能利用它们的铁矿，并应设法向美国及其他国家运进废铁，以补铁砂之不足。橡皮将来可以从南洋输入，并可设法在海南岛试种。其他缺乏的资源，只能用我国比较丰富的资源（如锡、锑、大豆、菜籽）及其他出口物品（如丝、茶）向各友邦换取。只要我们尽力奋斗，则原料的贫乏绝不能阻碍我国工业化工作的进行的。

其次，人力资源我国也有重大的缺点。我国有 4.5 亿的人口，量的方面不能说是不多，但因一般人民知识水准甚低，体格比较衰弱，所以质的方面有很大的缺陷。工业建设所需的管理人员、工程师和技术工人，我国极为缺乏。对于技术人才，战后我国是可以尽量利用外籍人才。但为根本计必须一般地尽力实施普及教育及改善民族健康来改善人口的品质，同时按照工业建设的计划在目前即大量训练各级人才，使战争结束时即有足量的人才供工业化的用途。我们主张中国于战后 20 年内应训练 1 000 万个初中以上毕业或职业学校毕业的人才，做工业建设的干部。再其次，在"组织"方面，也必须做很大的努力，然后才能赶上工业化的需要。例如采用科学管理方法，排除浪费贪污，等等，都是必须推行的工作。

但工业的最大问题还是资本问题。纯粹从技术的观点说，所谓工业化是指生产机械化，而生产机械化是需要大量资本的。因此要使中国的工业化大业能够完成，非设法取得足量的资本不可。怎样去筹足我国工业化所需的资本？今后对资本方面应采取什么政策？这是我们现在希望提出讨论的问题。但在这里，我们最好先讨论内资问题，至于外资问题我们留待后面讨论对外政策时再加以讨论。

吴景超：

战后中国对资本方面应采取什么政策？

战后中国经济建设，需要大量的资本。此种资本，来源只有二途：一为外资，一为内资。外资之利用，为另一问题。内资之筹集，有二途径：一为节制资本，即用所得税、过分利得税及遗产税等办法，将民间余资，集中一部分于国库，以移国营事业，即可利用此项资金发展。二为设立全国金融网，使民间消费有余之资金，尽量流入银行，供给国营及民营事业之需要。此项资金，在生产事业尚未发达之前，为数亦必有限，故战后政府对于投资事业，必须加以相当管制，俾此有限之资金，可以做最经济的利用，以达到巩固国防、改善民生的目的。

刘鸿万：

中国战后对资本的政策，大约有两个必然的倾向：一个是普遍地发展国家资本，一个是局部地扶助私人资本。这两个倾向都可以归纳到节制资本的基本政策上。

按各国的经济发展的情形看时，国家资本有逐渐代替私人资本的趋势。这个趋势无论在私人资本已高度发达的国家，或私人资本尚未十分发达的国家（自限于有完全独立主权的国家），都很显明。而所以造成这种趋势者，也实是近代生产方法必然的结果。因为近代的生产事业，无论其为工业、矿业、交通业、商业，甚至农业，其生产的规模愈大，而其存在和发展的能力亦愈强。但欲使生产大规模化必须先有大资本。资本的积蓄是长期间的事情，于是后进的国家不能待资本在私人手中之点滴累积，乃运用国家本身的力量，以增加和吸收社会的储蓄；或用国家本身的信用，向外国借用巨额的资本，以从事本国大规模生产事业之建设。德、日、苏联经济发展之能如此迅速者，最初莫不赖国家资本之利用。而这些国家本身又以国家资本所占重要性的大小，而决定其经济发展的速度。在私人资本已高度发达的国家，社会的财富固然已经极端庞大，但是这些财富多在少数私人手中。社会上的多数人民不但失去了如在私人资本发达初期所具有的经济上的主动性和机会，而且已逐渐变成全生产过程中的纯粹工具。由此产生多数无产者和少数资本家的对立，而演成近代社会中的种种严重的社会和经济问题；这些问题又往往成为战争和社会混乱的原因。所以即使在这种国家，为政者也往往欲借国家资本的推进来减少私人资本控制的力量。

中国战后的经济建设既需大量的资本，同时又须预防私人资本控制的弊害，则尽量发展国家资本，自然是最上的政策。不过发展国家资本只能减少私人资本。因为中国是承认私有财产的国家，私人也有从事各种经济事业的自由权。于是私人的收入和储蓄可以自由地用到生产事业上去。但是近代的生产事业既需大规模化始能存在，则此种私人资本的事业，也必将形成资本的集中；形成了集中的大资本，这些资本才能发生资本的作用。

所以如果允许私人资本存在，便必须扶助使其变成大资本。但是如果私人资本过度发达，又和我们节制资本的政策冲突。于是为解决这个矛盾，只有限制私人资本活动的范围。就是使国家资本控制一切重要的经济事业，而将一些对国防民生关系较远的事业，或主要在国际竞争场中争取地位的事业，让与私人资本活动，并辅助其发展。这样不但可以使两种资本并行地尽情发展而扩大社会的总资本与增加社会的财富，同时也可以使社会的储蓄不能由国家直接吸收与运用的一部分，流到正常的用途上去。

这种节制资本的政策，我们可以称之为纵面的节制资本政策。这个政策在中国目前的经济情形下，是比较容易执行而易见效的政策。至若节制资本的政策，自然也可解释为对无论何种资本皆普遍加以限制的政策。这我们可以称之为横面的节制资本政策。这种节制资本的方法，自然是我们最高的理想，不过欲实行这种横面的政策，必须先由限制私有财产入手。如果不先将私人的收入泉源以及支出方式加以控制，仅限制资本，则这些私人的收入，恐怕会根本不流为资本，不用于正当生产的途径，而阻碍整个社会资本的发展。

伍启元：

关于在国内筹措建设所需资本的基本原则，刘鸿万先生已提出"发展国家资本"和"控制私人资本"两要点。国家资本的来源，不外国有财产（包括金银土地与其他资产）及其收益、国营事业的盈余、有形和无形租税的收入等项。经过了过去数年的大通货膨胀后，战后绝不宜再用通货膨胀的方式去收取无形租税收入；至于国有土地与其他资产的收益，用来筹措工业化所需的资本，所得必甚有限。因此我们主张在发展国家资本方面，应特别注重国营事业的盈余和国家租税的收入两项。国营事业如能置于商业基础之下，是应该能有盈利的。此项盈利的数目在建设的初期不会很大，但在建设的进程中将会因国营事业之发展而日渐增多。国家租税的收入，至少在建设初期应该是国家资本的主要来源。我们主张政府可以指定若干种直接税（如遗产税、土地增值税、财产税、财产置卖所得税、财产租赁所得税、田赋建设附加税、营业建设附加税、过分利得税……）为国营事业资本的主要来源。对于控制私人资本，应从增加国民储蓄及管制私人资本用途两点入手。我们认为政府可以成立一中央实业银行（或改组交通银行使其成为一真正的实业银行），专门吸收人民的储蓄以投资于各种工业。政府对于私人工商业，应照现行办法强迫其将盈利提存一部分于中央实业银行；同时政府对于私人收入，应按其收入的多寡实行强迫节约一部分，按月储蓄于中央实业银行。除了中央实业银行，政府并应鼓励私人实业银行的组织，及设法建立资本市场和证券市场。对于管制私人资本用途，政府对一切工业组织的成立（特别是公司和工厂）应采用"执照"制度。没有经政府发给执照的都不得经营工商业，同时各组织资本的增减，都要事先得到政府的批准。这样，私人的投资完全受政府的控制，私人资本就不会流入不正当的或与建国事业无关的用途。此外政府为着减少浪费起见，对奢侈品应课以值百抽三百至五百的国内消费税。

费孝通：

在谈论工业和资本问题之后，最好跟着就讨论农业问题。对于战后中国对农业和土地方面应采什么政策一问题，我认为战后中国的农业和土地政策必须与工业政策相配合。我主张今后的政策不但要使乡村和都市的发展不相冲突，而且应当用农业来促进工业和以工业来维护农业。我愿意就资本、劳力、增产三方面提出一些意见。

新兴工业所需要的资本，虽则有一部分可以从国外和都市中积聚，但是最后还得在广大的农民身上去吸收。吸收的方法尽管不同，归根还是要取给于土地。过去很有人认为农业本身已感资本不足，怎能再希望从农业里获得工业所需的资本呢？可是依我们看来，事实上并不如此。农业里资本不足并不一定是农村里没有资金，更不一定是农村里没有积聚资本的可能。我们认定农田上的收益支付了劳力、肥料、工具等生产费用之后确有一部分的盈余。这一部分的盈余可以花在消费里，亦可以积聚了作为生产资本。决定这部分盈余用法的方向最重要的因素是土地制度。在我们租佃制极盛的中国，这部分盈余是用来供养那些不在农田上工作，甚至一生休闲的地主的生活。一个实际经营农业的人，所得之于农田的，不过是一些极低的工资；他们更得从降低生活程度的一法中去谋取生产所需的资本。那些享受农田产额一半以上的地主，通常是不必顾及经营农业的事。他们若消费不了这笔农田的盈余，手上还有余钱，就用来添置他们的田产。农村里时常发生这种资金剩余的现象。资金所有者要求利用资金以生息，所以就把这钱来买田。在他个人看来固然每年可以多收若干地租，但是从整个农业经济看来不过是土地所有权转动了一下，并没有增加农业的生产，他这笔买田的资金并没有成为农业里的生产资本。尤其是因为卖田者大部分是出于生计压迫，卖田所得的钱不是用来养生送死结婚医病，就是用来维持日常消费或嗜好。所以土地买卖的结果不过是由买者把一笔钱去救济卖者的生活罢了。这笔资金之被消费是不免的结果。我们在这种土地制度之下实在浪费了土地的生产力，供养了太多的闲人。

要人尽其力，地尽其利，要农村里没有闲田没有闲人，我们不能不从土地制度上下手改革。改革的方法实在是很简单，似乎已是老生常谈，那就是"减租政策"。减租的结果可以使有钱的人不值得买田。他们若要利用手上的资金就得跑出农村来。若是我们有适当的金融机构，也就可以把这笔游资用在工业的生产大道上了。另一方面，实际经营农业的佃户们减轻了地租的负担之后，生活有了保障，不致在减少农业资本上谋挹注，农业里缺乏资本的情形也可以大大地减少，一辈半自耕农亦可以因此容易保持他们的土地。

减租早已被悬为我国土地政策之一，本来可以不必在此特别提出。可是事实上，政府至今并没有具体执行过这个政策。目前甚至有想以农贷来代替减租的趋势。不把租额减低，每年让一半以上的农产流出农田经营者之手，然后再以小本贷款来救济农民，充实农业资本，这实在是一个极不合理的办法。何况由国库中已集中的资金来抵塞这个无底的漏洞，不但不易见功，而且影响到整个经济建设的方向，减弱建设工业的资力。在农贷之外，既在政府也在试验用发行土地债券的方法促进耕者有其田的实现，这其实是以政府之力来和地主争购土地，很容易使地价暴涨。政府以重价购得了土地，分给耕者，若不是由国库负担一笔损失，用低利取价于耕者，即是使耕者负担很高的利息，得利者仍是地主。政府若有能力可以限制地价，则何不用这能力来压低地租，使地主们不值得保守土地，自愿以较低地价，卖给耕者呢？因此我们认为在战后的农业改革中应当以减租为主，而且必须具有推行这个政策的决心。然后再辅以农贷和发行土地债券等政策，才能收得安定农村金融之效。

次论劳力，若我们追问为什么在我们的农村里地租能这样高呢，我们的回答是农业成本低。农业成本低是因为劳力不值钱。劳力不值钱是一句很可惨的话，因为这等于说劳工的生活程度低。怎样会不值钱呢？那是出于我国经济的致命伤：人口太多。在农村里有着很多出卖劳力的人，结果是使很多稍有土地的人即能用很低的工资来雇人代劳，脱离劳作的地主缘是兴起。结果造下了耕者没有田，有田者不耕的现象。在战时，若是役政办得好，很可以减少农村里的闲人，使向不下田者，不能不下田。但是有人认为这已使农村里缺乏劳力，亟宜停止征发农民。这种见解也是我们所不取的。我们并不否认现在在某些农村里已感觉到劳力不足，但这并不是绝对的不足，而是劳力利用的机构不好所致。不但至今农村休闲的人仍有不少，而且季节性的农忙尚未能用劳力的流动来加以调剂。即使我们在这两方面都已尽了力，劳力仍是不够，我们还得记着现在我们的农业中实在太过于利用了体力的事实。若是我们能在工具上稍加改良，多用畜力，甚至引用一部分机器（尤其是种麦区机器的运用颇有可能），则劳力不足的问题也就可以解决。增加农村人口绝不是解决农业劳力的最好途径。

战后我们的工业区需要大量的劳工，所以在复原时应当防止人口流返农村。我们一方面不但应设法使农业人口不再增加，而且得再设法把农业人口吸收出来。向工业和边疆输送，吸收的方法最主要的也许就是在减租。减租后可以使小地主们不能倚赖租金生活，不是放弃土地，自己离村，就是下田自耕，把一辈在农村里卖工的和一辈佃户挤出农业，而他们正是工业和边疆所需要的人力。

工业不但在资本和劳力上要农村给它支持，而且在原料上还得仰给于农业。我们传统的农业因为工业不够发达，总是以粮食生产为主。但自从国际贸易发达后，东三省和华北的农业已开始走上耕种工业原料作物的路。我们要提高单位农田的经济价值，也只有在经济作物上谋生路。但是，若是我们一方面要达到粮食自给自足，而同时又想推广经济作物，实际上却不是易事。因为以现有耕作粮食的土地面积，尚不易完全解决全国人口的粮食，余下来可以供经济作物的面积并不多。所以要推广经济作物必须有一部分原来种粮食的土地改种经济作物。粮食作物面积缩小而仍能供给全国人口的粮食则必须提高单位面积的生产量。增产的方法固多，如种子的选择、病害的消除等，但是无论采取什么方法，都会增加农业所需的资本。换一句话说，除非经营农业的人，有能力向农业投入比现在所投者更多的资本，增产的方法是不易实行的。怎样能使经营农业的人有更多的资本呢？我们还得提出"减租"两字。

总结以上所论，战后的农业政策内容尽管复杂，但是在我们看来，最重要的是，久经提出但至今尚没有推行的减租政策。

李树青：

我愿意从生产方面来讨论农业政策，并从农业生产来谈土地利用的问题。但在讨论这个问题之先，我们得先承认国家的现代化和工业化是我国战后经济建设的基本国策。因此在讨论战后的农业生产与土地利用时，我们不能只就农业与土地本身来讨论，必须根据现代化与工业化这个基本的国策发言。

先说农业生产。现在及以前的农业生产，主要的是一种地域性自给的生产，虽说蚕丝米茶为我们出口贸易的大宗，而棉花烟草苎麻之类也稍有生产，但都数量不大，品质参差，不易用于大量制造的工业原料，我们的棉织工厂采用印度棉或日本纱，便是这种缘故。战后的农业生产，第一件重要的事，便要打破地域性自给的原则。一家的生产不必为的自家的消费，即一地域的生产也不必只顾到本地域的需要，而应该把全国做一单位，甚至把有些国外的地域必然与我们发生农产贸易者，也都统筹在内，然后再就国防所宜、工业需要，以及气候、土壤、地形、水量、湿度等自然条件，使此种农产品的生产，不但要品质划一，数量增加，而且变成一种专门的经营。例如西北宜于牧畜，便大量生产羊毛皮革，华北及湖南、湖北宜于植棉，便专事种植棉花。其他情形都可依此类推。如美国有所谓玉蜀黍地带、棉花地带及烟草小麦地带等，便以此故。

现在及以前的农业生产，主要的是为着消费，战后的生产主要的应为着市场，换言之，也即现在的生产主要的是消费品，将来的生产主要的是原料品。似乎只有我们的农产品在如此安排之下，才能使我们走上工业化的道路，或者说，才能给我们的工业奠定下一个坚实的基础。

现在及战前农民生产的主要目标是竭力增加农产物的数量。因此，我们的农民总是在盼望丰年。等到丰年真的来了，不幸又有所谓"谷贱伤农"。原来甲地的丰收必须用乙地的歉收陪衬着（还得相距不远）。总是农民所企求的丰收的结果。这是一个如何矛盾的现象！战后的生产目的，应在不违反国防的原则下，求得农产品长期平均的最高价值。这不但有利国计民生，还可以发展我们的工业。

于农业生产问题里，我们已经知道如何解决土地利用问题了，战前及现在的土地利用，大部分集聚在几个土质比较肥沃的平原及盆地区域，从人口密度的分布上即可充分证明此点。在已经被利用的区域内，农民利用土地的方式，多数是一种使用人力与畜力的近于园艺式的集约经营。这种经营，不但劳力费时，而且根本即无法利用土质比较不甚肥沃的土地。我们 3.5 亿勤苦农民，经过约 20 个世纪的时间，所开垦的土地反不及美国约 700 万农民在不足 2 个世纪内所开垦的面积那样大，其中缘故，除去可耕地面积广狭不同，可以解释一部分外，而我们利用土地方法的落后，是无可讳言的主要原因之一（请参看拙著《新农业与旧农业》一文，载《东方杂志》第 38 卷第 16 号）。

想要改良利用土地的方法，还得从改良所供用的动力下手。换言之，即使用无机能力与机械代替人工与畜力。这种改良的结果，不但可以增大利用土地的能力、增加农作物的生产，还能改变以前农民的自足经济为交换经济。一句话，也是走向工业化与现代化的必经的道路。

以上这点区区之意，实系老生常谈，所谓卑卑无甚高论者，为抛砖引玉计，谨略贡其一得之愚于此。

吴景超：

战后中国对农业及土地方面应采取什么政策？

中国过去所需的粮食，有时虽然要向海外输入，但其总量，从来没有超过国内生产量百分之五。战后如从育种、施肥、减除病虫及灌溉四方面下手，可将国内种植粮食的面积，减去四分之一，同时将其产量，增加四分之一。腾出来的土地，一部分可以种植工艺作物，以供给工业上的需要；一部分可以生产出口货品，以换取工业化过程中所急需的生产工具及交通器材。中国在战后之最大问题，如加紧工业化的工作，上述的农业及土地利用政策，最能与工业化工作相配合。

李俊龙：

在这个座谈会中，我被指定的题目有两个，其中一个是"战后中国对人口及劳动方面应采取什么政策"。这个题目牵涉的范围很大，匆促之间要以一两千字的篇幅来表示意见，实不容易提出有价值的贡献，但因伍启元先生的催促，我只得将个人感想提出一些。

首先，我要说明一点，即无论我们讨论人口问题、劳动问题或其他战后经济问题，我们必须注意一个前提，就是战后的世界和战后的中国将是一个什么形势。我们必须从战后可能的国际的和国内的情形的发展来考虑我们国家的各种问题，寻求合理的解答，不可悬得太高，致容易陷入空想。本此原则，对上述问题依次表示我个人的一些肤浅的感想。

（一）关于人口政策问题*，大概不外数量、品质、分配三个基本问题，我们如谈人口政策，必须就这三个问题提出一个适当的原则。在人口数量方面，直到现在我国尚无确切统计，其数量大小如何，增殖的迟速如何，即治此学者各执一词。单就今后百年内环境变迁与富源之开发来说，其可能容纳的人口数量究有几何，其可能允许的增殖率究能大至若何程度，都是需要很详细的研究才可得出比较合理的推测的。但是我们可以提出几个原则：（1）在人口数量方面，我们应提倡适当生育，增进民族健康，减少疾病死亡，延长人生寿命，以求人口的合理增进。（2）在品质方面，我们应注重奖励身心健全分子之繁殖，抑制愚劣癫痴分子之生育，革新社会环境，改进保养教育，以提高人口之本质。（3）在分配方面，应注重调整人口分布，保持两性均衡，消弭社会阶级，调整职业分配，以期各尽其才，各得其所。至于人口政策的主要内容，必须就下述各项，做详密而合理的规定，如提倡及时婚姻、健全家庭组织、促进适当生育、增进民族健康、调剂两性比例、管制人口移植、调整人口之合理分配、扶植边区人口、

---

* 关于人口政策问题，作者及其他学者均是从当时的社会条件、经济条件、技术条件等出发给出的一家之见。——编者注

取缔人口贩卖、举办人口统计等。这些重要问题，必须集国内外的专家学者做长时期的研究，提出具体的方案，绝非简单数语所能举事。去年社会部召集之全国社会行政会议，曾有"请确立人口政策以促进民族健康而巩固国家基础案"之提出，并附有相当详细的纲领，我在上面所提出的一些意见，也可说并非我个人的意见。不过我对战后人口政策还想补充两句。第一，我们千万不要忘记，国父在民族主义演讲中对于我国人口问题之沉痛的指示，还是人云亦云的以"四万万五千万"人口而盲目地自豪；第二，我们千万不要忽视这次对日抗战中我国人口所发生的品质上、数量上和分配上的各种剧烈变动；第三，我们千万不要幻想战后的世界马上就可达到大同理想，因而忽视了我们国防需要上的适当的人口政策。我们如果稍一想到我们现一代的人这种可怕的早熟早衰的现象，我们真要不寒而栗呵！

（二）关于劳动政策问题。劳动政策是我们社会政策中一个重要的部分，我们的社会政策是要根据我们建筑的最高理想——三民主义。因此我们要谈劳动政策，决不可忘记，国父在三民主义演讲中及中国国民党第一次全国代表大会的宣言和决议案中对于劳动问题及劳动政策的各种遗训。我认为国民党的劳动政策的精神，最要在不以劳资成为对立的两个阶级的出发点来谈劳动问题，而是以国家民族利益趋于劳资利益为出发点来促进劳资的协调，共同地为建设三民主义的新国家而奋斗。基于这个基本认识，我们对于劳动问题的看法，不仅不同于英美产业先进国家，不同于德意日轴心国家，也不同于苏联。我们中国的劳动问题，是和我们整个的民族问题分不开的，我们民族当前的努力，是如何集中全国意志和力量来争取抗战的胜利和建国的成功，因此我们的劳动政策的最高原则，是要以发扬三民主义的精神，在国家利益超过劳资利益之原则下，促进劳资协调，配合国防建设，适应民生需要，和谐社会关系，实现全民福利为宗旨。至于战后劳动政策的具体内容，自有待于党政最高权力机关来决定。去年社会部召集全国社会行政会议时，曾有《增订劳动政策纲领草案》之提出，其中关于健全劳工组织、确定劳工权益、厘定劳动条件、提高劳动效能、调节劳动分配、扩大劳动服务、创设劳工保险、增进劳工福利、厉行工厂矿场检查、促进劳资合作、适应国防需要、加强国际劳工合作诸端，均有原则性意见的提出，该案现在经请中央审议中。

吴景超：

战后中国对人口劳动方面应采取什么政策？

中国过去之劳力，集中于农业方面，别种实业，多未发展，以故在农业以外谋生的人，占全人口的很少一部分。抗战胜利以后，最重要的经济设施，就是发达农业以外的生产事业，如矿业、工业、交通业、运输业，等等，使中国人口的职业分配，不致集中于农业，而分散于各种实业之中。其次，中国人口之总数，在全世界各国中，居第一位，以中国之人口，开发中国之富源，绝不会发生劳力不足问题。故以后我国之人口政策，应注重质的改进，而不注重量的增加。

戴世光：

人口问题，我主张"减少人口，奖励优生"两大原则。我认为人口政策是因时因地而不同的。我们若从学理上去求解决，则人口数量问题须以"人口适中论"为基础，而人口品质问题应以遗传学为根据。所谓"人口适中论"是认为每一地的人口应有一适中的数目，这个数目全靠各地的技术程度、天然富源、资本总额及社会组织而定。其目的是在调和人口同富源的均衡，使每人口的消费财的收入能常在可能的最高水准。至有遗传学即认为人口的体质与智力是遗传的。尤其是低能的遗传最广，因为低能或智力有缺陷者的生育率较高。根据这种说明，在实际应用上我们可以看出关于人口数量的原则，比较难以决定，适中是与时地有直接关系的，因而常缺具体的标准。至于人口品质方面，则问题比较简单，仅在我们是否承认遗传学说能够成立，是否愿从事于消极的或积极的优生。但在原则上，我们当然不希望低能的人数增多。因此在讨论人口政策中，由于量的问题不易决定，所以一般争论的核心常常在人口品质问题的方面，而不在一个国家人口数量应该增加抑或减少的问题上。在中国，常常有人根据国防的理由和工业化的理由来主张人口，其实一个国家的强弱，是不能因人力的多少来决定的。同时工业化需要人力多，这个问题是人口分配问题，而不是数量多寡问题。事实上今日的中国人口是太多而不是不够。我国的农场太小，大多数人民的生活程度在水平线以下。这都是人口太多与有限的生活资料对比的结果。过去对我国的"人地比例"常有许多错误的见解，都以为我国"地大物博"，实则我国的土地固然面积大，但并不博，仅矿产也许开发得还比较多，不过人民的生活资料主要是粮食。粮食要看土地的肥瘠、可耕地面积的大小。我国西南多山，西北则多沙漠和荒旱，可耕的土地主要在东部。以东部的人口密度论，实与英日等国大致相同。据过去几种农业统计，全部指出我国农场太小、人口密度太高、洋米进口、缺少经济农作物、人民生活程度低落等。凡此全是由于人口太多、生活资料不够分配所致。像英国完全以三岛为工厂，以工业品去殖民地换粮食的国策，实不足为法，而且很危险的。所以我国的人口实已超过适中的人口数量。我们承认我国贫弱的因子甚多，但同时也不能否认人口数量过多是基本最重要的因子。工业化、发展交通、科学农业等，都有利于国家的富强。不过一者有其限度，而且这些建设的进展是与贫弱有循环性的，根本之道，必须釜底抽薪。因此我国人口政策中，关于人口数量之决定应以"减少人口"为中心原则。其次，关于人口品质问题，比较简单，即应承认遗传原理，须对品质优劣的生育加以统制。积极地说，即应采取"奖励优生"的原则。

刘鸿万：

中国战后对人口及劳动的政策，我认为应有一个共同的最高目标，就是"使每一个人能尽其最大的用处，每一个人能享受最高的生活"。一切个别的人口和劳动政策，都应当按这个最高目标设定。于是向着这个目标，我们可以举出两方面应采取的个别的实际政策。

人口政策：

（A）促进工业化以增加人民所能享用的物资；并由工业化改良农业生产，以使人口最大多数之农民能获得更优良的就业机缘。

（B）限制人口的再增加，以促进机械的使用，并扩充每人所能分得的物资。

（C）减少人口的死亡率——尤其是婴儿的死亡率，并改进人口的健康与体质，以改良人口品质。

（D）人口地域分布合理再分配，以避免过去人口在少数农业区域内过度集中的倾向。

劳动政策：

（A）农业劳工应当促其逐渐变为工业劳工。对这一点，一面当改良中国农业生产的方法与土地关系，以减少农业上所需要的人力；一面当使工业之都市集中与地方分散同时并进，以吸收劳工于都市和利用农村人工。

（B）当加紧技工的训练，以供将来工业建设的需要。对这一点，一面当多设职业学校和短期训练班；一面当使各工厂皆以其设备供训练时的利用。同时又当提高一般工人的教育，以改善工人的习性与增高其对工作的自觉。

（C）工人的待遇与工作状况及环境当继续改善，例如将实质工资提高、工作家属的供养、工作时间的最高效率、工作环境与设备的科学化、福利设备的增加，等等。

（D）工人保护处置之增加，如工厂所保护之工人范围应更推广、非工厂工人亦应有正式法律保护、劳动保险应当迅速普及，等等。

（E）工厂民主与劳工之利润分沾。譬如使工人对工厂的管理与工作方法，有过问甚至参加的机会；工人除其工资外，对事业的利润也当有分润的权利；等等。如此不但可以提高工作的效能，而且也可以预防今后的劳资纠纷。

伍启元：

关于对内经济制度，我愿意补充几点：（一）战后土地政策政府已经决定为"平均地权"，这点可以帮助社会革命的完成，我们是完全赞同。但要在战后实施平均地权的原则，现在应即就整理全国地籍工作做相当的准备。对于西方各省，尤应利用目前通货膨胀的机会逐渐实现耕者有其田的政策。（二）战后人口政策官方决定为增加人口，而戴世光先生则主张减少人口。我个人认为从较长的期间说，则增加人口的政策是确当的。不过在战后最初的二十年间，则不应注重人口的增加，而应注重质的改善。在战后虽不必注重人口的增加，但也不应采取减少人口的政策。事实上经过近数年的战争和灾害，中国人口已减少了很多，如再采取减少人口的政策，则对国防工作和工业化工作将会发生不利的影响。对于质的改善，我个人从来就感觉"优生"政策是不很重要的。在战后最初二十年间，政府的注意力似应集中于用普及教育运动来提高国民的智识，民族健康运动来改善国民的体格，工业化运动来提高国民的生活水准，并实行社会革命使所有国民都有平等发展的机会。（三）为着解决贫乏问题，为着实行社会革命，我们主张政府在社会立法方面应该采取勇敢的措施，承认生存是国民的根本权利，用社会保险及其他办法使每一个人的收入都不致间断和使个人的收入依照家庭状况而得到合理的调整，换言之，即使战后每一个国民都能享受"不虞缺乏的自由"。（四）合作事业，应在战后积极推进。对于农业生产合作及各种消费合作，尤应积极推行。（五）教育制度，应与工业化的工作配合起来。大学及各研究机关，应研究改进生产技术及努力做各种发明。此外并应成立中级及低级技术教育，以训练中级及低级技术人才。（六）战后对交通建设，尤应迅速进行。运输事业，应与工业建设相配合，首先兴筑铁路中之经济主要干线，及发展依照新约而收回的内河航运与沿海航运。运输事业应以国营为原则，其管理应采"集中分区管理制度"，使能符合于"商业化"及"合理化"的原则。至若民营之运输业，亦应在政府指导之下，成立"联营公司"，使能合作发展中国的运输。运输以外，对通信事业（电信及邮政）亦应做适当的发展与扩充。（七）水利工作，是中国历代政府重要工作之一，在战争结束后，尤应以极大的努力，从事进行。对于治导黄河、淮河及其他河道的根本工作，应在祛除水患及兼顾灌溉、航运及水力发电的原则下迅速进行。对于几年内即能收效的灌溉水利工程，更应尽力兴办。（八）战后对于一切浪费，都应设法减至最低限度。对过去建筑华丽官舍及其他相似的恶习，都应根本改革。

对于对内经济政策，我们的讨论已经很多，现在我们可以进一步讨论对外经济政策了。

（载《当代评论》第 3 卷第 15 - 16 期，1943 年）

中国应当建设的工业区与工业

一

抗战以前，中国的工业区，都集中在沿江沿海一带。上海、天津、广州、青岛、汉口等沿江沿海的大都市，尤其是抗战前工业的中心。这些地方之所以成为工业中心，自有其经济上的理由。以上海而论，其地点之优越，实在是够得上做一个头等工业都市的资格。第一，上海的腹地，原料丰富，特别是在上海发展的棉纺织工业及丝纺织工业，其原料可以就近取给。第二，上海是一个运输的中心，不但华中、华北、华南有水运与上海联系，就是全球各重要商业国家，都有定期或不定期的轮船来往上海。因此，凡是利用国外原料从事制造的工业，多集中于上海。第三，上海有很多的技术工人，粗工亦从江北及其他区域汇集上海，因此在那儿开工厂，工人的招募不成问题。第四，上海是中国最大的市场，一切制造成功的货品，不愁没有出路。第五，上海是中国金融的中心，一厂开在那儿，资金的通融，甚为方便。有了这几个优点，所以上海能成为一个工业的中心。别的沿江沿海都市，所以能够吸引工业，也是因为它们多少具有上述的几个优点。

抗战发生之后，沿江沿海的都市为敌人所占据或摧毁，中国过去数十年辛辛苦苦所培植的工业，遭受了严重的打击。于是有一部分人士，以为过去将工业集中于沿江沿海，实为失策。他们以为从国防方面着眼，应当把工业建设在敌人的威力所难达到的内地。西南与西北，是他们理想的工业区域。可是太平洋战争爆发之后，证明了西南也不是最安全的区域。同时我们还要记得，现在的敌人是从东北来的，是从海上来的，所以西南、西北，似乎比东南、东北安全一些。这次抗战胜利之后，我们能够保险，将来的敌人，就不会来自西北或西南吗？所以假定某一个区域是安全的，而把工业集中于这个区域之内，从国防的观点看去，与过去把工业集中于沿江沿海，同样的是失策。

二

我们将来所要建设的工业区，第一要顾到经济的条件，第二要考虑国防的安全。只有一个办法可以达到这两个目的，那就是，在中国境内，分建若干工业区，而非如过去的集中于沿江沿海，也不是如少数人所提倡的集中于内地。

中国有一句俗语，告诉人谋安全的方法，就是狡兔三窟。外国也有一句意思相同的话，就是不要把你所有的鸡蛋放在一个篮子里面。外人的工业区，似乎是与这个原则吻合的。以英国而论，它的主要工业区至少有五个。第一是伦敦区；第二是中部区，包括曼彻斯特（Manchester）、里子（Leeds）及北明翰（Birmingham）等都市；第三是苏格兰平地区，包括格拉斯哥（Glasgow）及爱丁堡（Edinburgh）；第四是南威尔士区，包括布利斯托（Bristol）及加的夫（Cardiff）；第五是东北区，以纽卡斯尔（Newcastle）为中心。在这一次欧战中，第一、第二两区，遭受轰炸的次数最多，其余各区，则比较安全。再看德国，也有五个重要工业区。第一是柏林区；第二是萨克森（Saxony）区，有开姆尼斯（Chemnitz）及德累斯顿（Dresden）等都市；第三是西里西亚（Silesia）区，以布累斯劳（Breslau）为中心；第四是巴伐利亚（Bavaria）区，包括努连堡（Nurnberg）、慕尼黑（Munich）及斯图加特（Stuttgart）等都市；第五是最重要的鲁尔区，从埃森（Esson）到曼海姆（Mannheim），沿着莱茵河畔，排列着大大小小无数的工业都市，连接起来，成为世界上一条最有名的工业带，可与美国从纽约到芝加哥的工业带相媲美。最近这一两年，柏林区与鲁尔区，常遭英国飞机的轰炸，但别的区域中，生产仍能照常进行。苏联的情形，与英德相仿佛。最重要的乌克兰区，是沦陷了，列宁格勒成为战区了，但它还有莫斯科区，还有以马格尼多高尔斯克（Magnitogorsk）为中心的乌拉区，及以斯太林斯克（Stalinsk）为中心的阿尔泰区。就是我们的敌人，在它小小的岛国内，也有四个重要的工业区，即东京横滨区、名古屋区、大阪神户区及长崎区。一个国家如把工业分散在各区，从国防的观点看去，是最安全的，因为除非敌人把整个的国家占据了，它绝不能把各区的工业完全加以摧毁，英德苏三个国家的例子，最可以说明这一点。从经济的观点看去，也只有把工业分散在各区，才可以做到地尽其利。一个国家的资源，是分散在各地的，只有把工业分散在各区，才能充分开发各地的资源。

三

从上面所述的观点出发，我们以为中国至少可以建立七个重要工业区域，即东北区、华北区、西北区、华东区、华中区、华南区、西南区。每区的面积、人口及主要物产，兹列表如下：

（一）东北区：包括辽宁、吉林、黑龙江及热河四省。

（A）面积：1 247 356 方公里。

（B）人口：28 543 985 人。

（C）主要物产：小麦、高粱、大豆、皮革、木材、煤、铁、锰、铝、金、石油、盐。

（二）华北区：包括察哈尔、绥远、河北、山东、山西、河南六省。

（A）面积：1 231 628 方公里。

（B）人口：116 754 702 人。

（C）主要物产：小麦、高粱、小米、玉米、大豆、甘薯、花生、棉花、芝麻、火麻、烟草、皮革、煤、铁、铝、金、盐。

（三）西北区：包括宁夏、陕西、甘肃、青海、新疆五省。

（A）面积：3 379 437 方公里。

（B）人口：23 030 794 人。

（C）主要物产：小麦、燕麦、高粱、小米、玉米、羊毛、皮革、乳酪、煤、石油、盐。

（四）华东区：包括江苏、浙江、安徽三省。

（A）面积：353 650 方公里。

（B）人口：81 054 258 人。

（C）主要物产：稻米、小麦、大豆、花生、油菜、棉花、蚕丝、茶、烟草、桐油、煤、铁、盐。

（五）华中区：包括湖北、湖南、江西三省。

（A）面积：565 044 方公里。

（B）人口：69 614 213 人。

（C）主要物产：稻米、小麦、大麦、高粱、油菜、甘蔗、棉花、苎麻、茶、桐油、烟草、煤、铁、锰、钨、钼、锑、锡、铅、汞、金。

（六）华南区：包括广东、广西、福建三省。

（A）面积：558 969 方公里。

（B）人口：57 593 651 人。

（C）主要物产：稻米、甘薯、甘蔗、蚕丝、茶、皮革、煤、铁、锰、钨、钼、盐。

（七）西南区：包括四川、西康、贵州、云南四省。

（A）面积：1 386 067 方公里。

（B）人口：75 635 548 人。

（C）主要物产：稻米、小麦、大麦、燕麦、高粱、玉米、油菜、甘蔗、蚕丝、烟草、桐油、羊毛、皮革、猪鬃、木材、煤、铁、镍、铜、铅、锌、铝、锡、汞、金、石油、盐、磷。

以上这七个区域，面积广大，人口众多，物产丰富，工业发展的可能性是很大的。西北区的人口，在这七个区域中是最少的，但就以西北区而论，南北美 27 个国家，只有美国与巴西的人口超过它，非洲 32 个国家或殖民地，没有一处的人口赶得上它的。人口最庶的华北区，世界上只有印度、苏联、美国三个国家超过了它。人口次庶的华东区，与德国相差无几。华中、华南及西南三区，每区的人口，都超过了英、法及意大利。我们如利用这些区域中的人力，加上新式的生产工具，来开发这些区域中的资源，我们是不难成为世界上头等的富强康乐之国的。

四

工业区域的范围，已经划定，我们便可进而讨论，在这些工业区域之内，我们应当建设一些什么工业。

我们只要检查一下欧美各国的工业分类表，就可以知道，工业已经发达的国家，其工业是有一整套的，这一整套工业，彼此互相扶助，互相满足，以达到巩固国防、增进人民福利的目的。我们过去的工业，如与欧美各国的工业相比，我们的一个缺点，就很显然。这个缺点就是：我们的工业，不是整套的，而是枝节的，不是整体的，而是局部的。我们常说过去中国只有轻工业，而无重工业，就是说明了我国过去的工业，并不是整套的。不是整套的工业，其最大危险，就是失掉了外界的联络，就很难生长发育。

　　整套的工业，应当包括哪些部门呢？我们的意见，以为至少应当包括十个部门，即冶金工业、机械工业、动力工业、化学工业、兵工工业、食品工业、衣着工业、建筑工业、交通器材工业、印刷工业。每类工业，还可再分为若干种。譬如冶金工业，便包括炼铁、炼钢、炼铜、炼铅锌铝锡等工业，其中以炼铁、炼钢为最基本、最重要。有了钢铁，许多别的工业，都可以立足。匹兹堡是美国的钢铁业中心，在匹兹堡及其附近，便有2 500多个工厂，利用当地钢铁厂的产品，制造钢管、铁链、锅炉、引擎及其他各种铁器。现代的生产方法，与以前不同的，就是以前用人力生产，而现在则用机械生产。机械都是用钢铁做成的，所以假如机械工业是近代工业的中心，钢铁工业可以说是机械工业的基础。有了钢铁工业，机械工业才可以自立，以前在上海附近设立的机器厂，所需的原料，大部分要靠海外供给，就是因为我们自己没有钢铁厂的缘故。将来我们要在各区，于可能的范围内，设立许多钢铁厂。这些钢铁厂设立之后，我们便可发展机械工业，制造别的工业中所需要的生产工具。这些生产工具，应当利用电力来发动它，所以在各区内，应当利用水力及煤力，设立许多电力厂，构成几个电力网的系统。在动力工业中，电力自然是最重要的，但炼油及制造酒精，也要加以注重。化学工业，其种类虽然繁多，但其所用的重要原料，也不过几种，凡是出产这种原料的地方，都可以设立化学工业。这些原料之一，便是煤焦。我们可以利用炼焦的副产品，制造炸药、染料、药品、香料及摄影化学材料。第二是盐，我们可以用它制造纯碱、烧碱、白漂粉及盐酸。第三是木材，我们可以用它制造人造丝及纸张。第四是油，我们可以用它制造油漆及烛皂。第五是硫黄及磷，我们可以用它制酸、炸药及肥料。这些产品，对于国防或民生，均有贡献。兵工工业，制造枪炮弹药，可以说是狭义的国防工业。食品工业、衣着工业、建筑工业及交通器材工业，解决人生食衣住行四大问题，其中交通器材工业中之造车、造船、造飞机等部门，在平时的出品，可为运输之用，一旦战事爆发，便可改造坦克车、轰炸机、战斗舰等武器。印刷工业，包括印书、印报纸、印杂志等部门，是供给我们各种读物的。

五

以上这十种工业，有的在中国还未下种，有的在中国只现萌芽。我们主张在抗战胜利之后，在每一区域中，都要设立这些工业。我们研究一下各地的资源，知道这是很可能的。

冶金工业中的钢铁工业，既是各种工业的基础，我们愿意先研究一下，在各区设立钢铁厂的可能性。钢铁工业最主要的原料是铁砂与可以炼焦的煤。东北区的铁砂，在中国全部最为丰富，庙儿沟、弓长岭、鞍山等处的铁砂，敌人已在大规模地开采。煤焦可取自抚顺、本溪湖等煤矿，或利用华北区中开滦的煤，运输亦便。华北区的主要铁矿，有察哈尔的宣化、河北的滦县及山东的金岭镇，其中宣化的龙烟铁矿，抗战后敌人已在利用。炼焦可取自河北的磁县、井陉及开滦，山东的博山中兴。华东区的主要铁矿，在安徽的当涂与繁昌及江苏的凤凰山与利国驿，煤焦可取自安徽的淮南、江苏的铜山及浙江的长兴。华中区大冶的铁矿，早已开发，它如鄂城、宁乡、茶陵等处，尚有铁砂，可以利用。煤焦可以取自萍乡及湘潭资兴，华南区的广东钢铁厂，数年前即有设立的计划，铁砂取自云浮，煤焦取自乐昌及乳源，不足时可由他区以水运供给，或向国外补充。西南区是抗战的中心，四川的綦江与涪陵铁矿，及云南之易门铁矿，已经开采，煤焦则仰给于四川的江北、贵州的桐梓及云南的宜良、嵩明。在我们的七个工业区域中，只有西北区设立钢铁厂还成问题，因为西北还没有发现大规模的铁矿，新疆虽然很有希望，但铁矿的所在地，偏于西部，离市场太远，是其缺点。此外，就各区的共同缺点来说，就是铁砂与煤焦，并不是产生于共一地域（东北区的情形较佳），所以将来钢铁厂设立的地点，颇费考虑。

环绕着各区的钢铁厂，一定可以设立许多机器厂。各区的机器厂，可以看当地的需要，制造各种生产工具。譬如东北及华北的机器厂，可以制造磨粉的机器；而华东及华南的机器厂，则可以制造碾米的机器。华北及华东的机器厂，可以制造棉纺织的机器；华中的机器厂，可以制造麻纺织的机器；而华南的机器厂，则可以制造丝纺织的机器。诸如此类的例子，只是要说明各区虽然都要设立机器厂，但不一定要制造同样的机器。它们的业务计划，是要研究市场上的需要而后定的，最好各区能够分工合作，以收大量生产的效果。

动力工业中的电力厂，是各区都要设立的，因为各种新式生产事业，都需要电力来发动。

兵工工业的各式工厂，也应在各区中设立，以谋国防上的最大安全。

其余各类工业，在各区域中都可以设立多少种，即是每类工业，在各区中都可以有若干代表，但其性质却不一定相同。举例而言，西北区的食品工业，当然要有面粉厂，但不必设碾米厂。西北区的衣着工业，可以有棉纺织厂，也可以有毛纺织厂，但不必有丝纺织厂。交通器材工业中，西北也许可以设立飞机制造厂，但绝不能设立造船厂。在各区中，某一类的工业，应当设立哪几种及每种的规模如何，都要详细研究各区天然的资源及市场的需要，始能决定。

假如分区设立整套工业的计划可以实现，那么每一个区域中的资源都可以开发，结果一定可以增加各区人民的收入，提高其生活程度。各区工业的机构，在平时固然以满足人民日常需要为其最大目的，但一旦战争发生，这套机构便可略加改造，使其尽量供给军事上的需要。所以各区的工业，可以说是巩固国防的，也可以说是改善民生的。

从我们上面的讨论中，可以知道我们虽然主张各区都要设立整套的工业，但却不主张各区在经济上的自给自足。自给自足的理想，以整个国家为单位，世界上还没有一个国家可以完全做到，以国内的区域为单位，来企图自给自足，在理论上是不可能，在实际上也不合算。将来各区虽然都有机器厂，但所制造的机器是不一致的；各区虽然都有化学工厂，但各工厂的出品，是不尽相同的。所以各区的贸易，在工业发达之后，不但不会减少，而且还会增加。现在世界上贸易最发达的区域，就是东美的工业区与西北欧的工业区。这两个区域中的工业，在世界上是最发达的，但它们彼此间的贸易，也超过世界上任何区域间的贸易。根据这个例子，我们可以相信，将来中国各区域中的工业建设完成之后，中国的国内贸易，将有空前的发展，经济割据的思想将从此绝迹，正如这种思想在英美各国已经绝迹一样。

（载《经济建设季刊》第 1 卷第 4 期，1943 年）

（本文同名文摘载《时论摘要》第 11 期，1945 年）

美国战后建设的目标（书评）

Stuart Chase，*Goals for America*．New York：The Twentieth Century Fund，1942，134 pages.

　　美国现在研究战后建设问题的机关很多，20 世纪基金董事会，不过其中之一。这个机关，曾请崔斯先生研究战后经济问题，崔斯预备把他研究的结果分为六部分发表。这儿所介绍的，乃是整个研究的第二种，专门讨论美国战后经济建设的目标。

　　崔斯的意见，以为这次战争以后，美国的社会应以其生产的力量，使每一个美国人能够都享受一种生活标准。这个标准包括五个方面，有衣、食、住、教育及医药。关于衣服与医药，作者并没有提出具体的标准。其余三方面，作者的方案都很具体。以食而言，作者希望每一个美国人每年能够消耗的食物如下表：

食品	单位	数量
牛乳及乳制品	夸尔特	300
有叶菜蔬	磅	166
番薯	磅	155
番茄与橘类水果	磅	100
鸡鱼肉	磅	134
鸡蛋	打	25
豆类与硬谷果	磅	12
其他菜蔬与水果	磅	195
糖	磅	57
脂肪	磅	57
谷类及面包	磅	186

关于住所的标准，作者希望将来每一个美国家庭都有一所坚固的房子，维持相当的清洁，并有保暖设备。此外还要有小孩游戏的地方。在都市中，在相当的距离内，应有游戏场的设备，来解决这个问题。每一个家庭，都要有一块地皮，用以种花或种菜。房子里面，应有自来水、浴室、纱窗等设备，电灯及冰箱也是要的，电话能有最佳。家具不妨简单，但须坚固合用。

教育的标准，作者认为每一个美国人，至少都要在中学毕业。

这个标准，作者认为是最低的，在我们看来，也许不能算是最低的标准。但据崔斯的计算，美国如想达到这个标准，并不困难。物质方面的条件，如土地、工厂等，用以达到这标准的手段，美国是具备的。人力方面，美国也无问题。在 1940 年，美国有 800 万至 1 000 万人失业，在这些失业的中间，如抽出 400 万人来，加上原有职业的 3 000 万人，共同努力工作，上述的标准，便可实现。其余的人力，还可做别种工作，如制造奢侈品、改造都市等。

现在所缺乏的，就是有眼光的政治家设法去推动这种工作。这并不是说，一切的工作，都要政府来执行。有许多工作私人可以负责担任的，便让私人去办理。但私人的力量如不够，则政府便应出来负责，如改良住宅，使其合于上面所说的标准，便要政府出来担任。作者再三地声明，国营或民营，不是大问题，问题是要认清目标，并设法去实现这个目标。这种工作，国家都有责任，不是少数人或某一方面所能担负得起，但须政府出来计划与领导。

作者在全书中，只有一两句话提到国防。其余的地方，专门研究如何可以提高美国人民的生活，使其平均地达到上述的标准。我们战后的目标，当然不能与美国相同，但别人的蓝图，也是值得参考的。

（载《新经济》第 9 卷第 3 期，1943 年）

经济建设与国内资金

一

在研究经济建设各种方案的时候，我们的心中时常涌出一个问题，就是：我们将来每年能够拿出多少钱来，办理经济建设的事业？这是一个富有兴趣的谜，我们无妨花点工夫来猜一猜。

首先，我们应设法估计一下，战前每年我国能够产生多少剩余的资金。我们所以要以战前的情形为我们讨论的对象者，因战前的币值相当平稳，每一块法币的购买力，不似现在的捉摸不定。在讨论这个问题之先，我们应当把剩余资金的含义解释一下。所谓剩余资金，就是社会上人民的收入，除了维持他们生活上的需要之后所余下来的钱。这儿所谓生活上的需要，并非理想上生活上的需要，而是习惯上生活的需要。我们只想要知道，中国人民每年的生产，除了消费于他们认为必须消费者外，每年还有多少剩余。

这种剩余的估计，在英美等国家，因为关于人民所得的调查，已相当完备，所以易于着手；但在中国，这类调查，现在还无完备可靠的结果，所以我们无法从这一条途径上去寻求我们所得到的数字。我们只能用间接的方法来解决这个问题。所谓间接方法，就是利用人民所得以外的统计，凑合起来，看它能否告诉我们剩余资金的大约数字。

这些与剩余资金问题有关的统计，第一种我们要考虑的，就是中央及地方的税收。这些税收，起初原是分散于私人口袋中的，政府以各种赋税为手段，把它集中到国库里面去，使它成为社会上的剩余。我们可以民国二十三年为例，看那一年税收的总数有多少。首先，中央政府的收入，在那一年为 1 257 981 700 元，其中有债款收入 318 291 300 元，应当除去，所以实际取得自赋税的收入，为 939 690 400 元。我们所以要把债款收入除去的缘故，因为债款收入的来源为人民的储蓄，假如此处不将其除开，则下面计算储蓄项目时，亦当将此数减去，否则将陷重复计算之误。其次，又省市区在那一年的收入，为 340 563 500 元，其中应除去补助款收入（中央的协助）39 921 600 元，及债款收入 16 454 600 元，余款为 284 187 300 元。此外，各省县地方预算，民国二十三年的数字不甚完全，现以民国二十五年的数字来代替它，那年各县政府的收入，为 140 213 700 元。以上三级政府的税收总计，为 1 364 091 400 元。

第二种统计，与剩余资金有关的，为进口货物之价值。进口货物，代表人民在国外市场上的购买力，其中有一部分，可以视为剩余资金。我们所以要说只有一部分可以代表剩余资金的缘故，因为有好几项数字，要从其中剔除。仍以民国二十三年来说，那年进口货物的价值，为 10 亿 2 960 万元。在这个总数中，首先我们应当剔除的，就是那些用以维持人民生活所必需的货品，如粮食、纺织品、烟酒及糖果等。据我大略地估计，民国二十三年这些货物的进口总值约在 4 亿元。我们所以要从国外购进这 4 亿元消耗品，表示那年国内的生产还不够国人的消耗，所以这 4 亿元不能代表剩余的资金。其次，我们在过去的几十年内，国际贸易素来是入超的，补偿入超的一个方法，便是输出金银，在民国二十年至民国二十九年的十年内，平均每年金银出超为 145 205 000 元，民国二十三年的出超为 308 296 000 元，但是那一年大量金银的输出，据海关的报告，或系转运伦敦以保安全，或为依照美国购银协定而运往纽约，其中到底有若干系用以补偿入超的惜无法估计。现在姑作假定，认为民国二十年至民国二十九年之平均每年金银出超数，即 1 亿 4 500 余万元，为民国二十三年内补偿入超之一种手段。此数从研究剩余资金问题的立场上看去，应该从进口货物总值中除去，因金银为历年财富之积累，而非该年生产除去消费后之剩余。最后，外人在华办理生产事业，已有多年的历史，他们在华的投资，年有增加。1934 年进口货物中，必有一部分货物，系外人以其资金所购得，如将此款也挂在国人的剩余资金账上，实患张冠李戴之嫌。但在民国二十三年进口之 10 亿元货物中，有百分之几其主权属于外人，实无法加以估计。雷玛教授对于外人在华投资的数目，曾加以调查。根据他的研究，自民国十七年至民国十九年，平均外人在华的新投资，每年为 1 亿 5 600 万元。今再姑作假定，认为民国二十三年的进口货品中，有 1 亿 5 600 万元，代表在华外人的购买力，应于总数中加以剔除。如将以上三种数目剔开，则民国二十三年的进口贸易 10 亿元中，真能代表国人的剩余资金的，不过 328 395 000 元而已。

　　第三种统计，与剩余资金有关的，为人民的储蓄。首先，根据民国二十五年全国银行年鉴，民国二十二年全国银行存款总数，比上年增加 478 452 000 元，民国二十三年比上年增加 387 247 000 元，民国二十四年比上年增加 7 亿 9 804 万元，三年合计，平均每年存款增加为 5 亿 5 458 万元。此种数字将不能代表国人每年储蓄的总数，因有若干富豪，多将其剩余资金，存入外国银行，其总数若干，虽有多人猜测，但无切实统计。其次，我国银行事业还未发达，若干县份，毫无金融机构，所以有许多乡下地主豪绅，其剩余资金并未存入银行。不过第二点对于我们的研究，并不十分重要。一因乡村中地主等的余资，有一部分变为出口农产品，如桐油、猪鬃之类。此类农产品之输出，易成外汇后，即以购进入口物资。故此部分盈余，在上面计算进口货值时，已经顾到。二因乡间一方面有地主豪绅，每年可以不劳而食，且有盈余；另一方面则有半自耕农及佃农，每年胼手胝足，还难免于欠债。根据中央农业实验所的估计，全国农家，借钱的占 56%，借粮的占 48%。这些借钱借粮的农家，如借不到钱，借不到粮，便不能维持生活，便有冻馁的危险。实际放债给他们的，就是乡下的地主豪绅，这些人一手收进来田租，一手又放出去，虽然产生了乡村中阶级债权与债务关系，但从整个社会的立场上去看，并无剩余资金的产生。

　　把上面所说的三种剩余资金加起来，计税收 1 364 091 400 元，进口货物余值 328 395 000 元，储蓄 5 亿 5 458 万元，总数为 2 247 066 400 元。

<h2 style="text-align:center">二</h2>

　　战前每年所产生的余资 22 亿余元中，有若干用于经济建设之上，乃是我们第二个要讨论的问题。

　　以中央的支出而论，1934 年度，实业费的支出为 4 248 100 元，交通费的支出为 5 199 700 元，建设费的支出为 46 896 700 元。三种建设费用合计，不过 56 344 500 元。以各省市的支出而论，民国二十三年度，实业费的支出为 6 900 000 元，交通费的支出为 6 347 900 元，建设费支出为 38 668 400 元，三种建设费用合计，也不过 51 916 300 元。县政府的支出，用于建设上的，无法估计。只以中央及省市政府对于建设的支出来说，民国二十三年度，只花了 108 260 800 元。

　　以进口的货物而论，哪一些是与经济建设有关的，哪一些是与经济建设无关的，很难加以分别。现在我们假定下列各类的货品，是与经济建设有直接关系的：（1）金属及矿砂；（2）机器及工具；（3）车辆船艇；（4）杂类金属制品；（5）煤、燃料、沥青、煤膏。这几类进口货品的总值，在民国二十三年，为 261 129 000 元。上面所说的政府支出，是否有一部分用以购买这些进口的货品，无法确知。我们猜测这两类数字，有重复计算之处，但因民国二十三年，国营事业尚未发达，政府购入的物资，必不甚多，且我们因缺乏参考资料，亦无法加以剔除，只好让分立存在。

最难估计的是储蓄的款项用在建设事业上面的数目。有一类统计，可以做我们参考的，是每年新公司设立的数目及其资本数额。自民国十八年至民国二十四年，新设立的公司共 2 128 家，资本总额为 585 067 000 元，每年平均新的投资为 83 580 000 元，以后数年新公司的数目及资本总数，颇有减少，如民国二十五年设立的公司，资本总数为 51 894 400 元，民国二十六年为 74 349 000 元，民国二十七年为 42 106 000 元。我们当然不能担保所有每年设立的公司，都已向政府登记，所以上面所举的数字，只能代表每年新投资的最少数额，不能代表每年新投资的实际数额。此外各种建设事业，不以公司方式进行的，还不知有若干。现在我们假定战前国内的储蓄，有 1 亿元投资于经济事业，其余大部分的资金，大约都是用在证券买卖、不动产买卖及投机的交易上面。

以上大略地估计，我国在战前用在经济建设上面的款项，计政府支出方面，有 108 260 800 元，进口货物方面，有 261 129 000 元，银行存款方面，有 1 亿元，合计为 469 389 800 元。简单地说，战前我国社会上的剩余资金，每年用在经济建设上面的，在 5 亿元左右。如以民国三十一年 12 月重庆的法币价值来计算，约等于 300 亿元。

三

假如在抗战胜利以后，我们每年也只能花 5 亿元（战前币值）在经济建设上面，那么我们是无论如何也不能赶上列强的。苏联在 1940 年，投资于经济建设上面的款项，共为 380 亿卢布。这个数目，与我们过去所花的钱，相差实在太远。

我们将来是否可以花更多的钱在经济建设上面呢？解决这个问题，第一得先研究我们是否可以有更多的储蓄。储蓄增加以后，中央及地方的赋税都可增加，那时方可讨论增加经济建设支出的百分比。储蓄增加之后，进口货物的总值，也可提高，那时方可设法输入更多的生产工具及建设器材。但是在生产方法没有改进之前，中国人民的储蓄能力是否可以提高，很成问题。

根据别国的统计，收入愈多的人，其储蓄的百分数也愈高。收入最少的一部分家庭，不但没有积蓄，而且还要欠债。以美国而论，乡村家庭每年收入在 1 000 美元以下的，都市家庭每年收入在 1 500 美元以下的，普通都要借债度日。中国大多数人民的收入，都是很低的，所以他们每日所焦急的问题，是如何可以避免借债，而不是如何可以增加储蓄。对一个在饥寒线上过日子的家庭提倡储蓄，是毫无用处的。

今再从另一方面，略举统计，证明中国人民增加储蓄之困难。英国在 1917—1918 年，国民的收入为 41.25 亿英镑，用在战费上的为 17.63 亿英镑，占国民收入 43%。人民以其收入 43% 献给政府，在平时是不可能的。战时因环境的需要，人民不得不节衣缩食，尽量降低生活程度，俾有大量盈余资金，可做执行战争之用。但英国人当年的收入，除去 17.63 亿英镑后，仍余 23.62 亿英镑，以英国 4 000 万人分之，每人仍可得 59 英镑，合战前国币 940 余元。这是英国人认为维持最低限度的生活所必需的。又如德国，在 1937 年，因为推行四年计划，各种赋税均有增加，当年人民收入之 685 亿马克中，有 196 亿马克为政府以赋税的方法所收去，等于全民收入的 28.6%。今假定在必要时，德国人民亦如英人一样，亦可贡献其 43% 的收入于政府，则人民手中余款尚有 390.45 亿马克，以德国人口 6 700 万分之，每人可得 583 马克，约合战前国币 466 元，此数在德人眼光中，一定会认为太少，不能维持最低的生活了。

以上所举英德两国的统计，表示在那些国家中，维持一种最低生活所必需的款项，一个国家的生产，第一个最迫切的用途，就是维持人民最低限度的生活。假如在这一项开销已经付出之后，仍有剩余，始能谈到储蓄，假如英国人民的收入，每年只有 23.62 亿英镑，而非 41.25 亿英镑，英国人是无法积蓄的。同样地，假如德国人民的收入，每年只有 390.45 亿马克，而非 685 亿马克，德国人是无法积蓄的。我们可以这样地说，每一个国家，都有一个储蓄水准，凡人民每年的收入超过这个水准的，便可以储蓄，不达这个水准的，便不能储蓄。

假如我国采用英国在上次大战时的生活程度，每人每年消耗 940 元，则以 4.5 亿人计，如要维持此种生活，国民收入须有 4 230 亿元。如采取较低的德国生活水准，每年每人消耗 466 元，则国民之收入，亦须有 2 097 亿元。任何乐观者对于中国人民收入的估计，都达不到这个数目字。

我在上面已经提到，中国因统计缺乏，所以估计人民的收入是很困难的。现在我们姑从各种估计之中，选出两种来审查一下。一种是克拉克的，他根据卜凯及汤纳等

的研究，以为在战前中国农民每年的收入约为 34 亿英镑，非农民每年的收入约为
9.15 亿英镑，合计 43.15 亿英镑，约合战前国币 690.40 亿元。另外一种是程孝刚先
生的，他从消费方面推测，认为战前中国人民的收入约为 537.50 亿元。今姑取此两数
的平均，假定战前中国人民的收入为 613.95 亿元，以 4.5 亿人分之，每人所得，不过
136 元而已。从这样低的平均收入中，当然不能希望产生大量的储蓄。

由于上面的考虑，我们认为中国人民的收入，实在太低，在生产方法没有改进以
前，储蓄的数量无法有显著的增加，因此我们不能希望从人民的节衣缩食上面，产生
大量的资金建设。

四

但是我们不可因此流于悲观，以为我们无论如何都不能以 5 亿元以上的资金用于
经济建设。

在下面的条件之下，中国建设的资金，还是可以增加的。这些条件，都是人为的，
能否做到，全看我们努力的程度。

第一，假如我们能够改良税制，特别是田赋及所得税等，那么每年中央及地方的
收入，应可加到 20 亿元，假定政府分配预算时，能更注意于经济建设，以收入 20％
用在这个上面，则每年便可有经济建设经费 4 亿元。

第二，假如我们能改进国内的生产，使国民每年在衣食住各方面的消耗，都可自
给而无须外求，及假定我国对于入口货品之种类，能略加管制，使入口货物中 70％皆
与经济建设有关，则每年我国在国外市场上 10 亿元的购买力，可以有 7 亿元用于经济
建设。

第三，假如政府能设法使国人的储蓄，能尽存入国内的银行，使储蓄数量，由战
前平均之每年 5 亿元，增至 10 亿元，又假定政府对于人民投资的途径，略加管制，使
每年的剩余资金，有 70％投资于经济建设事业，则从国民总储蓄中，每年可有 7 亿元
用于经济建设。

以上三项合计，每年用于经济建设的款项可达 18 亿元，较过去每年之 5 亿元，超
过两倍以上。此数如以重庆 1942 年 12 月之币值计算，为 1 080 亿元。

最后，让我说一句，即使我们每年能达 18 亿元的经济建设专款，还是不能做大规

模的建设，我们只要看一下别的国家每年在经济建设上所花的钱，就可了解这一点。所以，我们如想使中国于短期内工业化，于短期内迎头赶上列强，则切实地奉行总理遗教，大量利用外资以开展中国，是十分必要的。

（4 月 11 日《大公报》专论）

（载《今日文选》第 2 期，1943 年）

战后的救济问题（书评）

League of Nations，*Relief Deliveries and Relief Loans*，*1919—1923*．Princeton University Press，1943，62 pages．

战后的问题，有各种研究的方法。国际联盟的研究组织，现在正进行着几种工作，是很值得注意的。他们认为第一次欧战以后发生的问题，在第二次大战以后，一定会同样地发生，所以第一次欧战以后解决这些问题的经验，是应当参考的。根据这种认识，他们正从史料中搜集种种关于国际经济关系的材料，写成（或正在写）几本有系统的小册子。这本讲1919年至1923年救济工作的书，便是其中的一种。

第一次欧战以后的救济工作，第一种缺点便是缺乏一种国际的组织，事先负责筹备救济的工作。因为事先缺乏准备，所以那些需要救济的国家，特别是中欧、东欧各国，其国内的实际情形，联军方面，并不十分明了。所以哪一些地方需要救济，需要何种救济，以及救济物品如何输送，事先均无通盘的打算。美国当时是最能救济别人的国家，但美国的国会迟至1919年2月才通过救济专款案。因此，救济的工作，在停战以后，便应开始进行的，实际是除在比利时及法国的北部以外，大规模的救济到1919年2月以后，才开始进行。

第二，救济的物品，第一次欧战后，是集中于食品，而且计算食品时，只注意到热力（calories）的够不够，而没有顾虑到维他命等问题。这并不足为奇，因为那时对于维他命的研究，还没有像现在的发达。除了食品以外，如肥皂、药品、衣着各方面的需要，负责救济工作的人，并没有去细心地研究，也是一种缺点。本来战后的灾民，他的需要是多方面的，只是给他东西吃，绝不能解决他的问题。他的最重要的问题，是凭借着外面给他的一点扶助，使他可以重行恢复生产的工作。所以救济战区中的农民，给他耕牛，给他农具，与给他饭吃，有同等的重要。第一次欧战完结之后，一般人把救济的工作，看得太狭了。现在比较可以乐观的一点，就是美国人对于救济已有一种新的看法。这种新的看法，从现在美国担任救济工作的组织的名称上，便可知道。在第一次欧战时，胡佛所领导的组织，名为美国救济事业局（American Relief Administration），现在类似胡佛当年所做的工作，是由雷曼（Herbert H. Lehman）担任，他的机关，名为国外救济复兴事业局（Office of Foreign Relief and Rehabilitation Operations），把"复兴"二字与"救济"放在一起，表示美国人的一种更积极的看法。可惜他们还没有把"复兴"二字的范围解释清楚，所以我们还无法知道，美国将来帮助别国进行救济及复兴的工作时，做到哪个地步为止。

国际联盟的研究，最有价值的一点，是对于救济费的分析。第一次欧战以后，救济工作一共花了 17 亿美元。其中只有一小部分，是救济者对于受难者的施与，一大部分，是要受难者花钱的。因为要进行救济工作，而向外国借款的共有 15 个国家，借款总数将近 10 亿元。这 10 亿元中，有 80％都是由美国贷出的。到 1931 年为止，美国对于这些救济借款，只有 10％是收回了，90％成为死账。有些借了款项做救济事业的国家，如奥国，到了要做建设工作的时候，发现政府的收入，大部分都已做了救济借款的担保品，再也没有力量利用外资来做建设的工作。所以欧战以后的经验是救济借款，对于债权国与债务国，都没有好处。债权国是有债收不回来，债务国是被债束缚着了，无法办理建设的事业。早知如此，不如在开始时，便把那 10 亿元，白白地送给别人，既可免事后的纠葛，又可得到被难国的好感。最重要的，是被难国因为不必借款来做救济的事业，所以比较有能力磋商建设的借款。对于各国经济的复兴，施与式的救济无疑是一种很大的帮助。

美国办理救济事业的人，无疑地已从第一次欧战以后的经验得到教训。现在酝酿着的国际救济及复兴会议，就是要想法产生一种国际组织，负责战后的救济工作。像中国这种作战已有六年的国家，将来需要别国的帮助，一定大于我们帮助别人的能力。所以一方面，我们固然要尽其绵薄，对于救济别人的工作，努力参加，但最重要的，还是研究我们收复失地后，需要别国哪一类的帮助，而且这些帮助假如得到了，我们应当如何由政府的组织转将这些好处送到老百姓的手中。这是我们应当设计的。

现在美国负责担任救济工作的雷曼，在 6 月 17 日的晚上，曾对美国外交政策学社做一重要的演讲，报告美国对于救济的政策。我们从字里行间，都可以看出美国将注重施与式的救济，不再像上次欧战以后，斤斤计较于放债及收债。他明白地指出，救济工作虽然需要巨款，但与战费比较，真是微乎其微。美国现在的战费，是每三天要花 10 亿元，假如欧洲及亚洲的人，知道美国于战后将进行大规模的救济及复兴的工作，假如因为渴望这种救济，而使战争缩短一两个礼拜，那么救济的经费，便已有着落了。

雷曼所以要提倡施与的救济，其最大的目的，是要使受战争摧残的国家，于喘过气来之后，便有能力借款来做建设的工作。建设是使经济趋于正轨，使社会恢复秩序的大道。假如这些国家，因为没有救济的负担，能把国内的财力及其信用，放在建设事业的上面，和平的前途，是很光明的。

语云：前事不忘，后事之师。我们很欢迎国际联盟的研究前事，我们更欢迎美国的当局，能以前事为师。

7 月 2 日于纽约

（载《新经济》第 9 卷第 5 期，1943 年）

一年来之经济建设

一、国营事业的发展

在抗战以前，我们在交通、运输、金融等部门，国营事业，虽然已有规模，但是在工矿业方面，可以说是成就很少。抗战期间，为满足各方面的需要，国营工矿事业，已有长足的进步，本年内的成绩，尤为显著。先说电力工业。我们知道一切工矿事业，都需要努力，以资推动，所以在后方各省，除加强已有电力厂的设备外，又新建了国营电厂20处，不但如川湘滇黔甘等省有所建置，即在青海、西康，亦着手创办。本年度这些国营电厂的实发电力，预计当在2 000万度以上。二为机械工业，新式的生产事业，需要新式的生产工具，所以凡是努力工业化的国家，对于机械工业，无不认真建设。现在国营的机器厂，分布在云南、四川、甘肃。此外在广东与江西，也有与省政府合办的机器厂。以数量言，现在民营的机器厂，多于国营的机器厂，但论规模之宏大，出品之精良，当以滇省的国营机器厂首屈一指。三为矿冶工业，其中最重要的，自然是钢铁。后方原来并无钢铁厂，现在政府所设立的钢铁厂，几达十单位。其中最大的一个钢铁厂，有一炼铁炉，每天可出铁100吨，已于民国三十年11月开炉出铁。炼钢方面，这个钢铁厂，除设有小规模的电炉及柏塞麦炉以外，还有10吨马丁炉两座，已于本年7月，全部完成。这些钢铁的生产，不但可以满足兵工一方面的需要，而且还可以供给钢轨，促进交通的建设。除了钢铁之外，出口矿产品，如钨、锑、锡、汞，在抗战期内，颇有进步，尤其在提高品质一方面的工作，其成效尤为显著。过去以这些矿产品，与友邦易取军器弹药，颇有助于抗战。四为燃料工业，主要者为油与煤。石油的发现与开发，为抗战期内一最重要的事实。两年以来，凿井已有十余口，证明原油的丰富，不成问题，只要有适当的炼油设备，即可大量生产。现在汽油、柴油，进口艰难，我们自己生产的努力，在此时期，尤有意义。煤矿由政府经营的，在后方共达十余单位，其生产方面可供铁路运输之用，另一方面，可应国营工厂之需。五为化学工业，近年来所最注意的，一在酒精的增产，现在已有国营酒精厂 10 所，分布于川陕甘黔滇各省，本年产量，可达 300 万加仑，其中 50 万加仑，为无水酒精。如在汽油中掺以此种酒精五分之一，可为驾驶飞机之用。次为硝酸的制造，在外国机件没有运入之前，拟利用电石制造，俾能日出数吨，以应兵工之需。六为电工器材工业，现有工厂四所，每厂又各有分厂若干，其生产品大部分都供军事及交通之用。以上各种国营工矿业的单位，合计已在 80 家以上。其中若干部门的生产数量，已经超过民营。

二、民营事业的奖励

政府一方面虽然努力推进国营事业，但对于民营事业，亦多方奖助。民国二十七年 12 月，曾公布非常时期工矿业奖助条例，去年 12 月并加以修正。根据这个条例，国人在后方所办有关国防民生的重要工矿业，如电气、机械、化学、采矿、冶炼、纺织、农产品加工或制造等都可以呈请奖助。奖助的方法，得采用下列各款之一种或数种：（1）保息自五厘至一分，保息期限，自五年至七年；（2）补助；（3）贷款；（4）减低或免除出品出口关税及转口关税；（5）减低或免除原料转口关税；（6）减低国营交通事业运输费；（7）租用公有土地，免除地租，以五年为限；（8）协助购用动力或其他一切原料物料；（9）协助训练或招雇技术员工；（10）协助向交通机关，谋材料成品机件及工人生活必需品运输之便利。除制定奖助法规外，政府在抗战期内，还特别建立了机构，来担任协助民营事业的工作。这些工作，最重要的一点，便是贷款。在抗战初期，前方有许多工厂，要移到后方来，但缺乏资金可以利用，政府于是有迁移借款的办法。厂矿迁到后方以后，购地建屋，亦需款项，于是又有建筑设备借款。厂屋已成，机器开动，此时厂矿复有周转资金的需要，于是又有营运资金借款。又为预防空袭损失，谋各重要机件的保护，办理疏建及保护工程借款。后方厂矿，得到这些资金的协助，有许多难关，遂得平安渡过。第二种协助民营工矿业的方法，便是供给工矿器材。现在后方运输困难，外汇之请求，尤其不易，所以民营工矿业，如想补充各种生产器材，每难达到目的。政府有鉴于此，因以大量资金，一方面在国内收集后方各省散失的材料，一方面利用英美信用贷款，订购各种机器材料，以低廉的价格，转售给需要此种材料的厂矿。同时政府即利用贷款售料等方法，对于民营工矿的生产，加以指导及管制。所以现在的工矿事业，虽然有国营与民营之分，但都受政府的指挥监督，同在政府整个计划下进行，以满足抗战及民生的各种需要。

三、省营事业的监督

除了国营与民营的事业之外，还有一种生产事业，是省政府办理的。过去曾有一个时期，若干省的生产事业，有畸形的发展，因而发生经济割据的流弊。政府为矫正这种流弊起见，因于去年 7 月，颁布省营工矿业监理规则。其要点有四：第一，省政府经营工业矿业，应在中央整个计划及法令范围之内，注重开发本省特殊物产，以求民生必需品及外销品之增加，以及工矿业之进步。第二，重要国防工业矿业，由主管部或其直辖之机关主办。但得许省政府加入资本，或与省政府合办。第三，省营工业矿业，无论独资经营、合资经营，或募股经营，不得兼管行政事务，其经营方法，应完全事业化。第四，省营工业矿业，应由省政府先拟定组织章程、事业计划，咨请经济部会商财政部及其他有关机关核定。自从这个监理规则实行之后，中央对于省政府所办工矿事业的管制，便比以前加强。截至本年 4 月份，各省政府及各战区经济委员会，检送所办各工厂章程计划，请经济部核定的，共 108 厂，计山西省 10 厂、甘肃省 3 厂、贵州省 12 厂、湖南省 16 厂、西康省 2 厂、江西省 22 厂、浙江省 5 厂、广东省 11 厂、陕西省 1 厂、河南省 2 厂、福建省 6 厂、八战区经委会 1 厂、二战区经委会 2 厂、三战区经委会 11 厂、五战区经委会 2 厂、一战区经委会 2 厂。以上各厂，其由各战区经济委员会办理的因各该会已奉令改组，当已分别移交有关机关，接收办理。

四、工业合作与手工业

抗战以来，沿海沿江各地的大工厂，多受敌人摧残，加以交通不便、运输困难，许多地方的人民，过去日用必需品，是靠大都市供给的。在这种情形之下，便不得不另筹来路，于是工业合作运动，便应运而生，而久已萎缩的乡村手工业，又重趋于繁荣。工业合作运动，起源于民国二十七年的冬季，到了去年 12 月底，已经登记合格的工业合作社，共有 1 737 个，会员有 23 088 人。工业合作社的组织，在中央有工业合作协会，并在西北、川康、西南、东南、滇黔、晋豫及浙皖 7 区中设立分会。这些分会，直辖 86 个办事处。各地的技工，如欲组织工业合作社，只要集合 7 人，拟订计划，便可向办事处请求协助。这种协助，包括技术的与金融的。现在已经成立的工业合作社，名类颇多，包括采矿、纺织、化学、陶器、食品、印刷，等等。其中以纺织合作社的数目最多，占总数 34%。合作社的出产品，平均每月总值约为 3 000 万元。最近工业合作社，拟扩充组织，思在最短期内，增加会员一倍，增加生产三倍。英美等友邦，对于此种生产组织，颇感兴趣，年来在经济及技术两方面，颇多协助。政府除一方面鼓励工业合作运动的进行外，在民国二十八年 2 月，还通过《小工业贷款暂行办法》。凡经营纺织工业、制革工业、造纸工业、金属冶制工业、化学工业、陶瓷工业、农林产品制造工业，而资本总额在 5 万元以下 1 万元以上的，均可呈请贷款，其利率为周息 3 厘至 5 厘。贷款可以分年摊还，但至多不得超过 5 年。去年小工业贷款总额为 46 万元，今年预算可达 70 万元。

五、物资及物价的管制

物资管制，为战时重要经济措施之一。依照民国二十六年 12 月公布的《非常时期农矿工商管理条例》，政府可以施行管制的物资，有 40 余种。现在中央管制物资的机关很多，如管制粮食有粮食部，管制汽油柴油有运输统制局，管制药品有卫生署，管制茶糖火柴有财政部。其由经济部所管制之物资，可以分为三类：一为出口矿产品，限于钨、锑、锡、汞、铋、钼六种，而以前四种尤为重要。二为工业材料，包括钢铁、水泥、烧碱及铜。三为民生日用必需品，包括棉花、纱布、燃料、食油、纸张等。经济部管制此种物资之目标凡三。一为增加生产，举例而言，烧碱的生产，在民国二十九年为 209 吨，民国三十年为 628 吨，增加凡达两倍。四川煤矿，在抗战以前，全省每年约产 150 万吨，本年度则全省煤产，至少当为 330 万吨，即五年之间，增加一倍以上。又如抗战以前，后方纱厂开工的，约共 17 000 锭，本年度则开工的已有 17 万锭，五年之内，共增 9 倍。后方机制纸张，在抗战以前，仅年产 200 余吨，至上年度已共产 4 200 吨，增加 20 倍。以上数例，证明认真管理，终能得有结果。管制的第二目标，为实行优先分配，即国防上之需要，当尽先供给，如有剩余，始分配于其他事业。在其他事业中，又当视其性质之重要与否，以为分配多寡的根据。举例而言，铜的分配，军用逾 90%，工业用尚不及 10%。水泥之分配，以去年之实际情形而言，军用占 41％，交通用占 26％，工业用占 21％，民用及其他，只占 12％。灰口铁之分配，兵工厂有优先收购权，次及使用铁料之工厂，普通人民不准购囤。如此办理，后方有限的物资才可得到最经济、最有效的利用。管制物资的第三目标，即为稳定价格。凡由经济部管理的物资，其价格均由政府规定，商人或生产者不得任意变更，所以在物价高涨的急潮之中，此种被管制的物资，其价格比较少波动，因而上涨的程度，也略低于别种货品。举例来说，如以民国二十九年 7 月为基期，来研究民国三十年 12 月重庆的物价指数，则 20 支绿赛马棉纱为 266，美亭阴丹布为 311，大河兰炭为 334，连嘈煤为 295。以上各种在经济部管理下的物资，在一年半之内，其上涨不过 3 倍左右。以较猪肉的 514，面粉的 540，中等山熟米的 774，相差甚巨。

六、经济作战的新动向

抗战发生以后，我们对敌经济作战的方法，大致可以分为四种：第一是禁运资敌，第二是摧毁敌伪经济设施，第三是查禁敌货，第四是打破封锁。自从太平洋战争爆发之后，国际形势顿然改观。敌人收我物资以套取外汇的顾虑，现已完全消失。同时敌人切断我西南国际路线，使我方对于争取物资的努力，必须更加积极。为应付此种新的局面起见，政府已经采取若干步骤。一为取消查禁敌货条例及禁运资敌物品条例，而另于本年 5 月，颁布战时管理进口出口物品条例。以后关于进口部分，除奢侈品及非必需品禁止进口外，其他物品，如系国防及民生所必需的，则不问来自何国，或国内何地，一律准予进口。关于出口部分，除由政府机关报运，或特许结汇出口之物品外，其他物品，如经财政部贸易委员会查核种类数量，于对外贸易政策确无妨碍的，或经各省市政府证明，确为当地土产，生产过剩的可向财政部申请，特许出口。除此项条例之外，政府又于本年 6 月，通过《战时争取物资办法大纲》，其要点，在对于公司行号或人民，向沦陷区或国外抢购物资，除给予合法利润之外，并给予特别奖金，其他关于运输汇兑保险种种，均予以便利。此种设施，在打破敌人全面封锁的企图，加强抗战物资的供给。现在西北国际路线，依然畅通，西南国际路线，虽陆路上略受阻碍，而航空运输的力量，则在每日增加之中，所以友邦对于我国物资的供给，以后一定可以源源而来，绝非敌人的力量所能阻止的。

（载《抗战五年专刊》，1943 年）

经济建设与社会福利事业

社会福利事业，是一种花钱很多的工作。英国于 1937 年，在教育、公共医院、贫穷救济、住宅改良、鳏寡恤金、健康保险及失业保险七种社会福利事业上面，共花了 454 684 000 英镑，如以战前 17 元国币折合一英镑计算，共计国币 77 亿元有奇。我国在战前中央及地方的预算，合计不过 16 亿元，所以英国政府花于社会福利事业上面的钱，相当于我国战前整个政府预算的 5 倍。

我们过去用在社会福利事业上面的钱，是很少的。假如我们把上面所举的七种事业，都好好地办起来，花钱是很可观的。孙哲生院长在一次演讲里曾提到教育与卫生两项事业应有的支出。以教育而论，假定全国 9 000 万家，每家有一个小学生，小学升中学的，假定是十分之一，中学升大学的，也按十分之一计算，则教育这些学生，单维持教职员 320 万人的生活，便要花 41.4 亿元。以卫生而论，以每 1 000 人有一医生，每一医生有一个助手来计算，全国便要预备 90 万个医生、助手，平均每人月给生活费 150 元，全年便 16.2 亿元。* 所以只拿教育及卫生两项社会福利事业来说，最低限度，每年便要花 57 亿元，别的社会福利事业，还没有计算在内。孙院长的计算，还是照几年前的物价水准估计的，照现在的物价，来办孙院长所愿意要办的事业，57 亿元是一定不够的。

我们过去没有花那样多的钱在教育与卫生上面，不是我们不知道教育与卫生的重要，而是我们无力花那样多的钱。在最近的将来，我们也不能在教育与卫生上面花那样多的钱，不是我们故意吝啬，而是因为我们缺乏力量。缺乏力量的根本原因，乃是

---

* 原文数据如此，疑有误。因涉及数据难以核实，故保留原貌。——编者注

因为我国的经济事业还没有发展，社会上产生的剩余财富为数有限。无论哪一个国家，其一年内的生产，第一个用途，是用在维持人民的生活上面。在花费衣食住等必需的用费之后，如有盈余，才可以用在别的事业上面。中国大多数的人民，都在农业中谋生，因为农场太小，人口众多，所以每一个农家的生产，全都用以维持一家人的最低生活，常嫌不足。根据中央农业实验所的报告，全国的农民，平均有 56％是欠债的。他们的债主，便是乡下的地主、绅士及商人。这些地主、绅士及商人，每年的收入，虽然除去生活必需品的消费外，还有盈余，但这一部分盈余，常为乡间的佃农、半自耕农以及其他不能靠自己的收入以维持生活的人所借去，用以维持其最低限度的生活，所以中国的广大乡村，土地虽多，人口虽众，但产生剩余财富的力量却微乎其微。此外都市中的工商业，因为还在幼稚的阶段，所以产生剩余财富的能力，也并不宏大，只看战前在政府登记的公司，每年资本总额从未超过 1 亿元，便可见其一斑。

我在上面曾提过，一个国家的生产，第一个用途，是用在维持人民的生活上面。假如人民的生活无法维持，每日在饥寒线上挣扎，别的事业，都无从谈起。但是在维持了最低的生活程度之后，如有剩余，应当花在哪些事业上面却是大可斟酌的。我们瞻望将来，经济建设当然是建国的基本工作。经济建设，是很花钱的，我们只要看一下苏联的几个五年计划、德国的四年计划及英美近年来在国防建设上所花的钱，便可知道我们如想经济建设成功，非下很大的本钱不可。假如我们想在最短的时期内，经济建设便有相当的规模，那么每年所花的钱，更要加多。苏联于 1941 年，在经济建设上所花的钱，共达 480 亿卢布，其中用在工业上的，便达 300 亿卢布。美国在 1943 年财政年度内，预备在国防、经济及各种事业上，要花 1 000 亿美元。我们在抗战胜利之后，预备每一年在经济建设上花多少钱呢？这些钱从什么地方来呢？这是值得大家研究的问题。

有一件事是很显明的，就是我们的剩余财富有限，假如希望在经济建设上多花一点，那么在别的事业上，就得省俭一点，熊掌与鱼，是不可得兼的。我们的经济建设，假如不能与英国并驾齐驱，但在社会福利事业上面，却企图与英国比美，那是做不到的事。假如这一个结论是可靠的，那么在抗战胜利之后，我国的社会福利事业，恐怕不能有很大的进展，因为它只能配合着经济建设的速度前进。经济建设如向前进展一步，社会上的剩余财富便可增加一分，社会福利事业，也可多办一点。假如经济事业还没有发展，而社会福利事业，却要大规模创办，结果则社会福利事业，因无充足的经费来支持它，一定会半途夭折的。

民国三十二年 1 月 20 日

［载《社会建设（重庆）》第 1 卷第 1 期，1944 年］

美国资金的出路问题

一

穷的国家愁资金没有来源，富的国家愁资金没有出路。我们以为资金缺乏的问题难于解决，而美国人却在那儿为资金没有出路着急。

假如资金没有出路，不过是资本家少拿几块钱的利息，那么美国的政治家、经济学者、实业家、舆论界，也不致为它日夜操心。根据他们的看法，这不是少数资本家的问题，而是与全国人民的生活程度有密切关系的一个大问题。

如想了解这个问题的性质，我们先得研究国民收入的来源与去路，然后进而探询，假如资金没有出路，国民的收入会受到什么影响。一个国家的国民收入，是集合一切生产者所得的薪资、利息、红利、租金而成的。这个总的国民收入，在美国与其他的国家一样，有三条出路。一是人民的消费，在国民收入的总数中占一大部分。二是人民贡献给国家的赋税，在平时赋税占人民的收入的百分数较低，在战时则颇高。三是储蓄，就是人民于消费及纳税之后所存余下来的钱。第一、第二两条出路，最后依然会变成薪资、利息、红利或租金，流回到人民的口袋中，成为第二个时期的国民收入。第三条出路，相当复杂。假如一个社会里面，这一部分的人所积下的款项，另一部分的人把它全部借去，或者用于消费，或者用于投资，那么第二时期的国民收入并不低于第一个时期。换句话说，前后两个时期的国民收入是相等的，因而不会有人失业，也不会有人降低其生活程度。但是，假如一部分人所积下的款项，没有人借去消费，也没有人借去投资，这些钱都停滞或冻结在储蓄银行里面，或者别的金融机关里面，那么第二个时期的人民一定有一部分失业，因而国民的收入，必定较低于第一期。资金没有出路，便会造成这种恶果。

这个道理，我们可以用另一个方法来说明。我们可以择一任何时期，分析一个社会里面的就业者，便可以发现形形色色的活动，一部分人在那儿种田、运米、织布、开饭馆。这些人之所以能够维持其职业，所以能够维持其收入，就是因为人类有消费的需要。另外有一部分的人，在那儿办公民教育、维持治安、改良市政、上衙门办公。这些人之所以有职业，是因为有一个政府，在那儿征收赋税，而以赋税之所得，来雇用他们办理这些事业。另外又有一部分的人，在那儿造铁路、建工厂、制机器。这些人之所以能够有工作做，有薪资或红利等收入可拿，是因为有人在那儿投资。假如投资的活动一旦停止了，那么造铁路、建工厂、制机器的人都要失业，都无进款。他们既没有进款，就不得不降低其生活水准，减少其消费，于是种田的人受影响了，开饭馆的人也受影响了，甚至于因为生意不好而关门，而连带的也要失业。推源究始，都因为投资的人停止了投资，今年积下来的资金第二年没有好好地把它在再生产上加以利用。

二

用这个理论来观察美国的事实，是真有可以令人着急的地方。美国自从 1870 年以后，在繁荣的时期，人民的储蓄常达国民收入的 12%。假如把公司的储蓄，以及折旧基金等计入，那么储蓄的总数常达国民收入的 20% 以上。国民收入的总数愈大，储蓄的能力也愈高，因而储蓄所得的资金也愈雄厚。在 1940 年以前，人民的储蓄每年总达不到 100 亿，近年生产力大增，人民的收入增加，因而 1943 年的储蓄便达 330 亿，加上公司的储蓄，便有 500 亿左右。在战时，这些储蓄可以为政府吸收，用在作战的上面。战事一旦停止，谁来利用这笔巨大的资金呢？根据 1921 年至 1938 年的经验，美国每年的投资平均只有 170 亿，还有 300 余亿元的出路在哪里？

假定美国在战后的人民收入是 1 500 亿，其中有 400 亿是储蓄起来了。如美国人没有方法去利用这 400 亿元的储蓄于各种投资，那么第二年的人民收入便会降至 1 100 亿。这在美国人的脑海中，是一件可怕的事。因为这 400 亿元如不设法辟一出路，就有若干人要失业，要失去收入，要降低其生活水准，美国的人民是不愿意看到这一天的。

三

解决的方法在什么地方呢？

有好些人举出统计，证明储蓄是富人的一种活动。美国在 1935 年至 1936 年间，有 59％的家庭其收入在 1 250 美元以下，不但没有储蓄，反而还要欠账。收入超过 1 250 美元的家庭，其储蓄的多寡，与收入成正比例。收入在 1 250 美元至 1 500 美元之间的，储蓄只等于收入的 1.9％。收入在 2 万美元以上的，储蓄占收入的 50.8％。美国有 92 万个家庭收入在 5 000 美元以上的，其储蓄的总数等于全国人民储蓄的 79％。根据这一类的统计，便有人提倡增加下等社会人民的收入。他们的收入增加，上等社会人民的收入自然减少，结果是消费增加，储蓄减少，资金出路的问题便可根本消灭。但是实行这种主张却很困难。增加下等社会人民收入的方法，不外增加工资。不问工人要求增加工资是否可以成功，即使成功了，资本家还可用加价的方法，把增加工资的负担转嫁到消费者的身上去。结果是工人不见得受到实惠，而富人的收入依然丰厚如故。

第一条路既然不见得走得通，于是便有人提倡利用政府征税的工具，把社会上的资金集中到国库里，以之举办许多公益的事业。罗斯福总统初上台时，所谓新政便含有这种意义。这些人主张办的事业，包括的范围很多，如改良都市中的住宅，取消贫民窟，整理全国交通，疏畅河流，防备水患，电化农村，保存土壤，社会保险及社会福利各种设施。他们虽然也主张向国外投资，以提高全世界人民的生活，但是他们的着眼点，还是国内大众的福利。利用政府的力量来提高人民的生活水准，乃是这般新政拥护者所企图的。但是他们在国内所遇到的阻力是很大的。这种阻力之大，使我们敢判断，这一派人的主张，在战后数年内恐怕无成功之可能。阻力的来源，自然是美国的企业家以及美国传统的自由经济思想。企业家反对政府增税，反对政府直接参加生产的工作。传统的自由经济思想，反对计划经济，反对统制，反对政府来干预人民的工商活动。这一派的主张在美国现在最占上风。

这些自由主义的实业家，在战时也组织了好几个团体，研究战后如何可以维持国民收入的水准，如何使战时生产停止之后还有别的工作，可以使人民安居乐业。他们想发展新工业，利用新技术，开辟新资源，来利用民间日在增加的资金。过去有好些工业，在它们初起时，成为社会上资金的最大出路，如铁路、汽车等事业，都曾完成过这类的使命。美国的企业家，希望飞机、无线电、传真等新工业其吸收资金的能力等于过去的铁路及汽车。新技术的发现，可以使那些利用旧方法的工厂，因不能竞争而关闭。建筑新的工业，制造新的机器，便需要新的资金。此外如以铝镁代钢铁，以玻璃代木料，以人造品代自然品，都需要新的投资。这是在国内投资的新途径，与新政拥护者的思路大有不同。对于国外投资，这些企业家是很注意的，不过他们的出发点，并非提高后进国家人民的生活水准，而是增加他们自己投资的收入。美国的资金太多，活期存款无利息可得，别种存款的利息也很薄，国内兴办事业的利益，除少数例外，不过数厘至一分左右。但如投资到资金缺乏的国家里去，可以赚大钱，获厚利，所以美国有二三千家大的公司，对于国外投资是极感兴趣的。他们都认为战后在国外投资，是解决美国过剩资金的一条重要出路。

　　根据这点分析，我们可以看出，战后我国在经济建设上，大量地利用外资，真是利己而且利人的工作。我们有接收美国资本的需要，而美国也有在国外投资的要求。如何使这两个国家的提高人民生活水准问题，在互通资金的有无中解决，乃是我们这些主张国际经济合作者的责任。

［载《大公报（重庆）》2 月 4 日，1945 年］

（本文同名文摘载《中农月刊》第 6 卷第 5 期，1945 年）

美国工业的突飞猛进

一

美国的工业生产，在最近数年的进展，是古今中外所没有的。关于进展的状况，我们可以用指数来说明。但在研究这些指数之前，我们应当记着一件事，就是美国的工业生产，在许多部门中，一向是在世界上占第一位的，如煤、铁、油，便是显著的例子。好些工业落后的国家，如积极从事生产，那么它的指数，加上一倍至十倍，并非困难的事。譬如一个国家的钢铁生产，在基期中是 10 万吨，指数等于 100。假如五年之后，生产增至 100 万吨，指数便成为 1 000 了。另外一个国家，在基期中的钢铁生产，已有 5 000 万吨，假如五年之后，生产也加了 100 万吨，成为 5 100 万吨，可是指数只是 102。这两个国家增产的数量，是差不多的，但是指数相差却极大。我们看美国的生产指数，应当记着，在基期中，美国的工业生产，已经是相当庞大的了。

今以美国 1935 年至 1939 年之平均生产数量为基数，等于 100，算出 1939 年至 1943 年五年中之生产指数如下：

年份	工业产品总指数	耐久物资指数	不耐久物资指数
1939 年	109	109	109
1940 年	126	139	115
1941 年	168	201	142
1942 年	212	279	158
1943 年	258	360	176

这儿所谓耐久物资指数，是根据七类物资的生产编制而成的，包括钢铁、机器、

交通工具、木料、水泥等。不耐久物资指数，是根据 11 类物资的生产编制而成的，包括食品、衣料、烟草、纸张、汽油，等等。由上面的指数，我们可以看出美国的工业产品，在过去五年之内，加了 1.5，耐久物资的增加，尤为迅速。

指数的表示，也许太抽象了。我们现在可以从官方的报告中，举几个具体的例子，来说明美国工业生产的庞大。在 1943 年内，美国制造了 86 000 架飞机，在 1942 年只生产了 48 000 架。在 1943 年内，美国各地的船坞，造了船只共达 1 900 万吨，1942 年，只造了 800 万吨。钢铁的生产，去年是 8 900 万吨，比前年增加了 10%。

从 1941 年，到 1943 年，美国一共造了飞机 153 061 架，战舰 748 艘，自由牌货船 1 899 艘，军用货车 156 万余辆。

二

美国是用了什么方法，达到增产的目标呢？有哪一些元素，使得美国的工业生产，达到这样惊人的数量呢？

首先我要指出的，就是美国工业产品增加的主要原因，是由于生产工具的增加。近代化的生产，离不开机器。谁能拥有更多的机器，谁就能够做更多的生产。赤手空拳来高呼生产，其效果是有限的。所以美国在 1939 年以后，决定了扩军，同时就决定增加国内的生产工具。这种努力，政府与私人一同负责，但政府所负的责任，比较更多。在 1939 年以后，1943 年 12 月底以前，据美国准备银行的报告，美国政府及私人，一共花了大约 220 亿元，增加工业上的设备，其中 92 亿元用于建造厂屋，130 亿元用于增加机器及设备。*

这 220 亿元新添的设备，在整个的工业资本中，占一个什么地位呢？美国所有的工厂，其房产及设备，在 1939 年，共值若干呢？如以账面上的价值来说，只值 200 亿元。但这些旧的房产及设备，如重新建筑，须费 600 亿元。所以实际上新添的设备，其价值等于旧有的三分之一。

只拿工具机来说，美国在 1940 年正月，共有 93.4 万部。从这个数目内，应当减去那些陈旧的（超过 17 年半的机器）16.4 万部，余下还有 77 万部。从 1940 年正月，到 1942 年正月，两年之内，工具机加了 26%，计 20 万部，总数为 97 万部。1942 年

＊ 原文数据如此。——编者注

正月至 1943 年正月，一年之内，工具机又加了 28％，计 27 万部，总数为 124 万部。如将 1943 年内所添的工具机计入，那么美国现有的工具机，比 1940 年正月，应当加了一倍。这些新的工具机，其效率较高，与旧的比较，平均要高五分之一。这是美国工业生产增加的主要关键。我们从美国的战时经验，从苏联几个五年计划的经验，应当得到一个信念，那就是：机械工业是各种工业的基础。如要增加工业的产品，第一要增加的，就是制造这些产品的机器。

三

美国工业产品增加的第二个原因，就是人力的增加。机器要工人去运用，所以机器增加了，工人也要增加。

美国工业中的就业人数，在 1939 年，是 1 007.8 万人，1943 年，加至 1 692.4 万人，两相比较，后期增加了 684.6 万人。别种职业中的就业人数，有增加的，也有减少的。以整个的就业人数来说，1941 年正月，是 4 530 万人，1944 年正月，4 970 万人，一共加了 440 万人。但是在 1941 年正月，军人不过 100 万，而在 1944 年正月，军人已加至 1 000 万。所以 1944 年正月，美国的前方与后方，有业者一共加了 1 300 余万人。这 1 300 余万的生力军，是从什么地方招来的呢？简单地说，在 1941 年正月，失业的共有 770 万人，这个数目，到了 1944 年正月，已经减至 80 万人了。此外女子就业的，在 1940 年，只有 1 080 万人，而在 1943 年 10 月，已增至 1 640 万人。所以失业者的减少，以及女子就业者的增加，乃是美国战时新添人力的主要来源。

这 1 300 万的新添人力，有 600 余万便放在工业里面。从表面看来，美国战时工人的数量，只加了 60％，但是工人的生产力，却不止增加 60％，此可从上面的指数看出。解释这种现象，应当注意三种元素。第一，工人所运用的机器，其效率比以前较高，此点早已指出。第二，工业用电，在 1939 年为 849 亿度，1943 年，增至 1 569 亿度，不止增加了 60％，表示美国近来每一工人所驾驭的马力，平均比前五年也有增加。第三，美国工人在战时的工作时间，比以前延长。1929 年，美国工人平均每星期只做工 37.7 小时，1943 年，增至 44.9 小时。与战事有关的工业，工作时间尤长，在 1943 年，已增至平均每星期 46.8 小时。前后两期相比，工人的数目虽然不过增加了 60％左右，但工作时（工人总数乘每星期平均工作时间）却增加了一倍。

四

美国工业生产的增加，除了上面的两个主要原因之外，还有两个次要的原因，也可附为说明。

次要原因之一，便是美国的资源充足。美国的农产品与矿产品，都是很丰富的。美国虽然也谈不到自给自足，但在所有世界大国之中，美国的自足性是最高的。

在 1940 年正月，美国陆军、海军两部的军械委员会，开了一个单子，提出 14 种物资来，认为是美国所最缺乏的物资，须向海外补充的。这 14 种物资，包括锑、铬、椰子壳、锰、吕宋麻、水银、云母、镍、石英、金鸡纳霜、橡皮、丝、锡及钨。由于这种认识，美国政府于 1941 年便成立了三个公司：一为橡皮准备公司，一为金属品准备公司，一为国防供应公司。橡皮准备公司的职务，就在向马来西亚及巴西等处补充橡皮，在 1942 年 3 月，这个公司已经收买了 67 万吨橡皮，几乎等于 1941 年的消费量。金属品准备公司的职务，是向加拿大购镍，向马来西亚等处购锡，向苏联购锰、铬及白金，向中国购钨。国防供应公司的职务，是补充其他物资，不在其余二公司收购范围之内的。这三家公司收购物资的总值，约计 50 亿元。因为有这种准备，所以美国的工业生产，从来没有因为物资缺乏而停顿。自从日美战争发生之后，美国当然一时无法从东亚补充若干物资，如丝及橡皮。但是美国的工业，已经发明了若干人造的物资来代替它。橡皮轮胎的生产指数，在本年 4 月内，是 169，表示美国的人造橡皮，已能供应战前交通需要而有余。

次要的原因之二，是美国的资金充足。资金在战时经济中，只能占次要的地位，是近年来研究战时经济者所得到的一个结论。一个国家，如有人力及物力，没有钱也能打胜仗。假如缺少人力及物力，钱虽多，也无所用之。不过资金是动员人力及物力的一种工具，利用这种工具，使人力与物力相配合，产生战争所必需的物资，同时使这种物资的价格，稳定于某种水准，也是战时经济中一个值得研究的问题。

我们在此不拟细谈美国的战时财政问题。我们只愿意在此指出，美国的生产事业，无论是国营的或是民营的，在其生产过程中，从来没有感到资金缺乏的困难。以国营事业来说，资金来自国库，而国库的赋税收入，从 1939 年的 54.85 亿元，加至 1943 年的 357.64 亿元，不足的数目，以举债来填补，美国政府在战争期内，共发行了五次公债，收入在 840 亿元以上。国营事业所需的资金，占政府收入的极小一部分，所以供给并无困难。至于民营事业，其接受政府合同，制造军需的，资金可由政府供给；制造其他物资的，其资金可取给于银行。银行的存款，在本年 4 月已达 1 075 亿元的巨数。所以工厂如要向银行借款，毫无困难。实际若干大公司，在最近数年内，没有一年不赚钱的，所以不但流动资金可以自己供给，就是扩充事业所必需的资本，也可自己拿出。美国就因为生产的增加，所以现在真是一个黄金世界，人民有钱，公司有钱，政府有钱。资金缺乏的问题，不但耳边听不到，报纸杂志中也没有人讨论，因为美国根本就没有这样一个问题。

（载《新经济》第 11 卷第 5 期，1945 年）

美国战时人力动员的方法

一

　　战时人力的主要用途，共有两种：一是在前线作战，二是在后方生产。美国的人口，据 1940 年的清查，共计 13 100 余万人。在 1941 年的正月，有业的共计 4 630 余万人，其中有 100 万人在军队中服务。1944 年的 7 月，有业的加至 6 440 万人，其中有 1 040 万人在军队中服务。三年之内，美国为战事的需要，多动员了 1 770 万人，等于平时有业人口的三分之一以上。他们用什么方法达到这个目标，乃是我们现在所要讨论的。

二

　　美国主持人力动员的中央机关，在战争开始时是分歧的，生产的人力与作战的人力，并非由一个机关主持。1942 年 4 月 18 日，联邦政府成立了战时人力委员会主持人力动员的工作，并于同年 12 月 6 日将兵役机关移归管辖。所以现在全国的人力如何利用，前方与后方的人力如何分配，可由一个机关负责统筹，这是在机构上最可注意的一点。

　　我们现在先看美国兵役补充的方法。

　　美国备战的工作，是在法国沦陷后才开始的。1940 年 9 月 14 日，国会通过了兵役法，规定自 21 岁至 36 岁的男子都要登记，登记后抽调受训。10 月 16 日，全国举行第一次壮丁登记，登记的共 1 600 万人。1941 年 7 月 1 日，举行第二次登记，又添了 75 万人。珍珠港事变发生后，兵役法略有修改，新的规定，是 18 岁至 65 岁的人都要登记。新的法令通过之后，全国又举行了登记四次。自 1943 年起，青年男子，满了 18 岁的，就要登记。

六次登记的人数，共约 4 400 万人，包括全国 18 岁至 65 岁的男子。虽然登记的人有这条，但法律上规定服兵役的年龄，是自 20 岁至 45 岁，而总统又于 1942 年 12 月 5 日，命令 38 岁以上的人缓役，所以实际可服兵役的男子，约有 3 000 万人，其中 1 300 万人是单身的，1 700 万人是有家室的。在这 1 700 万有家室的男子之中，又有 400 万是没有子女的。

在这 3 000 万应服兵役的男子之中，谁应当先服兵役呢？要回答这个问题，先得明了全国兵役的机构。美国各地，共有 6 500 个地方兵役管理委员会，每一个委员会，由地方上的人士若干人组织而成，是无俸给的。委员会可用雇员帮忙，全国各委员会的雇员共有 25 000 人。地方兵役管理委员会，每县至少有一个，在壮丁登记之后，委员会就开始将各地的壮丁分类。分类的范畴，是政府规定的，共计 4 类 14 组。第一类的人，是可以立刻服兵役的；第二类的人，是因职务的需要而缓役的；第三类的人是因有家室之累而缓役的；第四类的人，是因身体或精神上的不健康而缓役的。所以一个男子，登记后是否就要应征入伍，先要看地方兵役管理委员会把他分入哪一类。如分入第二类至第四类，一时便没有服兵役的必要。分类之后，如本人感到他的不公平，可以在地方兵役诉愿委员会提出要求，请其重行分类。诉愿委员会，也是由地方的人士组织的，代表各界的利益。在第一次登记分类之后，只有 7 万人提出诉愿，可见大多数的人，对于地方兵役管理委员会的分类，还是满意的。

一个年富力强、没有家室之累而且职务并非找不到人替代的，大约都会分入第一类。分入第一类之后，入伍的先后，完全视抽签而定。没有被抽的人，若搬家到别的城市去住，应立即通知原来的地方兵役管理委员会，以便随时可以接到入伍的通知。

美国兵役的推行，大体上是成功的。虽然在报纸上有时也看到逃避兵役的事件，但数目并不很多。成功的关键，在于六次壮丁的登记。每一个及龄的男子，在美国，都是有名、有姓、有住址的。到了要征他的时候，只须发出一道通知，要他某月某日在某处报到便行。这是如何地简单而方便。不过这种办法之所以能够推行，应当归功于美国人民知识水准的高尚、守法精神的普遍，以及办理兵役者的大公无私。

有了这些条件，所以美国的人，虽然不到中国人口的三分之一，但服兵役的人，却多了一倍。

三

在前方作战的人，都是年富力强的。这些人加入军队之后，生产的队伍中，便添了一个很大的空隙。如何填补这个空隙，乃是人力动员的中心工作。

我在上面已曾提过几次兵役登记的结果，证明自 18 岁至 65 岁的男子，共有 4 400 万人。这一群人，只包括美国人力的一部分。从生产的立场上看去，可以动员的人力，还有女子及 16 岁至 18 岁的青年。根据 1940 年的清查，自 16 岁至 65 岁的男女，在美国共有 8 720 万人，除了一小部分残废及在监狱中的囚犯等分子以外，可以工作的人，共计 8 410 万人。这 8 000 余万人之中，有 2 600 万女子在 1940 年是在家中做主妇的，但于必要时，也可参加生产的工作。所以从量的方面看去，美国的人力是不成问题的。

在作战的几年之内，美国的人力，多动员了 1 770 万人。这 1 700 余万人的主要来源有二：一是在战前失业的。美国失业在人数最多的时候，是 1933 年正月，共计 1 450 万人。1940 年失业者的人数，平均是每月 760 万人。本年 7 月，失业者只有 100 万人。本年 4 月，是失业者最少的一个月，只有 77 万人。这在美国近代史上是少有的，可以表示美国战时充分就业的程度。第二个劳力的主要来源，便是女子。美国女子就业者，在 1940 年 10 月，只有 1 080 万人。本年 7 月，加至 1 859 万人。两期比较，女工添了 779 万人。此外 16 岁至 20 岁的青年，以及到了退休年龄还在继续工作的老者，对于就业者的增加，也有贡献。

美国的人力，在量的方面，虽然不成问题，但在质的方面，问题却是很多的。举一个例子来说，在生产的队伍里，忽然添了 700 多万女子，这些人在过去很少是有工厂经验的，现在要她们去管理机器，是否能够胜任呢？我们很明显地可以看出，这许多新的工作人员，在没有参加实际生产工作之前，要先受一番训练。这种训练工作的组织与推行，最值得我们的注意，因为将来中国要大规模地工业化，一定要遇到美国在作战的初期所遇到的问题。我们现在以及将来，都需要大批的技术工人。使一个没有技术的人，在最短的时期内，得到相当的技术，可以利用机器去做生产的工作，就是负责人力动员者的一个重要使命。

美国训练技术工人的中心，是全国的 2 500 个职业学校，以及中学中新添的职业训练班。战时的职业训练，有一特点，就是工作的简单化。训练一个技术工人，使其能够管理各种各色的机器，是要费相当时日的，但是训练一个工人，使其能利用某一种特殊的机器，只要花几个星期或者几个月就可成功的。战时的技术训练，目的在以很少的时间，养成大批的技工，所以训练的时候，不注重博而注重专。战时职业训练的第二特点，就是训练的内容，因地方需要的不同而差异。在作战的初期，为训练技工的方便，政府曾将全国分为若干区，某区中训练的工作，由某区中企业家及劳工的代表负责指导。在这一区中需要哪一种工人，职业学校就训练这种工人来满足其需要。训练的课程，大致可分两种：一为就业前的训练，是为失业已久或从来没有工作过的人而设的；一为就业者的训练，是为已在工作而希望升级的人而设的。自 1940 年 7 月，至 1944 年的 6 月底，前后四年之内，第一种训练班，已有 258 万人毕业；第二种训练班，已有 397 万人毕业。两者合计，受过技术训练的人数，共达 650 余万人。其中以学飞机制造及船舶制造的人为最多，每次均超过 100 万人。飞机制造业，在 1933 年，只用 12 000 人，在 1944 年 2 月，工人加至 70 万。船舶制造业，在 1933 年，只用 31 000 人，在 1944 年 2 月，工人加至 104 万。这种飞跃的增加所以能够实现，不得不归功于训练。

除了职业学校的训练以外，各地工厂自设训练班的，据报告，共有 5 750 家。这 5 000 余工厂，在 1942 年 10 月，共用工人 560 万人，其中有若干是这些工厂自己训练出来的，尚无统计可考。

四

工人训练的问题解决了，余下来的还有一个重要的问题，就是工人的分配。各种职业，对于战争的贡献，有大有小，有直接间接之不同，如何分配这些工人在不同的职业中，使其对于战争发生最大的贡献，不是一件容易解决的事。

战争爆发后的一年内，有几种法令，对于工人的分配发生很大的影响。第一种法令，是战时生产局颁布的。在 1942 年内，战时生产局发生若干命令，停止好些消费品的制造，或者减少其生产量。最著名的物品，现在还是停止制造的，便是汽车、冰箱、洗衣机器、民用无线电等。制造这些物品的工厂，都改制军火或军器，因而这些工厂中的工人，也都由平时的生产，改业从事战时的生产。他们的改业，是比较容易的，因为造汽车与造坦克的机器，根本是大同小异的。造汽车的人，改造坦克，在技术上不必要有特别新奇的训练。另外一种法令，规定不能缓役的职业。譬如在旅馆中当侍者，或在乡间开一家小杂货店，这些职业，对于战争无直接贡献，所以从事于这些职业的人，不能缓役。假如在旅馆中当侍者的人企图缓役，他可以改行，从当侍者改到造飞机。战时人力委员会，在1943年的2月，曾利用这个方法，使许多工人，遵照政府的意旨改业。我在上面已曾提到兵役登记的经过。登记表上的问题，是很多的，个人职业上的专长，也是问题之一。1942年7月以后，许多与战事有关的工厂缺少工人，各地的职业介绍所便把这些登记逐一研究，看看当地有无这种工人，可以满足这些工厂的需要。他们发现了有好些技术工人，并没有在这些军火或军器工厂中工作，便把这些工人请来谈话，劝他们改行。结果并不十分圆满，只有15%来谈话的人，接受职业介绍所的建议而改行。所以1943年2月，战时人力委员会便发了一道命令，规定凡从事若干与战争无直接关系之职业的人，虽结婚及已有子女，也不能缓役。这道命令，发生了预期的效果，许多人因有家累而想缓役的，都改行去参加与战事有关的生产。

美国的职业介绍所，是分配人力的一个主要机关。在战事发生以前，职业介绍所多属于联邦政府，战事发生后，改隶联邦政府，现由战时人力委员会指挥。美国各地，现有1 500个职业介绍所。这些机关，与6 500个地方兵役管理委员会，是战时人力委员会推行人力动员的重要机构。地方兵役管理委员会，挑选人民上前线；职业介绍所，设法使留在后方的人，能够尽他们最大的力量，在重要的岗位上，从事生产的工作。

一个地方的职业介绍所，不只是一个地方人力供求的媒介。它要负责去预测六个月内在它所管辖的区域内人力供求的动态。它要与各种生产事业发生密切的联系，了解它们生产的日程，以及在某一个生产阶段中，对于工人需要的性质。了解需要的情形之后，它要负责去动员民众，来满足这种需要。所以它与训练工人的机关也是有联络的，它的建议，可以使训练机关修改其课程，与现实的需要相配合。它还要办理宣传的工作，使一个地方的劳动分子，增加其数量。某一个飞机生产的中心，因缺少工人，职业介绍所曾派人到每一个家庭去访问，劝导每一个能够工作的女子，没有子女之累的，都去参加生产。在若干工人发生恐慌的区域，工厂招雇工人，以及工人的就业，法令规定都要经过职业介绍所的媒介。职业介绍所因为占据着这样一个枢纽的位置，所以能够采用优先介绍制，那就是，凡是与战事最有密切关系的工厂，对于雇用工人，有优先权。在这些工厂的需要没有满足之前，职业介绍所不介绍工人到别的工厂中去就业。

美国以 6 400 余万的人力，从事战争与生产，经年的努力，似乎现在兵役与生产的人力，都已得到满意的解决。美国民众现在最关心的问题，不是如何动员更多的人力，而是在战后如何能增加生产，维持这样多的人口在各种职业之中。战后的充分就业问题，现在已经代替了战时人力动员问题，成为舆论的中心了。

（载《新经济》第 11 卷第 8 期，1945 年）

中美战时生产之比较

美国的扩充军备，在1940年法国失败以后。在短短的五年以内，美国发挥其庞大的生产力量，成为全世界民主国家的军火库。美国生产的兵工器材及弹药，不但满足了它在前线上1 000多万士兵的需要，而且还有剩余供给同盟国家，以增加这些国家的战斗力。我国的情形，与此刚刚相反。我们的生产，不但是没有多余可以供给别人，就是我们自己军队的需要，我们也无法尽量供给。有好些重要的战斗工具，如飞机、高射炮、坦克车之类，我们几乎完全依赖友邦的供给。

这种事实的存在，是大家都知道的。

现在我们所要讨论的，就是为什么别人的生产力是那样地突飞猛进，而我们的生产力却是那样地滞钝不前？古人说过："以人为镜，可知得失。"我们分析别人成功的原因，也许就可发现我们落后的道理。

美国战时生产成功的第一个原因，是国内机械工业基础的雄厚。我们都知道，近代化的生产，就是机械化的生产。在工业革命已经完成的国家里，机械的生产早已代替了手工的生产。所以美国一旦决定了要增加兵工器材的生产，便先去添设制造兵工器材的机器。其后珍珠港事变爆发，专靠新武器已是缓不济急，于是美国战时生产局便大规模地改造国内的工业，使那些制造民生日用品的工厂，大部分都改成制造兵工器材的工厂。在改革的过程中，旧机器一部分固然可以继续利用，但有些地方，新机器的添设，还是必要的。美国制造工具机的工业，在这种要求之下，其生产的能力，从每年2亿元增至每年13亿元。新的工具机，在1942年添了20万部，1943年添了27万部。这些工具机，便变成制造兵工器材的主要工具。我们在后方的机器厂，虽然数目并不太少，但其生产能力，都很薄弱。1942年我们所制造的工具机，只有1 100

部，1943 年只有 1 700 部。我们在这一方面的生产能力，还远不到美国的千分之一，因而我们对于兵工器材的生产，如与美国比较，也就望尘莫及。

第二，新式的生产工具，需要新式的动力来推动它，所以电供给的能力，就可决定生产数量的多少。美国所用的电力，1943 年为 2 200 亿度，1944 年为 2 300 亿度。我国过去的电力厂，大多数设在沿海沿江各大都市，在抗战前的一年，我们所发的电力，也曾到过 24 亿度。这些发电的设备，现在已大部分沦陷了。1943 年我们所发的电力只有 2.2 亿度，1944 年只有 2.5 亿度，也不过美国的千分之一。我们并不是不想增加发电的能力，但因国内制造发电机的能力太小，所以大规模的发电机，还得从外国输入，这又是工业不发达的一个坏的影响。

第三，一切兵工器材的制造，需要的原料是极多的，有时一种锁钥原料的缺乏，可以影响到整个工业的进展。所以如想生产事业顺利进行，原料的充分供给，乃是必要的。美国的参议部对于这个问题，早已细心研究。根据它们的报告，美国极端缺乏的原料，如钨、锑、锡、丝、橡皮等，共有 14 种。相当缺乏的原料，如铝、白金、钒、羊毛、皮革等，共有 15 种。美国在加入战争之前一年，为预防这些原料的来源为敌人所切断，便成立了三个公司，大量地储备这些原料。这三个公司，都是国营的：一为橡皮储备公司；一为金属品储备公司，专门储备钨、锑等金属原料；一为国防物资供应公司，专门储备金属品以外的原料。所以战争爆发之后，美国已是有备无患。但是他们并不以此为满足，还进一步利用科学的知识来发明代替品。譬如丝的来源被切断了，美国便用人造丝来代替它。橡皮的来源被切断了，美国便大量地生产人造橡皮，最近每年生产的人造橡皮，其数量已超过了战前输入的自然橡皮。以上所述的原料，都是由农矿等企业供给的，我们可以称之为初级原料。美国对于初级原料的解决方法，便是大量地储备，计划地代替。此外，甲种工厂的出品，常为乙种工厂原料的来源，譬如钢铁厂的出品，就是枪炮厂的原料。这一类的原料，我们可以称之为二级原料。美国因为工业发达的缘故，二级原料的供给，是不愁缺乏的。美国战时生产局对于二级原料，只是设法加以适当的分配，使生产兵工器材的工厂，对于这一类的原料，得到优先的供给。我国虽然号称地大物博，但是到了实际生产的时候，总是感到这样东西没有，那样东西也不够。我们的工业基础薄弱，二级原料的缺乏，自然在意料之中。但是出人意料之外的，就是若干初级原料，本来可以自给的，现在也感到缺乏，棉花就是一个令人痛心的例子。

第四，新式的生产事业，要有新式的交通工具与它配合，因为生产的过程，就是运输的过程。从原料的生产地点到工厂，中间有一段运输，假如运输工具不足，原料就到不了工厂。从工厂到市场或前线，中间又有一段运输，假如运输工具不足，制成品就到不了市场或前线。美国的生产事业，是有新的交通工具与它配合的。它在地上有铁路网、公路网，水上有轮船网，空中有飞机网。运肉有冰车，运油有油管。战时的运输数量，我们无法得到完备的统计。但在战前，美国所运的货物，如不用新式的交通工具去运，而用人力去运，那么便需要 20 亿人全年的工作，才可以运得完。战时的需要，当然比战前要增加很多。所以全世界的人口，假如不做别的工作，只去帮美国人运货，也无法完成其任务。实际美国在交通运输业中就业的人，只有 300 余万。这 300 余万人，能做 20 亿人所做不完的工作，就是因为他们把握了新式交通工具的缘故。我们的铁路，十有九成已经沦陷。公路虽然在战时新造了许多，但公路上行驶的车辆，却越来越少。重要河流上行驶的轮船，其总吨数远到不了美国一只最大轮船的吨数。友邦送给我们的飞机，每个月的运量，现在还到不了友邦每月租借给我们的物资的十分之一。在这种困难的交通状况之下，原料的供给与工厂脱了节，工厂的制成品与前线脱了节。生产机构，好像一部机器缺少了润滑油，时时停滞，不能开动。

第五，技术工人的训练，是发展生产事业的重要工作，因为近代的生产，虽然是靠机器，而开动机器的还是人。美国参加战争之后，壮丁抽出了 1 000 余万人上前线，所以后方的生产队伍里，便留下一个大的空隙，需要新的技术工人去填补它。美国解决这个问题的办法，是动员全国的职业学校，并在各地的中学里，添设训练班，来训练新的技术工人。同时全国的重要工厂，也与政府合作，在厂内训练新工人。这种努力的结果，使美国从 1940 年 7 月起，到 1944 年 6 月止，四年之内，训练了 650 万新的技术工人。我们也曾注意到训练技工的问题，也曾成立了一个技工训练处来管理这件事，但自 1940 年该处成立时起，到去年止，只训练了 5 800 个技术工人，到不了美国的千分之一。所以一旦政府决定增加兵工器材的生产，挖工的现象，便到处发生。挖到技术工人的，工作固然可以进行，机器可以开动，但是被挖的工厂，工作就要停顿，受到不良的影响了。

最后一点，一切的生产事业，都需要资金。有了资金，才可以控制原料，控制工人。美国的工厂，大多数都有很长的历史，在管理上早已上了轨道。平时所赚的钱，绝没有把它都变成红利分配出去，有一部分，是以公积金或折旧基金的名义备存起来的。所以如要扩充设备，资金的来源，是不成问题的。举几个例子来说，美国最大的一家钢铁公司，自 1921 年至 1938 年，新投资共达 12 亿元，其中 96% 是自己历年累积起来的。奇异电器公司是美国一家最大的制造电工器材的公司，在 1921 年至 1939 年内，新添的设备虽然很多，但其折旧基金还未用完。通用汽车公司，在同期内，曾投资 10 亿余元，其中 5.2 亿元来自折旧基金，4.9 亿元来自未分配之红利。这些公司，资本雄厚，所以政府要它们对于兵工器材增产，它们并不必马上向政府要钱。同时在政府方面，对于一切兵工器材的定制，早已编入预算，款项早有着落，所以一面向民间工厂订货，一面便可付款，不必要向银行以高利去借贷。因此，从事生产的人，不必日夜为资金操心。还有最重要的一点，就是美国的物价，经管制后，颇呈平稳之象，1944 年的零售物价，比 1943 年只增加了 3%。在这种状况之下，生产的开支，可以事先筹划，到时应付裕如，不致因为物价的变动而将原有的计划推翻，或临时东挪西借，产生信用破产等现象。这一切的条件，在我国均不完全，厂家既无雄厚的资金为后盾，政府也没有充分的生产预算，加以物价的变动太速，在过去两年内，每年年底总比年初要增三倍，所以一切生产的单位，无论民营与国营，都在那儿叫穷。巧妇难为无米之炊，没有钱，如何能生产？

以上所提出的六点，只是比较重要的，其他可以比较之点还多，不必细举。总括一句话，美国是用 20 世纪的生产方法来应付 20 世纪的战争，所以左右逢源，头头是道。我们是以 18 世纪的生产方法来应付 20 世纪的战争，所以百孔千疮，处处碰壁。

我们因此得到一个教训：如要应付 20 世纪的战争，先得建设一个 20 世纪的经济机构。

这不是一年两年所能完成的工作，也不是五年十年所能完成的工作。这种工作的完成，起码要三十年，也许要五十年。

往者不可追，将来抗战胜利之后，我们应当埋头于经济建设的工作，不要等国难第二次当头的时候，我们的经济机构，还是停滞在 18 世纪的阶段！

（载《西南实业通讯》第 11 卷第 1－2 期，1945 年）

中国农民生活程度的前瞻

　　近来对于如何提高农民生活程度的提议很多，每种办法可能发生的良好影响到底有多少，我们无妨一一加以估计。

　　第一种办法是减租。照土地法的规定，佃户所纳的租，不得超过收获量 37.5%。实际的情形各地不同，有些地方的佃户其所纳的租常常超过这种法定的数额。现在假定各地佃户所纳的租，实际等于收货量 50%。在这一方面，如政府努力，使各地佃户所纳的租额与法定的租额相等，那么那些佃户的收入可以增加 12.5%。这种增加的收入对于佃户自然不无小补，但也只是小补而已，对于他们的生活程度，如只靠这个方法，是提高不了多少的。

　　第二个办法也是针对这些佃户而发的，便是借钱给他们，使他们从地主那里买到耕地，因而根本免除地主的剥削。现在已有若干区域里国立的银行正朝着这个方向去做。结果如何，我们还没有看到详细的报告，无从加以判断。不过我们根据卜凯在战前的调查，中国各地的地价平均为每公顷 620 元。在这一块土地上收获的所得，值183.4 元。现在假定佃户所借的购地款项每年要纳一分的利息，那么一公顷地每年应付息洋 62 元。又假定收获的所得应以十分之一纳税，又须付出 18.3 元。两项开支并计为 80.3 元，等于收获所得的 43.8%。所以佃户借钱买地，成了自耕农之后，虽然不必纳租，可是另外却添了付息及纳税的两种负担。这两种负担之和，超过了法定的租额。所以除非购地款项应付之利息由政府大为减轻，否则佃户并不会因为变为自耕农而得到实惠。可是假如土地是白给的，那么佃户变为自耕农之后，由纳租变为纳税，他的收入可以增加 27.5%，这比减租的实惠又要好些。问题是：这些白给与佃户的土地又从何处得来？

　　第三个办法是中央农业实验所成立以来所努力的，便是从改良生产技术着手。这种工作所牵涉的方面很广，主要的有改良种子、铲除病虫害、施肥及灌溉等。根据试验的成绩，每种工作均可增加收获量在 20% 以上。假如在一块土地上四种工作同时并进，似乎增加农作物的收获量到 100%，也是可能的。但是中美农业的专家都不肯做这种乐观的判断。美国的专家告诉我们，在过去 40 年内，美国 15 种重要农作物的每亩生产量只增加了 18.5%。其中烟草与棉花两种农作物增加最多，如把这两项农作物除开不算，其余的 13 种，在过去 40 年内每亩的生产量只增加了 3.9%。假如美国那种科学化的农业还不能在 40 年内把每亩的收获量增加到 20%，我们岂可希望增加 100%？可是我们也得指出另外一种事实，可以使我们乐观的，就是我们的农业从来没有受过科学的洗礼，可以改良的余地很多。即以麦子的产量而论，据汤纳在《中国的土地与劳工》一书所举的统计，中国每一英亩平均只生产 10.8 布希耳（Bushel），而在英国则能生产 32.9 布希耳，德国可以生产 27.3 布希耳。我们因此不可以美国最近40 年的经验自限。我们因为从低处走起，上升的可能性是比较大的。所以在改良生产技术一方面着手，我们希望可以增加农民的收入至少达 50%。这种工作所得的好处，可以普遍达到各种的农民，并不以佃户为限。

　　以上各种办法都是假定农场的面积并没有增加。实际中国农民贫困的主要原因，是由于农场的面积太小。我国农民的平均农场面积在 3.5 英亩与 4.5 英亩之间，而美国的平均农场面积则有 170 英亩。农场大小的差异，是中美农民生活程度差异的主要原因。

　　所以我们如关心农民将来的生活程度，应当研究他们的农场是否还有方法扩大。

　　我要说的第四个办法便是着眼于这一点的。提出这种办法的人主张开垦荒地。中国的已耕地，据克莱瑟估计，为 2.72 亿英亩。此项已耕地如以中国农户 6 200 万家来分配，每家可得 4.4 英亩，此数较中央农业实验所估计者为大，现在也不必深加追究。至如中国可耕而未耕之荒地，统计的数字更不一致。现在对于中国本部荒地的估计，采取中农所的数字，假定为 1.10 亿英亩，东三省的荒地，采取日人的调查，假定为4 400 万英亩，合计为 1.54 亿英亩。这些荒地如均能开垦，加以利用，同时农户的数目并不增加，那么我们的平均农场可以由 4.4 英亩加至 6.9 英亩，即增加 57%，因而农家的收入也可增加 57%，所以开垦荒地所产生的良果，正不下于改良农业生产技术。

　　6.9 英亩的农场还不够大，所以提出第五种办法的人，主张以工业化的方法，吸收过剩的农民，容纳于各种实业之中。在农民离乡的过程中，留在乡下继续从事农业的家庭，便可购买这些离乡农民的土地，以扩大其农场。我们研究别个国家的历史，知道在工业化的过程中，农民的百分数总是下降的。我国现有人口 8 300 万户，其中 6 200 万户为农民，等于全数 75%。假定若干年之后，我们因为工业化的结果，只有一半的人民从事于农业，即 8 300 万户中，只有 4 150 万户务农，那么每一农家的平均农场即可由 6.9 英亩加至 10.3 英亩，比现在的平均农场大一倍以上。

在这个大了一倍以上的农场上，实行科学的生产方法，又采取董时进先生的意见，种植最经济的农作物，那么把每一农家的进款，加到三倍至五倍，在理论上是说得通的。

我国的农民生活是很艰苦的，即使把他们的收入增加五倍，比起别个国家的农民来还是相形见绌的。但是这一点希望能实现与否，还要看将来人口的动态。提到这一点，我们实在有点担心。中国现在的人口，据统计局的估计是 4.54 亿人。过去人口所以没有显著增加的原因，乃是由于高的死亡率，抵消了高的生育率。抗战胜利之后，我们以统一来取消内乱，以发展交通来取消饥馑，以公共卫生来取消疫疠，必可使死亡率迅速地下降。我们现在还看不出有什么力量在那儿减低中国的生育率。在这种情形之下，过去二十年在印度出现的那种自然增加率，一定会重演于中国。印度从 1921 年至 1941 年，人口的自然增加率（即从生育率中减去死亡率）为 1.2%，二十年之内，印度的人口增加了 8 300 万。所以印度各企业中的生产能力虽然日在增加，但因为吃饭的人也多出来了，印度民众的生活程度并未有显著的提高。最近印度一些企业家提出了一个十五年计划。他们希望在十五年之内，整个的国家收入要加三倍，但是平均每人的收入只增两倍。为什么每人的收入不能像国富那样比例地增加呢？原因是，他们知道印度每年要添 500 万人，这新添的人口是印度提高人民生活程度的阻力。

我们假如在人口的增加上也步印度的后尘，那么二三十年之后，中国的人口也许会到 5.5 亿人。有些人以为此事不足忧虑，但我们研究人口问题的人，却认为这是中国将来的大患。唯一的补救方法，是请一切办公众卫生的人员负责，当他们在各地努力减低死亡率的时候，也要传播节育的知识，使各地的生育率与死亡率同样地下降。只有这样办，才可使人口的增加不致太速。只有这样办，才可使一切提高农民生活程度的办法真正地对于农民发生实惠。

［载《大公报（重庆）》6 月 17 日，1945 年］

（本文同名文摘载《农业推广通讯》第 7 卷第 7 期，1945 年）

美国战后的充分就业问题

一

各国的环境不同，所以等待解决的问题也不一样。在美国人的心目中，战后第一个经济问题，就是如何使每一个年富力强、能够工作而且愿意工作的人，都有一个职业。

这不是一个容易解决的问题。

在 1939 年，美国有职业的人，只有 4 400 万。现在，因为作战的缘故，后方生产者，已增至 5 400 万人。另外在前线作战的人，还有 1 200 万。两者合计，共有 6 600 万人。

假如战争一旦停止，美国的经济组织，能够使这 6 600 万人，都有职业吗？

二

有许多人，觉得 6 600 万这个数字太大，实际不会有这么多的工人要找工作做。

譬如有人说，战后美国对于维持世界和平的责任加大了，海陆空军里面，至少还要留下 300 万人。又有人说，过去几年内，女子有六七百万人新加入工作的队伍，这些女子，不一定都愿意在战后还留在工厂里。也许其中有 300 万人，都要脱离工厂，回到家庭中去的。又有人说，回到后方来的退伍军人，有一部分还要继续求学的，他们并不要立时找工作。现在从事生产的人，有一部分年纪太大，早到了退休的年龄，只因人手缺乏,所以他们还继续在社会中服务,战争一旦完结,这些老头子都要离开生产的岗位。还有一些中学的肄业生或毕业生,还没有到入伍的年龄,因为农场或工厂中急迫的需要,暂时离开了学校,参加了生产的工作,一旦战事完了,这些青年还是要继续求学的。假如把这些青年及老者除开,总数中又可减除 300 万。还有,在技术进步、择业自由的国家中,人民因改业的原因而暂时失业,是件普通的事。据许多经济学者的看法,在英美这种国家里面,如工人中只有 3% 失业,是一件普通的事,并非一种病态。美国在 1933 年,失业者占工人 23%,因为百分数太高,所以成为社会上的严重问题。假如我们承认 3% 的失业人数为正常,那么美国可以容许 200 万人失业。

从 6 600 万人中,减去 300 万军人,300 万回到家庭中的女子,300 万老者及就学的青年,200 万暂时失业的人,余下来还有 5 500 万人,需要职业,需要工作。这个数目,比 1939 年的就业者,多 1 100 万人。假如美国回到平时的生产,而生产的东西,其数量不能超过 1939 年所达到的水准,就有 1 000 多万人要失业。所以问题的关键,就是战争停止之后,美国的生产机构恢复常态之后,是否能够生产比 1939 年更多的东西,使多出来的 1 000 余万人,都有工作可做。

三

乐观的人,觉得战后美国的生产超过 1939 年,是不成问题的。

他们指出,美国在作战期内,因为节省原料、节省人工的原因,停止了 600 余种民生日用品的制造。这个单子,包括汽车、无线电收音机、冰箱、闹钟、洗衣机器等等。美国人现在有钱想买这些东西,都买不到。原来有这些东西的人,用旧了,用坏了,也无法补充。这种历年堆积起来的需要,在战后要大规模地生产,才能予以满足。举两个例子来说,美国人把汽车已经看作一种必需品,家家户户都有汽车,全美国的人,在战前,可以同时都坐在汽车里旅行。1941 年,美国有 2 900 万部汽车。1942 年,汽车停止了制造,以后汽车的数目,便有减无增,到了 1943 年底,美国只有 2 600 万部汽车。据估计,美国汽车,每天约有 5 000 部因陈旧或损坏而停止行驶。战后愿意买车开车的人,较战前增加,美国也许需要 3 400 万部汽车。所以战争一完,美国的市场上,便有将近 1 000 万部汽车的需要。这一项工业,便可容纳许多人。

又有一个估计,指出建筑业中,在战后也可吸收很多的工人。美国每年有 140 万对男女结婚。过去四年之内,这 600 万对新婚夫妇,有一大部分没有租新房子,添新家具。原因是许多人结婚之后，就上前线去了，用不着成立新家庭。还有，战时造新房子，受了政府的限制，所以新婚夫妇，即想搬一新住宅，也有困难。战后造新房子没有限制了，对于新房子有需要的人都愿意租新房子或造新房子了，这个时候，建筑业一定表示空前的繁荣，许多工人都可在此得到谋生之地。

以上所举的两个例子，表示美国的人民，有许多堆积起来没有满足的需要。这些需要，在战后要求满足的时候，便可以创造或添设出许多职业来。美国的民众，在过去几年内，赚了很多的钱，所以他们的需要，并非穷人的空想，乃是可以用实在的购买力在市场上发挥其效力的。

四

眼光略为看得远一点的人，以为上面的分析，即使可靠，也不能根本上解决充分就业问题。美国的生产力，战时有很显著的增加，作战期内，人民堆积起来没有得到满足的需要，如汽车、新房子、冰箱、无线电收音机之类，少则二年，多则四年，都可以得到满足了。到那时，失业是否又要降临呢？

作战期内的经验告诉美国人，整个社会的消费量和投资量，与充分就业问题有密切的关系。战前之所以有大批人失业，是因为整个社会的消费不足，投资不足。战争突然增加了整个社会的消费与投资。1944 年美国政府花了 640 亿元购买兵工器材。作战以来，美国政府及私人，在新工厂及新设备上的投资，在 200 亿元以上。这些新添出来的消费与投资，消灭了失业的问题，使失业的人，从 1940 年的 800 余万，减至去年的 80 余万。

所以社会上如有失业的人，这个社会就要设法增加消费，增加投资。但是根据过去的经验，投资事业的减少，是失业的主要原因，投资减少，在投资事业中工作的人进款便要减少，连带地影响到消费的减少，使在消费事业中工作的人也失业，所以治疗失业的主要药方，是增加投资。

由于这个认识，美国有一部分人要求，政府应负责使美国每年投资所花的钱，等于每年储蓄起来的钱。当美国每年的生产在 1 000 亿元的时候，人民的积蓄有 200 亿元。现在美国每年的生产达 2 000 亿元，积蓄也加至 400 亿元。美国的政府与工商业界，应当使每年的投资，达到 400 亿元的水准。这 400 亿元的投资可以保障很多人的职业。这些人的职业解决了，他们以及他们的家庭，一定不会减低消费，于是那些在消费事业中谋生的人，也就不会失业。

美国国会中，现在还有人提议，要求总统在每年提预算案的时候，要估计下一会计年度全国的生产量、人民的所得，在所得中，估计有若干用于消费，若干变成储蓄。储蓄的总数内，政府还要估计私人可以利用若干于投资事业。假如私人的投资，达不到储蓄的总数，政府应该用赋税或公债政策，吸收这些剩余资金，发展国营事业或公益事业，务使来年的总生产，能维持过去的高水准，使每一个有职业的人，都能维持其职业，不因生产萎缩而致就业者减少。

这种新的解决充分就业问题的办法，乃是建筑在过去十余年演变出来的经济理论之上。美国的政策，是否能受这种理论的指导呢？接受了这种理论而制定的政策，是否真能解决失业问题呢？解决了失业问题，是否便扫除了欧美经济制度中的最大病根呢？这一切问题的解答，须看美国战后事实的表示。

民国三十四年 4 月 14 日

（载《民主政治》第 5 期，1945 年）

美国农业的特质

一、美国的农场大

从中国人的立场看去，美国的农场是很大的。在 1940 年，美国农场的平均面积，是 174 英亩，如化成华亩，便在 1 000 亩以上。

美国全国共有 600 多万个农场，其面积的分配，有如下表：

农场面积	百分数
3 英亩以下	0.6%
3 至 9 英亩	7.7%
10 至 19 英亩	9.2%
20 至 49 英亩	20.0%
50 至 99 英亩	21.2%
100 至 499 英亩	37.0%
100 至 174 英亩	21.0%
175 至 259 英亩	8.5%
260 至 499 英亩	7.5%
500 至 999 英亩	2.7%
1 000 英亩以上	1.6%

二、他们用机器耕种

在这些大农场上，如用人力来耕种，是不够的。假如美国农业中的动力，也如中国一样，那么美国农场的平均面积，不会比中国大得太多。

可是美国农业中的主要动力，并不是人力。在 1940 年，美国耕种的土地，共达 34 100 万英亩，在这些土地上工作的人，只有 920 万。同一年内，我国耕种的土地，最多只有 27 200 万英亩，可是在这些土地上工作的人，据我估计，至少当有 14 000 万。

这种差别的造成，就是美国的农民，除了利用自己的力量以外，还利用了机械的力量。美国农场上历年来机械数量的增加，有如下表：

年份	拖曳机	卡车	汽车
1910	1 000	0	50 000
1915	25 000	25 000	472 000
1920	246 000	139 000	2 146 000
1925	549 000	459 000	3 283 000
1930	920 000	900 000	4 135 000
1935	1 046 000	890 000	3 642 000
1940	1 545 000	935 000	4 185 000

在拖曳机没有发明以前，美国农民曾大量利用兽力，便是马与骡的力量。自从拖曳机进入农村之后，骡马的数量便减少了。它们的总数，从 1918 年的 2 700 万头，减至 1943 年的 1 300 万头，而且还以每年减少 30 万头的速率下降。在 1930 年，拖曳机所产生的马力，在美国的农场上，只比兽力大 29%，可是到了 1940 年，便要大 300%。所以我们可以说，美国现在农场上所用的动力，主要的是机械力。

三、美国农业经营的方法影响了整个的经济组织

美国的农民用机械的力量在大农场上生产，结果与用人力在小农场上生产，自然有很大的差异。

有一位英国的经济学者，把中美两国农民的生产量，曾做一比较。他说，美国的农民，每人可以生产 2 万公斤的粮食，而中国的农民，每人只能生产 1 400 公斤的粮食。

又有一位美国的农业专家，曾把美国一个农民可以养活多少人，加以估计。他以 1930 年的资料为根据，说是美国的一个农民，其生产的粮食，除养活自己及一家三口

外，还养活美国在别种职业中的人口 12 人，出口的剩余农产品，又养活国外人口 2 人，共计养活 18 人。我国的农民，据我的估计，一个人的生产，只能养活 3 个人。

美国这种高的农业效率对于美国人口的职业分配有很大的影响。在 1820 年，当美国还没有用机械耕种的时候，就业的人口中，有 71.8％从事于农业，其余一切职业中的人口，只占 28.2％，这种情形，与我国今日有点相仿。可是 1940 年的情形便大大不同了。在农业中谋生的人口，只有 17.6％，而在其他职业中的人口，倒有 82.4％。

2 000 余年以前，司马迁就说过：“以贫求富，农不如工，工不如商。”这点真理，近来英美有很多的经济学者，曾举出许多统计来，加以证明。一个国家里面，农业人口的百分数低，工商人口的百分数高，就是富裕的象征。我们早已懂得这点道理，为什么到现在，大多数的人民，还是挤在农业中求生存呢？一个最重要的原因，就是我国的农民，还没有采用新式的生产方法，还不能利用机械的力量，因而他一年的劳碌所得，除了养活自己及其家人以外，很少有剩余来养活别的人。结果是别的人便不能从农业中解放出来，以从事于其他的活动。别的人为糊口计，也只好守住几亩田，从田地里种出自己要吃的粮食来。同时这些穷苦的农民，既然没有剩余，也就没有购买力，来消纳别人生产出来的物资。这是我们至今还是以农立国的原因。

美国在 1940 年，全国的人口，在 13 000 万以上，劳动的人口，也有 5 400 万。在这些劳动的人口中，只抽出 920 万人口来务农，便解决了全国人吃的问题、衣的原料问题。其余的劳动人口，用不着留在乡村中了，用不着种田了，于是他们便分头去从事开矿、制造、运输、经商以及其他将近 2 万种的行业。别种行业的人，靠农民来解决他们最基本的需要，而农民的别种文化上及物质上的要求，也靠别种行业的人来满足。

四、美国农业的贡献

我们现在暂且撇开别的职业不谈，只看美国的农业对于美国人的生活有什么贡献。

第一，美国的农业使美国人民在食物上享受世界最高的滋养标准。杜鲁门总统曾说过，1944 年，美国人民平均每日所得热量为 3 367 卡，而英国人民只得 2 923 卡。同年美国人民平均每年吃 147 磅肉，英国人只吃 108 磅。别种食物的享受，今以 1943 年的资料为根据，计算每人当年的消耗量如下：

物品	1943 年美国每人消耗量（磅）
肉	124
鱼	8.6
蛋	39.9
鸡及火鸡	32.3
牛油	12.7
干酪	5.7
炼乳	16.8
鲜乳	396.7
脂肪（牛油除外）	33.7
新鲜水果	131.3
罐头水果	7.6
罐头果汁	5.9
新鲜蔬菜	173.1
罐头蔬菜	29.7
番薯	129.7
甜薯	21.6
白糖	68.5
五谷	359.6
咖啡	9.6

在这个表里，我们特别注意肉、鲜乳、新鲜水果、白糖的数量，这是我们这个穷苦的国度所望尘莫及的。

第二，美国的农业，供给原料给美国许多重要的工业，最主要的为：（1）纺织；（2）食品；（3）烟草；（4）皮革；（5）油脂；（6）饮料。除开油脂工业以外，其余五种工业产品的价值，在美国的整个工业中，约占三分之一。

第三，美国的农业，还产生一部分剩余的食物及原料运往国外，换取美国所不生产的物资，来提高美国人民的享受。美国虽然是一个工业很发达的国家，虽然在它的出口货物中，制造品的价值已经超过了农产品，可是在全世界各国中，美国农产品出口的价值，还是占第一位，约占全世界农产品出口贸易的 13.2%。这次世界大战，美国农业中的人口，在 1944 年，虽然已减至 860 万，可是美国的农产品，不但能够维持美国民众的滋养水准，还有 7% 的盈余，可以供给同盟国。

第四，美国农业对于美国人民的贡献，在它能够供给数百万人以一种闲散舒适而且与自然接触的生活方式。在矿场中，在工厂中，在运输交通以及其他的职业中，上工是有一定的时间的，工作的人，不能差五分钟或一刻钟到达他的场所。到达之后，工作要不断地继续，机器不让工作的人空闲着。这种工作，虽然报酬是多一点，可是太紧张，太机械，许多人对于这种生活过不惯。对于这一种人，农业是他的安身立命之所。他无须按时签到，无须不断工作。当他感到疲劳的时候，可以把拖曳机停下来，听鸟语，闻花香，或者把机器停在田中，跑回家中睡半点钟再回去工作也是可以的。在熙熙攘攘的 20 世纪中，农业还是那些爱好恬静生活者的乐土。

民国三十四年 8 月 7 日

（载《西南实业通讯》第 12 卷第 3-4 期，1945 年）

美国战时物价稳定的原因

吴景超先生为现任行政院战时生产局秘书处处长。去岁曾在美国各地考察经济。又曾在各著名大学演讲，对美国战时情形颇为熟悉。本文自重庆寄来，他指出美国战时物价所以稳定的三个主因，实堪为我国借镜。——编者按

在第二次世界大战期内，美国的物价，从我们中国人的观点看去，实在是出奇地稳定。以美国的生活费指数来说，如以 1935 年至 1939 年的平均物价为 100，1944 年的指数只为 125。自 1939 至 1944 年，六年之内，生活费指数只上涨了四分之一。

美国在战时，不是没有使物价高涨的因素存在。譬如联邦政府的支出，1939 年，只有 88 亿，而在 1944 年，则达 971 亿。假如联邦政府没有好的办法来应付这样庞大的支出，通货便非膨胀不可，物价也非飞跃上升不可。又如国民收入，1939 年只有708 亿，1944 年，加至 1 567 亿。假如民间增加的购买力，都用在消费上面，同时消费品并没有比例地增加，物价也非上升不可。

然而美国的物价，并没有加了千倍，也没有加了百倍，甚至连一倍也没有加上去。这是什么原因呢？

许多人研究这个问题时，首先便去注意美国政府管理物价的技术。这些技术，诚然有可以佩服的地方，但美国物价稳定的主因，绝不在此。

我们以为美国物价稳定的主因，在其财政政策的高明。

上面我已说过，美国联邦政府，因为作战的缘故，支出从 88 亿，加至 971 亿。971 亿的支出，实在是一个大数目，超过了 1939 年全国人民的收入。联邦政府的收入，在 1939 年，只有 49 亿，假如政府只靠发行来平衡预算，物价自然会飞涨的，但

是政府并未采此下策。美国货币的发行，在战时诚然加了不少，如 1939 年流行的货币，为 75 亿，而在 1944 年，则达 250 亿，加了两倍以上。这个数目，如以美国战时生产的扩充做背景，并不能自为太大，实际政府也没有靠这点发行的增加，来填补预算的漏洞。政府平衡预算的方法，第一是加税，即以所得税一项而论，在 1935 年，为 18 亿，1944 年，便增至 343 亿，等于联邦政府支出的三分之一以上。加上别种赋税的收入，便可应付将近一半的支出。政府平衡预算的第二个方法，便是举债。美国的胜利公债，战时大约每年发行两次，在发行的时候，全国各地，都举行购债运动，参加的人，非常踊跃，每次所销的数目，总是超过发行的数量。如第五、第六两次胜利公债，都是 1944 年发行的。第五次公债票额 160 亿，实销 200 亿。第六次公债票额 140 亿，实销 170 亿。政府利用赋税及公债两种政策，将分散在人民手中的剩余购买力，集中一部分到国库里去，然后便利用这些款项，来做定制军用品等战时必需的开支，不必乞灵于通货膨胀等有害的方法。

美国战时物价平稳的第二个原因，是消费物资供应的充裕。美国是一个十足工业化的国家，生产力非常大。在这次战争期内，美国武器的生产，从微细的数量，达到全世界第一，乃是众所知悉的事实。这已经是可佩服的一件事。但最可佩服的，是美国在生产这些武器之外，还能生产大量的消费品，维持美国人民的生活于战前的水准。当然，在战时有好些东西是买不到新的了，如汽车、冰箱。又有些东西，是定量分配了，如皮鞋、汽油。但以美国人民消费的总量来说，1941 年为 746 亿，1944 年的消费，不但没有减少，还加至 976 亿。以衣食两项基本的需要来说，美国人民在战时的满足，较战前有过之无不及，因为生活必需品的供给，源源不绝，奸商无囤积的机会，黄市无发生的可能，所以物价也不发生波动。

美国战时物价平稳的第三个原因，是储蓄的增加。战时美国的人民，可以说是已经达到充分就业的程度，不但就业的人数增加，就是工作的时间，也从战前每星期 37 点钟，加至 1944 年的每星期 45 点钟。因此，全国人民的收入，比战前加了一倍以上。这些增加的购买力，当然有一部分是由政府以抽税及举债的方法吸去了，但留在人民手里的，还是一个很大的数目，假如人民把这些款项一举都用出去，在市场上竞购物资，那么物价一定会受到影响而上涨的。实在的情形是美国的人民并没有把收入全花出去。他们的储蓄，历年来都是与收入成正比例的。1941 年，美国人民的储蓄为 142 亿，1942 年为 288 亿，1943 年为 337 亿，1944 年为 399 亿。我们如想了解美国人民在战时为什么有这样大量的储蓄，首须认清美国人民生活程度的现状。大体地说，美国大多数的人民，现在已达到衣食无忧的程度。在衣食住行人生四大需要中，美国人民尚待满足的，是住行两方面。这两方面的要求，在战时是无法充分满足的。以住而论，美国在战时为节省人力物力计，私人不得建筑新房子。以行而论，美国在战时不造新汽车。火车、飞机，都因军运的原因，拥挤不堪，私人旅行，颇受限制。因此一般人民，有剩余购买力的，如想购新车，建新屋，办新家具，安排新厨房，只有把钱存在银行里，等到打完仗再说。美国有若干杂志，举行民意测量，问人民在战后第一样想买的东西，答案是以新车与新房子位居上列。这是美国人民在战时大量储蓄的动机。

　　以上所举的三个原因，与物价的平稳有密切的关系。美国的政府与人民，因为做了上面所说的几件事，再来管制物价，所以事半功倍。假如一个国家，不想在上面几个根本原因上想办法，只知道下命令来限价，那是舍本逐末，结果一定是徒劳无功的。

（载《经济周报》第 1 卷第 5 期，1945 年）

筑柳途中灾情及救济工作

一、行程

我们于 5 月 18 日第一次离开贵阳，行至 14 公里处，车上的时规链条损坏，因请经济部器材总库运输处派卡车拖回修理；23 日第二次出发，行 24 公里至凉水井，车轴之螺丝脱钩，左前轮胎飞出，幸系直路，得免翻车之险，车夫将轮轴取下，搭车至贵阳修理，当晚即宿凉水井；24 日午刻车轴修理完毕，即行前进，当晚宿马场坪；25 日行 32 公里，至离都匀 20 公里处，车上机件发生障碍，停车审视，则车轴之羊角已断三分之二，如迟数分钟发现，一定又会翻车，因决定请司机将机件修理完毕后，将车开回贵阳，我们另搭商车前行，当晚宿独山；26 日抵河池；27 日午后开车至离河池 38 公里之三江口，江水流急，但只有一渡船，每日可渡 10 余车，而等候过渡的车已有 70 余辆，因至渡口另搭一商车，当日过渡，晚宿宜山；28 日留宜山视察；29 日搭广西分署吉普车抵柳州。

二、灾情及原因

我们过了都匀以后，沿马路上的房屋便呈现出灾毁破烂以及临时修补的现象，有许多房子破墙还留着，但上面已无瓦盖，地基上长的是青草，新的房子盖瓦的很少，多是盖茅草的。贵州独山县城的房子，被烧毁的在 90％以上，黔桂交界的六寨，我们于民国三十年经过该处时，记得是一个大镇市，现在几乎全毁；恢复的房屋不到五分之一。南丹县城被毁的房屋约四分之三，县府前面的街上没有一所被保存的房屋，县府的秦秘书带我们去看他自己住的房子，原有三间已被毁了，现在花了 9 万元修复了一间，砖是用旧的，屋顶则改用茅棚，据他的估计，如恢复原状，须花 250 万元，敌人前年在独山只留了 4 天，在南丹留了半个月，在河池留了半年，在宜山则留了 7 个月。河池与宜山的房子不完全是烧毁的，有一部分被敌人拆下去做防御工事，还有一些房子则是我们的军队于退却时自己毁坏的。

除了房子以外，我们所能亲自看到的就是沿马路的荒田，其数目无法估计，田荒的原因，一部分因无种子，主要的原因，还是缺少耕牛。据河池县政府的报告，河池县损失的耕牛是 2 350 头，宜山县政府的报告，黄牛损失 21 000 头，水牛 850 头，耕牛贷款的数目有限，是无法补充这种损失的。事实摆在眼前，假如农业生产因缺乏耕牛而不能恢复原状，饥荒的状态大有继续的可能。

筑柳道中的灾情，并非完全是敌人造成的。我们在河池县政府看到该县九墟乡公所于民国三十四年 6 月有一代电致县政府，要点如下：

> 谷米已被敌寇搬食糟蹋殆尽，牛只被掳，田地丢荒，无物变卖以购耕牛，加之无米为炊，筋骨无力，难以劳作，告贷无门，采野菜以充饥。大人犹可，小儿难支，号寒啼饥，为父母者仰天长叹，坐以待毙而已。且自去冬我军屯驻本乡防守以来，迄今半载，初则一三一师，继则一八八师，完纳民国三十三年度田赋，供应不足，继以征借 75 000 市斤仍不足，二次又借 105 000 市斤，人民愤敌寇之压境，忍痛将如额筹送又不足后，始奉令乡村长代购，由部队按照市价给予代金。然名则为购，实则仍征，不闻代金之给予，质之主办者，则以上峰未发为词。区区九墟之地，人民所藏谷米，能有几何，何能供此再三再四之诛求乎！尤有甚者，人民避乱方回，即被派出军米，敌寇掳掠未尽之谷，我军一至，复将余粒搜刮搬去，仓徒四壁，室如悬盘，人民敢怒而不敢言，向隅饮泣而已。

以上是人祸增加了兵灾给予人民的痛苦，还有不幸的，就是去年好些地方于敌人退出之后，继之以天灾。如宜山县的九渡乡，在沦陷前有 1 758 户，9 995 人，去年对于县政府曾做如下的报告：

> 本乡是遭受两种灾祸的一乡，日寇大肆焚掠以后，本年 8 月上旬，因阴雨连绵，以致山洪暴涨，刁江泛滥，酿成空前的水灾，受灾民户达 539 户，坍倒房屋

434 座，共 1 365 间，损失玉米 7 403 担，稻谷 20 担，黄豆 125 担，牛 12 头，猪 118 头，羊 46 头，鸡 181 只，损失总值 215 404 850 元。

还有若干地方的灾祸，乃是逃难的难民所赐予的。这些难民在前年的冬季，由湘桂向贵州退却，沿途冻馁交加，掠夺沿途居民的食物，拆毁民房的木料，以为御寒的工具，据说是数见不鲜的事。凉水井离贵阳只 24 公里，住户只有 14 家，但因难民过境，而所受的损失在 600 万元以上。马场坪离贵阳 115 公里，是黔湘、黔桂公路的交道，该镇前年因难民过境，所受的损失，据镇公所的罗主任说，当在 4 亿元左右。损失的物资，主要的是粮食及房屋中的家具及木料，这些东西都给难民拆下烧火，借以取暖。虽然如此，在镇中冻死饿死的人，还是很多的。凉水井与马场坪两个地方，敌人并未到达，但间接地也受到很大的损失。

三、救济工作

敌人投降以后，各级政府对于救济的工作，虽然尽了很大的努力，但除善后救济总署以外，其余的机关因经费有限，收效甚微。譬如独山县政府曾收到社会部部长交来的赈款 500 万元，这 500 万元第一任县长曾支出一百五六十万，买米供给过军，第二任县长又用去一大部分垫付军队的副食费，到了现任的县长接事时，余下来的款子，只有 20.5 万元。这 20.5 万元应当如何利用以救济灾民呢？县长已将此点提出，交与参议会讨论，我们过境时还在讨论之中。

广西省政府对于县政府曾有少数赈款的发给，譬如河池县曾接到省款百万元以为重建各县属机关之用，但县政府的开办费及修建费，便需 1 500 万元；此外又接到赈济灾民的款子百万元，照全县的人口分配，每人可得 10 元，真可谓杯水车薪，无济于事。宜山的人口较河池多三倍，但从省府那儿得到的赈济灾民的款子，只多了 20 万，宜山县城的恢复较别的县城都快一点，因为县政府曾利用县银行发出小本贷款 2 000 余万，商人以之修建房屋，因此县府前面的大街已焕然一新，马路全用砖砌，是拆下城墙得来的。

真正负起救济责任的，去年是总署设的黔南办事处，本年由广西分署继办，但不包括黔南。关于此点，贵州的人士颇不满意，我们离开贵阳时，省参议会正闭幕，参议会第一号提案便是请政府对于黔南寇灾各县善后救济，视同沦陷区域，迅予拨发物资及经费，切实办理，以期劫后黎民，能庆复苏。他们并提出办法，谓救济工作应以房屋救济、农业救济、医药救济、小本贷款为中心。

黔南办事处及广西分署的工作，各县的政府及民众机关，对之均感满意；唯一的批评，各地都听到的，就是数量太少不够分配。办事处及分署在各地的工作，大致可以分为六种：一为疏送难民，二为对于灾民发给面粉，三为对于灾民发给现款作为急赈，四为举办种子及肥料贷款，五为委托中国农民银行办理耕牛贷款，六为对于各地卫生院及小学校发给修建经费。办理的详细情形，当于下次报告广西分署工作时一并述及。

四、感想及建议

第一点要说的，就是贵州的穷在西南可称第一。民国三十三年 11 月底及 12 月初，日军进犯黔南，曾到独山、荔波、三都、都匀、丹寨五县，黔南办事处存在时，曾连带地办理广西南丹、河池、宜山等县赈济工作，现在如不在贵州单独成立赈济机构，可否由广西分署兼管？总之，黔南各县的救济，仍有继续的必要，如总署毫无表示，一定会招黔人的批评。

第二点，我在途中常常想到的就是总署在各地的卫生工作已奠立了一个很好的基础，但地方的经费有限，如不妥筹维持之法，将来总署的工作停止之后，卫生工作有前功尽弃之可能。我们可以宜山县的情形来说明这一点。宜山县的卫生院，现有正房一座，分为候诊室、内科室、外科室及药房四间，另有病房一座，头等两间，各一床，二等两间，各三床，但无铺盖，病者须自带铺盖入院。我们参观时，头等病房一位产妇，一位患恶性疟疾的病人，二等病房中是空的，病房的对面是一座办公室。现在卫生院得到广西分署的补助费 200 万元，另外县政府的预算中有该院的建筑费 500 万元，所以本年该院拟扩充病床至 20，另外还建筑一所房子为手术室及传染病隔离室，这些设备完成之后，维持的经费每年非有 1 200 万元不可。但宜山县的卫生院，本年度的经费只有 2 108 460 元（职员生活津贴不计），其中购置药品及器械的费用只 120 万元。在此种情形之下，人员之不充实，药品之不够用，乃为无可避免的事。现在院中只有院长一人，助理医师二人。所谓助理医师，乃是在军队中做过医务工作的，并未在医学校中受过正式训练。护士的名额有四人，但现在只能用两人。改善这种状况，非在经费方面开源不可。因而想到分署在各县的赈款，有的是不必还的，有的是要还的，这些还来的款子如耕牛贷款之类，将来如能由各县成立一委员会保管，专作卫生事业的经费，则各县的卫生事业基础（现在本署不但补助建筑费，且供给药品及器械）或可不致因总署不存在而动摇。此点将来当与分署诸人商讨，同时亦请总署方面加以考虑。

5 月 30 日于柳州

（载《行总周报》第 20 期，1946 年）

广西灾情

本文作者除一般灾情之报导外，兼述及灾区教育的破产、基层政治组织的解释，殊足发人深省。——编者按

一、行程

我们于 5 月 26 日，由贵州入广西境，当晚宿河池。27 日到宜山，28 日留宜山视察。29 日到柳州，这是广西分署的所在地，我们住了 3 天。6 月 2 日离柳州，当日宿雒容县。6 月 3 日抵桂林，桂林是省府的所在地，又适值广西省善后救济审议委员会第二次常会于 5 日及 6 日开会，所以我们在桂林留了 4 天。8 日离桂林经灵川至兴安。9 日抵全县，10 日在全县视察。11 日离全县入湖南境，在广西计留16 日。

二、灾情的成因

广西的灾情，据我们在各地所听到的解释，乃是寇灾与天灾混合的产物。敌人于民国三十三年秋季入广西境，民国三十四年秋季才退出，在广西停留了近一年，在这一年之内，敌人搜刮粮食，屠杀耕牛，破坏塘堰，无一不作。沿公路、铁路、河道及交通方便的地方，因为敌人的残暴，民众多逃入山林，土地因而荒芜了不少，所以即

使没有别的不利因素，广西民国三十四年的收成，一定要大为减色。更不幸的是，跟着敌祸而来的乃是一连串的水灾、虫灾和旱灾，广西省救灾运动委员会编印的《广西在饥馑中》一文内曾说过：

> 去年夏天敌寇开始退出省境之际，潦水袭来，尤以产米区的邑江浔江为烈。继着是稻包虫来侵蚀省境。再插的新稻，留下来一些蚀不完的稻谷，却又遭受旱魃的侵害，桂省米粮最后的一线生机，也就窒死在暴烈的秋阳下。全省的收成，给水虫旱灾蚀去大半。

广西有 99 县、1 市、1 设治局。其中 73 个县、1 市、1 设治局曾沦陷于敌人，所以广西的大部分是遭受过寇灾的。天灾比较普遍，省府的统计室于 5 月 10 日编制灾民人数时，只有 9 县未填报。现在我们再举一个曾受寇灾及天灾的兴安县为例，说明灾情是如何造成的。

据兴安县政府的报告，该县 18 乡镇 218 村街，经为敌人骚扰盘踞掠夺，以及地方歹徒抄劫骚扰的，计 17 乡镇 211 村街。未受敌人蹂躏的，仅金坑猺区一乡，计有 7 村。至水旱虫风等灾，则普及于全境。分析言之，灾情可分为四类：一为兵灾，兴安县自民国三十三年 9 月 15 日下午敌军入境，至民国三十四年 8 月 8 日敌军退出县境，为时 10 余月，人民饱受敌人及地方歹徒骚扰之苦。二为水灾，民国三十四年 8 月 7 日至 19 日，大雨 13 日，稻谷被雨打落或压倒，致发芽不得收获，因而损失甚大。三为旱灾，民国三十四年 6 月 16 日至 7 月 30 日，共 45 日未雨，水稻、玉蜀黍、高粱、粟米等粮食，干死的很多。同年 8 月 30 日至 11 月 14 日，共 75 日未雨。二春失耕，损失颇多。四为风虫灾，水稻抽穗开花结实时，天气久旱，西风连作数日，禾苗大部伤虫。金石金坑等乡，稻熟时狂风大作，历时三昼夜，谷颗多被吹落。

类似的报告，在我们所经各县，都可听到。由此可见广西本年的灾情是如何发生的。

三、粮食的损失

粮食的损失，造成广西饥馑的现象，所以我们向各方面访问，想得到一个损失数字。关于寇灾所造成的粮食损失，我们看到三个不同的数字，第一个数字是农业管理处供给的，总数为 1 400 余万市担，如下表：

稻谷	9 525 610 市担
玉米	915 700 市担
薯类	3 879 060 市担
小麦	295 025 市担
总计	14 615 395 市担

第二个数字，见于救灾运动委员会编印的《广西在饥馑中》一文，总数为 17 378 847 市担，其中稻谷 12 657 345 市担，米 2 292 131 市担，杂粮 2 429 371 市担。

第三个数字，是广西建设厅供给的，现已为省政府所采用，总数为 19 835 312 市担，其中稻谷一项，即有 1 600 余万市担。第一与第三两个数字相差有 500 余万市担，此种差异，表示广西统计工作的草率，我在善后救济审议会闭幕时曾提出此点，请省府注意。

关于天灾所造成的粮食损失，农业管理处曾有估计。广西稻谷收获最佳的一年，是民国二十二年，产量为 6 100 万市担。但在平常年份，只能收 5 000 万市担左右。民国二十一年至民国三十一年的平均产量，便为 5 100 万市担。在平常年份，在消费方面，人用食料需 4 100 余万市担，家畜饲料需 392 万市担，种子亦需 392 万市担，其他用途为 672 万市担，共为 5 600 万市担。民国三十四年的收成，只有 2 500 万市担。广西稻作，至迟 10 月收割，民国三十四年收割之稻谷，只能供给 5 个多月的消费，所以由民国三十四年 11 月起算到民国三十五年 4 月上旬，稻谷即已告罄，但以所产杂粮调剂食用，并减少无谓消耗，及制止粮食出境，或可维持至 5 月左右，5 月以后，粮食恐慌必定严重。

四、饥民人数

在青黄不接的几个月内，广西灾民的与日俱增，乃是意料的事。省政府 5 月发表的统计，饥民人数为 3 151 255 人，乃是根据各县（9 县未报）的报告编成的。这个数字，如认为是非赈不生的人，未免有点夸张，但如以代表营养不足的人数，则又嫌太小。这个结论，乃是根据我们视察所得的印象。至于非赈不生的人数，恐怕没有一个人可以回答得出。

五、饥馑的社会形态

广西的灾情现在还无法用统计数字来表示，但如我们不做量的计算而做质的分析，则有下列若干类的事实殊堪注意。

第一，沿我们视察路线的灾民，的确有许多是靠吃野草度日的。普通人常说饥民吃树皮草根。树皮用作食品，我们很少见到，只有一处，我们看到有以梧桐的树皮磨粉，混合他种食料来吃的。至于野草，则种类繁多，我们所收集的样本已不下二三十种。

第二，饿毙的饥民，各县都有，如雒容县有 30 人，临桂县有 58 人，灵川县自 2 月至 5 月饿毙者有 49 人，兴安县饿死有案可考的凡 66 人，全县饿死有 180 人。饿死的人中，包括自杀的在内。

第三，弃婴的案子，不断发生，在都市中尤甚。我们在桂林时，阚厅长来访我们，说是在途中曾见一弃婴，还没有死去。黄署长得到这个消息，马上请人把这小孩接到分署的招待所来。这个女婴，大约出世只三四天，面貌颇清秀，在招待所给她吃了几口冷开水后，便送到医院去抚养。卖女孩的事常有，卖男孩的不大听到，据说即使出卖也无人要。

第四，难童增多，在设备有收容所的地方，常感收容所的房子太小，不能应付各方面的要求。这些难童，大多数都是有家庭的，但他们的父母，也在饥饿中过日子，每每没有力量养活他们。在桂林、兴安、全县的收容所中，我们所看到的难童，初入所的与入所已有相当时日的，其气色大有不同。入所的难童，每天吃两顿馒头，早上一顿还可以吃牛奶，所以红光满面，有时还可以看到几个小胖子。他们有的穿着面粉袋做成的制服，有的穿着盟邦施与的童衣，五颜六色，各种式样均有。初入所的，衣服褴褛，面有菜色，并带病容。这种分别完全是营养的良好与否造成的。

第五，家庭破裂的故事，也常听到。桂林有一女子，随一远征军逃跑，她的丈夫追踪到兴安县，扭到法庭，法官判决此女子仍随原夫回去。但女子无论如何不肯，后来她的丈夫答应以 23 万元卖给远征军士，军士欣然同意，即将女子领去。此种出卖妻子之事，据说娘家也不反对，一因女儿改嫁，生活或可改善；二因再嫁一次之身价，娘家也可分得一部分。灵川有一女子，因丈夫出征不归，生活无法维持，拟另嫁一男子，此男子愿意娶她，但不愿要这个女人与前夫所生的儿子。此女子，一方面想改嫁，一方面又不肯舍弃前夫的儿子，这种心理的冲突，使这个女子终日涕泣，不知如何是好。兴安事务所的盘主任，说是某次乘车到界首，一卖烟女子误认其为司机，请其到家中去坐坐，到了她家中时，有几个年青的女子，都要求他带至桂林，说是当地无法谋生。

第六，地方的治安发生问题，抢劫的案件时常发生。我们到兴安县的那天是下午。上午在公路上有一辆运面粉的汽车便被劫，行劫者在劫后还等了半点钟，想候第二部车，在这半点钟内，土匪与司机闲谈说，他们都是附近的农民，因无东西可吃，不得不走上此道。次日兴安县长来会我们，说是同日在一处出了一劫案，一个挑了 40 斤面粉的农夫，身中数十刀，面粉给人抢去了。当日下午我们在兴安县的卫生院中会到这位农夫的妻子，她是来请医生的，据说她一家五口，假如老板死去，一家的人便无法谋生了。各县的乡下，抢案不断发生，常常是家中有几十斤的粮食，便会引起强盗的光顾。

第七，在物价高涨声中，地价却在下降。饥饿的人民，为了救命，常肯以一担谷的价值，出卖一亩田。至于买田的人，属于哪一种人，尚无一致的结论。有的说是富有的地主，现在继续购田，造成土地兼并的现象；有的说是靠收租过日子的，去年收不到租，连吃饭都发生问题，恐无余力来购新田，如某县一地主，往年可收 500 担租，而去年只收 7.5 担，现在也在饥饿线上挣扎；有的说买田的乃是商人，以及劳动阶级中之有积蓄的。还有人指出，在他的本县内穷苦人多，买田的人，都来自外乡。这个问题恐须细加研究始可得一结论。

第八，在若干县份，高利贷颇为猖獗。灵川县长告诉我，他知道一个案子，借了一担谷的人，在借谷时要写两张借据。在第一张借据上他写借到国币 42 000 元，秋收后无息归还；实际上在他借谷时，谷价只有 35 000 元，但因谷价还在上涨，所以债主要加两成计算，于是由 35 000 元，便变为 42 000 元。另外还要立一张借据，上面写明借到谷子两担，秋收后无息归还，这张借据代表利息的部分，因为 10 000 元的利息是谷子 50 斤，42 000 元的利息，便是谷子两担。在这两张借据上，债主毫无把柄可以使人认为违背法律上的规定，所以县府想要取缔也无从下手。据好些人说，饥民想要救死，所以这种高利，他是肯出的。有的饥民因为信用不佳，即出此种高利，还借不到谷子。高利贷几成为债主对饥民的恩泽与人情。

第九，是教育的破产。许多小学校舍，经敌人破坏了，无法修复，有些小学，虽然还有残破的校舍，但因民众无力交学谷，所以请不到教员，有的教员肯尽义务，但为生活所迫，不得不于教书之外，另谋副业，于是一星期内，便不能天天上课。我们所参观的小学，有的是阒无一人，有的是以砖头为凳、木板为桌，学生常常是不能如数到齐，因为他们要到山中去采野草，以维生活，此事在他们父母的眼光中，是比受教育更为重要的。有一个县的教育科长，说他的县内的小学，如想恢复原状，起码要十年。

第十，是基层政治组织的解体。在饥荒的社会里，赋税的收入，自然要大大减色，于是县以下的行政人员，生活上便大受影响。雒容县自县长以下，已有好几个月，每人每日只能取得伙食费 500 元，据说吃稀饭都不够，乡镇长举出来，不肯担任的多，几甲的甲长，常常是一人兼任。灵川县金坑乡大新村的村长潘某，县长有事去找他，找不到，查问起来，才知道他已率全家老小到外乡去讨饭了。在这种情形之下，政令的推行自然不能顺利。

6 月 14 日于衡阳

（载《行总周报》第 21 期，1946 年）

广西分署救济工作观感

作者针对广西分署在工作实践中所暴露的困难和缺点，提出批评与建议四点，内容极有意义，可供各地从事善救工作者之参考。——编者按

一、广西饥民所需要的粮食

我在《广西灾情》一文中，曾提到广西省政府在 5 月初的估计，广西共有灾民 310 余万人。5 月 27 日，广西分署曾在各报登有广告，估计粮荒期内广西饥民所需要的粮食。广告上说，近据各当地政府及各方面之调查报告，饥民共有 300 万人之众。实行救济以每人日给粮食一市斤计，共需粮食 1 500 余吨，每月需 45 000 余吨。估计度过三个月粮荒时期，总共需粮 135 000 余吨。

二、分署在 5 月前所得到的粮食

在 5 月以前，广西分署只得到两批粮食，第一批为面粉共 2 000 吨，第二批为面粉及米共 3 000 吨，两批合计共 5 000 吨。第一批面粉分配时，曾商同广西省政府，参照沦陷灾区各县市局之受灾情形及人口多寡为分配标准。第二批的分配，则以各沦陷灾区之粮荒情形及绝粮灾民数目实际需要为根据。广西的灾情，以桂北各县为最严重，桂柳等沿公路铁路县份次之，其余各沦陷区县份又次之。所以一、二批的粮食，以分发到桂北各县为最多，全县第一，共得 620 吨，兴安次之，得 370 吨，灵川又次之，

得 200 吨。其余各县份的所得，没有一县是超过 200 吨的，最少的如兴业县，只得 10
吨，北流县只得 20 吨。

三、赈粮如何发达各县

梧州是广西分署接收物资的总口，分署在梧州设有储运站，办理由广州运至该站
的物资，其他交通方便的地点如桂林、柳州、平乐、南宁及龙州，还设有五个储运站，
作为邻近各县的配运中心。现在广西赈粮的运输，大部分是靠水运，由梧州出发，水
运可分为抚河、柳河、邕河三大路线。由抚河上驶，可到平乐及桂林两储运站。由柳
河可到柳州储运站。由邕河可达南宁及龙州储运站。到了储运站后，即由各储运站以
迅速方法通知各县，前往领运，但车船可以直达的各县，可由储运站负责运送，车船
不能到达之地，则以人力搬运，采用以工代赈办法，每工发给面粉 2 市斤。

现在广西发放赈粮最困难的问题是运输。譬如上面所说灾情最严重的三县，全县
分配量为 620 吨，但至 5 月底，实得 115 吨；兴安县分配量为 370 吨，实得 79 吨；灵
川分配量为 200 吨，实得 46 吨。我曾到桂林储运站去调查，知道责任并不在该站，因
为查看该站的物资收发对照表，在三、四两月，该站收入面粉 308.84 长吨，发出
301.28 长吨，结存 7.56 吨，5 月份收入面粉 124.59 公吨，发出 119 吨，结存 5.59
吨，由此可见并非桂林储运站有粮食而不发放。那么是否梧州储运站没有把面粉运出
呢？答案是也不尽然，梧州储运站自 1 月份至 5 月份收发的粮食如下表：

食品	收入（长吨）	发出（长吨）	结存（长吨）
面粉	3 599.78	3 105.76	494.02
白米	1 573.84	1 377.74	196.10

可见梧州所收的米面，大部分已经运出，此项米面，一方面既已运出，而另一方
面又未收到，可见多滞留在途中。查抚河运输，由梧州至桂林，最少 20 天，多时常在
一月以上。此为桂北灾民，所以不能如数得到配发赈粮的症结所在。

四、赈粮如何发放给灾民

赈粮到达县府，如何分发给饥民，实为一个技术上最有趣味的问题。广西分署所

采的办法有二：一为在大多数的县份所采用的，便是利用乡镇及村街长（广西的自治组织，最小单位为甲，与他省同，但甲之上为村街，与他省之为保者不同，村街之上为乡镇，又与他省相似）；二为全县及兴安所采用的，便是利用工作队。

关于第一种办法，我们可以临桂县的情形为代表，临桂县为切实明了各乡村街已绝粮之饥民，俾作急赈根据，特制定绝粮饥民调查表式，颁发各乡镇村街，由村街长会同各该村之村民代表及甲长，切实查填，提出村街民大会公开决定后，再交临桂县社会救济事业协会的职员，会同各该乡在乡之县参议员复核清讫，汇转救济协会，分别施赈。（社会救济事业协会，是广西各县都有的组织，现在的作用，便是协助分署推行赈务，县长是主任委员，其他委员包括参议会议长、党部及团部的代表、地方公正士绅等数人。）临桂县所属有 33 乡镇，384 村街，23 万余人口，若令饥民来城领取面粉，则缓不济急，协会为谋迅速赈济饥民起见，特于东、南、西三区，分别设立储发站，将面粉运至上述三区之储发站发放。每站由县府、县参议会、县党部，各派一人，会同前往各站主持，各村至储发站领面粉时，须携同经核定之饥民册，并出具保证，并无虚报饥民人数之切结，始得领取。凡利用地方自治机构发放赈粮的县份，分署有时也派工作队人员去监督，这种人员，在河池宜山等县，每县均有一人。

关于第二种办法，我们可以兴安县为代表。分署在兴安县设立了一个事务所。自该所成立以后，共收到面粉 126 427 市斤，白米 3 万市斤，因于沿公路线溶江、严关、首善、西山、界首五地设立救济站，每站有工作人员 3 人至 5 人，他们经常入村，按户查明核发急赈证券，饥民得券后，即可到各站领粮，每人日发 6 两，每次可领 10 日，受账的人数为 11 145 人。兴安有 18 乡镇，工作队已经发放赈粮的乡镇，只有 8 个，而且受赈的灾民，大多数集于上述 5 乡镇（首善为镇，其余 4 处为乡）。在 5 乡镇以外，领到面粉的，只有 380 人。

五、与粮食增产有关的几种救济工作

以上所说发放赈粮的工作，可以说是在此青黄不接的几个月中分署的中心工作。粮食早到一天，早点到达饥民的手中，便有多少生命，因而得到保全。许多地方的行政人员都说，分署所发的粮食，虽然还不够多，但是很多人已经因为有了这点面粉，便逃脱了死亡的厄运，此外分署还做了一些与本年粮食增产有关的工作，它的作用，不但救了现在的灾民，而且还可增加秋收时的粮食产量，我们也可以在此叙述一下。

第一便是种子肥料赈款。分署第二期的业务费 14 000 万元，完全用在这个上面。发给的对象，一为确属受灾最贫苦农民无力购买种子的，二为确属受灾最贫苦农民，尚有种子，但无力购买肥料的。第一、二种人享有优先权利，有余款时，才发给第三种人。发放的方法，与发放粮食不同，因为此种赈款，乃是通过合作社发给农民的，县府得到赈款后，如当地有合作金库，就委托金库办理，如无此种机构，则由救济协会主办。呈请此种款项的，非个人而为合作社。广西在去年年底，共有合作社 13 664 个，合作社先询社员的需要，得一总数之后，即向金库或协会请款，经审核后发放，每户约得数百元至 3 000 元。此项赈款，原拟发给实物，但实行时感觉困难，因为各地农民的需要并不一律，如由分署统筹发放，手续极为复杂，所以结果是以现款发给合作社，而由合作社购买实物，发给申请的社员。

第二便是耕牛贷款，此项工作，中国农民银行已在广西办理，分署在第四期业务费中，有购买耕牛配发灾区紧急救济费 5 000 万元，我们所经过的县市，只有少数地方已经得到此种款项。如桂林市曾得耕牛贷款 794 万元，贷给有田无牛的贫农，每人 1 万元，由彼等自行联合若干人为一小组，共同购牛，轮流使用，是项借款于 4 月 15 日起开始贷放，5 月 14 日全部贷放完毕，计共购牛 69 头。全县得到的贷款较多，共 4 000 万元，购牛 381 头。

第三为水利工赈。在分署第一期业务费中，有农田水利费 7 600 万元，办理八项水利工程。第四期业务费中，也有八步水利工程增加工程费 1 000 万元。实际各地所办的水利，其价值超过此数，因为分署所颁发配给各县市局救济粮食使用办法中，曾规定各县市局，可以利用面粉，以工代赈，办理小型水利如掘塘之类。我们在宜山县曾参观花了百余万元修复的下官坝，可以灌溉良田 4 000 余亩。我们又参观了兴安县修复的秦堤，此堤之作用，在将灵渠之水与湘水隔离。在敌人盘踞时曾破坏秦堤一段，于是灵渠的水，尽行注入湘水，因灵渠水位比湘水高得很多的缘故，假如此堤不修复，则沿灵渠四五十华里的稻田，将因缺水而无法耕种。我们看到秦代建筑的工程，现在我们还在修理使用，心中甚为快慰。

第四为农赈。此举只在全县及兴安办理，但发生很大的效果。这两县是桂北灾情最严重的地方，农民在耕作期间，因缺乏粮食维持生活，所以把时间都花在采掘野生植物上面，无暇来耕种他们的田亩。分署桂林办事处，有鉴于此，乃提出农赈的办法，他们在全县沿公路线选定荒田 50 000 亩，公路线以外，选定荒田 16 500 亩，共 66 500 亩，另在兴安沿公路线选定荒田 18 500 亩，公路线以外，选荒田 1 500 亩，共 20 000 亩。分署规定耕赈之发给，是按田计工，按工计赈，田以亩为单位，每亩给单工 6 个，每工给赈粮 2 市斤，换一句话说，耕一亩荒田，可得 12 市斤的米。米的来源，是由分署派人到附近的资源县去采购，事先接洽 10 800 担，每担 16 500 元，于 5 月 5 日以前交完，由资源运到全县与兴安，仍是由分署组织受赈农民去肩挑，每人发给单程饭费。但资源县的当局，一因米价逐渐高涨，二因负担军粮，所以未将 1 万余担的米交足，至 5 月底，只交了 7 104 担，已发全县 5 186 担，兴安 1 644 担，另有少数尚在启运中。据两县的县政当局说，农赈的结果，远超过他们的期至。原期开荒的田亩，现已超过三倍，因为农夫得到这点赈粮，便努力去开发荒田，所以全县与兴安本年所耕种的田亩，据云已达八成，这是在别县所罕见的。

六、衣与住的救济

这两项工作，分署还未大规模地举办，目前最重要的工作，自然是在救死，但秋收以后，冬令来时，我们希望此项工作得到较多的注意。

关于衣的方面，分署曾接到旧衣 4 000 袋，其中首批 100 袋，已于 3 月间开始整理。整理之后，即分发各慈善机关，得到这种救济衣类的共有 7 个机关，即柳州救济院、柳州难民医院、广西省会育幼院、社会部广西育幼院、容县育幼院、全县儿童托养所、兴安儿童托养所，自 3 月至 5 月，共发旧衣 7 891 件。

住宅的救济，集中在柳州与桂林两都市，在这两个都市中，分署兴建了若干平民住宅，其中桂林市有 52 间已完工，现在一部分为湘籍难民所占用，其余在建筑中。这种平民住宅，有一处是每家一间房子，后面附一厨房，另有一处，每家也是一间房子，但四家合用一厨房，这两处的平民住宅，在第一期业务费中，曾拨 5 000 万元，在第五期业务费中，又增拨桂林平民住宅修建费 2 亿元，柳州 1.2 亿元。

七、教育与卫生

分署对于救济教育的工作，是协助各县市修复已毁坏的小学，在第一期的业务费中，曾分配 9 000 万元，协助恢复各县市小学校舍 45 所。其中如桂林市分得 1 600 万元，修复 8 校，柳江县得 1 000 万元，恢复 5 校，其余各县，恢复 4 校或 1 校不等。第三期业务费中，曾以 2.03 亿元，协助 62 县局，修复 103 校，受惠的仍以桂林市为第一，得 2 700 万元，修复 17 校，其他各县修复 1 校至 5 校不等。

分署对于卫生方面的工作，主要的有四项：一为协助各大都市恢复医院的机构，在第一期业务费中，分署曾以 5 700 万元，协助省政府在桂林、柳州、南宁、梧州四大城市，修复四间较完备之省立医院，另外修复龙州、平乐、宜山较次之省立医院三所。第三期的业务费中，协助省立医院及其他私立医院、麻风院等的款项，共计 6 800 余万元。第四期业务费中，有各公私医药单位补助费 3 500 万元，难民医院经费 4 600 万元。第五期业务费中，补助桂林道生医院 500 万元，我们曾参观柳州的难民医院，有病床 100 张，此医院系分署自办，设备较佳，柳州省立医院诊所及病房，现已修理完成，大病房 2 间，每房可容 16 人，小病房 20 间，每房 1 人，必要时可增至 2 人，桂林省立医院得款较多，规模在广西可称第一，病房修筑，已快完工，可容病床近 200 张。

分署在卫生方面的第二种工作，便是协助各县恢复卫生院。在第一期业务费中，曾分配与桂平等九县卫生院的修理及设备费，每院 225 万元，又分配与兴安、阳朔等 37 县卫生院的修理及设备费，每县 120 万元，第三期业务费中，又分配与临桂、宜山等 25 县卫生院修理及设备费，每县由 200 万元至 120 万元不等。

第三是防疫的工作。分署在第四期业务费中，有紧急防疫费 4 000 万元。关于防疫工作已经办理者，一为防治霍乱，曾在梧州、龙州等处收容霍乱病人，派兵在挑水码头为饮水消毒，又注射霍乱疫苗，截至 5 月底，共注射 17 332 人。二为天花预防，牛豆苗已发出 30 万人单位。三为灭虱工作，分署曾收到 5 300 磅 DDT 粉，已分发各法院每院 100 磅，为犯人灭虱，桂林灭虱站至 5 月底，曾为 1 746 人灭虱，柳州难民共灭虱 2 482 人。

第四为配发营养食品。分署曾接到罐头牛肉、牛奶、炼奶、奶粉等营养食品，除配发各育幼院及难童收容所食用外，并按灾情较重绝粮饥民众多之县份，分别配发。由分署工作队人员，分赴各县，直接分发给贫苦孕妇及营养不足之儿童食用。我们在雒容县盘古村参观时，曾请一婴儿之母，将牛奶罐头取出查看，因知该处营养食品曾实到灾民手中。不过有好些县份，虽已接到营养食品，但因工作队人员未到，还未施发。

八、难民的救济

难民救济的工作，可以分为三面叙述：一为难民的遣送。此种工作，在柳州由分署直接办理，在桂林由办事处办理，在梧州由难民转运站办理，其他各地，委托地方政府机关办理。在柳州曾设难民登记站，在桂林设分站，随时登记审核合乎标准的难民。凡属湘鄂及华北籍的，由柳州转送衡阳，其属粤籍的，则运送梧州，由转运站托广东分署西江难民输送站接运回粤。途中膳食，每人日发食米一斤，菜金百元，或发给米菜代金 300 元至 500 元，12 岁以下小口减半，3 岁以下婴孩免发。从去年 11 月起至本年 5 月底，已送难民 9 307 人，其中送往桂林的 58 人，衡阳 4 759 人，梧州 4 307 人，南宁 115 人。

二为难民的收容。被遣送的难民，在出发之前，可暂住收容所中，还有无家可归的难民，则长期住在收容所内。柳州的难民收容所，有寝室 5 间，可容难民 200 余人。柳州还有两个机关，均与收容难民有关：一为救济院，收容了儿童及鳏寡 173 人；一为难民寄宿舍，可容 65 人，难民中可以自立谋生，但晚间无处容身者，寄宿于此，分署对于此项难民，并不派发给养。桂林的难民收容所，规模较大，现住难民 857 人。这些难民，十分之九是桂林人，因为房屋被焚，无处安身，所以寄居在此，宿舍中颇为拥挤，方丈之地，要住四家，每家一床，彼此相连，各种不便，可以想见。

三为难童的收容。在分署第四期业务费中，有设置儿童收容所紧急救济费 7 240 万元。此项工作，在桂林及桂北灾情较重各县，已经办理，其余各处，正在开展中，桂林的省会育幼院，规模最大，现有儿童 600 余人。兴安及全县各收容难童 200 余人。我们看见桂林育幼院儿童自办的壁报，知道他们对于院中生活，颇感满意。桂北等县初办时，人民颇表怀疑，因为他们觉得政府从来没有做过这种好事，所以总以为政府别有用心。有一谣言，说是这些儿童将来都要运到美国去当兵，所以有些父母，把儿童送来不久，又去领回，儿童也有自己逃回的。现在经各方面解释，此项疑虑，已经消灭，愿意送儿童入所的日在增加，各收容所均感无法应付。

九、批评及建议

以上所述的广西分署工作，只举其荦荦大端，其他小节细目，尚有多种，在五期业务费的分配单中，都可以看到，不必细举。我们对于广西分署的工作，大体满意，与其他各省比较优劣之点何在，当留待将来讨论，现在有数点批评与建议，提出以供总署参考。

第一，为广西物资的运输问题。此项物资，大部分靠水运，而水运的迟缓情形，已如上述。在此次善后救济审议委员会开会时讨论也都集中于此。据若干参议员的批评，分署在抚河的船运，所以不如商船迅速的原因有三：一因所出运费太低，只等于商运的八折，船户因此对于水手招待不周，每月中途逃亡，以致运输停滞。二因救济物资，每一分站请兵护送，各站接防，费时费事。三因分署船只，结队而行，一船出事，他船连带停留。凡此诸点，分署已在改进。唯抚河民船专借人力，无论如何，速度终有限制。如想缩短运输时间，应改用机动拖驳，以机械的力量代替人力。此点须总署方面多加协助。

卡车的运输，虽然力量有限，但短程输送紧急物资，亦有其相当的贡献，分署前有卡车 30 辆，最近交与 C. H. T.，以致指挥不灵；分署办理储运工作人员，对此颇为不满，如桂林储运站某次欲以载运物资到桂林之卡车，装载面粉赴全县，但司机以未奉 C. H. T. 命令，不肯担任此种工作。现闻总署将另拨卡车 23 辆与广西分署，或可补救此种缺点。

第二，为分发物资之机构问题。现在分署发放面粉，大部分利用地方自治机构。全县与兴安，则利用工作队。分发营养食品，则全赖工作队。利用地方自治机构，自然有其缺点，如有若干乡村中，借此作弊，从中取利，但其长处，在于普遍，在于人手众多，办事比较迅速。利用工作队可以免除中饱等弊病，但以人力有限，照顾难周，在全县与兴安二县发面粉，只达到公路附近乡镇，其余各区，难免向隅。分发营养食品，在各县感到同样的困难，即工作队人员有限，而一县的地区广阔，工作队人员虽努力奉公，营养食品仍堆积库中，发不出去。根据此种经验，我们提议工作队应居于督导的地位，实际分发的工作，还是要通过地方自治机构，工作队应与地方自治机构相辅而行，不要越俎代谋，以致费力多而收效少。广西的自治组织，已有基础，发放赈款及物资时，虽然有少数作弊的事，但大体可以说是廉洁的、公开的。假如工作队认真监督，作弊的事应当更为减少。

第三，是医药问题。分署很早便注意修复省立医院及各县的卫生院，实具卓见。现在各县机构已立，但医药缺乏，医生的补充，恐非短时期内所能解决；但药品方面，分署希望总署能大量供给，特别是医治疟疾、痢疾等毛病的药品，尤为需要。分署的卫生组，谓现在所得药品，只有 5% 是总署给的，其余的药品，多由中国红十字会、美国红十字会及美军方面得来的。希望以后总署多为发给，并对于所发给的药品，先与分署协商，俾能适应当地的需要。

第四，为住宅问题。寇灾所遗留的痕迹，最为触目的，便是各村落中的破屋。这些房屋，不足以避风雨，亟须重加修建，否则对于人民的健康，一定大有妨碍，过去广西分署的建筑费，协助公家修复小学及卫生院，已有成绩。此后似应提出一部分款项，协助贫苦农民，重建住宅。据兴安县参议会王议长的估计，农民修复其泥砖茅顶的房屋一间，有 20 万元便可够用。假如分署借与四分之一的款项，分期归还，一定可以加速各乡村的复兴。这种款项在分还时，可以由当地人士、组织委员会保管，以为教育及卫生事业的补助费。此问题牵涉颇广，且各省遭受寇灾的各县，均有同类的问题，希望总署专家，对此多加讨论以为秋后实行之根据。

6 月 15 日于衡阳

（载《行总周报》第 22 期，1946 年）

看灾归来

我于 5 月 14 日离开重庆，做了一次长途的旅行。路上经过了贵州、广西、湖南、广东、江西、浙江等省，于 9 月 4 日到达首都。在这次旅行中，我的目的是要视察各地的灾情，并且看看各地的善后救济分署如何进行救灾的工作。

灾情首先触到我们眼中的，便是破坏的房屋。我们过了贵州的都匀县以后，沿公路上的房屋，便呈现出焚毁、破坏以及临时修补的现象。有许多房子，破墙还留着，但上面已无瓦盖，地基上长的是青草。我们所经过的县城，房屋被毁在 90% 以上的，乃是数见不鲜的事。有好些县政府，因为县城中没有一所完整可以办公的屋，到现在还流亡在乡下，没有回城。最惨的一县，在我所看到的来说，是浙江的武康。这个离莫干山不远的县城，江浙的人大约有许多都到过的，在战前，据说有房屋 3 000 余间，在沦陷期内，所有的房子都烧光了，去年 8 月 23 日，县城收复的时候，县城中除了城隍庙外，没有一所完整的房子。至于各地的乡村，与武康同一命运的，真是指不胜屈。我在江西，曾到过高安县的一个乡村，名为祥符观。同行的人告诉我，这个乡村在战前是相当繁荣的，但我在那儿，不但看不见旧的房子，连旧房子的痕迹也看不见，路旁的几间茅屋，显然是胜利后新盖的。

在我所经过的 5 000 余公里途中，饥民是到处可以看见，但最严重的饥荒区域，是西起柳州东至衡阳的 600 公里范围之内。在这个路线上的灾民，在今年秋收以前，的确有许多靠吃野草度日的。我们看了很多乡村，到每一个家庭中去访问，发现他们有稀饭或豆子吃的，占极少数。广西雒容县的盘古村，我们在等候汽车时，看了十几家，其中只有两家有稀饭可吃，其余的都吃石头菜、豆角叶、芭蕉根。这些灾民所吃的野草，我们在沿途搜集标本，到衡阳时，已经搜集了三十几种。吃这些野草的人，营养不足，因此各县的死亡率比较平时大增。饿毙的灾民，各县都有，在桂北每月以百计，一入湘境，便以千计。零陵饥民，至 5 月底，饿死的已有 2 090 人。祁阳在同期内，饿死的有 3 140 人。衡阳县政府报告，至 6 月 9 日，已饿毙 26 429 人。此数或太夸张，但该县参议会所送统计，5 月份内，饿死人数，有姓名住址可考的，凡 1 121 人，此或近于实情。

我们这次旅行在夏天，所以各地的老百姓在衣服方面缺乏到什么程度，难以看出。在贵州，我们有一次因为车子抛锚，住在一个只有 14 户的村庄里。这个村庄中的男女老少，除了两个人外，没有一个人穿的衣服不是打补丁的。而这两个人中，有一位还是没有满月的新娘子。自广西到江西，疟疾是很流行的，但我们所参观的家庭，有帐子避蚊的占极少数。问他们的帐子到哪儿去了，答案是逃难时带不了许多东西，都留给敌人焚毁了。这些老百姓，多以木板为床，破絮为被，至少有几个冬天他们不大好过。

行的方面，公路铁路的损失，凡以前在这些省份里旅行过的，都能看得出今昔的差异。公路方面，湖南以前号称全国第一，现在虽然比以前差了，但在各省中仍可居首席。江西比较也还不差。其余各省的公路，是否可以当得起路的尊称，大有问题。从广州到曲江的公路，有一大段，我们的车每点钟只能以 5 公里的速率前进。此外如广西由柳州到全县，如浙江由江山到诸暨，坐车有如骑马，颠簸得厉害，不是在都市中坐汽车的人所能想象得到的。我们在广东时，因为怕公路的颠簸，有时也坐驳船。有一次，船上除挤满了男女客人外，舱的前面与舱的顶上，都装满了肥猪。平生最恶猪的龌龊，此时因旅行的需要，也不得不与猪为伍，这种人畜不分的交通工具，在国内还是最普通的。以我的观察所得，现在内地所用的交通工具，无论是人力车、轿子、帆船、汽车、车皮，今日用以运人的，明日也可用以运猪。

我于民国二十九年也曾在内地做了一次长途旅行，路线大同小异。经过 7 年的寒暑，中国大多数的人民，是更穷了，更苦了。这是我的一个总的感想。

很侥幸的，现在有像联总这样的一个国际组织，来帮助我们办理救济的工作。没有这种帮助，我们是否能够维持灾区中的治安，很是一个问题。历代改朝换代的大乱，有许多是饥民发动的。今年我们的灾区是那样大，灾民是那样多，为什么社会的秩序还能维持呢？简单的答案，完全靠了国际友人送来的物资，使纷乱不致发生，社会得以安定。

今年行总利用联总给我们的物资，在全国各地办理大规模的救济，范围之广，方面之多，可以说是空前的。只拿衡阳一县来说，湖南分署在 6 月以前，便发了赈济面粉 750 万市斤。如每斤以 300 元计，这些面粉便值法币 21.15 亿元。别种物资，如旧衣、牛奶、奶粉、罐头食品，等等，衡阳县的饥民也有所得，还没有包括在上面的数字之内。

这种空前的救济工作，详细的节目，我不拟在此叙述，现在只把几项比较重要的报告一下。第一便是发粮食给灾民。粮食种类很多，但以面粉为最重要。在广西及湖南的饥馑区域中，约有 500 万人靠这些面粉维持生命。如何把这些面粉从分署的所在地发到饥民的手中，是一个很可研究的问题。大概地说，广西、广东及浙江，发放面粉还是利用自治机构，工作队只处于监察、抽查及检举的地位。湖南及江西，则由分署组织工作队直接发放。利用自治机构，难免有不肖的乡镇保甲长从中取利，但其优点，在办理迅速。如湖南一省，如利用自治机构，同时可动员 5 万余人，而工作队的人数还不到 400。利用工作队来发面粉，虽然中饱的事可以减少，其弊在缓不济急。如湖南衡阳县虽然有 24 个工作队在那儿发放面粉，但当我们于 6 月底离开衡阳时，还有交通不便的 7 个乡没有领到面粉。个人的印象，觉得各地的乡镇保甲长，在办理救济时，还是有良心的多，作弊的占极少数。如各事均绝对公开，并利用民主的力量，弊端可以减至极少。即使有作弊的，也很容易发觉。如衡阳县致和乡的乡长，领了 450 人的面粉，只发 440 人，每人应得 7.5 斤的，他又只发 6 斤 14 两或 7 斤。这个作弊的行为，不久便给民众举发了。现在这个乡长还坐在牢内。我们只要规定，在发面粉之前，乡长应将受赈者的名单公布，发放面粉之后，再将受赈者每人所领的数量公布，乡长即欲作弊，也是无从下手的。在广西，连受赈者的名单，在好些县份里都要经保民大会通过。这样产生出来的名单，我想是最公平的。因为在一保之内，谁穷谁富，大家都知道的，他们通过的名单，比任何调查都确实。我们有一次在广西灵川县的何家铺下车视察，有一妇人来诉苦，说是同村的人把她面部击伤，不准她也领面粉。我们仔细询问，知道全村中只有 3 家有牛，而这位妇人便是有牛的一家，同时她的家门口还摆了一个小摊，贩卖糖果食品。我们觉得这个村庄中的舆论是公平的，这位妇人不应当受到救济。

第二，关于衣的救济，各地的分署多将外人送来的旧衣散发。在散发之前，每将袋中的旧衣分类，至少分为男、女及孩衣三种。这些旧衣，发到保办公处之后，每以抽签的方法，分配给贫苦灾民。此外，各地的分署，也有于盟邦送来的旧衣之外，另制棉衣分发的。如湖南分署，曾拨款 4 250 万元，制棉背心 33 000 件，分发 54 县市。又拨款千万元，制棉大衣发给过境难民。又制棉被 1 600 床，发交各难民服务处备用。前几天，蒋署长廷黻在行总业务检讨会议中，曾声明一点，即关于衣的救济，今冬还要大规模地推动，各地的缝纫工厂不久一定要忙起来了。

第三，关于住宅的救济，最为花钱，最不容易办得好。广西的柳州与桂林二都市，破坏得很惨，所以广西分署花了 3.7 亿元，在这两个地方建筑平民住宅。计划是很好的，可惜广西大多数无家可归的农民，得不到好处。湖南的办法，比较好一点，他们以 4.72 亿元，在 29 个县市中，建筑平民宿舍。最可称道的，还是江西的办法。我于 8 月 7 日，由南城赴南昌的途中，经过临川，与工作站的万组长谈话，知道他们有为农民建筑的农舍，是为农民解决住宅问题的。此事引起我很大的兴趣，便走到青云乡的濠上村去看正在建筑中的农舍。这种农舍的外观，是很简陋的，茅顶，竹筋泥墙，造价只要 161 000 元。这种农舍，当然达不到战前农宅的水准，但农民有此栖身之所，一可不致挤在朋友亲戚家中，二可就近耕种田地，使荒田可以开辟，对于粮食增产上也有其贡献。此后我们在南昌，在高安，都看到这一类的农舍。江西分署给我的数字，是江西境内共建农舍 1 392 栋。在沦陷期内，江西全省被毁的房屋是 38 万多栋，农舍的建筑不过解决房荒问题极小的一部分而已，然而这已是一个很好的开端。

第四，关于医药的救济，各地的分署做了不少的工作，但离满足需要的程度还远。我所经过的省份，都有霍乱，都曾发生天花。江西与浙江，鼠疫正在蔓延。至于疟疾、痢疾、伤寒、脑膜炎，更是家常便饭，到处都有。各县的卫生院，医生固然不够，药品尤其缺乏。以江西来说，中正医学院是江西训练医生的最高学府，但中正医学院的毕业生没有一个肯当县卫生院的院长的。星子县的卫生院院长，每月薪水只有 14 800 元，另外加公粮 120 市斤。这样低的待遇，如何能吸引好的医生呢？但医生与药品，我认为药重于医，因为大多数的老百姓，所患的只是几种普通的病，如有良药，虽庸医也可把他们医好。譬如高安县有一村庄，村民 100 余人，有一半是患疟疾的，连我们这些没有进过医学院的人，也知道这些人应当吃什么药。可是好些县立卫生院，每月购置药品的经费还不到 1 万元，万万无法完成它的任务。现在各地的分署，有的在那儿协助各县修建卫生院，大多数都在那儿分发药品与器材给卫生院，但是分署关门之后，买药的钱又从哪儿来呢？这不能不说是我国民族健康的一个大问题。

我回南京之后，有人问我，灾区中的民众，如想恢复战前的生活程度，还要多少时日？我的答案是：这个问题要分开来答复。最容易恢复的，是食的生活程度。只要有一两年的丰收，灾区中的民众，在吃的方面，便可恢复战前的水准。衣的方面，如想回到战前的程度，起码还要 5 年。住的方面，恢复旧观，最为困难，起码要 25 年。

最困难的工作，也最需要政府的协助。我有一个私见，希望政府在帮助民众解决房灾的过程中，同时替各地的卫生事业立下基础。我提议政府利用善后救济的机构，在每一县内，发放 2 000 万元或更多的房屋贷款。凡欲再建住宅的农民，每户可以向各地的善后救济分署借款 5 万元，分 5 年无息归还。2 000 万元，至少可以协助 400 家农民修建他们残破的住宅。这些贷款，归还之后，便由县政府、县参议会，组织一个机关保管，以利息的收入来做卫生院购置药品之用。这个办法，如果实行，一方面可以局部地解决目前的房屋问题，一方面也可为各县的卫生院筹集一部分购药的基金。在广西、湖南、广东、江西四省，沦陷过的县市共有 284 个单位，假如我们在每一单位中贷款 2 000 万，共需 56.8 亿元。这个数目似乎很大，但也不过广西分署在 7 月前所花经费的总数而已。

我愿意提出这个问题来，请留心民众福利的人加以慎重的考虑。

9 月 14 日于南京

［载《大公报（上海）》9 月 20 日，1946 年］

灾荒严重的湖南

本署顾问吴景超先生，不辞辛苦，赴各地视察灾情及各分署工作情形，由渝出发，费时三个月，跋涉 5 000 里，历黔、桂、粤、湘、赣诸省，所缮视察报告，叙述灾情，详确明白，批评工作，简赅中肯。关于桂省部分，曾连续刊载本报第20 期、第 21 期及第 22 期。兹蒙吴先生又惠寄报告数份，本报本期先刊一部分，其余待陆续登载。——编者按

一、湖南灾情

（一）行程

我们于 6 月 11 日，由广西的全县，进入湖南的零陵。12 日在零陵视察。13 日，由零陵经祁阳至衡阳。14 日至 18 日均在衡阳。19 日乘轮船赴长沙。20 日至 23 日均在长沙。24 日离长沙，晚宿湘潭。25 日经湘乡赴邵阳。26 日下午赴衡阳。27 日再留衡阳一天。28 日经耒阳至郴县。29 日离郴县，当晚抵广东之曲江。在湘境内，前后凡19 日。

（二）灾情成因

湖南灾情的成因，与广西大同小异。由全县至零陵，省境虽然变了，但灾情却是连续的。就我们观察所得，零陵至衡阳一带的灾情，较之桂北，尤为严重。我们的车开进祁县大街时，见小孩一名，无裤，抱一碗卧街中，汽车过时，有人提其足置于街

边，似已死去。

离祁阳 20 里，有一地名沙滩桥，汽车到此须过渡，渡旁有一死尸，尚未掩埋，系于该日早晨饿毙者，尸上覆以破被，为死者生前唯一之财产。抵衡阳县城，景况尤为凄惨；街头巷尾，灾民触目皆是。据云在 5 月初，衡阳县城内有 5 800 余灾民，流浪街头。5 月下旬，疏散一部分下乡，另设收容所四所，收容 2 000 余无家可归之灾民，衡阳街上，始不成为乞丐集中营。但晚间露宿街头的，还是不少。饿毙的每天亦有数起。我们于 19 日早晨乘车至衡阳轮船码头，见一男子卧于街中，呼之不应，抚之则已气绝。零陵饥民，至 5 月底，饿死的已有 2 090 人。祁阳在同期内，饿死的有 3 140 人。衡阳县政府报告，至 6 月 9 日，已饿毙 26 429 人，此数或太夸张，但该县参议会所送统计，5 月份内，饿死人数，有姓名住址可考的，凡 1 121 人，此或近于实情。

灾情的起因，由于寇灾与旱灾。今以衡阳县为例，说明此点。衡阳于民国三十三年 6 月 23 日，即有敌人入境。8 月 11 日，衡阳市沦陷，至民国三十四年 8 月 29 日，始告光复。衡阳居交通中心，水运居湘、耒、蒸三水合流处，铁路有粤汉、湘桂二线，公路有衡宜、衡零、衡宝、衡潭四线，驿路有衡安（安仁）、衡耒（耒阳）、衡常（常宁）、衡湘（湘乡）四线。敌人为扼守此项交通线，在衡阳境内，设有 78 个据点，搜刮物资，无孔不入，据云粮食一项，即损失 240 万市石，而民国三十三年春夏两季，一连 80 日不雨，民国三十四年春夏两季，一连 90 日不雨。衡阳县的地形，阻山包陇，一陇之内，田不过数百亩，以浚塘为唯一蓄水之所；因多时不雨，均成赤地，稻田失去灌溉，自然造成旱灾。民国三十三年及民国三十四年二年，因旱灾而损失之稻谷，据估计共为 960 万石，可见旱灾损失的严重，甚于寇灾。

据分署的调查，湖南民国三十四年旱灾区域，在湘南有安仁、衡阳、祁阳、零陵、东安、新宁及宁远，而这些县份，都是沦陷过的，所以可说是湖南灾情最严重的区域。

（三）饥民多少

湖南饥民的总数，没有一个机关可以回答得出。社会处与湖南分署，都接有各县的饥民人数报告，但都残缺不全。在这两个机关所得的报告中，如加以比较，就可发现各县在报告时，并非采用同样的数字。分署的表，是 5 月 8 日造的，社会处的表，是 5 月底造的，两个表上数字的相差，可举数例如下：

县名	分署表	社会处表
衡山	115 500	50 431
临湘	1 556	5 000
衡阳	440 161	165 000
邵阳	150 000	156 520
耒阳	315 221	40 587
常德	224 575	20 000

上列六县，唯临湘与邵阳向社会处多报，其余各县，均向湖南分署多报。不管哪一个数字，恐怕都是不可靠的。

另外有一个官方的估计，是湖南有灾民 350 万。这个数字，是根据粮食的产量与消费算出的。湖南平常年度产米 121 609 814 公石，消费 115 940 912 公石，尚有盈余 5 668 902 公石。民国三十四年产量只有 67 317 107 公石，消费量假定不变，应缺粮 48 623 805 公石。以杂粮 27 629 800 公石弥补，尚缺稻谷 20 994 005 公石。以稻谷 2 公石折合米 1 公石（重 140 市斤），再折成公吨（2 000 市斤），共缺米 734 790 吨。以每人平均年需米 4 石计，全省约有 530 万人缺乏粮食。再以蔬菜抵补三分之一，全省非赈不生之灾民，现有约 350 万人。

理论的饥民数字，与实际受赈的饥民数字，大有出入。湖南分署，于 4、5、6 月内，曾分配三次粮食，办理急赈。第一期在 4 月，受赈人数规定为 99 500 人；第二期在 5 月，受赈人数规定为 70 万人；第三期在 6 月，受赈人数规定为 153.5 万人。

（四）饥馑社会中的病态

我在《广西灾情》一文中，曾提及饥馑社会中的病态十点，此种情形，在湖南也都闻见得到。可见此类事实，与饥馑的社会，有密切的关系，并不以省别而改变性质。除前述十点外，兹再补充两点，乃是在湖南搜集到的新资料。

第一为掘食埋尸。祁阳县政府给我们的参考资料中，有祁阳县灾情纪实一文，文中有"最近竟有掘食埋尸，而全家遭毒毙者"一语，我们便把此点提出来质问谭文先科长，据说此事发生于三吾镇，有一家佃农四口，掘食埋尸心脏，全家毒毙。6 月 23 日长沙《中央日报》载有《如此零陵》一文，谓零陵集义乡某甲王某，饥饿成病，奄奄一息，其家见病势难起，乃掘观音土一撮，调润密封病者之口，以促其死，死后便以稻草一捆，殓埋山中。阅日，灾民闻讯，即密集若干人，深夜掘墓分尸，挑至一独立村屋中，用锅烹煎，食一日而未毕。饥民竟以死尸做食品，其饥不择食之态，可以想见。

第二为集体逃荒。省府虽然禁止逃荒，但请求逃荒及实际逃荒的，仍到处难免。如衡阳县七宾乡乡长 4 月向县参议会报告，谓本乡第十保、十一保、十三保饥民，联合老幼男女，册报 463 人，请发护照逃荒。经本所派员前往安慰，未便准行。同县凰飞乡乡长，亦有报告，谓据第四保长报告，属保境内，饥民达数百，识睹此惨状，心神俱痛，未敢缄默，理合据实报告钧所察核，设法救济，并恳转呈县府，赐予发给逃荒牒照，起一生于九死。耒阳县肥永乡乡长于 5 月 18 日呈县政府，谓据第六保灾民代表蒋奉璋呈，蝼蚁尚知易地求生，人命岂能坐以待毙。是以不得已集合老弱无力、贫苦无依者，共计男女 54 名，组织灾民团，前往邻近丰裕富庶之省县，求助乞施，借图过活，定期 3 月渡此难关。唯恐到处人地两疏，难免有所隔阂，良莠各异，深虑时有纠纷，为此将上述各情，沥陈察核，即祁准予备案，并请转呈县府发给护照。此呈照例于 6 月 21 日批复，未便照准。逃荒虽然禁止，但实际逃荒者，仍触目皆是，郴县的临时收容所收容的灾民，据说十分之八是衡阳逃来的，买车票送他们回籍，他们都不肯走，说是衡阳日子更难过，成为郴县目前一个难以解决的问题。茶陵也有类似的事。这些逃荒的，如当地政府不加收容，便足影响社会秩序，如湘潭县政府 5 月 4 日有呈致分署说，查有灾民 3 000 余人，由衡阳逃来潭宁边境，尤以道林（宁乡县所属）集中最多，秩序紊乱，常有穿房入室，强取米物情事，其势甚凶，有向姜畲乡麻塘一带窜扰之势。除此以外，短程逃荒，如由乡村逃往都市者，更为普通，衡阳市在 5 月前成为乞丐集中之地，在街中乞食者至 6 000 人，多数都自乡下来的。

二、湖南分署工作要点——与广西的比较

湖南分署的善后救济的工作，有许多是与广西相似的。为避免叙述的重复起见，我在本报告内，拟做一比较的研究，凡湖南分署工作，与广西不同的，则详为叙述，相似的则从简略。

（一）行政组织方面

湖南有五种三人小组会议，系由分署与联总驻湘办事处合组，协商办理农业、工业、储运及分配、卫生、社会福利各项技术之建议与执行，并与联总湘处按期举行联席会议，交换善后救济工作一切意见。又在岳阳、衡阳、零陵、邵阳四处，分派外籍

福利专员一人、国籍专员一人，常驻各区，督导赈务工作。广西无此种组织。考联总的职务，在督策及建议，政策的决定及执行似应在行总之手。总署如是，分署亦应如是。湖南分署的小组会议及各地的所谓外籍福利专员，似应改变性质，专致力于批评及研讨，至于决策与执行，则分署署长责无旁贷，他人可以借箸代筹，但不必越俎代谋。

湖南在邵阳及衡阳二处，设有办事处。广西在桂林设有办事处。查广西分署，设在柳州，桂林为省会所在地，似有设立办事处之必要。湖南分署在邵阳与衡阳，均设有储运站、难民服务处、工作队及中外籍福利专员。邵阳且有一乡村工业示范组。此若干单位，均可直接与分署行文，所以各单位的工作，办事处有时并不知其详情，于是办事处之地位，有如行督察专员公署，有无成立之必要，大成问题。

广西为协助分署工作，在各县普遍设立社会救济事业协会。湖南有类似的组织，但其名称颇不一致，有称善后救济审议委员会，有称救灾委员会，有称分配委员会，有称救灾工作团。

广西分发救济粮食，利用地方自治机构，只在兴安与全县，利用工作队，湖南则普遍地利用工作队，此点关系甚为重大，当于下文中详为叙述及分析。

（二）急赈

湖南人口比广西多一倍，灾情亦较广西严重，但湖南分署成立伊始，只拨5 700万元，分发受灾各县市，办理急赈，广西曾拨款1亿元，办理急赈，比湖南反多近一倍。

截至6月15日，湖南所得面粉、米及小麦三项，已达16 621吨。我们于6月11日离开广西境时，闻广西所得粮食，只达5 000吨，以人口及灾情的不同来说，此种三与一之比例，虽不一定是总署的政策，但尚合理。

（三）农业

关于农业的协助，湖南曾发种子及肥料赈款2.68亿元，广西的同项支出为1.4亿元，湖南的耕牛贷款为1.72亿元，广西为500万元。湖南在水利方面，曾举办五项工作：一为补助常德、沣县、安乡三处修复城堤，共费1 400万元，麦粉100吨。二为配发滨湖11县修复堤坝麦粉1 000吨。三为配发长沙明道乡朝镇月湖围堤麦粉30吨。四为扬子江堵口复堤工程，计湘境岳阳、临湘、华容三县，配发麦粉1 196吨。五为在衡阳、零陵、祁阳、东安、常宁五县配发麦粉359吨，修复塘坝；实际此项麦粉，在衡阳、零陵各县，已经贷与饥民，须俟秋收后，还粉或糙米，再为举办。广西在水利方面，共费 8 600 万元。所以在发放种子肥料赈款、耕牛贷款及水利工赈三方面，湖南与广西的工作，努力大致相似。但广西在全县及兴安办理之农赈，实为一有识之创举，不但湖南未办，广西其他各县，亦未举办。

（四）工业

湖南办了四个善救工厂。我曾在衡阳及长沙参观其二，都是小规模的手工业，无足轻重。广西未办。但湖南为办理工赈，曾修筑三条公路，即零东（零陵至东安）、零道（零陵至道县）及邵新（邵阳至新化）。三条公路，在 5 月份平均每日工赈 9 200 余人。我们这次所经各处，觉得湖南的公路，虽已不如战前，但在各省中，还可居第一位。我们在湖南境内，所经过的几条路线，除易家湾至湘潭及由宋家塘至邵阳两小段外，其余都很平坦，不似广西、广东的公路上，到处都是大小窟窿，令人乘车生骑马之感，所以今年秋季，如广西要办理工赈，则修理自大塘至全县的公路（自六寨至大塘在西南公路局管理之下，路基尚佳）无妨列为可以举办事业之一。

（五）衣的救济

湖南的工作，较广西为多。广西只发过 100 袋旧衣。湖南曾先后拨款 4 250 万元，制造棉背心，分配 54 受灾县市，又拨款 10 万元，制棉大衣，分发过境难民。并在安江第一纺织厂，赶制棉被 1 600 床，发交各难民服务处备用。旧衣方面，湖南亦曾分配 1 041 袋于 54 受灾县市，旧鞋亦有 1 200 袋分配于各受灾县市及救济机关。6 月 11 日，我们在零陵的对岸，阻水不能过江，曾请当地高增银保长将其会议记录取来一阅，在 2 月 14 日的保民大会中，有一段关于处置旧衣的记载如下："本保奉颁分配赈灾寒衣五件，如何分发案，决议：本保所有赤贫孤寡概行加入抽签，以中签者发放之。计有孙蒋氏得棉背心一件，龙铁仔得棉背心一，高尧生得女大衣一，金蜡生得黄童裤一，沈何氏得白童裤一。"此种记录，可以表示分署发放的衣着，如何达到灾民的手里。

（六）住的救济

湖南所花的钱，也较广西为多，且比较分散。广西的平民住宅，集中于柳州及桂林二市，共费 3.7 亿元。湖南曾拨 4.72 亿元与 29 县市，建筑平民住宅，除长沙与衡阳二市各得 3 000 万元，邵阳得 2 200 万元外，其余各县，均得 1.5 亿元。长沙与邵阳的平民住宅，均已完工。长沙的平民住宅，共五栋，每栋可住六家，每家一大间、一小间，另有公共厕所，房租规定每月 2 400 元，我们去参观时，此平民住宅，已为军官所霸占。市府人员告诉我，等这些军官搬出后，便可抽签分配。邵阳内平民住宅，建筑略与长沙不同，有大房一栋，凡三间，可住单身平民约百人，另有小房两栋，与长沙相似，每栋可住六家，每家一大间、一小间。此住宅已建筑完毕，但县府之意，拟租与乡村工业专家暂住，另建平民住宅，以住真正之平民，所以湖南对于平民住宅的建筑，就已完工者而言，实惠还没有到平民的身上。

（七）教育

教育方面的救济，湖南所花的钱，远不如广西，而且比较集中于少数都市。广西曾以 2.93 亿元，协助各县市修复中心小学，私立学校受惠的占少数。湖南只拨了1.32 亿元，协助小学的修复，受惠的多私立小学，而且集中于长沙及衡阳二市。湖南对于修复小学校舍，前后曾拨款三次。第一次 4 000 万元，长沙市独得，受惠者公立小学 8 校，私立小学 10 校。第二次 5 000 万元，衡阳市独得 3 000 万元，受惠的公立小学 8 校，私立小学 26 校。第三次 4 200 万元，长沙市又独得一半，计 2 100 万元。总计起来，长沙市受惠的有 36 校，衡阳市有 34 校。此外湘潭 4 校，邵阳 3 校，常德与衡山各 2 校，岳阳、平江、零陵、益阳、郴县各 1 校。

（八）卫生

卫生方面的救济，湖南所花的钱，更不如广西，而且与教育所花的钱一样，也是集中于少数地区。广西在卫生方面，曾拨款 35 760 万元，协助修复省立医院、各县卫生院及少数私立医院。湖南只以 1 500 万元，协助各地医院的修复，受惠者多为教会医院。卫生院受惠的，只有长沙及衡山两处，长沙得款 400 万元，衡山得款 200 万元。但湖南收复区的卫生院，虽然多数没有得到经费上的补助，物资上的补助却是有的。每一卫生院，可自分署得到一批器材、一批药品、一批牛奶，重约 900 公斤。自由区各卫生院亦有补助，但只能领得三分之二，即 600 公斤。湖南在卫生方面，还有一件工作，是广西所无的，即成立了五个医疗队，每队有一队长、一副队长、二护士、二助理员、一事务员。第一、第三两队，驻在零陵两新筑公路区中，第四队在邵阳，服务于邵新公路。第二队在长沙难民服务处，第五队在衡阳育幼院。我们在衡阳育幼院参观时，第五队的职员还未到齐，只看到一位队长及两位护士在那儿工作。广西分署虽无医疗队的组织，但总署在广西设有两个医防分队，分驻全县及南宁。

（九）难童

难童的收容，湖南与广西的工作，分量相等。湖南在长沙设有示范育幼院一所，共收难童 640 名。另在长沙收容街头露宿之难童 70 余名，暂寄第一难民服务处。在衡阳，分署曾与县救济院合办育幼院一所，院在莲湖书院旧址，已收难童 929 名。衡阳因久经饥馑，难童缺乏营养，抵抗力弱，入院时多患疾病。院长告诉我们，5 月 13 日收入的一批难童，计 135 人，其中患回归热的 90 人，患脑膜炎的 6 人，患痢疾者极多。第五医疗队的队长谓于 6 月 15 日检查新入院的儿童 130 名，其中患重病的，凡 60%，包括 13 人有肺炎，17 人有肺病，18 人有回归热，真正无病的共有 2 人。由儿童患病者之多，可见衡阳目前灾情之严重。入院儿童，现在每日三餐，一顿奶、两顿饭，或一顿奶、一顿饭、一顿面。杨处长谓拟将有家可归之儿童，给以领面券，令其归家，让出空位，再收露宿街头的儿童。实际衡阳育儿院已于 5 月 12 日，送 100 名至第三善救工厂，5 月 29 日，又送 100 名至难民招待所，故此育幼院收入之难童，已超过千人。而街头难童，犹不减少，现有筹设第二育幼院之议。此外分署还在衡山补助儿童保育所收容难童 150 名，补助期间三个月。在零陵分署补助该县救济儿童保育所收容难童 600 名，城区 400 名，冷水滩 200 名，救济院在城区，只能容 200 名，其余 200 名，据齐县长言，系由专员公署、县政府、党部、教会四机关分负责任，每一机关，负责 50 名。我们去拜访专员时，看见公署的对面楼中，便养着专员负责的 50 名难童。

（十）难民遣送

湖南处交通要冲，所以对于难民的遣送，当然所负的责任，较广西为多。广西输送的难民至 5 月底，约 15 000 人。湖南分署根据各服务处及服务站的报告，总和起来，得一遣送总数，至 5 月底，为 200 521 人。当然，这个数目，绝不能代表湖南遣送出境的难民，实际湖南所遣送的难民，必少于此数甚远。今设有难民自广西入湖南，返湖北，彼入湖南境时，在黄沙河站，做第一次之登记；到零陵第五服务处，做第二次之登记；到衡阳第二服务处，做第三次之登记；到长沙第一服务处，做第四次之登记；到岳阳第四服务处，做第五次之登记。同是一人，但在分署的统计中，曾出现五次。所以如想知道湖南分署实际遣送了多少难民，必须除去此种重复之计算始可。现在分署已接受此种建议，想不久当可有一数字呈报总署。

（十一）补助慈善机关

湖南对于慈善机关的补助，较广西为分散，而且补助的方式，物资与款项并重。湖南的慈善机关，受到分署款项补助的，凡 11 个，共 1 600 余万元。得到物资补助的，共 51 个。领到的物资，包括面粉、罐头、奶粉、俘衣，等等，广西的款项补助，数量虽大，但集中于少数机关，如柳州儿童教养院曾得 2 000 万元，广西省会育幼院 1 000 万元，柳州救济院 500 万元，容县孤儿院 300 万元，此外第四期事业费中，有各慈善机关补助费 2 000 万元，物资的补助，限于营养食品，领得的机关，也较湖南为少。

三、急赈工作队

湖南发放面粉，在 4 月以前，曾在少数县市试办。大规模地办理，开始于 4 月中，规定在 22 个受灾较重的县份发放面粉 298.5 万市斤，受赈人数规定为 99 500 人。5 月份规定在 44 县市发放面粉 1 050 万市斤，受赈人数规定为 70 万人。第三期分配的区域最广，受惠的共 54 县市，发放面粉 2 302.5 万市斤，受赈人数规定为 153.5 万人。

（一）直接发放面粉

湖南发放面粉最可注意的一点是面粉由工作队直接发给灾民。我一进湖南境，在零陵储运站的档案中，就发现湖南分署于 4 月 17 日代电，说明急赈工作队，暂定岳阳、临湘、浏阳、长沙、湘潭、醴陵、湘阴、常德、平江、衡阳、衡山、常宁、华容、湘乡、邵阳、零陵、祁阳、道县、东安等 20 县 *，先行试办。在 4 月份发放面粉的区域，有 22 县，除上述 20 县派有工作队外，只有汉寿、攸县二处当时未派。

湖南分署为什么要派工作队去发放面粉呢？

在长沙时，据赈务组的周仰山主任告诉我，联总驻湘办事处，因为过去发急赈款、发旧衣鞋、发棉背心，是利用县自治机构的，但发生很多毛病，于是提议不要假手他人，而由自己办理。同时他们提议，在发放面粉之先，应调查饥民家庭状况，合格的发给合格证明书，凭证明书换取领粉证。灾民拿到领粉证，便可向工作队领粉。这一

---

* 列举仅 19 县。——编者注

套手续是非常麻烦的。于是联总又建议先在长沙县九峰乡试验，由分署调 20 人，联总派 2 人，分作两队，一队调查，一队发放。试验一星期，得到结论，说是可以行得通，于是分署便在 20 县试办起来了。

先从调查说起。分署所用的个案调查表，共包括 17 个项目：（1）市县；（2）乡镇；（3）保；（4）甲；（5）户；（6）家长姓名；（7）年龄；（8）职业；（9）收入；（10）财产；（11）健康情形；（12）其他家属（此项共分九格，预备九个人用的，每一个人，要回答八个问题，即姓名、与家长关系、性别、年龄、职业、收入、财产、健康情形）；（13）食物，共分 15 类，每类问家藏几何，15 类之名称为米、面粉、红薯、豆类、蛋类、鱼、猪肉、豆腐、菜蔬、油、盐、糠皮、草根、草类、其他；（14）全家收入；（15）全家需要；（16）全家缺额；（17）建议。这张个案调查表，我想凡是有常识的人，都知道对于调查饥民，以为发粮的参考，是完全不合用的，但分署却印了 10 万张，现在大部分堆在庶务科。

工作队拿着个案调查表、合格证明书及领取面粉证，于 4 月 20 日以后，纷纷各奔前程，赶往各县发面粉，而且分署好像已经忘记第一期的面粉，只够发 99 500 人，印了很多布告，交给工作队，到一处，贴一处。这个布告上说：

> 听说你们这一地方，粮食缺乏，荒象一天一天地严重，甚至有饿死或自尽情事。本署长不胜怜悯，特呈准总署赶派急赈工作队前来，调查贫苦灾民，直接发放面粉。兹规定贫苦灾民为下列二种：（一）有生产本能而无力量经营的贫苦农民；（二）无产业又未受县乡救济机关赈济的老弱、残废和儿童。不论是上列哪一种灾民，依照规定，每人日给面粉半市斤至一市斤，每次发给一星期，或两星期。

（二）困难纷至丛来

分署的赈务组，在长沙静候工作队的报告。湘潭的工作队于 5 月初来电话了，说是至少要两个月，才可完成调查的工作。浏阳县的工作队长亲来报告，说是调查一保须十天，一个月只能办三保。长沙工作队报告说，放在青山乡的面粉已起了霉，但调查工作尚未开始。

衡阳办事处 5 月 1 日即有呈文说："查急赈工作队，编配各县，概为一队，其队员名额，由二人至四人，连队长一员，至多为五人。在灾区较狭灾民较少县份，自可如期办到。若以衡阳而论，其乡为 48，大者多至 38 保，小亦在 14 保以上。幅员辽阔，纵横动辄数十里，而非赈不生之灾民，又复比比皆是。今以一工作队，照规定办法，先事调查，然后发放。若就连日冒雨来处请赈之紧张情形观察，窃恐有迁延时日，缓不济急之虞。"

邵阳办事处亦于 5 月 7 日代电分署，略谓陈队长于 5 月 1 日开始办理靖生乡急赈工作，于 7 日完竣。据该陈队长报称，以人员过少，手续太繁，如照钧署规定调查手续办理，每乡至少费时 10 日，邵阳第一期待赈单位 12 乡镇，计需时 120 日，若不更求简化，则恐面粉尚未发到而饿殍早已载途。

（三）解决困难办法之一

分署解决困难的第一个办法，是增加工作队。在 4 月中试办时，工作队只有 20 个，现在工作队的数目，已加到 148 个。人数计有队长 148 人，队员 234 人，共 382 人。队数最多的为衡阳，共有 24 队，但在我们离衡阳时，队数还未到齐。次如长沙县，有九队；如岳阳县，有八队。除此以外，工作队在五队以上的，有浏阳、湘潭、衡山、邵阳、零陵、祁阳、东安。有好些县份的工作队，只有队长而无队员，如茶陵、宜章等县。

但是增加工作队的数目到 148 个，还是不能解决发放面粉的困难。

湖南有一个现成的自治机构，可以做发放面粉工作的，我们来看这个机构有多少人。

湖南各级民意机关及乡镇保长选举，自去年 9 月起，至本年 3 月底，已全部顺利完成。计选出乡镇民代表 2 230 人，乡镇长及副乡镇长 2 230 人，保长及副保长 42 588 人，县市参议 2 215 人，省参议员 78 人，合计起来，共 51 341 人[*]，还没有把甲长计算在内。382 个人的工作，能代替 5 万人吗？当然是不可能的。

（四）解决困难办法之二

分署解决困难的第二个办法，便是简化发放程序。简化的办法是 5 月 21 日通知各县政府的，通知工作队的日期，较此为迟，其故不详。

简化的办法，把第一次所用的个案调查表、合格证明书、领取面粉证都取消了，另外规定调查及发放的办法。要点有六：（1）工作队到达派定之县份后，应即请县府召集善后救济审议委员会开会，依照本署核定该县非赈不生灾民总数，就受灾乡镇灾情之轻重，议定每乡镇应配待赈灾民人数。（2）工作队到达应受急赈之每镇或每乡公

---

[*] 根据数据计算，合计应为 49 341 人。因无法核实具体哪处数据有误，故保留原貌。——编者注

所后，应即请镇乡长召集乡镇民代表会主席及公正士绅、各保保长等开会，依照县政府前项通令，关于分配该镇乡待赈灾民总数，就遭受荒灾各保灾情之轻重，议定每保应配待赈灾民人数。（3）工作队到达应受赈之保后，应即请保长召集保民代表、公正士绅及所属各甲长开会，依照镇乡公所通令，议定每甲应配待赈灾民人数，并由甲长依照本署所定待赈灾民清册式样，先行造具清册。（4）工作队到达应受急赈之甲后，即凭甲长所造待赈灾民清册，施行个别调查或抽查，如发现漏列或不公允情事，应在原册上增列或删除，并须于增删处盖章，不另更造，以省时间。（5）甲长所造非赈不生灾民清册，经工作队详查或抽查后，由工作队长定期召集册内灾民发放面粉，每一灾民亲自领讫，在册内加印指模，并由工作队约请保长、甲长、公正士绅，跟同发放。（6）本省各被灾县市，凡经指定配发面粉者，先由各该有关储运站转送各县市政府所在地已觅定之囤储地点，交由该队驻库负责人员验收，再由该队配运至发放地点。

　　这个办法虽然简化了，但给工作队的责任，依然还太繁重。现在的工作队，到了一县后，要请县政府开会，请乡镇公所开会，请各保长开保民大会，在交通不便的地方，他一天得跑多少路！甲长所造的名册，他要施行个别调查或抽查。衡阳县的一个乡，大的多至38保，以每保平均10甲计，这380本名册，是多么高的一大堆！调查或抽查之后，他还要去领面粉、运面粉、储面粉、发面粉。在他做这些工作的过程中，待毙的灾民，不知道要死去多少！

　　总之，简化的办法，还是迟缓的。我到零陵的时候，李队长告诉我，他刚从保和乡发面粉回来，此乡有12保，他发了半个月才发完。零陵县共有30个乡镇，但到6月中旬，还只发了11个乡镇。难怪全忠乡的灾民向我们诉苦说，对河芝城镇的灾民，每人领得15斤面粉，我们一两也没有领到！湘潭县到6月18日止，还有一半乡镇未发面粉。衡阳在我们离开的前一天，县参议长告诉我，还有7个乡没有领得面粉。我们由郴县赴宜章，宜章的伍县长与我们同行，他的县里，工作队长前一天才到，面粉大约可以开始发放了。

（五）我的建议

　　发急赈是救命的，像这样慢慢地办理，如何可以达到使命？衡阳的灾情最重，待救的饥民最多，我于是向县府、参议会及衡阳办事处建议，发放面粉的责任，还是要由地方自治机构担任起来，工作队只负监督、抽查、检举的责任，不做直接发放的工作。这是一个重要的原则。原则决定后，我提议的办法如下：

　　（1）县府开会决定各乡镇受赈名额，各乡镇开会，决定各保受赈名额可以自动办理，不必等工作队来请。开会时可多约地方公正人士参加。

（2）各保得到名额后，即召集保民大会，提出受赈者人名，在大会中通过后，即作为发放面粉的对象。

（3）衡阳储运站得到面粉后，即照县府会议通过之各乡镇名额，算出每乡镇应领面粉数量，通知县政府或参议会或各乡镇驻县代表，派人领取，运至各乡镇公所。

（4）乡镇公所，定期照保民大会通过之受赈者名单发放面粉。发放时，除乡镇长、乡民代表、保长在场监视外，灾民亦可举出二代表监视。

（5）发放面粉后，各乡镇须造具领粉者清单，上载每人领粉数量，以保为单位。在乡公所公告全乡清单，在各保办公处公告各保清单。人民及工作队，均可凭此清单，检举作弊行为。

我乐观地对衡阳县各界说，如照上列办法进行，全县各乡发面粉的工作，可能同时举行。只要面粉运到，少则五天，多则十天，定可在各乡发清，绝不致如现在的迟缓。换句话说，采用这个办法，多少要饿死的人，便可救命。大家都同意这个观点，我于是发了一个电报给余分署长，请其改变工作队的性质之后，离别了这个多灾多难的衡阳。

7 月 5 日于广州

（载《行总周报》第 28 期，1946 年）

地方商会的使命

商会有全国性的，有地方性的。我这儿所要讨论的，乃是地方性的商会，如上海的商会、汉口的商会之类。

地方性的商会，在经济发展的过程中，有其重要的使命与贡献。一个地方的商会，第一件事要了解的，就是这个商会所在地的都市，其活动的范围有多大。所谓活动的范围，当然指经济的活动而言，尤其注重商业的活动。以上海而论，上海的商会，应当很清楚地认识，哪一些地方的商品，是运到上海来出售的，而由上海进口或集中在上海的货物，又以哪一些地方为其市场。认清这个活动的范围之后，那么上海的商会，就应当全力来发展这个范围内的经济。因为上海的繁荣与否，完全看这个范围内的经济是否繁荣而定。

认识是知的工作，发展是行的工作。一个地方的商会，应当在它所属的范围之内，多做一些知与行的工作。

知的工作，各地的商会，做得很不够。全国的商会，数目虽然很多，但我要问：有几个商会，知道它所属的范围之内，人口有多少？他们职业的分配如何？他们一年生产的所得，有多少是自己消费的，有多少是送往市场出售的？又有几个商会，能够用数字来回答它所属的范围内，农业、工矿业、交通运输业、金融业的情形？这些基本的经济资料，是一个地方的商会所首先要搜集的，因为这是一切经济活动的基础。有了这些资料做基础，经济活动才是有计划的，而不是盲目的。譬如一个要开矿的人，他首先一定要知道矿区何在，储量如何，市场的需要多大，假如没有这些资料做根据，开矿的计划，是无法写出来的。我理想中的地方性商会，都要附设一个研究的机构，聘用一群工作人员，来做认识的工作。

　　商会中的分子，大部分的人，对于行的工作，都会感到兴趣的。因为他们大多数都是企业家，都是在这一业或那一业负有责任的人。他的眼光，应该看得远些，看得广些，不要以为他的活动只限于商会所在地的都市。他至少要看到这个都市的所属范围内的整个需要，而设法以最新的方式去满足它。中国的企业家，有多少是有这种眼光的？好像在纱布业中，还常听到人计算过，假如中国每人每年添一套新的单衣、新的棉衣，一年便需要多少件的纱、多少匹的布，而纺成此若干件的纱、织成此若干匹的布，便需要纱锭若干、布机若干。环顾国内，现在已有若干纱锭，多少布机，不足之数，如何补充。凡此问题，由考虑便可产生计划，由计划便可产生新的事业，有新的事业，则旧的需要，便可得到新的满足。可惜这种考虑和计划，在别的行业中，还不易听得到。

　　我们希望商会中的各个行业，都有以发展本行业以满足人民之需要为己任的企业家。它们的行动，其结果不但可以满足人民经济上的需要，同时还可为若干人民产生就业的机会。目前中国经济界中最大的问题，是如何可以达到充分就业的境界，使一切年富力强的人，都有安身立命的职业在身。假如商会中的各行业，都去做发展的工作，那么它们所发生的力量，在目前的中国，绝非政府的少数国营事业所可望其项背。只有它们的通力合作，方可使各地的生产事业活动、各地的失业者得所归依，而中国的经济界，也可表现欣欣向荣之象。

　　为达到繁荣经济的目标，各地的商会，还要以集体的力量，来排除途中的阻碍、外界的压迫。中国快要走入"宪政"的阶段了，商会应当明了本身的利益何在，利用"宪政"的方法，来保护自己的利益。商会中的分子，与其他的生产分子一样，现在是受着许多痛苦的。他的命运，为非商的甲与非商的乙所决定，在过去，他曾默认，曾服从，而不发出一点反抗的声音，不做一点反抗的表示。以后他应改变过去的作风。商会中的各个分子，应当自己明了，他是生产的分子，是对于社会福利有贡献的分子。他应当站在生产者的立场，反对一切破坏生产、阻碍生产的工作。这也可以说是"宪政"时期内商会的一个使命。

民国三十五年 10 月 25 日

（载《经济周报》第 3 卷第 18 期，1946 年）

广东分署工作

一、行程

我们于 6 月 29 日，离湖南的郴县，当晚抵广东的曲江。30 日在曲江。7 月 1 日，乘达兴拖轮离曲江赴广州，7 月 3 日到达。7 月 4 日至 7 月 10 日，均在广州。7 月 11 日，乘新合和拖轮赴台山，7 月 14 日返广州。7 月 15 日拟赴东莞，以公路不通，只到增城县之新塘镇视察而返。7 月 16 日乘火车往南海县之佛山，当日下午返广州。7 月 17 日拟去番禺，以交通不便而罢。7 月 18 日离广州北行，当晚宿新丰县之梅坑。7 月 19 日再抵曲江。7 月 20 日，以公路桥断仍留曲江。7 月 21 日离曲江入赣，晚宿南雄。7 月 22 日离南雄，当晚到达赣县。在广东前后共住 23 日。

二、广东灾情

我们看了广西、湖南之后，来到广东，第一个感觉，即广东之灾情，远不如广西、湖南之严重。其原因有二：一为广东在过去二年，未经大战。二为去年广东并无特殊之旱灾。因此在我们所经过的各县，还没有听到有吃树皮、草根的饥民，饿死的人，也只有在广州市听到。据农林处的职员谈，广东的乡下，没有饿死的人，城市中有饿死的，其原因系无职业。

广东分署曾根据各方统计，估计广东各县市局亟待粮食救济难民人数，在去年年底，为 190 余万人。社会处谓广东需要紧急救济人数为 420 万人。两项统计，均缺乏正确性，且彼此互相冲突。如分署谓顺德县需要粮食救济人数为 22.3 万人，社会处谓该县需要紧急救济人数为 8.1 万人；分署谓清远县需要救济者为 15 万人，社会处谓只有 5.5 万人；分署谓中山县有 4.3 万人需要救济，而社会处谓有 11.6 万人。分署亦知此种数字的不可靠，所以在分配物资时，即完全忽略此种统计，而系以人口多寡及战灾轻重为根据。人口多寡，可以采用战前之人口统计，战灾轻重之客观标准亦不易得，分署系将各县分为四类：（甲）全部沦陷；（乙）部分沦陷；（丙）被敌窜扰；（丁）县境完整。分署之意，以为全部沦陷之县，战灾较重，部分沦陷者次之。唯此种标准，是否与事实相符，即分署中管理赈务者，亦谓尚待研究。

三、广东分署所属的工作队

广东分署的机构，与广西、湖南不同之一点，即各地无储运站，类似储运站之组织，为各地之工作队。广东全省，共有 12 工作队，除广州市工作队外，其余 11 工作队，每队管理数县以至十余县之赈务。第一工作队驻广州，管辖南海、番禺等 10 县；第二工作队驻台山，管辖新会、开平等 7 县；第三工作队驻曲江，管辖清远、南雄等 14 县局；第四工作队驻高要，管辖云浮、罗定等 10 县；第五工作队驻惠阳，管辖博罗、海丰等 12 县；第六工作队驻汕头，管辖汕头、潮安等 14 县市局；第七工作队驻茂名，管辖阳江、电白、湛江等 10 县市；第八工作队驻合浦，管辖海康、防城等 7 县；其余三工作队均在海南岛，第九工作队驻琼山，第十工作队驻乐会，第十一工作队驻儋县。

四、广州市工作队

广东工作队之组织，有队长一人，股长四人，分掌赈务、卫生、供应、总务各项事务。此外得视事务繁简与实际需要，设干事、医生及护士各若干人。人数在组织规程中，既无硬性规定，所以各工作队的人数，多寡颇不一致。

最大的工作队，便是广州市工作队，共有职员 86 人。

广东分署的救济工作，其重心也在广州市。广州市的人口，大约只占全省 1/30，但所得的救济物资，却超过此百分数很多。以面粉而论，分署在 6 月底以前，共配发各工作队 10 254 446 磅，广州市工作队独得 2 445 146 磅。以食米而论，分署在同一时期内，配发各工作队共 13 170 386 磅，广州市工作队独得 3 651 413 磅。

广州市工作队得到这么多的物资，便大规模办理消极的救济。在它所办的事业中，有四个平民食堂，吃一顿饭，只要 70 块钱，平均每日有 4 000 余人就食。有 11 个难民宿舍，共容难民 8 000 余人，每人每日发米 2 磅。有 13 个施饭站，每日领饭的有 22 000 人；此外还有 16 个施奶站，多与施饭站合办，发奶在发饭之后，也有与饭同时发放的。社会处在广州市办了三个赤贫收容所，共容 8 400 余人，每日发 14 两米，亦由广州市工作队供给。广州市受赈的，还有一些特殊人物，如党部介绍来之革命元勋，曾随孙总理革命的，有千余人。失业军人受赈的，亦有 2 000 余人。彼等结队而来，强索赈米，不给则招牌有被打破之危险。华侨亦有 2 000 余人，彼等思返南洋，但无船位，且殖民地政府，是否允彼等归去，亦一问题。在此候船期内，彼等之生活，亦须工作队救济。总计起来，广州市的灾民，靠工作队的赈米维持生活的，在 5 万以上。

除了消极的救济外，广州市工作队还有三个以工代赈单位：（一）清理街道，共用 2 500 个工人，与警察局合作，其中 1 500 人，由警察局雇用，工作队给彼等每日 2 磅米，警察局另发彼等每日 400 元。工作队另雇 1 000 个难民，加入工作，每日发米 3 磅。（二）清理沟渠，共用 315 人，与工务局合作，工务局供给工具及技术指导，工作队发米，每人每日 3 磅。（三）清扫街上淤泥，共用 245 人，亦与工务局合作，待遇与清理沟渠者相同。

五、其他工作队之工作及其缺点

广州市工作队之情形特殊，不足以代表其他工作队。其他工作队，人数自 10 余人至 30 余人不等。工作队之职员有一部分之薪水系由救济物资中开支。如第一工作队之职员，共 32 人，有 5 人由分署令派，其余由工作队雇用。雇用之职员中，有 8 人给钱，每月 6 万元，其余给米，每日自 4 磅至 7 磅不等。

工作队虽管理数县赈务，但各队并不负运送物资至各县之责。所以广东的工作队，自其驻点观之，虽然有类湘桂的储运站，但并不负储运站的职责。物资由分署送至工作队后，工作队即通知各县市局政府，请其派人到队自行提取。此项办法，系由分署于 4 月 29 日以代电通知各工作队。原文如下：

> 查配发各县物资，内地转运问题，本署以运费过大，无力负担，业经电呈总

署核示在案。在未奉示复以前，为免救济物资无法放出起见，兹定折中办法，由该队函知各县县政府设法派员前赴该队，自备运费领取，以免滞留，而收迅速之效。

在桂湘两省，救济物资，由分署送至储运站后，即由储运站负责运达各县市政府所在地，运费由分署负担，广东分署只将物资送至工作队所在地，由工作队驻点运至各县市政府之运费及工具，均由县府自己负责。此为广东分署办理赈务之一最大缺点，其流弊可举数例来说明。

例一：东莞县善后救济协会，以运费筹措困难，由委员会议决，将第一批领到之营养品，拨出20％，廉价售于各机关或团体公教人员，每份每名可领炼乳20罐、全奶粉1罐、牛肉罐头2罐、脱脂奶粉10磅。每份收回国币2 000元，即以收得款项，归垫运费。

例二：增城县对于救济物资运费，系摊配于各乡镇，如6月1日，该县新塘镇接到通知，谓镇公所可即赴县领取：（1）面粉389市斤，免缴运费。（2）牛肉四罐，运费4 000元。（3）脱脂奶粉20市斤，运费2 000元。（4）牛奶33罐，运费9 900元。（5）全奶粉四罐，运费6 000元。（6）旧衫裤四件，旧鞋四只，免缴运费。上项物品，共缴运费21 900元。

分署不能将救济物资送至各县，各县又无预算可以应付此额外支出，最后多出于变卖物资一途，以谋获得运费。救济物资，流入市场，灾民因此少得了实惠，不能不说是与救济的原旨相违背了。

工作队除通知各县市局政府，自备运费，领取救济物资外，还负有一种使命，即视察各县之救济工作，看它是否与分署的原则相符合。但视导经费有限，5月前每月为5万元，6月加至20万元，因此工作队对于督察工作，也未能尽如人意。第一工作队对于所辖各县，都去看过一次。第二工作队对于所辖7县中，只视察了3县。第三工作队对于所辖14县局中，还有4县没有去看过。

工作队是分署的耳目，工作队既然没有把各县办理赈务的情形详细地向分署报告，所以分署主管赈务的人，对于各县实际办理的情形，是相当隔膜的。

举一个例子来说，广东分署曾于本年1月5日，拨发各县市局急赈费2 780万元。每县所得，自50万元至15万元不等。各县得到此项赈款之后，如何利用呢？这个问题，分署中没有一个人回答得出。检查档案，只有五个县有报告说明用途。其余各县，对于分署均无报告，工作队亦未追询。

又如分署对于救济物资之利用，于4月间曾规定以50％为办理普通性工赈，40％

办理急赈及福利事业，10％为留存备用，或特别救济之用。实际各县对于物资之分配，各有其办法，各定其标准。工作队驻地遥远，自然无法矫正。各县对于散赈对象，亦多违背分署所定原则。如始兴县对于救济面粉之分配，规定贫民得 30％，难民得 30％，公教人员得 40％。翁源县将所得之营养品，以一部分配发与各公务机关，领得此项营养品者，有县政府、电话局、看守所、卫生院、警察队、警察局、农贷处、田粮处、地方法院及检查处、商会、工会、省行专库、财委会、税捐处、区署、县训所、妇女会、后备队、自卫队等。我在翁源附城镇看到这个名单之后，笑问镇长说："假如分署不发牛奶，谁也想不到一个县里面，有这么多的衙门。"

工作队没有分在各县常川驻扎，不断考察，是造成上面所述状态之一重要原因。

但是各地工作队，也有它自己工作的一点园地。分署在分配物资时，特别留出十分之一，交给工作队自由支配。如分署对于某工作队所辖各县，第一批配发面粉 200 吨，另外分署便拨给这个工作队 20 吨，让它酌量当地情形，办理一些事业。第一工作队曾将其所得物资：（1）委托南海官山希伯仑教会办营养站；（2）救济佛山华英中学从内地归来的贫苦学生教员，每人发 15 磅面粉，二人共领一罐牛肉或奶粉；（3）在花县赤白圳坑战区发特别救济米 4 吨；（4）发给番禺儿童教养院 9 000 余磅面粉。此外尚拟在南海佛山、东莞县城及从化县城办理平价食堂。第二工作队曾将其所得物资：（1）在新昌、荻海、长沙三埠设施粥站；（2）在上列三处设牛奶站；（3）在上列三处办理工赈，清理沟渠，并修理公共码头；（4）在新昌收容难童；（5）台山三社乡灾情甚重，拟以 3 000 磅米办理施粥；（6）拟在江门筹设平价食堂。

六、分署其他工作数点

分署其他工作，可以报告的：

一为遣送难民。难民遣散，由各工作队负责办理。到 6 月底为止，共遣送 18 459 人，其中西江输送站送 6 666 人，广州工作队送 6 166 人。

二为水利工赈。主要者有：（1）广州清濠，将广州市东濠、西濠及玉带濠之污泥挖清，工作已完成；（2）修复石牌乡农田水利，可灌稻田 13 000 亩；（3）抢修芦苞水闸，以捍卫三水、南海、广州等处农田；（4）修筑清远河堤，保卫农田 20 余万亩；（5）修理全省大小基围，第一批暂定补助修理 35 围。水利诚为协助农民之要政，但目前广东水利工作，有一个问题亟待解决，即水利行政机构之重复及冲突，须设法统一，水利工作始能推行顺利。目前在广东办理水利的机关，有珠江水利局，有广东水利工赈委员会，有广东省粮食救济协会，各有其背景，各有其计划，又均各向分署索赈粮，以实现其计划。此种机构之重复问题，如不设法解决，则广东水利之前途，荆棘殊多。

三为公路复原。分署曾拨面粉 350 吨，修复广九公路，并已于 7 月举行通车典礼，实际此路沿途工程，缺点尚多。汽车行驶，尚难畅快。我们于 7 月 15 日拟由此公路赴东莞，但到了新塘河，便因无渡船过河而返。此外广韶公路，为广州通曲江之干线，其中广州至梅坑一段，为我们所经过各公路中最坏的一段，分署亦拟加以改进，已派专家前往视察。

四为协助医疗机关。除补助公私医院免费病床 250 张，共费 1 000 万元外，对于修缮设备及购用药品等协助，亦共支出约 4 000 万元。

七、我对于凌分署长的建议

在离开广东的前夕，我得一机会，与凌署长检讨广东分署的工作，我建议了几点：

（1）广东的舆论。因为在过去数月中，曾发生暹米 1 500 吨被人偷换案，又曾发生赈米 2 400 包在九龙被盗案，曾发生赈米 5 600 包在粤沉船案，曾发生炼乳 7 箱被窃案，所以对于广东分署，责难甚多。若干小报，每日必有一段或数段新闻，指摘分署。此种环境，对于分署工作，殊多不利。为矫正此种缺点，我建议分署添一副署长，专门负责改进分署与社会各方面的关系，并常与记者举行联欢会，将分署重要工作明告社会。

（2）分署未将物资运至各县市政府，为救济物资被变卖而流入市场之一重要原因。分署应请总署多拨运费，俾能步湘桂二省之后尘，将救济物资，直接送达各县市政府所在地。

（3）各县市政府对于物资之发放，多未能照分署所定原则办理，分署不应将工作队集中于某驻点，应将工作队员散布各县，俾工作队员能随时考察县政府之工作，遇有违法事件，可以立刻矫正。

8 月 2 日于赣县

（载《行总周报》第 29 期，1946 年）

利用财富之道

近来在内地旅行，我时常注意每个地方的富户，如何利用其财富。

最普通的方法，就是广置田宅。以前的富户，以为田地与房屋，乃是最靠得住的财富。他们把田宅传给子孙，希望子孙可以永远过着舒适的生活。在嘉兴听说有一家姓陶的，由经商及高利贷起家。这位富翁，在最盛的时候，曾置田万余亩，造 5 048 间大厦一所。其后经过火灾，房屋焚去一部分，但余下来的房屋，还可想见当日的规模。陶某财富的庞大，虽然不是一般富户所可比拟，但他利用财富之道，乃是最传统的，是许多富户所走的路。

田产可以滋生财富，是过去富人用以维持其舒适生活的经济基础。大宅则是舒适生活的最高表现。中外的富户，在这一点上是相同的。他们在衣与食上面，所能够花的钱是有限的。所以有钱的人，在衣食无愁之后，便想在住宅上面，来表示他的富有。中国的皇帝，自然是最富的。他们在住的方面，除宫殿之外，还有园林。颐和园与圆明园的建筑费，可以创立一个海军。有钱的富人也有他们的颐和园与圆明园。近来我在吴兴的南浔，曾游过刘家的小莲庄，比我在衡阳所见彭玉麟的花园，更为富丽，更有规模。据南浔的人说，南浔富室的园林，除了小莲庄外，还有刘家的觉园、庞家的宜园、张家的适园，都是很负盛名的。在园林上面，一个有钱的人，可以花上百万千万，来满足他的美感。

园林假如是公开的，我们并不反对富人花钱来建设园林。北平的颐和园，是使北平可爱的一个因素。我们在重庆过了好几年的人，对于重庆有一个批评，就是重庆没有一个像样的园林，可以供市民公余的游览。但是过去富人所造的园林，是不公开的，只是供少数人享乐的。

中国过去的富户，其利用财富之道，最可批评的一点，就是他在花钱的过程中，没有使一般民众得沾余惠。换句话说，他们花钱，只图自己的享受，而没有想到大众的利益。

这种观念，现在到了应该修正的时候了。富人对于如何利用他的财富，现在需要加以新的检讨。

有一些富人，现在已经开了一个新的途径，就是从置田宅转到办实业。这是一个进步，因为办实业也是替别人开辟新的谋生之道。一个有钱的人如开一工厂，便有数百人数千人得到就业的机会。这是与买田地不同的。假如他以开工厂的钱去买田地，虽然他在年终的收入，也许没有大的分别，但买田地是不能新辟就业机会的。所以从社会的立场看去，办实业较置田地是进一步。

（载《新闻报》11 月 10 日，1946 年）

利用财富之道（续）

但是办工厂所得的利润，如不用于再生产，迟早终要发生如何利用财富的问题。有许多富人，已面临着这个问题了。

为解答这个问题，我愿意介绍一个社会学上的名词，就是"社区组织"。我们谋生与住家的地方，就是社区。社区有大小，大者为都市，小者为村落。社区组织，就是满足我们生活需要的各种机构。这些机构越完备，我们的生活也就越舒适，但在我们所住的社区中，组织完备的是例外，不完备的是常事。如何改善社区的组织，使生长在这个社区内的民众，能够过一种美满的生活，应该是现在的富人可以致力之点。其实，改善社区组织，不但是富人的责任，也是每一个公民的责任。我们甚且可以说，改善社区组织，应当是每一个公民的新人生观。不过富人的经济力量大些，所以我们对于他们的期望也多些。一个中国的公民，应当对于两个社区，负改善的责任。一是他生长所在的社区，一是他服务所在的社区。许多中国的农民，终生只属于一个社区，他们生长之地，也就是他们服务之地。但是许多知识阶级、资产阶级，其服务所在地，每每不是他们的生长所在地。他们每每生长于农村，而服务于都市。为使农村得一改善的机会起见，我们提倡要使这一种人，负双层的责任。

改善社区组织的第一种工作，就是创办学校。这种工作的用意，在使社区中每一个青年，都有发展其才能的机会。住在都市中的人，近来也有人感到儿童入学的困难。此种困难，在乡村中尤甚。号称富庶的嘉兴县及其附近各县，据浙江第十区专员公署的统计，失学儿童在 60% 以上。国民教育如此，中等教育，可以推想而知。所以有钱的人，利用财富的第一个方法，便是创办学校，力量小的可以办小学，力量大的可以办中学。他们可以兴学来表示慈善心肠，也可以这条途径，来为他们的父母，留一永久的纪念。

第二种改善社区的工作，就是设立医院。这种工作的用意，在使社区中每一个人民，都感到生命得到保障。中国的内地，有医院的县份太少了，市镇中有医院的，更如凤毛麟角。在美国，每千人便有三张半病床，而在中国，大约每万人才可有一张病床。因为如此，所以中国的死亡率，在世界的大国中，是首屈一指的。生病而请不到医生，静待死亡的降临，是人间最大的悲剧。近来小康之家以及受有新式教育的家庭，喜欢在都市住家，不甘居于乡村，一个最重要的原因，就是因为乡村中没有医院的设备。所以在中国广设医院，是富人第二个利用财富的途径。

在欧美各国，有钱的富翁，多设有基金团，以基金的所得，从事于各种社会福利事业。这些社会事业，五花八门，种类繁多，各人可以随意所欲选择若干门类，为其花钱的对象。在现在的中国，我们不必好高骛远，应当从最基本最浅近的福利事业办起。所谓最基本最浅近的福利事业，就是教育与卫生。我们在目前谈改善社区组织，最急切的工作，也无过于办学校、开医院。每一个社区中的人民，如其子弟有求学的地方，有上升的途径，不幸一旦有疾病，有医院为他治疗，不致冤枉地死亡，总算是过着文明世界的起码生活了。满足了这种起码的生活以后，我们才可进一步来追求更美满的将来。

　　　　　　　　　　　　　　　　　　　　　　　　　11 月 6 日于杭州

　　　　　　　　　　　　　　　　　　　（载《新闻报》11 月 11 日，1946 年）

江西分署善救工作

一、行程

我于 7 月 22 日，由南雄赴赣县，途中即发高热，抵赣县后医生断为疟疾，热度于 25 日始退。病后在赣县休养，于 8 月 5 日始离赣县，晚宿宁都。6 日由宁都赴南城。7 日离南城，赴分署所在地之南昌。8 日在南昌。9 日下午离南昌赴九江，当晚抵牯岭。10 日在牯岭视察分署工作，11 日在牯岭休息。12 日离牯岭赴九江。13 日由九江经星子、德安等地而返南昌。14 日至 16 日均在南昌。17 日赴高安视察，当日即返南昌。18 日至连塘参观农业院，该地离南昌 12 公里。19 日离南昌赴余江。20 日由余江赴上饶。21 日由上饶乘火车至浙江之江山。计在江西前后共住一月，其中有两星期系在赣县休养。

二、工作之特点

江西分署的救济工作，其新鲜之点有二：一为农舍之建筑，二为农具之发放。

在别的省份中也有花钱盖平民住宅的，但都是把住宅盖在大都市或县城内，一般农民，殊难得其实惠。我们于 8 月 7 日由南城赴南昌，路经临川，与工作站的万组长谈话，知道他们有专为农民建筑的农舍，是为农民解决住宅问题的。此事引起我们很大的兴趣，便请工作站的人带路，领我们到青云乡濠上村去看正在建筑中的农舍。工作站的计划，是在濠上村及另外二村中，共建灾农住宅 18 所，每所容 4 户，共计 72

户。我们所见正在建筑中的一所，是招商承包的，费款16.1万元，农舍的外观，是茅顶（以稻草盖于竹帘上），竹筋泥墙。每所有一前门，一后门，一过道，房内共分四间，每间可住一家。房屋四周屋壁系编九尺高竹篱，外涂粉泥；其两侧上部（上至屋顶下至篱）系以篾筋夹稻草遮蔽风雨。屋顶上铺篾捞子，再加盖稻草，上面用篾筋扎实，以防吹动。屋前后大门系用竹编制，并装置门闩，窗户外面用竹条，里面装单页式竹门，这种房子当然达不到战前农民的水准，但农民有栖身之所，亦可不致挤在亲戚朋友家中，又可就近耕种田地，使荒田可以开辟，对于增加生产上也有其贡献。

由临川至南昌途中，经过一处，名沙埠潭，有集体农舍，共14栋，每栋四间，住三家至四家不等。这是南昌工赈队去年12月建筑的。那时工价很便宜，每工只400元，一栋农舍只需50个工，另加15 000元的材料，所以每栋农舍只花3万余元。

高安工作队建筑农舍，另用一种方法，即免费发给建造茅屋之竹木材料，并津贴工程费。发给材料的标准，系每两户合建茅舍一栋，每栋发给茅竹40根至60根，杉木10根至20根，另给工程费5 000元。每栋茅屋内室面积，规定自4方丈至6方丈，出檐高度自8尺至1丈。高安这种茅舍在4个乡里，已建161栋，共644间。我们去参观时，正在大风之后，有好些茅屋，因建筑方法不良为风吹倒，但也有好些经过这次风的打击后，依然存在的。

江西旧第四工作队辖武宁、修水、铜鼓三县。过去曾有计划在上列三县，建筑农舍115栋，每栋50万元。又补助修建农舍130栋，每栋10万元。我没有到这些县份去观察，不知实际建筑情形如何。分署方面还没有接到他们建筑完成的报告，分署供给的数字，是江西境内，共建农舍1 392栋，大部分分布在南昌及高安一带。

农具的发放，也是江西分署别开生面的工作。在别的省份里，有发种子的，有发肥料的，有贷放耕牛的，但还没有发放农具的。江西分署对农民发放的农具，可分两类：一类是贷放的，如水车；一类是白送的，如犁耙。水车共贷放1 315部。凡农民耕地在15亩以上，无自然水源灌溉，或受灾损失在50%以上的，可以联合3户至5户申请贷放。每部水车贷款2万元至6万元，分两期无息归还，第一期在本年12月底，第二期在民国三十六年8月以前。白送的农具，已发41 350件，如旧第一工作队在南昌曾发犁耙375件，锄锹1 000把，在薪建发犁耙300件，锄锹800把，在进贤发犁耙75件，锄锹700把。

三、工作的缺点

江西分署工作的缺点，我们看到的也有二点：一为行政权之不集中，二为建筑费用花在南昌的太多。

关于行政权之不集中一点，我们一到南昌，就已看出。8月9日上午，我在分署的署务会议时，便大胆地告诉他们，全署中大约没有一个人知道分署在耕牛贷款上放了多少钱，在水车贷款上花了多少钱，也一定没有人知道，分署补助学校的修建费是多少，补助医院及卫生院的修建费是多少。像这一类的重要数字，乃是救济善后行政的重要参考，但江西分署所在地的南昌，便没有人能够供给这种数字。其故在过去有一部分的救济及善后工作，分署已交给各地的工作队办理，各地工作队，在6月以前，每月的经费是2 000万。这2 000万如何花法，分署曾给以概括的指示，在此指示的范围以内，工作队是可以自由处理的。处理之后，工作队对于分署，并无详尽的报告，会计的账目，在7月内有只报到3月份的，有只报到4月份的，所以分署无论从各工作队的工作报告内，或账目报告内，都得不到上列的详细数字。

在7月底，分署已将江西的工作队改组了。现在共有10个工作队，除九江工作队驻九江及省会工作队驻南昌市外，其余8个工作队，每队所管的区域相等。以后工作队的职权及其业务，大约将有变更。我们在此报告的，乃是没有改组以前的工作队。在未改组前，江西共有16个工作队，每队所管的县份多的如第十一工作队，共管7县的救济事务；少的如九江工作队，只管九江及瑞昌两县。此外管三县四县的也有。

工作队的任务，共有六项：（1）农业救济；（2）紧急救济；（3）社会福利；（4）卫生；（5）防洪防旱；（6）建筑。为完成上列六项任务，由分署每月拨给每一工作队经费2 000万。经费的动支方法，分署指示，除办公费外，以半数为建筑费。其余半数，以15％为普通赈济费，15％为物资储运费，10％为卫生业务费，60％为农业救济费。在此范围之内，各工作队可自由支配其经费。譬如建筑费的分配，各工作队的注重点大有不同。在修建小学、卫生院、救济院，造渡船、建筑公厕、建筑农舍、筑路、造桥、修建小型堤坝涵闸等对象上，各工作队花钱的多少，是大不同的。又如卫生一项，各工作队多数都设立门诊部，但也有三队没有设立的。

工作队办理急赈，我们在湖南、广西等省，曾发现其缺点，江西亦非例外。江西的工作队负责直接发放急赈物资，此点颇似湖南，但江西的工作队，数目不如湖南之多，因此发放急赈时，便产生下列几种现象：第一为延迟，如第十一工作队，在我们于8月初离开赣县时，才开始派人去发龙南、虔南的面粉，又如第十二工作队在我们离开南城时，还没有发崇仁及金溪两县的面粉。第二为偏枯，即发放面粉，不能普遍惠及各地灾民，只有少数区域得到好处，譬如赣县的面粉，只发了赣县的城内，其他各县如系工作队发放面粉，大多数只发灾区最重的几个乡镇。好在江西并无旱灾，并没有许多非赈不生等着面粉救命的人，所以工作队发放面粉的缺点，还未完全暴露。

上面系讨论江西分署行政权的不集中，而顺便谈到工作队发放面粉的缺点。下面我们再说江西分署建筑费的支用集中于南昌的情形。

江西分署补助修复区医院之修建，据卫生组报告，自1月至7月补助南昌市11单位，共计21 785万元，补助各县卫生机构修建费，共5 469万元，总计27 254万元。但据会计室报告，医院修建费到7月底止，共支421 160 154元，其中用于南昌的，共336 258 674元，用于各县的，共84 901 480元。由此统计，我们看出，医院的修建费，有五分之四集中于南昌。

学校修建费，据会计报告，共费317 279 306元，其中用于南昌的，共237 279 306元，用于各县的，共8 000万元。依此统计，有四分之三的学校修建费系用于南昌。

上面我已说过，各工作队的会计收支，尚未完全向分署报告，所以花在各县的建筑费，大约不止上面所说的数目。我们现在再用另一方式，来计算分署在南昌市以外所花的建筑费。据会计室报告，分署至6月底，共拨各地工作队经费102 050万元，依规定各工作队除办公费外，应以半数为建筑费。今以第十一工作队之经费支配表为根据，建筑费占全部经费42%，又假定各工作队之建筑费，均用于医院修建及学校修建，则工作队所领经费中，应有42 861万元，系用于上述二途。此为最大之估计，实际因建筑费尚有其他用途，教育与卫生二项修建费用，必达不到上述数目。今姑以此数与南昌市之医院修建费及学校修建费（653 537 980元）相比，南昌人口还不到全省人口的2%，以不到2%的人口，其所得的建筑实惠，竟超过全省人口的所得，其不合理，甚为显明。

四、江西的特殊问题——鼠疫

在我们所经的各省中，时疫如霍乱，如脑膜炎，如天花，如伤寒，如疟疾，是很普通的，但鼠疫是到江西才听到。综合各方报告，江西鼠疫，最早在光泽县发现，时为民国三十年，有一福建商人，带病到了光泽，死于光泽县，其后光泽便发现死鼠，由死鼠将病疫传于人。南城的鼠疫，系由光泽带来，时在民国三十三年。民国三十四年，南城硝石镇有一绅士，谓鼠疫系暑疫的讹传，避免的方法，为请和尚打醮。卫生组的专门委员刘南山，谓此绅士包办该镇屠宰税，想以打醮号召乡人，乡人汇集，猪肉销路必然大增，而彼所包办的屠宰税，也可因此增收。打醮的结果，屠宰税是否增收不可考，但这个绅士却以传染鼠疫而亡。他有一位妹妹嫁在黎川县，来看哥哥的病，也染了鼠疫回去，死于黎川。此为黎川鼠疫的来源。到了今年，鼠疫更为蔓延，以南城为中心，南到南丰、广昌，北到临川、金溪，均曾发现病例。公署方面，曾于本年1月间组织南城临时鼠疫医防队，前往防治，并向上海订购鼠疫苗 500 瓶，分发赣东各县卫生机构 450 瓶，并派分署第三巡回医防队，携带药品，协助防疫工作，省卫生处已在南城、临川、黎川及南丰四县成立隔离医院。又派了六个防疫队，两队在临川，一队在梁家渡，一队在南城，一队在南丰，一队在黎川，办理防疫工作，如打预防针、塞老鼠洞、用 DDT 消毒，等等，现在最可虑的，是临川与南昌相隔甚近，如鼠疫传至南昌，大有蔓延全省之可能。现在分署补助卫生处 210 万元，在梁家渡设立检疫站，将来尚拟在李家渡添设一处。据卫生处长谈话，江西防治鼠疫的困难，一为缺乏疫苗；二为在检疫站滞留旅客一星期，无法办理；三为车船灭鼠，并无良好办法。我们以为鼠疫无季节性，入冬因跳蚤易在人身潜藏，传染尤为方便，所以分署应与省卫生处通力合作，努力防治。第一要使它不要由临川传至南昌，第二要在已有鼠疫各县，尽力扑灭。关于此项工作之进展，也许省的力量还不够，须中央各有关机关加以协助，始能奏效。

五、江西与各省的共同问题——运费

在救济行政中，各地分署所最感头痛的便是运费。各分署由总署接到救济物资，再将此项物资，运往各县，其所花的运费，大得惊人，广西方面，黄署长曾估计，每吨物资，由梧州入口，直至运到接受者之地点，平均约需 15 万元。湖南方面，陈嘉俊组长谈：运 1 万吨物资，需 10 亿元，每吨需 10 万元。广东方面，我与储运厅组负责人计算过，由广州市运至各工作队所在地（不包括工作队运至各县的运费），平均每吨需 30 800 元。江西方面，每吨的运费，我曾从九江办事处及分署储运组搜集材料，计算如下：

（1）由九江至南昌	10 587 元
（2）九江上下力	6 760 元
（3）南昌上下力	4 000 元
（4）南昌至各工作队	19 585 元
（5）工作队至各县	11 660 元
总计	52 592 元

以上运费，其所用之工具，系以帆船为根据。如改用轮船或卡车，每吨运费，尚不止此。由南昌至工作队之运费，系根据七个例子求得之平均数，由工作队至各县之运费，系根据 33 个例子求得之平均数。今姑以 5 万元为每吨物资由九江运至各县之运费，则总署如分配与江西 1 万吨物资，便需配与运费 5 亿元，否则此项物资如何达至灾区，便成为一极严重之问题。

六、救济善后工作之展望

我们从重庆动身，在途中已曾走了三个多月，在这三个多月中因时间与地域的迁移，我们的注意点也时有更易。起初我们为广西及湖南的旱灾所震动，最注意的问题，便是如何发放急赈。离开湖南到广东、江西，秋收已曾到手，而且这两省并无大规模的天灾，急赈不成重要问题，我们便常常想到以后救济善后的工作应当走哪条路。

在救济方面，我的印象，是受灾各区的农民，在衣食住三方面，恢复战前水准的速度，大有不同。在食的方面，今年各地丰收，除少数县份之外，我们可说大多数的农民，已经恢复战前的水准，因此也无须再为救济。但在衣的方面，我以为如无政府协助，受灾农民，如欲恢复战前水准，至少要 5 年。住的方面，如欲恢复战前水准，至少需 15 年至 25 年。有些乡村中的老者认为我对于住的推测，过于乐观。高安的一位绅士，说是在他的村内，如欲将房屋恢复旧观，起码需 50 年，所以救济的工作，以后可以集中在衣与住两方面，住的救济，江西的经验，大可参考。我的意见，以为在受灾各县，应该放 1 000 万至 2 000 万元的住宅贷款，每户以 5 万元为限，让他们建筑简单的农舍。此项贷款，分 5 年无息偿还，由各县政府组织委员会保管，以利息的收入，补助卫生事业的经费。

提到卫生，各地的行政官吏、公正士绅、乡间老百姓，众口一词地承认其重要性。但卫生经费，各县都小得可怜，各县主管卫生院的人，其训练也多不如人意。譬如江西训练医生的最高学府是中正医学院，但该院的毕业生，没有一个当江西各县卫生院的院长的。当院长的人，大多数是医专毕业的，入医专的资格，是初中毕业。考入医专后，受训6年，便可行医。我们仔细思量，以为人的补充，非短期所可做得到的事，也非卫生行政中最弱之点，现在各地最普通的病，为疟疾、痢疾、皮肤病等，医这些病，都有特效药可用，不必深造的医生皆能开方，假如我们能够把各地的卫生院购置药品费增加，一般民众，便可立食其赐。所以我愿意总署在短短的一年几月内，想出一个方法，为各地的卫生事业，奠定基础。以前的报告中，曾提到此点，此次又提出一个具体的方法，请主管的人参考。

以后总署分给各省的面粉，可不必办急赈了。但可以此种物资，办理工赈，进行善后的工作。关于此点，各地的舆论，都以为农田水利，最为重要，此项工作，直接对于农民发生利益，而且各地均有这种需要，如各省以此为中心工作，自然可以避免过去善后事业集中于少数都市的弊病。将来办理这种工作时，可由各县政府动员人力，省政府的建设厅或水利局供给技术，而分署则供给物资，从旁督导。以此种方式推行农田水利的工赈，当可收事半功倍之效。分署不必多立机构、多添人员，便能推动工作。除农田水利之外，若干区域之道路修筑，对于整个国民经济，亦有其贡献。其他善后工作，如工矿交通等项，因途中所得之资料不多，故不具论。

8月25日于金华

（载《行总周报》第31期，1946年）

（《视察报告第九号：关于江西分署工作》

载《善后救济总署晋绥察分署周报》第41期，1946年）

县政的改造

　　本年的 6 月间，我曾路过广西的雒容县，那时雒容还在严重的饥荒状态中。县长告诉我，自今年正月起，县府的收入，便不敷支出。县级公务员的微薄薪津，没有法子全部付给。3 月份内，每员每日，只领伙食费 500 元，连吃稀饭还不够。5 月份起，得到省府的津贴，情形略见好转。但是就在 6 月间，县府职员每月的收入，还不够买一担米。

　　起初我以为这种情形只限于灾荒的区域，后来在比较富庶的省份看了好些县份，才知道县级公务员待遇的低薄，是普遍的。一个县长的收入，比不上公司中的一个小伙计、纱厂中的一个女工、银行中的一个工友。比县长低的秘书、科长、科员、办事员，更不必论。

　　县级公务员待遇的低薄，已是一个严重的问题。更严重的问题，就是县政府的收入，大部分便是用以付给这种低薄的薪津。在县级公务员每一个人领到这点吃不饱穿不暖，仰不足以事父母，俯不足以畜妻子的薪津之后，县库也就几乎空空如也。无钱当然不能办事。所以县级公务员，虽然每县都有几百或 1 000 以上，但我们看不到县的事业。有县级公务员，而使他们无事可办，这是一个更严重的问题。

　　举一个例子来说，在浙江第十区所属的 7 个县份，即嘉兴、嘉善、崇德、桐乡、海宁、海盐及平湖，在上半年的各种支出中，生活补助费的支出，便占所有支出的67％。换句话说，县政府的收入有三分之二是用以维持县级公务员的生活。余下来的钱有限，所以可办的事也就有限了。

　　这有限的钱，当然谈不上办教育。所以很多的县政府，对于国民教育，并不居于主办的地位。各乡镇的中心国民学校，各保的初级小学，每个月只能向县政府领取几千元的津贴，其余的钱，还需自筹。

这有限的钱，当然更谈不上办卫生。有一位卫生处长告诉我，在他的省内，卫生费只占省的支出 1.7‰，只占县的支出 3.7‰。难怪许多县份的卫生院长，找不到合格的人。难怪许多卫生院每个月的购置费，低到只有数千元的程度。

十几年前，主张县政改革的人，就提出教、管、养、卫四个目标，新县制的推行，就是想在全国各地，实现这几个目标。这四个目标中，管与卫是消极的，教与养才是积极的。我们当然希望在每一个县份内，教与养所花的钱，超过管与卫所花的钱。但实际的情形，与我们所希望的刚刚相反。在浙江某一县内，县政府本身，有 133 个官员及警兵，乡镇公所有 472 个官员及警兵，这些人都是管老百姓的。另外，警察局所有 397 个官员及警兵，自卫队有 264 个官员及警兵，这些人总算是来保卫老百姓的。所以在管与卫两方面，吃老百姓的，有 1 266 人。在教与养两方面，我们只看到县立中学在县府领取薪津的有 28 人，卫生院及分所有 29 人，农业推广所有 4 人，救济院所有 4 人，一共是 65 人。这点统计，证明县政府在消极方面，用人甚多，而在积极方面，用人又嫌不足。

这种不合理的情形，是必须改造的。

我们愿意提出的改造方案，内容是极其简单的。我们建议，各地的县政府，要在管与卫两方面，大规模地裁员，或将有给职改为无给职。此举的结果，可以使县政府在生活补助费一项下的支出大为降低，譬如由总支出 67% 降至 20%。其余 80% 的钱，要完全用在教与养的上面，也就是用在教育、卫生、农业推广、社会福利等事业的上面。

只有这样改造，才可以收拾民心，才可使老百姓相信，这个县政府，不是来剥削我们的，是来为我们服务的。

（载《新闻报》11 月 24 日，1946 年）

农业机械化的展望

从汉口到宜昌的公路上，我们要经过京山县的罗汉寺，在那儿，善后救济总署的湖北分署，办了一个曳引机训练班，招收了 18 个中学程度的学生，练习以曳引机耕种田地的技术。这些毕业的学生，将来都预备加入京山合作农场工作。这个合作农场，准备在罗汉寺开垦荒地 2 万亩，必要时可以扩充到 6 万亩。我们于 11 月 30 日经过罗汉寺的时候，两部曳引机正在农场上工作。这是我第一次看到曳引机在中国的农场上代替了兽力和人力，使我感到很大的兴趣。

我们同农场上的工作人员谈话，知道罗汉寺一带的土地，在抗战期内，已有六七年没有耕种过了，野草的根，入土很深，如用牛耕，每日只能犁地 2 亩，但用曳引机，每日可犁地 30 亩。在已经种有作物的熟地上，曳引机的效率更高，每日可以犁地约 100 亩。因为机器的效率高，所以京山合作农场，开垦 2 万亩荒地，共拟招收 400 家农户，每户可以分得田地 50 亩。这个农场面积，比较长江一带的平均农场面积，至少要大两倍。所以将来合作农场上的农民，其生活程度一定可以比普通农民要高些，这是可以想象得到的。

湖北救济分署，除在京山的合作农场以外，还拟在荆门、自忠及襄阳三县，再办三个合作农场。这些地方，荒地很多，只要曳引机到了，合作农场便可开办。我们在襄阳遇到鄂北农场的场长，据他说，在襄阳的北部，有四个乡里，荒田便有 5 万亩，是推行农业机械化的最佳场所。他对于曳引机与人畜力的比较，有一个很细密的估计。据他说，曳引机每日可犁地 100 亩，耙地 150 亩。而一人二牛，每日只能犁地 1.5 亩，耙地 15 亩。利用机器来耕种，一个农夫可以经营的农场，比现在可以大好几倍，甚至几十倍，这是比较过中美农业生产方法的人所都知道的。中国农民的平均农场，为

3.5 英亩，而美国农民的平均农场，为 170 英亩。两国农民生活程度相差之巨，其主要的原因，就是美国农民以机器来耕种大农场，每年的收入很多，而中国农民，只能以人力畜力来耕种小农场，每年的收入太少。

所以我们初看到中国的农业也开始机械化了，心中自然感到无限地欣慰。

但是我们对于中国农业机械化的前途，并不敢表示无限地乐观。原因之一，就是曳引机是很花钱的，现在我们靠友邦送给我们的几部曳引机，来开始练习，可是友邦的赠予是有限的，与我们的需要比较起来，真是沧海之一粟。即使曳引机是对农民有利的，农民也并没有钱来买曳引机。政府在目前这种财政困难的状况之下，也无力来购置大量曳引机，以满足农民的需要。

但是我们对于农业机械化不敢乐观的主要原因，还是由于我们无法消除人口太多的障碍，中国的人民，大多数以农为业，据我的估计，至少有 1.5 亿人直接从事于农业生产。中国的耕地，面积之大，并不如美国，但美国利用机械耕种，在农业中只用了 800 万人。假如中国的农业也机械化了，也只用 800 万人，便可耕种全国的土地，试问其余的 1.4 亿多人，将在何处谋生，将在哪一种职业中得到安身立命的机会？工业化当然可以解决一部分的问题，但中国的工业，即使发达到极点，其容纳人口的力量，也是有限的。美国的工业，在世界上是最发达的了，但在工业中谋生的人，不过 1 500 万。中国将来的工业，即使能容纳 3 000 万或 5 000 万人，也解决不了因农业机械化而产生的大量失业问题。

我们因此感到，中国农业机械化的可能性并不很大，因为我们有难于克服的人口数量问题。

12 月 10 日于汉口

（载《新闻报》12 月 18 日，1946 年）

论县教育经费

近来看见好些社会贤达，主张县级教育经费，应占县政府支出的50%。这种重视教育的主张，我们很表同情。不过这个理想，何时才可实现，大成问题。

谁都知道国民教育的重要，谁都知道国民教育是铲除文盲、提高人民知识程度的唯一利器。但是国民教育的推行，在现在这个阶段内，中央政府是不花钱的，省政府也不花钱的，甚至县政府在国民教育上所花的钱也有限。各地的中心国民学校或者保学，可以说是建筑在摊派上面的，其基础之不稳固，可以想见。

现在各地的县政府，都有一个教育科，在编制预算时也都有教育支出一个项目。支出的内容，虽然各地不同，但也有其相似之处。大概内地各县，都办了一个初级中学，这个中学的经费，是由县政府开支的。还有民众教育馆，也是许多的县份都有的，经费也是由县政府负担。至于小学教育，有的县政府完全不管。经费略为充足的县份，对于中心国民学校，略有津贴。中心国民学校，照例是每一个乡镇要办一个。在将近1万人口的乡镇中，完全小学，就只有这一个，县政府每月对于中心国民学校的津贴，常在5 000元至1万元之间。至于保学，县政府对它有津贴的，只在极少数的县份中看到。

县政府的收入，常常是以70%左右来维持县级公务人员的生活。有些县份，把整个的收入拿来开支公务员的生活津贴，还嫌不足。把县级公务人员的生活问题解决之后，县库中余下来的款子就不多了，因此花在教育上面的钱，其百分数就无法提高。我近来在湖北访问过十几个县，其教育经费的支出，常在总支出的3%至5%。这个百分数，与贤明的社会人士所主张的50%，相差实在是太大了。

因此，各地的小学，常常是有名无实。有些小学的招牌是挂起来了，但内容与私塾无异。许多保学，其实就是私塾改名换称而已。有的小学，一星期上不了几天课，教员来去无常，学生在校中读书的时间，远赶不上他们在校外游玩的时间。这也是难怪的，许多教员拿不到薪水，非兼营副业不足以维持生计，所以他是无法按时到校上课的。

这种现象，实在是需要改革的。

一个县政府，应该在国民教育上多花些钱，多用些力。只有推广教育，然后一切可以有为的青年，才可有上进的机会，才能改变他在社会上的地位，才能发挥他潜在的智能。教育对于民众的福利，太有关系了，所以讲求服务社会的政府，非努力于教育事业不可。

但是县政府的机构，如不彻底改造，我们看不出有什么方法，可以使县级的教育经费有显著的增加，如能彻底改造，县的教育经费加至总支出的 50%，并非一种空想，而是有实现可能的。

以前县政府的机构，是很简单的，工作也屈指可数。收钱粮与审判案件，是过去县政府的主要工作；现在县政府的司法工作，已经移给地方法院了，余下收钱粮的工作，设了一个财政科及田粮处办理。县府的赋税，需要一些人来经营，所以类似田粮处的机构，是无法裁撤的。但是田赋及其他税捐收来之后，县政府应当办些什么事，用些什么人，却大有商量之余地。我们愿意在此提出一点意见，就是县府除了收税的机构以外，再设一科或一局，专门办理社会福利事业。而我所谓的社会福利事业，现在只包括教育、卫生、农业推广、农田水利等几项最迫切的工作。县府中凡不是办理这些事业的人，都可以一律裁遣。如此，则现在用以养人的钱，便可以移来主办事业，而教育便是县府所最应着手办理的事业。

不这样改革，我看不出教育在县中有前途。

（载《新闻报》12 月 29 日，1946 年）

取之于民与用之于民

我们如想判断一个乡镇，或一个县份，或一个省份，或一个国家的政治，是否对于人民的福利有所贡献，不妨采用一个很简单的标准，就是会计学里面常用的收支对照表。站在人民的立场上来编这个收支对照表，可在支的方面，把他在一年内所交付给政府的赋税、摊派、捐输、劳务，等等，都列进去。在收的方面，可把政府所给他的好处，一笔一笔地记下来。我们只要有这张表，我们就会公平地判断。

近来我得一个机会，看到很多县份的预算以及工作报告。这些材料，是回答我上面那个问题的很好的资料。我现在随便抽出一个县份的材料来加以分析。

这个县份的收入，在本年的 4、5、6 几个月内，每月都在 2 500 万元之间，假如我们采用 2 500 万元为平均数，那么这一县的收入，每年可达 3 亿元。这是取之于民的，站在人民的立场上，应当在收支对照表内，列入支的方面。

我们先问一下，人民纳了这笔巨款，是否县里的治安，已经维持得很好呢？工作报告里说，本县因沦陷年久，地方糜烂至重。土匪败类，散处四方。光复后奸党伪军、游民散匪，潜伏各地，出没骚扰。大批股匪，已由县府呈请国军及保安团队清剿，其余游民散匪，则由地方团警随时实施剿捕。从这几句话内，我们可以想见县中治安的情形。剿匪的经费，人民虽然年纳 3 亿元的赋税，可是还得另外筹划。工作报告中有一段说：本县经成立自卫队一个大队，辖三个中队。各乡镇另设自卫班一班，人数多寡，视地方财力而定。枪弹粮饷，统由各该乡镇自筹自给。这一段话，表示各乡镇的治安，要各乡镇自己负责，另外筹款，另外招兵，不能动用县府收入的 3 亿元。

其次，我们看这一县的人民，在纳税以后，得到什么教育上的好处。国民教育是与大多数的人民最有关系的。这个县份，有 62 个乡镇，但只有 5 个县立小学，每年的支出，为 1 595 万元。县的教育文化费，只占岁出总数的 8%。人民如只靠这 5 个县立小学来教育他们的子弟，当然是不够的。所以另外得想别的办法，于县立小学以外，办了中心国民学校 65 个，国民学校 247 个，私立小学 89 个。这些小学，大部分是用学谷来维持的。这 400 多个小学所花的谷子，如以谷价每担折合 38 000 元估算，共需 15 亿元以上，都是人民另外筹集的，与县的支出不相干。

再次，我们看这一县在卫生方面，办了些什么工作。现在各县都有卫生院，在财力较为充足的县份，还在重要的镇市设立卫生分院，但大多数县份的卫生院及卫生分院，都是有名无实的。我们所提到的这一县，也未能例外。这一县有一卫生院长，但院址还无着落。院长的薪水，是每月 260 元，加成 70 倍，另有生活补助费 15 000 元。以每月只有 3 万余元的收入，当然留不住好的医生。所以院长的资格，不必问便可断定他是不很高明的。院长如此，其余的医师及护士，其程度亦不问可知。卫生的经费，照例是比教育的经费少。教育经费，可以占县的支出 8%。卫生经费，不到 1%。我看过很多的县，卫生院每月买药的费用，常常只有数千元，很少有超过万元的。以数千元的药品，来医疗一县人民的疾病，其不能发生影响，自在意料之中。所以我们可以说，在大多数人民的眼中，县政府对于人民的卫生，并无若何贡献。

最后，我们可以细看一下县府在救济方面的工作。今年各县的县政府，因为得到各地善后救济分署的许多款项与物资，所以在各地做了一些空前的救济工作。在这一县里，今年曾发过急赈款 50 万元，面粉 72 吨，食米 105 吨，其余如营养食品中之牛奶、奶粉、罐头牛肉各数十箱，以至数百箱不计。这些款项及物资，虽然不是由县款中拿出来办理的，但是经过县政府之手发放出去的，有许多老百姓，还以为是县政府的德政，可以记在县政收支对照表收的方面。可是上级政府的别几个机关，也通过县政府之手，取去了老百姓一些钱、一些物资，足以抵消救济工作在人民心中所发生的好感。县政府一方面发了急赈款 50 万元，另一方面，我们看到工作报告中说："本县奉令筹募民国三十三年同盟胜利公债，配额 550 万元，经迭次召集筹募会商讨进行，派定各镇的市工商界 275 万元，由市商会负责办理，其余 50 乡，派募 275 万元。各乡依人口多寡、地方贫富，分上、中、下等级，各乡派募最高额 12 万元，最低额 8 万元。"所以在同一年内，政府一只手送给人民 50 万元，另一只手向人民取了 550 万元。物资的救济，政府给了人民面粉与食米 177 吨，但另一方面，我们在工作报告中看到："本县由 2 月起，奉令筹购军粮。由 2 月至 6 月份，奉配军粮数额，计共 11 000 大包。经与地方各界联席商妥配购办法，付诸实施。唯当粮价逐步升涨，民众窘疲，筹购异常困难。然以军食岂容稍缓，决尽最大之努力，从事劝导督催，联合地方机构，组织军粮督导队五队，按月亲赴各乡，晓谕输将应购，并动员全部职员，时往坐催。至 6 月底，收购各乡镇粮数，已达 6 295 大包。"这 6 000 余大包的军粮，据我的估计，当在 628 吨左右。所以政府一只手送给老百姓 177 吨粮食，另一只手又从老百姓那儿取了 628 吨粮食。这个收 628 吨粮食，当然并非征收，而是购买的，可是官价远在市价之下，所以要组织五个军粮督导队，才能收购到手。

我们审查了这些例子之后，实在看不出这个县份的政治收支对照表如何可以相抵。县府取之于民者太多，而用之于民者实在太少。换句话说，人民向县政府纳税、摊捐，但没有得到什么大的好处。

那么县政府的收入，大部分用在什么地方呢？

概括地说，现在很多县份的收入，大部分是拿来养活县政府的职员。他们的薪水、津贴、生活补助费等的开支，占了县府支出一个很大的百分数。县政府把自己的秘书、科长、科员、办事员、警察、工友等的生活问题解决之后，余下来的钱已无几了，所以请不起教员，开不起医院，顾不到救济，一切建设的计划，变成纸上空谈。在这种情形之下，如主持县政的人还不能保持廉洁，那么人民的所得，将由很少而减至于无。

数十年前，中国的县政府，并不办什么事，但也不用什么人，也不创设像现在那样多的税捐名目。人民在收的方面，固然不多，但在支的方面，除纳田赋以外，可以说是没有什么摊派降到他的头上。现在，人民在收的方面，依然如故，依然不多，但是在支的方面，却比以前多了若干倍。人民对于政府的不满，此为基本的原因。

人民的不满，是应该的。如何消除这种不满，是政府无可避免的责任。

民国三十五年 10 月 16 日

（载《世纪评论》第 1 卷第 1 期，1947 年）

摊派猛于虎

　　中国农民负担的严重，从各级政府的预算中是看不出的，因为农民大部分的负担，根本就没有列入正式的预算。在预算中，直接加在农民身上的赋税，最重要的是田赋，或地价税。田赋是中国最古的赋税，老百姓对于向政府纳粮，认为天经地义，没有人会反对的。而且各地的田赋，就在目前征实征借的状况之下，其税率也并不太高。江浙一带人民所纳的田赋，历来是比较高的，但即以嘉兴而论，今年农民所纳的田赋，也不过等于一期收入的七分之一。嘉兴承粮的田地，共计 139 万余亩。每亩的田赋，计正税 5 角 7 分 2 厘，附税 5 角 5 分，正附合计，为 1 元 1 角 2 分 2 厘。依省府规定，每元征实征借及公粮，共征 5 斗 5 升计。嘉兴的田一亩，需征谷 6 斗 1 升 8 合。嘉兴的土地，夏季种稻谷，每亩平均可收 4 石，所以农民所纳的田赋，等于夏季作物收获量的七分之一。可是嘉兴的土地，每年都是种二期的，除了夏季的稻谷外，还有冬季作物，如小麦、大豆之类。所以农民所纳的田赋，实际恐怕还不到全年的收获量的十分之一，与传统的所谓什一而税，并没有相差得很远。在别的地方，农民的田赋，比嘉兴轻得多。如湖北的荆门，上中则田，每亩田赋只有 2 角 6 分，下则田每亩 2 角 2 分。湖北省府的规定，每元征实 2 斗 6 升，征借 1 斗 2 升，县粮 8 升，积谷 3 升，共计每元征谷 49 升。所以荆门的上中则田，每亩只纳谷 1 斗 2 升 7 合。这种田赋，远达不到农民全年收获量的十分之一。

　　假如农民对于政府的负担，只此而已，我想农民一定会对于政府发生良好印象的。实际的情形，并非如此。我于民国三十五年 12 月中，曾在湖北的安陆县，与一位天主堂的主教，谈了一夜的话。他在安陆住了十几年，对于当地的情形，其了解的深刻，远非县政府的人所能望其项背。我曾请教他当地的农民有些什么痛苦。他回答我的第一句话，就是税捐繁重。这个结论，证明我在各地的观察，是很正确的。

农民每年对于政府的负担，在各级政府的预算中，是看不到的。大多数的农民，因为本人是文盲，从来没有记账的习惯，所以你如问他，每年到底交给政府多少钱，他也回答不出。研究这个问题的最好资料，还是乡镇公所的会议记录。据我所看到的乡镇公所会议记录，可以说会议的大部分的时间，是花在研究如何摊派上面的。下面所举的一个例子，是从浙江某县的一个乡公所的会议记录中摘抄下来的。这本记录所包括的时间，恰好是一年多一点，起自民国三十四年9月16日，终于民国三十五年9月30日。我们可以看看，在这一年之内，这个乡公所，向老百姓要了多少钱，要了多少东西。

（1）民国三十四年9月16日，本乡奉命采办军粮117石7斗，应如何办理案，议决，由各保分配。

（2）9月16日，修复本所房屋，经费应如何筹措案，议决，照采办军粮石数，每石加征18 000元，由各保长向各住户劝募。

（3）9月30日，本所每月开支，如何筹集案，议决，每保每月征收白米，大保4斗，小保3斗，以补助开支及职工津贴，以10石为标准。

（4）民国三十五年2月28日，县政府复原经费，其摊派本乡之数，应如何筹集案，议决，照田亩征收，每亩收8升。

（5）2月28日，遵令提取本乡公粮500石，应如何缴解案，议决，由各保长负责。

（6）4月30日，本县境地方部队购柴，本乡分派9 000斤，每斤市价50元，但官价只有10元，应如何办理案，议决，由各保长负责分购。

（7）4月30日，本乡共有中心学校1所，保校10所，所需经费，应如何筹集案，议决，每保应筹学米6斗2升7合，经费按各保大小分配，最高38 000元，最低34 000元，由各保长送交各校，统筹统支。

（8）5月17日，本乡公所欠支各职员民国三十四年9月至民国三十五年3月，以实物计，合计10石零1斗6升9合。又本年4月间垫支整理户籍费用，及召开保民大会等开支，共计166 410元，应如何筹缴案，议决，欠支向地方借筹归垫，户籍费每户征收50元。

（9）5月17日，乡公所预算，应如何重编案，议决。乡公所预算，自5月份起，收米26石4斗，以米价每石2万元为准，折合528 000元，由各保分担。

（10）5月17日，本乡奉令征购军粮450石，每石实付23 800元，其不敷价款，如何筹补案，议决。依照富力分摊，5月底前先筹一部分，6月10日前筹足，以符功令。

（11）5月17日，本乡警备班队士制服16套，及队士每月草鞋费，暨队本部月需灯油费、设备费，应如何筹措案，议决，每套制服征米1市石，灯油米3斗，草鞋1斗，设备1斗5升，预备费1斗，由各保分担。

（12）8月13日，本乡为过境军队借用农具，迄未归还，以后应如何防范案，议决，各保筹助锄头一把，放置乡公所，以应公需。

（13）9月30日，团管区司令部及后方医院，商借木器，应如何筹集案，议决，一至十保，每保筹桌子一张，十一保至二十保，每保筹椅子一只。

我于摘抄这13项记录之后，曾问乡长，在过去一年之内，是否所有的摊派，已尽于此。他的答案使我惊奇。他说，乡公所开会的次数并不多，有时上面的摊派来了，催缴得很急，他就等不及开会，便交给各保长办理了，所以记录中所述的，只是摊派的一部分。我们看了这些事实，再设想那些保长挨门要钱、要米、要东西的情形，就可知道老百姓对于政府，是如何地痛心疾首了。

我们根据这个乡公所的记录，再参考别的一些事实，就可知道摊派是如何产生的。原因之一，乃是政府想办许多的事，可是又没有那样多的钱，于是只好从老百姓的身上去搜刮。譬如调查户口，政府认为是应当办的，但调查户口所需的经费，却无着落，于是户政的推行，便成为摊派的原因。又如航空建设，当然是国防的一个重要部门，但国库中拿不出那样多的钱来满足主管航空建设者的需要，于是航建会费，便屡次地摊派下去。我于12月路过宜昌时，知道第七次的航建会费，宜昌县的派额便是180万元，但只缴解了26.5万元。

第二，政府征购民间的物资，所出的官价与市价相差太远，也是产生摊派的一个原因。金华的专员曾告诉我，浙江省公路处修复金兰公路时，所需桥涵木料，均向当地征购，所出的价格，是每板尺30元。这个价格，拿来付木料的小价还不够，更谈不到锯工与运费。沙市的专员也举过一个例子，说是交通部为安置电线，曾令公安县筹备电杆8 000根，运至立杆地点，每杆800元，实际市价需万元一根。市价与官价的差额，普通总是以摊派的方法来解决的。

第三，下级政府的收支不能相抵，也是产生摊派的一个原因。此种现象，在县政府及乡镇公所最为显著。据我所知，现在各地的县政府及乡镇公所，收支能够相抵的，真是如凤毛麟角。就在财政收支系统已经改革，田赋的一半已经交给县政府之后，入不敷出的情形，也没有多大的改进。湖北各地的县政府，已经公开地把地方性之捐献及赠予收入，列为经费的主要来源。所谓捐献与赠予，实际就是摊派。以荆门县而论，民国三十六年预算，收入方面，共列 29 亿元，其中地方性之捐献及赠予收入，便列了 14.6 亿余元，占总收入 49.1%。* 换句话说，荆门县政府，民国三十六年度的支出，一半要靠摊派来维持。

第四，中国军队之多，以及政府对于军队给养供给之不充分，与摊派的产生也有密切的关系。上面我们所抄引的乡公所记录，其中有好几件摊派，便是由于军队的索取造成的。类似的例子，随处可得。榆林县参议会统计，该县人口不过 13 万人，但所负担的军粮、马干、副食费的差价，便达 13 亿元。广西河池县的九墟乡，曾呈文县府，说是该乡的灾情乃是驻境的军队造成的。这些军队，在半年之内，征借老百姓的米，达 17.5 万市斤。人民忍痛输将，还不能满足军队的需要，于是征借之后，又继之以征购，但名则为购，实则并不给钱，结果弄得全乡的人民，仓徒四壁，室如悬磬。像这种军队，人民是无法对它发生好感的。

现在中国农民的生活，可谓痛苦已达极点，而造成这种痛苦的重要原因之一，便是政府的苛捐杂税，便是下级政府的各种摊派。一个革命的政府，一个号称为民服务的政府，对于这种现状，是不能不闻不问的，是必须设法来把这种痛苦加以解除的。

我们对于取消摊派这个问题，愿意贡献几点简单的意见。第一，整军必须实现，军队的数目必须大量地裁减。这一点做到了，不但中央的财政从此便有办法，就是地方上也可因此减少农民身上的许多额外负担。第二，税制必须改良，一定要做到有钱出钱的地步。农民的收入是有限的，他的负担已经是那样多，许多富商大贾以及借政治力量而发财的官僚，他们每年的收入超过农民几万或几千万倍，但是他们的收入有多少交进了国库？有钱的人不纳税，硬把赋税的大部分放在没有钱的农民身上，天下不公平的事，再没有比这个更甚的了。所以税制一定要彻底改造彻底实行，有钱的人拿出钱来，农民的负担自然减轻。第三，各级的政府，每办一种事业，一定要有充足的经费。有多少钱办多少事，没有钱就不办事。如不遵照这个原则进行，结果一定是事业办不成功，而老百姓已经遭殃。第四，乡镇公所，不当有单独的预算，它的预算，应当归入县的预算之内。由县政府统筹统支，县政府的预算，须经县参议会通过。没有经过民意机关的同意，县政府不许向人民抽一个钱的税。假如各县的参议会能够严格地执行这一条原则，那么民主政治对于人民的贡献，再没有比这个更有价值了。

民国三十五年 12 月 28 日

（载《世纪评论》第 1 卷第 3 期，1947 年）

---

* 数据疑有误。据文中数据计算，占总收入的百分比应为 50.3%。因无法核实具体哪个数据有误，故保留原貌。——编者注

卫生事业在困难中

中国人民生活程度的低下，是有许多客观的、具体的事实可以证明的。在这些事实之中，最令人触目惊心的，便是文盲的百分数以及人民死亡率超过任何文明的国家。为针对这种病状下药起见，大家都在提倡普及教育，发展卫生事业。从某一个角度看去，卫生事业的重要，也许在普及教育之上。因为一个人出世之后，我们如期望他对社会有所贡献，就应当设法使他好好地活着。活着的人，才可以有所作为。卫生事业的最高目的，就是要设法使生下的人，都能够活着。因此，我们可以说卫生事业，是社会福利中最基本的事业。

可是这种最基本的事业，在中国的社会中，还没有奠定基础，已经遇着层层叠叠的困难。

第一种困难，是由于卫生教育的不普及而起的。卫生人员用了各种方法来改善人民的卫生环境，但是人民对于近代的卫生常识，毫无基础，所以对于许多的卫生工作，不但不同情地援助，或虚怀地接受，反而采取一种不合作的态度，或消极抵抗的行为。我们可以举一个例子，来说明这一点。在民国三十年以前，江西并没有鼠疫。江西的鼠疫，是由福建传去的。每一县鼠疫的发生，我们都可以追溯它的历史，而从这些历史的故事中，我们得到一个教训，就是老百姓如有普通的卫生常识，鼠疫在江西的蔓延，绝不会像现在的猖獗。江西有一位刘大夫，曾告诉我两个故事。第一个故事，是关于黎川县鼠疫的来源。他说黎川的鼠疫，是由南城传去的。民国三十四年，南城县的硝石镇，有一位绅士，听说县城已经发生鼠疫，他以为避疫的方法，应请和尚打醮。有人说他提倡打醮，含有经济的动机，因为他是包办硝石镇屠宰税的，打醮可以吸引村庄中的居民，人来得越多，猪肉的销路越大，他的税收也越增加。打醮的结果，屠宰税是否增加无可考，但这位绅士，却在热闹场中，染到鼠疫而亡。他有一位妹妹，自黎川来探视，染了鼠疫而归，于是黎川也就发生了鼠疫。第二个故事，是关于南城县株良新丰等处鼠疫的来源。自从南城发现鼠疫之后，专员、县长与当地的卫生机构，便发动打预防针。但乡下人以及城里没有受过教育的民众，不知道打预防针的意义，视此为畏途，不敢以身尝试。许多人看见打针的来了，便设法东逃西躲。在这种人民不合作的情形之下，专员只好与军队商量，选定一天的夜晚，把路上的交通断绝，敲开人家的大门，从床上床下将老百姓拉出来，强迫打针。有几个人，怕打预防针，便从县城逃到株良新丰，结果是死在那儿，由此传染，每处都死了30余人。这两个故事，证明江西死于鼠疫的人，有一大部分是由于无智识而死亡的。我们希望以后办理国民教育的人，应当多多地灌输一点卫生常识到人民的脑海中，以减少推广卫生事业的阻力。但教育的工作，是迟缓的，所以这种由于无知而发生的阻力，也非短时可以消灭。

第二种困难，是由于卫生人员的缺乏而发生的。中国的乡村中，对于卫生人员的需要，是很迫切的，但可以满足这种需要的卫生人员，数量上实在太少。我旅行了江南好些县份，没有遇到一个卫生院的院长，是国外留学回来的，也没有碰到一个是北平的协和医学院毕业的。江西的中正医学院，是江西医学教育的最高学府，每年也有几十个毕业生，但没有一个毕业生肯在江西84个卫生院中当院长。受过良好的卫生教育的人，不肯下乡，于是在内地各县当卫生院院长的，每多资格不符。他们有的是护士出身，有的在军队中混过几年，最好的是医专毕业，学识与经验都赶不上医学院的毕业生。他们滥竽充数，上级的机关虽然知道，也没有改进的办法。这些卫生院院长，很多是县长花了精神去请来的，假如省的卫生处对于人选不能通过，那么县长就请卫生处另派适当人选，可是卫生处对于这种要求，绝无方法可以满足，于是资格不符的卫生院院长，也就可以安于其位了。院长的资格如此，其他医师护士等的资格，不问可知。有一次，我到某县的卫生院去参观，会院长，说是到县政府领经费去了；会医师，说是院长之外，并无别的医师；会护士，护士抱着小孩出来了，她就是院长的太太。这一个卫生院，我看除了维持院长一家的生活外，恐怕很难有别的贡献。

卫生事业的第三种困难，是设备不足。以病床的设备而言，离开理想的目标，实在太远。美国的病床设备，每千人有四张，而中国各省，有的是每万人才有一张病床设备，有的好一点，但也达不到每5 000人一张的境界。而且这些病床，大部分集中在少数的都市内，在乡间，一个人可以在公路上走100公里，而遇不到一所医院。中国内地的医院，比较有规模的，其主办的机关有三种。第一是省立医院，因为经费比县立卫生院充足一点，所以可以多请几位医生，多设几张病床，多备一些药品，但省立医院的数目，少得可怜，在广西只有四个，在浙江只有六个，在江西，每一个专员公署的区域，才分到一所省立医院。第二种医院，是慈善团体办的，其中由天主教及基督教办的占最多数。在政府还没有注意卫生事业的时候，他们早在内地开起医院来了，有些医院，已有近百年的历史。我们在城里住惯的人，对于教会在这方面的贡献，很难有清楚的认识，但是如到内地旅行，在毫无医药设备的地方，看到在欧美各国，受过医药训练的传教士，在为穷苦的老百姓做医药方面的服务，经久不懈，真可以令人肃然起敬。第三种医院，是由私人办理的。他们或在海外，或在国内的都市里，经商而发了财，受了乡土观念的驱使，便利用一部分的财富，在家乡设立医院。这三类医院，合拢起来的数目，还是有限的，即使平均分配，每县也分不到一个医院。所以如想大多数的老百姓，都能得到近代卫生设备的实惠，非着眼于县的卫生行政及卫生事业不可。但现在的县立卫生院，可以说是有名无实。如何充实这些县立卫生院，使其能为各地的人民服务，实为今日卫生行政的主要课题。

卫生事业的第四种困难，也可说是卫生事业的致命伤，就是经费不足。省的卫生机构，以及县的卫生机构，经费都是少得令人难以置信。浙江的卫生处主持人曾告诉我，在浙江，省卫生经费只占省经费1.7‰，县卫生经费只占县经费3.7‰。以这样少的经费，而想推动卫生事业，真是缘木求鱼。有一个时期，浙江各地的瘟疫丛生，善后救济总署的浙江分署，拨了一些防疫的药品给省卫生处，协助他们进行防疫的工作，但是这些药品无法运达各地，因为卫生处没有运费。江西在鼠疫盛行的时候，省卫生处也成立了十个防疫队，而且也从卫生署领到药械一批，但以经费困难，防疫队无法调动，最后还是由善后救济总署的江西分署，每月补助防疫队调动旅费5 000万元，才能出发工作。省的卫生经费如此困难，县的卫生经费，也没有较好的表现。我曾看到一个县立卫生院，每月办公费只有1 500元，包括购置药品的费用在内。另一个县立卫生院，每月的药械费只有4 000元。在离这个卫生院不到20公里的一个村庄，我们看到村民有一半以上是患疟疾的，以这个卫生院每月所有的药械费来买奎宁丸，也治不了一个村庄中生疟疾的病人。

我们认为卫生经费的不足，是困难中的头号困难。如想中国的卫生事业有前途，非设法解决这个困难不可。我们现在不谈中央的卫生经费及省的卫生经费，因为卫生是对于老百姓最切身的工作，如筹集经费，只向高高在上的中央政府或省政府的身上打算，未免是隔靴搔痒。我们要认清楚一点，就是只有县的卫生经费有办法，然后卫生事业在中国才有办法。

县的卫生经费是有办法的，只要我们肯下决心，对于县政加以彻底的改造。

我们可以随便选择任何一省的任何一县的施政报告来看一下，其中所列举的工作，多的可以有数十项，少的也可以有十几项。凡是看过这些报告的人，只要他是把民众福利放在心上的，总会发生一个问题，那就是：这些工作是否必要的？这些工作对于民众有什么好处？

我们可以大胆地说，现在的县政府，其工作有 90％ 以上是对于民众毫无好处的，因而也是不必需的。我们预料宪政实施的时候，民众对于切身的县政，可以公开批评的时候，他们一定会通过议案，把这些 90％ 以上的扰民之政，都一笔勾销。办理这些扰民之政的机关，也就可以因此而寿终正寝。到那时，我们猜想县中有一个税收的机关，是收税的。还有一个办理社会福利的机关，是用钱的。钱的出路，只有几处。教育是要办的，应该花钱。卫生事业是应该办的，也要花钱。农田水利以及可以协助人民增加生产的事业，是应该办的，也就可以花钱。可以花钱的项目并不很多，而卫生事业便是最重要的一个项目，因此县政府的税收，花在卫生事业上面的，绝不是 3.7‰，也绝不是 3.7％，可能得到 20％，也许到 30％。

假如县的卫生经费增加了，其经费应如何支配，才可对大多数的人民有益，也是一个可以研究的问题。有人主张，在每一个县份里，应当设立一个完善的医院，来为人民医治各种的疾病。这是很好的一个建议，但我不认为这是第一件要办的事。在人才与经费都不十分充裕的状况之下，与其请头等的医生来办一个头等的医院，不如多请几个二三等的医生，分散在一县的各乡，来为民众治疗几种最普通的病。在最近的将来，中国的民众，如果几种最常犯的病得到了医药的治疗，他们的心理上及身体上，便已得到最大的安慰，这几种普通的病，不必高明的医生便可开方，在医师缺乏的中国，这种计划最易推行。几个月以前，我在宁波曾参观华美医院的简单治疗所，觉得他们的办法，最合中国目前的需要。简单治疗所的挂号费是很少的，每次只取 100 元。所中有一个医生、四个护士，他们只替民众医六种病：一为癞头，二为沙眼，三为疟疾，四为疥疮，五为烂脚，六为梅毒。据华美医院门诊的经验，这六种病在宁波是最普通的，所以特设一个简单治疗所，专门应付这一类的病人。在宁波，假如患这六种病的人得到了治疗，可以说是大多数的病人已经得到治疗了。这是大众化的医疗办法。假如全国各地，都能采取这种办法，医疗的工作，从几种最普通的疾病下手，那么中国的死亡率，其降低是可以预期的。

　　我们渴望着中国的卫生事业可以早日解除各种困难，尤其是经费上的困难。等到经费的困难解决之后，我们希望大众化的医药卫生组织，可以在中国各地出现，为人民造福，为人民添寿。

民国三十六年 1 月 9 日

（载《世纪评论》第 1 卷第 7 期，1947 年）

浙江分署视察报告

一、行程

我们于 10 月 21 日由南京出发，22 日、23 日两日，因事在上海接洽，24 日转赴杭州，25 日至 29 日，均在杭州视察。30 日赴吴兴，下午五时半到达，行 90 公里。31 日参观吴兴城内公私医院、学校及慈善机关。11 月 1 日清晨，乘小汽轮赴南浔镇，上午十时到达，行 73 华里，访问该镇商会后，当日下午，仍回吴兴。11 月 2 日返杭，3 日休息。4 日、5 日两日，赴嘉兴视察，6 日复回杭州。7 日拟赴宁波，因江潮退落，汽轮无法过渡，乃改至翌日出发。8 日上午十一时经绍兴，至县府访问。下午五时半到达鄞县。11 月 9 日在宁波市区视察。10 日乘小汽艇赴东钱湖看水利情形。11 日赴奉化，游溪口，当日仍回鄞县。12 日下午二时半，乘招商局江西轮离鄞，13 日侵晨到达上海。计此次在浙行程，前后凡 20 日。

又本年 8 月底，在我们视察了江西分署之后，曾取道浙赣路，由上饶经江山、衢州、兰溪、金华、诸暨各县，到了杭州，当时，因总署在南京举行工作检讨会议，我们便于 9 月 4 日匆匆赶回南京，在那第一次行程中，我们视察了杭州市区、海宁的钱塘工程以及第四工作队的赈务情形。

二、浙江的灾情

浙江省共 77 市县，战时沦陷于敌人手里的，除了浙南龙泉、庆元、景宁、泰顺、淳安、遂安、仙居等 8 县外，达 69 市县。如果把浙江省整个鸟瞰一下，灾情的严重，当以浙西沿太湖流域之长兴、吴兴、武康等县为最。

单以房屋之损失一项而论，如武康、长兴，其损失百分比，皆在 90% 以上，因为沿京杭国道，自上柏、武康、三桥埠、埭溪、长兴一带，为我们的游击区，经国军与地方团队的大小争夺战，不下数百次。敌人为施行扫荡，将交通沿线房屋焚毁一空。我们第一次到杭州时，特地乘车去武康县视察，只见城内一片荒草，矗立着几截残垣，城外有几家小铺子，都是临时搭盖的茅舍，县政府在离城三里许的一所民房里办公，这是战后硕果仅存的一所大房屋。

在我们去南浔的途中，运河塘岸之北，即是靠近太湖的一面，所有村镇的房屋，亦多焚毁，一路所见，几乎完全是茅屋。在战前，这一带是比较富庶的地方，而现在却满目凄凉。

其次如义乌、江山、嵊县，或因地方民性顽强，好打游击，或因敌我两军做拉锯争夺战，民房损失，均在 70% 以上。至沿海一带，如奉化、镇海各县，灾情亦颇严重。当民国二十九年 7 月 17 日敌人第一次登陆时，镇海县武宁镇原有房屋 1 200 余间，全部夷为平地，居民多流为乞丐。又小港村适当要塞之冲，毁民房千间以上。柴桥镇被敌人轰炸达 16 次，所有小学校全毁，民房损失在 400 间以上。

浙西的天目山以及浙东的四明山，都出产大木材，在沦陷期间，被敌人砍伐殆尽，用以取暖或建筑桥梁。在我们去武康和奉化的途中，很少见有高大的林木。11 月 11 日游溪口，参观武岭学校，据该校总务主任说，武岭冈上，在战前原有不少合抱的大松，现在已完全被敌人砍光。

这些林木的损失，使许多的林山变成了童山，雨水不能吸收，于是一泻如注，成为暴洪，泥沙冲积，淤塞河床，使农田水利，发生了严重的问题。

以上所述，不过举灾情之一二例，自然不能概括一切。凡敌人所施之于其他各省的，如搜刮粮食、毁损农具、屠宰耕牛、破坏道路桥梁，以及种种奸淫烧杀等暴行，在浙江也没有例外。可是我们认为这些直接由于寇灾的损失，并不能置浙江人民于万劫不复之境，而最大的危机，还是在一般农村经济的破产。

我们知道浙江是一个蚕丝鱼米之乡，杭嘉湖各县，蚕丝业特别发达，人民每年在这副业上的收入，恒超过他们每年米产的收益。战前有许多人是以蚕丝起家的，现在以丝绸市场不景气，老百姓在蚕业上已无利可图，于是很多桑园，听其荒芜，他们失去了这唯一的财源，生活便日见穷苦。

我们以吴兴为例，吴兴全县田亩，包括田地山塘在内，战前约 160 万市亩，其中稻田约 115 万市亩，平均每亩产米 150 斤，全年可产米 170 余万担。战前米价平均每担以 10 元计算，则吴兴全年在米粮上的收入，总值约为 1 700 余万元。

而吴兴的蚕丝业，最盛的时期为民国十五六年，至民国二十六年，尚有织绸厂 35 家，织绸电机 2 000 余架，木机最多曾达 7 000 架以上，缫丝厂 12 家。每年出丝在 4 000 包以上（每包 100 斤，每斤 16 两 8 钱），四分之三的丝系外销，四分之一的则在本地织绸。

战前每包丝的价值，自 600 元至 900 元不等，最高曾达 1 700 元，以最低每包 600 元计算，每年约值 240 万元。其余附属品（俗称下脚，如茧衣等）的价值，每包可得 150 元左右，合计 60 万元。又土丝加工后，通称为"缉里干经"。南浔一地，年产达 7 000 包以上，每包约值 470 余元，总值在 330 万元左右；而各乡的土丝，年产在 5 万包以上，以每包 350 元计算，总值为 1 750 万元。再加上各乡全年蚕茧的收益 240 万元，则吴兴每年在蚕丝业上的总收入，当在 2 600 余万元。

由上述的情形看来，吴兴人的收入，大半是靠着蚕丝业。可是战后的情况，却一落千丈。现在织绸厂，大小仅存 10 家，丝厂 4 家，织绸电机只剩了战前的十分之一，200 余架，木机不足 1 000 架，蚕茧在战前盛时年产约 10 万担，现在只达战前的百分之二三十。同时吴兴的可耕田亩，战后仅 80 万亩，所产粮食，勉敷 8 个月之用，而今年有 38 个乡镇发生水灾，收成打了个 6 折，粮食更感缺乏。

蚕丝业破产，米粮锐减，现在吴兴的老百姓，一般的在贫穷中生活。

其次如沿海一带的渔民盐民，亦在穷困中挣扎。据六区专员俞济民谈，定海、象山、奉化各县，借渔业为生者，达 20 余万人。战前有大捕鱼船 1 000 余只，现仅存 400 余只，在抗战期间，海盗横行，捕鱼困难，加之有若干种为修建渔具所必需的物资，如桐油、苎麻之类，政府诚恐资敌，禁运出口，以致渔具无法修建，自太平洋战争爆发后，海运断绝，来自菲律宾的制网主要工具——渔烤，供应不继，影响捕鱼，颇为不利。

渔民的组织，分为渔工（伙计）、业主（老板）、渔商及渔行四级。渔商向渔行借贷资金，以之转贷给业主，业主得此贷款，招雇渔工，层层剥削，结果渔工得了极微少的工资。

捕鱼的时期，大概在旧历一二三月间捕小黄鱼，四五月间捕大黄鱼及墨鱼，八月起再捕小黄鱼，腊冬多捕带鱼。所以一年之中，除六、七两月所谓"渔隙"外，几乎无月不是过的浮海生活。因此渔民们大多嗜酒好赌，任性挥霍，手头毫无积蓄，永远在业主与渔商的重重剥削之下，度其贫苦的生活。

又定海、象山、余姚等县，均多盐民，如舟山一岛，有 6 000 余户，暨岱山、衢山两地，亦有千余户，除了三分之一的居民在农忙时兼操舟耜的耕作外，其余皆专业晒盐，经过了 6 年日寇的统治与掠夺，大户降为赤贫，赤贫转成饿殍，炊烟寥落，十室九空。

由上述的情形看来，号称江南富庶之区的浙江，经过这次战争的洗礼，人民生活与社会经济情况，实际已完全变质。

三、浙江分署的善救工作

分署为办理工作方便起见，在浙江方面，除了杭州市，杭县、余杭、新登、分水、临安、於潜、昌化、富阳、绍兴、萧山、建德、桐庐及诸暨等 14 市县的业务，归分署直辖办理外，特将全省划为四个工作区而成了四个工作队。第一工作队驻宁波，管辖鄞县、慈溪、镇海、定海、奉化、象山、宁海、余姚、上虞、新昌、嵊县、临海、仙居、天台、三门、黄岩、温岭等 17 县。第二工作队驻吴兴，管辖吴兴、嘉兴、嘉善、平湖、海盐、崇德、桐乡、海宁、安吉、孝丰、长兴、德清、武康等 13 县。第三工作队驻温州，管辖永嘉、乐清、瑞安、平阳、玉环、泰顺、青田、景宁、丽水、缙云、庆元、云和、龙泉等 13 县。第四工作队驻金华，管辖金华、东阳、义乌、盘安、永康、汤溪、武义、宣平、兰溪、龙游、衢县、常山、江山、遂昌、松阳、开化、遂安、浦江、寿昌、淳安等 20 县。在福建方面，分设福州与厦门两办事处，负责办理福建的善救工作，那里为了时间与交通所限，没有机会能去，而且浙闽分署自改组后，两省的业务行政已完全独立，故福建部分只能略而不谈。

分署在浙江的工作，可以分为赈恤、卫生与储运三部门。

（甲）赈恤

（一）关于急赈部分，过去曾拨发冬令救济费 2 000 万元，发放面粉 2 729.04 吨，旧衣 1 733 包，麦子 734.42 吨。此外在今年六七月间，因为诸暨、浦江、淳安、富阳、萧山、临海、寿昌、遂安、武康、吴兴、杭县等 11 县，霪雨连绵，山洪暴发，酿成了水灾，临时拨了一批面粉与洋麦办理水灾急赈。以上急赈工作，至本年 7 月底，大致已告结束。分署工作队，在办理急赈期间，除了监放物资的责任外，并不事前做普遍赤贫户的调查与直接发放物资之责。

在浙江各县都有县社会事业救济协会的组织，各县应得物资，由分署与浙江省审议委员会根据各县的灾情轻重、沦陷时期的久暂、人口的多寡、面积的大小等标准，共同规定了一个物资分配的百分比。各县在救济协会，得到了分署的物资配发单后，直接向指定的仓库去领运，然后再根据各乡所报的赤贫名册，分配受赈人数，定期发放。在这一过程中，地方与分署直接联系，工作队与地方却并不发生多少关系，因此，各地发放物资的情形，未尽一致，工作队对监放责任，亦发生了问题。

例如嘉兴县，有 65 个乡镇，得急赈面粉与麦子各 70 吨，分由两个机关办理。一个是嘉兴县社会事业救济协会，他们发放 45 个乡镇，在这区域里面，再分由天主堂、县救济院、王店救济院、红万字会、新胜救济院、县党部、县参议会及青年会 9 个团体来协助办理。受赈人数较多，每人所得面粉，最少者仅一二斤。另外一个是基督教主办的国际救济协会，他们发放 20 个乡镇，发放物资的标准与办法，完全由他们自己拟定，所有赤贫户必须经过详细调查核定后，才发给领物凭证。他们发放的对象较少，故每人所得物资较多，多的可得面粉 20 斤，最少者亦可得 5 斤，而且对自己的教友，比其他灾民，待遇较优。

嘉兴得旧衣 100 包，完全归县社救协会发放，国际救济协会所发的 20 个乡镇的旧衣，则由该会直接向国际红十字会募捐而得。县社救协会得此 100 包旧衣后，按 40 个乡镇的灾情轻重与人口多寡，分为甲、乙、丙、丁四等，甲、乙等的乡镇，各得衣一包，丙、丁等的乡镇，两个合得一包，用抽签办法发放，剩余下来的零数，则由县府发给慈善团体。

我们于 11 月 10 日，赴鄞县渔源乡访问。据该乡副乡长告诉我们，渔源乡所得急赈面粉，系各保平均分配，人数多的保里，每人仅得半斤，人数少的保里，可分得五斤；又旧衣一包，无法均分，于是用标售的办法，以现款发给贫户。

各县社救协会，很多直接向分署请赈，物资核定后，并直接向分署的仓库领运，因此关于物资的报销，当地工作队并不完全了解清楚。譬如冬令急赈款 2 000 万元，2 月间即行发放，究竟各县如何处理，至 8 月底只有五六个县市，系由工作队查明报告，其余尚未报销。第二工作队辖区的急赈物资，自今年 3 月开始发放，至 9 月间办理完竣，而报销者仅五六县。又如水灾急赈，武康得面粉 10 吨，由分署直接运去，等到第二工作队得此消息，面粉早被吃光了。在武康县社救协会看来，认为依据领发物资的手续，只要直接向分署报销；在第二工作队的立场，认为武康系工作队管辖范围，有监放物资的责任，不能不加过问。

所幸急赈时期，已成过去，而浙江的老百姓，对分署的要求，善后重于救济。我们常听到有些乡长说，很多百姓，不愿为了领取一二斤面粉而跋涉到乡公所去盖一个指摹印，足见浙江非赈不生的情形，并不十分严重。而一提到他们的需要，首先回答的便是农田水利，浙江分署自始亦就着重于工赈，本来规定第一批拨运各县的面粉，应全部办理急赈，但为适应各县实际需要，在经放急赈物资粮食部分应行注意事项（乙）之十一条的规定，经社救协会的通过，得提 40％ 的急赈物资，办理工赈，第二次审议会通过又改为 70％。至 6 月间，经派员调查，认为各县发放急赈物资对象广泛，每人所得，为数甚微，手续又极烦冗，于是又训令工作队："嗣后配发各县救济物资，粮食部分，除本署专案指定拨济对象者外，应一律举办工赈。"

在 8 月下旬，我们从分署得到配给物资的数字是：（1）急赈物资共发 3 214 吨；（2）工赈物资共发 4 017 吨。于此可见急赈与工赈在业务上的比重。

（二）关于工赈部分，第一件大事为抢修钱塘，其次为举办一般小型工赈。

1. 抢修钱塘工程。海塘的范围，包括甚广，北岸自杭县的上四乡起，下迄平湖之独山止，计长 243 公里，经杭县、海宁、海盐、平湖四县，称为浙西海塘。南岸自盐浦至曹娥镇，计长 90 公里，经萧山、绍兴两县，称为浙东海塘。浙西陆地平均高度，高出吴淞水准 0.3 公尺，而沿海的朔望涨潮，每达吴淞水准 0.6 公尺以上。所以钱江堤塘，完全为防范海水倒泻而筑，万一崩溃，不仅浙东绍兴与浙西杭嘉湖所属十余县千万亩农田将全部陆沉，即江苏之苏、松、太、常一带之生命财产，亦失去了屏障，故自有唐以来，没有一个朝代不在海塘上经营修筑。在抗战期间，敌人在塘岸上挖壕筑堡，千疮百孔，塘基动摇，虽亦曾偷偷发动民工，予以抢修，但多用柴木，仅为临时堵补缺口之计。胜利之后，浙江人民起来做紧急的呼吁，于是省政府把抢修钱塘视为复原后第一要务，同时亦成为浙闽分署的中心工作。

此项钱塘抢修工程，由浙江省海塘紧急抢修临时工程处主其事，其下分设杭海、盐平、萧绍三段分工程处，分署先拨面粉 105 吨，就此岸杜、膏、钟、隶四个字号先行紧急抢修，并拨补萧山县府面粉 519 袋，抢修南岸闻家堰臣、伏二字号。在各施工地段，分署特设临时工作队，派员监放面粉及负复量荡方之责。规定技工每人每日给与面粉 12 斤，普通工人每人每日 8 斤，每隔 5 日，发放一次。后来因其他字号亦颇危急，险象环生，于是变更计划，做全面的抢修。但估计全部所需工料，达 60 亿元之巨，除分署请准总署允拨 20 亿元以物资折代外，其余不足之数，由中央与省府拨补。现在杭海、盐平、萧绍三段残缺海塘，已全部抢修完竣，共拨面粉 1 283.65 吨。

我们于 8 月 29 日曾赴海宁东十余公里之陈汶港看施工情形。该地有缺口三处，最长的一个缺口有 762 公尺，均以柴塘堵口。另有两处，在石塘与土塘之间，接连着筑有短塘，名曰㟍塘，㟍塘的作用，以防万一石塘决口，潮水不致泛滥过广。此外还有所谓子塘，系因石塘太低，另在后面加筑土塘，较石塘略高，以免潮水越塘内侵。

关于塘工类别，名目繁多，自唐迄今，先后有土塘、石囤木柜塘、柴塘、鱼鳞石塘、混凝土塘、阶级式斜坡塘以及抢修之新柴塘四种外，其余已不再采用。钱塘抢修工程完全为临时救急之用，并非久长之计。今年秋潮，虽幸安然渡过，但柴塘工程，毕竟泥土松浮，经海水冲击之后，即易审成缺口，非时时加工填充不可。现在浙江省已正式成立塘工局，将继紧急抢修工程之后，进行石塘的施工，以谋彻底之整修。

2. 举办小型工赈。分署规定工赈的种类为：（1）修筑县道及乡镇道路；（2）疏浚村乡河流；（3）修筑堤坝塘闸；（4）开垦荒山荒地；（5）兴修小型农田水利；（6）修建因战事损坏无法复学之小学校舍；（7）其他有关中央及本省主管官署法令规定之乡镇公共造产事业。各县要办理上项工赈，必须依照分署规定之格式填具工赈申请书，办理工赈计划，并附工程图说及全部工程预算，连同其他有关实施办法，报请分署核办。而分署特设了一个工赈委员会，负责审核一切工赈事项。分署接得各县的申请书后，为明了其实况起见，常派员出去勘察，或令工作队就地调查，然后根据调查报告，予以准驳。

（载《行总周报》第 44 期，1947 年）

浙江分署视察报告（续）

在各县所申请的工赈中，以农田水利为多。例如第二工作队辖区内，核准了 21 个单位的工赈，其中举办农田水利与修筑塘坝的有 17 单位；又第一工作队辖区内，核准举办之工赈有 62 件，其中关于农田水利的有 42 件。为什么农田水利在浙江如此重要呢？我们可以举两个例子来说明。

（1）吴兴太湖溇港。太湖自长兴县至吴兴县之南浔镇有 72 溇港。其作用为调节内河与太湖之水量。因吴兴局部地势西南高而东北低，溇港均在城的东北部，西南部天目山系的山水，分入东西二苕溪，西苕溪由小梅港而入太湖，东苕溪则分由东塘河、中塘河、横塘河经各溇港泄入太湖。

太湖水位与溇港水位，相差不多，故北风一起，湖水倒灌，港底下段，因泥沙冲积，即被淤高，妨碍泄水。各港下口，虽设有闸门，但距湖岸尚有数百公尺，闸外一段，更易淤塞，故每年必须导口。在抗战期间，溇港失修，今年因山洪暴发，两次水灾，第一次在早稻期间，第二次在晚稻收割期，单吴兴一县，有 38 个乡镇报灾。所以我们一提起吴兴的善后建设，地方人士莫不众口一词地首先要疏浚溇港。

（2）鄞县东钱湖。在鄞县的东南方有一个大湖名东钱湖，四面环山，约 3 倍大于西湖。全湖划分为两区，在最狭的一端，筑有五里横塘，横亘南北，塘以内称"梅湖"，面积约 4 130 亩，其余统称"外湖"，面积约有 34 190 亩，合计全湖面积为 38 320 亩。主要的水源，来自福泉岭南等山峰，高者逾千尺，源长流远，水大时，溪宽自 80 尺至百尺，水源面积约为 62.7 平方公里，合 102 000 亩。

东钱湖受益的田亩，在鄞县境内，灌田总面积，计约 483 000 亩，镇海县境约计 85 000 亩，奉化县境约计 160 000 亩，合计三县受益田亩，约 728 000 亩，如除去其中河流道路村落，则灌田净面积约计 509 000 余亩。

我们于 11 月 10 日，由东钱湖整理委员会主任委员陈兰先生陪同赴东钱湖参观。他指点我们看，靠近五里横塘一带的湖面上，生着很大一块青草，便是近年泥沙冲积而成。梅湖部分已完全变成了稻田，仅四周留出一条小溪通到镇海县境。镇海人民，因东钱湖关系他们的农田水利，不许鄞县人在梅湖里种稻，曾纠众将四周田埂挖去，引起了双方极大的纠纷，后经整理委员会出来调停，答应今年秋收之后，明年不再耕种，一场风波，始告平息。

陈兰先生告诉我们说，单做疏浚的工作还不是一劳永逸之计，必须使四面山上的泥沙不再向湖面冲积。因此，他们计划把湖内挖掘起来的泥土，筑一条环湖马路，同时在山上植林。这样，不但避免了泥沙冲积，游浅湖床，而且因交通方便之后，使东钱湖成为第二个杭州的西湖，对繁荣鄞县，必有极大贡献。

现在浙江的工赈，无论已举办或已经核定了的，大部分都在停顿之中，没有积极实施，其原因：

（1）发给物资太少。分署规定每工发给面粉 2 斤，以时价折算，不过六七百元，而老百姓做其他劳工，每日可得工资二三千元至四五千元不等。工赈原含有救济的意义，如果做工一日，仅得面粉 2 斤，不足以赡养家庭，适足以扰民。因此，许多老百姓对工赈并不发生兴趣。

（2）农忙来了。浙江的晚稻，收割很迟，10 月中旬我们还看见农民在田间忙着收获的工作，要农民抛弃了自己的工作而参加工赈，自然不可能。

（3）器材缺乏。有许多水利工程，必须使用特种器械才能奏效，譬如嘉兴城疏浚城河，因缺乏抽水机，试了一个星期，只得中途停止。其他如吴兴溇港的疏浚，因缺乏挖泥机，亦难施工。

各县地方政府，有鉴于此，最近曾召开交通水利会议。如《第二区恢复公路实施纲要》规定：凡填筑路基土方，整理路面路基，采运路面材料，铺筑路面，搬运木石料，搬运碎石，以及挑运黄沙黄泥等工程责任，由劳动服役负责。又《第二区民国三十五年度水利工程实施纲要》规定各项水利工程经费之筹措：（1）工赈，向分署申请拨发面粉；（2）利用国民义务劳动；（3）向中农行贷款；（4）征收田亩受益费；（5）征购材料。《第十区（嘉属）各县水利建设纲要》亦规定所需技工及民工，由各县依所辖地段，以工赈方式配合国民义务劳动集工兴办。至工料之筹措：（1）义务劳动；（2）分署拨给之面粉、器材及款；（3）收取受益费用；（4）募捐；（5）县预算拨发。

由此看来，工赈的实施，除了分署从旁协助拨发面粉贴补外，必须地方自身有推动的力量，才能顺利进行。

此外属于赈恤方面的，还有一种特赈的工作，其中重要的，为配发各慈善机关救济物资。

浙江各县的慈善救济机关，我们所见到的，一般教会办理的，还有相当基础。如嘉兴的福音堂、鄞县的普济院，内设育婴、残废、孤老医院各部门，规模多相当宏大，他们不但拥有雄厚的房地产，有固定的基金，而且有教徒做干部，愿意终身为慈善事业服务。而地方的慈善机关，以经费困难，很多已不能举办。例如南浔一镇，在战前设有贫儿院、养老院、育婴院、师善堂、施药局、积谷仓等，现在除了师善堂、育婴院还勉强维持着外，余均一律停止。本来很多县级救济院，在战前有不少公产可以发展慈善救济事业，现在因县财政困难，县政府借口统筹支配，把许多公产收回县库，做弥补其他支出之用。

各县慈善机关，受到分署补助面粉、米麦、牛奶、奶粉、罐头食品的，截至 7 月底，计有杭州、杭县、余杭、临安、嘉兴、桐乡、海宁、萧山、宁波、绍兴、奉化、诸暨、定海、嵊县等共 224 单位。关于此项物资的补助，大多是经常供应的性质，每月由工作队根据各单位的申请，经调查后，报请分署核发，如人数变动，则配发的物资亦随之增减。

（乙）卫生

浙江省的卫生事业，虽经八年战争的摧残，但以现在的规模看来，仍相当普遍而发达，这是一种可喜的现象。

我们参观吴兴的福音医院，该院设有内、外、耳鼻咽喉、妇产等科，医生 7 人，护士已毕业者 9 人，实习者 68 人，病床 150 张。关于手术与检验等所用器械，均颇完备。此外并附设一个护士学校、化学试验班、调剂训练班。

在鄞县，规模最大的，要算华美医院。该院有病床 120 张，内部设备与吴兴的福音相仿佛，该院于普通门诊部之外，特设了一个妇孺简单治疗所，专治癞头、疥疮、烂脚、沙眼、疟疾五种疾病，每人只取挂号费 100 元。逢一、四两日，免费治疗梅毒。每日就诊者在 70 人左右。

鄞县的卫生院，设有县立中心医院、传染病医院，以及江东普仁第一卫生分院、甲村第二卫生分院、五乡碶第三卫生分院、鄞江桥第四卫生分院、凤岙第五卫生分院，内容虽并不十分充实，但分设有如许机构，实为其他县卫生院所罕见。

在我们参观东钱湖那天，经过渔源乡莫枝堰，该镇有公立普益医院一所，院中有病床 13 张，医生两人，一切均粗具规模。在一个乡镇上有这样健全的医院，我们还是初见。

嘉兴除了福音医院之外，尚有省立嘉兴医院、私立三一医院、德心医院等。战后私人诊所勃兴，计中西医所在 10 家以上。

分署在卫生方面的工作，因所得医药器材较少，除了临时办了一部分防疫救济及委托地方卫生机构发给一些营养品之外，实际对各地医院卫生院医药器材的补助，配给甚少。分署曾经核定予以病床设备者计 42 单位，包括省、县、市、公立及教会医院等 5 种，拟定配给 250 病床设备共 3 套，100 病床设备共 4 套，50 病床设备共 23 套。但很多医院，至今还未领到。

卫生的工作，由分署卫生组自行办理，与工作队卫生股很少发生业务上的联系。所有医药器材的配给，交由省卫生处转发，往往工作队对当地的医院卫生院，究竟得到分署何种救济与补助，并不清楚。我们在吴兴参观福音医院的时候，我们告诉院长说，福音可分得 100 张病床。院长莫名其妙，工作队的卫生股也不知此项消息。

现在工作队的卫生股，已明令撤销，我们在第一工作队看到分署 10 月 16 日卫字 1242 号训令内说："本署对工作队业务，有加强之趋势，以此对各工作队卫生股设置问题，实有考虑之必要，兹经重行规定，各工作队不设卫生股，其原有设置者，亦予撤销，其卫生业务，由本署集中办理。至营养物资转发及例行公事承转，即由工作队赈务股承转。"

第一工作队为了督导各地卫生事业，曾上了一个请予恢复卫生股的意见书。而分署于 12 月 4 日又以卫字第 1347 号指令工作队说："因本署对于推进卫生工作计划，原则上已予变更，所请应毋庸议，本年度各地医疗卫生工作，主要为分配物资，各医院卫生院业务初步调查，亦经告一段落，同时各受物单位，应用物资稽核事宜，俟明年度开始，当由本署再行计划，设置巡回视察，分区督导。"

事实上，工作队的卫生股，并没有设置专门医务人员，像吴兴第二工作队卫生股，仅有一个护士，即使做调查工作，也感觉困难。

（丙）储运

分署为便利运输与发放物资起见，在浙江成立了 12 个仓库，3 个在杭州市，其余诸暨、宁波、嘉兴、吴兴、兰溪、温州、斜桥、桐庐等地，各设一个仓库。总容量约 1 万吨。

浙江交通，在战时破坏甚烈。公路桥梁，大都圮毁，路面又极不平整，行车困难。

浙赣铁路现只通到诸暨，故浙江物资的运输，除了上海至杭州直接利用铁道外，大部利用水道。其余少数物资如医药品之类，则直接由卡车运送。

目前水道运价，平均每吨每公里 150 元。至各地仓库，因大多接近码头，装卸费亦较低廉，平均每吨在 3 000 元左右。

各地仓库，其责任仅在物资的存储与收发。而物资内运至各受领所在地的任务，照例由工作队的供应股办理。可是分署因经费困难，不能负担此项庞大运费，于是规定了一个各县提领物资运杂费支给标准及领运物资办法。支给的标准是：（1）水运路线，每吨每公里运费 200 元，折合面粉一斤。（2）公路线，每吨每公里运费 400 元，折合面粉二斤。（3）肩挑路线，每吨每公里运费 1 000 元，折合面粉五斤。至小麦代替面粉折发运费，以 35％之折合率为标准，即面粉一斤等于小麦一斤又二两半。各县在接得分署储运组签发之分发单后，必须于 15 日内向指定领物仓库提货，逾期则行改配。至应付运杂费，可凭支给标准折算面粉数量，在应领面粉内扣抵，再行取具运夫收据送分署核销，以凭补发。

所以工作队供应股，实际上只做了核算运输里程与折付运价的工作。

物资的内运，因仓库与工作队均不负责，于是发生一个矛盾的问题。

分署储运组得各地仓库的报告，说是仓库物资已不堪容纳，必须增新仓库。而账务组方面又说，物资已配发一空，须加速运输。分署当局为明了实况起见，特派了储运组方面的负责人到宁波调查。结果查出许多物资，是早经分配给各受领单位，而逾期未领，至今仍留存仓库里；实际未配发的物资，为数甚少。

考其原因不外：（1）工赈尚未进行，受领机关为避免自己运储的麻烦，不必急急取领。（2）运费折价太低，难免赔累，故提货不见踊跃。（3）物资配发零星，如营养食品，少至二三箱，米麦少至四五包，受领机关不愿跋涉提运。（4）公事手续繁复。各单位自申请之日始至领取物资之日止，其间调查、审核、批复、公事往返，往往费时半月至一月，使物资不能及时清运。（5）工作队对逾期不领之物资，未能按照规定，做严格改调之执行。

现在分署储运组与账务组，正会商办法，以谋改善。

四、批评及建议

根据上述报告，我们看出在分署的组织上，账务、储运、卫生各自为政，使工作队游离于地方与分署之间，往往对自己辖区里的业务未尽明了。以后，不但分署各组应该常常举行会报，检讨业务，工作与分署各组，亦须加强联系。其次在职权上，分署采集权制度，以致各地工作队自身不能发挥力量。除了公事的承转之外，简直无业务可做。以后除了工作队在工赈期间应多尽调查、督导及考核之责外，最好分署能多配给一点物资，规定在若干数量的物资范围以内，得由工作队自行决定支配，报请分署备案后即可举办，不必事事须呈请核定，以误事功。

在业务上我们认为浙江有很多县份，房屋损失相当严重。武康县城房屋损失之巨，在所经各县中，可称第一。而分署并未能像广西、湖南、江西等省一样，得到总署的建筑补助费，似失公平。拟请总署增拨建筑费从事建设。江西分署修筑农舍与集体茅屋的办法，均可作为浙省参考。

卫生方面除了医院、卫生院得到一些补助外，分署自身并无业务，如鄞县华美医院附设的传染病简单治疗所，对一般老百姓受惠殊多，且简单可行，似可试办。

最后我们对于"工赈"一词的意义，应加以修正。总署在 9 月间举行检讨会议，曾明白声明，以后各地工作，应注重善后而置救济工作于次要地位。此种善后工作，在广大的内地农村，自以农田水利为第一。此种规模宏大的事业，必须由当地政府、士绅、人民协力合作，次第举办。各地分署对于此种工作，自当贡献一部分物资，以为倡导及协助。如此则名正言顺，善后工作易于推行。如以工赈名义为号召，则以每日每工只给二斤之故，许多老百姓均因从事他种工作有较高之待遇可得，不肯参加，反使地方上之重要工作，无法举办。故总署对于每日给粉二斤之标准如不取消，则不必提出"工赈"一名词，应将举办善后工作之责任，置于地方政府之身，由地方政府发动民力，积极推行。各地分署协助物资，居于倡导的地位，似可易生效果。

民国三十五年 11 月 20 日于汉口

（载《行总周报》第 45－46 期，1947 年）

中国农村的两种类型

比较中外农村生活的人，常常指出中国农村的自给自足性。其实中国农村的所谓自给自足，其含义如何，尚待推敲。假如我们说，中国的农村，比起欧美的农村来，其自给自足的程度，要高一些，大约没有人可以否认。假如我们说，中国农民的需要，靠当地的生产及劳务，便可满足，那就未免离事实太远。

中国农民的生活里，最重要的问题，当然是吃。一般的农民，其所生产的粮食，是否够一家数口的消费呢？在灾荒的年代，粮食的不够吃，乃是显然的。即在五谷丰登的年月，许多地方的农民，还是不够吃的。从外村、外县或外省、外洋输入粮食，就是不够吃的象征。另外还有一种统计，也可做讨论这个问题的参考，就是人与地的比例。我在内地旅行，每到一个县份，常去搜集两种统计，就是人口与耕地。在华南一带，假如每一个人所分到的耕地，平均不到两市亩，就有向外输入粮食的必要。而华南的县份里，一个人分不到两市亩的耕地，乃是常有的事。至于衣的不能自给，在洋布输入之后，已经成为普遍的现象。即在穷乡僻壤之中，男耕女织的传统，已给新兴的纺织工业打破了。布匹已不是家庭中的产品，而是市场中的一种商品，须用金钱去换来的。至于盐与医药，更非多数的农村所能自给，乃是有目共睹的事。

在不能自给自足的状态之下，中国的农民，用什么方法，去满足他们生活上的需要呢？换句话说，他们用什么手段，去换取他们所需要的物资与劳务呢？

从这个问题出发，我们发现中国的农村，可以分为两类。为使这个分类易于记忆起见，我愿意称第一种农村为宁波型，第二种农村为绍兴型。

宁波型的农村，其特点是什么？《鄞县通志》中有一段，说鄞县所产的粮食不够吃，可以做我们描写这个类型的起点。《鄞县通志》上说："鄞县农田面积，据土地陈报，为 749 066 亩，占全县土地 45%。农户 34 000 余户，占全县户口 20%，平均每户耕地约 22 亩。全县出米 118.8 万石。据民国二十二年户口调查，为 685 930 人。以平均每人每年食米 2 石 5 斗计，全年需米 171 万余石，尚不敷 52 万余石。民国二十四年宁属各县民政现状统计，鄞县米粮生产额 112.5 万石，消费额 200 万石，亏额 87.5 万石。须乞籴洋米及温台各产米区之接济。至其余农田所产特用作物，间有大宗出口，固不能弥补此粮食之缺额远甚。"

我们如只看这点数字，一定以为宁波人民的生活是很艰苦的，实则宁波人民的生活程度，远在一般内地之上。乡村中的组织，如学校与医院，其规模的宏大，也没有几处可以比得上的。宁波人到底用了什么方法，达到现在的境地呢？光绪年间出版的《鄞县志》，有一段回答了我们的问题。《鄞县志》中说："鄞县生齿日盛，地之所产，不给于用，四出营生，商旅遍于天下，如杭州、绍兴、苏州、上海、吴城、汉口、牛庄、胶州、闽广诸路，贸易綦多。或岁一归，或数岁一归，携带各处土物，馈送亲友。甚至东洋日本，南洋吕宋、新加坡，西洋苏门答腊、锡兰诸国，亦措资结队而往，开设廛肆，有娶妇长子孙者。"

这些在外面娶妇长子孙的宁波人，多少与乡土已断绝了关系，我们可以存而不论。最要紧的，是那些在外谋生，或岁一归，或数岁一归的宁波人。他们虽然在外面工作，但与家乡还保持着密切的经济关系。也许他的妻子还留在家乡，也许他还有别的亲人，在家乡要他赡养。他在外面赚钱，可是并不在外面把所赚的钱都花去。他常常把钱积蓄起来，有便人回家时，便托他们带回去给家人用。或者他于年底要从外面赶回家去过年，除了带一些钱回去之外，还要带衣料，带日用品，送给他的妻子、父母、亲友。就靠他们在各个码头上赚钱，然后住在宁波的人，生活上的需要，才得到圆满的解决。

所以宁波的农民，解决生活问题的方法，是输出劳务，换取金钱，而以金钱购得宁波所不生产而为宁波人生活所必需的物资。在这种方式下过日子的，不只宁波而已。台山、梅县，都是属于宁波型的。就是我们家乡歙县，也属于这一个类型。记得乡中有一俗语，"无徽不成镇"，表示沿新安江一带，在外谋生的徽州人很多。我所熟悉的歙南一条河流，沿河 60 里，每年出产的粮食，只够几个月吃的。所以每年一过正月初旬，沿河的村庄，有许多人挑着铺盖，辞别亲友，外出谋生。这些劳务的输出，使得留在家中的人，可以舒服地生活下去。

绍兴型的农村，与宁波型有异。绍兴粮食的不够吃，是与宁波相同的。去年 11 月间，我路过绍兴，县长告诉我，绍兴县可耕地为 200 余万亩，但水田只有 90 余万亩。全县人口，为 80 余万，县境内出产的稻米，只够 8 个月的消费。但绍兴有许多土产，在战前，将此种土产输出，换入粮食，绰绰有余。这些土产，最著名的有四：一为锡箔，战前可出 300 万块。二为平水茶，每年可以输出 20 万担。三为绍酒，战前可出 30 万缸，每缸 500 斤。四为内河鱼，战前每年可出 600 万斤。这些特产的总价值，以战前的价格计算，约等于绍兴县所出稻谷总价值的 2.5 倍。有这许多物资可以输出，绍兴人的衣食可以无愁了。

属于绍兴型的农村也很多，如沿太湖的蚕丝区，沙市附近的棉花区，均属于此类。这些地方的农民，所出产的粮食，也许还够吃，也许不够吃，但是他们都不能靠粮食来解决生活上的一切需要。可是他们很幸运地，除了粮食之外，还能生产一种或几种别的物资，而这些物资，又都能在市场上找到销路。他们以出售这些货品的钱，来换取他们别的需要。他们生活的舒适与否，要看这些货品在外面的销场及其价格而定。

宁波型的农村，其特点在输出劳务。绍兴型的农村，其特点在输出物资。许多农村是中性的。就是劳务与物资，每样都输出一点。这种中性的农村，在数量上虽然很多，但作为研究的对象，并没有两端型的有趣，可以不必细论。

这种农村的分类法，目的在帮助我们了解实际的农村，以做各种改良工作的根据。两种农村的经济问题及社会问题，都是不相同的。从事实际工作的人，先要认清对象是属于哪一类型，然后提出来的改良计划，才不致文不对题。

但我们于分析中国农村的类型之后，还得到一个重要的结论，就是中国一家，繁荣不可分。自给自足的时代早已过去。无论哪一类的农村，其繁荣与否，不全系于当地的收成，还要看当地过剩的劳力、过剩的物资是否有出路。宁波型的农村，其劳力是要靠别的社区中容纳的；绍兴型的农村，其物资是要靠别的社区中吸收的。即使某一个宁波型或绍兴型的农村，在其本村中是天下太平，但别处则烽火连天，民不安命，那么那种太平、那种繁荣，也是暂时的。不久宁波型的农村中，就可见他们的子女，原在外面就业的，现在都失业归来；绍兴型的农村中，也将发现他们运到外埠去的货物，找不到主顾，卖不起价格。到那时，太平也将变为混乱，繁荣也将转为凄凉。

因此，我们将听见和平的呼吁，从各地的农村中喊出来。

民国三十六年 1 月 28 日

（载《世纪评论》第 1 卷第 12 期，1947 年）

湖北分署视察报告（一）

总署顾问　吴景超

总署顾问室视察　张祖良

一、行程

　　我们于 11 月 14 日下午，乘招商局长兴轮离开上海，于 18 日下午六时抵达汉口，在 15 日、16 日、17 日三天轮船的行程中，整理浙江的视察报告。11 月 19 日、20 日两日分别与湖北分署各组室谈话，21 日访问省政府及武汉两市水利建设等机关，22 日上午九时出发赴鄂西视察，同行者有刘副署长蕲暨赈务组主任何南山先生，下午三时到达应城，行 83 公里，当晚宿第一工作队。23 日上午向沙洋进发，行至天门县之皂市，汽车机件损坏，不能行驶，不得已改乘小吉普车折回应城。24 日下午二时返抵汉口。25 日、26 日、27 日三日，均留汉口，与武汉办事处负责人谈话，并参观平民新村及武昌难民招待所。28 日，原定再赴鄂西视察，因气候突变，竟日风雪，未能成行。29 日天晴，遂决定于下午启程。五时抵达应城，仍宿第一工作队。30 日行 104 公里，抵荆门县之沙洋镇。12 月 1 日行 177 公里，于七时到达宜昌。2 日上午，赴宜昌办事处，正值新旧交替。下午访问专员公署、宜昌县府及市政工程处等机关。3 日上午八时离宜昌，取道沙市，过十里铺南行之 36 公里，崎岖难行，五时半始抵达沙市办事处。本日行 159 公里。4 日行 93 公里，宿荆门。5 日经自忠而达襄阳，下午六时渡襄河，至樊城镇，宿襄樊办事处。本日行 122 公里。6 日转赴老河口，访问光化县政府后，当日下午五时仍回樊城。7 日行程，原定赶至随县，中途因汽车抛锚，遂留宿襄阳。8 日宿安陆。9 日下午三时，返抵汉口。由樊城至汉口计行程 345 公里。10 日、

11 日两日休息。12 日下午乘招商局江安轮离汉，15 日到达南京。

计此次行程，前后凡 32 日，除往返水程不计外，在湖北境内行 1 251 公里。

二、湖北分署的工作

湖北分署的工作，从经费分配中可观其大略。分署的经费，自民国三十四年 2 月至民国三十五年 11 月 15 日，共拨到国币 72.48 亿元，支出总数计国币 69.94 亿元，其中难民救济费支出数为 27.34 亿元，占支出总数 39.10%。这是湖北的特殊情形，在其他各省是没有的。其次较大的支出为农业技术，计国币 9.22 亿元，占支出总数 13.18%。工程工赈计国币 7.58 亿元，占支出总数 10.84%。

在别的省份中，本年青黄不接以前，分署工作，急赈每重于工赈。但湖北的情形完全反是。单以食米面粉的分配而论，分署用之于办理急赈的，连临时赈济火灾雹灾在内，面粉不过 3 100.790 8 吨，食米 25 吨，而在工赈方面，单修筑堤防一项，拨面粉 9 782.067 1 吨。可见分署在湖北的工作，是善后重于救济。兹将分署的重要工作，分述如下：

（一）遣送难民。武汉居全国的中心，胜利以后复原开始，成千万流亡在西南区大后方的难民，汇为洪流，水陆并进，无论东下或北上，均以武汉为集中与转运之点。最初总署曾派员在武汉成立临时输送站，并配合武汉临时救济委员会办理收容难民的工作。自分署成立，即由赈务组接办。初在汉口设有登记站一处，并租用安徽、江西、长沙、江苏等会馆作为两个招待所，收容人数达 3 000 人以上。后来因经汉难民纷至沓来，原有机构无法应付，遂于 2 月间正式成立难民服务处，旋奉令改名为难民服务站，并负责办理难民的招待和输送等事宜。但当时交通工具，十分缺乏，到了汉口的难民，事实上不能随到随送，以致所有招待所皆有人满之患，于是又在武昌租用震寰纱厂的房屋，另开了一个武昌难民招待所，该所可容难民 5 000 余人，设备亦颇为完善。

在 6 月以前，先后滞留武汉的难民，达 15 000 余人。他们大多借口家乡发生战事或无家可归，回去不能谋生，不愿离开武汉，甚至有领得遣散给养，中途又逃了回来，企图长期获得救济。其中且有不良分子，从中煽惑，动辄集队请愿，包围分署，殴伤工作人员。这情形不仅使业务难以推行，且影响社会治安。分署有鉴于此，遂邀请武汉两市政警当局，联合组设一个武汉难民管理委员会，负责解决纠纷。该会于 6 月 20

日成立，首先便举行调查，合计聚居与散居于武汉的难民，为数一万四五千人。7 月 2 日起，实行编组、管理，按名检查其还乡证，编组成队。结果湖北籍难民中有 30 804 人或为冒充难民，或因不惯组织生活被淘汰了。余下来武汉籍者 2 107 人，编成 12 个区队，住聚兴诚银行；外县籍者有 1 175 人，组织 11 个区队，分住各会馆；外省籍者 22 170 人，东南省籍者集中武昌难民招待所，北方籍者编为 7 个区队，配住于江苏会馆。每区队由宪警二人担任正副队长，负责检查管理，从此难民秩序大见良好。

各籍难民，在临时收容期内，其口粮由分署按旬发给，规定大口每日面粉一磅，小口半磅。本省外县籍遣散之难民，一律发给复原救济物资，并收回其还乡证，规定：大口每人发面粉 48 磅，罐头 2 听，豆子 20 磅，干豆 3 磅；小口每人发面粉 24.25 磅，奶粉 2 磅，豆子 10 磅，干豆 2 磅。又遣散费大口 7 500 元，小口 5 000 元。自 8 月 18 日起，严格分别遣散，结果申请还籍经遣送出境者 289 人，自愿留居武汉自谋生计者 968 人。至外省籍难民，其遣送办法，除供给交通工具外，并供沿途伙食，或发给养费，大口每日 900 元，小口减半。7 月 15 日，曾遣送北方籍难民赴河南，成行者 421 人，余 660 人则自动逃散。东南省籍难民 1 136 人，原限令于 7 月 5 日前集中武昌招待所，听候遣送，但截至 8 月底，被遣回籍者仅 96 人，而借口无法谋生携带还乡证自动逃散者竟达 1 040 人。难民管理委员会以此类难民，既自愿留居武汉，乃登报公告，取消其难民身份，唯尚有武汉籍难民 2 000 余人，无家可归，为解决其住的问题，后商请市政府借用平汉路局胜利路之旷地，建立平民新村。9 月底难民管理委员会结束，所有留居武昌难民招待所难民的管理与遣送以及新村的未了工程，均移交武汉办事处接办。

现在武昌难民招待所，尚住有难民 1 400 余人，大部分系过境难民在等候交通工具，一部分系湖北省外县籍难民，在领取复原救济物资继续办理遣送。

汉口的平民新村，已告落成。全村设篷帐 200 个，每个住二三家不等，现住 1 000 余人，尚有一部分留居聚兴诚银行，未曾完全迁入。故很多篷帐，并未住人。这些难民，大多在市区经营小贩，早出晚归，生活极为痛苦。今后他们将编成保甲，由市政府另设平民新村管理委员会负责管理监督，正式成为汉口市民的一部分。

在宜昌方面，最初亦曾发生困难。原因系重庆东下的难民，其输送工作，由商行承揽，再转包于各船户，所有渝汉段船费及沿途伙食，均在渝一次付讫，启程之时，船主并不随行，仅临时雇用管事或驾长负责，并由重庆输送总站派员护送。渝汉行程规定 20 天，而实际木船行驶困难，渝宜一段往往需时在 20 日以上，中途伙食燃料遂发生问题。管事既不带钱，又不负责，难民只得互相凑钱，勉为维持，到了宜昌之后，船员船夫相率星散，于是难民们一面要求办事处另谋交通工具，一面即持凭付款收据要求补偿他们在经济上的损失。有时船只失吉，办理善后，纠纷益大。

后来改变办法，即由重庆输送总站与商行签订合约，将合约一份，连同商行印鉴，寄宜昌办事处，并汇价款之尾数至宜昌。事实上往往款未汇到，而船户兑款条已到，办事处不能不先行垫付。此外由宜至汉，需另雇船只，每船雇驾长、篙手各一人，水手六人，伙夫二人，再加以难民百余人之伙食，每船需垫款百万元左右。宜昌办事处前后为渝站垫付于难民服务上的临时费用，以及办理失吉船只的善后费用，截至 11 月底，共计国币 56 693 950 元。

自 9 月份起，渝方难民规定只送至宜昌，再由宜昌办事处负招待及转运之责，所幸复原已成尾声，9 月份仅送 800 人，10 月份运送 609 人，11 月份运送 1 100 余人，现在滞留宜昌之难民，不过数百人，情形已不甚严重。

湖北分署在难民的遣送工作上，实在费了不少人力、物力和财力，截至本年（民国三十五年）9 月，前后共登记难民 142 700 余人，经遣送者共 137 900 余人，共耗费 27 亿零 3 万余元。

（二）堵修江汉堤防。江汉堤防，可分干堤和民堤两大系统。干堤亦称官堤，由政府负责培修；民堤即支堤，老百姓自己修理。长江干堤，北岸起自江陵，东迄黄梅，全长 690 余公里。南岸一起自松滋，终于石首，一堤由临湘而至阳新，共长 480 余公里。汉江堤防，北岸起自钟祥的罗汉寺，东抵汉口的邹家墩，全长 310 余公里。南岸由荆门以达汉阳，与东荆河东西堤合计达 300 公里。至沿江的支堤，其长度与干堤相若。

沿江湖各县的居民，赖堤防以为保障的，占全省人口总数 30% 以上，有 760 余万人，农田耕作之赖以防护的，亦达 30%，约有 2 000 万市亩。

抗战以后，江汉堤防或为军工破坏，或因江岸冲倒，损及堤身。民国三十四年 8 月，公安、石首一带堤岸，先后溃决，淹没农田 43 万余亩，倒毁房屋 21 000 余栋，溺毙民众 22 000 余名，故江汉堤防在鄂省之重要，一如钱塘之于浙江。

关于管理堤防，从前有两个机关：一为湖北省堤工经费管理委员会，专管经费收支事项；一为湖北省水利局，主持堤防工程事项。至民国二十三年，中央接管，设置江汉工程局，于是原有两组织即行撤销。

胜利以后，江汉工程局即首先展开测量的工作，接着就实施堵修工程。工程局设 8 个工务所，分区负责工程之进行。湖北分署则配设了 8 个粮站，负责工粮之运储与监放。工人组织以土工 25 人为一排，硪工以 9 人为一排。土工 20 排，配合硪工 7 排称为一团。每团设一团头，负监工领发方价之责。每团领做指定堤工一段，各段每五日就实成土方收方一次。分署工粮站，即凭工程局核准之收方凭单发给工粮，规定干堤每工每日工粮 2 市斤，民堤每工每日 1.5 市斤。或以土方计算，每公方 1.5 至 2 市斤。至于工人副食费与工料款，则归江汉工程局负责发放。

在 11 月份以前，完成干堤土方近 600 万公方，民堤土方 300 万公方。发面粉共 9 782.067 1 吨，内干堤 6 382.067 1 吨，民堤 3 400 吨。受惠人数以工计算，计 1 027 793 人。

由上述情形看来，江汉堤防之堵修，主持办理者为江汉工程局，分署不过居协助的地位，一个负责工程，一个配给工粮，职责分明，照例应合作无间，顺利进行。可是双方为了立场与观点的不同，彼此意见分歧，引起了不少的纠纷。

在分署方面，认为包工制度，舞弊甚大，所发工粮，往往为包工或团头所中饱，未能到达灾工的手里，而且浮报土方，不合工赈规定，在监放的责任上，如何配给工粮，不能不慎加考虑。在工程局方面，认为工粮到达迟缓，施工期间，因物价波动，影响工程进行。且工粮杂以统粉，工人拒绝接收，往往引起纠纷，而在工成之后，照方给粮，分署不能留难。工程局仅负责工程，至工粮于发放后有无舞弊，局方未便过问。

为什么会发生这种情形呢？其中原因甚多，而主要的原因为"工成在先，粮到在后"。原来长江堤防，在民国三十二年以前，南岸属民堤，北岸为干堤。北岸的人民，按亩纳捐，政府则负责修堤。而南岸民堤，则由人民自动修理，按亩担土，"土不变费"。在民国三十二年后，南岸亦改变为干堤，由政府负责补修。可是人民已成习惯，依旧按亩担土，自动修筑，至政府如何拨助经费，却茫然不知。他们于工成之后，自动解散，因此面粉后到，便失去了发放的对象。结果，除了江陵县埠河工程仍追查各垸土方清册，直接发放给民工，以及松滋县宛市工程，以一部分征工面粉移修县道外，其余如公安县陡湖堤、江陵万城堤等工程的面粉，大部分为包工与团头所中饱。

我们要明了此次堤工工程症结之所在，可以看沙市办事处调查报告：

（1）工成在先，粮到在后，粮站设立，又在粉到之后。各干堤工程，有由工务所垫款修筑者，有粉款兼发修筑者，有由粮站发粉、工务所发款修筑者，款粮两项，管理系统，前后参差，则配合工作，自难望其圆满。（2）工务所注重工程，配粮对象，乃为土方，成工若干，即需配粉若干，能否实惠及民，似非所关。故各团头可以公开变卖面粉，而不加以制止。询其故，则因团头既已垫付工资，售粉归垫，应无不可。而粮站设立，旨在实施工赈，配粮数量固需依据双方验收之土方，而发粉对象，则必须为真正民工。观点既有差异，执行自多扞隔。（3）工粮折价，实欠合理。目前面粉市价每斤 400 元，而折价仅 120 元，在过去因限于预算，加此规定，或有必要，若按以归还垫款，因悬殊过大，实易引起流弊。（4）查干堤工程，种类繁多，难易不一，如除草、下坎、车水、翻砂、砍树、加碾等类，性质各有不同，待遇应有高低。而江南北两岸干堤，性质各有不同，南岸人民，修理果成习惯，政府即无补助，亦必自动修筑，故工粉未到，大部早已告竣。而北岸干堤，虽修筑经费全部由政府担任，人民尚不踊跃应工。工程既有种类之异，地位复有南北之分，今笼统按方配粉，实有未妥。（5）粮站组织不健全。工务所施工地带每所至少在六人以上，而粮站编制，仅设干事五人，雇员六人，实际派用者又仅半数。如依照工粮配发办法，做到直接发粮，则凡为施工地点，必须设立仓库，自行押运，自行管理，自行配发。事实上万难做到，且各站业务费太少，一切运缴杂费，不够周转，均需仰赖工务所供给。粮站为避免麻烦，只好界权他人，于是粮站之设，遂成赘疣矣。

（三）举办农业复原。湖北省除了西北边陲的 15 个县份而外，先后沦陷于敌人手里的达 55 县，人口伤亡以及公私财产之损失，甚为严重。其中最能表现灾情之惨重的，实为农田的荒芜。根据不完全之统计，仅蒲圻等 26 县的农田面积，即达 800 万亩之巨，尤以沿汉宜公路一带，如天门、京山等县，荒废农田之概计，均在百万亩以上，占原有田亩 60%。我们于 12 月 1 日自沙洋出发至宜昌，在沙洋至十里铺之间，公路两旁，尽是荒田，生着密密的茅草，看不见一座村庄。

分署主持农业复原的机构，在 6 月以前，为农业技正室，后与省府农林部合组成立一个湖北省农业复原会。原定农部与省府各负担 20%，分署负担 60%，结果农部与省府除各派一人参加工作外，并无经费，仍以分署经费为主。

他们在农业复原上，已办拟办的工作是：

（甲）荒地复耕。进行复耕的方式有两种：一种是个别的，即用贷放的办法，予贫农以农具、种子、肥料及耕牛等补助；一种是集体的，即举办合作农场，利用机械耕种。兹分述如下：

（1）发放农贷。最初分署邀请省社会处及建设厅派员组队，分赴四个区域去调查。第一个是宜昌应城区，以沙洋为中心。第二个是襄阳沙市区，以自忠为中心。第三个是安陆枣阳区，以随县为中心。第四个是崇阳咸宁区，以蒲圻为中心。调查结果，亟待复耕者计约 56.25 万市亩，受灾农民 317 340 人。根据灾情资料，拟具业务计划，然后又共同组织荒废农田复耕督导队，总队下又设 8 个支队，每队配备骨肥、农具及现款 2 500 万元，分驻宜昌、当阳、襄阳、沙洋、皂市、荆门、自忠、蒲圻等 8 处，在主要公路线或铁路线两旁 3 公里以内，办理贷放的工作。

在 6 月以前，共贷放农具 21 796 件，价值 11 479 773 元；肥料 813 829 市斤，价值 54 591 898 元；耕牛 566 头，价值 53 187 890 元；种子 653 322 市斤，价值 71 859 173 元；房屋 342 间，价值 6 501 000 元。计在春耕方面，共贷放 197 619 734 元。复耕田亩 76 095 市亩，受惠灾农共 50 660 人。

接着分署又订购金大 2905 麦种 737 市担，配发武昌、襄阳、沙市、应城及京山合作农场等五个区域推广，并拨款 34 521 万元，由各办事处及工作队就地购买冬耕种子与农具，及配发化学肥料 13 220 包，继续办理农贷，拟复耕 40 万亩。

以上贷放物资，分两年无息归还，第一年还 40%，第二年还 60%。

（2）组织合作农场。分署拟于今明两年组织四个合作农场，分设于京山、襄阳、自忠、十里铺四处，并拟向总署请领曳引机 300 架，从事集体耕种。现在已举办的有京山合作农场，地点在京山罗汉寺，西临襄河，紧接汉宜公路，地势平坦，土壤肥沃，为一花生棉麦产区。战后荒芜田亩，达 7 万余亩，现京山合作农场辅导处，暂划沿堤区 2 万市亩，先行辅导经营。拟将此 2 万亩完全收为场有，介绍农民向农行贷款购买，按土地金融收款之办法，分期由农场公积金项下付还。原有业主，亦一律加入组织，不得私自转移产权。并拟就当地择农户 400 家，每户暂定耕种 50 市亩，所得盈余，则按法定比例分配。现此项办法，尚在呈核之中。

在农场辅导处之下附设一个曳引机训练班，招收学员 16 名，分两组训练：甲组 12 名，系 18 岁至 25 岁具有初中程度之本地农家子弟；乙组 4 名，系高中程度之学生。上午教授学科，下午则为术科，两个月毕业。当我们于 11 月 30 日赴沙洋的途中，见有两曳引机正在翻土。据那驾驶员说，该地原为熟荒，但因荒芜已久，茅草丛生，已非人畜之力所能耕种，现用曳引机翻土，每日可耕 30 亩左右，熟地则每日可耕百亩，如用牛力，平均每日只垦荒地 2 亩，与曳引机工作效率相较，适成 1 与 20 之比。*

正在筹备中的，有襄阳鄂北农场。据该场张场长谈，在昌堰驿张罗岗一带有荒地 5 万余亩，自战后人口减少，无人耕种，许多已成为绝荒，拟招雇流亡农民 36 人，分为三班，每班设正副班长各一人从事开垦。预定前期自民国三十六年 1 月至 6 月为春耕期，后期 7 月至 12 月为冬耕期。他认为这一带荒地多为熟荒，施工较易，土质系轻黏土壤，属黄土平原，表土深厚，宜于麦棉，更以人烟稀少、农村破坏，地界重划已

---

* 原文如此。——编者注

无困难，引用机械耕种，推行合作农场，最为相宜。

（乙）推广棉产。湖北为我国主要棉产省份之一，战前全省棉田达 800 万亩，皮棉产额达 200 万担。除自给而外，每年外销在 100 万担以上，实为湖北省唯一大富源。抗战期间，棉区相继沦陷，乡村经敌蹂躏，人工、肥料均感缺乏，加之皮棉市价受敌伪之限制，生产所得，不敷成本，因之棉田日见减少，产额锐减。至民国三十四年，棉田仅 416 万亩，棉产仅 96 万担，较战前减少 50% 以上。分署为改良棉种增加产量起见，特商同农林部省农业改进所，共同办理优良棉种推广事宜。分署已配运沙市区美德字棉种 50 吨，推广 10 153 市亩；武昌区 4 吨，推广 720 市亩；襄阳区 6 吨，推广 1 153 市亩。并拨款 3 500 万元配发轧花机 150 部，计武昌区 20 部，襄阳区 50 部，沙市区 100 部。* 凡接受贷放之棉农，皆可免费轧花。

预计秋间收购上项推广之棉种 180 吨，加以华中棉产改进处再分配之 520 吨，共计 700 吨，拟分配天门沔阳区、江陵公安区、襄阳樊城区各 200 吨，随县枣阳区 100 吨。以大部分种子集中推广，以少数种子在各区之附近各县举行示范，预计可推广 14 万亩。唯今年收购情形，未见良好。一因推广区域，分散太广，收购困难；二因多数棉种，业经掺杂，难以检别；三因棉价低廉，棉农多不愿即时轧花抛售。

（丙）协修农田水利。湖北省水利工程处更拟定了 8 个主要灌溉工程，即光化、谷城大平原，盖忱渠，均县大平原，排州镇排水工程，来凤凤南集，汉阳世成垸，金口示范工程及荆门许家集。上项工程，如完全兴修成功，受益田亩可及 34 万余亩。

现在汉阳永丰乡之世成垸，已拨面粉 112 吨，食米 130 吨，水泥 64 桶，现金 406.2 万元，用工赈方式代修水闸、涵洞、渠道，已完成工程 80%，预计本年 12 月底完工，可灌溉田亩 7.5 万余亩。

盖忱渠受益田亩达 6 万亩，已拨面粉 50.6 万磅，开工修筑。其余各项工程，正以所需工款按照每磅 240 元折合面粉，陆续举办中。

（四）此外分署在工赈方面，曾拨面粉 2 200 吨，协修三条主要公路：（1）汉口至宣化店长约 100 公里，拨面粉 600 吨；（2）汉口至宜昌 360 余公里，拨面粉 800 吨；（3）在湖北境内之武长路 200 余公里，拨面粉 800 吨，此项公路工程，正在进行，尚未完成。

又以工赈方式，拨现金 1 015 854 897 元，协修公共建筑，计修复或正在修复者，有学校 91 所，医院 7 所，慈善机关 3 所，其他建筑 3 所。

---

* 原文数据如此，因无法核实哪一个数据有误，故保留原貌。——编者注

　　至卫生方面，其主要工作，为配发药械器材，与浙江情形大致相同。唯对防疫工作，特为努力。本年 4 月间，曾在武汉三镇布种牛痘，受益者达 30 余万人。5 月至 9 月注射预防霍乱者，共达 97 万余人。经检查来往舟车交通，补行注射者，计 48 万余人。今年各地疫势猖獗，武汉在复原期间，成为难民之总汇地，其患真性霍乱之病例，不过 12 人，而死亡竟无，实是一种可喜的现象。

（载《行总周报》第 49 - 50 期，1947 年）

湖北分署视察报告（续完）

总署顾问　吴景超

总署视察　张祖良

三、分署如何在各地工作

湖北分署为推行各地工作便利起见，设了 4 个办事处、3 个工作队。武汉办事处驻汉口，辖武汉两市及武昌、大冶、鄂城、阳新、咸宁、蒲圻、通城、通山、崇阳、嘉鱼等 10 县。沙市办事处驻沙市，辖江陵、公安、监利、松滋、枝江、荆门、石首等 7 县。宜昌办事处驻宜昌，辖宜昌、宜都、长阳、当阳、远安、五峰等 6 县。襄樊办事处驻樊城，辖襄阳、枣阳、光化、谷城、均县、郧县、南漳、自忠等 8 县。第一工作队驻应城，辖应城、随县、安陆、云梦、京山、钟祥、孝感、应山等 8 县及鸡公山管理局区域。第二工作队驻仙桃镇，辖汉阳、汉川、潜江、沔阳、天门等 5 县。第三工作队驻黄冈，辖黄陂、礼山、黄安、麻城、罗田、英山、黄梅、广济、蕲春、浠水及黄冈等 11 县。

办事处与工作队，名义虽有不同，而职权并无分别。他们在各地的工作情形，无论在业务上或方法上，都不尽相同。有的在辖区以内普遍推动，与各地方政府密切合作；有的把业务重心置于驻在地，其他各县则未暇顾及；有的因地制宜，提倡特产；有的自定工作目标，分头建设。我们举出几个例子，说明此情形。

（一）应城第一工作队成立于本年 9 月 28 日。在短短的两个月中，他们以迅速而确实的方法，在各县推动农贷与工赈的工作。他们的办法是：由队长亲自携带物资到各县去，召集县政府、救济委员会、党、团、参议会、地方士绅以及教会等各团体与人民代表，举行一个联合座谈会，说明工作队的业务方针与物资的配额后，请大家决定哪几件工程是必须举办，或哪几个乡保必须举办农贷。决定之后，每项工作，再由座谈会中推举代表若干人，负办理申请、领发物资、监督工程之责。工作队则派员监放。现在 8 县中，共有 16 个乡决定办理农贷，每乡选 2 保，每保选最贫 5 户至 10 户，每户可贷油饼及化学肥料各 50 市斤，农具 1 套。工赈工程之核定举办者，有应城、云梦、安陆各 4 个，钟祥 3 个，孝感、应山、鸡公山各 2 个，京山 1 个，合共 22 个。

（二）宜昌办事处，于今年 4 月 1 日由前难民输送站改组成立。他们过去的工作，大部分集中在宜昌，而其他各县所做极少，至今未尝派员视察。在宜昌的工作是：（1）拨面粉 1 000 吨，洋灰 50 吨，翻修马路 6 条，疏浚全市沟渠。（2）拨经费 5 000 万元，建筑平民住宅 3 栋：甲式 2 栋，每栋住 6 家；乙式 1 栋，每栋住 4 家。另建公厕 1 所。（3）拨经费 94 万元，修筑县救济院。（4）拨经费 3 000 万元，修补 4 个中心小学校。（5）拨经费 500 万元，修建省立第四育幼院。（6）拨现金 700 万元，面粉 16 吨，洋灰 7 000 磅，修建县卫生院。共计在宜昌花的钱在 1 亿元以上，尚有一部分物资，不在其内。在其他各县，除由分署核定面粉 30 至 50 吨，并发旧衣一次，统交县救济委员会发放直接向分署报销外，至拨每县修建一个中心小学 400 万元之经费，因各县对工程计划迄未呈送，至今仍未动用，而移用于难民之遣送。

（三）沙市办事处，成立于本年 4 月 5 日。他们过去的工作，主要为协助江汉工程局堵修长江堤防，以后的工作，据办事处主任谈，将注重于发展棉业。因沙市一区，战前产棉 70 万担，现减至 40 万担，即以市价每担 15 万元计算，尚值 600 亿元。这是沙市区人民的一注大宗财源。今年在公安、江陵两县，推广德字棉 50 吨，现已开始收回棉种，并设置轧花机 100 架，凡受贷放之棉农，均可免费轧花，棉籽则照价收购。据谈今年推广 10 153 亩，以每亩产皮棉 40 斤计算，可产德字棉 4 000 余担。过去脱字棉弹皮棉 1 斤，需子棉 3 斤 4 两，德字棉则 2.5 斤子棉，可弹 1 斤皮棉。因德字棉绒细长，可纺细纱，故棉商愿较其他棉种每担多出 4 万元收购。明年如有棉种 700 吨，则其他各县，当可普遍推广。

（四）襄樊办事处，于今年 9 月 25 日成立。他们的中心工作是农业复原，由生产、加工、运销三方面着手。在生产方面的工作是：（1）贷放金大 2905 麦种 3 万磅，襄阳、枣阳、光化各 1 万磅，并拟在吕堰驿农场，示范改良麦种。（2）配发骨粉 15 吨，光化 6 吨，谷城、襄阳、枣阳各 3 吨；又硝酸铵 251.8 吨，谷城 89.6 吨，枣阳 20 吨，光化 50 吨，襄阳 92.2 吨。（3）拨面粉 20 吨，修筑城北河堤岸；又拨粉 13 万斤，疏浚盖忧渠；拨粉 4.25 吨，筑河口护岸工程。先拨粉 100 吨修筑樊北 7 个排水工程，以开发农田水利，保障农产之收获。在加工方面的工作是：（1）拟拨经费 2 480 万元自办农具制造厂，利用过去建设厅与省银行在谷城合办之工厂，恢复其铁工部，制造农具 700 套，每套 5 件，价值 24 000 元，以之贷放农民，分两年无息归还。除农具外，并可自制轧花机。（2）拟拨经费 5 000 万元，向湖北汉口机器厂订购机器，设一动力轧花打包厂及轧油厂。在运销方面的工作是：着重修复公路与各县县道，并恢复工会组织，办理集体运销。

四、工赈与工粮

我们在视察浙江分署的报告中，曾谈及推行工赈的困难情形，此次视察了湖北以后，益觉以工粮 2 市斤做工一日的办法实行不通。湖北分署对此问题曾再三研究，如何一方面顾全事实，一方面不违背法令，但始终未能解决。分署于 10 月 7 日举行第二次工赈委员会会议时，曾规定方式：（1）每工发米或面 2 市斤。（2）以成绩折合工数为计算标准，唯灾民工作效率较低，应按普通工人三分之一计算。（3）如灾民不易觅到，亦可按上列办法征工办理，唯征工应于农闲时办理之。（4）技术工之无法由灾民或征工中觅得者，除按上列办法发给工粮外，并得酌给工资，该项工资，以由主办机关负担为原则，必要者本署得予补加。（5）倘主办机关需用包工时，本署可予同意，唯工人必须自难民中选出，面粉应直接发给工人，其不足之现款部分（关系包工之管理费、技术工人之工资、包工之利润等）与第四项同。

办法尽管如此规定，而各地实行起来，仍未能一致。譬如工粮发给的标准，应城第一工作队为顾全事实与法令起见，采用以少报多的方法，即一工报作两工，实际每工每日可得面粉 4 斤。襄樊办事处则规定直接受惠者如修筑塘渠农田水利等，每工给面粉 2 市斤。间接受惠者如修筑公路小学等，每工给面粉 6 市斤。武汉办事处则以成绩折合工数，于工程完了之后，另办报销手续。

至地方政府推行工赈，大多变卖物资，采取包工。譬如江陵县，我们于 12 月 3 日在《江汉日报》上看到一个江陵县干堤工粮公卖评价委员会的通告，通告上说：

> 查本县干堤工粮，此次领运回县者，计一等纸袋面粉 733 袋，每袋净重 50 磅，新鲜统粉 2 863.5 袋，每袋净重 48.5 磅。经于 11 月 27 日邀请各机关法团暨本会各委员公开会议，一致议决仍依照第一次会议变通办法办理之。自即日起登报，假沙市江陵县银行评价公卖，以资偿还各银行堤工借款及补发各段尾欠工款，并

规定一等纸袋粉每袋 15 000 元，新鲜统粉每袋 8 500 元，但原袋属非卖品均须退回，如偶有连同原袋搬运，每袋事先缴押金 2 500 元，于 3 日内送还后，如数领回押金。并议决每一购户，一等粉不得超过 50 袋，统粉不得超过 100 袋。购面手续，由江陵水利协会派员往江陵县银行填发购买证，购者得向县银行交讫价款后，持凭单领面，顺序办理，面完为止。

以上标售面粉，一等粉可得价款 10 995 000 元，统粉可得价款 24 339 750 元，合共 35 334 750 元。为了此事，我们去访问江陵县政府，据县长告诉我们，万成堤为荆江干堤之一段，已完成 16 万公方，县府须贴补堤工款 6 000 余万元，现已发给了 8 成，因为工程局规定每公方给资 490 元，8 折实发，得 392 元，其中以一公斤面粉折价 240 元，实发工资 152 元，而现在一般的工资，每日需四五千元，故县府必须另加贴补，每市方土，最高给资 3 850 元，最少 2 000 元。此项贴补款，系向银行及沙市办事处借来，故不得不变卖面粉，作为清偿债务之用。

宜昌的面粉，因民生公司催还仓库，必须迁让，同时因储藏太久，一部分面粉已经变质，宜昌办事处为解决此困难起见，便催请宜昌市政筹委会将核定之工赈面粉 1 000 吨，迅速提领，开始工赈工程。宜昌市政筹备委员会认为工赈给粮办法，碍难执行，遂经第四次常务会议，决定将 1 000 吨面粉，于 10 月 16 日标售，所得价款，存储宜昌县银行，月息 8 分。此事由县商会承办，当即召集地方各机关会议，决定上等面粉，每斤底价 240 元，四等粉每斤底价 90 元。第一次投标结果，上等粉得标价 200 元，于是又将底价九折改定为每斤 216 元。第二次由六家商人投标，上等粉得标价 217 元，四等粉得标价 90 元。第一批售出 500 吨，得价款 11 600 万元。其余 500 吨，已于 11 月 27 日交县商会设法标售，尚无结果。

市政筹委会得此款项，翻修两条市区的马路：一条是通惠路，由申泰公司承包，标价 21 561 769 元；一条是二马路，由建昌公司承包，标价 18 558 900 元。每条路雇工人 80 余名，运夫不在内，规定 30 天内完工。此外尚有马路 4 条，沟渠 120 条待修。我们计算一下，如果 1 000 吨面粉完全售出，可得价款 23 200 余万元，月息 8 分，每月得利息 1 800 余万元，地方事业，可借此次第举办。

宜昌又曾修建卫生院一所，办事处曾拨现款 700 万元，面粉 16 吨，洋灰 7 000 磅。结果以标价 15 979 400 元，由华美公司承包。一部分付现款，一部分以面粉每斤 260 元作价抵付，计面粉得价 832 万元，洋灰合价 100 余万元，合计现金与物资作价，约 1 700 万元，完工之后，尚有余款。

据专员谈，宜昌的面粉价格，低于汉口三分之一，且难于抛售，如果 1 000 吨面粉即在汉口售出，可多得 7 000 余万元，对地方建设，更有裨益；其次他认为包工制优于征工。据市政工程处的负责人谈，上面翻修的两条马路，规定在 30 天内完工，如用征工，则将 5 倍于包工的时间。

关于包工与征工的比较，我们在沙市得到江陵水利协会的一个报告：

> 查各乡镇征调民夫，当然轮流递换，离工较远，往返大费时日，老弱充数，势所难免，起居饮食及作息之时间，均难强划一律，督工管理，甚属不易，且征调到工，均只限几天日限之完竣，绝不注意工程土方之多寡，而卖乖偷巧者尤所不免。是工作之进度，定不能求迅速而合计算也。包工之器具较精，分子皆选择强壮者任之，其目的均在求土方完成，方价到手而获利，故不独能加重担重，且可不分日夜赶筑，实收耐劳迅速之效。并起居饮食作息均可划一，近住工地，连续不断工作，省却征调递换往返及一切旷废时间之消耗，故郝西乡与郝穴镇之包工，能以 1 300 余名工而完成 1 897.60 公方，比较冀河乡征夫 10 720 名，加上调集督工人员，举办等重之工程，几成 1 与 10 之比。

又闻沙洋齐家渊，有工程 100 公尺分五段施工，三段包工，每工做 1.5 公方，而两段征工，则 23 工日成一公方。

五、物资的运输与经济利用

湖北分署自今年 1 月 1 日起至 11 月 15 日止，共收物资 35 324.688 4 长吨，运出总数达 27 522.645 5 长吨，平均每月收到物资为 2 943.724 0 吨强，发出者为 2 293.554 0 吨弱*，分发率达 78％，在收入物资中食品类共 32 193.254 1 长吨，占总收物资 91％强，而食品类中，又以面粉占量最多，收入达 21 111.273 3 吨，小麦及食米次之。

分署为便利各地物资之运输，根据水陆交通线的分布情形，在各区分设于若干集中仓库，再由集中仓分运至各县仓库。由分署至各集中仓之卸力，以及由集中仓至各县临时仓库之运费，归办事处或工作队负担，由县仓库至各施工地点之运费，除医药器材营养食品仍付现金外，粮食部分，则用以工代赈办法每日每工给粉 2 斤。

运费以木船水运最廉，公路最贵。例如一工物资，用木船由汉口运至樊城，只需

---

　　* 计算平均每月收发物资时，作者取的时间为 12 个月。——编者注

用费 49 600 元，而汽车运输，则需 195 490 元。起卸力则以汽车最廉，每吨 4 120 元，火车最贵，每吨需 12 127 元，平均每吨运费为 55 500 余元。

现在湖北分署在物资储运方面感觉到有许多重大问题亟待解决：（1）奉拨经费数量，不能与物资数量相配合；（2）有关机构如储运局与公路运输总队等，未能充分利用，使人员与物资之输送，以缺乏交通工具，均感困难；（3）奉配物资，未能如数运到，使若干业务计划准备，无形落空；（4）物资配发，与接收数量不相吻合，辗转运输，漏耗尤大，使报销与稽核，感觉困难；（5）运来物资，毁损甚多，检查整理，费时费力，大量抛弃，往往招致物议。

我们认为物资的问题，不仅在收发与储运，主要的尤在如何使其有经济的利用。

现在由汉口运一吨粮食至鄂北老河口，需运费 29.8 万元，加上下脚力、仓储押运之管理费，以及 1.5% 的损耗，总计一吨费用，在 40 万元以上。现在老河口的粮价，谷每担不过 1 万元左右，汉口粮价，谷每担 1.6 万元。如以一吨粮食在汉口抛售，以所得价款，几乎可在老河口购回 1.5 吨的粮食，而人力、物力、财力，均可节省。

又据鄂南通城县的通讯，一石米在上海的价值是 7 万元，它得加上水运费、上下脚力、仓储费、汽车运输费，才能够运到通城，可是在通城的米价，每石只值 1.2 万元，这当中还得耗去一段长时间，物资损失该是多大？而且大量粮食涌到之后，在一个余粮的地区，会造成谷贱伤农的现象。

总署为补救这不合理的情形，曾于 5 月 18 日以补秘字 2331 号训令，规定各分署于食粮分配予境内各区时，如发现该项粮食之价格在起运地点远高于目的地，而运费亦高昂时，准将该部分食粮交当地财务厅代表出售，所得款项，仍交由该分署汇往目的地购粮，以做急赈或工赈之用。

但此项办法，终以未得联总人员同意，未能实行。最近湖北分署对此问题，又于 12 月 6 日在行联总会商储运问题时提出讨论，已商决粮食部分可实行交换，但须征得联总汉处及总署之同意。如此项办法果能实行，自可减少许多储运的困难。唯中国人民的需要，并不一致，譬如鄂西、鄂北一带，多产棉麦，人民需要食盐布匹比需要粮食更为迫切，如果把粮食在价格高的地方售出，多得款项，增加补助，对地方善后建设，将更有裨益。

六、批评及建议

我们视察浙江之后，曾主张善后建设工作应将主办的责任置于地方政府之身，而分署则协助物资，居于倡导的地位。湖北分署的工作，尚能因时制宜、因地制宜，且能遵守法令，认真执行，但此种精神，往往未为地方人士所了解，甚至引起误会，发生摩擦，对业务执行，殊多窒碍。以后分署对于地方人事关系，须设法改善，加强合作，俾善后工作，得顺利进行。此其一。

分署为推行工作之便利与普遍起见，故有各地办事处与工作队之设立，但有若干处队，其业务重心往往置于驻在地点，对外县工作未遑顾及。即以最普遍之农田复耕而论，如襄樊区仅做调查工作，实际 3 000 万元之农贷，并未发放。宜昌办事处，特重市区工作，其他各县，迄未派员视察。故最近湖北省参议会，对分署工作，有"不患寡，而患不均"之呼声，此种情形，亟宜设法纠正。此其二。

各地工赈工程之举办，依照规定，必须先由地方造送工赈计划并附工程图说及预算，然后调查审核，予以准驳，其间手续繁核，旷日费时。而地方政府之技术人员，又十分缺乏，往往分署所要求于申请之手续与条件，不能照办，以致各地核准举办之工程，并不甚多。唯应城第一工作队，不拘泥于公事手续，实地赴各县工作，以最简捷而切实之方法，充分与地方合作，使地方善后工作，择要次第建设。此种做法，足资参考。此其三。

善后建设工重于赈，故"工赈"一词之意义，必须加以纠正。此次视察湖北省情形，益信公粮二市斤实施工赈之办法，实行不通。目前工人每日可得工资自 3 000 元至 5 000 元，折合面粉自 10 市斤至 10 余市斤。在此种情形之下，如尚思以发 2 市斤面粉，换取工人一日之工作，结果并不能达到"工赈"之目的，反可造成"民灾"之现象，既不能加惠于灾民，反可使若干善后工作，因此项规定而难以推行，故必须彻底加以修改，始能付诸实施。此其四。

民国三十五年 12 月 23 日于南京

（载《行总周报》第 51 期，1947 年）

英国的乡村问题（书评）

C. S. Orwin, *Problems of the Countryside*. Cambridge University Press, 1946，111 pages.

　　本书的作者，是英国牛津大学农业经济研究院的院长，过去对于农业经济，写过很多的书，所以由他来讨论英国的乡村问题，是很有资格的。

　　在英国的许多乡村问题中，著者特别注意的有两个。第一是农场的面积问题。英国的农场，根据 1938 年的统计，除去那些在 5 英亩以下的不算，其余的农场，有 85% 都在 150 英亩以下。在英国的 39 万多个农场之中，在 1 000 英亩以上的，只有 334 个。

　　150 英亩的农场，合成华亩，差不多有 1 000 亩。这种农场，在许多中国人的眼光中看起来，已经是太大了，但是作者却摇头说，这些农场都太小了。现在已经到了农业机械化的时代，以前一个农夫靠一匹马的帮忙，每天只可以耕 1 英亩的土地，但是他如用曳引机，可以耕 6 英亩。以前收割用镰刀，现在的机器，可以同时做收割禾、打禾（对于小麦）、剥粒（对于玉米）以及包装的工作。一个精明强干的农夫，利用最新式的各种农业机械，他可耕种的土地，实在不止 150 英亩。据作者的估计，600 英亩的农场，是最经济的农场。在英国，这样的一个农场，可以 200 英亩种玉米，200 英亩种别种农作物，其余的 200 英亩可以种草，作为牧场。在英美等国家中，牛乳在人类的食品中，已经占了第一位，其重要性超过了面包，所以在他们的农业中，牧场的重要，正不下于耕地，在有些区域中，其重要性或且过之。

　　600 英亩的农场，等于华亩约 4 000 亩。这是英国的学者认为最经济的耕作单位。

一个务农的人应当有 4 000 华亩的土地。

第二个问题，作者在书中讨论得比较更为详细的，就是乡村组织的大小问题。英国有好些乡村，人口只有 300 多人。在这样小的乡村中，很难希望得到文明社会中人类应有的享受。这种乡村，维持不了一个好医生，也无法立一个完全的小学。教堂中请不到一个循循善诱的牧师，也无法组织一个歌咏队。就是唱歌的人，可以凑得起相当的数目来，也找不到一个可以领导歌唱的人。戏院当然是无法成立，图书馆也不能开张。这是从社会的方面论小村庄的基本缺点。再从经济的机会去看，在这种小村庄里面，男的女的，长大成人之后，除了从事农业，还有什么其他出路？难怪有志气的青年，都往都市里跑。这种趋势，假如我们不去改变乡村的组织，是无法阻止的。

作者提出补救的方法，是由政府有计划地将若干种类的工业，分散到乡村中去，使英国的乡村，不完全是农民生活之所，也是一部分工人安身立命之区。工业到了乡村之后可以发生两种好的影响。第一，谋生的机会加多了。有志的青年不一定要向都市跑，在乡村中也可找到他愿意献身的职业。第二，村庄的人口可以增加。现在的小村庄都可以转变而为一种工农合一的新社区，这种新社区中所包含的人口，绝不止 300 人，可能到几千。到底一个社区中应该有多少人，然后这个社区中方能产生各种文化、娱乐及商业的组织，来满足人类的各种需要，作者并未讨论。但在他理想的新社区中，有教堂，有网球场，有公共礼堂——可以演戏及开音乐会，有医院，有图书馆，有俱乐部，有成年人进修的课堂，有饭厅，有旅馆，有一个容纳好几级的校舍，有邮政局——同时可以卖香烟、糖果及风景画片，有合作社，有百货商场，有菜场——其中有一家是卖肉的。像这一些组织，现在英国的小村庄是没有的。假如村庄老是像现在这样小，那么这些社会组织，这些满足文明人各种需要的组织，都无法产生。可是工农合一的新社区如成立了，人数增加起来了，那么这些社会组织都会应运而生，像它们出现于近代的都市中一样。

作者所提出的两点，虽然是针对英国现状而发，但他山之石，可以改错，关心中国乡村问题的人，对于这两点，无妨花点心思去想一想。

（载《世纪评论》第 1 卷第 15 期，1947 年）

［本文同名文章转载《团刊（河北）》第 11－12 期，1947 年］

回忆清华的学生生活

　　我于 1916 年加入清华中等科的二年级，1923 年在高等科毕业（那时的高等科，等于大学二年级，所以到美国去，只能进大学三年级，不能入研究院），前后在清华当了七年的学生。

　　这七年的生活，在我的生命中，是很愉快的一段。过去我也常问自己，清华的七年，到底给了我一些什么？我现在就简单地把我的答案写在下面。

　　首先我要说清华给我们的训练。

　　在智育方面，清华那时的训练，与别的学校不同的，就是英文的注重。那时清华的学生，毕业后都可以到美国去读五年书，为使学生赴美后可以在语言上不感困难起见，清华的注重英文，自然有它的道理。我记得在清华中等科，除了英文读本、英文文法是用英文外，就是地理与代数所用的课本，也是用英文。这种训练，现在回忆起来，实在是很好的。中国的社会科学、自然科学，都很幼稚，一个想做学问的人，如不在中文以外弄通一国的文字，用它来做研究学问的工具，那么他的成就，是颇有限制的。我现在还相信，清华大学假如在一、二年级的课程中增加英文的分量，对于学生是一件极为有益的事。

　　在德育方面，我们受的是一种循规蹈矩的训练。早上闻铃起床，把铺盖收拾如式，盖上白被单，乃是每一个人都要做的事，因为斋务员在吃了早饭之后，就要查宿舍的。早餐铃摇过之后，五分钟之内，就要在饭厅中自己的座位前坐下，斋务员拿一本簿子，把不到或迟到的记下来，不到的次数太多，是要记过的。那时的斋务长，等于现在的训导长，对于每一个学生的面貌都记得，每个学生的名字都记得，这还不是为奇。最奇的是他记得每一个学生的学号，你如在早餐铃摇过五分钟之后走入饭厅，他便把你的学号记下来了，三个数字，写起来是那样地方便。我离开清华后十余年，还遇到这位斋务长，他不但记得我高等科的学号，还记得我中等科的学号。对于这种记忆力，我只有佩服。在中等科时，我们每星期要写一封家信，送到斋务长的办公室中去投邮，以便登记。每月要交一次零用账，以便审查有无浪费的情形。这种训练，是好是坏，各人的看法不同。从好的方面说，在这种方法下陶冶出来的人，在规定的路上走，不敢放肆，不敢苟且，守法律，重秩序，够一个好公民的资格。但在天下大乱、社会秩序需要重建的时候，这个典型的人物，总难望出人头地。

在体育方面，我对于清华的训练，至今还有说不尽的感激。那时的规矩，下午四点钟的下课铃摇过之后，图书馆的门锁起来了，宿舍的门也关上了，学生只能上操场或进体育馆。不分冬季与夏季，一律如此。所以每日在四点钟之后，无论你是否喜欢运动，你也得脱下长衫，跑跑跳跳。久而久之，谁也都会对于运动发生很大的兴趣。过去清华学生在运动会中与别的学校比赛，老是拿锦标的，但此点并非清华的特色。清华的特色是普遍的训练，使每一个毕业于清华的人，都会跑百码，都能游泳，都可以打网球。这是清华过去体育训练成功之点。我希望这种精神能够复活于今日。

课余的活动，当年的种类也是很多的。学生可以就各人性之所好，从事于一种或数种。我从中等科三年级起，便与《清华周刊》结了缘。记得最初周刊的编辑，是学校派定的，其后由学生会推举。编辑的制度，有一个时候采集稿制，各个编辑，轮流负责。最后还是采总编辑制。我做七年的学生，当了六年的编辑。这种写作的训练，对于我是很有益的。快毕业的一年，周刊有社论一栏，我们几个写社论的，总是在发稿的前一晚，大家想好题目，奋笔疾书，不起稿子，不计文章的工拙，只求清楚明白，词能达意，写完之后，就送到印刷所去复印。我们几个受过这种训练的人，都把写文章看作说话一样。话说出口之后，并不时加修改，我们对于作文，也养成这种习惯。这种办法替我们节省了好多时间。

清华七年的学生生活，还有一种收获，就是结交了几个好朋友。人的生活中，需要几个好朋友，彼此有透彻的了解，什么事都可以商谈，什么话都可以倾吐。这种朋友，需要长时期地培植。只有在七年的长时期中，朝夕相处，同读书，同游戏，才可交得到这类的朋友。所可惜的，就是清华当时还未男女同学。所以我们当年所交的朋友，没有一个是异性的。这也许是人生的一种损失吧？谁知！

（载《清华周刊》复刊第 10 期，1947 年）

社会部不可取消

前几天看到报上的记载，说是立法院主张取消社会部。这是一种开倒车的工作，我们希望社会上的进步分子都起来检讨这种举动。

在文明的国家中，社会福利的推行，是政府的主要工作。广义的社会福利，应该包括四种工作。第一种为教与养，即教育与卫生。第二种为社会保险。第三种为社会救济。第四种为消费的津贴，即由政府提出一部分款项来津贴贫穷的人民，使其营养与住宅的水准可以提高。以上四项工作，在英美等国，其支出常占中央政府的三分之一，地方政府的二分之一以上。

在我们的中央政府，第一项福利工作，已有专部管理，但儿童的教养工作，有一部分是在社会部的手中。各地的育幼院、福利站，虽然办理得并不见得尽善尽美，但有此起点，以后继续发展，对于无依无靠的儿童，实在是一种福音。第二、第三两项工作，过去是社会部主管的。第四项工作，也很重要，但在中国，似乎还未看到萌芽，还需社会部的继续努力，方可出现。

立法院把社会部取消了，而另设劳工部来代替它，社会保险的工作，现在社会部已在筹备中，将来也许可以移交劳工部，但社会救济的工作，中央有哪一个部会可以担任呢？也许有人会想到行政院的善后救济总署，但是行总不过是一个暂时的机构，到了今年年底就要取消的。取消之后，行总的工作，以及它接收过来的以前赈济委员会的工作，有一大部分都要交给社会部。现在把社会部取消了，谁来完成行总的工作呢？难道中国各地的孤儿、寡妇、无依无靠的老者、五官不全的残废，就没有人来怜恤他们吗？就不值得政府的一顾吗？

我们觉得过去社会部的工作，还不够积极。社会部的主要使命，就是要组织社会上一切的力量，来消灭中国的贫穷。研究各国的国民收入的人，都知道中国每一个人平均的收入，实在少得可怜。如与美国比较，不过他们的 1/26。中国的民众，大多数实在都是呻吟于贫穷线之下。这种不幸的状况，没有一个政府可以忽视它的。忽视这种现状的政府，将为民众所唾弃。一个政府，假如真是为民众服务的，是来解除民众痛苦的，便不应取消社会部，应当增加其职权，充实其经费，使它可以多替民众服务，多为不幸的穷人造福。

（载《中国社会学讯》第 2 期，1947 年）

难童有什么前途？

　　一个地方经过了兵灾、水灾或旱灾之后，一定有许多流离失所的人。这些人，便是办理救济工作者的对象。

　　在这些被救济的人中，我们最应注意的是儿童，因为他们是将来社会的骨干。

　　善后救济总署在各地救济儿童的办法，主要的有两种。第一种办法，是将被救济的儿童从他们的家庭中提取出来，集中在一个机关里面，请负责的人来教养他们。这些儿童也许是无家可归的，也许还有家庭，但是他们的家庭，已经失去抚育儿童的经济能力，所以把儿童交与机关，自己便可卸去责任。第二种办法，在教养儿童方面，与第一种办法相同，也是把儿童集中于一处，交给专门人员管理，但是机关中并不寄宿，儿童于早晨来，晚间归去，与家庭并不断绝关系。第一种救济办法，我们可以桂北为例。在桂北的灵川、兴安及全县，广西的救济分署曾设有难童托养所，每所收容难童 500 名。这些难童，食宿都由难童托养所负责。入所的时候，每人发一套用面粉袋制成的制服，白天还有教员上课，所受的教育与小学中相似。第二种救济办法，我们可以皖北为例。在淮河流域的县份里，人民受了兵灾，又受水灾，亟待救济的难民，据联总的专家估计，在 90 万人以上。安徽的救济分署，对于这个广大灾区中的难童，拟设 600 个难童教养站来收容，每站收容自 60 名至 70 名，必要时可以加到 100 名。现在已经收容的难童在 4 万名左右。这种规模宏大的儿童救济工作，在中国历史上，真可以说是空前的。站内儿童，每日由站管教 8 小时，由上午 8 点起，至下午 4 点止。站中对于儿童，每日供给热食两餐，并授以初级教育，包括国语、卫生常识、游艺、体操，等等。

　　关于这些儿童的身世，我近来在皖北的凤阳、怀远等县，曾搜集到一些资料，现在摘录几个例子如下，以见一斑。

甲男，11 岁，家中共有四人，除父母外，还有一个哥哥，19 岁。父亲原来租别人的菜地种菜，贩到蚌埠一带去卖，以维持一家人的生计。去年秋季，父亲给人拉去当兵，至今音信全无。父亲走后，哥哥便去帮人家放牛，每年可得薪资 2 万元。哥哥这点收入，完全交给母亲，但养活不了一家的人，所以母亲只好上街要饭。我看这个小孩所穿的鞋子，一只是花鞋，女人穿的，一只是青鞋，男人穿的。问他这双鞋子是从何处得来，他说母亲最近在街上向人家讨来的。

乙男，14 岁，一家三口，除本身外，有母亲及哥哥。哥哥 17 岁，帮人放牛，每年可得一担麦子。母亲种五亩田，自己有时在田中帮母亲的忙。他有两套衣服，夏季的衣服，是安徽分署发的；冬季的衣服，系以哥哥的收入买布，并用旧衣的棉花凑成。在未入教养站时，每天最多吃高粱粥两顿。终年不吃肉，不吃菜，不吃油。

丙女，13 岁，无父母，与哥哥嫂嫂同住。哥哥有两个小孩，大的 7 岁，小的 5 岁，大孩每天跟她一同到教养站中过日子。哥哥不种田，每日在外面拾柴，可得 30 斤。她自己身上穿的衣服，是出嫁的姐姐留下来的。侄儿所穿的衣服，是他们的舅舅送的。舅舅在临淮关做小本生意，对于这一家人的生活，略有贴补。

丁女，14 岁，家有祖母，70 岁以上。父母均在 45 岁左右。父亲为一残废，且为低能，不会说话，也不事生产。祖母为人推磨，吃人家的麸皮。母亲在外拾柴，帮人做活，常常整天没有东西吃。

戊男，10 岁，家有母亲，去年方从沅陵逃难回来。在离开家乡逃往湖南的时候，父亲是在一起的，但到了沅陵，父亲便跑走了，不知去向。母亲住于蚌埠难民所。本人现与外祖母同住，外祖母眼瞎，白天在街上要饭。

己男，14 岁，抗战期内，与父母一同逃难至汉口。在汉口时，父亲生大病，在未死之前，便为日人击毙。本人与母亲一同在常德要饭三年，两月前才行乞返家。现在母亲在蚌埠帮工，本人晚间回段家住，段家只有一间房子，但里面一共住了好几家。

庚女，14 岁，有一妹 12 岁，一弟 5 岁，白天都在教养站中。另有一妹妹，10 岁，已给人家做童养媳。父亲生疥疮，原来是摆摊的，现在因病，所以这点小生意也不能做了。母亲给人家洗衣服，收入不够吃时，向亲戚借高粱吃。12 岁的妹妹，也快要给别人了。

申女，14 岁，家中有祖母、母亲及弟弟。弟弟 12 岁，也在站中受救济。母亲在天主堂烧饭。祖母 60 多岁，也帮人家烧火做饭，无工钱，只吃人家一点残羹冷饭而已。

这八个例子，告诉我们中国将来的主人翁，现在过的是什么日子。他们在家中，根本吃不饱，穿不暖，也没有钱进学堂。文明国家中儿童所享受的福利，他们是没有份的。

各地救济分署的工作，对于这些儿童，真是一种福音。无论是难童托养所也好，难童教养站也好，这些机关给成百成千的难童一个新的天地，一种新的享受，是他们做梦也想不到的。

读书识字，对于这些难童，是一种新的经验。虽然我国提倡国民教育已不知有多少年，但一直到现在，大多数的儿童，没有法子入校读书，还是事实。最近发表的南京市人口统计，失学儿童的数目比入学儿童的数目还要多些。首都尚且如此，内地可想而知。这些难童，平日只知道放牛割草，教科书与他们无缘，现在居然也学会念字，学会读书了。这点经验，至少在一部分的难童脑中，会留下一种磨灭不了的印象，也许还可产生一种遏止不住的向上要求。它的影响，现在是无法估计的。

但是最显著的影响，还是在营养方面。我还记得兴安县的难童托养所盘主任告诉我，难童初入所时，身体瘦弱得只存些皮和骨，但在所住了十几天之后，每天喝牛乳，吃白米饭，面色便有些血气了。怀远天主教堂的那义威司铎告诉我说，在他所管理的几个教养站中，难童的体重，已经加了 3 斤至 5 斤。这是不足为奇的。难童在未入站时，每天两顿高粱粥，也不一定吃得到。但是入站之后，他的口粮规定有四种：（1）面粉每日 12 市两；（2）豆粉每日 4 市两；（3）牛奶或汤粉每日 1 品脱；（4）肉类或其他食品，每月约 1.5 听。这两项食品的比较，其营养成分的高低，是显而易见的。

教育与营养，是救济机关对于难童的最大贡献。这两项工作，都是最花钱的。

我曾在芜湖的一个育幼院中与主管人员研究收养一个儿童国家要花多少钱。在这个育幼院中，共收养了儿童 245 人，都是住院的。育幼院所用的职员，共 34 人，薪水及生活津贴，每月需 900 余万元；儿童的主食及副食费，每月 290 万元；育幼院的经常费每月 53 万元。合计每月的支出在 1 200 万元以上。如以 245 个儿童摊派，每人应摊 5 万元。但是育幼院的实际开支，并不只此。安徽的救济分署，曾补助这个育幼院棉衣 300 套，棉被 300 床，白被单 300 条，行军床 10 张，脸盆 96 个，营养品如牛奶、面粉、羊肉、牛肉、汤粉等，数量颇多。如将这一切物资，也折成国币计算，每一住院的儿童，每月消费连上面所说，共计约 10 万元，即全年每一儿童需由公家负担 120 万元。

皖北的难童教养站，其所用的口粮，每童每日需 2 000 元，即每月需 6 万元，每年需 72 万元。这个数字，还不包括每一教养站职员 2 人、工友 3 人的津贴在内。

假如救济难童的物资是源源不竭而来的，我将为国内成千成万的难童称庆。可惜事实并非如此。全国各地的善后救济分署，在本年之内，都要关门的。到那时，牛奶没有了，面粉没有了，一切难童赖以为生，赖以得到教育、增加体重的物资都没有了。

在此种情况之下，难童有何前途？

中央在各地举办的育幼机关带有示范性质，并不预备大规模地办理。所以将来各地的教养难童机关，交给中央，中央一定不会接收的。育幼的事业，与国民教育一样，范围太大，非中央政府所能办理。地方政府，对于救济儿童，本应负起责任来的，可是他们是心有余而力不足。各县的救济院，本来在救济分署关门之后，应当接收救济难童的机构。可是救济院的经费，除少数县份置有田地产业之外，都是少得可怜。有好些县份，救济院的经常费，连养活救济院的职员都不够，事业费自然无从谈起。以安徽省而论，本年度各县的预算，因收支无法平衡，在裁员减政的呼声之下，救济经费便都一笔勾销了。所以盼望地方政府来继续救济难童的工作，结果一定会大失所望。

在最近的将来，假如邻邦断绝了救济物资的捐赠，我们看不出全国各地的难童有什么法子可以继续现在的享受。他们侥幸地在天堂中住了几个月，不久恐怕要回到地狱中去。在他们没有被救济之先，是吃不饱、穿不暖，没有法子受到教育。在各地救济分署关门之后，他们将要恢复从前的命运。

在落伍的农业国家中，大多数儿童的命运，与现在这些难童的命运，是相同的。假如我们的经济组织不改，生产方法不变，他们那种凄惨的命运，是无法改变的。

总要中国的经济有前途，难童才有前途。

民国三十六年 2 月 21 日

（载《世纪评论》第 1 卷第 20 期，1947 年）

（《关于难童救济问题》载《江西善救》第 9 期，1947 年）

冀热平津分署北平办事处的工作
——华北视察报告之一——

一、文化城中救济工作的特点

北平是中国的文化城，这儿的大学、中学、小学，数目之多，在全国大约要首屈一指。各级学校的教职员及学生，在现在物价高涨的情形之下，营养缺乏，于是成为合格的救济对象。去年 12 月，北平办事处对于全市大、中、小学校及幼稚园的教员与学生，每人曾发 5 磅罐头食品或 1 磅奶粉。其中教职员受惠的有 6 000 余人，学生受惠的约 12 万人。本年 2 月对于中小学教员，每人又发面粉一袋，受惠的凡 5 309 人。3 月底起，规定全市大中学校的学生，有 40％可以领取面粉，每人 25 磅，此事正在办理中，还未办完，估计约 24 000 人可以受惠。4 月 4 日为儿童节，北平办事处开始在中山公园的儿童乐园发放衣服，凡小学初级四年级以下的学生（北平小学的编制还是初小四年，高小两年）有 80％的人可以领取。4 月 4 日规定发两个学校的学生，其余 400 多个小学的学生还可陆续于规定日期领取，估计受惠的可在 5 万人以上。

不但在急赈中，学校的教职员及学生成为一个重要的对象，就是在工赈中，学校房舍的修筑也是一种重要的工作。我们对于此种作风表示赞同。北平与别的都市不同，北平是文化城，它的繁荣与学校的繁荣有密切的关系。学校修复，学生从各地来北平就学，他们消费的总额，无疑地可以增加北平的就业人数，因而提高整个市面的景气。在工赈业务中，与学校有关的，有协修清华大学校舍工程、协修北京大学校舍工程、协修北洋大学校舍工程、协修师范学院本院及附中小学工程，以及协修燕京大学校舍工程。在内地，许多小学校及中学校，给敌人破坏的很多。北平的学校，被损毁的多为大学，而小学及中学，则多完整。因大学房屋较多，敌人多移作军事之用，在沦陷期间，难免受到损失。中小学因照常开课，敌人亦未移作军事用途，故能保持其完整。因此，北平办事处协助修理的，亦多为大学。

二、贫户的调查与救济

去年冬季，北平办事处对于北平贫民，曾发面粉一次，大口 10 磅，小口 5 磅，受惠的有 48 255 人，共发面粉 414 400 磅。此 4 万余贫民，如何选出，诚为救济工作中一个有趣味的问题。据云，北平市政府社会局，对于全市贫户之分布，曾有一调查，根据此项调查，北平办事处即先决定一各区贫户分配额。如内一区比较富庶，贫户分配额为 750 户，内三区比较贫穷，贫户分配额即为 1 500 户，北平共有行政区 20 个，各区合计之贫户分配额为 16 000 户。

贫户分配额在各区已经决定之后，第二步工作，即系调查谁为贫户，谁应得到面粉的救济。为得到此种基本资料，以便配发面粉起见，北平办事处曾与八个慈善团体及学校合作，发动调查员 320 人，举行各区的贫户调查，如内一区系女青年会负责，发动调查员 15 人，内五区系辅仁大学负责，发动调查员 30 人。此项调查及发粉工作，于去年 12 月开始办理，本年 1 月底办完。

北平办事处手中，现有大批豆粉及旧衣，拟发与北平之贫户。此次拟不用过去之资料，而另搜集更为可靠之资料。因北平市政府民政局拟于 4 月 10 日起，在北平市清查户口。为办理此项工作，民政局在每一行政区设一户籍股长。全市有 366 保，每保有一户籍事务员。在清查户口时，北平办事处即与民政局合作，同时调查贫户。民政局得到贫户分布之资料后，北平办事处尚拟抽查一次，然后根据此次资料，分发豆粉及旧衣。

三、儿童福利工作的新途径

民国三十五年 4 月，由于北平办事处之发动，成立北平市儿童福利委员会，由北平市研究儿童福利专家、教育家及医生等担任委员，内分营养、卫生、教育、娱乐 4

组。自去年 6 月起，共成立儿童福利站 21 单位，其中模范儿童福利站 3 处，婴儿福利站 4 处，学龄儿童福利站，甲种 9 处，乙种 5 处。甲种与市立小学合作，乙种与幼稚园合作。大多数福利站之工作，多注重于营养之补充，此与其他各地之工作大致相同。唯最近成立之中山公园儿童康乐园，对于儿童福利工作，可谓另辟一新途径。此园为北平各慈善团体之一种合作事业，除北平办事处外，尚有中央卫生实验院北平分院、北平妇女社会服务促进会、平津防痨协会、北平大学医学院、国立第一助产学校、卫生局第一卫生事务所、协和医学院护士学校、北平儿童医院、北平中和医院等单位参加组织。设备方面室外有游戏场，室内利用社稷坛西南角球社旧地，设有儿童卫生展览室、儿童健康展览室、育婴实验场、讲堂、救急医务室、办公室、医师室、护士室、盥洗室等。各种工作中，最可注意之一点，为儿童健康检查，由诸福棠大夫主管，除定期之检查外，并随时实施天花、白喉、百嗽伤寒等类之检查。查吾国死亡率特高之最大原因，为婴儿死亡率特高，在英美等国家，婴儿死亡率最近已达每千人只死五六十人，而在中国内地，据若干抽样调查，1 000 名婴孩中，死亡率可达 250 人，甚至 500 人。所以如欲减低中国死亡率，应当从减低婴儿死亡率下手。儿童康乐园之工作，可谓朝此方向前进了一大步。

四、慈善机关的合作

北平慈善机关团体，多有悠久的历史。据北平办事处的调查，办理儿童福利的共 22 个单位，办理儿童教保的 4 个单位，办理老年收容的 8 个单位，办理妇女教养的 3 个单位，办理残废收容的 4 个单位，其他 12 个单位，共 53 个单位，尚不足以代表北平慈善机关的全貌。

救济的工作因为北平已有这许多的慈善团体，所以北平办事处的负担，减轻了许多。目前与北平办事处订定合约，由办事处供给救济物资，每三个月发给一次的，计有 4 个机关，即北平育婴堂（成立于民国十六年）、仁慈堂（设于同治元年，即 1862 年）、香山慈幼院（创于民国九年）及北平市救济院（设立于民国十七年）。此 4 个机关收容之人数约 2 300 人。其余各慈善机关收容之人数，在北平办事处有案可稽的，共 3 500 余人。北平市 53 个单位所收容的人数，共为 5 800 余人。此 5 000 余人经常地或偶尔地都得到北平办事处物资方面的救济。

五、一个问题——业务费与薪津的比例

去年 11 月份北平办事处的业务费，为 1 200 余万元，本年 1 月份减为 954 万元。但在同月内，薪津的开支为 2 058 万元，工资的开支为 890 余万元。故薪津工资与业务费的比例，约为 3 与 1 之比。此种比例，虽在内地各县府中已成为常态，但从行政效率的观点上看去，不免疑为太高。

唯研究行总以及各分署业务费与薪津之比例，如专注意现金之收支，实为一不公平之举。行总以后研究此问题时，似不应以此种统计为讨论行政效率之根据。行总及分署之业务，现金收支之数目，远不如物资收支之数目。即以北平办事处而论，其中工赈一项，在过去一年内，即须支出面粉 3 360 122 磅，假定每磅之价格为 1 000 元，此项面粉之价值，即为 33 亿元，平均每月用于工赈面粉之花费，即为 2.8 亿元。如在其他机关，此 2.8 亿元，必为现金之支出，必出现于业务费内，因之业务费之比重，必然加高。所以研究行总与分署的行政效率，现金的收支与物资的收支似应合并计算，始可窥其全豹。

民国三十六年 4 月 6 日

（载《行总周报》第 57－58 期，1947 年）

河北境内河流的治理计划

——华北视察报告之二——

在河北，没有一件工作比治河对于人民更为重要了。

河北省的主要河流共有五条，都在天津附近汇合，由海河流入渤海湾。这五条河流，一为北运河，二为永定河，三为大清河，四为子牙河，五为南运河。北运河与永定河，在天津的北方屈家店合流，南流到天津；大清河与子牙河，在天津的西方独流镇附近合流，名为西河，东流到天津。

这五条河的水，都靠海河排泄入海。在枯水季节，不生问题。但河北省全年的雨量，常集中在 7、8、9 三个月内。全年雨量，不过 538 公厘，但降于 7、8、9 三个月内的，则达 382 公厘。在此洪水期内，各河上游水量骤增，复值海河高潮，于是吐纳不能平衡，泛滥之灾，便不能免。此种周期性之水灾，为治河的人所应注意的第一问题。

五河流域的面积，共约 229 600 平方公里，在山地的居三分之二，在平地的居三分之一。流域之内，多为黄土所覆被，在山谷中，洪流激湍，每含大量的泥沙而下。这些泥沙，一部分沉淀在海河中，以致海河淤浅日甚。民国十七年，吃水 10 尺以上的船舶，便无法直达天津。假如不是海河工程局时加疏浚，天津有成为死港之可能。所以如何减少各河流的含沙成分，为治河的人所应注意的第二问题。

一、永定河治本计划

在河北五大河流中，永定河的洪流最猛，泥沙最多，为患最烈，所以华北水利委员会对于治理永定河，所用的工夫最多。

治理永定河的目的，一在避免周期性的决堤泛滥，减轻两岸农民的痛苦；二在减少巨量泥沙输入海河，以繁荣天津的商务。

避免决堤与泛滥的方法，华北水利委员会的人提出的，共有三种。

第一为拦洪工程，拟筑水库两个：一在察哈尔怀来县官厅村南，名为官厅水库；二在河北省宛平县太子墓村附近，名为太子墓水库。此两水库如筑成，可以减低洪水高峰，使常年建瓴而下的洪流，储蓄一部分于水库的上游，使其逐渐流出。据估计两库如建筑完成，可使卢沟桥的洪水自民国十三年之 4 900 秒立方公尺减至 2 040 秒立方公尺，最高洪水 9 800 秒立方公尺减至 3 700 秒立方公尺。

第二为减洪工程，共有两项：一为改建卢沟桥原有减坝为节制闸，二为修理金门闸。此二闸的作用，在当洪水季节，使永定河的洪流分泄一部分入小清河，再由小清河入大清河。

第三为整理河道工程，即修筑堤防及约束河身。考永定河北堤，于民国二十八年洪水季节内，在固安县属之梁各庄溃决，民国二十九年堵复之后，民国三十一年又告溃决，以后即未修复。此项决口，目前是否即需修复，华北水利委员会技术人员认为大有研究之余地。按永定河下游，原有三角淀，以为洪水荡漾回旋之地，其面积为 600 余平方公里，原为低洼之地，但 200 年来，积沙已满，失去蓄洪之作用。现在洪水泛滥于三角淀北遥堤迤北地带，淹没面积达 420 余平方公里，又俨然一新三角淀。有人主张即以此代替旧三角淀，其蓄洪有效时期可达五六十年。以前顺直水利委员会在治理永定河计划中，即有另辟新沙涨地的建议，但人为改道，阻力自多，现在永定河自觅出路，大可听其自然。现在被淹区域，要求堵口合龙，但合龙之后，三角淀难免又受淹没，利益冲突，势必群起反对。两全之法，莫如将堵合之举，延至治本计划实施之后。彼时洪水业受节制，永定换归故道，于泛区可以免除水患，三角淀亦可不受损失。

减少巨量泥沙输入海河的方法，华北水利委员会的人，也提出三种。

第一为拦沙工程，系在永定河各支流，如洋河、东洋河、南洋河、桑干河、浑河、壶流河等河道狭窄、坡势陡峻之处，分别建筑 3 公尺至 15 公尺高之拦沙坝。现在计划，拟在洋河及其支流建坝 5 道，桑干河及其支流建坝 6 道。坝的作用有二：一在增高水位，以平倾度，倾度既平，流速斯减，冲刷之力，自然低小，泥沙可以不致泄入下游。二则水位增高之后，原来干旱之区，可引水以资灌溉，泥沙更可得沉淀之处。

第二为放淤工程，在永定河北岸举办。北岸放淤面积，为 180 余平方公里；南岸放淤面积，为 170 余平方公里。永定河水，由引水闸导入引水渠，由分水口泄于放淤区域，徐徐下降，至泄水闸门，使积水达 1 公尺，然后由泄水闸泄至原有或新开沟渠。在北岸的，导入龙凤河，以入北运河，在南岸的，导入大清河。放淤的目的，在减少永定河泥沙的输出量，一方面又可使永定河两岸斥卤之地，化为沃壤。

第三为整理永定河尾闾工程。永定河含泥的洪水在未流达天津之前，即分泄一部分于塌河淀，使其荡漾沉淀，再由金镜河汇蓟运河入海，为一部分之清水，仍可导归海河，以资刷深河底。

以上各项工程，华北水利委员会的人，主张先筑官厅水库，建筑费共需 300 余亿，善后救济总署已允拨 100 亿，华北水利委员会在其堵口复堤经费中，亦可移用 100 亿，因此项工作，水利委员会预算已列 175 亿，实际只用去 75 亿。此外海关附加税，原定以一部分为建筑官厅水库之用，历年以来，因计划未定，所以并未提用该项专款，如一旦兴工，则海关拨款，当无问题。由此以观，官厅水库的建筑费，应当没有问题。现在怀来县在国军手中，官厅附近治安，如工程开始，察省政府当可更加注意。唯据海河工程局主管人言，官厅水库目前建筑费恐非 300 余亿所可办。如仅有此款可资利用，则不如先在桑干河上游建筑拦沙坝。此项建议，可以批评之一点，即桑干河上游治安尚成问题，目前实无法进行工作。

二、独流入海减河工程计划

减河的作用，在分泄洪水量，使其另辟入海途径。河北各河流，如北运河已有青龙湾河及筐儿港河，分泄一部分水量入海，南运河也有捷地减河及马厂减河，分泄一部分水势。但大清河在过去还没有减洪的工程可述。

大清河的毛病，为上游来洪过猛，下游尾闾不畅。救济之道，不外二端，即上游储洪，下游畅流。上游储洪，不但可免下游水患，且可备旱季灌溉之用。可惜大清河各重要支流，其上游山谷间，并不似永定河那样有适宜于建筑水库之处，致使此项理想工程无法实施。不得已，只有采用畅流之一途，即开辟独流入海减河，以减轻下游的水患。

这个计划，在顺直水利委员会的时期，已曾提出了。日伪时代之建设总署，于民国二十八年间，曾派员实地调查，另订计划，对于减河泄量，大事扩充，并主张分流一部分洪水，使入海河，一部分则令其越过马厂减河，漫流入海。民国二十九年春开始兴工，迨至胜利时止，减河土方约已完成十分之三。铁路桥梁，亦已修建告竣。华北水利委员会曾将此项计划加以修改，工程共分五部：一为减河工程，二为赵天河新渠工程，三为南运河改道工程，四为开辟牤牛河新道工程，五为培修堤防工程。全部工程，拟分三年完成，共需经费 717 亿元，第一年即需 251 亿元。施工地点均在国军掌握之中。

三、海河葛沽裁湾工程

海河上承北运、永定、大清、子牙、南运五河，下注渤海，自天津以下，才有海河之称。海河为天津唯一通海之航路，其通塞关系天津之繁荣与否。海河两岸为冲积地层，土质松软，于是河身迂回，断面时变，宽窄悬殊。在未施治导以前，自天津至大沽河道，长度为 90.4 公里，但直行鸟道，则不过四五公里。

海河于 1898 年起实行治导，在此将近 50 年中，裁湾工程已施行 8 处，海河全长已自 90.4 公里减至 65.1 公里。天津潮水时落差，已自 1901 年的 0.30 公尺，增至 6.48 公尺，对于津沽航运的维持，颇有贡献。除此以外，因裁湾之故，泥沙之冲刷力增加，航船的转湾较易，均为过去裁湾工程的成效。

海河工程局最近提出一葛沽裁湾工程计划。照此计划实施，可获下列利益：（1）每年冬季，浮冰积聚葛沽各锐湾，需预备一撞凌船，以撞碎清除，此后可以免省。（2）河道长度，可以缩短 3.10 公里。（3）潮水涨落，较前顺利，冲刷力加强，葛沽上下游河漕，可以增深 1 尺至 2 尺。（4）船只在本段搁浅之危险可免。此项工程费用，照民国三十五年 11 月价格计算，共为 86 亿元。

（载《行总周报》第 57-58 期，1947 年）

经济的改造

现在全世界各国，都有改造经济的呼声。这种呼声，不问它来自哪一国，它的目标只有一个，就是人民生活程度的提高。

提高人民的生活程度，是我们的目的，达到这个目的的手段，各人有各人的主张。现在我们收纳这些主张，觉得有三点最可注意。第一是生产的加增，第二是就业的保障，第三是分配的公平。

先说生产的加增，这是在中国讲经济的改造，最应注意的一点。中国生产的低下，只要把我们每一个人的收入，与欧美各国比较一下便可知道。英国的克拉克先生，就曾做过这种比较。他曾研究 35 个国家中的国民收入，发现美国居第一位，平均每人可得 525 美元；中国居最末一位，平均每人只得 49 美元。其实这个估计，把中国的平均每人所得已经列得太高。最近国内有人估计，中国平均每人的所得，只有 20 美元。美国人的所得，平均要比中国人大 25 倍。造成这种差异的主要原因，当然是两国生产技术的不同。还有一点我们与欧美各国不同的就是我们农业的生产力薄弱，每一人能够养活的人数不多，所以就业的人民，大多数挤在农业里，以为糊口之计。近代各国统计，已经证明 2 000 多年以前，司马迁说过的一句话是很对的，就是"用贫求富，农不如工，工不如商"。我们如想增加个人的收入，或者全国的收入，绝不可像过去那样只知道在农业中想办法。如农业人口能减至 50%，以其余 50% 从事其他职业，则因其他职业中报酬较农业为高，中国的国民收入，估计可以比现在提高 3 倍。所以改造中国的经济，最要紧的工作，莫如改良生产技术，重行安排职业的分派：一方面使较少的人从事农业，同时还能增加其生产；另一方面要把从农业集中解放出来的人，放到别的职业中去，从事别种方式的生产。这种改造一定可以增加国民的收入，因而也必能提高人民的生活程度。

经过多年的研究，我们对于失业产生的原因，已经有一致的认识了。简单地说，储蓄的数量与投资的数量不能平衡，是欧美各国中周期性失业所以发生的主要原因。

失业的原因既已明了，那么对症下药，解决的方法，也不困难。政府应当以控制公家投资数量的方法来维持社会上消费与投资之总量，在失业的象征出现时，也就是私人的投资不能与储蓄维持平衡时，政府即当增加公家的投资，如修路，如开发水利，如设立医院，如改造住宅，使公家增加的投资可以抵消储蓄的影响。

治本的办法如付诸实行，再加上治标的社会保险，人民对于失业，可以不必忧惧了。

最后我们要检讨的就是分配的公平。英美各国，特别是美国，一般民众的生活程度，比苏联要高得多。为什么这些国家里面，还有一部分的人，在那儿赞扬苏联的经济制度呢？我想苏联分配制度的公平，与一般人民的正义感，最能凑合。中国的圣人早就说过一句名言："不患寡，而患不均。"不均的分配，"朱门酒肉臭，路有冻死骨"，最能引起人民的愤恨，是造成社会不安的一个重要元素。奢侈与贫穷两种生活程度，同时出现于一个社会，自然会有人起来要求公平分配，这是正义感的呼声，没有力量可以阻止得了。

在战时，罗斯福总统提倡任何个人的收入，不得超过 25 000 美元，超过这个数目的收入，政府可以利用 100%的所得税率，收入国库，为作战之用。这是一种贤明的主张，可惜没有为国会所采纳。政府为利用抽税的方法，把富人的收入，多抽一部分入国库，以之办理各种社会福利事业，马上可以发生两种好的影响：一是减少富人的所得，使他们不能维持一种任意挥霍的奢侈生活；二是使一般民众，除个人所得之外，还可从公家的各种社会事业中，不必自己花钱，便可得到若干享受，如教育、医药、娱乐之类。这种提高生活程度的途径，在最近的将来，一定会成为欧美各国所争取的目标。

[载《现代文摘（上海）》第 1 卷第 1 期，1947 年]

管卫与教养的消长

　　抗战期内，我曾有一个机会在江南各省视察行政的工作。到了广东的曲江，那时的省政府主席，曾邀集了各厅的厅长以及各部分的主管人员，同我们开了一个座谈会。省主席问我们视察之后有何观感。我记得曾提出一个意见，就是请各级的地方政府，多花些钱在教与养上面，而少花些钱在管与卫上面。

　　这个意见的后面，藏着一个对于地方政府的看法。地方政府是社会组织的一种，是与其他各种社会组织，如经济、家庭、教育、卫生、宗教等并立的。每一种社会组织的存在，都是因为它能满足人民某一方面的需要。在不久以前，人民对于地方政府所要求的，就是维持社会秩序，让大家可以安居乐业。这种政府，西人称为警察式的政府，但在中国，素来没有警察的组织，我们无妨改称为包公式的政府。包公是一个铁面无私的法官，凡是看过中国旧戏的老百姓都知道的。他们就希望政府里有像包公这样的一个法官，当他们受到欺侮的时候，可以到他那儿请求主持公道。人与人相处，难免有争执发生，为消灭这种争执，使社会的秩序不致紊乱，包公式的地方政府是有其存在的必要的。但是根据老百姓的经验，包公只能在戏台上看到，实际的县老爷，其行为每每与包公相反。所以他们遇到有冲突的事故发生，常常请乡里的父老或公正士绅来评判，即以他们的评判为行为的指针，而不到县城里去打官司。在这种情形之下，地方政府只是一个收税的机关，其存在与否，对于老百姓已经没有多大关系。

　　就在这种无为而治的状况之下，我们的地方政府，在最近一二十年之内，突然改观。这种以新姿态出现的地方政府，是使一般老百姓感到愤懑的。他觉得这个新的地方政府，与以前不同的，就是常常向他要东西。以前，他在交粮纳税之后，就没有人来打扰他，现在可不行了。乡长、镇长、保长常常上他的门，今天问他要钱，明天问他要米，后天又问他要干草，要木料，要桌椅板凳，要这样，要那样，使他每年的收人，要拿出一重要的部分，有时甚至是一大部分，去献给政府。这是使他生气、愤怒、诅咒的。其次，更使他讨厌的，就是在要东西之外，还向他要人，名之曰抽壮丁。中国的老百姓，除了少数的地区以外，多数的人，对于当兵是头痛的。在抗战期内，当民族意识高涨的时候，人民为与暴日做生死的斗争，只好忍痛送子孙上阵。抗战胜利之后，抽壮丁的工作，老百姓是无论如何也不能同情的。

这些使人民讨厌的事，都是经过地方政府的机构办理的。人民于交钱、交物资、交丁的时候，有时也会敢问："这是干什么的呀？""你们拿了我的钱去，拿了我的东西去，拿了我的人去，你们是去做什么事呀？"

这些问题，是必须答复的。近来政府的答复，是"推行新县政"。新县政的内容，就是"管教养卫"四个大字。

你去向老百姓说，我拿你的钱，为的是要管你。这个答案，老百姓是不能满意的。他无须你去管他，反对你去管他，因为他看不出你去管他，对他有什么好处。现在各省的县级以下的地方政府，向老百姓收来的钱，大部分是拿来开支县级以下的公务人员的薪津与生活津贴的。老百姓实在看不出来，为什么这些人的生活，要老百姓来负担。他们为什么不去耕田，不去做工，要坐在县衙门里，要坐在乡镇公所里，等老百姓去供养。

你又去对老百姓说，我拿你的钱，为的是要保卫你。老百姓向四周一望，的确有强盗，有土匪。但是他心里却有一个解决不了的疑问，就是在十几年前，在未推行新县政的时候，为什么没有强盗，没有土匪？这些强盗土匪，是从哪儿来的？是谁使他们变成强盗土匪的？这个问题，他知道地方政府的衮衮诸公，没有人回答得出来的，所以他只放在心里，没有开口。自卫的经费，当然是要交纳。交纳的结果如何，我们也听到许多报告。某处的一个老百姓说，9月初旬，某氏在三江市附近，因剿匪失利，迁怒民众，大肆屠杀。同月下旬，在抱罗市附近，与匪作战，损失轻机枪两挺、步枪20余支，胁迫当地民众，赔偿70万元，始得无事。又有一个镇上的老百姓说，一个月以前，本镇南栅碾米厂经理家遭劫，当匪徒正在抢劫时，有人乘隙逃出，赶到公安局密告，但公安局借口防盗是自卫队的责任，所以写一条子，差警察送往自卫队部，请其出来捕盗，但警察害怕在路上遇见匪徒之岗哨，不肯执行命令。推诿很久以后，自卫队始得悉，赶往出事地点，那时匪徒早已逃之夭夭。在过去许多劫案中，两次有人向公安局告密，有几次出事地点，就在碉堡附近，但都没有捕获匪徒，也没有赶走匪徒。这位老百姓报告了这些事实之后，还发了两个问题："请问公安局和自卫队，是否有防盗的责任？治安当局，是否可以容许这样的情形继续下去？"

第二个问题问得很好，老百姓出了自卫费之后，有权利问这样的一个问题。可是这个问题的答案，我知道治安当局没有几个能够回答得令人满意。我曾同好些县长与专员讨论这个问题，只有一个专员的答案很深刻地印在我的脑海中。这个专员的管辖区域，在安徽的黄泛区内，依理，在这种灾区内，治安是不易维持的，但他告诉我说，在他的专员区内，没有盗案发生过。我问他用的是什么方法，他说，在抗战胜利之后，他尽了最大的力量，协助附近的一个大煤矿复工。这个煤矿及其附带的运输事业、制造事业，解决了将近 10 万人的生计问题。灾民都有饭吃，所以强盗也就绝迹了。

他的答案，使我深信中国的强盗与土匪，不是剿得尽、打得完的。只有发展生产事业，使大家都有工作做，都有饭吃，才是维持治安的根本办法。不在这种根本要途上努力，只去问老百姓要钱来办保安队、自卫队，一定会发现土匪愈剿愈多，最后因为人民不胜负担之重，弃农为匪，保安队与自卫队也因给养无着，加入土匪集团，那时的治安，才真不堪设想。

现在可以回到我在上面提出的问题，就是我们对于地方政府的看法。我们以为现在的地方政府，不只是为维持社会秩序而存在，并非为拥护某一些政权而存在，更非为剥削民众而存在，它是为服务人民而存在的。有好些对于人民有利的工作，由人民自己去办，是不经济的，或不易办成功的，但如用地方政府的力量去办，则易发生效果。这一类的工作是很多的，因时因地而异。而在今日的中国，地方政府可以举办的对于人民有利的工作，莫过于教育、卫生及农田水利，也就是新县政中所谓教与养的工作。

新县政之所以失却民众的信仰，就是因为过去它所努力的，是在管与卫的上面，而忽略了教与养的重要。管与卫的花钱，应有一定的限度。如超过这个限度，则管与卫的工作，乃是维护政权的工作，或是剥削民众的工作，对于民众的幸福，不但没有贡献，反而成为民众生活中最大的灾难与祸害。上一个月，我曾到北平附近的一个县份去参观，在途中，我们找到一个乡镇公所的干事，问他最近做点什么工作。他说，在过去两个星期之内，他们全体的职员，一共 8 个人，只做了一种工作，就是替军队向老百姓去征马料、征柴草。乡镇公所的干事代表"管"，马料与柴草代表"卫"，管与卫的合作，老百姓只有头痛。

管卫风行、教养消沉的现象，在中国的今日，与我数年前在广东谈话时一样，是很普遍的。我手边有江苏沿运河线某一县的预算，其中行政支出占整个支出 13.4%，生活津贴支出占 44%，保安支出占 3.1%。这三项支出，是代表管与卫的，共占整个支出 60.5%。另一方面，教育文化支出占 2.8%，经济及建设支出占 3.0%，卫生支出占 0.2%，社会及救济支出占 0.8%。这四项支出，是代表教与养的，共占整个支出 6.8%。管与卫在一方面，教与养在另一方面，在县政府的支出中所占的百分数，就有这样显著的不同。这个预算，是富有代表性的，不止一县如此，很多的县份，都是如此。这还是指正式的开支而言，如将非正式的摊派也算进去，管与卫的花费，其所占的百分数，一定还会更高。

我们的希望，我们的要求，我们的理想，就是上述的现象，有一天会倒过来。有一天，教养风行，而管与卫却消沉了，这是老百姓所需要的。地方政府如做到了，才算是真能满足老百姓的需要。

这种理想并非乌托邦，凡是上了轨道的现代政府，都是以我们的理想姿态出现的。

我手边有英国的克市 1938 年的预算。全年的支出是 44 万英镑，其中并无类似管的支出。保安支出，只有 2.4 万英镑，占总支出 5.5%。其余的支出，尽花在教育、救济、娱乐、公路、卫生、住宅等上面，也就是花在教与养的上面。

我手边又有美国 1942 年地方政府的经常预算。各级地方政府在那一年的支出共为 71 亿，其中管的支出为 7.2 亿，卫的支出占 7.5 亿，每项支出都在 10% 左右。但教育的支出占 22 亿，卫生的支出占 7.6 亿，社会福利的支出占 12 亿，公路的支出占 8 亿。以上四项支出，是属于教与养两方面的，每项的支出，都比管或卫的支出为多。

在 1937 年至 1938 年之间，那时正是第二次欧洲大战的前夕，扩军已在开始，但英国的各级政府，在社会福利及社会劳务上所花的钱，占国民收入 13%，在普通行政及国防上所花的钱，只占国民收入 9%。在同时期内，美国各级政府，在社会福利及社会劳务上所花的钱，占国民收入 8%，在普通行政及国防上所花的钱，只占国民收入 5%。

把从人民那儿取来的钱，用一大部分在教养上面，乃是近代化的地方政府所做的事。这样的政府，才是为民众所欢迎、所拥护的。我们以后应当时刻地注意到各级地方政府的预算，看他们在教养两方面支出的百分数，以此项百分数的高低来判断这种政府应得人民的支持，抑或为人民所唾弃。

5 月 11 日于清华园

（载《世纪评论》第 1 卷第 22 期，1947 年）

（本文同名文章转载《书报精华》第 30 期，1947 年）

一个科学的文化理论（书评）

B. Malinowski，*A Scientific Theory of Culture and Other Essays*. The University of North Carolina Press，1944，228 pages.

　　这本书是集合英国已故的人类学大师马凌诺司基的三篇文章而成的。第一篇名为《一个科学的文化理论》，共分十三章，占了全书篇幅的三分之二。另外两篇，一篇名为《功能论》，等于第一篇的缩写，凡是没有工夫看第一篇文章的，看第二篇，也可得到作者的中心思想。第三篇是批评英国另外一位人类学大师——《金枝》的作者傅雷式①的文章。傅雷式死于 1941 年 5 月 7 号，马氏在批评他的文章中，对于他的重要著作，都有简单的介绍，是研究傅雷式的最好入门文章。马氏在写这篇文章之后还不到一年，在 1942 年的 5 月 16 号，也邃归道山。这两位人类学家先后逝世，不但是英国的重大损失，也是全世界的一个重大损失。

　　马氏的中心思想，认为文化是满足人类的基本需要而产生的。功能学派研究文化的方法，其第一步，便是要看文化如何满足人类的需要。换句话说，就是要看它有什么功用。人类的基本需要，可以分为两类。一类是生物的。这类需要，在人类的身体上，可以找到根据，如饥、渴、性欲之类。此种需要产生活动，活动的结果，需要便得到满足。这是最简单的一个程序。但在文明的社会中，需要与满足的中间，并没有这样的简单与直接。为满足生物方面的需要，人类产生了许多工具、方式、制度。这一切用以满足需要的手段，就是文化。文化的每一部分，如细加分析，都与满足某一

---

　　① 现一般译为"弗雷泽"。——编者注

项的需要有关。因为人类利用文化来满足需要，所以间接地产生对于文化的需要，我们可以称之为文化的需要，以别于生物的需要。譬如某一种部落中，利用弓箭来获得食物，弓箭是他们获得食物的传统方式，没有弓箭，他们的食物，就要发生问题。在这个部落中长成的人，对于食物，固然是需要的，这种需要，名为生物的需要；同时他们也需要弓箭，没有弓箭，他们就无以为生，这种需要，名为文化的需要。第二种需要，建筑在第一种需要之上。因为人类如根本没有饥饿的感觉，没有食物的要求，他也就无须弓箭了。关于第一类生物的需要，马氏举了十项，如饥、渴之类。关于第二类文化的需要，马氏举了四项，即经济、政治、社会控制及教育等制度。

马氏在第一篇文章的最后一页，提出了一个很重要的思想，可惜他在本书中并没有发挥。他说文化的发展，是要使人类在某一环境中，于逐渐提高的生活程度之下，满足其基本需要。他在讨论文化时，提出生活程度这个观念，我们认为最有实际的用处。没有这个生活程度的观念，我们在比较文化，决定取舍时，就失去了一个最稳固、最可靠的根据。譬如中国人为满足饥渴的需要，有一套农业的文化，美国人为满足同样的需要，有另外一套农业的文化。中国农业的特质，是小农场，是以人力与兽力来耕种，是注重于谷类的培植。美国农业的特质，是大农场，是以机械来耕种，是畜牧与农作物并重。这两种文化，到底应当采取哪一种呢？只要比较两种文化所产生的生活程度，有高低之不同，我们自然知所取舍了。又如英美的经济制度，与苏联的经济制度，其优劣之争，不但在中国的论坛上听得到，在国外也常听到。解决这个问题的一个最好办法，就是请一批学者，把这两种制度下劳工的生活程度比较一下，看看到底哪一国的生活程度高一点。

马氏的别种著作，多属于实地调查一类，南洋群岛、墨西哥、东非洲，都曾有他的足迹，足迹所到之地，也必有他的趣味浓厚的报告写出来。但这一本书，则完全是说理之作。读过马氏实地调查报告的人，无妨读读这本书，以换一下胃口。

（载《世纪评论》第 1 卷第 22 期，1947 年）

英美的经济制度有何贡献

我们批评一个经济制度，最好的方法，是看它对于这个制度下的人民有何贡献。

研究英美经济制度的人，都知道这个制度，曾把一般民众的生活程度提高，而且提高的可能性，似还没有达到止境。表示生活程度已经提高的最好方法，是选择前后两期，把每一期内人民所享受的物品及劳务列举出来，加以比较。这种生活程度的调查，在近来虽很普遍，但在 100 年前或数十年前，则只有零碎的叙述，而无系统的记载。我们可以知道，现在的美国家庭或英国家庭，每百家有几辆汽车、几个电话，或每千人中，有多少医生、多少病床。但在 19 世纪，这类可资比较的材料，可惜并不太多。

除了生活程度的直接资料之外，我们幸而还有许多间接的材料，可以帮助我们推论生活程度升降的情形。

第一种的资料，是实际工资的趋势。实际工资与货币工资是有别的。货币工资的增加，并不能代表生活程度的提高，因为可能在货币工资增加的时候，物价也增加了。假如物价增加的速率，较货币工资的增加还快，那么即使货币工资增加了，生活程度也会降低。这点道理，现代的中国人是最易懂得的，因为我们的薪资收入，虽然比战前加了数千倍，但是生活程度反而降低了。理由是物价涨得更快，它加了不止几千倍，而是几万倍。实际工资，是把货币的因素剔开以后计算的，所以实际工资的增加，表示生活程度的提高。英国在 1800 年时，国民收入为 2.3 亿英镑，在 1913 年，国民收入为 23 亿英镑。在此期内，国民收入加了 10 倍，但是人口只加了 5 倍。* 从物价的指

---

* 原文如此。实际此处的增加了若干倍，是指增加到原来的若干倍。——编者注

数看去，1801 年的物价，平均比 1913 年高一倍。在此期间，货币的购买力，等于加了一倍。因此英国的人民，在 1913 年，其生活上的享受，平均可以比 1801 年的英国人要高 4 倍。美国工矿及交通业中的工人实际工资，如以 1923 年至 1925 年为基期，其指数等于 100，则 1909 年的指数为 82.9，1940 年的指数为 127.7，趋势是向上涨的。

第二种资料，表示生活程度提高的，便是工作钟点的减少。在 1840 年左右，工人所要求的，为每日工作 10 小时；在第一次大战的时候，10 小时的要求，已成过去，工人的要求，为每日工作 8 小时；在 1930 年左右，8 小时的目标，早已达到了，工人的要求，改为每星期做工 40 小时。在 1909 年，美国工矿业及交通业的工人，平均每星期工作 51 小时；1919 年，工作只有 46 小时；1940 年，降至每星期只工作 38 小时。工作时间的减少与实际工资的增加同时出现，表示这种国家里面，生产力突飞猛进，每一个人，虽然工作的时间减少，而其所享受的物品与劳务，不但不会减少，反而大有增加。

第三种资料，表示生活程度提高的，乃是穷人数目的减少。这类资料，在英国最多，我们可以举几个有名的来说。蒲司于 1890 年左右，曾研究伦敦的贫穷问题，发现贫穷的家庭，即每星期收入在 21 先令以下的，约占工人家庭的 38%。40 年以后，即在 1930 年左右，伦敦大学对于此点曾做同样的调查。因为物价的变动，当时收入在 40 先令的家庭，等于蒲司时代的 21 先令。可是蒲司调查的时候，贫穷的家庭有 38%；而伦敦大学调查的时候，贫穷的家庭只有 13%。约克市的贫穷问题，曾由一位先生在两个时期研究过。他第一次研究的时候是 1899 年，第二次研究在 1936 年。因为是同一个人调查的，所以他用的标准前后相同。结果是，在 1899 年，约克市有 15.4% 的工人家庭在贫穷线以下过日子，而在 1936 年，只有 6.8% 的工人家庭还过着贫穷的生活。波勒教授在第一次欧战的前一年曾调查英国的五个都市内的贫穷情形，发现一共有 11% 的家庭生活在最低水准之下。1924 年，他在这些都市内，又重行调查一次，发现只有 3.6% 的家庭在最低水准之下过日子了。

第四种资料，表示生活程度提高的，是平均年龄的加高。以美国而论，在 1929 年至 1931 年，男子的平均年龄为 59.1 岁，女子为 62.6 岁；1942 年，男子的平均年龄为 63.6 岁，女子为 68.6 岁。英国在 1910 年至 1912 年，男子的平均年龄为 51.5 岁，女子为 55.3 岁；1937 年，男子的平均年龄为 60.1 岁，女子为 64.4 岁。这种高寿的希望，是工业化的国家如英美等的特殊现象。在农业的国家中，如印度，因为婴儿死亡率太高，所以在 1931 年，男子的平均年龄为 26.9 岁，女子的平均年龄为 26.5 岁。平均年龄的提高，表示国内卫生及医药事业的发达。

　　这四种资料以及其他类似的资料，使我们对于英美的经济制度不敢任意菲薄。它们的制度，当然有许多缺点，我们愿意以后一一地提出讨论，但在注视这些缺点之先，我们不可忘记它们的优点。

6月1日于清华园

（载《世纪评论》第2卷第1期，1947年）

缩短贫富的距离

在英美的经济制度之下，人民收入的不平等，是一个很显著的特质，也是受人批评最厉害的一点。

在美国，根据 1935 年的统计，最富的十分之一的家庭，其收入的总额，等于全国人民收入的 37％；最穷的三分之一的家庭，其收入的总额，只等于全国人民收入的 10％。

在英国，一位统计学者根据 1910 年的资料说，1％的人拿了 30％的全国收入，5.5％的人拿了 44％的全国收入。从另一端看去，99％的人只分到全国收入的 70％，94.5％的人只分到全国收入的 56％。

这点统计，充分表示贫富间的距离。如何缩短这个距离，乃是英美等国家里面的社会改良者所常思虑的一个问题。他们所思虑的结果，已有一部分见诸实行。我们现在愿意把他们实行的成绩，提出几点来一谈。

缩短贫富距离，可以致力的一点，就是提高贫穷者的收入。在 19 世纪的末年，研究英国贫穷问题的人，有一个共同的结论，就是穷人之所以穷，最主要的原因，乃是工资太低。这些工人，就是在就业的情形之下，其劳力的所得，也无法维持其家属的生活于贫穷线之上。这种结论，直接地影响到英国的劳工立法。自 1896 年以后，国会中就有人主张制定最低工资律，不准工资跌到某种水准以下。无论何种工业，如付给工人的工资在某种水准以下的，应提高到水准以上。经过多年的提倡，最低工资律终于 1909 年在国会中通过。起初这种法律只限于裁缝、花边等 4 种工业，其后推广到 47 种工业。在这些工业之中，最低工资是由一个委员会决定的。委员会中，有劳资双方的代表，也有政府的代表。委员会决定最低工资的水准之后，这个工业中的雇主，付给工人的工资，就不得低于这个水准。英国的工人，因为有这个法律的保护而得到实惠的，在 100 万人以上。

美国的最低工资律，起初由各州自己通过，但在 1938 年，联邦政府也通过最低工资法。这个法律对于最低工资做了一个富于弹性的规定。在 1938 年 10 月，最低工资每小时不得少于 2 角 5 分。到了 1939 年 10 月，最低工资便不能少于每小时 3 角。自 1939 年之后，到 1945 年以前，最低工资可以由主管的委员会加到 3 角以上，但不得超过 4 角。纺织工人的最低工资自 1938 年以后，就规定过两次。第一次在 1939 年 10 月，最低工资规定不得少于每小时 3 角 2 分 5 厘，因此而得到加薪的有 17.5 万人。1941 年 9 月，最低工资在纺织业中又改为 3 角 7 分 5 厘，因此而得到加薪的，凡 30 万人。

这种最低工资律，对于消灭贫穷所发生的影响，举一个实例，便可证明。在英国的约克市，有人曾于 1899 年及 1936 年做过两次的贫穷调查。在 1899 年，低薪是贫穷的最大原因，占各种原因的 51%。到了 1936 年，低薪已经不是贫穷的主要原因了，它的成分，由 51% 跌到 9%。研究伦敦市贫穷问题的人，也有同样的结论。

现在研究英美工人的生活程度，如只从工资方面着手，是不够的。假如工人的生活只受工资的决定，那么研究工资的升降来判断工人生活的优劣，是很适当的。可是他们的生活，特别在英国，颇受社会福利的各种设施的影响。社会福利的各种设施，从某一个角度看去，可以说是缩短贫富距离的一个办法。政府办社会福利的钱，是由国库拿出来的，而国库的收入，最主要的来源是所得税。所得税的担负者，大部分是富人，是收入较多的人。从富人那儿抽出来的钱，用以办社会福利的各种事业，受惠的大部分是穷人，是收入较少的人。假如政府不办这些社会事业，那么收入较少的人，还得在他那有限的收入中，提出一部分来满足教育、医药、保险等之需要。这笔费用的支出，可以影响到他在别的方面的享受。他可能得在衣食住行等方面减少支出，因而降低了他的生活程度。现在政府挺身而出，替他负担了教育、医药等方面的开支，因而工人在自己的进款中，便不必顾虑到这些开支，便可在别的方面多花点钱，多得点享受。所以现在英美的工人，其收入实有两方面，一为个人的收入，一为社会的收入，这两种收入之和，演化成为现在他们所享受的生活程度。

社会福利的各种事业中，如教育、公共医药、社会保险、社会救济，比较地为大众所熟悉，因为它们的历史比较长久。另外有一种社会福利工作，我们可以称之为消费的津贴，乃是最近的一种发展。消费津贴的目的，乃是想以政府的力量，来提高国民住宅及营养两方面的水准。提高住宅标准的办法，普通有两种。一是私人建筑房屋，由公家低利贷款，此种房屋，在出租时，其租金便受政府的限制，不得超过某种限度。另外一个办法，便是由政府直接担任建筑房屋的工作，这种房屋，在出租时，租金每较流行的租金为廉。

提高营养标准的方法，英美两国的措施略有不同。英国的注意力，集中在入学年龄的儿童。这些儿童，在校中可以半价或免费得到一顿午餐，又可以半价或免费喝到一杯牛奶。在 1938 年，有 300 多万儿童喝到这种便宜的牛奶。美国的注意力集中在贫穷的家庭。自 1939 年起，美国推行一种购买食物证制度。负责办理这种工作的机构，乃是各城市的慈善机关。一个贫穷的家庭可以到慈善机关中请购这种食物证。食物证分为两种：一种是橘色的，持此可以在店铺中购买任何食物。在买一块钱橘色食物证的时候，政府委托慈善机关，另外送给这个贫苦家庭五角钱之蓝色食物证，持此可以购买政府指定的食品。所以实际穷人花了一块钱，便能获得一块五角钱的食物。自 1940 年 7 月 1 号起，至 1941 年 5 月 1 号止，联邦政府在这个计划上花了 6 200 万美元。

最低工资律及社会福利事业，是英美等国家消灭贫穷的主要方法，也可以说是他们缩短贫富距离的一种方法。本来缩短贫富间的距离，可以从两端努力。从贫的一端着手，一切办法，凡是可以使贫民往上升的，都有缩短贫富距离的功用；从富的一端着手，一切办法，凡是可以使富人往下降的，也都有缩短贫富距离的功用。我们上面已经提过从贫的一端着手的几项设施了，现在我们可以顺便地谈一下从富的一端着手的设施。

变大富为小富的方法，在英美等国家采用的，主要的还是所得税与遗产税。以英国来说，政府从遗产税所得的收入，在 1940 年，还只 8 500 万英镑，以后年有增加，1944 年，便达 11 300 万英镑。但是所得税对于均贫富所发生的功用尤为显著。以 1942 年来说，收入在 1 万英镑以上的，凡 8 000 家。他们收入的总数，为 17 000 万英镑。在交了所得税之后，这 17 000 万英镑，便减低至 3 500 万英镑。换句话说，这些富人的收入，交了所得税之后，只等于交所得税之前的 20.6%，将近 80% 的收入都给政府抽去了。低薪的人的收入，虽然也纳所得税，但税率低得多。英国在同年内，收入在 250 英镑以下的，交了所得税之后，还能保持原有收入的 97%；收入在 250 英镑至 500 英镑之间的，在交了所得税之后，也还能保持原有收入的 85.4%。

1942 年英国的所得税率，比 1938 年要高得多。在 1938 年，交了所得税之后，收入在 6 000 英镑以上的，还有 7 000 人。到了 1942 年，交了所得税之后，收入在 6 000 英镑以上的，只有 80 人了。假如英美等国家，在平时也能像战时一样，充分地利用所得税的工具来抑制富人，我们相信富人的数目会一天一天减少的。从富人身上抽出来的钱，用以推广社会福利的事业，那么穷人的生活，也可以一天一天提高的。

6 月 17 日于清华园

（载《世纪评论》第 2 卷第 3 期，1947 年）

中学生课外优良读物介绍

（一）《新世训》。冯友兰著。可作修身教科书读。适合高中。

（二）《胡适文存》。胡适著。读者可以学习写作清楚明白之中文。适合高中。

（三）《胡适文选》。胡适著。读者可以学习写作清楚明白之中文。适合初中。

（四）《新事论》。冯友兰著。可作公民教科书读。适合高中。

（五）《中国史纲》。张荫麟著。适合高二。

（六）《人类的故事》。沈性仁译。适合高一。

（载《重庆清华》第 8 期，1947 年）

提高农业的效率

　　人类为满足生活的各种需要，是有先后缓急之分的，在各种需要之中最急需满足的，莫过于衣食。文明的社会中，衣食的来源是农业。假如农业的效率是很高的，那么这个国家的人民，只需少数人从事于农业，便可满足衣食的需要。余下来的人，可以从事于别种物品的生产或其他劳务的供给。假如农业的效率不高，那么这个国家里面的人民，大多数需从事于种植及畜牧，才能解决生活上最基本的问题。在这种情形之下，能够在别的方面活动的人就少了，在衣食以外所能供给的物品及劳务，也就有限了。所以农业的效率与人民的生活程度有密切的关系。生活的程度的高低，视人民所享受的物品及劳务的多寡而定。农业的效率如不提高，人民能够享受的物品及劳务，是无法增加的。

　　《汉书·食货志》描写古代农业的效率，以为三年耕，必有一年之蓄。在那种生产效率之下，一个国内的人民，只要有三分之二的人民从事于农业，便可解决整个社会的衣食问题。这种农业效率，我们很难相信在汉以前便已达到。就是现在，我们不是常说中国有四分之三的人民是从事于农业的么？假如《汉书》上所说古代的情形是可靠的，那么近代的农业已经退化了，这大约是不会的。

　　假如中国的农业效率改观，只要四分之一的人从事于农业，便可解决全国人民的衣食问题，那么全国人民的生活程度，一定有很显著的提高。有比现在更多的人可以从事于建筑校舍、当教员，全国的文盲可以低至 10% 以下。又有比现在更多的人从事于医药卫生的事业，全国的死亡率可以降至 15‰ 以下。从事于艺术的人必然会增加的，所以大众在娱乐方面的享受比现在要丰富得多，专心于研究科学的人会大量地增加，因而发明的增加，知识的猛进，都不是现在的人所能想象的。还有很重要的一点，就是大多数的人民，既然衣食无忧，所以他们的要求自然会转到住行上面，那时全国人民的住宅，都是由农业解放出来的人所新造的。每一家庭，至少有五间房子，包括客厅、卧室、饭厅及洗澡间。行的方面，不完全靠两条腿了，因为从农业解放出来的人口，有一部分从事于交通工具的制造，因而每一个家庭，都可能分得到一部汽车。

这在今日的中国，似乎是一种梦想，但在英美等国，因为农业效率增加的缘故，凡我在上面所说的，皆已经成为事实。英国在农业中谋生的人，不到10%。这少数农民的生产，供给英国人民在食物上的需要，约45%，其余的需要，乃是以国内生产的别种物资及国外投资所得的盈利，向别个国家换来的。英国因为土地的面积有限、人口众多，所以无法靠国内农业解决国内的衣食问题，但是英国人民的农业效率很高，小麦与大麦平均每亩的生产量，都比中国高一倍。假如英国的土地可以比现在大三倍，那么英国只需以20%的就业人口从事于农业，便可以国内的生产解决国内人民的衣食问题；还有80%的就业人口，可以从事于别种职业，来增加人民物品及劳务的享受。

美国因为地大物博，所以衣食方面的需要，多靠国内供给，除少数物品如咖啡、茶叶外，都可不必求助于人，而咖啡、茶叶等少数物资，美国可以拿别的剩余农产，如小麦、棉花等去交换。可是美国的就业人口只有17.2%从事于农业。简单地说，10个可以工作的人，只要派出两个人来从事于农业的生产，便可解决衣食的问题。其余的8个人，便可从事于别种物品的生产或其他劳务的供给。他们生活的享受，自然不是我们这种集中多数生产者于农业的国家所可比拟的。

芝加哥大学的乌格朋教授曾发表过一些统计，表示美国一个5万人口的都市中，供给各种劳务的人有多少。举几个例子来说，在这样大的都市中，有524个教员，110个音乐家，88个医生，44个牙医，92个律师，68个牧师。中国现在可惜还没有类似的职业统计可资比较。但即以医生与牙医两项而论，假如一个5万人的都市，有132个医生及牙医，则像北平这样167万人的都市，应当有4 400多个医生及牙医，可是照卫生署的报告，全国的合格西医，截至民国三十五年底，不过13 447人。举此一例，可见劳务的供给，在中国是非常贫乏的。

我们如想提高中国人民的生活程度，则增加农业的效率，以使少数农民生产的结果便可解决全国民众的衣食问题，并使从农业中解放出来的人口，从事于别种物品及劳务的供给，实为当务之急。

（载《农村周刊》第6期，1947年）

储蓄、消费与全民就业

    在英美等社会中，失业是一个严重的社会问题。失业的原因虽然很多，但因商业循环而引起的失业，因为影响的人数太多，所以最能引起社会的注意。商业循环，似乎是工业化的国家所必有的现象。美国自 1795 年起，至 1937 年止，商业循环一共有 17 次，平均每次的时间是 8 年以上。英国自 1792 年至 1913 年的统计，表示商业循环的时间自 5 年至 11 年不等，平均也是 8 年。商业循环所引起的大规模失业，以第二次大战前所发生的一次为最甚。在英美两国，失业的人数在最严重的两年，都在 20％以上。英国最严重的两年，是 1931 年与 1932 年。美国最严重的两年，是 1932 年与 1933 年。

    最近一次的商业循环，情势极端严重，因而引起经济学者对于这个问题的研究兴趣，也非以前任何时期所能比拟。现在英美的学者，对于商业循环发生的原因，以及如何应付的方法，似乎已有一致的结论。简单地说，他们认为商业循环之所以发生，乃是由于社会的消费与投资不足以吸收社会的总生产。预防的方法，应由政府计划，先看社会中的人力，如欲达到全民就业的地步，社会必需要有多少消费与投资。然后政府根据搜集到手的一切统计，预测来年公家与私人可能的消费与投资总数。假如这个总数可以维持全民就业，那是最好不过。假如这个总数不能维持全民就业，那么政府便应设法，从增加消费与投资两方面着手，以达到全民就业的地步。我们都知道，在商业循环的不景气阶段，生产者有货销不出去，所以厂主要将一部分工人解雇，这些解雇的工人，不但自己失业，且因失业之后消费减少的缘故，连累别人也要失业。在这种危急的时候，假如政府挺身而出，把销不出去的货物都买下来，那么生产的工人，自然不会受到解雇的待遇，失业的恶氛，从此便可云消雾散。所以政府如能以全民就业为其施政的一个主要工作，商业循环的不景气阶段，应当是可以免去的。

我们上面所说的达到全民就业的方法，是比较简单的方法，随时都可以应用的。另外还有一种办法，便是从影响国民收入中消费与储蓄的比例下手，比较所花的时间多些，但似乎是一个更基本的办法。

近来研究商业循环的人，发现不景气的现象常由生产品工业起始。所谓生产品工业，就是制造生产工具（如机器）以及生产工具的基础（如钢铁）等工业。建筑业也是生产品工业的重要部分。美国在上一次不景气发生的时候，生产品工业的出路大为减少。在 1929 年以前，美国的净投资，也就是用于购买生产品工业出品的花费，常在 250 亿美元左右。但在 1932 年，竟降至 12 亿，1933 年，也只有 66 亿。这两年净投资的减少，与失业人数在 20％ 以上是有密切关系的。这儿便有问题出来了：为什么投资会减少呢？1929 年以后，投资的数量为什么不能保持以前的水准呢？

也许有人以为美国自 1929 年起，存款减少了，想发展事业的人，没有资本可以利用。这是错误的。事实证明，在投资减少的时候，社会上可以利用的资本还很多。

真正的解释是，投资的减少，是因为投资者瞻望前途，觉得获利并无把握。投资者所以花钱去建厂屋、买机器，并非因为社会上有现存的资本可以利用，而是因为他觉得现在花钱，将来可以获利。假如他觉得现在投资，将来无利可图，那么社会上即使有人肯不取息借钱给他去投资，他也不愿接受。

我们可以再问一句：为什么新的投资增加到一个程度，便没有获利的机会呢？答案是：一切新的投资，最后的目的，是在增加消费品的供给。譬如投资于一新面包房，最后的目的，乃在增加面包的生产。假如面包的消费是与日俱增的，那么投资于新面包房，便有利可图。万一面包的消费，其增加不能与新投资的增加成正比例，那么新面包房即使增设，新制出来的面包总有消不完的一天。到那时，再也没有人肯投资于新面包房了。举此一例，可以解释为什么在英美等国的经济制度之下，新投资不能做直线的上升，而是有涨落、有升降。

要打破这种矛盾，冲破这个难关，应当设法改善国民收入的分配，缩短贫富的距离。换句话说，应当减少富人及穷人的数目，增加中间阶级的百分数。这种分配状况，可以增加消费，减少储蓄，使全民就业的目的易于实现。

关于这个提议，我们得举一些统计来说明。在英美等国家中，因为分配不公平，所以少数人可以分得大量的收入。以 1945 年的收入来说，收入最多的 10％ 的人，分到国民收入的 29％；收入最少的 50％ 的人，只分到国民收入的 22％。这是分配集中的情形，可是储蓄集中的情形，尤为显著。最富的 10％ 的人，其储蓄占全部的 53％；

收入最少的 50% 的人，其储蓄只占全部的 3%。换一个观点去看，大部分的储蓄，都是收入在 5 000 美元以上的人所供给的；收入在 1 000 美元以下的人，不但没有储蓄，还要借债过日。

在这种情形之下，有很多人的需要并没有满足，而且因为他们缺少购买力，也无法满足。消费是可以增加的，而且从人民福利的观点看去，是应当增加的，但因分配不公平，大多数人缺少购买力，消费无法增加。另一方面，有许多人收入太多了，用都用不完，于是便把一部分储蓄起来。储蓄起来的收入，有时超过了投资的需要。这一部分的钱，既不用于消费，又不用于投资，结果只是造成失业，促使不景气降临。分配不均与失业问题的关系，由此可以看出是很密切的。

我们可以把国民收入看作一湖春水，其向外流出的途径共有两条：一是消费，二是投资。现在英美等国家中的问题，是要加宽消费的河道，使较大量的国民收入可以从这条河道流出。在高度的工业化国家中，投资的河道可以缩小一点，因为在这种国家中，特别是美国，新投资的需要已没有 50 年前或 100 年前那样迫切。如达到了这个目标，政府应当利用各种方法，如社会保险之类，从富人的口袋中，拿出一部分钱来。富人的钱少了，自然能够储蓄的数目也少了。储蓄的数目减少之后，社会也不必在资本无出路上着急。从富人那儿拿出来的钱，如转移到贫苦的人民手中，社会上的消费数量，自然会有显著的增加，因为穷人之不大量消费，并非因为他们无此需要，而是因为他们没有购买力。

这种分配的改革，连带地要产生工业组织的改革。这种改革，其目的在改变目前生产品工业与消费品工业的比例。在英美等国家中，生产品工业的比重应当降低，消费品工业的比重应当提高。消费品工业的生产，自然是为满足人民的需要而进行的。生产品工业的生产，只要能维持一切生产事业的效率，使其不要降低，就算满意了。这个目标，是可以较少于今日的储蓄量去达到的。超乎这个数目的储蓄，便失去其功能，不但无益，反而有害。所以分配的改革，可以使英美的社会更为公平，更能提高大众的生活程度，更易达到全民就业。

7 月 5 日于清华园

（载《世纪评论》第 2 卷第 6 期，1947 年）

中国手工业的前途

最近读到一本时代评论小册，题为《人性和机器》，是讨论中国手工业的前途的。著者一共四人，费孝通、张荦群、袁方三位先生都是我现在清华的同事，另外还有一位张子毅先生，是云南大学的社会学教授。

他们对于中国的经济建设，有一个基本的主张，就是在发展机器工业的过程中，不可放弃手工业。他们说：

> 建设中国的新经济本是一件复杂的工作，单靠大工厂的树立不够，单靠农村工业的复兴也不会够，可是因为现在一般舆论太忽略农村手工业，所以我们愿意提出这个意见。我们深切希望大家不要一口咬定说手工业是绝对没有出路，随之而兴的当然是都市的大工业。也许最切实同时最合宜的出路，却是一个调和的方式，维持多数小工业在农村里，只在农村里容不下的工业，才在都市中发展出来。

在这一段文章里，费先生等显然地把两个概念混为一谈。他们提到"农村工业""农村里容不下的工业"，又提到"农村手工业"，到底农村工业与农村手工业是一物二名呢，还是根本上不相同的东西呢？

一、农村工业与农村手工业

我们以为，这两个概念，应该代表两种不同的东西。农村工业与都市工业是相对的。这个概念，表示工业所设立的地点，凡是设立在农村中的工业，就名为农村工业，设立在都市中的，就名为都市工业。农村手工业，是与机器工业相对立的。这个概念，表示工业所用动力的来源，如用的是"有生能力"，就是手工业，如用的是"无生能力"，就是机器工业。农村的工业，可以是手工业，也可以是机器工业。

费先生等的意思，是愿意保持农村中的手工业呢，还是想把机器工业设立在农村中呢？这两个意见是不相同的，在两者之中，费先生等应有所选择。可是我们综观全文，觉得他们有点徘徊，不能当机立断。在有些地方，他们似乎反对保持农村中的手工业，因为他们反对甘地的主张，他们说：

> 在这里似乎有两条路可走。一条是甘地要印度人走的，若是大家不穿洋布，土布不还是可以维持，农村手工业也就不致崩溃？甘地是从人性出发，来解答东方的共同问题。我们自然同意这是可能的，但是用道德力来控制个人欲望，因而控制经济，至少需要有修养的人才能做得到。从一般人民说，似乎是要求过甚。

可是在另一个地方，他们又说：

> 我们要安定民生，绝不能抹杀手工业的存在，同时也不能让手工业自生自灭。它甚至将要成为经济计划中一个很缺乏弹性的项目，其他的项目应当和它取得调适。

一方面他们觉得甘地在印度所提倡的办法行不通，另一方面他们却又主张，在中国的经济计划中，手工业是一个很缺乏弹性的项目，别的计划都得来迁就它。到底他们要不要手工业呢？从上面这一段文字看去，他们似乎很爱惜手工业，要努力去保存它，但继着他们又说：

> 我们主张把机器逐渐吸收到传统工业的社会机构中去，一方面使农村经济得到新的活力，另一方面使农村工业因机器及动力的应用而逐渐变质。

既然要把机器吸收到传统工业中去，使手工业因机器及动力的应用而逐渐变质，那就是等于说，我们得步先进国的后尘，用机器的生产来代替人力的生产。等到农村工业已经逐渐地用了机器，已经由用机器而变了质，那时手工业便已被扬弃、被代替了。由这个理论推下去，似乎费先生等的观念，与我们的并无差异。归根到底，手工业在中国是没有前途的，因为它代表着落伍的生产方法，无法与现代化的机械生产方法相竞争。

二、农村的机器工业

工业机械化之后，也就是手工业变了质之后，应当设立在什么地方，是一个很可以研究的问题。假如我们让工业去自然发展，有许多工业会给都市吸去的，因为都市中，特别是交通方便的大都市，确有适于工业生存的优越条件。但是如果我们能将工业的位置，做一有计划的分配，则在原子时代，设立工业于乡村，是有国防上的理由的。原子弹的威力，我们从广岛、长崎，已经可以窥见一斑。这两个原子弹对于都市破坏之大，使我们深切地认识到，把工业集中于少数都市，从国防的观点看去，实在是很不安全的。现在我们谈分区建设工业，已经是主张工业的分散，而不是主张工业的集中了。

另外我们还有一个理由，就是机器工业到了农村之后，可以使农村变质，使农村成为一个更适宜于人类居住的社区。关于这点，英国牛津大学农业经济研究院院长奥尔文先生说得最透彻。他以为英国乡村，人口只有数百人，难望得到文明社会中人类应有的享受。这种乡村，维持不了一个好医生，也无法成立一个完全的小学。教堂中请不到一个循循善诱的牧师，也无法组织一个歌咏队。戏院当然是无法成立的，图书馆也不能开张。他以为这种缺点，如政府能有计划地将若干种工业分散到乡村中去，便可补救。工业到了农村之后，可以发生两种好的影响。第一，谋生的机会加多了，有志的青年，不一定要向都市跑，在乡村中，也可找到他愿意献身的职业。第二，村庄的人口可以增加，现在的小村庄，都可以转变而为一种工农混合的新社区。在这种新社区内，人口绝不止数百，可能加到数千或数万。在这种社区中，可以产生新的文化、卫生、娱乐、商业等组织，来满足人类的需要。以前乡村中那种单调的、寂寞的、寡趣的生活，现在可以改变了。

都市产生了近代机器工业，同时也产生了近代文明，以及这种文明赐给人类的各种享受。我们希望机器工业下乡之后，近代文明也连带地下乡，也带给住在乡村中的人民一种更有趣的生活，更丰富的享受。但是这个观点，似乎是费先生等所不能接受的。他们对于都市的生活，似乎都有点厌弃，似乎都想逃避。他们说：

> 人不能单独生活的，在单独生活中，会失去生活的意义。人之所以生活是为了别人，没有了对别人的责任，自己的生活意义跟着就会消失。这就是说，个人人格的完整，需要靠一个自己可以扩大所及的社区做支持。自从机器把人口反复筛动之后，它集合了许多痛痒不相关的人在一起工作，在他们之间，只有工作活动上的联系，而没有道义上的关切。现代都市中住着的，是一个个生无人疼、死无人哭的孤魂，在形式上尽管热闹，可是在每一个人的心头，有的是寂寞。

我们以为这段文章虽然写得很美丽，但是不正确的。农村固然是个社区，都市也是一个社区，所不同的是前者单纯而后者复杂，前者单调而后者丰富，前者受固有环境的支配，后者多自由活动的余地。一个生长在乡村中的人，他的邻居是祖先早已选好的，他很难搬家，所以不容易选择新的邻居。他的朋友，他的敌人，都是前定的。假如甲村与乙村数百年来是常常械斗的，他如生在甲村，只能把乙村看作敌人。他的职业，甚至于与他最亲密的妻子，都是别人替他安排的。在这种情形之下，似乎命运决定了一切，个人的意志很少活动的余地。可是他如搬到都市中去住，生活的许多束缚，便都得到解脱。欧洲中世纪时，一个农奴，如逃往都市中去住一年，便成为一个自由人。自由是都市中的特色。你可以在都市中选择自己的职业，选择自己的妻子，选择自己的邻居，选择自己的朋友。你可以对于自己的生活，照着自己的爱好去安排，而不受固有的物质环境及风俗传统束缚。所以我们常有一种感觉，就是在乡村中，你是住在一个别人安排如是的环境内，不一定称心顺意。在都市中，选择的范围较广，取舍的机会较多，所以在都市中住惯的人，都不愿再回到乡村中去，连费先生等都包括在内。

都市所以有这种诱人的魔力，除了我上面所说的自由外，还有都市中的文化，较乡村中尤能满足人类的需要。假如生病，在都市中可以得到好医生、好看护；你如喜欢研究，在都市中可以得到图书馆、试验室；你如爱好艺术，在都市中可以得到同志，彼此观摩；你如喜欢音乐，在都市中可以有各种戏剧，各色娱乐，来投你的所好。都市中对于满足人类欲望的货物与劳务的供给，是乡村所难望其项背的。

我们同意费先生等的说法，个人人格的发展，需要一个社区来支持。但乡村中活动是那么狭，见闻是那么陋，交游是那么寡，如何能够得到人格上各方面的发展？在都市中，一个人的兴趣可以充分地发挥。他可以对于全国，对于全世界发生接触。所以一个人的人格，只有在都市的环境中，方能得到充量尽致发展的机会。

我们希望机器工业下乡之后，能改变乡村的环境，使其较近于都市。我们可以肯定地说，机器工业如与农村发生关系，农村是不免要都市化的。这种都市化的结果，假如我上面的分析是不错的，那么对于原来住在乡下的人，是一种贡献，而不是一种损失。

三、机器工业与失业

费先生等对于手工业的留恋，以及对于机器工业的厌恶，多少与他们对于失业问题的看法有关。他们说：

> 新工业的建设和手工业应该发生什么关系？是否会像以往一般促进手工业的加速崩溃？手工业崩溃不要紧，我们并没有理由去姑息它。可是新工业兴起，是否能解决因手工业崩溃而引起的大量人民的失业和贫困的现象？这是攸关民生的大问题，假若不详细探讨，大量失业的发生，会使任何建设计划在没有完成之前中断的。

照他们的看法，机器工业的兴起，会引起手工业的崩溃，会招致大规模的失业。为避免这种不幸起见，他们提议说：

> 我们愿意为中国经济建设思考的朋友们，能转过来看看中国经济的传统形态，而发现，分散工业在广大农村中，使我们一大部分可以分散的工业和农村配合，来维持大多数人民的生活，是一条比较最切实的出路。

这儿我们要问：我们愿意分散在农村中的工业，是传统的手工业呢，还是新式的机器工业？根据我在上面的讨论，似乎他们很愿意把机器吸收到传统的手工业中去，而使它逐渐变质的，那么他们愿意分散在农村中的工业，乃是新式的机器工业，而不是传统的手工业了。假如机器工业真能造成大规模的失业，那么无论把它设立在什么地方，失业是终不可免的。难道机器工业设立在都市中则引起失业，设立在农村中就可维持大多数人民的生活，而不会引起失业问题吗？

根本上，我们是不同意机器工业招致大规模失业那种说法的。在讨论这个问题之先，我们得认识失业与转业之别。譬如某人从甲业中被遣散出来，好几个月找不到别的事业，这是失业。假如某人从甲业中出来之后，不久就在乙业中找到工作了，这是转业，而不是失业。我们承认机器工业的发展，有时会造成转业的问题，但不致造成大规模失业的现象。

我们可以先从事实方面考察一下，不要把主观的成见，看作客观的真理。我们愿意发出一个问题，就是在欧美等国家，在工业化的过程中，也就是在以机械的生产代替人力的生产那一过程中，曾产生大规模的失业现象没有。欧美的社会中，诚然有失业问题，诚然时时有人失业，特别是在商业不景气的阶段，但此与机器的发明和利用无关。假如失业问题是机器造成的，那么欧美各国，在工业化之前，其就业的人数，应当多于工业化之后。然而事实并非如此。英国在机器未发明之前，人口不到 1 000 万人，就业的人数不过 500 万人。假如机器可以造成大规模的失业，那么现在就业的人数，应当不到 500 万人。可是英国自从工业化之后，人口加到 4 600 万人，就业人数加到 2 400 万人。美国在南北战事之后，才大规模地工业化。在 1870 年，人口只有 3 800 万人，就业人数只有 1 200 万人。1940 年，美国人口有 1.3 亿，就业人数有 4 500 万。事实证明了在工业发达的国家中，新的职业是逐渐增加的。机器工业并没有减少就业的人数，反而增加了就业的机会。

我们再从理论上来说明机器工业何以不会招致大规模的失业。试以织布业为例。今假定在手工业时代，某社区中，每年织布 100 匹，共用工人 100 人，每匹售价洋 100 元。机器代替手工生产，假定效率增加一倍，100 匹布只要 50 个人便织成了。在这种情形之下，是否有 50 人便要失业？如要回答这个问题，我们得假定织布的效率增加之后，可能发生的各种结果。

第一种结果，假定织布效率增加一倍，布价也可便宜一倍，因而市面上对于布的需求，也增加了一倍。以前每人织布一匹，布价 100 元的时候，市面上可销 100 匹布。现在每人织布 2 匹，布价 50 元的时候，市面上可销 200 匹布。在每人织布 2 匹的效率下，织布工人还需要 100 人，并不发生失业的问题。

第二种结果，假定在同样的效率及价格之下，市场上的需要增加了 2 倍。以前只销 100 匹布，现在因布价便宜，销到 300 匹了。假如每人织布的效率还是 2 匹，那么 300 匹布的生产，便需要 150 人。在这种情形之下，织布工人不但不会失业，织布业中，因利用机器的结果，还得添新工人。

第三种结果，假定在同样的效率及价格之下，市场上的需要虽有增加，但只加了 50%。以前销了 100 匹，在新的状态之下，却销了 150 匹。假如每人织布的效率还是 2 匹，那么 150 匹，只需要 75 个工人，似乎有 25 个工人要失业了。但是我们如细加思索，就可知道这 25 个人，也许要转业，可是不会失业。因为照上面的假定，在手工业的生产效率之下，每匹布的价格是 100 元，100 匹布的总值是 10 000 元。在机器工业的生产效率之下，每匹布的价格是 50 元，150 匹布的总值是 7 500 元。以前社区中的购买力，有 10 000 元花在布匹上面，现在只有 7 500 元花在布匹上面了。余下来的 2 500 元购买力，非用于消费，即用于投资。这种新的消费与投资，都是可以创造新的职业的。这种新的职业，便可安置从织布业中遣散出来的 25 个工人。

上面这个分析，只有一个假定，就是生产效率增加的时候，生产出来的货品，其价格有下降的趋势。这个假定，有许多事实可以证明，在理论上也有其必然性。因为货品的成本，最主要的是工资，生产效率增加，每一件货品上所花的人力，必然减少，因而成本必能降低。成本降低之后，在竞争的经济社会中，价格也一定随之下降。事实方面，我们可以举一个很显著的例子。英国的纺纱业，是机械化最早的工业。在手工业时代，每纺一磅纱，要费 1 先令 2 便士，到了 1840 年，一磅纱的成本已跌到 1 便士了，而且机器纺出的纱较手工纺出的货色还要好些。这是物美价廉的一个好例子。

四、结论

总括我们上面的讨论，可以得到三点意见：

（一）机器生产是效率高的生产，手工生产无法与之竞争，因之在中国工业化的过程中，手工业一定是逐渐衰微，而终于消灭。

（二）机器工业可以设立于都市，也可以设立于农村。工业分散到农村之后，不但适合国防的要求，也可改进农村的生活，提高乡村人民的享受。

（三）机器工业的出现，并不会产生失业问题。从历史的材料看去，利用机器的国家，都能随机器的发展增加就业的机会。从理论方面看去，生产可以产生收入，收入非用于消费，即用于投资，两者都是可以产生职业的。机器工业既是生产的，所以它也是造业的，而不是消灭职业的。但机器工业的发展，有时造成转业的必要，则是无可讳言的。

（载《经济评论》第 1 卷第 20 期，1947 年）

美国的生产单位

美国的资源委员会曾于 1939 年发表了一种研究，是叙述美国的经济组织的。在这本书里，附有一张表，记载着美国各业中生产单位最大的 270 家。除了政府的 20 个单位以外，其余的单位，都是按照资本的大小排列的。企业 107 家（包括工业、矿业、商业及劳务供给），最大的资本是 18 亿美元，最小的也有 6 700 万美元。公用事业 54 家，最大的资本有 39 亿美元，最小的也有 6 700 万美元。铁路公司 39 家，最大的资本是 28 亿美元，最小的是 7 200 万美元。银行 30 家，最大的资本是 23 亿美元，最小的是 2.07 亿美元。其他金融事业，如保险公司业 20 家，最大的资本是 42 亿美元，最小的是 2.15 亿美元。以资本论，除政府外的 250 个单位，财产在 10 亿美元以上的，共 30 家，在 5 亿美元以上 10 亿美元以下的，共 42 家，其余的都在 6 000 万美元以上 5 亿美元以下。

这 270 个生产单位所用的人数，资料并不完备。根据已有的资料来说，用人最多的是联邦政府。在 1935 年，联邦政府所用的人，除开邮政局不算，还有 79 万人。邮政局所用的人数，占第三位，计 26 万人。用人之多，占第二位的，是美国电话与电报公司，共用 27 万人。此外用人在 20 万以上的，还有通用汽车公司；用人在 10 万以上的，有美国钢铁公司、本薛维尼亚铁路公司及纽约市政府。从用人的多寡方面看去，资本最雄厚的，并不是用人最多的。譬如都会人寿保险公司，是美国公司中资本最雄厚的一家，但用人不过 4.8 万人。用人在 1 万以上的生产单位，在美国有 246 家，其中有许多的资本并不大，没有列在上述的那张表内。

我们再从各种生产事业中，来看大公司的位置。在 1935 年，表中所列的 39 家铁路公司，其所管辖的铁路里程，占全国 90%。在公用事业中，表中的电力公司，其发电能力占总量 80%。表中的电话公司，做了全国 90% 的生意。表中的电报公司，担任了整个的发电报工作。

工业中大公司的位置，概括地说，在将近 20 万个工厂之中，有 100 家大公司，其用人占全部 20.7%；其出产品价值，占工业产品总值 32.4%。再从另一个角度看去，有 8 种工业中，4 家最大的公司，其产品的价值占总价值 50% 以上。这 8 种工业，就是屠宰、汽车、橡皮轮胎、卷烟、锡罐、农业机器、人造丝及地毯。

在商业中，有 10 家大公司列在上述的表内，但是它们所做的零售生意，只占总量的 8%。

在矿业中，大公司在铁矿及无烟煤矿中占重要的位置。

在劳务供给中，电影公司有 3 家的势力颇大。

在金融业中，30 家银行，其资产占总额的 34.3%。17 家人寿保险公司，其资产占总额的 81.5%。3 家投资银行在发行新股票、新债券时，握有伟大的权力。

在政府机构中，表中所列的 20 个单位，其所用的人数占全国 2 万个政府单位雇用的人数的 46%。联邦政府、邦政府及纽约市政府用人之多，我们上面已经提过。此外如纽约、本薛维尼亚及倭海倭 3 个州政府，芝加哥、菲列得尔菲亚、底特律及洛杉矶几个市政府用人之多，可与最大的公司比拟。

除了上述的大单位以外，美国的生产事业，有许多是在小单位的手中。小规模的生产在农业中尤为显著。在 1935 年，美国农业的生产单位约有 700 万个，其中只有 4.2 万个是用了 5 个人以上的。最大多数的农场，用人从 1 个到 5 个，但是在农业中谋生的人，有 97% 都在这种用人较少的农场上工作。

除了农业以外，劳务的供给，零售商业以及建筑业，都是小规模的。在劳务的供给中，除了少数的电影公司以及若干学校外，其余每个单位所用的人数，都是很少的。在零售商业中，虽然有百货公司、邮购商品公司以及联号等组织占了相当的势力，但在 1935 年，有 30% 的零售商业是由资本在 3 万元以下、伙计不过一二人的商店经手的。同样地，在建筑业中，有三分之一的工作是由资本在 5 万元以下的建筑公司承包的。

总括地说，美国在 20 世纪 30 年代，生产的单位有 1 000 万个到 1 200 万个。其中农业的生产单位占最大多数，约 700 万个，工业单位约 20 万个，政府单位约 2 万个。其余的多为商业或从事于劳务的供给。在这 1 000 多万个生产单位之中，有 200 多个单位，无论从资本方面看去，或从用人的数目看去，都可以说是伟大，但大多数的生产单位是渺小的、无声无臭的，没有什么可以引人注意的。

引起一般人的注意的，乃是大的生产单位。在美国，那 200 多家大的公司常常引起舆论的批评以及国会的检讨。

对大公司的各种批评，有人曾把它们集拢起来，加以分类，发现这些批评可以分为 29 点。自然，这些批评有的是与事实不相符的。譬如最通行的一种批评，是说大公司的存在可使富者愈富。其实公司的股票，很少是集中在少数人的手中的。以美国用人最多的电话与电报公司而论，在 1935 年底，股东共有 65.9 万人。股东的人数，等于美国最小 5 个州的人口。最大的股东，握有股票 10 000 股以上的，只有 43 人，其所有股票只占总数 5.2％。拥有股票 1 000 股以上 10 000 股以下的，只有 700 人，其所有股票占总数 16.6％。大多数的股东，都是小股东，其中保持 5 股以下的约 36.8％，5 股以上 10 股以下的约占 20.7％。所以公司如果赚钱，大部分是分给这些小股东，而不是为大资本家所独占。

第二种批评，比较有道理的，是公司的存在，表示经济权的集中。权力集中在少数人的手中，总是害多利少。政治权为少数人所保持，可以造成专制或独裁的局面。经济权如操少数人的手里，其可能产生的恶果，有甚于政治的独裁。美国大公司的所有权虽然分散，但管理权却相当地集中。有少数既得利益阶级，不但掌握一个公司的实权，而且还能用种种方法，如连锁董事制，扩充实权到别的公司中去。美国有 8 个既得利益阶级的集团在上面所述的 250 家大公司中控制了 106 家。其中最大的集团就是摩根集团，它所控制的大公司，工业有 13 家，公用事业有 12 家，铁路公司有 5 家，银行有 5 家。这 35 家公司的财产，共值 302 亿美元。不过摩根集团所控制的事业，并非由摩根一人来指挥。这个集团，是由许多资本家集合而成的。这些人分在许多公司中当董事、当经理，通过这些位置来发挥他们的权力。有时一个人可以当好几家公司的董事。譬如摩根集团中的贝克耳，他是花旗银行的董事长，同时还兼美国钢铁公司、通用汽车公司、浦尔曼卧车公司、美国电话与电报公司、纽约铁路公司及共同人寿保险公司的董事。贝克耳这种人，在美国经济界中的权力，自然是很大的。他的决定，可以影响许多人的生活。与他发生关系的人，在美国自然易于得到谋生的机会、报酬丰富的工作。但是无论如何，他的权力是有限制的。美国生产的单位，实在太多了，一个在贝克耳或类似贝克耳者下面工作的人，假如有一天不满意贝克耳给他的待遇，或者不赞成贝克耳的政策，他可以拂袖而去，在别的地方找到他适当的工作，贝克耳绝无力量来阻挠他、破坏他或损伤他。这种选择工作的自由、选择主管人的自由，乃是经济界中最基本的自由。经济权的集中，如侵犯了这些自由，那么个人的人格与尊严，就会受到压迫。凡是爱好自由的人民，绝不愿看见经济权集中到这个地步。美国的管理权在 200 多个大公司中虽然相当集中，但离侵犯人权的地步，还远得很。

　　第三种批评，是有所见而发的，即大公司易于产生独占的局面，因而得到非分的利润。大公司出现的步骤约有两种：一为横的联合，如数家卷烟公司，合并为一家；一为纵的联合，即在生产过程中有关的事业联合起来，隶属于一个管理系统之下。纵的联合，可以美国钢铁公司为例。美国钢铁公司，不单是制造钢品，它因为制造钢品，需要铁与煤为原料，所以它拥有煤矿及铁矿。运铁运煤，需要轮船，所以它设有轮船公司。煤铁要动力，所以它设有电力公司。这一类纵的联合，或横的联合，从经济方面看去，是可以减低成本、增加效率的。但因为大公司的生产数量庞大，所以它可以操纵市价。从消费者的立场看去，这是不可不防的。消费者的组织，是阻止大公司定价太高的一种方法。比较更易收效的办法，是由国会制定法律，禁止操纵市价的行为。美国近数十年来通过的一些反对托拉斯的法律，其中最重要的一点，就是要禁止大公司垄断市场，操纵市价。假如在政府及消费者共同监督之下，大公司用其经济方法生产得来的良果，不以高价的方法来独占，而以廉价的方法来与消费者共享，那么大公司就变成一种利多弊少的组织了。万一政府与消费者的监督不周，大公司终于得到太高的利润，政府还可用累进的所得税将此种非分的利润收归国库。

　　在狭义的生产事业之中，美国的政府除经营少数兵工厂外，是很少参加的。唯一的例外是田纳西流域管理局。这个管理局，在 1942 年，共用 40 867 人。1945 年，也还雇用了 12 348 人。经营的事业，最重要的自然是水力发电，次要的有肥料厂等。这是罗斯福新政中的一种重要设施。别的流域中，虽然也有设立管理局，通盘筹划利用天然资源的需要，但美国的传统，反对政府插足生产事业，所以类似的组织，还没有能够在别的区域中产生。在大战期内，政府因为作战的需要，曾成立了若干国营公司，其中国防工厂公司资产的雄厚，超过了任何私人公司。它在飞机制造工业中投资了 30 亿元，在钢铁工业中投资了 10 亿元，在人造橡皮工业中投资了 6 亿元，在机械工业及电器工业中也投资了 6 亿元。战事结束之后，虽有人主张政府继续经营这些事业，以为私人事业的模范，但终敌不过传统的势力，这些国有的工厂都要陆续地售与私人，变为民营事业的。我们认为这是很可惋惜的一件事，因为国营事业与民营事业的比较，只有在同样的环境下，彼此互相竞争，才可以看得出。美国把所有大的生产事业都交给民营，使研究这个问题的人，少了一个实地考察的机会。也就因为这个缘故，别国的人对于田纳西流域管理局发生了极大的兴趣，因为这是私人企业风行的国家中，唯一大规模的国营事业。它的成功与否，是可以影响美国以后国营事业之趋向的。

7 月 24 日于清华园

（载《世纪评论》第 2 卷第 8 期，1947 年）

工业化过程中的资本与人口

一

我们提倡工业化的人，其中心的愿望，就是想以机械的生产方法，来代替古老的筋肉生产方法。机械的生产方法，其效率超过筋肉的生产方法，事实摆在眼前，实在太清楚了，不必多来讨论。不过机械的生产方法还是手段，我们想达到的目标，还是高水准的生活程度。一个国家里的人民，其生活程度的高下，当然受很多元素的影响，但其中最重要的元素，莫过于生产方法。生产方法的优劣，决定工人的生产效率；生产效率的高低，影响工人的生活程度。在今日的中国，如想提高人民的生活程度，绝不可忽略生产方法的改良。

所谓生产方法的改良，从另一个角度看去，就是增加资本的供给。机械是资本中最重要的部分。假如我们把各种不同的机械，都以金钱来计算，那么每个工人所能控制的资本的多寡，就可表示机械化的深浅，也就可以表示生产方法的优劣。一个中国乡下的铁匠，他所控制的资本，或者说，他所利用的工具，其价值是很低的，所以他的生产效率，也随之而低。在美国一个钢铁厂中，每个工人所控制的资本，也就是说，他所利用的生产工具，其价值是很高的，所以他的生产效率，也随之而高。我们再从农业中举一个类似的例子来说明此点。一个华北的农民，他所控制的生产工具，如锄、耙、犁、镰刀等，其总值是有限的，绝不能与美国农民所利用的曳引机、播种器、收割器等相比，因此两个国家农民的生产效率，也大有差别。这种差别，是影响生活程度的主因。

美国的资源委员会，曾根据 1935 年的统计，算出在每项实业中，美国每个工人所能利用的资本，其数目如下：

实业名称	每个工人所能利用的资本（美元）
公用事业	11 900
矿业	8 700
农业	3 900
工业	3 700
劳务供给	3 700
商业	2 000
平均数	4 600

　　一个工人，专靠两只手，其生产的能力，是有限的，但是在两只手之外，如以资本来协助他，那么他的生产能力可以增加若干倍。英国矿业工人的生产能力，与别个国家比较，算是高的，但在美国工程师的眼光中，以为英国矿业中，犯了资本不足的毛病。换句话说，英国的矿业，特别是煤矿业，机械化的程度还不高。现在英国的煤矿业，共用 70.9 万工人，每年产煤 1.82 亿吨。假如英人能在煤矿业中再投资 2 亿英镑，那么只要用 45 万工人，每年便可产煤 2.5 亿吨。每一个煤矿工人，在投资之后，其生产效率，可以提高一倍。工业化与资本的关系，这些统计已经替我们说得很清楚了。

二

　　我们无妨借用美国的统计，来算一下中国工业化中所需要的资本。假定中国的人口为 4.5 亿人，其中就业的人数为 40%，即 1.8 亿人。此 1.8 亿就业的人，如每人给以 4 600 美元的资本，以协助其生产，即需资本总量 8 280 亿美元，此数等于美国 1940 年的国民收入 10 倍以上，或 1945 年的国民收入 5 倍以上。

　　如此庞大的资本需要，几乎可以说是无法满足的。此项资本的来源，不外两途：一为靠自己储蓄，一为向国外借贷。但中国因为大多数的人都是贫穷的，所以储蓄的力量很低。根据中国农业实验所的报告，中国的农民，有一半以上是欠债的。这些人不但没有储蓄，而且每年的消费，还超过其收入。他们以借贷的方法来补偿收入的不足，因而使那些有储蓄的人，不能以其储蓄来投资，而是以其储蓄借与他人，满足消费上的需要。在这种情形之下，如要靠我们自己的储蓄来满足工业化上的需要，不知要等到何年何月了。中国有储蓄的人，占总人口的百分之几，我们无法知道。美国的经验告诉我们，每年收入在 2 000 美元以上的家庭才开始有储蓄。2 000 美元以下的家庭，每年的消费，都超过收入。收入越少的，欠债也越多。每年收入在 500 美元以下的家庭，平均每年要欠债 320 美元。收入在 500 美元至 1 000 美元的家庭，平均每年要欠债 206 美元。假如这种情形也在中国发现，那么国内能够储蓄的家庭，其百分数一定是很低的。这些人即使勤俭度日，其储蓄所得，离我们的需要，也真是太远了。

假如靠自己的储蓄，不能产生我们在工业化中所需要的资本，那么向外国借贷的希望又如何？诚然，在中国政治问题解决之后，向国外借贷成功的可能是很大的。但是我们的胃口太大了，没有一个国家可以填满我们的欲壑。美国即使每年借 10 亿美元给我们，10 年也不过 100 亿美元而已，此与 8 280 亿美元的需要比较，相差还是很巨的。

由于以上的分析，我们可以断言，在最近的两三代，我们即使朝野一心，努力于工业化，但是我们每一个工人平均所能利用的资本，其数目必远较美国为低，因而我国工人的生产效率，也必然不能与美国工人比较。结果也必然是，我国工人的工资低，生活程度也低，绝不能达到美国劳工的生活水准。

为说明这一点，我们可以从纺织业中举一个例子。美国现有棉纺锭 2 300 万枚，但运用此庞大纱锭之工人，只有 7 万左右。中国现在的纱锭，不过美国的五分之一，但纱厂中的工人，却不止 1.4 万人。朱仙舫先生在其《三十年来中国之纺织工业》一文中，假定中国以后要添置棉纺锭 1 000 万枚，共需工人 200 万左右。这个具体的例子说明中国的工人，将来也难希望控制像美国劳工所控制的那样多的资本，以协助其生产工作。

在这种情形之下，我们愿意提出现在一般人所不愿讨论或有意忽略的一个问题，那就是中国人口的量的问题。中国人口的量，与工业化所需资本的多寡，是有密切关系的。我们在工业化的过程中，需要资本那样多，完全是因为我们人口的数目太大。假如我们不减少人口，而减少资本，那么我们工人的生产效率，必无法与美国相抗衡，此点我们上面已经说明，不必赘辞。但是假如我们的人口减少，我们资本的需要也就减少了。假如我们的人口只有 1 亿人，其中有 4 000 万人就业，那么我们的工业化，为想达到最高的效率，也只需资本 1 840 亿美元，这是一个比较易于达到的目标。

英国以提倡社会安全出名的俾佛利支先生，曾有一篇文章，说明他的乌托邦的内容。他说，在他的乌托邦中，人口比现在要稍少些。他希望英国只有 500 万人，而中国则只有 3 000 万人。假如中国只有 3 000 万人，那是同汉唐时代的人口差不多了，我们的生活，一定比现在要舒服得多，一切的问题也都容易解决了。不过减少中国的人口，使其退回到 3 000 万人，不是短时期内所能做到的事，正如使中国人民储蓄8 280 亿美元，不是短时期内可以做到的事一样。但是我们希望政府，以节制生育为其人口政策，规定各地办卫生事业的人，凡在各地努力降低死亡率的人，都应同时努力降低人民的生育率。换句话说，我们要各地的医生把节制生育的各种方法，传布到中国每一个角落。假如每一对成婚的夫妇，生育子女不得超过两人，则在目前的死亡率之下，将中国的人口降低为 2 亿人，其可能性要比储蓄 8 280 亿美元大得多。

三

我们现在愿再做进一步的讨论，即假定中国储蓄 8 280 亿美元是一件可能的事，再看此事对于中国工业化的影响如何。当然，假如中国境内可以利用的资本有那样大，工人的生产效率一定可以达到很高的水准，因为他们的生活程度，也可提高到很高的水准。但是有一件事要注意的，就是中国的资本还没有发达到这个程度之前，就要发现中国国内的资源不够用了。在机械化的生产方法之下，农业、矿业以及利用国内资源从事制造的工业，其吸收就业人口的能力是有限的。譬如在机械化的农业生产方法之下，农业中大约只需要 1 000 万的就业人口。假如土地不增加，而只增加农业中的就业人口，必然会降低农民的生产效率，因而降低他们的生活程度。在各种实业之中，只有工业，如能从国外获得原料，又在国外觅得市场，那么它的扩充，是不受国内资源限制的。譬如我们如只利用国内土地上生长的棉花，也许我们只能设置纱锭 1 000万枚或 2 000 万枚。但是我们如能从国外运入棉花，又能在国外觅得棉纱的市场，那么我们的纱锭，即使加至 3 000 万枚或 6 000 万枚，亦无不可。工业扩充到利用国外资源的阶段，则运输业、金融业、商业以及劳务的供给，都可以随之而扩充。英国就是走了这样的一条路。英国在 1907 年，其国内的生产，有 30.5％是输出国外的，到了1930 年，也还有 22％的生产品输出国外。他们的棉纺织业，可以说大部分是靠国外市场而生存的。在第一次大战以前，英国的布在国内市场中只能销去七分之一。纺纱所用的棉花，则完全来自国外。美国与英国在这一点上是大不相同的。美国的生产，只有 5％是销往国外的。

假定资本不成问题，那么走英国的路，以提高庞大人口的生活程度，也未尝不是一个好的办法。可惜这条路并不好走。不好走的原因，除了资本问题撇开不谈外，国外市场，早已有人捷足先登，我们这些后进的国家，已难有插足的余地。即使可以插足，这种生活方式的危险性也是很大的，英国纺织业的没落，便是一个惊心动魄的例子。我们的纺织业，如生存在国外的市场上，则别国自己发展其纺织业，或另外一个国家来加入竞争，或输入国提高关税，或战事发生，阻碍了交通，都可以给我们的纺织业以致命的打击。所以在天下还未一家的今日，工业的市场应当注重在国内，国外的市场只可置于次要的地位。假如这点判断是可靠的，那么中国工业所利用的资源，应当大部分由国内供给，其产品也应当以大部分在国内的市场中销售。在这种情形之下，工业吸收人口的能力，也就是有限制的，与农业、矿业相同。

四

以上的讨论，意在说明在中国工业化的过程中，人口的庞大以及资本的缺乏，为我们将要遭遇的巨大困难。这两种困难，也许是可以克服的，但需要相当的时日，而且还需要合适的政策。只要我们开始降低生育率，开始以资本来辅助劳工的生产，那么人民的生活程度总可以往上升的。可是上升的速度，不能期望其太快，而且在两三代之内，想赶上英美等国家，大约是不可能的。

8 月 2 日于清华园

（载《观察》第 3 卷第 3 期，1947 年）

（本文同名文章转载《新工程》第 1 卷第 2 期，1947 年）

生活程度与土地需要

在文明的社会里，一个人所需要的土地，其多寡是看他的生活程度高低而定。

我们先以生活程度中最主要的元素——食——来说，中国人为解决食的问题，其所需要的土地，据好些专家的估计，约为 0.45 英亩，而美国人为解决同样的问题，其所需要的土地，却是 2.8 英亩。这个数字，表示中美两国人民的营养水准，确有高低的不同。我们如进一步，去分析两国人民所吃的食品，就可发现美国人的食品中，有 50％以上是属于保健性的食品。这类食品，主要的是肉、牛乳、鸡蛋、蔬菜与水果。因为这些食品含有很丰富的维他命与矿质，对于人类的健康颇为重要，所以称之为保健性的食品。美国人民每日所需的热力，有一半以上是从这类食物中得来的。中国人的食品中，这一类的食品所供给的热力，不到 10％。因此中国人的食品中，缺少维他命及矿质中的钙。钙与磷两种矿质之间，应有一个适当的比例，对于营养才有作用。中国人的食物中，因为缺少了钙，所以即使磷的成分并不缺少，但并不发生应有的效力。这两种矿质，在牛乳及鸡蛋中成分最高，但因中国人的食品中，牛乳与鸡蛋，并非多数人所能享受的东西，所以这种缺点，不易矫正。还有一点，就是我们每日从食品中，应当取得 100 格兰姆的蛋白质，以为身体上新陈代谢之用。这种蛋白质有两个来源，一为植物，一为动物。概括地说，植物性的蛋白质，较次于动物性的蛋白质。中国人因为素食的多，所以其所吸收的蛋白质，也是属于次一等的。

我们能否提高营养的标准，与美国人比美呢？

如要回答这个问题，我们先要比较一下中美两国土地利用的方法。据金陵大学农业经济系的调查，中国的耕地有 89.6％用于农作物，1.1％用于牧场，1.7％用于林圃，7.6％用于其他。美国人利用耕地的方法，与中国大不相同。他们用于农作物上面的，只占 41.9％；用于牧场上面的土地，比用于农作物上面的还多，计占 47％；用于林圃的，占 6.6％；用于其他用途的，占 4.5％。

在美国人的食单上面，肉、牛乳以及乳制品，如牛油、干酪之类，占一个很重要的位置，这与他们以 47％的耕地用作牧场一点，是有密切关系的。

培养植物与培养动物，是人类得到食料的两种不同方法，这两种方法所需要的土地，有多少之不同，约为 1 与 4 之比。换句话说，假如一个人靠植物来维持生命，也许 0.5 英亩的土地就够了。但是假如他以耕地来种草，然后以草养牛，而人则吃牛的肉与乳度日，则需要 2 英亩的土地。所以假如我们想增加肉与牛乳在中国人食品中的成分，那么所需要的土地比现在便要增加，也许要增加至少在一倍以上。

关于这点，我们可以另举英国的情形来做参考。英格兰与威尔士的土地利用法，其形态是与美国大同小异的。在 1932 年，他们以 936 万英亩的土地种农作物，而以 2 120 万英亩的土地作为牧场，饲养牛羊。英格兰与威尔士在 1932 年的人口，不到 4 000 万，平均每人所分到的土地，为 0.76 英亩，虽然比中国人所需要的土地为高，但比美国还是低得多。可是英国人的营养标准，并不完全建筑于本国土地之上。第一次大战以前，英国本土所能供给的食物，只等于消耗量 48.4％。在第一次大战之后，英国食物的自给性，更见降低，自己所能生产的食品，只占消耗量 44.9％。照这些数字推算，我们可以看出，英国每一个人，为解决食的问题，需要 1.7 英亩，其中 0.76 英亩是本国的土地，还有将近 1 英亩的土地是在国外。

假如我们解决食的问题，以美国为标准，每人需要 2.8 英亩，那么全国 4.5 亿人，便需 12.6 亿英亩。假如以英国为标准，每人只需 1.7 英亩，一共也要 7.65 亿英亩。但是中国境内的可耕地与已耕地合计，不过 4.2 亿英亩左右。所以，在版图没有扩充或人口没有减少的情形之下，我们的营养标准，是无法与英美比拟的。

除了食物以外，生活程度中别的元素，我们也可以简单地提一下。衣料的来源，主要的是棉花与羊毛。生活程度高的人，其衣箱中毛织物的比重，一定是高于生活程度低的人。生活程度最低的民族，如塔斯马尼亚族，经常是裸体的，他们在衣的方面，对于土地并无需要。但是穿毛织品的人比穿棉织品的人需要的土地较多，这是因为一斤棉花所需要的土地比一斤羊毛所需要的土地为少。

在住的方面，生活程度的高下，与住宅中房间的多寡是成正比例的。中国乡下的农民，有好些人把骡子与驴子，晚上牵进房来，与主人同一卧室。这是生活程度低的表示。假如他的生活程度提高一点，第一步应做到畜人分居。假如他的生活程度再提高一点，他的家庭，应当于卧室之外有一客厅，更进而有一间饭厅、一间厨房，再进而有一间浴室。除此以外，生活程度高的人，还可以有书房、健身房、交际厅。房子外面，可以有散步的草地、花园，运动的网球场、游泳池。所以在住的方面，生活程度低的人，只占方丈之地，生活程度高的人，可以占好几英亩，其中差异是很大的。当然，住宅四周的草地、花园、运动场，不是每一个人都可以享受得到的，所以在英美等国家内，这一类的享受，便由公家来供给。近来讲都市设计的人，都一致地主张，在住宅区中，草地、花园、运动场，其所占的面积，应当等于住宅面积十分之一。在这种住宅区中，私人自己如无草地及运动场的设备，便可到公共的运动场或公园中去游玩。但是这一切，都是需要土地的。

在行的方面，生活程度高的国家，其交通系统所占的面积，如火车、轮船码头、飞机场等，不是生活程度低的国家所能望其项背的。只以街道一项而论，英美等国家，因汽车的普遍被采用，已将都市中的街道由 60 英尺加宽至 80 英尺，更进而至 120 英尺。大都市中的通衢，有加宽到 200 英尺以上的。这种交通系统所需要的土地，当然不是只有羊肠小径的国家所能想象得到的。

凡是一个关心人民福利的人，决不可忽略人与地的比例。在各种生活程度的水准之下，人与地的比例是不相同的。我们理想中最高的生活程度，每人所需要的土地，约为 3 英亩。以此为准，中国的土地，只能容纳 1.4 亿人。次一等的生活程度，每人所需要的土地，约为 1.5 英亩。以此为准，中国的土地，只能容纳 2.8 亿人。我们现在的生活程度，在文明国家之中，是最低的，每人实际只用了 0.45 英亩。假如我们满意于现在这种低的生活程度，那么中国的人口还有增加的余地。

10 月 11 日于清华园

（载《世纪评论》第 2 卷第 17 期，1947 年）

机械化是否会招引失业

一

自从工业革命以来，机械化是否会招引失业这个问题，常常引起很多人的争论。这一类的争论，在统计不完备的国家，很难以事实来做讨论的根据，因而不易得到双方可以承认的结论。但在英美等国家中，这一类的讨论，离不开事实，因而双方理由的长短、证据的强弱，很可以客观的标准来衡量它。

不久以前，美国总工会的会长顾临（William Green）曾写过一篇文章，主张缩短工人每日的工作时间。他的主要论点，就是机械一天一天地进步，每一个工人的生产力，因为有机械的协助，比以前增加了许多，以前好些工人才做得完的工作，现在一个工人就可以完成。假如不把工作的时间缩短，大批的工人将会因此而失业。他举出下面的许多事实，证明机械替代工人的情形。

（1）近代纺纱厂中一个女工，在 8 小时的工作时间之内，其生产的能力，等于 150 年前 4.5 万个女子在纺车上的工作。

（2）在 1918 年，一个工人每天只能做 40 个电灯泡。第二年发明了一种机器，在 24 小时之内，可以做 7.3 万个电灯泡。每一部机器使 992 个工人失业。

（3）同样地，在制鞋工业里，100 部机器代替了 2.5 万人的工作。

（4）在制剃胡刀片的工业里，1931 年，一个工人，其生产的能力，等于 1913 年 500 个工人。

（5）汽车工业中，机械化的程度与日俱深。1930 年，在美国中部的一州中，有一个汽车工厂，200 个工人在一天之内可以制造 7 000 个到 9 000 个车身。在同一年内，欧洲中部有一个工厂，其机械化的程度不如美国，同样的人数，在一天之内，只能制造 35 个车身。

（6）20 年以前，所有的雪茄烟都是手制的。1929 年，有 35％是用机器制造了。1933 年，机制的雪茄烟增加到 50％。

（7）1929 年，250 个人在一条工作线上合作，完成 100 部 8 个汽缸的"摩托"。到了 1935 年，只要 19 个人就可完成同样的工作。

（8）1919 年到 1925 年，电话接线生的效率增加了 25％。10 年之后，效率又增加了 35％。

（9）从 1929 年至 1939 年，有 53 个炼钢厂因为新的技术发明，它们的生产方法落伍，无法竞争，只好关门，因此有 38 470 人失业。另外又有一些炼钢厂，因为要添这种新的设备，准备解雇 22 950 名工人。

（10）人造丝的纺织方法大有改良，以前需要 85 小时做成的工作，现在只需要 5 小时零 5 分钟。

（11）在制衣工业内，用机器来剪衣，两个工人利用一部机器，便可代替 200 个熟手。

（12）许多音乐家，因为有声电影的发明及机械音乐的利用，都找不到工作。

二

顾临所举的事实，是这样的多，他给人家的印象，是机器与工人立在互相竞争的地位，用了机器，就得减少工人，因此他所主张的减少工作时间，似为正当的要求。我们对于他的主张是同情的，但对于他所举的事实，则认为有考虑的必要。

我手边有 1930 年美国人口清查局的职业清查报告。在这一本统计册里，我们可以比较三个时期在每一项职业中的就业人数，即 1910 年、1920 年、1930 年。假如机器的利用真可减少就业的机会，则 1930 年的就业人数应少于 1920 年，1920 年的就业人数应少于 1910 年。但是事实是否如此呢？可看下表。表中的人数，是指技术工人而言。

职业	1930 年	1920 年	1910 年
棉纺厂	302 501	302 454	280 149
制鞋	209 928	206 225	181 010

续表

职业	1930 年	1920 年	1910 年
汽车工厂	161 957	121 164	21 091
制烟	103 715	145 222	151 801
接线生	248 884	190 160	97 893
炼钢厂	106 664	93 627	70 273
制衣	488 909	409 361	386 136
音乐家	165 128	130 265	139 310

清查局对于职业的分类并不太细，所以顾临所说的例子有几个在统计册中查不到。但只就那查得到的来说，除了制烟一门职业之外，1930 年的就业人数，都高于1920 年。又除制烟与音乐家两门职业之外，1920 年的就业人数都高于 1910 年。但是我们可以断言，美国工业中机械化的程度，1930 年高于 1920 年，1920 年又高于 1910 年。因此，用了机器，就得减少工人之说，是不能成立的。

三

顾临为什么会犯上述那种理论上的错误呢？

关于这一点，我们可以举另外一个美国人的说法来作答。美国机器工业的主席洛佛莱（J. E. Laely）曾写过一篇文章，说明机器的利用何以不会发生失业问题。他说：

没有问题的，在若干场合之下，机器的利用，会引起暂时的失业，因此工人对此应做新的适应。适应的过程是这样的：机器使工业家能够生产价廉物美的货品，因为价廉，更多的人便能够购用这种货品。需要的增加，使生产者扩充设备，添雇工人。结果便使这个工业新招的工人超过以前解雇的工人若干倍。

这是有很多的事实可以证明的。在数百年前，巴黎的抄写工人反对印刷机器。他们说，印刷机器把他们的饭碗打破了。但是印刷机器使读物的价格降低，结果是印刷工厂中所用的工人，超过以前抄写工人的数目很多。美国在 50 年前，机器排字逐渐代替手工排字，当时排字工人对于机器排字大为反对。但是机器排字，使报纸杂志以及一切的读物价格降低，因而在印刷工业中，现在所雇的工人，超过 1890 年的工人 5 倍。

在许多地方，直接受机器影响的工人，因为要做一种新的适应，有时是痛苦的。但这是进步的代价。我们决不能因为有几个抄写工人会暂时失业，因而反对印刷机器。我们也不能因为手工排字工人的反对，因而放弃低廉的读物。

我们可以看到许多例子，在机器利用了之后，使货品的价格降低，因而以前只有少数人才能享受的幸福，现在大多数人都能享受得到。机械化的程度越深，价格的下降越速，因而市场上对于这种货品的要求越大，制造这种货品的工厂，也就更要添人。机器增加就业的机会，便是如此产生的。让我们再举几个例子来看看。

在1937年，一个人可以花200美元，买得一个冰箱，其品质不下于1927年花400美元所买的。根据美国的工业清查报告，冰箱制造工业在1927年，只用1.1万人，而1937年，却雇用了5.05万人。

在1937年，一个人花上900美元，便可买到一部汽车，比1927年花1200美元所买的还要好些。汽车工业的机械化是最深的，可是汽车工厂中的各色工人（包括技术工人及普通工人），在1927年，只有37万，而1937年，却有51万。

在1937年，一个人花上40美元，便可买到一具无线电，其品质比1927年花150美元所购的还要好些。无线电工业，完全是机械化的产品。在1927年，用人很少，工业清查中没有替它单立项目，但在1937年，已经用了4.8万人。

四

我们看了顾临与洛佛莱两个人的言论以后，对于机械化是否可以招致失业一问题，应当有一个比较清楚的认识了。可是还有一点与这个问题有关，而他们两位都没有提出的，就是在工业国家那种大规模的分工合作的情形之下，我们讨论机械化与就业的关系，不能缩小观点于某项工业，而应放大眼光，统顾全盘，要看机械化与整个社会中就业人数的关系。

这点重要的看法，远在19世纪的末年，德国的经济史学家毕克（Carl Bucher）在他的名著《工业演化》一书中已经指出了。他以制衣工业为例，认为当时计算制衣的工人，不能只以制衣工厂中的工人为准。制衣工厂的工人，需要机器，没有这些机器，他们是无法进行工作的。所以专制缝纫机的工人，虽然不在制衣工厂之内，但也应当看为制衣的工人。再往上推，那些开铁矿、炼钢，供给制缝纫机工厂以原料的人，那些开煤矿、制电力发动机，供给制缝纫机工厂以动力的人，那些在矿场上，在火车站上，在码头上，运煤、运铁、运棉花、运布的工人，也都直接对于制衣工业有所贡献，计划制衣需要多少工人时也要把他们连带考虑。

总之，现在的生产，是大规模分工合作的生产。以前集中在一个人身上的工作，现在分给许多人做了；以前集中在一个工厂中合作，现在分散在许多地方。我们看到制衣工业中因为添了机器而少用工人，不可忘记机器工业中因为添造缝纫机而多雇工人。我们看到汽车的发明减少了许多脚夫、许多制造马车的，不可忘记汽车工业带来了许多开油矿的工人、制汽车的工人、卖汽油的商人。没有一个国家中的就业总数，是因为机械化而减少的，就是这个道理的明显表示。

10 月 25 日于清华园

（载《世纪评论》第 2 卷第 20 期，1947 年）

社会学的园地

社会学的历史，自孔德创立他的系统以来，已有几十年。但是社会学的园地，就是在社会学者的中间，也还没有得到一致的见解。我们只要翻开社会学原理或社会学入门一类的书来看，就可以知道，很少有两个人对于社会学的定义是完全相同的。在这种混乱的局面之下，我们却可以看出一种趋势，这种趋势假如继续若干年，也许不久我们对于社会学的园地，可以得到一个共同的认识。

我所说的趋势，就是各国的社会学者对于社区的研究，是在逐渐增加之中。

我们把社区当作社会学研究的对象，至少有两种优点。第一，社区是具体的，是极易捉摸的。我们如对一个初学社会学的人说，社会学研究的对象是社会关系或是社会制度，他们每每不能领悟。有时你把社会关系的意义，或者社会制度的来源与功能，讲了好几个小时之后，他们对于社会学者努力的方向，还是很模糊不清的。但是我们如提到社区，并且举例来告诉他们，乡村是社区，市镇是社区，都市也是社区，他们在很短的时期内就可知道你要研究的是什么。第二个优点，就是社会学的范围，如规定为社区生活的研究，可以与别的社会科学不发生冲突。现在已经成立的社会科学，如政治、法律、经济等，还没有以社区生活为其研究对象的。

社区的研究，可以从好些方面下手。有一种研究是综合的，便是将社区中的各种生活都加以研究，使我们对于一个社区得到全面或概括的认识。哥伦比亚大学林德教授所著《中镇》一书，是一个很好的例子。他研究中镇，先看这个社区中的人如何谋生，然后再看他们如何成家，如何教育子女，如何娱乐，以及如何共营宗教及政治的生活。中镇的人民，其最主要的各种生活，都包括无遗了。这种研究，使我们了解人类生活的多方面，以及这些方面彼此间的关系。在社会科学分工甚密的今日，在大学中读书的学生，颇有见木不见林的危险。林德这一类的研究，正可矫正这种缺点。林德在最近又到中镇去访问一次，写了一本《转变中的中镇》，给研究社会变迁的人一个很好的模范。

蒲司对于伦敦劳工生活的研究，可以代表第二类的社区研究。伦敦是世界上第一个大都市，如想把伦敦人的各种生活同时加以研究，当然不是几个人的精力所能做到的，所以蒲司的注意力，只集中在劳工的经济生活，特别是他们的贫困情形上。他从两方面下手去搜集材料。第一是以街为单位，研究每一条街上那些有子女入学的家庭，是在哪种情形下过他们的日子。他之所以只选有子女入学的家庭，乃是因为他的材料，都是靠督学供给的。督学常到有子女入学的家庭中去访问，所以对于这些家庭的经济状况非常熟悉，蒲司便从督学的口中得到他所想知道的事实。那些没有子女入学的家庭，蒲司便没有去研究，这在方法上是一个缺点。后来研究同样问题的人，用统计学中同样的方法来选择研究的对象，在方法上是一种进步。蒲司除了逐街研究之外，还择业研究，便是选择劳工当中的若干重要职业，如建筑业、制鞋业、纺织业、码头运输业，等等，研究劳工工作的环境及报酬。这两种调查，可以互相印证，充分地表示伦敦劳工的生活程度。蒲司的书出版后 40 年，伦敦大学把蒲司所研究的问题，又重复研究一次，伦敦劳工在 40 年内生活上的重要变动，由两种研究的比较上，可知大略。

芝加哥大学对于芝加哥的研究，可以代表第三类的社区研究。这种研究，是由派克及蒲司教授领导而由研究院的学生陆续进行的。芝加哥也是一个大都市，生活的复杂与神秘不亚于伦敦。在短时期内想全面地了解它，当然不是一件容易的事。派克教授等便利用研究生对芝加哥感兴趣的研究，要他们都从选择一个小问题下手。这类研究，已有十几种出版。研究的问题，有犯罪、离婚、精神病、舞女、女店员、犹太人、旅馆生活、贫民窟生活，等等。芝加哥大学对于芝加哥的研究，不只社会学系发生兴趣，就是政治系、经济系，也都从它们的观点来研究芝加哥。我想芝加哥得到一个大学把它当作实验室，来研究人类生活各方面的问题，不久我们对于芝加哥的了解，可以比任何都市都要彻底。别个都市的人，对于这类研究，也发生兴趣的原因，乃是由于都市生活有许多共同之点。我们如能了解一个都市，就比较容易了解其他都市。

华纳教授对于新英格兰某都市的研究，可以代表第四类的社区研究。这个研究是从阶级的观点来看社区生活的。从这个观点出发，第一件要做的事，便是把一个社区中的人民划分为几个不同的阶级。在都市中，这种阶级的划分，并不很难。他们的住宅区在不同的角落，他们在不同的职业中谋生，在不同的俱乐部中交际，在不同的水准上消费。这些阶级间的关系，合作与冲突，是一个极有兴趣的问题。华纳教授的书，还未出全。我们希望他对于阶级生活，除了形态的描写之外，对于阶级间的流动，便是社会学的所谓社会升降问题，也做一有系统的研究，让我们知道在现代的社会中，阶级间的流动性，与中古社会或初民社会中的，其不同之点何在。

在以上的各种社区研究之中，我们可以把过去数十年社会学者所提出的问题，如社会组织、社会变迁、社会升降、社会心理、社会病态、社会问题等，兼容并蓄。研究社会学的人，无论他的兴趣是在哪一方面，也不管他研究的目标是理论的探讨，抑或改革方面的追求，都可以在社区生活中得到他所要研究的资料。在社区生活的研究中，一切的社会学者都可以分工合作。

最后我们觉得以社区为社会学者研究的对象，还可矫正目前学术界中那种空谈舆论的流弊。社会学的根基在事实，我们不能离开事实来说话。社区的研究，最注重于事实的搜集与分析，做八股的人，或者有做八股的嗜好的人，到此均无所施其技。做八股的人，可以写一篇经济改革方案，或者民生主义的优劣论，或者第三次大战发生的预测。这一类的文章，看过一两本小册子的人都能动笔的。但是谁能没有脚踏实地地去搜集过事实，便能写出一篇关于北平的手工业，或者上海劳工的生活程度，或者广州市各阶级的生育率与死亡率的文章？不断地在社区中搜集事实，不断地分析事实，以视某种理论之是否与事实相符，然后根据事实来修正我们的理论，乃是社会学者的基本工作。在这种基本工作之外，假如一个社会学者对于社会改革也有兴趣，他可以根据他所搜集到的事实，以及分析这些事实而得到的理论，提出他的改革方案。只有经过这种困苦艰难的步骤所得到的改革方案，才是有价值的、有建设性的，对于民众的福利，是必有其贡献的。

8 月 1 日

［载《益世报（天津）》8 月 8 日，1947 年］

英国战时的人与财

一

一个国家在战时可以动员的人力，应当除去老幼不算。所谓老，在男的是指 64 岁以上而言，女的是指 59 岁以上而言。所谓幼，是指 14 岁以下的男女而言。除去老幼不计，那些可以工作的男女，根据英国 1939 年的统计，男的共有 1 601 万人，女的共有 1 604 万人，两者合计，共 3 205 万人。这是英国可以动员的人力。

在第二次欧战期内，英国动员的人力，在 1943 年 9 月便到了最高峰。那时男子参加作战或生产的，共 1 500 万人，占可以动员的男子 94.3％。女子参加作战或生产的，有 726.5 万人，占可以动员的女子 45.3％。男女合计，总共动员 2 226.5 万人，占可以动员的男女总数 69.7％。动员人数的百分数之高，在同盟国中，可以首屈一指。

在第二次欧战的前夕，英国就业人数，不过 1 848 万人，如与 1943 年 9 月所动员的人力相比，后期的人力，多添了 378.5 万人。这多出来的生力军，其来源有二：一为失业人民，此辈在 1939 年有 134 万人，战争把它减低到 10 万人。二是和平时代不从事社会生产的人，其中以女子为最要。女子在 1939 年有工作的，不过 480 万人，但在 1943 年，便增至 726 万人。

在战争期内，人力在各方面的分配，与和平时代大有不同。第一是作战人力的增加。在 1939 年，英国从军的人，只有 47 万。1944 年底，这个数字增加到 498 万人，其中包括妇女辅助队 45 万人。假如我们把国内维持治安的人员，如警察、救火队等都一齐算入，那么英国在作战上动员的人力，共计 520 万人，等于全体人口 10％以上，这也是一个很高的百分数。

英国在直接作战上所消耗的人力，竟然如此之多。1939 年，英国从事生产的人力，为 1 792 万人。在 1944 年底，从事生产的人，只有 1 651 万人。战时比平时的生产力，少了 140 多万人。

英国的生产队伍中，在战时虽然少了 100 多万人，但并不影响作战的效率，因为在生产部门中，只是那些作战无关或关系较浅的减少了工人。那些与作战有关的生产事业，不但没有减少人力，反而增加了人力。假如我们把生产部门分为三类：第一类是制造军器的；第二类是基本实业与劳务，包括农业、矿业、水电等公用事业、交通运输、食品工业、烟草工业及公务人员；第三类为其他实业与劳务。譬如以 1944 年的情形与 1939 年相比，则第一类的生产部门，添了 160 万人，第二类添了 14 万人，第三类减了 320 万人。

负责动员人力的机构，在中央为劳工及兵役部，在地方上有 45 个人力委员会及无数的就业介绍所。人力委员会，曾管理过 3 100 万人的登记，曾与 900 万人举行过个别谈话，曾考核过 500 万个请求缓役的人的身世，以决定应否批准。就业介绍所在作战期内曾协助过 2 000 万人，使其得到最适当的工作。

二

英人在作战期内，努力生产，其总价值自 1939 年的 61 亿英镑，加至 1945 年的 101 亿英镑。

在国民生产的总值中，政府的花费在作战期内占了很高的百分数。在 1938 年，政府的花费只有 9.41 亿英镑。1945 年，增加至 50.59 亿英镑，一共加了 5 倍以上。* 政府所花的钱，在 1940 年，公债重于租税，到 1945 年，便有一半以上是取之于租税了。今自 1940 年起，将英国政府财政的来源及其百分数，列表如下：

年份	租税所得之百分数	借贷所得之百分数
1940	38%	62%
1941	40%	60%
1942	46%	54%

* 此处所说加了若干倍，实际是指增加到原来的若干倍。——编者注

续表

年份	租税所得之百分数	借贷所得之百分数
1943	50%	50%
1944	54%	46%
1945	55%	45%

在租税的所得中，直接税占一个很重要的地位。以 1945 年而论，租税所得共为32.68 亿英镑。其中所得税为 13.53 亿英镑，所得税附加为 7 300 万英镑，过分利得税为 4.4 亿英镑，遗产税为 1.18 亿英镑，四种直接税合计为 19.84 亿英镑，占租税所得的 60.7%，所以英国的财政政策是深合有钱出钱的原则的。

英国政府在作战期内，其租税的收入，不足应付作战的需要，于是以借贷来平衡收支，但英国人民每年的储蓄所得，并不能满足政府的需要。以 1945 年而论，政府的借贷共达 26.99 亿英镑，但人民的储蓄只有 14.58 亿英镑。人民消费以后的剩余都献给政府，还嫌不足。在这种情形之下，英国政府用什么方法来平衡预算呢？主要的方法有两个：其一便是动用民间存在国内的资本，如不做折旧的打算，以及搜刮存货。其二为变卖海外的资产或增加债务。这种动用储蓄以外的资本方法，使英国政府在1945 年的借贷总数，达到 26 亿英镑以上，但这两种方法，都是大伤元气的。英国战后的经济复原，所以遇到空前的困难，其主要的原因在此。

有人估计，自 1939 年至 1945 年，英国出售海外的资产达 11 亿英镑，在国外新添的债务为 29 亿英镑，出售黄金及美钞总值为 2 亿英镑，总数达 42 亿英镑。英国在第二次欧战的前夕，海外投资估计达 37.5 亿英镑。第二次欧战把英国的债权国位置打垮了。以前它可以靠海外投资的收入，输入一部分国内所必需的粮食及原料，现在这一笔收入是勾销了，这对于英国经济的影响是很严重的。另外，国内的资产因为动用存货及废除折旧等办法，在战时损失的资产约 9%，补充时大感困难。恢复到战前的生产力，需要腰带不断紧缩，这是英国在战后继续控制消费的重要原因。

英国在战时的总生产，虽然加高，但是因为作战的开支太大，生产的物资有一部分为政府所提去，以为作战之用，所以人民在战时的消费，不得不降低自己的生活程度，以节俭所得的物资用于作战，这是英国战时经济的一个特色。在作战期内，除了得天独厚的美国外，没有一个国家不需要它的人民降低生活程度的，这可以说是战争对于全体人民的最大影响。在英国，如以 1938 年的物价来计算，则 1939 年人民消费的总值为 41 亿英镑，1945 年只有 35 亿英镑。以 1945 年与 1939 年相比，食的花费减少约 2 亿英镑，衣的花费减少约 1.65 亿英镑，住的花费减少 300 万英镑。但在有些方面，英人在 1945 年的消费反而超过了 1939 年，如烟酒、读物及旅行娱乐等方面的支出，在 1945 年均有显著的增加。

　　总括地说，英国在第二次大战期内，财的损失远在人的损失之上。但财是人为的，"留得青山在，不怕没柴烧"，给英国人民以若干的和平，他们是不难恢复过去的光荣的。也许在社会化的经济制度之下，他们还可以创造一个更为光明的将来。

8 月 8 日于清华园

［载《益世报（天津）》8 月 29 日，1947 年］

饥荒问题的根本解决

一

在中国的历史上，几千年来，有一个始终没有得到解决的问题，就是饥荒。

饥荒是人与地失去平衡的结果。在丰收的年岁，土地上的收获，拿来供人口的消耗，大家都可以饱食暖衣。在这种情形之下，我们可以说，人口与土地，是保持平衡的。假如土地的收获没有增加，而人口却增多了，或人口没有增加，而土地的收获却减少了，那么在这种情形之下，我们可以说，人口与土地，是失去了平衡。人口与土地失去了平衡的社会，便会有一串不幸的事实继续地发生，直至人口与土地重行恢复平衡状态而后止。

过去中国人口的增减，史书上很少记载，常常在几百年的长时期内，我们只知道某一年的人口数目。所以人口增加而引起的社会不安，我们只可加以推论，没有详细的数字可资参证。但是史书上对于土地收获的减少，记载得比较详细。有人计算过，自西历纪元前108年，到清代末年，即1911年，史书上关于灾荒的记载，凡1 828次，平均每一年即有一次。灾荒所造成的收获减少，乃是天然的，此外还有人为的因素，也可使收获减少的，便是公役。在"一夫不耕，或受之饥；一女不织，或受之寒"的生产状况之下，政府使用民力，是不可不十分谨慎的。但是"使民以时"的古训，有许多皇帝把它忘记了，他们为建筑宫室，攻城略地，运输粮食与兵器，常常征用太多的民力。这些人离开了田亩，便使良田变为荒地，结果收获减少，造成人为的灾荒。

饥荒的起因，不管它是天然的，还是人为的，相当复杂，我们在此不细加分析。

但是饥荒在社会上所发生的影响，我们从许多的实例中，可以看到一种相似的模型。在饥荒相当普遍的区域，社会的秩序无法维持，有一类典型的人物，便乘机而起。他们为保存自己的生命，便要去劫掠别人的粮食，以及可以换取粮食的钱财。别人的粮食被劫掠之后，这些原来并非饥民的，至此也转变成为饥民。所以饥荒是有传染性的，甲地的饥民到了乙地，可以使乙地的民众也变成饥民。在粥少僧多的情形之下，总有一部分人是分不到粮食，也抢不到粮食的，于是这些人便饿死于沟壑之中。粮食的争夺，到了尖锐化的时候，不是你死我活，就是我死你活，所以争夺粮食，很容易转变为互相残杀。我们在史籍上，常常看到屠城、洗城一类的记载，便可证明这一点。一大群饥民，在攻破一个城池，获得食库中粮食的时候，如拿来与守城的民众共同享受，一定是不够分配的。西汉末年，赤眉经过的地方，夷灭老弱。张献忠攻下武昌，录男子 20 岁以下 15 岁以上为兵，其余的一概杀而投于江中。死人是不吃东西的。这是饥民解决粮食问题最爽快的方法。在粮食极端缺乏的时候，饥民的本身，常常就是别人的粮食。我们生在 20 世纪，以为吃人乃是一种野蛮的风俗，中国一定不会有这类的事发生。可是在中国的史籍里，人相食的记载，真是不可胜记。在前汉一个朝代，我们从《汉书·食货志》中，便发现人相食的记载不下五次。第一次在秦末汉初。"汉兴，接秦之敝，诸侯并起，民失作业，而大饥馑。凡米石五千，人相食，死者过半。"第二次在武帝末年。"仲舒死后，功费愈甚，天下虚耗，人复相食。"第三次在元帝初年。"元帝即位，天下大水，关东郡十一尤甚。二年，齐地饥，谷石三百余，民多饿死，琅邪郡人相食。"第四次在成帝永始二年（公元前 15 年）。"梁国、平原郡比年伤水灾，人相食。"第五次在王莽末年。"常苦枯旱，亡有平岁，谷贾翔贵。末年，盗贼群起……北边及青徐地人相食。"唐末，"关东仍岁无耕稼，人饿倚墙壁间，贼俘人而食，日杀数千。贼有舂磨砦，为巨碓数百，生纳人于臼碎之，合骨而食"。

这一类的事实，可以表示我们过去解决饥荒问题的方法。人口与土地失去了平衡，土地上的生产不够维持已有人口的时候，社会上便发生饥荒、杀戮、人相食，结果是人口大量地减少，于是人口与土地又恢复平衡了，社会秩序也因此而恢复，天下重复太平。

这种以战乱增加死亡以恢复人地平衡的方法，无疑的是非常残忍的。《帝王世纪》一书中，对于三国以前人口的盛衰，曾有一简括的叙述。据说汉初的人口，方之六国，五损其二。王莽末年，有更始之乱，至光武中兴，百姓虚耗，十有二存。东汉末年，自灵帝之乱，继以献帝董卓之乱，到魏文帝受禅时，人众之损，万有一存。这种死亡率之高，不是 20 世纪的人所能想象得到的。

二

饥荒问题，在中国旧的经济组织中，始终没有发现一个好的解决方法。逃荒、移民、仓储制度、均田制度，都不能消灭饥荒。饥荒真是农业社会中一个令人痛心疾首的问题。

但是在农业社会中解决不了的饥荒问题，在工业化的社会中却得到了解决。在英美等国家中，自从工业革命以后，我们没有听到过人民因饥荒而死亡。这些国家中，也有水旱之灾，也有五谷不登的年岁，但这一切，都不发生饥荒的问题。

这是什么原因呢？为什么工业化的国家，就不发生饥荒问题呢？

原因之一，无疑地由于工业化的国家中，交通事业的发达。在新式的交通工具如火车、轮船、飞机、卡车四通八达的国家中，有无的调剂，太方便了。一个缺粮的区域，不论它缺粮的原因是由于天灾，抑由于人事，只要交通方便，别处的粮食便可以很迅速地、很便宜地输入。除非全球各地同时都闹灾荒，否则工业化的国家很容易地可以利用别人的剩余以补自己的不足。在交通不便的农业国家中，便无法享受这种利益。外国到中国来考察交通状况的人，曾替我们计算过，一个挑夫，如送一担粮食到市场去卖，假如路程来回要13天，这个挑夫与他的家属，在13天之内，便会把这担粮食消费得无余。假如这个挑夫挑着担子走路，每天只能走17公里，那么粮食的输送不能超过110公里，或75英里。75英里以外的区域，无法靠挑夫输送粮食，因为75英里的来回，挑夫所输送的，刚够他与他的家属消费。根据这个计算，在交通不便的区域，外边的粮食达不到75英里以外的灾区。1876年至1879年之间，华北自陕西至河北大旱，死亡的人数估计在900万至1 300万之间。1920年至1921年的华北大旱，受灾区域之广，与44年前相仿，但死亡的人数不到50万。造成这种差异的原因，就是在后一时期内，华北多了6 000英里的铁路。这种现代化的交通工具，使救济灾民的粮食可以运到灾区，因而减少了死亡的人数。

新式交通工具只是工业化的一种表现，一种成绩。专靠新式交通工具，还解决不了饥荒问题，除非每次饥荒问题发生时，国际便发动大规模的救济工作。靠别人的救济来解决饥荒问题，绝非自立自尊之道。自力更生的方法只有利用工业化来改良生产，增加生产。此处所谓生产，并非专推农业生产而言，一切的生产都包括在内。工业化的生产方法，就是机械化的生产方法，它不但使一个国家的生产总量增加，而且可以使每一个人的生产能力等于工业化以前几十个人的生产能力。生产能力的提高，必然地提高购买力。在美国，工人的购买力只以 36.4％用于食物之上，便解决了吃的问题，而且解决在一个营养很高的水准之上。对于这些工人，全世界土地上之所生产，都可以由于他们的要求，而输送给他们去消费。他们是永远也不会感到饥荒的。

三

中国人与饥荒的挣扎，已有几千年的历史。过去与饥荒挣扎的结果，总是为饥荒所败，走上死亡之路。现在，饥荒的影子又在后面█人而来。可是我们的时世，与以前不同的一点，就是我们现在有一种工具，如能善为利用，则与饥荒斗争，胜利可操左券。这种工具，就是工业化。我们还是愿意饿毙、残杀、人相食呢，还是愿意以工业化来消灭饥荒呢？死路与生机，摆在面前，我们应急有所选择。

9 月 1 日

［载《益世报（天津）》9 月 11 日，1947 年］

英国的彷徨

英国的经济机构，现在面对着一个困难的问题。

在人力的分配上，在资源的分配上，在一切生产因素的分配上，英国人有一个重要的考虑，就是以后的经济政策，应当注意提高生活程度呢，还是应当增加生产能力？是应当增加消费呢，还是应当增加投资？

先从增加生产能力或增加投资一方面去看，英国的确有此需要。英国的生产能力，受了三种因素的影响，有每况愈下之势，如不急起设法，以后英国生产力的减低，将为不可避免的现象。

第一，英国的生产能力在战时受到很大的打击与损失。根据官方的报告，英国战时的资本损失为 73 亿英镑。在战前，英国的生产资本，据估计，为 300 亿英镑，所以战时的损失约等于整个资本价值的四分之一。英国的国民所得，在 1939 年为 50 亿英镑，在 1946 年为 79 亿英镑。所以英国在战时的资本损失，超过了战前一年的国民所得，而与战后一年的国民所得相仿。损失的巨大，不言而喻。

第二，这一次的大战，打垮了英国的债权地位。英国现在不但不能保持债权国的地位，反而变成一个债务国了。英国在战前的海外投资约为 37 亿英镑，其中有 11 亿英镑已于战争期内出售。战时与战后，英国又欠了很多的债，到 1947 年的年初，英国的债务共达 42 亿英镑。两相比较，英国现在的债务地位极为明显。假如英国现在还是一个债权国，像第一次欧战以前一样，那么英国的资本损失还可以其投资所得，从海外输入生产工具以为弥补，可惜这种方便，英国现在已经没有了。

第三，英国的生产效率，因资本的不足，或机器的陈旧，与别的国家比较，尤其是与美国比较，已经落伍很多。举几个例子来说，英国每一煤矿工人，在 1938 年每天的生产量，只有 1.1 吨，捷克工人在同样的时间内可产 1.4 吨，波兰工人可产 1.7 吨，美国工人可产 4.3 吨。在纺织业中，如以英国工人的生产效率为 100，则美国工人在纺的方面生产效率为 160，在织的方面生产效率为 260。英国企业家自己的估计，以为如欲提高英国的生产效率，则在最近数年之内，在钢铁业中，需投资 2 亿英镑，煤铁业需 3 亿英镑，电力工业需 2 亿英镑，棉纺织工业需 1 亿英镑，运输及造船业需 5 亿英镑，农业需 5 亿英镑，其他工业需 3 亿英镑，总数为 21 亿英镑，海外投资及房屋建筑的花费还没有包括在内。

以上是说英国面前摆着一个增加投资的问题，假如这个问题不解决，英国的经济地位将一落千丈，无法维持过去的光荣。为达到这个目标，英国的人民，一定要像战时一样咬紧牙关，继续牺牲，减低目前的消费，以谋将来生活的提高。

但是在另一方面，英国人民的生活程度，因为战时的紧缩，已经较之战前，降低了 25%。工党的目标，不但想在最近期内恢复战前的水准，而且还企图超过战前的水准。换句话说，工党希望增加人民的消费，提高他们的生活程度。

这种提高生活程度的企图，已经从好几种政策中表示出来了。首先，在普及教育方面，英国政府已经把儿童离开学校的年龄，从 14 岁提高到 15 岁。这一项措施便使英国的劳动市场上减少 37 万工人。英国现在的煤矿业里，还缺少许多工人，在无可奈何的情形之下，英国政府拟雇用波兰工人来填补这些空位。所以英国的教育政策，从提高人民的享受一点看去，是无可非议的，但与目前急迫的增加生产政策，显然是冲突的。

其次，英国在 1948 年 4 月，就要实行义务医药的办法。从人道的观点看去，这种措施，也是可以颂扬的。推行义务医药之后，英国每一个公民都有同样的生存权。在他生病的时候，都可以不必自己花钱，就可得到医生的治疗或者病院的照料。但是义务医药加于政府的负担，每年在■亿英镑以上。现在英国的煤矿已经是国有了，政府想筹 1 亿英镑的资金来改良煤矿的设备，已经感到困难。义务医药的推行，使政府的困难加倍。

再次，英国政府已经决定扩充社会保险的范围，使英国的每一个公民，从出生到老死，整个的生活过程中，无论遇到什么危机，都可得到政府的协助，不致在生活上发生困难。有人做过估计，说是依照英国旧的社会保险办法，政府每年只要花约 8 亿美元，而照新的办法，需花 14 亿美元。现在新的办法已经行通了，所以政府在这一方面，又要多花 6 亿美元。

假如增加生产能力与提高生活程度是没有冲突的，像美国现在的处境一样，那么英国的政府，也可一箭双雕，不必有所选择，可惜英国今日的处境与美大相径庭。它的地位，与其说它类似美国，不如说它类似战前的德国，或者现在的苏联。战前的德国与现在的苏联，当它们遇到在投资与消费二者之中必须有所取舍的时候，是采投资而舍消费，是采增加生产能力而暂时压低生活程度。它们的政策是明显的，所以在行动的时候不感困难。

英国的困难，是在鱼与熊掌不可兼得的时候，它还没有明显地决定，是取鱼而舍熊掌，还是取熊掌而舍鱼。我们看到英国的政府，一时答应煤矿工人，每星期工作 5 天，似乎在注意生活程度的提高，一时忽然决定减少烟草的进口及汽油的配给，又似乎想以难得的外汇来做改良生产设备的工作，而暂时放弃提高生活程度的要求。这种彷徨的苦闷，我们对英国的政府与人民是深表同情的。但是两个都很重要的目标不能同时满足，则是很明显的。英国的政府与人民，在最近的将来，需做一断然的决意。

（载《中央日报》12 月 27 日，1947 年）

图书在版编目（CIP）数据

吴景超文集. 第二卷 / 冯仕政，唐丽娜主编.
北京：中国人民大学出版社，2025.5. -- （明德群学）.
ISBN 978-7-300-33794-4

Ⅰ. C91-53

中国国家版本馆 CIP 数据核字第 202577Z2N3 号

明德群学

吴景超文集（第二卷）

冯仕政　唐丽娜　主编

Wu Jingchao Wenji（Di-er Juan）

出版发行	中国人民大学出版社	
社　　址	北京中关村大街 31 号	**邮政编码**　100080
电　　话	010 - 62511242（总编室）	010 - 62511770（质管部）
	010 - 82501766（邮购部）	010 - 62514148（门市部）
	010 - 62511173（发行公司）	010 - 62515275（盗版举报）
网　　址	http://www.crup.com.cn	
经　　销	新华书店	
印　　刷	北京尚唐印刷包装有限公司	
开　　本	787 mm×1092 mm　1/16	**版　　次**　2025 年 5 月第 1 版
印　　张	36.25 插页 3	**印　　次**　2025 年 5 月第 1 次印刷
字　　数	656 000	**定　　价**　1480.00 元（共四卷）